Q PASS

조경
기능사
필기

현병희 · 이찬호 공저

다락원

〈원큐패스 조경기능사 필기〉는 조경기능사 필기시험을 준비하는 수험생들에게 꼭 필요한 이론과 문제를 체계적으로 정리한 교재입니다. 이번에 출간하는 〈원큐패스 조경기능사 필기〉는 조경 및 산림 분야의 전문 교육기관을 수년간 운영해 온 저자의 풍부한 강의 경험과 현장 실무 경험을 바탕으로, 수험생들이 보다 효율적으로 학습하여 단기간에 합격할 수 있도록 구성하였습니다.

〈원큐패스 조경기능사 필기〉

1. 출제기준을 분석하여 합격에 필요한 핵심적인 이론만을 수록하였습니다.

2. 생동감을 위해 '사진으로 미리 보는 건축물'과 '자주 출제되는 조경 수목'을 컬러 이미지로 구성하였습니다.

3. 시험에 대한 실전감각을 익힐 수 있도록 이론에 해당하는 적중 예상문제, 과년도 기출복원문제 19회, 최신 기출복원문제 5회를 수록하였습니다.

4. 저자 직강 '동영상으로 복습하는 핵심 콕콕 조경기능사 필기 200'으로 핵심적인 문제를 복습할 수 있도록 하였습니다.

5. 온라인 시험을 연습할 수 있도록 모바일 모의고사 5회를 수록하였습니다.

모든 수험생들이 조경 분야의 전문가로 한 걸음 더 나아가기를 진심으로 기원하며, 합격의 행운이 함께 하길 응원드립니다. 앞으로도 수험생 여러분의 합격을 위해 더욱 알찬 교재를 만들기 위해 끊임없이 노력하겠습니다.

끝으로 출판을 위해 힘써주신 다락원 출판사 관계자 여러분께 깊은 감사 인사드립니다.

저자 드림

1 시험안내

조경기능사는 조경 실시설계도면을 이해하고 현장여건을 고려하여 시공을 통해 조경 결과물을 도출하여 이를 관리하는 직무이다.

2 시험일정 및 응시료

1. 시험일정

구분	필기원서접수 (휴일제외)	필기시험	필기합격 (예정자 발표)	실기원서접수 (휴일 제외)	실기시험	최종합격자 발표
2025년 정기 기능사 1회	2025.01.06 ~ 2025.01.09	2025.01.21. ~ 2025.01.25	2025.02.06	2025.02.10. ~ 2025.02.13	2025.03.15. ~ 2025.04.02	2025.04.18
2025년 정기 기능사 2회	2025.03.17 ~ 2025.03.21	2025.04.05. ~ 2025.04.10	2025.04.16	2025.04.21. ~ 2025.04.24	2025.05.31. ~ 2025.06.15	2025.07.04
2025년 정기 기능사 3회	2025.06.09 ~ 2025.06.12	2025.06.28. ~ 2025.07.03	2025.07.16	2025.07.28. ~ 2025.07.31	2025.08.30. ~ 2025.09.17	2025.09.30
2025년 정기 기능사 4회	2025.08.25 ~ 2025.08.28	2025.09.20. ~ 2025.09.25	2025.10.15	2025.10.20. ~ 2025.10.23	2025.11.22. ~ 2025.12.10	2025.12.24

2. 응시료 : – 필기 : 14,500(원) / – 실기 : 30,400(원)

3 시험방식

1. 필기시험 : 조경설계, 조경시공, 조경관리 객관식 4지 택일형 60문제(※ 100점 만점 60점 이상 합격)

2. 실기시험

과목	내용	비고
1. 조경 설계 (배점 50점)	• 제한 시간 2시간 30분 이내에 현황도와 설계조건에 맞추어 평면도와 단면도 각각 작성 제출	※ 하나라도 미완성 시 실격
2. 조경 작업 (배점 40점)	• 교목 식재(식혈, 지주목 세우기, 수피 감기), 관목국식, 뿌림 돌림, 잔디뗏장식재, 잔디종자파종, 점토블럭포장, 판석포장, 수간주사 등 약 10여 종류 작업 중 2~3개 작업이 랜덤으로 주어짐 • 순서와 요령 반복암기, 섀도잉 이미지 트레이닝 반복	
3. 수목 감별 (배점 10점)	• 수목감별 목록의 120개 수종 중 20개 수종의 사진을 보고 수목명을 답안지에 직접 기재해서 제출 • 한 수종당 4장의 사진을 한 장당 약 4초간 보여주며, 20종 모두 보여준 후 한 번 더 반복하여 보여준다.	※ 문제당 0.5점으로 20문제 출제

이 책의 특징

● **필수적인 요소만을 수록한 이론편**

출제기준에 맞추어 합격에 필요한 핵심적인 내용만을 수록하였으며, 각 이론에 따른 적중 예상문제를 수록하였다.

[조경일반]

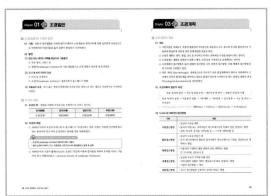

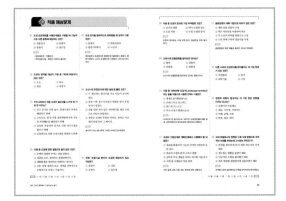

[조경재료]

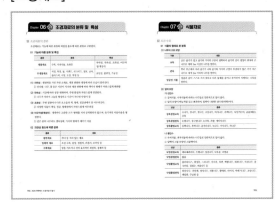

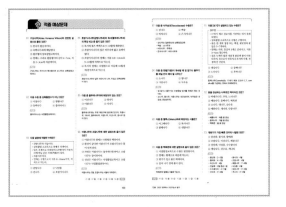

[조경시공 및 조경관리]

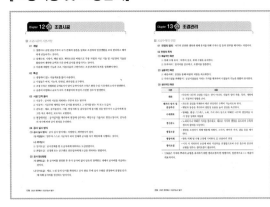

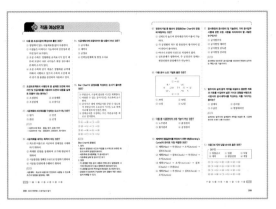

많은 양의 문제를 수록한 문제편

반복학습이 가능하도록 과년도 기출복원문제 19회, 최신 기출복원문제 5회를 수록하였다.

[과년도 기출복원문제 19회]

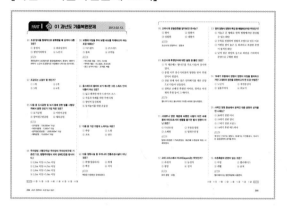

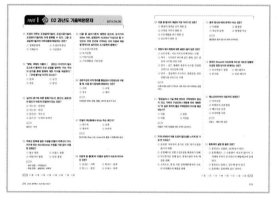

[최신 기출복원문제 5회]

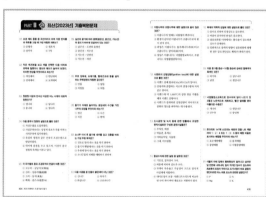

저자 직강 무료 동영상 강의+모바일 모의고사 5회

- 저자 직강 '동영상으로 복습하는 핵심 콕콕 조경기능사 필기 200'으로 핵심적인 문제를 복습할 수 있도록 하였다.
- 온라인 시험을 연습할 수 있도록 모바일 모의고사 5회를 수록하였다.

목차

이론편

PART I   조경일반

목차

문제편

PART I   과년도 기출복원문제

PART II   최신 기출복원문제

부록

사진으로 미리 보는 건축물

우리나라

경회루

향원정

십장생 굴뚝

낙선재

부용정 주합루

옥류천

석조전과 침상원

광한루

포석정

경주동궁월지

아미산굴뚝

궁남지

다산초당

소쇄원

어수문

청의정

태극정

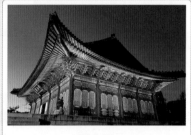

덕수궁

중국

자금성

졸정원

이화원

원명원

사자림

열하피서산장

일본

대덕사 대선원

용안사 석정

금각사

타지마할

보르비콩트

베르사유 궁전

알함브라궁전

이집트장제신전

포럼

데르 엘바 하리 신전

알베르카 중정

사자의 중정

헤네랄리페이궁

빌라메디치

빌라 데스테

자주 출제되는 조경 수목

[수목의 꽃색별 분류]

01 흰색 꽃

왕벚나무(봄)　　　이팝나무(봄)　　　미선나무(봄)　　　산딸나무(봄)

고광나무(봄)　　　조팝나무(봄)　　　쥐똥나무(봄)　　　층층나무(봄)

02 선홍색 꽃

박태기나무(봄)　　　산철쭉(봄)　　　무궁화(여름)　　　배롱나무(여름)

03 노란색 꽃

모감주나무(여름)　　　산수유(봄)　　　생강나무(봄)　　　금목서(가을)

04 보라색 꽃

등나무(봄)

수수꽃다리(봄)

좀작살나무(여름)

맥문동(여름)

05 붉은색 꽃

명자나무(봄)

석류(봄)

동백나무(봄)

병꽃나무(봄)

[수목의 열매색별 분류]

01 붉은색 열매

남천   마가목   산수유   호랑가시나무

피라칸다   팥배나무   화살나무   보리수

산딸나무   사철나무   주목   석류

02 검은색 열매

꽝꽝나무

쥐똥나무

이팝나무

왕벚나무

생강나무

광나무

맥문동

인동덩쿨

[산울타리용 수목]

탱자나무

피라칸다

호랑가시나무

찔레나무

[선화후엽] – 꽃이 먼저 나오는 수목

왕벚나무

백목련

산수유

매화나무

박태기나무

개나리

생강나무

진달래

[단풍나무류에 속하는 수목]

단풍나무

복자기

중국단풍

신나무

PART

I

조경일반

Chapter 01 🌳 조경일반

1 조경(造景)의 기원과 발전

01 기원 : 인류가 정주생활을 시작한 원시시대부터 소유개념과 영역구분에 의해 집주변의 옥외공간으로 자연에서의 아름다움을 옮겨 경관이 형성되기 시작하였다.

02 발전

(1) 궁전 또는 대규모 저택을 중심으로 기술발전

① 주로 영국, 프랑스 등

② 정원사(Landscape Gardener)의 기술 대물림으로 궁전 정원사 칭호를 얻게 되었다.

(2) 도시 내 녹지 자연의 조성

① 미국 등 신개척지

② 조경가(Landscape Architect): 경관건축가 옴스테드가 말함

(3) 오늘날의 조경 : 보다 넓은 개념의 광범위한 옥외공간을 대상으로 하는 새로운 건설분야로 자리매김하였다.

2 조경의 개념

01 조경의 뜻 : 정원을 포함한 옥외공간을 조형적으로 다루는 일이다.

한국(韓國)	중국(中國)	일본(日本)	북한(北韓)
조경(造景)	원림(園林)	조원(造園)	원림(園林)

02 조경의 개념

① 1858년 미국의 조경가 프레드릭 로 옴스테드가 "조경가라는 전문 직업은 자연과 인간에게 봉사하는 분야이다"라고 하며 조경가라는 용어를 처음 사용하였다.

💡 **프레드릭 로 옴스테드(Frederick Law Olmsted)**
- 조경가(Landscape Architect) 용어의 최초 사용자
- 현대 조경의 아버지, 도시 미화운동, 1857년 뉴욕 센트럴파크 설계 및 감독

② 1909년 미국 조경가 협회(ASLA)는 조경은 "인간의 이용과 즐거움을 위하여 토지를 다루는 기술이다"라고 하였다(ASLA ; American Society of Landscape Architects).

[미국과 우리나라의 조경발달]

미국 조경의 발달	• 1900년 : 미국 하버드 대학교 조경학과 신설 • 1909년 : 미국 조경가 협회 창설[ASLA] • 1990년 : 조경가 협회에서 조경을 [계획, 설계, 시공, 관리] 등을 위하여 예술적 과학적 원리를 적용하는 전문분야] 라고 정의
우리나라 조경의 발달	• 1970년 : 초반부터 조경이라는 용어를 사용하기 시작, 경제개발로 인한 자연훼손 심각 [환경보호 및 경관관리의 필요성 인식] • 1973년 : 대학에서 조경학과가 신설되어 조원분야에서 조경학으로 전환되는 계기, 서울대학교 및 영남대학교 조경학과 신설, 서울대학교 환경대학원 신설

3 조경의 범위 및 분류

구분		세부내용
정 원		주택정원, 학교정원, 옥상정원, 실내정원, 중앙정원
도시공원	생활권공원	소공원, 어린이공원, 근린공원
	주제공원	역사공원, 문화공원, 수변공원, 묘지공원, 체육공원
	기타 및 녹지	생태공원, 완충녹지, 경관녹지, 광장 등
자연공원		국립공원, 도립공원, 군립공원, 지질공원
관광휴양시설		유원지, 골프장, 스키장, 해수욕장, 자연휴양림, 수목원, 야영장, 낚시터 등
문화재		궁궐, 사찰, 서원, 전통민가, 고분, 사적지 등
생태계보존과 복원시설		법면녹화, 생태연못, 비오톱[동식물이 서식할 수 있는 최소 단위공간], 야생동물 이동통로, 생물권보전지역 등
기타시설		광장, 도로, 사무실, 학교, 공장, 항만 등

4 조경의 대상 : 조경의 분야에는 수행단계와 영역별 대상지로 나누어 생각할 수 있다.

01 수행단계

구분	세부내용
계획	자료의 수집, 분석, 종합
설계	자료를 활용하여 기능적, 미적 3차원 공간을 창조
시공	공학적 지식, 생물을 다룬다는 점에서 특수한 기술을 필요로 함
관리	식생이용관리, 시설물의 이용관리

기타

- 1960~1970년 경제개발로 열섬현상, 1970년 조경용어 사용
- 조경의 효과 : 공기정화, 소음 저하, 수질오염 방지, 대기오염 감소
- 미기후(microclimate) : 지형이나 풍향등에 따라 부분적 장소의 독특한 기상상태(주변환경과는 다른 특정 부분의 기후, 지표면과 지상 1.5m까지의 기후측정) → 태양열복사 정도, 공기유통, 안개, 서리피해 유무, 일조시간, 대기오염자료 등

자연공원	• 국립공원 : 환경부
	  – 1호 국립공원 : 1967년 지리산 국립공원
	  – 23번째로 지정된 국립공원 : 대구 팔공산 국립공원(2023.05.23.)
	  – 시 전체 국립공원 : 경주시
	• 도립공원 : 도지사
	• 군립공원 : 군수

우리나라 최초	• 공원 : 파고다(탑골, 1987년) • 서양식 건물 : 덕수궁 석조전(이오니아식) • 서양식 정원 : 덕수궁 침상원(프랑스 정형식) • 문헌상 백제 최초 정원 : 임류각 • 우리나라 공원법 제정 : 1967년 • 조경식물에 관한 문헌 : 강희안 양화소록 • 신선사상이 접목된 정원 : 궁남지 • 정원조경에 관한 서적 : 대동사강

5 조경가의 자질 및 자격

01 조경가의 자질

구분	세부내용
자연과학적 지식	자연의 원리[수목, 토양, 지질, 기후] 등을 깨달아 계획할 수 있어야 한다.
공학적 지식	건축, 토목에 대한 지식과 조성방법을 알아야 한다.
예술적 재능	아름다운 공간과 경관을 창조할 수 있는 창조력이 있어야 한다.
인문사회과학적 지식	문화인류학, 지리학, 사회학, 환경심리학 등에 대한 지식이 요구된다.

02 조경가의 자격

① 자연의 원리 이해 → 계획

② 예술적 재능 → 창조력

③ 각종 재료를 다루는 방법

④ 식물의 생리, 생태, 형태 및 그 이식, 배식, 재배, 관리

⑤ 풍부한 경험 → 적재적소에 설계

⑥ 상대방의 심리파악

[조경기술자의 직무내용]

구분	직무내용	진로분야
조경설계기술자	• 기본계획수립, 스케치, 렌더링 • 물량산출 및 시방서 작성, 시공감리 • 전산응용설계(CAD)	• 전문엔지니어링 회사 • 건축설계사무소 • 조경설계사무소
조경관리기술자	• 조경 수목 생산관리, 병충해방제 • 공원녹지관리 행정 • 피해수목 보호처리, 전정 및 시비	• 공원녹지 관련 공무원 • 식물병원, 골프장관리 • 수목생산농장
조경시공기술자	• 공사업무, 시설물공사, 식재공사 • 시공, 설계변경, 적산 및 견적	• 건설회사 • 조경식재 전문공사업체 • 조경시설물 전문공사업체

6 조경양식의 분류

01 정원양식의 발생요인

구분	내용
자연적 요인	기후, 지형, 토질, 암석, 식물 등
사회적 요인	사상과 종교, 역사성, 민족성, 정치, 경제, 예술, 과학

(1) 자연환경요인

구분	내용
기후	• 비[강수량], 바람, 눈, 기온
지형	• 산악지형과 평탄지형 • 이탈리아에서는 경사지로 이루어진 지형인 노단식 정원양식이 발달 • 프랑스에서는 평면기하학식 정원양식이 발달
기타	• 기후나 지형 이외에 식물, 토질, 암석 등

(2) 사회환경요인

가) 종교와 사상

구분	내용
서양	• 중세시대 종교의 영향으로 폐쇄적인 수도원 정원이 발달하였다. • 이슬람 세계의 종교의식을 위해 손을 씻거나 목욕을 하기 위한 물이 도입되었다.
동양	• 신선사상 : 중국, 일본, 한국정원의 신선사상은 불로장생하는 신선의 거처를 섬으로 조성하였다. 예 백제의 궁남지, 신라의 안압지 • 불교사상 : 일본의 고산수식 정원은 불교사상 영향에 의한 것이다.

나) 역사성

구분	내용
고대	담으로 둘러싸인 주택정원은 폐쇄적인 정원을 나타낸다.
중세 암흑시대	폐쇄적 중정, 해자(적과 동물의 침입을 방어하기 위해 성의 주위를 파서 경계로 삼은 구덩이)로 둘러싸인 성곽은 외부로부터의 침입을 막고자 하는 의도가 있었다.
자유민주주의	이탈리아 르네상스시대 사조와 영국의 자연풍경식 정원에 반영되어 있다.
우리나라	삼국시대와 고려시대는 중국을 닮은 형태였다가 조선시대에 방지원도의 독특한 형태로 전환되었다.

다) 민족성

구분	내용
자연풍경식	목가적인 전원생활을 좋아하고 전통을 고수하는 영국인의 민족성에 의해 발달하였다.
고산수식	축소 지향적인 일본인의 민족성이 반영되었다.

라) 기타 : 정치, 경제, 건축, 예술, 과학 등은 정원양식에 영향을 끼친다.

7 현대의 조경

01 배경과 특징

① 1, 2차 세계대전 후 도시의 급격한 성장과 과밀화로 조경에 대한 사고가 변화되어 지역공원계통의 수립, 전원도시의 창조, 국립공원 운동, 지역 계획적 스케일의 광역조경 계획을 수립하였다.

② 내용이 다양해지고 지역별로 특성이 있으나 형태를 고집하지 않는다.

③ 건물 주변에는 정형식 정원이 자연 환경 속에는 자연식 정원을 만드는 경향이 있다.

④ 특정 양식에 구애 받지 않고 설계자의 의도를 반영하여 정원소재와 정원양식을 선택한다.

⑤ 주제공원(테마파크)의 경향으로 전문화된 공원이 많아졌다.

　　예 조각공원, 운동공원, 어린이공원, 동물원, 산업공원, 주차공원, 사적공원, 근린공원 등

02 우리나라 조경

① 1980년대 이전에는 일본조경과 미국조경의 영향을 받았으나 1980년대 이후에는 한국적 분위기를 창출하는 조경에 관심을 기울였다.

② 향나무 식재에서 품위 있는 소나무나 정자목인 느티나무 등 전통적인 수목 식재로 바뀌었다.

③ 수목의 정형적 전정의 최소화가 이루어졌다.

④ 원로 포장에 전통적 무늬 등을 사용하였다.

03 영국의 전원도시 운동(Garden City Movement)

① 산업혁명 후 계속되는 도시의 팽창과 인구집중, 공업 등의 도시문제를 해결하기 위한 방안으로 하워드(Ebenezer Howard)가 "Green City of Tomorrow"라는 이상도시를 제안하였다.

② 1903년에 레치워스, 1920년에 웰윈의 전원도시가 탄생하였고, 1928년 미국의 래드번으로 이어졌다.

04 미국의 조경

(1) 도시미화운동(City Beautiful Movement)

① 1893년 시카고 박람회의 영향으로 '아름다운 도시를 창조함으로써 공중의 이익을 확보할 수 있다'라는 인식에서 일어난 시민운동이다.

② 로빈슨과 번함이 주도하여 시민센터 건설, 도심부의 재개발, 캠퍼스계획 등 각종 도시개발을 하였다.

③ 미에 대한 개념의 오류로 도시미화운동이 도시개선과 장식적 수단으로 오인되었다.

(2) 래드번(Radburn)

① 1929년 라이트(Henry Wright)와 스타인(Clarence Stein)이 슈퍼블록을 설정하였고, 차도와 보도를 분리하였으며, 쿨데삭(Cul-de-Sac)으로 근린성을 높였다.

② 위락중심지, 학교, 쇼핑센터 등을 주거지와 공원 보도로 연결한 소규모 전원도시로 건설하였다.

(3) 광역조경계획

① 경제공황과 세계 2차대전 및 태평양전쟁으로 조경 또는 도시계획에 전환기를 맞이하였다.

② TVA(Tenessee Valley Authority) 계획으로 후생시설을 완비하고 공공위락시설을 갖춘 노리스댐과 더글러스댐을 완공하였다.

③ 국토계획국 설치, 도시개발, 주택개발을 국가적 규모로 시행하였다.

01 조경 프로젝트를 수행단계별로 구분할 때 기능적으로 다른 분류에 해당하는 것은?

① 전통민가   ② 휴양지

③ 유원지   ④ 골프장

- 문화재주변 : 전통민가
- 위락관광시설 : 휴양지, 유원지, 골프장

02 조경의 영역별 대상지 구분 중 기타에 해당되지 않는 것은?

① 도로   ② 학교

③ 광장   ④ 휴양지

03 우리나라에서 처음 조경의 필요성을 느끼게 된 가장 큰 이유는?

① 인구 증가로 인한 놀이, 휴게시설의 부족을 해결하기 위해

② 고속도로, 댐 등 각종 경제개발에 따른 국토의 자연훼손을 해결하기 위해

③ 급속한 자동차의 증가로 인한 대기오염을 줄이기 위해

④ 공장폐수로 인한 수질오염을 해결하기 위해

04 다음 중 조경에 관한 설명으로 옳지 않은 것은?

① 주택의 정원만 꾸미는 것을 말한다.

② 경관을 보존, 정비하는 종합과학이다.

③ 생활환경을 정비하고 미화하는 일이다.

④ 국토 전체 경관의 보존, 정비를 과학적으로 조형적으로 다루는 기술이다.

05 조경 양식을 형태적으로 분류했을 때 성격이 다른 것은?

① 중정식   ② 회유임천식

③ 평면기하학식   ④ 노단식

회유임천식 조경양식은 동양(주로 일본)에서, 중정식, 평면기하학식, 노단식 조경양식은 서양에서 나타나는 양식이다.

06 조선시대 후원양식에 대한 설명 중 틀린 것은?

① 각 계단에는 향나무를 주로 다듬어 장식하였다.

② 중엽 이후 풍수지리설의 영향을 받아 후원양식이 생겼다.

③ 건물 뒤에 자리 잡은 언덕배기를 계단 모양으로 다듬어 만들었다.

④ 경복궁 교태전 후원인 아미산, 창덕궁 낙선재의 후원 등이 그 예이다.

해설

향나무가 아닌 꽃나무와 기이한 바위로 장식하였다.

07 위락·관광시설 분야의 조경에 해당되지 않는 대상은?

① 휴양지   ② 사찰

③ 유원지   ④ 골프장

정답   01 ①   02 ④   03 ②   04 ①   05 ②   06 ①   07 ②

08 다음 중 조경의 효과로 가장 부적합한 것은?

① 공기의 정화　　　② 대기 오염의 감소
③ 소음 차단　　　　④ 수질 오염의 증가

조경의 효과로는 수질 오염 방지, 열섬현상 완화 등이 있다.

09 고려시대 궁궐정원을 맡아보던 관서는?

① 원야　　　　　　② 장원서
③ 상림원　　　　　④ 내원서

조선시대 궁궐정원을 맡아보던 관서는 장원서이다.

10 다음 중 1858년에 조경가(Landscape architect)라는 말을 처음으로 사용한 단체나 사람은?

① 세계조경가협회(IFLA)
② 프레드릭 로 옴스테드
③ 앙드레 르느트르
④ 미국 조경가 협회(ASLA)

해설

프레드릭 로 옴스테드는 1857년 뉴욕센트럴파크를 설계·감독하였으며 현대조경의 아버지라고 불린다.

11 조경의 기본단계로 계획단계에서 수행해야 할 내용은?

① 자료를 활용히여 기능적·미적인 3차원적 공간 창조
② 자료의 수집과 분석 그리고 종합
③ 공학적 지식, 생물을 다루는 특수한 기술 요구
④ 식생 및 시설물의 이용 관리

해설

①은 설계, ③은 시공, ④는 관리에 관한 내용이다.

12 공중정원의 계획 기법으로 바르지 않은 것은?

① 계단 층을 만들어 조성
② 벽은 자연석을 이용하여 축조
③ 각 노단의 외부를 회랑으로 조성
④ 노단 위에 수목과 덩굴식물 식재

해설

공중정원의 벽은 벽돌로 축조한 것으로 추측된다.

13 다른 나라의 조경양식을 받아들이는 데 가장 장애가 되는 것은?

① 자연환경　　　　② 암석
③ 과학기술　　　　④ 수목

14 정원의 외형이 형성되는 데 가장 많은 영향을 미치는 요소는?

① 설계가의 마음대로
② 재료, 국민성, 시대사조
③ 비례, 균형, 조화
④ 반복, 점층, 대비

15 고대 바빌로니아 정원은 수목 식재 방법으로 규칙적인 식재를 하였는데 그이유는 무엇인가?

① 관개를 편리하게 하기 위한 관수상의 복적 때문
② 절도있는 생활을 즐겼기 때문
③ 인공적인 수형을 좋아했기 때문
④ 좌우 대칭형 정원양식에 길들여졌기 때문

해설

관개용 수로의 설치편의상 수목을 규칙적으로 배식하였다.

Chapter 02 🌳 동서양 조경사

1 동양의 조경양식 ❶ – 우리나라

01 고조선시대

① 유를 조성하여 새와 짐승을 키웠다는 기록이 있다.

② 10대 단군(왕) 노을이 유(囿)를 조성했다는 기록 : 대동사강[1928년 김광이 편찬한 한국 역사서 (고조선~조선)로 한국의 역사를 체계적으로 정리한 중요한 자료이다.]

- 園(苑)(원) : 울타리를 치고 식물을 기르는 곳
- 圃(포) : 울타리를 치고 채소를 기르는 곳
- 囿(유) : 울타리를 치고 새와 짐승을 기르는 곳

02 삼국시대

(1) 고구려

① 진취적이며 정열적이고 패기가 있다.

② 규모가 크고 정형화된 유형이다.

③ 기록 : 삼국사기, 삼국유사, 동사강목, 고분, 절터의 유물을 통해 추측한다.

④ 대표적 정원 : 안학궁, 대성산성, 장안성

구분	내용
안학궁	• 장수왕(2년, AD 3년)때 평양 대동강 상류, 대성산에 지은 궁으로 고구려의 대표적 정원 유적 • 한 변이 620m 정도 직사각형 성벽으로 둘러싸인 궁이고, 면적은 11만 7천 평의 토성이며 궁의 동, 서쪽에는 해자(垓子)가 설치되어 있음 • 남궁, 북궁, 중궁으로 구성되어 52개동의 건물, 31조의 회랑이 있었으며, 자연 곡선형의 연못과 인공적인 축산(동산) 형태의 연못 내에 3~4개의 섬이 있었음 • 자연풍경 묘사를 위한 정자 터와 다수의 경석이 발견됨 • 비정형적 자연 풍경식 정원 특색 보임
대성산성	• 장수왕 때 축조 • 여섯 개의 크고 작은 봉우리를 포함한 산성으로 동서 2,300m, 남북 1,700m이며, 성 둘레는 7,076m이고 면적은 약 2.723km²이었다 함(周書, 高麗傳) • 무기와 식량을 비축한 군사기지로 비상시에는 왕궁의 역할을 하였음 • 우리나라 성곽 중 가장 많은 170여 개의 연못이 있었으며, 정방형지, 장방형지, 삼각형지, 원형지의 형태가 가장 많음
장안성 (평양성)	• 양원왕 8년(552)때 시작하여 평원왕 28년(586)까지 축조 • 성의 남동쪽은 대동강, 서쪽은 보통강, 북쪽은 금수산으로 4성으로 이루어져 있음 • 4성 : 외성은 민가, 중성은 관청, 내성은 왕궁, 북성은 사원 및 군사

(2) 백제시대

① 귀족적 성격이 있다.

② 강하고 온화하며 화려한 문화이다.

③ 기록 : 삼국사기, 삼국유사, 동사강목

④ 대표적 정원 : 임류각, 궁남지

구분	내용
임류각 [동성왕 22년(AD 500년)]	• 백제 정원에 관한 최초의 기록이다. • 희귀한 새와 짐승을 길렀으며 화려한 연못이 있었다.
궁남지 [무왕 35년,(AD 634년)]	• 우리나라 최초로 신선사상을 배경으로 하는 지원으로 현재는 부여 남쪽에 복원되어 있다. • 궁 남쪽에 연못을 파고 방장선도를 축조하고 방장지의 물가에는 버드나무를 식재하였다. • 연못 한 가운데는 봉래산을 상징하는 섬이 자리 잡고 있다.

※ 노자공(路子工)

• 6세기 중엽 백제인으로 일본으로 건너가 일본 궁궐 남쪽 정원에 불경에서 유래된 수미산과 오교로 이루어진 정원을 꾸밈

• 「일본서기」 : 일본 정원에 대한 최초 기록

(3) 신라 및 통일신라시대

① 건국 초기에는 문화가 뒤떨어져 정원에 관한 기록이 거의 없고 후에 안압지, 포석정 등의 정원 유적이 발달하였다.

② 기록 : 삼국사기, 문무왕조, 동사강목

③ 대표적 정원 : 안압지, 포석정, 사절유택

구분	내용
안압지(雁鴨池) (문무왕 14년, 674년)	• 임해전 지원이다. • 안압지라는 명칭은 동국여지승람에서 비롯되었으며 궁중에 못을 파고 산을 만들어 진금기수(진귀한 새와 짐승)를 길렀다는 기록이 있다. • 연못의 면적은 약 16,800m²이며 그 안에는 삼신도(三神島)인 대, 중, 소의 3개의 섬(봉래, 방장, 영주)으로 이루어져 있다. • 연못의 동쪽과 서쪽으로는 12개의 봉우리를 만들었는데 이는 동양의 신선사상 유래한 것으로 전해진다. • 물가는 다듬은 돌로 호안을 석축했으며, 바른 층 쌓기를 하였다. • 곳곳에 괴석형태의 바닷돌을 자연스럽게 배치한 바닷가 경관 조성 의도를 뚜렷이 찾아 볼 수 있다. • 임해전은 건물명처럼 정원을 바다로 표현하고자 한 구상이고, 직선처리와 복잡 다양한 곡선이 있다. • 봉래도, 방장도, 영주도로 불리는 3개의 섬은 삼신산이라 한다. 이 섬들의 각 12개의 봉우리는 무산십이봉을 의미한다. • 못의 배관, 배수시설로 반석 사용, 유속의 감속을 위한 수로의 형태 등이 정교하다. • 안압지를 포함한 임해전 지원은 신선사상을 바탕으로 구성되었으며, 주로 연회와 관상, 뱃놀이 등의 목적을 지닌 정원이다.
포석정 (경애왕 4년, 927년)	• 유상곡수연을 하던 장소이다. • 흐르는 물에 술잔을 띄워 곡수연을 즐기던 곳으로 왕희지의 난정고사를 본뜬 것으로 왕과 측근들의 유락공간이었다. • 도랑을 곡수거라 하고 타원형이며, 수로의 넓이는 30cm, 깊이는 20cm, 총길이는 22m이라 한다.
사절유택	• 귀족들의 별장정원

03 고려시대 : 중국을 모방하여 화려하고 사치스러움, 석가산(괴석 사용) 누각

(1) 궁궐정원

구분	내용
동지(東池) (경종 2년, 977년)	• 동지는 5대 경종 때부터 31대 공민왕 때까지 고려사에 기록되어 있다. • 백제의 궁남지, 신라의 안압지와 유사한 기능을 가졌으며, 왕이 친히 진사, 무사, 서경 장사의 시험을 치렀다. • 물가에 누각을 짓고 배를 띄우고 주연을 열거나 무사를 검열하고 여러 신하로부터 시를 짓게 하였다. • 고려의 금원으로 진금기수(거위, 백학, 오리, 산양 등)을 사육하였으며, 고려 말까지 존속한 고려의 대표적 정원이다. (남아 있지 않음)

(2) 민간정원

구분	내용
사륜정기(1199년)	• 이규보(1167~1241)가 풍류를 즐기기 위해 정자에 네 개의 바퀴를 달아 경치 좋고 서늘한 곳을 찾아 움직이는 이동식 정자 설계를 기록한 것이다.

(3) 사원정원

구분	내용
문수원(文殊院) (선종 6년, 1089년)	• 강원도 춘천시 북산면 • 문수원은 현재의 청평사로 1,089년 이자현(1061~1125)이 벼슬을 버리고 이곳에 은거 불법(佛法)을 연구하고 후진을 가르치면서 산 이름을 청평, 원이름을 문수라 고쳐 중수하였음 ※ 중수(重修) : 낡고 헌 건축물을 손질하여 고침

04 조선시대 : 한국적 색채가 짙은 정원양식으로 발달하였으며, 풍수지리설과 택지의 영향으로 후정이 발달하였다.

(1) 궁궐정원 : 경복궁, 창덕궁, 창경궁, 덕수궁

가) 경복궁

구분	내용
경복궁	• 법궁(그 나라를 대표하는 첫 번째 궁궐)이며 공식 집무실 겸 공식 관저 • 조선시대 정궁으로 태조 4년에 완공, 기하학적 형태의 정원 • 남북으로 연결된 축을 중심으로 각종 시설물(건물, 연못 등)이 좌우 대칭으로 연결되어 있음 • 연못은 가운데에 섬이 있는 방지(方池)형태
아미산	• 교태전 후원, 왕비의 침전인 교태전 뒤편 평지에 인공적으로 축산한 계단식 후원 • 장대석으로 된 4단의 화계가 있으며, 단에는 괴석, 석구, 석지가 있음 • 화계에는 매화, 모란, 반송, 철쭉, 앵두식재, 동산에는 뽕나무, 말채나무, 배나무, 느티나무 등의 원림 조성
경회루	• 태종 12년(1412)에 창건되었으며, 130m×110m 크기의 방지와 2개의 방도로 조성 (농국여지승람에 기록) • 못의 동쪽에 있는 섬에는 팔각지붕의 누 건물이 있고 경회루가 있는 큰 섬은 3개의 석교로 연결되어 있으며, 장방향의 소도(小島)가 좌우대칭으로 배치되어 있음 • 못 안의 두 섬에는 소나무, 서쪽과 북쪽의 못 호안가에는 느티나무, 회화나무가 있음
향원정과 향원지	• 향원지는 경복궁 후원의 중심을 이루는 연못으로 면적은 4,605 m²의 모를 약간 죽인 방지 • 중앙에 둥근 모양의 섬이 있고 여기에 정육각형의 2층 건물 향원정이 서 있으며 중도 사이에 취향교가 설치되어 있음

구분	내용
자경전의 화담 굴뚝	• 자경전은 대비의 침전 • 우리나라에서 가장 아름다운 굴뚝과 꽃담 • 후원의 굴뚝은 너비 318cm, 높이 236cm. • 벽면에 해, 산, 물, 돌, 구름, 소나무, 불로초, 거북, 학, 사슴 등 십장생과 바다, 포도, 연꽃, 대나무장식 • 좌우 측면에 박쥐와 당초문(덩굴 풀 무늬)이 배치 • 상단에 용을 중심으로 좌우에 학이, 하단에 해태가 배치되어 있음

나) 창덕궁

구분	내용
창덕궁	• 세계문화유산 지정 • 태종 5년 경복궁의 이궁으로 창건 • 동궐(東闕), 후원을 금원, 비원이라 불렀으며 경복궁과 달리 후원의 자연지형을 이용 • 낮은 곳에 못을 파고 높은 곳에 정자를 세워 관상, 휴식 공간으로 사용 • 옥류천(곡수연터)에는 청의정과 태극정이 있고, 부용지를 중심으로 부용정, 주합루, 어수문, 영화당이 있음 • 반도지를 중심으로 부채꼴의 관람정, 존덕정, 일영대 등이 있고 애연지와 연경당을 중심으로 불로문, 장락문, 장양문, 수인문, 농수정, 선향재 등이 있음 • 낙선재 후원은 창덕궁에 속한 건물로 단청을 하지 않았으며 5단의 계단식 화계(花階)가 있어 키 작은 식물을 배치

다) 창경궁

구분	내용
창경궁	• 통명정원(불교의 6신통 3명에서 유래)

라) 덕수궁

구분	내용
덕수궁 석조전	• 우리나라 최초의 서양식 건물로 이오니아식 석조전 • 정관헌 : 지붕과 난간은 한국적, 기둥과 내부 구조는 서양식 • 침상원 : 석조전 앞의 좌우 대칭적 기하학적 정원으로 우리나라 최초의 유럽식 정원

(2) **민간정원** : 주택정원, 별서정원, 별업정원

가) 주택정원

구분	내용
주택정원	• 유교사상에 영향 • 남녀를 엄격히 구분

나) 별서정원

구분	내용
소쇄원 (1530년, 양산보)	• 전남 담양군 • 자연계류의 비탈면을 깎아 자연석으로 단과 담을 쌓아 자연식에 정형식을 가미하였음
다산초당 (1808년, 정약용)	• 전남 강진 • 방지원도를 만들고 바닷가 괴석으로 석가산 축조 • 언덕 위 용천에서 물을 끌어다 폭포를 만들고 폭포수를 못 안에 떨어지게 함 • 다산 4경인 방지, 약천(약수터), 정석(바위에 새긴 글), 다조(茶組 : 차다, 도마 조, 찻잔과 받침대의 의미)와 채원(채소밭)이 있음
부용동 원림 (1640년, 윤선도)	• 전남 완도 • 내침인 낙선재 및 곡수당, 동천석실(암벽위에 소옥 짓고 암벽 밑에 석실 축조), 세연정으로 구분 • 원림(園林)마다 직선형방지, 화계를 만들어 각종 화훼와 기암괴석을 배치 • 울타리가 없으며 자연 자체에 최소한의 인위적 구성
옥호정 (1815년, 김조순)	• 서울 삼청동 • 자연계류 비탈면에 사각형 주거 중심으로 한 계단후원이며 사랑정원, 취병(병풍모양 울타리), 벌통(한 뎃 뒷간의 방언), 과원(과수원의 준말), • 채전(채소밭), 석상, 돌확(작은 돌절구), 석지(돌그릇) 등이 있음 • 자연과 인공미 혼용, 기하학적 부위에 바닥포장으로 기괴한 모양의 괴석을 사용하였으며 혜생천(惠生泉)이란 샘이 있음
기타	• 경북 영양의 서석지(1636년, 정영방) • 경남 양산의 소한정(1920년, 우규동)

다) 별업정원

구분	내용
별업정원	• 윤개보의 조석루원

1. 별서정원 시대별 조성시기
① 담양 소쇄원(양산보, 1530년)　② 영양 서식지(정영방, 1636년)　③ 완도 부용동 원림(윤선도, 1640년)
④ 대전 남간정사(송시열, 1683년)　⑤ 강진 다산초당(정약용, 1808년)　⑥ 서울 옥호정(김조순, 1815년)
⑦ 양산 소한정(우규동, 1920년)

2. 용어정리

별서(別墅)	사회의 부귀와 영화를 등지고 농경하면서 자연과 벗하며 살기 위해 벽지에 터를 세워놓은 소박한 주거
별업(別業)	선영의 관리를 목적으로 지어놓은 제2의 주거(孝 문화 반영)
별장(別莊)	경제적으로 여유 있는 사람들이 교외나 산속에 지은 제 2의 주택

(3) 조선시대 정원의 특징

① 조선시대는 우리나라 정원양식의 발달시기로 삼국시대에 받아들였던 중국식 영향에서 우리나라 색채가 짙은 형태로 변해가는 시기였다.

② 중엽 이후 풍수지리설의 지형적인 제약으로 안채의 뒤쪽 즉, 후원이 주가 되는 정원수법이 생겼다.

③ 이 수법은 우리나라의 독특한 후원양식으로 건물 뒤 언덕을 계단모양으로 다듬어 장대석을 앉혀 평지를 만들고, 키 작은 나무를 심거나 괴석이나 세심석(洗心石) 또는 장식을 겸한 굴뚝을 세워 아름답게 꾸몄다.

④ 경복궁 경회루의 원지, 교태전 후원인 아미산 정원 등 직선적인 윤곽 처리를 하였다.

⑤ 정원의 연못 형태는 선적인 방지(方池)를 기본으로 하는 가장 단순한 형태였다.

⑥ 자연 그대로의 바위나 시냇물 그 밖의 지형과 어울리며 숲속에 자리 잡은 양식의 정원으로 창덕궁 후원은 그 대표적 사례이다.

⑦ 자연을 필요한 만큼 작은 손질만 하여 만든 정원이다.

1. 용어정리

방지방도(方池方島)	네모난 연못 네모난 섬 – 경회루, 강릉선교장 황제정지, 부용동 세연정지 등
방지원도(方池圓島)	네모난 연못 둥근 섬 – 경복궁 향원지, 창덕궁 부용지, 다산 초당지 등

2. 조경식물 현재 사용 용어와 옛용어

① 무궁화 ↔ 목근화(木槿花)
② 배롱나무 ↔ 자미화(紫薇花)
③ 연 ↔ 부거(芙渠)
④ 목련 ↔ 봄 – 목필화(木筆花), 여름 – 두송화(頭松花), 겨울 – 신이화(辛夷花)
⑤ 동백 ↔ 산다(山茶)화
⑥ 모란 ↔ 목단(牧丹)
⑦ 살구 ↔ 행목(杏木)
⑧ 장미 ↔ 가우(佳友), 지지(芷芝)
⑨ 백목련 ↔ 옥란(玉蘭)

3. 십장생(十長生), 사절우(四節友), 사군자(四君子)

십장생(十長生)	소나무, 거북, 학, 사슴, 불로초, 해, 산, 물, 바위, 구름
사절우(四節友)	매(梅), 송(松), 국(菊), 죽(竹)
사군자(四君子)	매(梅), 난(蘭), 국(菊), 죽(竹)

4. 조경에 관한 문헌과 식물

(1) 조경식물

① 안빈낙도(安貧樂道)를 상징하는 식물 : 국화, 복숭아, 버드나무

국화	• 사군자 중 하나로, 늦가을의 찬 서리 속에서도 피어나는 꽃으로 절개와 고고함의 상징임 • 안빈낙도의 이상을 표현하는 데 적합한 식물로 여김
복숭아나무	• 장수와 불로를 상징하는 길상식물임 • 신선이 사는 도원의 이미지와 연결됨
버드나무	• 유연하면서도 생명력이 강해, 고난 속에서도 마음을 다스리는 군자의 삶을 비유하기도 함

② 유교적 배경이 반영된 조경식물 : 사절우(四節友) – 사계절을 대표하며 군자의 덕목을 상징하는 4가지 식물

매화(梅)	• 겨울의 추위 속에 피는 꽃으로, 인내와 절개를 의미함
소나무(松)	• 사시사철 푸른 상록수로 충절과 변치 않는 지조를 상징함
국화(菊)	• 가을을 대표하며 고상함과 청렴을 뜻함
대나무(竹)	• 속이 비어 있고 마디가 분명해 겸손과 곧은 심지를 나타냄

③ 태평성대를 기원하는 상징식물 : 대나무, 오동나무

대나무	• 앞서 말한 것처럼 곧고 속이 빈 성질로 군자의 기개를 상징함 • 평화롭고 안정된 세상을 의미하는 상징식물로 여겨짐
오동나무	• 전설에 따르면 봉황이 오동나무에만 깃든다고 하여, 성군이 다스리는 태평성대에 나타나는 신령한 새의 상징적 존재로 연결됨 • 따라서 오동나무는 이상적인 정치와 평화로운 세상을 의미함

(2) 조경문헌
　① 대동사강 : 노을왕이 유를 조성하여 짐승을 키웠다는 정원에 대한 최초 기록
　② 양화소록(강희안) : 조경식물에 관한 최초의 문헌
　③ 화암소록(유박) : 양화소록의 부록에 있는 45종의 화목을 9등급으로 분류
(3) 조경관장부서
　① 고구려 : 궁원(유리왕)
　② 고려 : 내원서(충렬왕)
　③ 조선 : 상림원(태조), 장원서(세조)
　④ 동산바치 :동산을 다스리는 사람, 조선시대의 정원사

01 우리나라 조경의 역사적인 조성 순서가 오래된 것부터 바르게 나열한 것은?

① 궁남지 → 안압지 → 소쇄원 → 안학궁

② 안학궁 → 궁남지 → 안압지 → 소쇄원

③ 안압지 → 소쇄원 → 안학궁 → 궁남지

④ 소쇄원 → 안학궁 → 궁남지 → 안압지

> 해설
>
> 안학궁 : 고구려, 궁남지 : 백제, 안압지 : 통일신라, 소쇄원 : 조선

02 백제의 노자공에 의해 조경술이 일본에 전해진 시기는?

① 5세기 말엽　　② 6세기 중엽

③ 7세기 말엽　　④ 8세기 중엽

03 다음의 우리나라 조경 가운데 가장 오래된 것은?

① 소쇄원　　　　② 순천관

③ 아미산정원　　④ 안압지

> 해설
>
> 소쇄원(조선), 순천관(고려), 아미산정원(조선), 안압지(통일신라)

04 우리나라 전통조경의 설명으로 옳지 않은 것은?

① 신선사상에 근거를 두고 여기에 음양오행설이 가미되었다.

② 연못의 모양은 조롱박형, 목숨수(壽)자형, 마음심(心)자형 등 여러 가지가 있다.(일본 조경의 연못)

③ 연못은 땅, 즉 음을 상징하고 있다.

④ 둥근 섬은 하늘, 즉 양(陽)을 상징하고 있다.

05 다음 설명 중 맞지 않는 것은?

① 우리나라 최초의 정원에 관한 기록은 「동사강목」이다.

② 궁궐 조경에서 신선사상이 나타난 우리나라 최초의 조경작품은 백제의 궁남지이다.

③ 고구려의 고분벽화 중 뜰과 들에 관련된 대표적인 것에는 산악도, 신선도, 사신도, 수렵도, 연지도 등이 있다.

④ 고구려의 장안성과 안학궁은 양원양 때 축조하였다.

> 해설
>
> • ① 1928년 김광이 편찬한 한국 역사서(고조선~조선) 대동사강이다.
> • ④ 고구려 안학궁은 장수왕 때 축조한 것이다.

06 우리나라 후원양식의 정원수법이 형성되는 데 영향을 미친 것이 아닌 것은?

① 음양오행설　　② 불교의 영향

③ 유교의 영향　　④ 풍수지리설

07 다음 중 백제시대의 유적이 아닌 것은?

① 몽촌토성　　　② 임류각

③ 장안성　　　　④ 궁남지

> 해설
>
> ③은 고구려시대의 유적이다.

08 다음 중 조선시대 중엽 이후에 정원양식에 가장 큰 영향을 미친 사상은?

① 음양오행설　　② 신성설

③ 자연복귀설　　④ 임천회유설

 정답　01 ②　02 ②　03 ④　04 ②　05 ①, ④　06 ②　07 ③　08 ①

09 조선시대 후원양식에 대한 설명 중 틀린 것은?

① 중엽 이후 풍수지리설의 영향을 받아 후원 양식이 생겼다.

② 건물 뒤에 자리 잡은 언덕배기를 계단 모양으로 다듬어 만들었다.

③ 각 계단에는 향나무를 주로 다듬어 장식하였다.

④ 경복궁 교태전 후원인 아미산, 창덕궁 낙선재의 후원 등이 그 예이다.

> **해설**
>
> 일본정원에 향나무를 사용한다.

10 다음 중 조성시기가 가장 빠른 것은?

① 서울 부암정   ② 강진 다산초당

③ 대전 남간정사   ④ 영양 서석지

> **해설**
>
> ① : 조선 말기, ② : 조선 후기(1808년), ③ : 조선 중기(1683년), ④ : 조선 중기(1636년)

11 창경궁에 있는 통명전 지당의 설명으로 틀린 것은?

① 장방형으로 장대석으로 쌍방향으로 쌓은 석지이다.

② 무지개형 곡선 형태의 석교가 있다.

③ 괴석 2개와 앙련(仰蓮) 받침대석이 있다.

④ 물은 직선의 석구를 통해 지당에 유입된다.

> **해설**
>
> • 통명전 지당 : 연못(방화용수 공급처) 저수지를 합친 우리나라 독특한 구조물
>
> • 앙련 : 연꽃모양 무늬

12 경복궁의 경회루 원지의 형태는?

① 방지형   ② 원지형

③ 반달형   ④ 노단형

13 다음 중 경복궁 교태전 후원과 관계없는 것은?

① 화계가 있다.

② 상량전이 있다.

③ 아미산이라 칭한다.

④ 굴뚝은 육각형이 4개가 있다.

> **해설**
>
> 상량전은 창덕궁 낙선재 후원이다.

14 다음 중 조선시대의 사상적 배경으로 옳지 못한 것은?

① 경주 안압지, 부여 궁남지, 창덕궁 애련지 등은 신선 사상의 영향을 받았다.

② 조선왕조를 한양으로 정하는데 끼친 사상은 도참사상, 풍수지리사상, 음양오행사상이다.

③ 창경궁 내의 통명전, 석란지, 불국사의 구품연지, 통도사의 구룡지는 정토사상이 배경이다.

④ 경복궁 경회루는 유교사상을 배경으로 하는 정원양식이다.

> **해설**
>
> • ③ : 통도사의 구룡지 – 원형연못(극락세계), 연꽃
>
> • ④ : 경복궁 경회루는 신선사상을 배경으로 하는 정원양식이다.

15 아미산 후원 교태전의 굴뚝에 장식된 문양이 아닌 것은?

① 반송   ② 매화

③ 호랑이   ④ 해태

09 ③   10 ④   11 ③   12 ①   13 ②   14 ④   15 ①   **정답**

16 창덕궁 후원의 명칭이 아닌 것은?

① 비원(秘苑)　　② 북원(北苑)

③ 능원(陵苑)　　④ 금원(禁苑)

17 조선시대 궁궐의 침전 후정에서 볼 수 있는 대표적인 것은?

① 자수 화단(化壇)

② 비폭(飛瀑)

③ 경사지를 이용해서 만든 계단식의 노단

④ 정자수

18 우리나라의 정원양식이 한국적 색채가 짙게 발달한 시기는?

① 고조선시대　　② 삼국시대

③ 고려시대　　④ 조선시대

19 다음 창덕궁 후원에 대한 설명 중 맞지 않는 것은?

① 창덕궁 후원은 크게 부용지, 반도지, 옥류천, 애련지의 4개 지역으로 구분할 수 있다.

② 창덕궁 궁궐의 원림 속에 지어진 유일한 모정은 창의정이다.

③ 부용지를 중심으로 부용정, 주합루, 영화당 등이 있다.

④ 창덕궁 후원에는 부용정지, 향원정지 등이 있다.

 해설

향원정지는 경복궁에 있다.

20 다음 중 창덕궁 후원 내 옥류천 일원에 위치하고 있는 궁궐 내 유일의 초정은?

① 애련정　　② 부용정

③ 관람정　　④ 청의정

해설

초정 : 초가집

21 조경식물에 대한 옛 용어와 현재 사용되는 식물명의 연결이 잘못된 것은?

① 자미(紫薇) : 장미

② 산다(山爹) : 동백

③ 옥란(玉蘭) : 백목련

④ 부거(芙渠) : 연(蓮)

해설

• 자미 : 배롱나무　• 산다 : 동백　• 옥란 : 백목련

• 가우 : 장미　• 목근화 : 무궁화　• 행목 : 살구

22 다음 중 왕과 왕비만이 즐길 수 있는 사적인 정원이 아닌 곳은?

① 경복궁의 아미산

② 창덕궁 낙선재의 후원

③ 덕수궁 석조전 전정

④ 덕수궁 준명당의 후원

해설

덕수궁 석조전 전정 : 황제의 집무실이다.

23 다음 정원시설 중 우리나라 전통조경시설이 아닌 것은?

① 취병　　② 화계

③ 벽천　　④ 석지

해설

벽천 : 독일

정답 16 ③　17 ③　18 ④　19 ④　20 ④　21 ①　22 ③　23 ③

24 우리나라 후원양식의 정원에 설치되는 정원 시설물이 아닌 것은?

① 장대석
② 괴석이나 세심석
③ 장식을 겸한 굴뚝
④ 둥근 연못

25 조선시대 후원의 장식용이 아닌 것은?

① 괴석
② 세심석
③ 굴뚝
④ 석가산

26 오방색 중 오행으로는 목(木)에 해당하며 동방(東方)의 색으로 양기가 가장 강한 곳이다. 계절로는 만물이 생성하는 봄의 색이고 오륜은 인(仁)을 암시하는 색은?

① 적(赤)
② 청(靑)
③ 황(黃)
④ 백(白)

27 한국의 주택정원의 특징을 설명한 것 중 적절하지 않은 것은?

① 일상 주거 생활공간과 엄격하게 분리되거나 융합되어 있지 않다.
② 수경은 대개 사랑채 앞뜰에 조성하였다.
③ 정원의 공간은 사회적 신분과 지위에 따라 나뉘지만 완전히 폐쇄되거나 분리되지 않는다.
④ 연못의 조성은 다분히 추상적이고 관념적이며 현학적인 의미가 내재되어 있다.

28 사대부나 양반계급들이 꾸민 별서정원은?

① 전주의 한벽루
② 수원의 방화수류정
③ 담양의 소쇄원
④ 의주의 통군정

> **해설**
>
> • 전주의 한벽루 : 7칸의 정자를 짓고 많은 풍류객들이 모여 시를 읊조리며 풍류를 즐기던 곳
> • 수원의 방화수류정 : 주변의 감시와 지휘하는 군사목적
> • 의주의 통군정 : 조선시대 주읍성의 수정, 정자(평안북도 의주)

29 다음 정자와 누에 대한 설명 중 맞지 않는 것은?

① 정자의 이름은 관(觀), 송(松)자가 많이 쓰였고, 누는 풍(風), 망(望)자가 제일 많이 쓰였다.
② 누는 주변으로부터 용이하게 보이기 때문에 그 주인의 권위성을 표현하는 수단으로 이용하기도 하였다.
③ 누는 지면을 높게 올려 시야를 멀리까지 연장시킬 수 있도록 하는 천지인(天地人)의 삼재(三才)를 일체화하려는 의도가 깃들여 있다.
④ 정자는 많은 사람들이 한데 모여 향유하는 공공기능의 건물이다.

> **해설**
>
> 누 : 많은 사람들이 한데 모여 향유하는 공공기능의 건물

30 우리나라 조선 정원에서 사용되었던 홍예문의 성격을 띈 구조물이라 할 수 있는 것은?

① 정자
② 테라스
③ 트렐리스
④ 아치

> **해설**
>
> 홍예문은 화강암으로 축조된 아치형 터널이다.

31 이격비의 「낙양원명기」에서 원(園)을 가리키는 일반적인 호칭으로 사용되지 않은 것은?

① 원지 ② 원정

③ 별서 ④ 택원

32 조선시대 선비들이 즐겨 심고 가꾸었던 사절우(四節友)에 해당하는 식물이 아닌 것은?

① 난초 ② 대나무

③ 국화 ④ 매화나무

해설

- 사군자 : 매. 난, 국, 죽
- 사절우 : 매, 송, 국, 죽

33 조선시대 경승지에 세운 누각들 중 경기도 수원에 위치한 것은?

① 연광정 ② 사호정

③ 방화수류정 ④ 영호정

해설

연광정 : 평양, 사호정 : 충북 괴산, 영호정 : 전남 나주

34 한국 조경의 특징이 아닌 것은?

① 자연풍경식이다.

② 한국미의 특징은 소박한 형태나 색채의 친근감을 느끼게 하는 아름다움이 있다.

③ 대륙적인 느낌이 없다.

④ 통일신라시대에는 자연과의 조화를 중시하였다.

35 우리나라에서 세계문화유산으로 등록되어 있지 않은 곳은?

① 독립문 ② 고인돌 유적

③ 경주 역사유적지구 ④ 수원화성

해설

세계문화유산으로 등록된 곳은 해인사 장경판전, 종묘, 석굴암, 불국사, 창덕궁, 수원화성, 강화 고인돌 유적, 경주 역사유적지구 등이 있다.

36 우리나라에서 최초의 유럽식 정원은?

① 덕수궁 석조전 앞 정원

② 파고다공원

③ 장충공원

④ 구 중앙청사 주위정원

37 영국인 브라운의 지도하에 덕수궁 석조전 앞뜰에 조성된 정원양식과 관계되는 것은?

① 빌라 메디치 ② 보르비콩트 정원

③ 분구원 ④ 센트럴파크

해설

보르비콩트 정원은 연못과 분수를 중심으로 한 프랑스 정형식 정원이다.

38 우리나라에서 대중을 위해 만들어진 최초의 공원은?

① 장충공원 ② 파고다공원

③ 사직공원 ④ 남산공원

해설

파고다공원(탑골) : 1897년 영국인 브라운이 설계

정답 31 ③ 32 ① 33 ③ 34 ③ 35 ① 36 ① 37 ② 38 ②

01 중국 정원의 특징

① 처음에는 못을 파서 섬을 쌓아 선산으로 꾸몄다가 산수화의 영향을 받아 정원을 조성하였다.

② 풍경식이면서도 경관의 조화보다는 대비에 중점을 두었다(기둥에 붉은색).

③ 하나의 정원 속에 부분적으로 여러 비율을 혼합하여 사용하였다(비례성).

④ 자연의 미와 인공의 미를 같이 사용하였다(수려한 경관에 암석 수목 식재).

⑤ 기하학적 무늬의 전돌 바닥포장, 기괴한 모양의 괴석사용으로 바닥면과 대조를 이루었다(계속적인 변화와 시각적 흥미).

⑥ 축산기법의 발달로 더욱 압축된 산수경관 조성하였다.

⑦ 사실주의 보다는 상징주의적 축조가 주를 이루는 사의주의(事意主義)적 표현이다.

02 중국 정원의 성격

구분	내용
원시적 공원 성격	• 수려한 경관에 누각, 정자를 지음(태산, 여산, 아미산 등)
인위적 조성의 성격	• 암석, 수목 식재, 연못(만수산이궁, 양주와 항주, 서호의 이궁 등)
건물공지 조성의 성격	• 건물 좌우, 뒤편 공지에 조성되는 정원, 태호석을 이용한 석가 • 산, 거석으로 주경관 구성(소주와 북경의 정원)
주택에 중정의 성격	• 건축물로 둘러싸인 공간(中庭) 내에 회화적 정원(벽돌포장, 몇 그루 수목, 화분 배치)

03 시대별 특징

(1) 은(殷)·주(周)시대(BC 300~250) : 대표적인 정원 – 원(園), 유, 포, 영대

가) 공간 요소

구분	내용
영대	정원에 연못을 파고 그 흙을 높이 쌓아 올려 구축한 대(臺)로 낮에는 조망하고 밤에는 밤하늘을 즐겼다.
영유	숲과 못을 갖추고 동물을 사육했으며, 왕후의 놀이터였다.
영소	연못
원유	수렵원으로 야생동물을 방사하였다.

💡 자연풍경식의 대표적인 조경가

시경	영대, 영유, 영소의 정원을 소개하였다.
맹자의 양혜왕 장구	원유에 대한 기록이 있으며, 그 규모가 사방 70리라 하였다.
춘추좌씨전	신하의 포(圃)를 징발하여 유(囿)를 삼았다는 기록이 있다.

(2) 진(秦)(BC 249~207년) : 대표적인 정원 – 아방궁

① 진시황제가 상림원에 아방궁을 세웠다.

② 여산릉(진시황의 묘와 만리장성을 축조하였다.

(3) 한(漢)(BC 206~AD 220년) : 대표적인 정원 – 상림원, 태액지원

구분	내용
상림원	• 중국 최초의 정원, 한 무제가 장안 서쪽에 위수를 만들었다. • 70여 채의 이궁을 짓고 화목 3,000여종을 심었다. 한편 짐승을 사육하며 황제의 사냥터로 사용하였다. • 곤명호, 곤명지, 서파지를 비롯한 6개의 대호수를 원내에 만들었다.
태액지원	• 장안 건장궁 내의 곡지 중 하나이다. • 신선사상에 의한 봉래, 방장, 영주 세 섬을 축조하였다. • 못가에는 청동, 대리석으로 조수(鳥獸)와 용어상을 배치하였다.

💡 건축적 특색

① 대, 관, 각(제왕을 위해 축조)

구분	내용
대(臺)	상단을 작은 산 모양으로 쌓아올려 그 위에 높이 지은 건물[영대(주), 홍대(진), 점대, 백량대, 통천대, 신명대(한)]
관(館), 각(閣)	높은 곳으로부터 궁내의 경관을 바라보기 위한 곳(2각 : 궁이나 서원의 정자)

② 한 시대부터 중정을 한 시대부터 중정을 전돌로 포장하는 기법[포지(鋪地)기법]이 사용되었다.

(4) 삼국시대(221~280년) 및 진(晉)[(265~419년) : 대표적인 정원 – 화림원(삼국시대), 현인궁(진)

구분	내용
화림원 (삼국시대)	• 삼국(위, 촉, 오)시대 : 오나라에서 연못을 중심으로 하는 화림원이라는 같은 이름의 금원을 조영하였다.
현인궁 (진)	• 왕희지의 난정고사에 곡수연을 위해 원정에 곡수를 돌리는 곡수거를 조성했다는 기록이 있다(원정에 곡수를 돌리는 수법의 시초). • 도연명의 안빈낙도 철학이 정원양식에 영향을 미쳤다. • 가난하지만 자연과 전원 속에서 편안한 마음으로 도를 지키는 생활을 하였다.

(5) 당(唐)(618~906년) : 대표정원 – 대명궁, 이궁 – 온천궁(회청궁), 온천궁(화청궁), 이덕유의 평천산장

구분	내용
대명궁	• 태액지(한나라때 금원)를 중심으로 정원이 조성되었다.
이궁	• 온천궁, 화청궁, 홍경궁, 구성궁 등이 있었다. 　– 온천궁(溫泉宮, 화청궁) : 당나라 현종과 양귀비의 설화가 있는 이궁(후에 화청궁으로 개명)으로 백낙천의 장한가와 두보의 시는 화청궁의 아름다움을 노래하고 있다.

구분	내용
이덕유의 평천산장	• 무산 12봉과 동정호의 9파 상징, 신선사상 • 평천산거 계자손기 : 평천을 팔면 내 자식이 아니다.

(6) 송(宋)(960~1279년) : 대표정원 - 만세산(석가산), 창랑정(소주)

   ① 민간정원(소주의 창랑정) : 소순흠이 조성하였고, 소주의 4대 명원 중 하나로 돌과 수목으로 산림 경관 조성, 창문 양식이 다양하다.

   ② 소주의 4대 명원 : 졸정원(명), 사자림(원), 유원(명), 창랑정(송)

(7) 금(金)(1115~1234년) : 대표정원 - 북해공원

   ① 북경에 금원을 만들고 태액지를 조성하였다.

   ② 이후에는 원, 명, 청, 삼대왕조의 궁원구실을 하였다.

   ③ 현재 북해공원으로 공개되고 있다.

(8) 원(元)(1206~1367년) : 대표정원 - 사자림(소주)

   ① 소주의 사자림 : 예찬과 주덕윤이 공동 작업(설계,도면은 예찬)을 하였고 석가산은 태호석을 이용하여 유명하다.

(9) 명(明)(1368~1644년) : 대표정원 - 계성의 원야, 문진형의 장물지, 졸정원(소주), 작원

   ① 기록 : 계성의 「원야」, 문진형의 「장물지」, 왕세정의 「유금릉 제원기」

구분	내용

원야
(일명 탈천공, 계성 저술)
	• 원림 조성에 대해 체계적으로 저술한 책 중 가장 오래된 책이다.
	• 중국 정원을 전문적으로 다룬 유일한 책자로 3권 10항목으로 구성되어 있다.
	• 흥조론(제1권)에서 시공자보다 설계자가 중요함을 강조하였다.
	• 원내배치 및 차경수법
	  - 일(=원)차 : 원경 이용
	  - 인차 : 근경 이용
	  - 앙차 : 올려보기, 높은 산악경치 이용
	  - 부차 : 내려다보기, 낮은 곳 풍경 이용
	  - 응차이차 : 계절에 따른 경관을 경물로 이용
	• 원(園)은 원림을 의미하고 야(冶)는 설계, 조성을 의미한다.

장물지(문진형 저술)	• 모두 12권이며 1권~3권까지 화목, 수석 등 정원에 관해 서술하였다.

(10) 청(靑)(1616~1911년) : 대표정원 - 이화원(만수산 이궁), 건륭화원, 원명원 이궁, 열하피서산장

구분	내용
이화원(만수산 이궁)	• 청나라의 대표적 정원이다[면적이 90만평(현존)]. • 자금성의 신무문과 곤명궁 사이에 있으며 동백나무 등을 식재하였다.
건륭화원	• 석가산과 건축물이 입체적 공간으로 이루어졌다.

구분	내용
원명원 이궁	• 서양식 정원의 시초(강희제가 아들 옹정제에게 만들어준 정원) • 르 노트르 조경양식 영향(뜰 안에 대분천을 중심으로 프랑스식 정원조성)을 받아 서양식 기법을 동양 최초로 도입
열하피서산장	• 남방의 명승과 건축을 모방한 것으로 황제의 여름별장이다.
경산	• 풍수설에 따라 쌓아올린 인조산이다.
서원	• 황궁의 외원으로 태액지 호수에 위치해 있다.

04 소주지방의 4대 명원

① 졸정원(명) : 중국을 대표하는 사가 정원이다.

② 사자림(원) : 기암괴석으로 석가산을 만들었다.

③ 창랑정(북송) : 소주에서 가장 오랜 역사를 지닌 정원이다.

④ 유원(명) : 못 안에 '소봉래'라는 섬을 축조하였다.

01 다음 중국의 조경에 대한 설명 중 바르지 않은 것은?

① 원명원 이궁은 서양의 영향을 받아 조성하였다.

② 소주에는 졸정원이 있고 북경에는 원명원 이궁이 있다.

③ 소주의 4대 정원은 졸정원, 유원, 사자림, 창랑정이다.

④ 이화원은 태액지의 풍경을 본떠서 조성했다.

해설

• 이화원 : 청나라 대표적 정원이다.

• 태액지의 풍경을 본떠서 조성한 곳은 원명호이고, 곤명호는 태액지가 아닌 남방풍(서호 등)을 본뜬 것이다.

02 중국정원의 기원이라 할 수 있는 것은?

① 상림원(上林園)

② 북해공원(北海公園)

③ 원유(苑囿)

④ 승덕이궁(承德離宮)

해설

원유 : 사냥터

03 다음과 같은 특징이 반영된 정원은?

• 지역마다 재료를 달리한 정원양식이 생겼다.
• 건물과 정원이 한 덩어리가 되는 형태로 발달하였다.
• 기하학적인 무늬가 그려져 있는 원로가 있다.
• 조경수법이 대비에 중점을 두고 있다.

① 중국정원

② 인도정원

③ 영국정원

④ 독일 풍경식 정원

04 괴석이라고도 불리는 태호석이 특징적인 정원요소로 사용된 나라는?

① 한국

② 일본

③ 중국

④ 인도

05 원명원 이궁과 만수산 이궁은 어느 시대의 대표적 정원인가?

① 명나라

② 청나라

③ 송나라

④ 당나라

해설

• 원명원 이궁 : 서양식 정원의 시초(강희제가 아들 옹정제에게 만들어준 정원)

• 만수산 이궁 : 청나라 대표적 정원(면적이 90만평)

06 다음 중 중국 4대 명원에 포함되지 않는 것은?

① 작원

② 사자림

③ 졸정원

④ 창랑정

해설

명 : 작원, 원 : 사자림, 명 : 졸정원, 송 : 창랑정

07 다음의 중국정원을 시대별로 조성할 때 순서에 맞게 나열된 것은?

ㄱ 상림원 ㄴ 졸정원 ㄷ 원명원 ㄹ 금정원

① ㄴ → ㄱ → ㄷ → ㄹ

② ㄱ → ㄹ → ㄴ → ㄷ

③ ㄴ → ㄱ → ㄹ → ㄷ

④ ㄹ → ㄱ → ㄴ → ㄷ

해설

한 : 상림원, 명 : 졸정원, 청 : 원명원, 원 : 금정원

08 다음 중 중국에서 가장 오래 전에 큰 규모의 정원으로 만들어졌으나 소실되어 남아있지 않은 것은?

① 중앙공원

② 북해공원

③ 아방궁

④ 만수산이궁

해설

아방궁은 진(秦)나라의 진시황제가 세운 대표적인 정원이다.

01 일본정원의 특징

(1) 돌과 모래의 정원

구분	내용
석조	돌의 배열, 신앙의 대상이며, 시각의 대상, 자연경관을 축소하여 돌 그 자체의 형태와 색채의 미를 감상
모래	실내의 조명, 바다, 계류, 구릉 등의 상징물로 사용(고산수식 정원), 자갈의 크기와 색채의 변화를 주로 사용함
석등	정원의 조명, 형태는 한국적인 것과 일본 고유의 석등으로 나눔
수수분	물확 또는 돌확, 석연지와는 완전히 다름, 자연석을 이용하고 원통형, 원형, 사각형 등이 있음(돌 수반)
다리	석교, 목교, 평교, 홍교(오교, 홍예, 아치형)
비석	디딤돌로 3행석, 5행석 등이 있음

(2) 물과 계류를 이용한 정원

① 지(池) : 복잡한 자유곡선, 자연의 축소, 호안(물가)에 식재

② 계류(溪流) : 물소리, 자연의 계곡과 계류 도입

③ 폭포(瀑布) : 1단 또는 여러 단으로 꾸밈

(3) 나무와 이끼

① 대나무, 소나무, 향나무, 전정 등으로 진입부 쪽에 생울타리를 조성한다.

② 이끼를 사용한다.

02 시대별 특징

(1) 비조시대(아스카시대) : 대표정원 양식 - 임천식

① 612년 백제의 노자공이 황궁의 남정에 불교 사상의 세계관을 배경으로 수미산과 오교를 조성하였다.

② 일본 정원의 효시로 이는 일본 정원 양식에 영향을 미쳤으며, 「일본서기(최초의 기록)」에 기록되었다.

(2) 평안시대(헤이안시대) : 대표정원 양식 - 침전식

① 침전조 지원 양식 : 주 건물을 침전으로 그 앞에 연못 등의 정원을 조성하였다.

구분	내용
동삼조전	• 침전조 양식의 대표적인 정원으로 연못에 3개의 섬이 있다. • 주변은 자연지형의 산과 울창한 나무가 있고 섬과 섬 사이의 평교, 홍교가 설치되었으며 꽃나무가 식재되었다.

구분	내용
작정기(作庭記)	• 굴준망이 쓴 일본 최초의 조원 지침서이다. • 침전조 건물에 어울리는 조원수법이 기록되어 있다. • 돌을 세울 때 마음가짐, 폭포나 연못 만드는 법, 물을 끌어오고 내보내는 방법 등이 기록되어 있으며, 전국 명승을 본 따서 만드는 것을 방침으로 하였다.

(3) 겸창시대(가마쿠라시대) : 대표적인 정원 양식 – 침전식, 축산임천식, 회유임천식

① 가마쿠라 막부시대로 정토정원과 선종교가 융성하였다.

② 중엽 이후 정토교의 영향이 감소하고 선종 사상의 영향이 증가하면서 사찰의 개인적 성격이 강화되었다.

③ 초기의 주유식 지천 정원의 형태에서 회유식 지천 정원의 연못으로 변화하다 후반기에는 회유식 정원이 주를 이루었다.

④ 대표적인 선종 정원 : 서방사 정원, 서천사 정원, 남선원 정원

⑤ 선종정원의 창시자 : 몽창소석(夢窓疎石), 몽창국사(夢窓國師)로 가마쿠라, 무로마치 시대의 대표적 조경가이며 서방사, 서천사, 혜림사, 청룡사 정원 등을 조경하였다.

※ 서방사 정원 : 고산수 지천 회유식 정원으로 회유식 심(心)자형 연못이 있고 여러 개의 소지 가장자리에 야박석이 있다.

(4) 실정시대(무로마치시대) : 대표적인 정원 양식 – 축산고산수식, 평정고산수식

가) 개요

① 조석이 중시되고 전란의 경제적인 제약으로 정원이 축소되어 가는 경향이었다.

② 선(禪) 사상이 정원 축조에 영향을 주었다.

③ 축산고산수식(1378~1490년), 평정고산수식(1490~1580년)으로 고산수 정원이 발달하였다.

구분	내용
축산고산수 정원	바위(폭포), 왕모래(냇물), 다듬은 수목(산봉우리) 등으로 추상적인 정원을 꾸민 것이다. 예 대덕사 대선원 정원
평정고산수 정원	수목을 사용하지 않고 왕모래(바다), 정원석(섬)으로 꾸민 것이다. 예 용안사 방장 정원

나) 고산수 정원의 특징

① 물을 사용하지 않고 산수의 풍경을 상징적으로 나타냈다.

② 모래 등으로 물결 모양을 표현하고 암석을 세워 폭포를 조성하며, 돌을 배치하여 섬 또는 반도를 표현하였다.

③ 방과 마루에서 감상할 수 있도록 작은 마당에 주로 꾸며졌다.

④ 초기의 묵화적인 산수를 사실적으로 취급한 것으로부터 추상적인 의장으로 변해갔다.

⑤ 상징적이고 회화적이며 신선사상의 북종화(중국회화의 유파)에 영향을 받았다.

⑥ 용안사 방장 정원, 대덕사의 취광원, 금지원 등이 대표적 정원이다.

※ 의장 : 시각을 통해 미감(美感)을 일으키는 것

(5) **도산시대(모모야마시대)** : 대표적인 정원 양식 – 다정양식(1580~1600년)

　가) 다정원(茶庭園)

　① 다실과 다실에 이르는 길을 중심으로 좁은 공간에 꾸며지는 일종의 자연식 정원으로 자연의 운치를 연상시키는 데 그 특징이 있다.

　② 뜀돌(디딤돌)이나 포석수법을 구사하여 풍우에 씻긴 산길을 나타내고, 수통이나 돌로 만든 물그릇으로 샘을 상징한다[수통(水筒) : 물이 통하는 관].

　③ 오래된 석탑이나 석등을 놓아 수림 속에 쇠퇴해버린 고찰의 분위기를 재현한다.

　④ 마른 소나무 잎을 깔아 지피를 나타내는 등 제한된 공간 속에 깊은 산골의 정서를 표현한다.

　⑤ 소나무 삼나무 등을 심고 담쟁이 넝쿨을 올려 가을단풍이나 낙엽으로 산거(山居)의 분위기를 나타낸다.

(6) **강호시대(에도시대)** : 대표적인 정원 양식 – 지천회유식(1600~1868년)

　① 전기에는 교토 중심이었고 중기 이후에는 에도 중심이었다.

　② 후원은 건물과 독립된 정원으로 지천회유식(池泉回遊式)이었다.

　③ 서원정원은 건물에 종속되며 회화식으로 옥내에서 조망하도록 조성되었다.

　④ 대표적 조경가는 소굴원주이다.

(7) **명치시대(메이지시대)** : 대표적인 정원 양식 – 축경식(1868년~)

　① 서양식 정원이 도입되었다.

　② 서양식 화단과 암석원 등이 도시공원에 도입되었다(프랑스식 정형식 정원, 영국식 풍경식 정원의 영향을 받았다).

　③ 대표적인 서양식 정원

구분	내용
동경의 신숙어원 (新宿御苑, 신주쿠코엔)	영국식의 넓은 잔디밭, 프랑스식 식수대, 열식, 일본식의 지천회유식 정원 등 세부적으로 공원을 구성하고 있다.
아카사카 리큐 (적판이궁(赤阪離宮))	프랑스 베르사유 궁전을 모델로 하여 설계되었으며, 현재 국빈을 접대하는 영빈관으로 사용한다.
히비야(日比谷)공원	도쿄에 있으며, 최초의 근대 서양식 조경 도시공원이다.

🌳 적중 예상문제

01 다음 중 일본의 축산고산수 정원에서 강조의 중심이 될 수 있는 성질이 가장 강한 것은?

① 폭포와 바위돌   ② 왕모래
③ 정자   ④ 잔디밭

해설

축산고산수 정원은 추상적 정원으로 수목으로 산봉우리, 바위로 폭포, 왕모래로 냇물을 꾸민 것이다.

02 다음 고산수식에 관한 설명 중 맞지 않는 것은?

① 무로마치시대에 고산수정원으로 정착되었다.
② 물과 나무를 이용해서 산수의 풍경을 나타냈다.
③ 모래와 백사를 물결모양으로 표현하고 암석을 세워 폭포를 조성했으며, 돌을 배치하여 섬, 반도를 표현했다.
④ 작은 마당에 설치하여 방과 마루에서 감상하였다.

03 일본정원에서 가장 중점을 두고 있는 것은?

① 대비   ② 조화
③ 반복   ④ 대칭

04 다음 헤이안시대의 정원에 대한 설명 중 틀린 것은?

① 헤이안시대 전기의 정원 중 해안풍경을 본떠서 만든 것은 가비라인이다.
② 신선사상이 조경에 영향을 미쳤다.
③ 지원 안에 섬을 축조하였다.
④ 용안사는 헤이안시대 후기에 조성된 정원이다.

해설

용안사는 평정고산수 정원이며 무로마치시대에 조성된 정원이다.

05 일본정원 문화의 시초와 관련된 설명으로 옳지 않은 것은?

① 오교   ② 노자공
③ 아미산   ④ 일본서기

06 일본의 모모야마시대에 새롭게 만들어져 발달한 정원양식은?

① 회유임천식   ② 축산고산수식
③ 종교수법   ④ 다정

해설

① : 가마쿠라시대, ② : 무로마치시대

07 일본의 침전식 정원기법의 주요 구성요소는?

① 수목과 정원석   ② 화단과 잔디
③ 연못과 섬   ④ 돌과 모래

01 ①   02 ②   03 ②   04 ④   05 ③   06 ④   07 ③   정답

47

08 자연경관을 인공으로 축경화하여 산을 쌓고, 연못, 계류, 수림을 조성한 정원은?

① 전원 풍경식 　　② 회유임천식

③ 고산수식 　　　 ④ 중정식

09 다음 무로마치시대의 조경에 관한 설명 중 옳지 않은 것은?

① 일본정원에서 고산수식이 유행했던 시대이다.

② 선사상이 정원축조의 의도에 강한 영향을 미쳤다.

③ 천룡사지원, 자조사지원, 대덕사의 취광원, 용안사 정원 등이 있다.

④ 용안사 방장 선원 정원은 두 개의 거대한 돌을 세워 절벽과 폭포를 표현하였다.

해설

• 평정고산수 정원 : 왕모래로 바다, 정원석으로 섬을 꾸민 것 예 용안사 방장 선원 정원
• 축산고산수 정원 : 수목으로 산봉우리, 바위로 폭포, 왕모래로 냇물 등 추상적인 정원을 꾸민 것
예 대덕사 대선원

10 귤준망의 「작정기」에 수록된 내용이 아닌 것은?

① 서원조정원 건축과의 관계

② 원지를 만드는 법

③ 지형의 취급방법

④ 암석의 의장법

해설

서원조정원 : 침전조

11 강호시대의 동해사(東海寺), 금지원(金池院) 등의 조영에 관여한 일본의 조경가는?

① 노자공 　　　　② 몽창국사

③ 소굴원주 　　　④ 대구보후

해설

비조아스카 : 노자공, 무로마치시대 : 몽창국사

12 동양식 정원과 관련이 없는 것은?

① 음양오행설 　　② 자연숭배

③ 신선설 　　　　④ 인물중심

13 일본의 축산고산수 정원에 대한 설명으로 옳지 않은 것은?

① 나무를 다듬어 산봉우리를 표현하였다.

② 왕모래로 냇물을 상징하였다.

③ 바위를 세워 폭포를 상징하였다.

④ 물을 이용하여 산수의 풍경을 나타냈다.

정답 08 ② 09 ④ 10 ① 11 ③ 12 ④ 13 ④

4 서양의 조경양식 ① - 서양조경의 분류

01 정형식 정원

종류	대표적인 예
평면기하학식	• 평야지대에서 발달한 프랑스 정원이 대표적이다. • 프랑스 정원(평면상의 대칭적 구성)
노단식	• 이탈리아 정원, 바빌로니아 공중정원, 이탈리아 빌라 정원이 있다. • 이탈리아 노단식 정원은 경사지형을 이용한 대표적 정원이다. • 우리나라 경복궁 후원의 아미산 후원은 노단식 정원이다.
중정식	• 중세 수도원, 스페인 정원(파티오 회랑식, 소규모 분수나 연못 중심)이 있다.

02 자연식 정원

종류	대표적인 예
전원풍경식	• 넓은 잔디밭을 이용하여 전원적이며 목가적인 자연풍경을 관상할 수 있다. • 영국에서 발생하여 후에 독일의 풍경식 정원으로 발전하였다.
회유임천식	• 숲과 깊은 굴곡의 수변을 이용하여 정원을 돌아다니면서 회유 관상할 수 있도록 조경한다. • 구성 요소 : 곡선형 산책로, 연못과 개울, 다리, 자연스러운 지형을 활용한다. • 영국의 스토우 조경 정원, 블레넘 궁전 정원 등
고산수식	• 산악 지형을 모방하여 암석과 저성장 식물을 배치한 정원이다. • 구성요소 : 바위, 고산식물, 작은 폭포나 개울 • 스위스의 알파인 정원, 영국 큐 왕립식물원(Kew Garden)의 알파인 정원 등

03 절충식 정원

종류	대표적인 예
자연식＋정형식	• 형식의 자유로움과 미적 다양성을 중시하며, 다양한 양식을 섞어 만든 개성 있는 정원이다. • 키 가든, 비드울리어 가든, 쁘띠 트리아농 등

5 서양의 조경양식 ② - 서양조경의 개요와 형태

01 고대시대

(1) 이집트(BC 3200~525년) : 양식 - 정형식

종류	정원형태
주택정원	• 무덤의 벽화로 추측하고 현존하지 않는다.
신전정원	• 데르 엘 바하리 신전(세계 최고 유적)

종류	정원형태
묘지정원	• 사자(死者)의 정원 또는 영원 • 이집트인의 내세관에서 기인한 것으로 무덤 앞에 영혼의 휴식처로 소정원을 꾸몄다.

(2) 서부아시아(BC 3000~333년) : 양식 – 정형식

종류	정원형태
지구라트(Ziggurat)	대규모 동산을 만들어 정상에 신전을 구축하여 수호신을 모신다. 예 바벨탑
수렵원 (Hunting garden)	어원은 '짐승을 기르기 위해 울타리를 두른 숲'이며 오늘날 공원의 시초가 되었다.
공중정원 (Tel Amran Lbn Ali, 추장 알리의 언덕)	신바빌로니아의 네부카드네자르 2세가 왕비 아미티스를 위해 테라스에 식재로 인공의 산을 조성(인공관수, 방수층)한 것으로 세계 7대 불가사의 중 하나이다.
길가메시	수렵원(사냥터) 경관을 전하는 최고의 문헌이다.

(3) 그리스(BC 5세기경) : 양식은 정형식이며, 시민의식이 시작되었고 자연환경은 지중해성 기후로 연중 온화하여 옥외생활을 즐겼다.

종류	정원형태
프리에네(Priene) 중정	• 바닥은 돌로 포장하고 장식화분에 장미, 백합 등의 향기있는 식물을 식재한다.
아도니스원 (Adonis Garden)	• 아도니스의 죽음을 애도하는 제사에서 유래하였고, 포트에 밀, 보리 등을 심어 장식하였으며, 후에 일종의 옥상정원과 포트 가든(Pot Garden)으로 발달하였다.
성림	• 수목과 숲을 신성시하여 신전 주위에 수목과 숲을 조성하고, 분수, 꽃으로 장식 하여 성스러운 정원을 만든다. • 과수보다 녹음수 위주로 식재하고, 신들에게 특별한 떡갈나무와 올리브를 받쳤다고 한다. • 시민들이 자유롭게 이용하였다.
아고라(Agora)	• 도시관, 의회당, 신전, 야외음악당 등 건물로 둘러싸인 도시활동의 중심지로 시장, 집회소로 이용하였다.
짐나지움	• 체육훈련을 하는 자리이다.

(4) 로마(BC 8세기~5세기) : 양식은 정형식이며, 로마의 정원은 3개의 공지(空地)로 구성된 중정(中庭 Patio)식 정원이고 별장 주택인 빌라가 발달하였다.

가) 주택정원 : 품페이 주택정원은 2개의 중정과 1개의 후원으로 내향적인 구성이다.

종류	정원형태
제1중정 (Atrim, 아트리움)	• 손님이나 상담을 위한 공적공간으로 무열주 중정이며 바닥 돌포장, 화분장식을 하였다.
제2중정 (Peristylim, 페리스틸리움)	• 주정이고 가족을 위한 사적공간으로 주랑식 정원이며, 바닥은 포장되지 않은 채 탁자와 의자를 배치하였다. • 화훼를 정형적으로 식재, 분수, 조각, 제단, 돌수반으로 배치하였다.
후정(Xyatus, 지스터스)	• 수로를 축으로 좌우에 산책로인 원로와 화단을 대칭적으로 배치하였고, 군식 또는 5점형으로 식재하였다.

나) 포럼(Forum)

① 그리스의 아고라에 비해 시장기능은 빠지고 지배계급의 상징적 지역 및 업무 중심 지역으로 왕의 행진, 집단이 모여 토론할 수 있는 광장의 성격을 가지고 있다.

② 둘러싸인 건물군에 의해 일반광장, 시장광장, 황제광장으로 구분한다.

다) 별장(빌라,Villa)

① 자연동경, 피서, 부호의 과시욕으로 도시풍 별장과 전원풍 별장이 있다.

② 빌라의 특징(로마의 3대 빌라)

  • 라우렌틴 빌라 : 전원풍과 도시풍의 혼합형 별장

  • 토스카나 빌라 : 작은 필리니 소유의 도시형 별장

  • 아드리아누스 빌라 : 아드리아누스 황제의 별장

02 중세시대

(1) **서구유럽** : 양식 – 정형식

① 수도원정원 : 전기는 이탈리아, 후기는 프랑스·잉글랜드지역 중심으로 발달하였다.

② 공통 : 폐쇄적 정원이며 자급자족의 성격이 있다.

(2) **이슬람**

가) 이란(7~13세기) : 양식은 정형식이며, 물과 녹음을 중시한 전형적인 오아시스 도시인 이스파한이 있다.

나) 스페인(8~15세기) : 양식 – 정형식+중정시

① 코로도바 지역은 옛 로마의 별장 및 정원 유적의 영향을 받아 파티오(Patio)식 정원이 발달하였다.

  ※ 파티오(Patio)식 정원 : 건물로 둘러 쌓인 스페인식 정원

② 그라나다의 알함브라(Alhambra palace) 궁전과 제네랄리페(Generalife) 이궁(=헤네랄리페)이 있다.

구분	내용

그라나다의
알함브라(Alhambra palace) 궁전
	• 알함브라는 아라비아어로 적색도시라는 뜻이며, 주요 건물이나 성채를 붉은 벽돌로 지은 것에서 유래하였다. → 4개의 중정
	• 알베르카(Alberca) 중정(이슬람적 성격)
	  - 궁전의 주정으로 공적기능을 가지고 있으며 사라센양식의 탑이다.
	• 사자(Lions) 중정(이슬람적 성격)
	  - 주랑식 중정으로 가장 화려하다.
	  - 검은 대리석으로 만든 12마리의 사자가 수반과 분수를 받치고 있다.
	  - 분수로부터 네 개의 수로가 뻗어 중정을 사분하고 있다.
	• 린다라야(lindaraja) 중정(기독교적 성격)
	  - 중정 가운데에 분수를 시설하여 여성적인 분위기를 연출하였다.
	  - 가장자리에 회양목을 식재하여 여러 모양의 화단을 만들었다.
	• 창격자(Reja) 중정(기독교적 성격)
	  - 가장자리 창문(철로 만든 격자창) 모양
	  - 중정 네 귀퉁이에 사이프러스를 식재하여 사이프러스 중정이라고도 하였다.

제네랄리페(Generalife) 이궁 (=헤네랄리페)	그라나다왕의 피서를 위한 은둔처로서 경사지의 계단식 처리와 기하학적인 구성으로 되어 있다.

(3) 무굴인도(16~19세기) : 양식은 정형식이며, 묘지와 정원의 결합형태인 타지마할이 있다.

03 르네상스시대

(1) 이탈리아(15~17세기) : 양식 – 정형식(노단식)

① 계단폭포, 물 무대, 분수, 정원극장, 동굴 등이 가장 많이 나타난다.

② 높이가 다른 여러 개의 노단(테라스)의 조화로 좋은 전망을 살리고자 하였다.

③ 평면적으로 강한 축을 중심으로 정형적 대칭을 이룬다.

④ 축을 따라 또는 축을 직교하여 분수, 연못, 벽천, 장식화분 등을 설치하였다.

⑤ 지형과 기후로 구릉과 경사지에 빌라가 발달히였고, 지형 극복을 위해 노단과 경사지를 이용하였다.

구분	대표적인 정원
메디치 빌라 (Villa Medici)	• 미켈로조(Michelozzo)가 설계하였고, 주변의 전원풍경을 즐길 수 있도록 차경(借景)수법을 사용하였다.

구분	대표적인 정원
벨데베레원 (Beldevere garden)	• 브리망태가 바티칸궁과 교황의 여름 거주지인 벨데베레 구릉의 빌라를 연결하여 설계한 것으로 16세기 대표적인 정원이다. • 이탈리아 노단건축식 정원양식의 시초이다.
파르네제 빌라 (Villa Farnese)	• 르네상스 3대 별장 중 하나로 비뇰라가 설계하였다. • 2개 층의 테라스가 있으며, 계단에는 캐스케이드로 수로를 형성하였다.
에스테 빌라(Villa D'Este)- 세계문화유산	• 리고리오가 설계하였으며 평탄한 노단 중앙의 중심축선이 최상부 노단에 이르고 이 축선상에 분수를 설치하였다. • 물을 다양하게 사용하여 100여 개의 분수로 물풍금, 용의 분수 등을 조성하였다.
란테 빌라 (Villa Lamte)	• 비뇰라가 설계한 것으로 에스테 빌라보다 소규모이고 담으로 둘러싸여 있으며 4개의 노단으로 구성되어 정원의 축과 연못의 축이 완전히 일치한다.

※ 르네상스 3대 빌라 : 파르네제 빌라, 에스테 빌라, 란테 빌라

(2) **프랑스(17세기)** : 양식 – 평면 기하학식

① 비스타(Vista, 통경선, 초점경관)으로 좌우로의 시선이 숲 등에 의해 제한되고 정면의 한 점으로 모이도록 구성되어 주축선이 두드러지게 하는 경관구성수법이다.

② 산림 내 소로를 이용하여 장엄한 경관을 전개하였다.

③ 산림에 싸인 내부공간은 다양한 형태와 색채를 도입한 기하학적이고 장식적인 정원을 구성하였고 넓은 평지에는 거대한 옥외공간을 형성하였다.

④ 장식적인 평면구성으로 소택지 등의 평지를 적극 활용하였다.

구분	대표적인 정원
보르비콩트(Vaux-Le-Vicomte) 정원	루이 14세 때 재무장관 니콜라 푸켓의 저택으로 앙드레 르 노트르가 설계하고, 루이 르 보가 건축하고, 샤를 르브룅이 장식하였다.
베르사유 궁전	루이 14세의 지시로 앙드레 르 노트르에 의해 조성된 세계 최대 규모의 정형적 정원이다.

※ 앙드레 르 노트르(1613~1700) : 프랑스 조경가이며, 이탈리아에 평면기하학식을 확립하였다. 대표작품으로는 퐁텐블로, 샹틸리, 보르비콩트, 베르사유 궁원, 생클루 등이 있다.

※ 비스타 정원 : 주축선이 두드러지게 하는 수법

04 근대시대

(1) **영국(17세기)**

가) 양식 ❶ – 정형식

① 바다로 인한 온난 다습한 기후이며 완만한 구릉이 많고 강과 소하천이 완만하다. 17세기까지 정형식 정원, 18세기 후에는 자연풍경식 정원으로 변화되었다.

② 매듭화단과 미원은 모두 중심축을 기준으로 하여 기하학적으로 구성되었다.

나) 양식 ❷ – 자연풍경식

구분	대표적인 정원
로샴 공원 (Rousham Garden)	• 찰스 브릿지맨(C. Bridgema)이 설계하고, 윌리엄 켄트(W. Kent)가 수정하였다.
스토우 정원 (Stowe Garden)	• 찰스 브릿지맨과 윌리엄 켄트가 설계한 후 다시 브라운이 개조한 것으로 하하(Ha-Ha) 수법(도랑 형성)을 도입하였다.
스투어헤드 (Stourhead	• 헨리호어가 건물을 설계하고 켄트와 브릿지맨이 정원을 설계하였다. • 18세기 영국의 자연풍경식 정원의 원형이 잘 남아 있는 작품이다.

💡 **자연풍경식의 대표적인 조경가**

찰스 브릿지맨 (C.Bridgeman, 1680~1783년)	하하(Ha-Ha)기법을 도입하였다.
윌리엄 켄트 (W. Kent, 1684~1748년)	근대 조경의 아버지로 불리우며 "자연은 직선을 싫어한다."는 말을 남겼으며, 기하학적인 직선을 배척하고 부드럽고 불규칙적인 생김새의 정원을 구성하였다.
라셀롯트 브라운 (L. Brown, 1715~1783년)	일명 케이퍼 빌리티 브라운이라고도 하며 스토우정원 등 많은 영국정원을 수정하였다.
험프리 렙턴 (Humphy Repton, 1752~1818년)	레드북(Red book)에 개조 전과 개조 후의 모습을 비교할 수 있는 스케치를 하였다.
윌리엄 챔버	동양 정원론을 출판하여 중국 정원을 소개하였으며 큐가든에 중국식 건물과 탑을 세웠다.

(2) 프랑스(18세기 말~19세기 초) : 양식은 자연풍경식이며, 대표적인 것이 쁘띠 트리아농이다.

(3) 독일(18세기 말) : 양식 – 풍경식

구분	대표적인 정원
무스코 정원 (퓌클리 무스코 공작의 정원)	• 강물을 자연스럽게 흐르도록 하는 등 수경시설에 역점을 두었다.
분구원	• 주민의 보건을 위해 200m² 정도 되는 소정원을 시민에게 대여한 채소, 과수, 꽃 등의 재배와 위락을 위한 공간이다. • 현재까지도 실용적 측면에서 시행되고 있다.

(4) 미국(18~19세기) : 양식 – 풍경식

① 세계 여러나라로부터의 이민으로 인구가 급격히 증가하여 뉴욕시를 정리할 필요가 생기면서 중앙부에 344헥타아르(ha)에 이르는 공원을 축조하는 시조례를 제정하였다.

② 1854년 뉴욕에 옴스테트가 회화적 수법으로 공원을 축조하였다.

③ 대표적인 공원 : 센트럴파크(Central Park)
   • 영국 최초의 공공공원인 버큰헤드 공원의 영향을 받은 최초의 공공 조성 도시공원이다.
   • 미국 도시공원의 효시가 되었고 국립공원 운동에 영향을 주어 1872년 옐로스톤 공원(Yellow Stone Park)이 최초의 국립공원으로 지정되었다.
   ※ 최초의 자연공원 : 요세미티
   ※ 시카고 박람회 : 옴스테드(조경), 번함(건축)

05 현대시대

(1) 영국(19세기) : 양식 – 공공공원

① 공공적 성격의 공원(19세기 영국 조경)이며 산업혁명 이후 사유정원을 개방하였다.

② 대표적인 공원

구분	내용
리젠트 파크 (Regent Park)	• 건축가 존 나쉬가 런던의 리젠트 거리에 띠 모양의 숲을 조성한 후 1811년 리젠트공원이 되었다.
세인트 제임스 공원 (St. James Park)	• 존 나쉬가 긴 커넬을 물결무늬의 연못으로 개조하였다.
버큰헤드 공원 (Birkenhead Park)	• 1843년 조셉 팩스턴이 설계하고 역사상 시민의 힘으로 설립된 최초의 공원이다. • 사적인 주택단지와 공적 위락용으로 나누었으며(리젠트공원과 같은 방법), 주택단지 분양에서 얻은 수익으로 위락공원을 조성하였다. • 옴스테드의 센트럴파크 공원 개념 형성에 큰 영향을 주었다.

(2) 독일(19세기) : 양식 – 주택정원

① 과학적 지식을 이용하여 식물생태학과 식물지리학에 기초한 자연경관의 재생이 목적이었다.

② 그 지방의 향토 수종을 배식하여 자연스러운 경관을 형성하였으며, 실용적인 형태의 정원이 발달하였다.

   ※ 서양 조경의 발달순서 : 이집트, 서부아시아, 그리스, 로마, 스페인, 이탈리아(16세기), 프랑스(17세기), 영국(18세기), 독일

01 다음 중 가장 오래된 정원은?

① 공중정원(Hanging Garden)

② 알함브라(Alhambra) 궁전

③ 베르사유(Versailes) 궁전

④ 보르비콩트(Vaux-Le-Vicomte)

> **해설**
>
> • 서아시아 최초의 옥상정원 : 바빌론의 공중정원
> • 알함브라 궁전 : 무어양식의 극치
> • 베르사유 궁전 : 최대 규모의 정형적 정원
> • 보르비콩트 정원 : 세계 최초의 평면기하학식 정원

02 서양에서 정원이 건축의 일부로 종속되던 시대에서 벗어나 건축물을 정원양식의 일부로 다루려는 경향이 나타난 시대는?

① 중세시대

② 르네상스시대

③ 고대시대

④ 현대시대

03 조경양식을 형태적으로 분류했을 때 성격이 다른 것은?

① 평면기하학식

② 중정식

③ 회유임천식

④ 노단식

> **해설**
>
> • 절충식-정형식 : 평면기하식(프랑스), 노단식(이탈리아), 중정식(스페인)
> • 자연(전원)풍경식 : 회유임천식(중국, 일본), 전원풍경식(영국, 독일), 고산수식(일본)

04 다음 중 넓은 잔디밭을 이용한 전원적이며 목가적인 정원양식은 무엇인가?

① 전원풍경식

② 회유임천식

③ 고산수식

④ 다정식

> **해설**
>
> • 전원풍경식 : 영국, 독일
> • 회유임천식 : 중국 – 대비, 일본 – 조화
> • 고산수식, 다정식 : 일본

05 다음 중 실용성과 자연성을 동시에 가지고 있는 형태의 조경양식은?

① 정형식 정원

② 자연식 정원

③ 절충식 정원

④ 기하학식 정원

06 이슬람 정원의 알함브라 궁전에서 궁전의 주정원 역할을 한 곳은?

① 린다라야 중정

② 사자의 중정

③ 알베르카 중정

④ 창격자 중정

> **해설**
>
> • ① 알베르카 중정 : 궁전의 주정, 사라센 양식의 탑
> • ② 사자 중정(이슬람 성격) : 가장 화려함
> • ③ 린다라야 중정(기독교적 성격) : 여성적 분위기, 회양목 식재. 여러 모양의 화단
> • ④ 창격자 중정(기독교적 성격) : 가장자리 창문 모양

07 '사자(死者)의 정원'이라는 이름의 묘지정원을 조성한 고대 정원은?

① 그리스 정원

② 바빌로니아 정원

③ 페르시아 정원

④ 이집트 정원

08 중세 수도원의 전형적인 정원으로 예배실을 비롯한 교단의 공공건물에 의해 둘러싸인 네모난 공지를 가리키는 것은?

① 아트리움(Atrium)

② 페리스틸리움(Peristulium)

③ 클라우스트룸(Claustrum)

④ 파티오(Patio)

> **해설**
>
> • ① : 제1중정이고 손님이나 상담을 위한 공적공간이며, 무열주 중정
> • ② : 제2중정이고 주랑식 정원이며, 가족을 위한 사적 공간
> • ④ : 스페인식 정원

정답 01 ① 02 ② 03 ③ 04 ① 05 ③ 06 ③ 07 ④ 08 ③

09 다음 서아시아의 조경 중 오늘날 공원의 시초인 것은?

① 공중정원　　　　② 수렵원
③ 아고라　　　　　④ 묘지정원

 해설

수렵원 : 인공으로 언덕을 쌓고 정상에 신전, 인공호수를 조성(짐승을 기르기 위해 울타리를 두른 숲, 왕의 사냥터)

10 조경양식 중 이슬람 양식의 스페인 정원이 속하는 것은?

① 평면 기하학식　　② 노단식
③ 중정식　　　　　④ 전원풍경식

해설

• 프랑스 : 평면 기하학식
• 이탈리아 : 노단식
• 영국, 독일 : 전원풍경식

11 아라비아 지방의 초기 이슬람정원에 대한 설명 중 맞지 않는 것은?

① 7세기 초엽 이란 지방을 중심으로 한 페르시아 문화가 중심이 되었다.
② 정원에 물이 가장 중요한 요소로 작용하였다.
③ 인간이나 동물의 형태를 뜻하는 조각물을 많이 사용하였다.
④ 외적 방어와 프라이버시를 위해 높은 울담을 둘렀다.

해설

이슬람 문화에서는 우상숭배를 금지하기 때문에 인간이나 동물의 형태를 묘사하는 조각물은 정원에서 거의 사용되지 않았음

12 다음 정원의 개념을 잘 나타내고 있는 중정은?

> • 무어 양식의 극치라고 일컬어지는 알함브라 궁의 여러 중정 중 하나임
> • 4개의 수로에 의해 4분되는 파라다이스 정원
> • 가장 화려한 정원으로서 물의 존귀성이 드러남

① 사자의 중정　　　② 창격자 중정
③ 연못의 중정　　　④ 린다라야 중정

13 인도의 정원에 관한 설명 중 틀린 것은?

① 인도의 정원은 옥외실의 역할을 할 수 있게 꾸며졌다.
② 회교도들이 남부 스페인에 축조해 놓은 것과 유사한 모양을 갖고 있다.
③ 중국이나 일본, 한국과 같이 자연풍경식 정원으로 구성되어 있다.
④ 물과 녹음이 주요 정원 구성요소이며, 짙은 색채를 가진 화훼류와 향기로운 과수가 많이 이용되었다.

해설

인도의 정원은 형식적이고 대칭적인 기하학적 디자인이 중심이 되는 정원 양식을 가진다.

14 16세기 무굴제국의 인도정원과 가장 관련이 있는 것은?

① 타지마할　　　　② 지구라트
③ 지스터스　　　　④ 알함브라 궁원

해설

①은 대표적인 이슬람 건축, 무덤사원, 정원 연못들의 종합건축물이다.

15 영국의 버큰헤드 공원의 영향을 받은 미국의 최초의 공공 조성 도시공원은?

① 요세미티
② 엘로스톤 공원
③ 센트럴파크
④ 리젠트 파크

16 이탈리아 르네상스시대의 조경 작품이 아닌 것은?

① 빌라 토스카나(Villa Toscana)
② 빌라 란셀로티(Villa Lancelotti)
③ 빌라 메디치(Villa de Medici)
④ 빌라 란테(Villa Lante)

> **해설**
>
> 빌라 토스카나는 도시풍의 작은 별장이다.

17 수도원 정원에서 원로의 교차점인 중정 중앙에 큰 나무 한 그루를 심는 것을 뜻하는 것은?

① 파라다이소(Paradiso)
② 바(bagh)
③ 트렐리스(Trellis)
④ 페리스탈리움(Peristulium)

> **해설**
>
> 원로의 교차점인 중정 중앙에 수목식재 또는 물받이 수반(기독교적 속죄의 의미임)

18 다음 중 이탈리아 정원의 장식과 관련된 설명으로 가장 거리가 먼 것은?

① 기둥, 복도, 열주, 퍼걸러, 조각상, 장식분이 장식된다.
② 계단폭포, 물 무대, 정원극장, 동굴 등이 장식된다.
③ 바닥은 포장되어 곳곳에 광장이 마련되어 화단으로 장식된다.
④ 원예적으로 개량된 관목성의 꽃나무나 알뿌리 식물 등이 다량으로 식재되어진다.

19 다음 이탈리아 정원 중 에스테 장에서 볼 수 없는 것은?

① 사라센 양식의 탑
② 덩굴을 올린 터널
③ 자수화단
④ 사이프러스 군식

> **해설**
>
> 사라센 양식의 탑 : 이슬람 건축 양식의 특징

20 르네상스시대 이탈리아정원의 설명으로 옳지 않은 것은?

① 높이가 다른 여러 개의 노단을 잘 조화시켜 좋은 전망을 살린다.
② 강한 축을 중심으로 정형적 대칭을 이루도록 꾸며진다.
③ 주축선 양쪽에 수림을 만들어 주축선을 강조하는 비스타 수법을 이용하였다.
④ 원로의 교차점이나 종점에는 조각, 분천, 캐스케이드 벽천, 장식화분 등이 배치된다.

정답 15 ③ 16 ① 17 ① 18 ④ 19 ① 20 ③

21 이탈리아 조경양식이 크게 발달한 시기는 어느 시대부터인가?

① 암흑시대
② 르네상스시대
③ 고대 이집트시대
④ 세계 1차 대전이 끝난 후

22 차경수법이 본격적으로 이용된 정원은?

① 이탈리아 정원　　② 독일 정원
③ 이집트 정원　　　④ 프랑스 정원

> 해설
>
> 차경수법 : 메디치빌라 – 주변의 전원풍경을 즐김(미켈로초가 설계)

23 이탈리아 노단 건축식 정원양식이 생긴 원인으로 가장 적합한 것은?

① 식물　　　　　② 암석
③ 지형　　　　　④ 역사

24 다음 중 여러 단을 만들어 그곳에 물을 흘러내리게 하는 이탈리아 정원에서 많이 사용되었던 조경기법은?

① 캐스케이드　　② 토피어리
③ 록가든　　　　④ 캐널

> 해설
>
> • 캐스케이드 : 계단형 계류시설
> • 토피어리 : 식물 다듬기
> • 록가든 : 돌이 있는 정원
> • 캐널 : 운하·선박의 항행

25 정형식 조경 중에서 르네상스시대의 프랑스 정원이 속하는 형식은 무엇인가?

① 평면 기하학식　　② 중정식
③ 전원풍경식　　　④ 노단식

26 다음 중 직선과 관련된 설명으로 옳은 것은?

① 절도가 없어 보인다.
② 표현 의도가 분산되어 보인다.
③ 베르사유 궁원은 직선이 지나치게 강해서 압박감이 발생한다.
④ 직선 가운데에 중개물이 있으면 없는 곳보다도 짧게 보인다.

27 프랑스 풍경식 정원으로 루이 16세의 왕비인 마리 앙뜨와네트와 관련이 있는 곳은?

① 에름농빌(Ermenonville)
② 쁘띠 트리아농(Petit Trianon)
③ 모르퐁텐느(Morfontaine)
④ 마르메종(Malmaison)

> 해설
>
> • 에름농빌 : 프랑스의 성(루소의 묘가 있음)
> • 모르퐁텐느 : 프랑스와 미국의 조약 장소
> • 마르메종 : 니폴레옹과 왕후 조세핀이 행복한 시기를 보낸 보금자리

28 주축선 양쪽에 짙은 수림을 만들어 주축선이 두드러지게 하는 비스타 수법을 가장 많이 이용한 정원은?

① 영국 정원　　　② 독일 정원
③ 이탈리아 정원　④ 프랑스 정원

> 해설
>
> • 영국정원 : 자연풍경식
> • 독일정원 : 풍경식
> • 이탈리아 정원 : 노단식

21 ② 　22 ① 　23 ③ 　24 ① 　25 ① 　26 ③ 　27 ② 　28 ④ 　정답

29 다음 중 대칭(Symmetry)의 미를 사용하지 않은 것은?

① 영국의 자연풍경식
② 프랑스의 평면기하학식
③ 이탈리아의 노단건축식
④ 스페인의 중정식

해설
대칭 : 정형식 정원

30 앙드레 르 노트르(Andre Le Notre)가 유명해진 것은 어떤 정원을 만든 후부터인가?

① 베르사유(Versailles) 궁전
② 센트럴 파크(Central Park)
③ 토스카나장(Villa Toscana)
④ 알함브라(Alhambra) 궁전

해설
베르사유 궁전 : 루이 14세의 지시로 만든 세계 최대 규모의 정형식 정원

31 다음 중 본격적인 프랑스식 정원으로 루이 14세 당시의 니콜라스 푸케와 관련 있는 정원은?

① 보르뷔콩트(Vaux-le-Vicomte)
② 베르사유(Versailles) 궁원
③ 퐁텐블로(Fontainebleau)
④ 생-클루(Saint-Cloud)

32 프랑스 정원에 채영된 화단과 그 내용이 잘못 짝 지어진 것은?

① 대칭화단 – 매듭무늬, 화훼의 집단
② 영국화단 – 바닥에 검은색 자갈포장
③ 구획화단 – 회양목을 다듬어 만든 대칭형 무늬
④ 자수화단 –회양목류 열식

33 "자연은 직선을 싫어한다."라고 주장한 영국의 낭만주의 조경가는?

① 브리지맨   ② 켄트
③ 챔버   ④ 렙턴

34 사적인 정원 중심에서 공적인 대중공원의 성격을 띤 시대는?

① 14세기 후반 에스파냐
② 17세기 전반 프랑스
③ 19세기 전반 영국
④ 20세기 전반 미국

해설
③ : 귀족의 정원이 감퇴하고 공원에 대한 기운이 싹틈, 산업혁명 이후 사유정원이 개발되었다.

35 영국 정형식 정원의 특징 중 매듭화단이란 무엇인가?

① 낮게 깎은 회양목 등으로 화단을 기하하적 문양으로 구획한 화단
② 수목을 전정하여 정형적 모양으로 만든 미로
③ 가늘고 긴 형태로 한쪽 방향에서만 관상할 수 있는 화단
④ 카펫을 깔아 놓은 듯 화려하고 복잡한 문양이 펼쳐진 화단.

36 영국의 풍경식 정원은 자연과의 비율이 어떤 비율로 조성되었는가?

① 1 : 1   ② 1 : 5
③ 2 : 1   ④ 1 : 100

정답 29 ① 30 ① 31 ① 32 ② 33 ② 34 ③ 35 ① 36 ①

37 다음 중 풍경식 정원에서 요구하는 계단의 재료로 가장 적당한 것은?

① 콘크리트 계단   ② 벽돌 계단

③ 통나무 계단   ④ 인조목 계단

38 영국의 18세기 낭만주의 사상과 관련이 있는 것은?

① 스토우(Stowe) 정원

② 분구원(分區園)

③ 버큰헤드(Birkenhead) 공원

④ 베르사유궁의 정원

> **해설**
>
> 스토우 정원 : 찰스 블릿지맨과 윌리엄 켄트가 설계하였고, 17세기 프랑스에서 시작하였다. 18세기 초 영국정원에 도입되었다.

39 19세기 렙턴에 의해 완성된 영국의 정원 수법으로 가장 적합한 것은?

① 노단건축식

② 평면기하학식

③ 사의주의 자연풍경식

④ 사실주의 자연풍경식

40 다음 중 정원에 사용되었던 하하(Ha-Ha)기법을 가장 잘 설명한 것은?

① 정원과 외부 사이에 수로를 파서 경계하는 기법

② 정원과 외부 사이를 생울타리로 경계하는 기법

③ 정원과 외부 사이를 언덕으로 경계하는 기법

④ 정원과 외부 사이를 담벽으로 경계하는 기법

41 영국에서 1843년에 조성된 버큰헤드 공원의 의미로 바람직하지 못한 것은?

① 조셉 팩스턴이 설계하였다.

② 주택단지와 공적 위락용으로 나누었으나 재정적으로 실패하였다.

③ 공원 중앙을 차도가 횡단하고 주택단지가 공원을 향해 배치되었다.

④ 옴스테드에 영향을 미쳐 후에 센트럴 파크 설계에 도움을 주었다.

42 독일정원의 특징 중 틀린 것은?

① 실용적 형태의 정원이 발달하였다.

② 과학적 지식을 활용하였다.

③ 그 지방의 향토 수종은 되도록 정원에 배식하지 않았다.

④ 식물생태학에 기초한 자연경관의 재생을 위해 노력하였다.

43 근대 독일 구성식 조경에서 발달한 조경시설물의 하나로 실용과 미관을 겸비한 시설은?

① 연못   ② 벽천

③ 분수   ④ 캐스케이드

44 무스코 정원에 대한 설명으로 틀린 것은?

① 수경시설을 가능한 한 배제하여 사용하지 않았다.

② 센트럴 파크에 낭만주의적 풍경식 조경을 옮기는 데 교량적 역할을 하였다.

③ 산책로와 도로가 어울리도록 설계하여 조화를 꾀하였다.

④ 도로를 부드럽게 굽어지도록 하였다.

45 정원양식 중 연대(年代)적으로 가장 늦게 발생한 정원양식은?

① 프랑스의 평면기하학식 정원양식
② 영국의 풍경식 정원양식
③ 이탈리아의 노단건축식 정원양식
④ 독일의 근대건축식 정원양식

46 공공의 조경이 크게 부각되기 시작한 때는?

① 고대시대　　　　② 중세시대
③ 근세시대　　　　④ 군주시대

47 센트럴파크(Central Park)에 대한 설명 중 틀린 것은?

① 르코르뷔지에(Le Corbusier)가 설계하였다.
② 19세기 중엽 미국 뉴욕에 조성되었다.
③ 면적은 약 334헥타르의 장방형 슈퍼블럭으로 구성되었다.
④ 모든 시민을 위한 근대적이고 본격적인 공원이다.

48 미국에서 하워드의 전원도시의 영향을 받아 도시 교외에 개발된 주택지로서 보행자와 자동차를 완전히 분리하고자 한 것은?

① 래드번(Rad Burn)
② 레치워스(Letch Worth)
③ 웰렌(Welwyn)
④ 요세미티

49 미국 최초의 도시공원과 국립공원이 맞게 연결된 것은?

① 버큰헤드 공원 – 옐로스톤
② 센트럴 파크 – 요세미티
③ 센트럴 파크 – 옐로스톤
④ 그린힐 – 요세미티

50 도시와 정원의 결합을 지향하여 전원도시계획을 제창한 사람은?

① 옴스테드　　　　② 하워드
③ 테일러　　　　　④ 언원

정답　45 ④　46 ③　47 ①　48 ①　49 ③　50 ②

Chapter 03 🌳 조경계획

1 조경계획의 개념

01 개요

① 자연자원을 이해하고 적절히 활용하며 여가공간을 제공하고 모든 용도의 토지를 합리적으로 사용하며 환경문제 전반에 걸친 문제 해결을 목표로 한다.

② 조경의 계획은 절차, 방법, 규모 등 추진하고자 하는 전체적인 구상을 만들어 내는 것이다.

③ 조경설계는 계획을 실현하기 위해 스케치, 도면 등을 구체적으로 표현해내는 것이다.

④ 조경계획의 접근방법은 물리·생태적 접근방법, 시각·미학적 접근방법, 사회·행태적 접근방법 등의 3가지로 구분할 수 있다.

⑤ 특히, 맥하그(lan McHarg)는 경제성으로만 치우치기 쉬운 환경계획에서 벗어나 자연과학적 근거에서 인간의 환경문제를 파악하고 새로운 환경의 창조에 기여하도록 하는 관점인 생태적 결정론(ecological determinism)을 정리하였다.

02 조경계획의 일반적 과정

> 목표·목적의 설정 → 기준 및 방침 모색 → 대안작성 및 평가 → 최종안 결정 및 시행

※ 목표·목적의 설정 → 자료분석·종합 → 기본계획 → 기본설계 → 실시설계 → 시공 및 감리 → 유지관리

※ 데밍(Deming's Cycle)의 관리 : 계획(Plan) → 추진(Do) → 검토(Check) → 조치(Action)

03 S.GOLD[1980]의 접근방법

구분	내용
자원접근방법	• 공급이 수요를 제한 • 물리적 자원 또는 자연 자원이 레크리에이션의 유형과 양을 결정하는 방법 • 강변, 호수변, 풍치림, 자연공원 등 → 스키장, 해변공원 등
활동접근방법	• 공급이 수요를 만들어 냄 • 과거 레크리에이션 활동의 참가사례가 레크리에이션 기회를 결정하도록 계획하는 방법
행태접근방법	• 이용자의 구체적인 행동 패턴에 따라 계획하는 방법 예 모니터링, 설문조사 등
경제접근방법	• 공급과 수요가 가격에 의해 결정 • 지역사회의 경제적 기반이 예산규모에 따라 결정되는 방법 • 기업의 접근방법 → 예산
종합접근방법	• 4가지 접근방법의 긍정적인 측면만 취하는 방법

2 조경계획의 과정

01 계획

구분	내용
목표설정	• 계획 기본 방향 : 개발의 산물 즉 공원, 골프장 등을 결정 • 공간규모 계획 : 공간의 종류, 규모, 수용 인원 등을 결정
자료수집	• 자연환경 분석 : 기후, 지형, 식생, 토질 등 • 인문환경 분석 : 종교, 민족성, 역사성, 정치 등 • 기본계획안 작성의 기초가 됨
분석 및 종합	• 수집된 자료를 분석·종합
기본구상	• 제반 자료의 종합분석 • 구체적이고 적합한 계획방향 제시 • 대안작성(몇 개의 대안제시 및 장단점 비교 평가, 최종안 선택)
기본계획	• 토지이용계획(땅가름) • 교통동선계획 • 시설물 배치 계획 • 식재계획 • 하부구조 계획(지하구조물) → 배수, 하수관 등 • 집행계획(예산, 법령, 유지관리계획 등)

02 설계

구분	내용
기본설계	• 기본계획의 각 부분을 구체적으로 발전, 각 공간의 정확한 규모, 사용재료, 마감방법 등
실시설계	• 실제 시공이 가능하도록 시공도면을 작성하는 것 • 평면 및 단면 상세도, 시방서, 공사비 내역서 등 작성

03 시공 및 관리

구분	내용
시공 및 감리	• 식재시공, 시설물시공
유지관리	• 이용관리, 운영관리, 유지관리

3 조경단계별 세부내용

01 목표설정

① 필요성과 욕망 : 문헌조사, 현장관찰 등의 광범위한 조사작업을 통해 충족된다.

② 목표와 프로그램 : 목표는 목적이 되고, 프로그램은 목표를 실현하기 위한 수단이다.

02 자연환경분석

해당지역 자연생태계의 파악이며, 이를 파악하기 위해서는 지형, 토양, 수문, 식생, 야생 동물, 기후, 경관 등을 이해해야 한다.

(1) 지형 : 지형도 관찰 – 진북(眞北)방향, 축척, 등고선 지도제작일 등을 확인한다.

(2) 고도분석

① 계획구역 내의 높은 곳과 낮은 곳을 쉽게 알아볼 수 있도록 일정 높이마다 점진적으로 짙은 색 또는 옅은 색으로 칠한 것으로 한 계통의 색을 사용한다(회색, 갈색계).

② 높은 곳을 짙게 표시한다.

(3) 경사도 분석

완급 경사지의 분석을 쉽게 알아볼 수 있도록 경사도에 따라 점진적인 색의 변화를 준 것으로 2개의 인접 등고선의 수직거리는 항상 일정하고 수평거리만 변하게 되며, 일정 경사도는 일정 수평거리를 가진다.

$$경사도(\%)=(수직거리 \div 수평거리)\times100$$

(4) 등고선

가) 개요

① 등고선의 모든 점은 같은 높이이다.

② 등고선은 서로 만남이 없으나 도면 안에서 만나면 산꼭대기나 요지(凵)에서 만난다.

③ 높이가 다른 등고선은 절벽이나 동굴에서 만난다.

④ 급경사는 등고선의 간격이 좁다.

⑤ 완경사는 등고선의 간격이 넓다.

⑥ 경사가 같으면 같은 간격이다.

나) 등고선의 종류

① 계곡선 : 주곡선 5줄마다 굵은선

② 주곡선 : 기본선

③ 간곡선 : 파선, 주곡선의 $\frac{1}{2}$

④ 조곡선 : 점선, 간곡선의 $\frac{1}{2}$

⑤ 능선(U자형), 계곡(V자형), 계곡교차점(M자형)

(5) 토양

구분	내용
개략 토양도 (1/50,000) 축척	• 항공사진을 중심으로 현지조사를 통해 전국에 걸쳐 작성 • 광범위 지역의 농업계획과 도시, 도로 및 수자원 개발계획

구분	내용
정밀토양도 (1/25,000) 축척	• 항공사진 기초로 현지조사, 국토의 일부분만 작성됨 • 자세한 토양의 설명 : 적지(適地)적작(適作), 시비 개선, 건축, • 조역(땅의 경계를 넓혀서 영역을 정하는 것), 토목, 휴양지 개발, 야생동물 보호에 이용
간이산림토양도 (1/25,000) 축척	• 1~5급까지 나누고 암석지, 농경지, 조사불능지, 방목지로 구분

(6) 기후 : 미기후란 지형이나 풍향 등에 따른 국부적인 장소에 나타나는 부분적 장소의 독특한 기상상태이다. 예 안개, 서리, 공기유통의 정도, 태양복사열 등

03 인문환경분석

계획구역 내에 거주하고 있는 사람과 이용자를 이해하는 데 목적이 있으며, 이를 위해서는 계획구역의 역사적 변천, 이용자 집단의 특성, 사회학적 활동, 법규 등을 조사해야 한다.

(1) 역사성 분석

가) 지방사조사 : 문화, 천연기념물, 지역에 스며든 상징적 의미, 전설, 친근감, 깊이감, 이미지를 줄 수 있는 것을 문헌조사 및 주민과의 면담조사로 실시한다.

나) 토지이용조사 : 토지이용계획도(국제적 약속)

주거	공원	녹지	공업	업무	학교	농경지	상업	개발제한구역
노랑색	녹색	녹색	보라색	파랑색	파랑색	갈색	빨강색	연녹색

다) 대인거리에 따른 의사소통의 유형

구 분	유지거리	관계유형
친밀한거리	0~45cm	아기를 안아주는 가까운 사람, 공격적 거리(레스링 등)
개인적거리	45~120cm	친한 친구, 잘 아는 사람 간의 일상적 대화 유지거리
사회적거리	120~360cm	업무상 대화에서 유지되는 거리
공적거리	360cm 이상	연사, 배우 등의 개인과 청중사이에 유지하는 거리

04 경관분석

(1) 경관요소

가) 점, 선, 면적인 요소

① 점 : 외딴집 정자나무, 정자

② 선 : 하천, 도로, 가로수

③ 면 : 호수, 경작지, 초지, 전답, 운동장

나) 수평·수직적 요소

① 수평 : 저수지, 호수

② 수직 : 전신주, 굴뚝, 남산타워 등

다) 닫힌 공간, 열린 공간

① 닫힌공간 : 계곡, 수목으로 둘러싸인 공간, 휴식 공간 등의 정적인 시설의 배치에 적당(아늑함) – 위요공간

② 열린공간 : 넓은 경작지, 초지 등으로 운동경기장과 같은 동적인 시설의 배치에 적당(활발함) – 개방공간

라) 질감 : 주로 지표 상태에 영향을 받음. 밭과 논, 침엽수림과 활엽수림, 계절의 변화 등은 제각각임

마) 통경선 : 좌우로의 시선이 제한되어 전방의 일정 지점으로 시선이 모이도록 구성된 경관임

바) 랜드마크(landmark) : 식별성이 높은 지형, 지물 등의 지표물

① 큰 규모 : 산봉우리, 절벽, 기념탑, 남산, 관악산, 63빌딩 등

② 작은 규모 : 정자나무, 교량, 표지판 등

③ 스카이라인의 구성에서 지배적인 역할을 하며 길을 찾거나 방향을 잡는 데 도움이 됨

사) 전망(view) : 일정 지점에서 본래 광활하게(파노라마) 펼쳐지는 경관

(2) 도시의 이미지 형성에 기여하는 5가지 물리적 요소(K. Lynch)

구분	개념
통로(path)	• 길, 고속도로(승용차) : 관찰자의 이동에 따라 연속적인 경관의 변화
모서리(edges)	• 관악산, 북한산, 고속도로(보행자)
지역(disrict)	• 사대문 안 상업지역, 중심지역(도심부)
결절점(node)	• 역 앞, 중심지역(주변도시권의 전체적인 교통체계를 고려) • 즉, 여러 가지 기능이 집중되는 지점 예 새로 개장한 도서관은 마을의 결절점 역할을 하고 있음
랜드마크(landmark)	• 남산, 63빌딩 등

05 기본구상

(1) 기본구상

① 계획안에 대한 물리적·공간적 윤곽이 들어나기 시작한다.

② 프로그램에 제시된 문제해결을 위한 구체적 계획 개념을 도출한다.

③ 추상적·계량적인 자료가 구체적이고 공간적인 형태를 표현한다.

④ 버블 다이어그램으로 표현된다.

(2) 대안작성

① 전체적인 공간 이용에 대한 확실한 윤곽이 드러난다.

② 합리성을 바탕으로 한 몇 개의 안을 표출하여 선택한다.

③ 최종안 : 기본계획안

④ 대안 평가기준으로 설계목표, 프로그램, 토지이용, 동선체계 개발조건 등 기준을 정해 점수화한다.

06 기본계획 (master plan)

기본구상	기본계획
• 문제해결을 위한 개념 도출 • 합리성 바탕 몇 개의 안을 표출하여 선택 • 재료가 구체적 공간적으로 형태화 • 버블다이어그램	• 전체 공간의 이용 윤곽이 확실하게 드러남 • 대안 → 최종안 → 기본계획안 • 마스터플랜(Master Plan)

(1) 토지이용 계획 : 토지이용 계획은 일반적으로 토지이용 분류, 적지분석, 종합배분 순으로 이루어진다.

가) 토지이용 분류

① 도시계획 시 주거지역, 상업업무지역, 공업지역, 농경지역, 녹지지역

② 국립공원 자연보존지구, 자연환경지구, 취락지구, 집단시설지구 등 동적, 정적, 완충, 진입 공간 등

나) 적지분석 : 토지의 잠재력, 용도별 특성, 사회적 수요에 기초한다.

다) 종합배분 : 중복과 분산이 없도록 각 공간 수요 및 타 용도와의 기능적 관계를 고려하여 최종안을 작성한다.

(2) 교통동선 계획

가) 교통동선 계획과정

구분	내용
통행량 발생	• 토지이용 종류(상점, 경기장, 유원지, 야영장, 농장 등) 계절별, 요일별, 시간대별 영향을 받음
통행량 분배	• 발생된 통행량을 주변 토지 이용에 각각 어떠한 배치로 배분되는가를 검토함 • 통행량의 유인은 두 지역 간의 거리 등과 관련하여 분배함
통행로 선정	• 차량 : 짧은 직선도로가 바람직 • 보행인 : 다소 우회하더라도 좋은 전망, 그늘로 쾌적 분위기 • 보행동선과 차량동선이 만나는 곳 – 보행동선 우선(주거) • 통행의 안정, 쾌적, 자연 파괴를 최소화시킬 수 있는 장소 • 선정 시 고려사항 　– 이용도가 높은 동선은 가급적 짧아야 하고 성격이 다른 동선은 분리 　– 가급적 동선에 교차로는 피하고 동선은 단순 명쾌해야 함
교통통신체계	• 통행수단 : 자동차, 자전거, 보행 등 상호 연결과 분리 적절 • 기능, 속도, 성격 : 간선도로, 집, 분산도로, 서비스도로, 몰 등 고려 • 패턴 : 가능한 막힘이 없는 순환 체계 • 도로체계 <table><tr><td>격자형</td><td>• 다양한 이동 경로, 우수한 접근성, 도심지 • 효율적인 장소 : 도심지(도시 중심부), 상업지구, 고밀도 주거지 등</td></tr><tr><td>위계형</td><td>• 교통흐름 관리 용이, 기능적 분리 가능 • 효율적인 장소 : 저밀도 주거지역, 계획 신도시, 학교나 병원 같은 시설 중심 지역 등</td></tr></table>

쿨데삭과 래드번 도시계획

- 쿨데삭(Cul-de-sac) : 막다른 길로 주거지역에 보행동선과 차량동선을 분리, 연속된 녹지를 확보(주 간선 도로는 순환 체계로)
- 래드번 도시계획(Rad burn) : 미국에서 하워드의 전원도시의 영향을 받아 도시교외에 개발된 주택지로서 보행자와 자동차를 완전히 불리함

(3) 시설물 배치계획

가) 시설물 평면계획 : 행위의 종류, 기능, 이용패턴, 소요면적에 따라 평면을 결정, 간단한 건축물은 직접 평면계획 하고 복잡한 것은 건축가에게 부탁한다.

나) 시설물의 형태, 재료, 색채

① 랜드마크, 기념적 성격의 경우는 예외이나 주변경관과 조화를 이루도록 한다.

② 경관의 흥미성을 높여주고 활기찬 경관 조성에 기여한다.

다) 시설물 배치

① 장방형 건물 : 등고선(긴 장축이 등고선과 맞게)

② 여러 시설물 : 구조물 상호관계에 의해 형성되는 외부공간에 유의

③ 유사기능 구조물 : 집합적 배치 또는 집단시설 지구 설정

(4) 식재계획

가) 수종선택 : 계획구역 내 식생 보호, 관리이용 등 배식에 관계된 모든 것을 포함한다.

구분	내용
생태적 측면	지역 기후여건, 자생 수종의 활용
기능적 측면	풍치림, 방풍림, 사방림 등
공간적 측면	주거지역에 화목류 등 친근감 조성

나) 배식 : 공간의 기능과 분위기에 따라 자연형 배식 또는 정형식 배식을 한다.

구분	내용
자연형 배식	자연에 가까이 접하는 장소는 자연식 배식
정형식 배식	건물주변, 기념성 높은 장소는 정형식 배식

다) 녹지체계

① 교통동선체계와 적절히 연결한다.

② 녹지의 전체적 분포 및 패턴에 따라 식생의 보호, 관리, 이용 등에 관한 계획을 세운다.

(5) 집행계획

가) 투자계획 : 시공비, 자금조달방법, 사업성 등을 검토하고 주어진 예산의 범위에서 계획한다.

나) 법규검토

① 토지개발 또는 시설물 설치에 관련되는 법규를 검토하고 이에 준하여 계획·설계한다.

> 예 「국토이용관리법」, 「도시계획법」, 「문화재보존법」, 「군사시설보호법」, 「환경보전법」, 「자연공원법」, 「건축법」, 「주택건설촉진법」 등

② 행정절차검토 : 유관기관과 협조한다.

③ 유지·관리계획 : 유지관리의 효율성, 편의성, 경제성을 고려하고 유지관리의 지침, 허용행위, 규제행위 등 연중 관리일지를 작성한다.

07 기본설계(완성 70% 설계)

> 기본설계 과정 : 설계원칙의 추출 → 공간구성 다이어그램 → 입체적 공간의 창출(설계도 작성)

(1) **설계원칙의 추출** : 설계의 방향, 요건 부분별 장소의 현황, 인접시설 관계 등을 고려하여 3차원적 공간구상이 필요하다.

(2) **공간구성 다이어그램** : 공간별 배치 및 공간 상호 간의 관계를 보여주는 것이다.

① 시각적 표현 : 부분적 장소 내의 공간배치, 동선체계를 표현한다.

② 설계의도를 정리하는 기회이며 3차원적 공간구성을 위한 전이(=준비)단계이다.

(3) **입체적 공간의 창조** : 설계자의 표현적 창의력이 요구된다.

구분	내용
평면구성	• 입체적 공간을 2차원의 평면에 표현한 것 • 단지설계 및 지형변경에 관한 기초지식과 도로, 옹벽, 배수 등에 관련된 공학적 지식 필요 ※ 다이어그램 : 기호, 점, 선 등을 사용하여 상호관계, 과정, 구조 등을 이해시키는 설명적 그림
입면구성	• 공간의 수직적 변화의 표현 설명 • 지형 변화 식생 및 구조물 등에 의해 형성되는 공간 분위기 표현 • 이용자의 눈높이로 시선을 열어주거나 차단시키는 결정
스케치	• 공간의 구성을 일반인이 쉽게 알 수 있도록 사실적 표현을 사용하고, 투시도법에 의해 그릴 것 • 사람, 자동차 등 눈에 익숙한 크기의 물체를 함께 표현 – 전체 공간의 규모를 쉽게 알아볼 수 있고, 흥미로운 공간이 되게 함

08 실시설계(완성100% 설계)
: 실제 시공이 가능하도록 공사비 내역서, 시방서, 상세도 등의 설계 도서를 작성하는 단계이다.

(1) **공사비 구성** : 순공사비(재료비+노무비+경비)+일반관리비+이윤+세금

구분		내용
순공사비	재료비	• 직접재료비 : 공사목적물을 구성하는 재료비 • 간접재료비 : 공사에 보조적으로 소비되는 물품비, 지주목, 거푸집, 동바리, 비계 등
	노무비	• 직접노무비 : 직접 작업종사자에 지급한 임금 • 간접노무비 : 보조적 작업종사자에 지급한 임금 예 사무직원 등
	경비	• 전력비, 운반비, 기계경비, 가설비, 보험료, 안전관리비 등
일반관리비		• 기업유지관리비, 순공사원가의 7% 이내에서 계산하는 것이 보통 – 본사 경비로 이해하면 됨

(2) 시방서

가) 표준시방서 : 조경공사 시행의 적정을 기하기 위한 표준을 명시하고, 국토교통부 발행 조경공사 표준시방서를 따른다.

나) 특기시방서

① 표준시방서에 명기되지 않는 사항을 보충하고, 해당 공사만의 특별한 사항 및 전문적인 사항을 기재한다.

② 표준시방서에 우선하며 독특한 공법, 새로운 재료의 시공, 현장사정에 맞추기 위한 특별한 배려 등이 있다.

구 분	내용
이윤	• 영업이익, 공사와 일반관리비 합계액의 10% 범위 내에서 계산할 수 있음
세금	• 국가에 납부하는 국세
수량산출	• 재료의 물량을 집계한 것 • 수목 수, 재료의 길이, 면적, 체적, 무게 등과 기계의 경비 산출을 위한 시간 등 포함
품셈	• 인간이나 동물 또는 기계가 공사 목적물을 달성하기 위하여 단위 물량당 소요하는 노력(품)과 물질을 수량으로 표시한 것 • 일위대가표는 공사목적물 단위 물량당의 공사비를 산출한 것으로 단위 물량당 소요품과 재료 수량에 각각 단가를 곱하여 금액을 구한 것
일위대가표	• 길이, 면적, 체적, 중량, 개소 등의 시공 단위당으로 공사비를 산출하여 여러 때에 따라 조합이 가능하도록 표준화된 1단위당 공사비 내역을 말하는 것
적산	• 재료 및 품의 수량 산출
견적	• 적산 수량에 단가 넣어 금액을 산출하는 과정(일반적으로 적산으로 총칭)
할증율	• 목재 : 각재(5%), 판재(10%), 합판(3~5%) • 잔디, 수목 : 10% • 벽돌 : 붉은벽돌(3%)

01 보행자 2인이 나란히 통행하는 원로의 폭으로 가장 적합한 것은?

① 0.5~1.0m   ② 1.5~2m

③ 30~35m   ④ 4.0~4.5m

02 신체장애자를 위한 경사로(Ramp)를 만들 때 가장 적당한 경사는?

① 8% 이하   ② 10% 이하

③ 12% 이하   ④ 15% 이하

> **해설**
> 8% 이상은 난간설치 필수이며 너비 1.2~1.8m이다.

03 방풍림의 조성은 바람이 불어오는 주풍방향에 대해서 어떻게 조성해야 가장 효과적인가?

① 30° 방향으로 길게

② 직각으로 길게

③ 45° 방향으로 길게

④ 60° 방향으로 길게

> **해설**
> [방풍효과]
> • 수림대 위쪽 수고의 6~10배 내외 거리
> • 아래쪽 수고의 25~30배 거리, 수림대 아래쪽 수고의 3~5배 지점이 효과가 가장 큼

04 다음 중 방풍용 수종에 관한 설명으로 가장 거리가 먼 것은?

① 심근성이면서 줄기나 가지가 강인할 것

② 녹나무, 참나무, 편백, 후박나무 등이 주로 사용됨

③ 실생보다는 삽목으로 번식한 수종일 것

④ 바람을 막기 위해 식재되는 수목은 잎이 치밀할 것

05 모래터 위에 심을 녹음수로 가장 적합한 나무는?

① 백합나무   ② 가문비나무

③ 수양버들   ④ 낙우송

> **해설**
> 녹음수 : 잎이 커야 한다.

06 다음 중 녹음용 수종에 관한 설명으로 가장 거리가 먼 것은?

① 여름철에 강한 햇빛을 차단하기 위해 식재되는 나무를 말한다.

② 잎이 크고 치밀하며 겨울에는 낙엽이 지는 나무가 녹음수로 적당하다.

③ 지하고가 낮은 교목이며 가로수로 쓰이는 나무가 많다.

④ 녹음용 수종으로는 느티나무, 회화나무, 칠엽수, 플라타너스 등이 있다.

> **해설**
> 녹음수 : 지하고가 높아야 한다.

07 교목으로 꽃이 화려하고, 공해에 약하나 열식 또는 강변 가로수로 많이 심는 나무는?

① 왕벚나무   ② 수양버들

③ 전나무   ④ 벽오동

08 다음 중 차량 소통이 많은 곳에 녹지를 조성하려고 할 때 가장 적당한 수종은?

① 조팝나무   ② 향나무

③ 왕벚나무   ④ 소나무

> **해설**
> 향나무는 차광률이 95%이다.
> ※ **차광률** : 식물이나 구조물이 태양광을 차단하는 비율

정답   01 ②   02 ①   03 ②   04 ④   05 ①   06 ③   07 ①   08 ②

09 조경계획의 목표와 프로그램의 관계에 대한 설명으로 틀린 것은?

① 목표는 구체적이고 세분화된 의도를 나타낸다.

② 목표는 프로그램의 목적이 된다.

③ 프로그램은 결과물에 대한 명확한 기술을 포함한다.

④ 프로그램은 목표를 달성하기 위한 수단이 된다.

해설

[조경계획]
• 자연자원을 이해하고 적절히 활용
• 여가 공간 제공
• 모든 용도의 토지를 합리적으로 사용
• 환경전반에 걸친 문제해결을 목표

10 조경계획의 과정을 기술한 것 중 가장 잘 표현한 것은?

① 자료분석 및 종합 → 목표설정 → 기본계획 → 실시설계 → 기본설계

② 목표설정 → 기본설계 → 자료분석 및 종합 → 기본계획 → 실시설계

③ 기본계획 → 목표설정 → 자료분석 및 종합 → 기본설계 → 실시설계

④ 목표설정 → 자료분석 및 종합 → 기본계획 → 기본설계 → 실시설계

해설

기본계획 : 토지이용, 교통동선, 시설물 배치, 식재, 하부구조 집행 계획

11 좁은 의미의 조경계획으로 볼 수 없는 것은?

① 목표설정 　　　② 자료분석

③ 기본계획 　　　④ 기본설계

해설

기본설계는 완성 70% 설계를 말하는 것으로 계획 이후의 구체화 단계이다.

12 조경계획의 과정을 가장 바른 순서로 나열한 것은?

① 기초조사 → 식재계획 → 동선계획 → 터가르기

② 기초조사 → 터가르기 → 동선계획 → 식재계획

③ 기초조사 → 동선계획 → 식재계획 → 터가르기

④ 기초조사 → 동선계획 → 터가르기 → 식재계획

13 조경분야의 프로젝트 수행을 단계별로 구분할 때, 자료의 수집 및 분석, 종합과 가장 밀집하여 관련이 있는 것은?

① 계획 　　　② 설계

③ 내역서 산출 　　　④ 시방서 작성

해설

• 계획 : 자료수집, 분석종합
• 설계 : 자료를 활용하여 기능적·미적 3차원 공간 창조

14 생물을 직접 다루며 전체적으로 공학적인 지식을 가장 많이 필요로 하는 수행단계는?

① 계획단계 　　　② 시공단계

③ 관리단계 　　　④ 설계단계

해설

• 시공단계 : 공학적 지식+생물을 다룸
• 관리단계 : 식생, 시설물 이용관리

15 다음 자연환경분석 중 자연형성과정을 파악하기 위해서 실시하는 분석내용이 아닌 것은?

① 지형 　　　② 수문

③ 토지이용 　　　④ 야생동물

16 원로의 기울기가 몇 도 이상일 때 일반적으로 계단을 설치하는가?

① 3° ② 5°

③ 10° ④ 15°

17 다음 중 가로수 식재를 설명한 것으로 옳지 않은 것은?

① 일반적으로 가로수 식재는 도로변에 교목을 줄지어 심는 것을 말한다.

② 가로수 식재형식은 일정 간격으로 같은 크기의 같은 나무를 일렬 또는 이열로 식재한다.

③ 식재간격은 나무의 종류나 식재목적, 식재지의 환경에 따라 다르나 일반적으로 4~10m로 하는데, 5m 간격으로 심는 경우가 많다.

④ 가로수는 보도의 너비가 2.5m 이상 되어야 식재할 수 있으며, 건물로부터는 5.0m 이상 떨어져야 그 나무의 고유한 수형을 나타낼 수 있다.

> 해설
> 식재는 8m 간격으로 심는다.

18 가로수로서 갖추어야 할 조건을 기술한 것 중 옳지 않은 것은?

① 강한 바람에도 잘 견딜 수 있는 것

② 사철 푸른 상록수일 것

③ 각종 공해에 잘 견디는 것

④ 여름철 그늘을 만들고 병해충에 잘 견디는 것

> 해설
> 가로수로 낙엽교목을 선호한다.

19 도로식재 중 사고방지 기능식재에 속하지 않는 것은?

① 명암순응식재 ② 차광식재

③ 녹음식재 ④ 진입방지식재

20 고속도로 중앙분리대 식재에서 차광률이 가장 높은 나무는?

① 느티나무 ② 협죽도

③ 동백나무 ④ 향나무

21 보행인과 차량교통의 분리를 목적으로 설치하는 시설물은?

① 트렐리스(Trellis) ② 벽천

③ 볼라드(Bollard) ④ 램프

22 식재, 포장, 계단, 분수 등과 같은 한정된 문제를 해결하기 위해 구성요소, 재료, 수목들을 선정하여 기능적이고 미적인 3차원적 공간을 구체적으로 창조하는 데 초점을 두어 발전시키는 것은?

① 조경설계 ② 평가

③ 단지계획 ④ 조경계획

23 조경설계 시 가장 먼저 시작해야 하는 작업은?

① 현장측량 ② 배식설계

③ 구조물설계 ④ 토공설계

24 토양 단면에 있어 낙엽과 그 분해 물질 등 대부분 유기물로 되어 있는 토양 고유의 층으로 L층, F층, H층으로 구성되어 있는 것은?

① 용탈층(A층) ② 유기물층(A0층)

③ 집적층(B층) ④ 모재층(C층)

정답 16 ④ 17 ③ 18 ② 19 ③ 20 ④ 21 ③ 22 ① 23 ① 24 ②

25 수목 식재에 가장 적합한 토양의 구성비(토양 : 수분 : 공기)는?

① 50% : 25% : 25%

② 50% : 10% : 40%

③ 40% : 40% : 20%

④ 30% : 40% : 30%

해설

식재지토양은 배수성과 통기성이 좋은 단립(團粒)구조로서 일정용량 중 토양입자 50%, 수분 25%, 공기 25%의 구성비를 표준으로 한다.

26 임해공업단지의 조경용 수종으로 적합한 것은?

① 소나무   ② 목련

③ 사철나무   ④ 왕벚나무

해설

임해공업단지의 조경용 수종으로는 동백나무, 후박나무, 녹나무, 곰솔 등이 있다.

27 미기후에 관련된 조사항목으로 적당하지 않은 것은?

① 대기오염 정도

② 태양 복사열

③ 안개 및 시리 피해 유무

④ 지역온도 및 전국온도

해설

• 미기후 : 주변환경과 다른 특정 부분의 미시적인 기후 (지표면과 1.5m까지의 기후 측정)

• 미기후에 관련된 조사 항목 : 태양 복사열 정도, 공기의 유통 정도, 안개의 서리피해 유무, 지형이나 풍향 등이 다른 부분적 장소의 독특한 기상 상태

28 식생조사를 하는 목적 중 가장 옳지 않은 것은?

① 토지이용 계획을 위한 진단

② 식재계획을 위한 진단

③ 자연보호지역의 설정에 필요한 진단

④ 지하수위의 측정을 위한 진단

해설

지하수위 측정은 토질 및 지반 안전성 평가를 위해서 필요하다.

29 이용행태를 조사하기 위한 방법으로 적절한 조사 방법은 무엇인가?

① 설문조사   ② 면담조사

③ 사례조사   ④ 현장관찰법

30 계획구역 내에 거주하고 있는 사람과 이용자를 이해하는 데 목적이 있는 분석방법은?

① 자연환경분석   ② 인문환경분석

③ 시각환경분석   ④ 청각환경분석

31 항공사진측량의 장점 중 틀린 것은?

① 축척변경이 용이하다.

② 분업화에 의한 작업능률성이 높다.

③ 동적인 대상물의 측량이 가능하다.

④ 좁은 지역 측량에서 50% 정도의 경비가 절약된다.

32 평판측량의 3요소에 해당하지 않은 것은?

① 정준   ② 구심

③ 수준   ④ 표정

해설

• 정준 : 수평맞추기

• 구심 : 중심맞추기

• 표정 : 방향맞추기

---

25 ① 26 ③ 27 ④ 28 ④ 29 ④ 30 ② 31 ④ 32 ③ 　**정답**

33 조경시공 시 지형의 높고 낮음을 주로 측정하는 측량기는?

① 평판   ② 컴퍼스
③ 레벨   ④ 트렌싯

> 해설
> • 평판 : 세부적 측량
> • 컴퍼스 : 위치 측정
> • 트렌싯 : 넓은 부지 기복 측정

34 평판측량에서 평판을 정치하는 데 생기는 오차 중 측량결과에 가장 큰 영향을 주기 때문에 특히 주의해야 할 것은?

① 수평맞추기 오차
② 중심맞추기 오차
③ 방향맞추기 오차
④ 엘리데이드의 수준기에 따른 오차

> 해설
> • 정준 : 수준기를 이용해 평판을 수평으로 하는 것
> • 구심 : 도판상의 측정과 지상의 측정을 일치시키는 것
> • 표정 : 도판상(제도용지) 측선방향과 실제 지상의 측선방향을 일치시키는 것
> • 엘리데이드 : 측선방향을 조준해서 결정하고 지도에 그리는 것

35 조경설계 과정에서 가장 먼저 이루어져야 하는 것은?

① 구상개념도 작성   ② 실시설계도 작성
③ 평면도 작성   ④ 내역서 작성

36 지형도에서 U자 모양으로 그 바닥이 낮은 높이의 등고선을 향하면 이것은 무엇을 의미하는가?

① 계곡   ② 능선
③ 현애   ④ 동굴

> 해설
> • 지형도에서 계곡은 V로 나타낸다.
> • 현애는 낭떠러지를 의미하며 ㅣㅣㅣㅣ으로 표현된다.

37 지형을 표시하는 데 가장 기본이 되는 등고선의 종류는?

① 조곡선   ② 주곡선
③ 간곡선   ④ 계곡선

38 등고선에 관한 설명 중 틀린 것은?

① 등고선 상에 있는 모든 점들은 같은 높이로서 등고선은 같은 높이의 점들을 연결한다.
② 등고선은 급경사지에서는 간격이 좁고, 완경사지에서는 넓다.
③ 높이가 다른 등고선이라도 절벽, 동굴에서는 교차한다.
④ 모든 등고선은 도면 안 또는 밖에서 만나지 않고, 도중에 소실된다.

> 해설
> • 등고선은 도중에 소실되지 않는다.

39 공사시행의 기초가 되며 내역서 작성의 기초자료가 되는 것은 무엇인가?

① 일위대기표   ② 시방서
③ 시설물 상세   ④ 배식설계

> 해설
> 시방서 : 시공방법, 재료의 선정방법, 기술적 사항 기재

40 설계도면에서 표제란에 위치한 막대 축적이 1/200이다. 도면에서 1cm는 몇 m인가?

① 0.5m   ② 1m
③ 2m   ④ 4m

정답   33 ③   34 ③   35 ①   36 ②   37 ②   38 ④   39 ②   40 ③

41 마스터플랜(Master Plan) 작성이 위주가 되는 설계과정은?

① 기본계획 ② 기본설계
③ 실시설계 ④ 상세설계

42 다음 중 기본설계 과정에 대하여 올바르게 나타낸 것은?

① 설계원칙의 추출 → 입체적 공간의 창조 → 공간구성 다이어그램의 순으로 진행한다.
② 공간별 배치 및 공간 상호간의 관계를 보여주는 것이 입체적 공간의 창조과정이다.
③ 평면도 작성을 위해서는 단지설계 및 지형 변경에 관한 기초지식이 많이 요구된다.
④ 공간구성 다이어그램은 설계의 표현적 창의력이 가장 많이 작용하는 단계이다.

43 조경의 기본계획에서 일반적으로 토지이용 분류, 적지분석, 종합배분의 순서로 이루어지는 계획은?

① 동선계획 ② 시설물 배치 계획
③ 토지이용 계획 ④ 식재계획

44 조경시설물의 역할로서 틀린 것은?

① 건축 외부 환경을 풍부하게 한다.
② 사람의 옥외 활동을 유도하거나 통제한다.
③ 사람의 옥외 활동을 다양하고 쾌적하게 한다.
④ 건축 내부공간과 외부공간을 적절히 분리한다.

45 조경계획을 위한 경사분석을 하고자 한다. 다음과 같은 조사항목이 주어질 때 해당 지역의 경사도는 몇 %인가?

• 등고선 간격 : 5m
• 등고선에 직각인 두 등고선의 평면거리 : 20m

① 40% ② 10%
③ 4% ④ 25%

해설

[경사도]
$$\frac{수직거리}{수평거리} \times 100 = \frac{5}{20} \times 100 = 25\%$$

46 비탈면 경사의 표시에서 1 : 2.5에서 2.5는 무엇을 뜻하는가?

① 수직고 ② 수평거리
③ 경사면의 길이 ④ 안식각

47 다음 중 통행로 선정 기준으로 옳지 않은 것은?

① 보행인은 우회하더라도 좋은 선방과 그늘을 확보하여 준다.
② 차량은 짧은 직선도로가 바람직하다.
③ 보행동선과 차량동선이 만나는 곳은 차량동선을 우선시한다.
④ 자연파괴를 최소화시킬 수 있는 장소를 선정한다.

41 ① 42 ③ 43 ③ 44 ④ 45 ④ 46 ② 47 ③ **정답**

1 경관구성의 기본 요소

01 우세요소 : 선, 형태, 질감, 색채, 농담, 크기, 위치 등 경관의 본질적이고 구조적인 특성을 결정하는 요소이다.

(1) 선 : 윤곽을 이루거나 서로 다른 경관요소가 만나는 지점에서 형성된다.

구분	내용
직선	굳건하고 남성적이며 일정한 방향 제시 **예** 대담, 적극적, 긴장감
곡선	부드럽고 여성적이며 우아한 느낌 **예** 유연, 온건, 우아감
지그재그선	유동적, 활동적 여러 방향 제시, 대립
수평선	안정적이고 평화로운 느낌, 바다, 평야 등
수직선	극적이고 고상하며 권위적인 느낌, 산봉우리, 절벽 등

(2) 형태

가) 기하학적 형태 - 다듬어진 형태

① 주로 직선적이고 규칙적인 구성

② 도시경관의 건물, 도로, 분수 등과 수목의 전정

나) 자연적 형태

① 곡선적이고 불규칙적 구성

② 자연경관의 바위, 산, 하천, 수목 등과 같은 자연적 형태

다) 크기와 위치

① 크기가 크고, 높은 곳에 위치할수록 지각 강도가 높아진다(눈에 잘 보임).

② 스카이라인이 가장 눈에 잘 보인다.

③ 같은 크기라도 놓여진 위치에 따라 지각 강도가 달라진다.

(3) 질감 : 물체의 표면이 빛을 받았을 때 생겨나는 밝고 어두움의 배합률에 따라 시각적으로 느껴지는 감각이다.

가) 질감이 거친 나무 : 태산목, 팔손이나무, 양버즘나무, 칠엽수, 벽오동은 큰 건물이나 서양식 건물에 어울린다. **예** 플라타너스 : 거칠다(잎) → 크다.

나) 질감이 고운 나무 : 철쭉, 소나무, 편백 등은 한옥이나 좁은 정원에 잘 어울린다.

예 소나무 : 부드럽다(잎) → 작다

(4) 색채 : 색의 3속성 – 색상(Hue) 명도(Value), 채도(Chroma)

구분	내용
색상(Hue)	• 빨강, 노랑, 파랑 등 다른 색과 구별되는 색의 고유명칭으로 유채색에만 있다.
명도(Value)	• 색의 밝고 어두운 정도로 흰색 10에서 검정 0까지 11단계로 구분하며 흰색에 검정을 많이 섞을수록 명도는 낮아진다. • 유채색과 무채색에 모두 있다.
채도(Chroma)	• 색의 맑고 깨끗한 정도로 가장 탁한 1단계에서 가장 맑은 14단계까지 구분한다. • 채도가 가장 높은 색을 원색이라 하며, 원색에 무채색이 혼합되면 채도가 낮아진다.

가) 먼셀 표색계

① 색의 3속성에 따른 '색상 ,명도, 채도(HV/C)'의 형식과 번호로 나타낸 것이다.

② 미국 화가 앨버트 먼셀(Albert H. Munsell, 1858~1918)의 색 체계 이론이다.

③ 색의 정확한 이해를 위해 색의 3속성에 따른 색의 체계를 정립하였다.

④ 인간의 색채 지각을 기초로 한다.

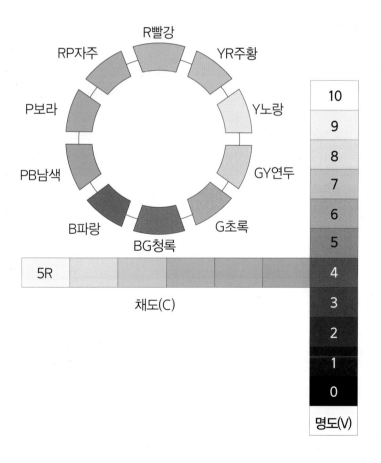

나) 용어정리

구분	내용
색 표기법	색상, 명도, 채도의 순서로 H, V, C(Hue, Value, Chroma) 기호로 표기
보색 (complementary color)	색상환(色相環) 속에서 서로 마주 보는 색
색의 3속성	색상(H/Hue), 명도(V/Value), 채도(C/Chroma)
색의 표시	H V/C(5R 3/10 → 색상 5R, 명도 3, 채도 10)

다) 한국의 색

구분	내용				
오행	화	수	목	금	토
방위	남	북	동	서	중앙
색	적	흑	청	백	황
계절	여름	겨울	봄	가을	사계절
오륜	예	지	인	의	선

라) 색의 대비 : 2가지 색이 서로 영향을 주어 원래 색의 특성보다 더 큰 차이를 보이는 현상이다.

구분	내용
색상대비	• 색상이 다른 두 개의 색을 나란히 두고 동시에 볼 때, 인접한 색의 영향을 받아 색이 다르게 보이는 현상
명도대비	• 명도가 다른 두 가지 이상의 색을 동시에 이웃해 놓았을 때 밝은 색은 더 밝게, 어두운 색은 더 어둡게 보이는 현상
채도대비	• 채도가 다른 두 색을 대비시켰을 때 색이 더 선명해 보이거나 더 탁해 보이는 현상
연변대비	• 나란히 단계적으로 균일하게 채색되어 있는 색의 경계부분에서 일어나는 대비현상 즉, 인접색이 저명도인 경계부분은 더 밝아 보이고, 고명도인 경계부분은 더 어두워 보이는 현상
면적대비	• 동일한 색이라도 면적에 따라 채도와 명도가 달라지는 현상

(5) 농담(濃淡, 색깔이나 명암 등의 짙음과 옅음)

① 투명한 정도, 연못보다 시냇물, 향나무보다 느티나무, 은행나무의 농도가 짙음 등이 있다.

② 농담의 정도 및 변화에 따라 경관의 분위기 형성에 영향을 미친다.

③ 눈(目) : 원추세포(망막세포) → 색체지각, 간상세포(망막주변) → 명암지각

④ 지각강도

- 높음 : 따뜻한 색, 흰색, 날카로움, 대각선, 동적인 것
- 낮음 : 차가운 색, 그 밖의 색, 둥글, 완만, 수직, 수평, 고정된 것

02 가변요소

① 광선 : 형태의 지각을 가능하게 함

② 기상조건 : 경관변화의 요인 예 눈, 비, 안개 등

③ 계절 : 색채와 형태 분위기 변화

④ 시간 : 시간의 변화와 경관의 변화 예 해뜰 때, 낮의 활기, 저녁노을의 분위기

2 경관구성의 원리

01 경관의 유형

(1) 기본적이고 거시적인 경관

구분	내용
전경관 파노라마경관	• 시야를 제한 받지 않고 멀리까지 탁 트인 경관(전망) • 높은 곳에서 내려다 보이는 경관(조감도적 성격) • 웅장함과 아름다움을 느낄 수 있으며, 자연에 대한 존경심을 일으킴 예 수평선, 지평선 • 하늘과 땅의 대비적 구성을 지님
지형경관 천연미적 자연경관	• 지형지물이 경관에서 지배적인 위치를 지니는 경우 • 주변 환경의 지표(Land Mark) : 산봉우리, 절벽 등 • 지형 형상에 따라 신비함, 괴기함, 경외감 등 다양한 감정

위요경관	• 수목 경사면 등의 주위 경관 요소들에 의해 울타리처럼 둘러싸인 경관
	• 주로 정적인 느낌을 주나 중심공간의 경사도가 증가할수록 동적인 느낌 증가
	• 위요경관이 될 수 있는 2가지 조건
	  – 시선을 끌 수 있는 낮고 평탄한 중심 공간
	  – 중심 공간 주위에 둘러싸인 수직적 요소

초점경관 비스타경관	• 관찰자의 시선이 경관 내의 어느 한 점으로 유도되도록 구성된 경관 • 초점이 되는 경관요소 : 폭포, 수목, 암석, 분수, 조각, 기념탑 등 • 강한 시각적 통일성, 안정된 구도, 초점으로 끌어들이는 힘이 있음 • 비스타(vista)경관 : 좌우로의 시선이 제한되고 중앙의 한 점으로 시선이 모이도록 구성된 경관

(2) 보조적이고 미시적인 경관

구분	내용
관개경관 터널경관	• 교목의 수관 아래 형성되는 경관, 수림의 가지와 잎들이 천정을 이루고 수간이 기둥처럼 보이는 경관 예 숲 속의 오솔길, 밀림 속의 도로, 노폭 좁은 곳의 가로수 • 나뭇잎 사이의 햇빛과 짙은 그늘의 강한 대비로 인한 경관 : 신비로움, 안정감, 친근감 등

구분	내용
세부경관	• 사방으로 시야가 제한되고 협소한 공간 규모로서 공간 구성 요소들의 세부적인 사항까지도 지각될 수 있는 경관 • 내부 지향적 구성 : 여러 상상을 할 수 있는 분위기 • 세부적 지각 기능 : 잎, 꽃 등의 모양 색채, 무늬, 맛, 냄새를 지각하고 지표의 토양을 지각할 수 있음
일시경관	• 대기권의 기상변화에 따른 경관 분위기의 변화, 수면에 투영 또는 반사된 영상, 동물의 일시적 출현 등의 순간적 경관 • 계절감, 시간성, 자연의 다양성 경험 : '기러기가 날아간다', '안개가 잔뜩 끼었다가 없어진다' 등

02 경관구성의 기본원칙

(1) 통일성 : 전체를 구성하는 부분적인 요소들이 동일성(유사성)을 지니고 유기적으로 조직되며 전체가 시각적으로 통일되어 하나로 보이는 것을 말한다. 조경설계 때 통일성의 부여로 전체적으로 안정감과 편안함을 주는 것이 좋다. 통일성을 달성하기 위하여 조화, 균형과 대칭, 강조, 반복의 수법을 이용한다.

구분	내용
조화	• 색채나 형태가 유사한 시각적 요소들이 서로 잘 어울리는 것으로 전체적 질서를 잡아주는 역할을 함 예 구릉지의 곡선과 초가지붕의 곡선
균형과 대칭	• 균형(balance) : 한쪽에 치우침 없이 양쪽의 크기나 무게가 보는 사람에게 안정감을 주는 균등한 구성미 • 대칭(symmetry) : 축을 중심으로 좌우 또는 상하로 균등하게 배치 예 정형식 정원 • 비대칭(skew) : 모양은 다르나 시각적으로 느껴지는 무게가 비슷하거나 시선을 끄는 정도가 비슷하게 분배되어 균형을 유지하는 것 예 자연풍경식 정원
강조	• 동질의 형태나 색감들 사이에 상반되는 것을 넣어 시각적 산만함을 막고 통일감을 조성하기 위한 수법 • 자연 경관의 구조물(절벽과 암자, 호수가의 정자 등)
반복	• 획일성 반복과 변화성 반복이 있는데, 특히 변화성 반복은 모든 자연질서의 근본적이고 보편적인 질서로 모든 예술 형태에서 흥미로운 통일성을 갖음 • 조용하고 변화의 매력이 없으며 동양식 정원보다는 서양식 정원에서 주로 사용

(2) 다양성 : 통일성과 상호보완적으로 적절하게 유지되어야 하며, 다양성 달성방법은 비례에서의 변화, 율동의 부여, 대비효과 이용이 있다.

구분	내용
비례	• 길이 면적 등 물리적 크기의 비례에 규칙적인 변화를 주게 되면 부분과 전체의 관계를 보다 풍부하게 할 수 있음 • 식재군이 차지하는 면적, 정원석의 높이와 면적, 산울타리의 길이와 높이 등의 비례를 통해서 다양성을 이룸

구분	내용
율동	• 각 요소들이 강약, 장단의 주기성이나 규칙성을 가지면서 전체적으로 연속적인 운동감을 가지는 것 • 동일한 요소나 유사한 요소가 규칙적 또는 주기적으로 반복하면서 연속적인 운동감을 지니는 것 • 수목의 규칙적 배열에 의한 가로수배식과 같은 시각적 율동, 폭포·시냇물과 같은 청각적 율동, 색채의 변화를 통한 율동 등이 있음
대비	• 상이한 질감 형태, 색채를 대조시킴으로써 변화를 두는 것 • 강한 대조 효과를 통하여 특정 경관 효과를 더욱 부각시키고 단조로움 탈피 • 형태상 대비 : 수평면의 호수에 면한 절벽 • 색채상 대비 : 녹색 잔디밭에 군식된 사루비아

3 경관 구성 기법

01 경관 형성 기법 (경관의 기본골격을 형성하는 요소)

① 지형의 변화 : 굴곡의 완화 또는 강조, 마운딩 설계, 수목의 이용으로 변화를 도모할 수 있다.

② 수목에 의한 구성 : 위요공간과 교목의 하부에 시선을 열어 주는 반투과적인 공간 형성 기법이다.

③ 연못의 형태 : 가능하면 기하학적인 형태보다 변화를 주어 물과 접촉하는 부분을 많이 만든다.

④ 구조물의 형태 : 자연경관에서 스카이라인을 해치지 않는 범위에서 조화를 추구한다.

02 경관 연결 기법

① 내·외부 공간의 연결 : 매개적 공간 만듦(전이공간), 테라스

② 계단에 의한 연결 : 위치와 방향, 사적 공간의 위치, 연결방법

③ 연속적 공간의 구성 : 개방공간 – 전이공간 – 닫혀진 공간

03 경관 수식 기법

(1) 패턴

① 1차적 패턴 : 가까이서 느끼는 것, 물체의 부분적인 패턴

② 2차적 패턴 : 멀리서 보는 것, 전체 집합적 패턴

③ 건물의 벽면, 바닥면의 디자인(포장패턴) 등에 1차적 패턴과 2차적 패턴을 동시에 고려하여 만족시킬 수 있도록 수식

(2) 인간적 척도

① 손으로 만지고, 걷고, 앉고 하는 등 인간 활동에 관련된 적절한 규모와 크기를 말한다.

② 기념성 강조 : 의도적으로 큰 규모의 비인간적 척도를 도입한다.

③ 높은 건물, 구조물 : 교목으로 완화식재하여 상부로의 시선을 차단시키고, 인간적 척도 공간을 조성한다.

④ 위요공간, 관개공간, 세부경관 : 인간적 척도를 지닌 경관이 될 가능성이 높다(편안함과 친근감).

(3) 슈퍼그래픽(super graphic)

① 건물 벽면 전체, 건물군 전체를 하나의 화폭으로 생각하고 색채 디자인 또는 그래픽 디자인을 하는 것이다.

② 도시 경관 요소로 인지도가 높으며, 전체적 경관의 부분적 사용으로 공간 특성을 부여한다.

(4) 환경조각

① 환경과 조화를 이루고 흥미를 높이며 공간의 분위기를 쾌적하게 만드는 조각이다.

② 분수, 조각, 상징탑, 놀이조각 등 경관요소로 존재하는 구조물 또는 조각에 해당한다.

③ 크기와 형태는 장소의 기능, 이용자의 동선 패턴, 관찰지점, 주변 건물의 높이와 폭 등을 고려하여 결정한다.

(5) 소리 : 경관지각에 영향을 미친다. 예 도심지의 폭포, 분수 등

(6) 표지판 및 옥외 시설물

① 각종 시설물과 표지판이 장소의 분위기에 맞게 통일성을 지녀야 한다.

② 통일된 색채, 소재, 형태로 공간의 개성을 살리며 식별성을 높이는 데 기여할 수 있어야 한다.

04 배식 기법

① 지형의 기본적인 바탕 수목은 장식적 역할을 하며, 공간의 분위기, 주변 환경, 설계자의 의도에 따라 선택한다.

② 배식기법으로 정형식 배식과 자연식 배식이 있다.

[정형식 배식]

구분	내용
단식(점식)	한 그루의 나무를 독립적으로 식재한다.
대식(대칭)	좌우 같은 형태와 종류의 나무를 대칭으로 식재한다.
열식	같은 형태 및 종류의 나무를 일정한 간격으로 직선상에 식재한다.
교호식재	두 줄의 열식을 서로 어긋나게 배치하여 식재한다.
군식	한가지 수종을 모아 심는 방법이다.

[자연식 배식]

구분	내용
부등변 삼각형	• 크고 작은 세 그루의 나무를 부등변 삼각형의 꼭짓점 지역에 식재한다.
임의식재	• 부등변 삼각형의 식재를 순차적으로 연결시켜 확대해 나가는 방법이다. • 대규모의 식재지에 사용한다.
군식	• 수종, 수형, 크기 등이 다른 3종 이상의 수목을 한 자리에 모아 심는 방법이다. • 1종의 수목만 식재하는 것은 정형식 배식의 군식이다.
배경식재	• 의도하는 경관을 돋보이게 하기 위해 그 경관을 배경으로 수목을 식재한다.

05 초화류화단 종류 : 평면화단, 입체화단, 특수화단이 있다.

(1) 평면화단

구분	내용
화문화단	양탄자 무늬와 같다고 하여 양탄자화단, 자수화단, 모전화단이라 한다.
리본화단	통로, 산울타리, 담장 등 건물 주변에 좁고 길게 만든 화단으로 일명 대상화단(帶狀花壇)이라고도 한다.
포석화단	통로, 연못 주위에 돌을 깔고 돌 사이에 키 작은 초화류를 식재하여 돌과 조화시켜 관상하는 화단이다.

(2) 입체화단

구분	내용
기식화단	• 중앙에는 키 큰 직립성의 초화류를 심고 주변부로 갈수록 키 작은 종류를 심어 사방에서 관상할 수 있게 만든 화단이다. 예 잔디밭 중앙, 광장의 중앙, 축의 교차점
경재화단	• 도로, 건물, 담장, 산울타리를 배경으로 폭이 좁고 길게 만든다. • 전면 한쪽에서만 관상(앞쪽은 키 작은 것, 뒤쪽은 키 큰 것 식재)
노단화단	• 테라스 화단, 경사지를 계단 모양으로 돌을 쌓고 축대 위에 초화를 심는다.

(3) 특수화단

구분	내용
침상화단	• 지면보다 1m 정도 낮게 하여 기하학적인 땅 가름을 하고, 초화식재가 한 눈에 내려다 보이도록 한다.
수재화단	• 물에서 자라는 수생식물을 연못에 가꾸어 관상, 수련, 꽃창포, 마름 등을 물과 물고기와 함께 길러 관상한다 예 생태 연못의 식물

01 경관에 대한 설명 중 바르지 못한 것은?

① 질감, 색채, 형태 등은 경관의 우세요소이다.
② 대비, 연속 등은 경관의 우세원칙이다,
③ 광선, 거리, 색채 등은 경관의 가변인자이다.
④ 강물, 계곡, 분수 등은 초점적 경관이라 할
수 있다.

가변인자 : 기상조건, 계절, 광선, 시간, 기타(운동거리,
관찰위치) 등 계절에 따라 다르게 느껴지는 감각

**02 일정 지점에서 볼 때 광활하게 펼쳐지는 경관요소
를 무엇이라 하는가?**

① 랜드마크 ② 통경선
③ 전망 ④ 질감

해설

랜드마크는 지형경관이고 통경선은 초점경관이다.

**03 다음은 정원과 바람과의 관계에 대한 설명이다.
적당하지 않은 것은?**

① 통풍이 잘 이루어지지 않으면 식물은 병해
충의 피해를 받기 쉽다.
② 겨울에 북서풍이 불어오는 곳은 바람막이를
위해 상록수를 식재한다.
③ 주택 안의 통풍을 위해서 담장은 낮고 건물
가까이 위치하는 것이 좋다.
④ 생울타리는 바람을 막는 데 효과적이며, 시
선을 유도할 수 있다.

**04 일반도시에서 가장 많이 사용되고 있는 이상적인
녹지 계통은?**

① 분산식 ② 방사식
③ 환상식 ④ 방사환상식

해설

독일 쾰른은 방사식과 환상식이 복합된 도시 구조를 가
지고 있다.

05 점에 대한 설명 중 옳지 않은 것은?

① 점이 공간과 그 위치를 차지하면 우리의 시
각은 자연히 그 점에 집중된다.
② 두 개의 점이 있을 때 한 쪽 점이 작은 경우
주의력은 작은 쪽에서 큰 쪽으로 옮겨진다.
③ 광장의 분수나 조각, 독립수 등은 조경공간
에서 점적인 역할을 한다.
④ 점이 같은 간격으로 연속적인 위치를 가지
면 흔히 선으로 느껴진다.

**06 조경에서 점을 취급할 때 짜임새 구성요소로 이용
되는 것이 아닌 것은?**

① 대비 ② 균형
③ 강조 ④ 분할

07 정원 구성 재료 중 점적인 요소가 아닌 것은?

① 벤치 ② 병목
③ 분수 ④ 해시계

병목은 선적인 요소이다.

정답 01 ③ 02 ③ 03 ③ 04 ④ 05 ② 06 ④ 07 ②

08 정원에서 미적요소의 구성은 재료의 짝지움에서 나타나는데, 도면상 선적인 요소에 해당되는 것은?

① 분수　　　　　② 독립수
③ 원로　　　　　④ 연못

해설

분수는 초점요소, 독립수는 점 요소, 연못은 면 요소이다.

09 정원에 소규모 냇물의 흐름을 조성한다면 이는 조경의 어떤 요소에 해당하는가?

① 방향　　　　　② 선
③ 점　　　　　　④ 운동

10 다음 직선에 대한 심리적인 영향을 설명한 것 중 틀린 것은?

① 강직하고 남성적이다.
② 단순하고 안정적이다.
③ 초조하고 불안정하다.
④ 명확하고 직접적이다.

11 수직선이 뜻하는 내용이 아닌 것은?

① 권태, 피로　　　② 권위, 완고
③ 엄격, 준엄　　　④ 거만, 온난

12 곡선의 특성이 옳게 연결된 것은?

① 자유곡선 : 가장 우아, 유용적 감각
② 기하곡선 : 강직, 명확, 단순
③ S커브 : 여성적, 개성, 가장 이상적
④ C커브 : 화려, 부드러움

해설

• 자유곡선 : 이상적이고 여성적임
• 기하곡선 : 확실하고 세련된 느낌
• S커브 : 우아하고 감각적임

13 다음 [보기] 의 괄호 안에 들어갈 디자인 요소 는?

[보기]
형태, 색채와 더불어 (　　)은(는) 디자인의 필수 요소로서 물체의 조성 성질을 말하며, 이는 우리의 감각을 통해 형태에 대한 지식을 제공한다.

① 질감　　　　　② 광선
③ 공간　　　　　④ 입체

14 다음 중 질감의 대비효과가 제일 큰 것은?

① 이끼 – 모래
② 콘크리트 바닥 – 나무 바닥
③ 정원석 – 수석
④ 벽돌담 – 잔디밭

15 질감(texture)이 가장 부드럽게 느껴지는 나무는?

① 태산목　　　　② 칠엽수
③ 회양목　　　　④ 팔손이나무

해설

질감이 부드럽게 느껴지는 순서는 ③ → ① → ④ → ③ 이다.

16 대부분의 사람들에게 가장 쾌적한 결과를 가져오는 미적 구상은 어떠한 상태인가?

① 질감이 부드러울 때
② 색채가 화려할 때
③ 질서와 변화가 있을 때
④ 다양성이 높을 때

08 ③　09 ②　10 ③　11 ①　12 ④　13 ①　14 ④　15 ③　16 ④　**정답**

17 시각 디자인상 방향감에 관한 기술 중 옳지 않은 것은?

① 수직과 수평방향은 시각적 만족과 경험을 준다.

② 대각선 방향은 안정을 깨뜨리는 큰 자극을 준다.

③ 엄숙과 위엄을 강조할 때는 수직방향의 강조가 필요하다.

④ 우리의 눈은 수직 길이보다 수평 길이를 판단하는 데 노력을 필요로 한다.

> **해설**
>
> 우리의 눈은 수평 길이보다 수직 길이를 판단하는 데 노력이 필요하다.

18 다음 중 색의 3속성에 관한 설명으로 옳은 것은?

① 감각에 따라 식별되는 색의 종명을 채도라고 한다.

② 두 색상 중에서 빛의 반사율이 높은 쪽은 밝은 색이다.

③ 색의 포화상태 즉, 강약을 말하는 것은 명도이다.

④ 그레이 스케일(Gray Scale)은 채도의 기준 척도로 사용된다.

> **해설**
>
> ①은 색상, ③은 채도, ④는 명도에 대한 설명이다.

19 다음 관용색명 중 색상의 속성이 다른 것은?

① 이끼색　　　　② 라벤더색

③ 솔잎색　　　　④ 풀색

20 다음 중 따뜻하게 느껴지는 색은?

① 보라색　　　　② 초록색

③ 주황색　　　　④ 남색

21 다음 중 날씨가 어두워지면 제일 먼저 보이지 않는 색은?

① 빨강　　　　　② 파랑

③ 노랑　　　　　④ 녹색

22 다음 중 가장 가볍게 느껴지는 색은?

① 파랑　　　　　② 노랑

③ 초록　　　　　④ 연두

23 짐을 운반하여야 한다. 다음 중 같은 크기의 짐을 어느 색으로 포장했을 때 가장 덜 무겁게 느껴지는가?

① 다갈색　　　　② 크림색

③ 군청색　　　　④ 쥐색

> **해설**
>
> 고명도는 무겁게 느껴지고, 저명도는 가볍게 느껴진다.

24 채도대비에 의해 주황색 글씨를 보다 선명하게 보이도록 하려면 바탕색으로 어떤 색이 가장 적합한가?

① 빨간색　　　　② 노란색

③ 파란색　　　　④ 회색

> **해설**
>
> 채도가 높은 색은 채도가 낮은 탁한 색 위에 놓아야 한다.

25 다음 설명의 괄호 안에 들어갈 각각의 용어는?

> • 면적이 커지면 명도와 채도가 (㉠).
> • 큰 면적의 색을 고를 때의 견본색은 원하는 색보다 (㉡) 색을 골라야 한다.

① ㉠ 높아진다　㉡ 밝고 선명한

② ㉠ 높아진다　㉡ 어둡고 탁한

③ ㉠ 낮아진다　㉡ 밝고 선명한

④ ㉠ 낮아진다　㉡ 어둡고 탁한

정답 17 ④　18 ②　19 ②　20 ③　21 ①　22 ②　23 ②　24 ④　25 ②

26 어떤 두 색이 맞붙어 있을 때 그 경계 언저리에 대비가 더 강하게 일어나는 현상은?

① 연변대비   ② 면적대비

③ 보색대비   ④ 한난대비

> **해설**
>
> 인접색이 저명도인 경계부분은 더 밝아 보이고, 고명도인 경계부분은 더 어두워 보인다.

27 빨강(red), 초록(green), 파랑(blue)을 무엇이라고 하는가?

① 색광의 3원색   ② 색채의 3원색

③ 병치혼합   ④ 중간혼합

28 다음 중 색의 잔상(殘像, Afterimage)과 관련한 설명으로 틀린 것은?

① 잔상은 원래 자극의 세기, 관찰시간과 크기에 비례한다.

② 주위의 색에 영향을 받아 주위의 색이 근접하게 변화하는 것이다.

③ 주어진 자극이 제거된 후에도 원래의 자극과 색, 밝기가 같은 상이 보인다.

④ 주어진 자극이 제거된 후에도 원래의 자극과 색, 밝기가 반대인 상이 보인다.

29 형광등 아래서 물건을 고를 때 외부로 나가면 어떤 색으로 보일까 망설이게 된다. 이처럼 조명광에 의하여 물체의 색을 결정하는 광원의 성질은?

① 직진성   ② 연색성

③ 발광성   ④ 색순응

30 완두콩은 어떤 색의 접시에 담으면 가장 신선하게 보이는가?

① 백색   ② 황색

③ 녹색   ④ 핑크색

31 다음 설명의 A, B에 적합한 용어는?

> 인간의 눈은 원추세포를 통해 (A)을(를) 지각하고, 간상세포를 통해 (B)을(를) 지각한다.

① A : 색채   B : 명암

② A : 밝기   B : 채도

③ A : 명암   B : 색채

④ A : 밝기   B : 색조

32 명암순응(明暗順應)에 대한 설명으로 틀린 것은?

① 눈이 빛의 밝기에 순응해서 물체를 본다는 것은 명암순응이라 한다.

② 맑은 날 색을 본 것과 흐린 날 색을 본 것이 같이 느껴지는 것이 명순응이다.

③ 터널에 들어갈 때와 나갈 때의 밝기가 급격히 변하지 않도록 명암 순응 식재를 한다.

④ 명순응에 비해 암순응은 장시간을 필요로 한다.

> **해설**
>
> • 명순응 : 어두운 곳에서 갑자기 밝은 곳으로 나갔을 때 눈이 부셔서 얼른 눈을 뜰 수 없게 되지만, 조금 지나면 빛에 적응하는 현상
>
> • 암순응 : 밝은 곳에 있다가 어두운 곳으로 들어갔을 때 잠시 눈이 깜깜해 더듬다가 시간이 경과되면 사물을 인식하는 현상

33 정원의 많은 색의 꽃이 일출 때 적색 계통의 색보다 청색 계통의 색이 일찍 눈에 띈다. 그 원리는?

① 분광반사율이 다르기 때문이다.

② 리브만의 효과(Liebman's effect)라고 한다.

③ 푸르킨예 현상이라 한다.

④ 맑은 공기로 찬 색 계통이 일찍 보이는 현상이다.

34 먼셀 표색계의 10색상환에서 서로 마주보고 있는 색상의 짝이 잘못 연결된 것은?

① 빨강(R) – 청록(BG)

② 노랑(Y) – 남색(PR)

③ 초록(G) – 자주(RP)

④ 주황(YR) – 보라(P)

> 해설
>
> 주황은 파랑을 마주보고 있다.

35 풀이나 연못의 투영이 잘되게 하기 위한 조건 중 옳지 않은 것은?

① 연못 바닥을 밝은 색으로 처리한다.

② 바닥 깊이를 얕게 하는 것보다 깊게 하는 것이 좋다.

③ 연못 주변을 최대한 노출시켜 투영면적을 넓게 한다.

④ 수면을 잔잔하게 한다.

36 지각 강도에 대한 설명으로 틀린 것은?

① 크기에 대한 지각 강도는 상대적이다.

② 크기가 크면 지각 강도도 따라서 높아진다.

③ 스카이라인을 형성하는 요소들은 지각 강도가 높다.

④ 높은 곳에 위치한 것보다 낮은 곳에 위치한 것이 지각 강도가 높다.

37 다음 중 어떤 대상 물체가 하늘을 배경으로 이루어진 윤곽선을 가리키는 것은?

① 비스타   ② 스카이라인

③ 영지   ④ 수목절감

38 안개나 수면에 투영된 영상 같이 대기권의 상황변화에 따라 경관의 모습이 달라지는 것을 무엇이라 하는가?

① 지형경관(Feature Landscape)

② 세부경관(Detail Landscape)

③ 초점경관(Focal Landscape)

④ 일시적 경관(Ephemeral Landscape)

> 해설
>
> • 지형경관은 천미적 자연경관으로 산봉우리, 절벽 등이 있다.
> • 세부경관은 사물을 가까이에서 보는 것이다.

39 떼 지어 나는 철새나 설경 또는 수면에 투영된 영상 등에서 느껴지는 경관은?

① 초점경관   ② 관개경관

③ 세부경관   ④ 일시경관

40 시각적 경관요소는 대부분 6가지 요소로 분류된다. 다음 설명은 어느 경관을 말하는 건가?

> 주위 환경요소와는 달리 특이한 성격을 띤 부분의 경관으로 지형적인 변화. 즉, 산속에 높은 절벽과 같은 것이다.

① 파노라마   ② 천연미적 자연경관

③ 초점   ④ 세부적 경관

41 파노라마 경관은?

 ①
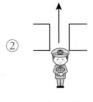 ②
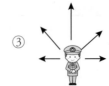 ③
 ④

정답 34 ④ 35 ② 36 ④ 37 ② 38 ④ 39 ④ 40 ② 41 ③

42 Litton이 산림경관을 분석하는 7가지 유형 중 기본적인 유형에 속하지 않는 것은?

① 관개경관   ② 전경관
③ 지형경관   ④ 초점경관

43 다음 중 좌우로 시선이 제한되어 전방의 일정 지점으로 시선이 모이도록 구성된 경관을 의미하는 것은?

① 질감(Texture)
② 랜드마크(Landmark)
③ 통경선(Vista)
④ 결절점(Nodes)

44 시각구조 분석이나 시각적 요소로서 많이 이용되는 Vista에 관한 설명 중 틀린 것은?

① Vista는 View의 동일한 개념이다.
② Vista는 시각의 종착점이나 중요 특징을 향한다.
③ Vista는 View보다 훨씬 조성하기 쉽고 통제가 많이 된다.
④ Vista는 선두르기(Enframement)를 갖는다.

45 린치(K. Lynch)가 주장하는 도시경관의 5대 구성요소가 아닌 것은?

① 매스(Mass)
② 통로(Paths)
③ 모서리(Edge)
④ 랜드마크(Landmark)

해설
도시경관의 5대 구성요소는 통로, 결절점, 지역, 모서리, 랜드마크이다.

46 주변지역의 경관과 비교할 때 지배적이며, 특징을 가지고 있어 지표적인 역할을 하는 것을 무엇이라 하는가?

① Vista   ② Distiricts
③ Nodes   ④ Landmarks

47 시각 분석도에 표시가 되지 않아도 좋은 것은?

① 수면   ② 계곡
③ 능선   ④ 좋은 전망

48 정원의 넓이를 한층 더 크고 변화 있게 하려는 조경기술 중 가장 좋은 방법은?

① 축을 강조   ② 눈가림 수법
③ 명암을 대비   ④ 통경선

49 정원에서 간단한 눈가림 구실을 할 수 있는 시설물로 가장 적합한 것은?

① 파고라   ② 트렐리스
③ 정자   ④ 테라스

50 다음 중 차경(借景)을 가장 잘 설명한 것은?

① 멀리 보이는 자연풍경을 경관 구성 재료의 일부로 이용하는 것
② 산림이나 하천 등의 경치를 잘 나타낸 것
③ 아름다운 경치를 정원 내에 만든 것
④ 연못의 수면이나 잔디밭이 한눈에 보이지 않게 하는 것

51 조경미의 원리 중 대비가 불러오는 심리적 자극으로 가장 거리가 먼 것은?

① 반대   ② 대립
③ 변화   ④ 안정

42 ① 43 ③ 44 ① 45 ① 46 ④ 47 ① 48 ② 49 ② 50 ① 51 ④ 정답

52 다음 중 조화(Harmony)의 설명으로 가장 적합한 것은?

① 각 요소들이 강약, 장단의 주기성이나 규칙성을 가지면서 전체적으로 연속적인 운동감을 가지는 것

② 모양이나 색깔 등이 비슷비슷하면서도 실은 똑같지 않은 것끼리 모여 균형을 유지하는 것

③ 서로 다른 것끼리 모여 서로를 강조시켜 주는 것

④ 축선을 중심으로 하여 양쪽의 비중을 똑같이 만드는 것

53 정원수의 60%까지를 소나무로 배치하거나 향나무를 심어 전체를 하나의 힘찬 형태나 색채 또는 선으로 통일시켰을 때 나타나는 아름다움을 무엇이라 하는가?

① 단순미   ② 통일미
③ 점층미   ④ 균형미

54 황금비는 단변이 1일 때 장변은 얼마인가?

① 1.681   ② 1.618
③ 1.186   ④ 1.861

55 정원수의 아름다움의 3가지 요소(삼재미)에 해당되지 않은 것은?

① 색채미   ② 형태미
③ 내용미   ④ 식재미

56 다음 중 운율미의 표현이 아닌 것은?

① 변화되는 색채
② 아름다운 숲과 바위
③ 일정하게 들려오는 파도소리
④ 폭포소리

57 장식분을 줄지어 배치했을 때의 아름다움은?

① 조화미   ② 균형미
③ 반복미   ④ 대비미

58 잔디밭, 일제림, 독립수 등의 경관에 나타나는 아름다움은?

① 조화미   ② 단순미
③ 점층미   ④ 대비미

59 다음 중 단순미(單純美)와 가장 관련이 없는 것은?

① 잔디밭   ② 독립수
③ 형상수(Topiary)   ④ 자연석 무너짐 쌓기

60 미적인 형 자체로는 균형을 이루지 못하지만 시각적인 힘의 통합에 의해 균형을 이룬 것처럼 느끼게 하여 동적인 감각과 변화있는 개성적 감정을 불러일으키며, 세련미와 성숙미 그리고 운동감과 유연성을 주는 미적 원리는?

① 비례   ② 비대칭
③ 집중   ④ 대비

정답   52 ②   53 ②   54 ②   55 ④   56 ②   57 ③   58 ②   59 ④   60 ②

61 다음 중 점층(漸層)에 관한 설명으로 가장 적합한 것은?

① 조경재료의 형태나 색깔, 음향 등의 점진적 증가
② 대소, 장단, 명암, 강약
③ 일정한 간격을 두고 흘러오는 소리, 다변화 되는 색채
④ 중심축을 두고 좌우 대칭

해설

점층 : 그라데이션

62 동적이고 극적인 분위기를 나타내는 조화는?

① 균제　　　　　② 비례
③ 통일　　　　　④ 점이

해설

· ① : 균형상태에 있는 것
· ② : 황금비례
· ④ : 점진적 변화

63 피아노의 리듬에 맞추어 분수를 계획할 때 강조해서 적용해야 할 경관 구성 원리는?

① 율동　　　　　② 조화
③ 균형　　　　　④ 비례

64 다음 중 강조(Accent)에 대한 설명으로 적합하지 않은 것은?

① 비슷한 형태나 색감들 사이에 이와 상반되는 것을 넣어 강조함으로 시각적으로 산만함을 막고 통일감을 조성할 수 있다.
② 전체적인 모습을 꽉 조여 변화 없는 단조로움이 나타나기 쉽다.
③ 강조를 위해서는 대상의 외관(外觀)을 단순화시켜야 한다.
④ 자연경관에서는 구조물이 강조의 수단으로 사용되는 경우가 많다.

해설

강조 : 동질의 형태나 색감들 사이에 상반되는 것을 넣어 시각적 산만함을 막고 통일성 강조

65 조형미의 원리인 리듬감이 가장 잘 나타난 것은?

① 　②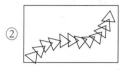

③ 　④

66 다음 중 잎의 질감이 약에서 강의 순서로 바르게 된 것은?

① 향나무 → 은행나무 → 플라타너스
② 향나무 → 플라타너스 → 은행나무
③ 은행나무 → 플라타너스 → 향나무
④ 플라타너스 → 향나무 → 은행나무

해설

· 잎이 넓은 것 : 거칠다.
· 잎이 좁은 것 : 부드럽다.

67 주택정원의 세부공간 중 가장 공공성이 강한 성격을 갖는 공간은?

① 안뜰　　　　　② 앞뜰
③ 뒤뜰　　　　　④ 작업뜰

68 창살울타리(Trellis)는 설치 목적에 따라 높이 차이가 결정되는데 그 목적이 적극적 침입 방지의 기능일 경우 최소 얼마 이상으로 하여야 하는가?

① 2.5m　　　　　② 1.5m
③ 1m　　　　　④ 5m

69 건물과 정원을 연결시키는 역할을 하는 시설은?

① 아치　　　　　② 트렐리스
③ 퍼걸러　　　　④ 테라스

70 퍼걸러, 벤치, 수경시설, 놀이 및 운동시설을 배치할 수 있는 공간으로 적당한 것은?

① 안뜰　　　　　② 뒤뜰
③ 작업뜰　　　　④ 앞뜰

71 퍼걸러에 대한 설명 중 틀린 것은?

① 재료는 등나무, 칡, 인동덩굴 등을 사용한다.
② 높이는 220~250cm 정도로 한다.
③ 기둥 사이의 거리는 100~150cm 정도로 한다.
④ 도리의 위치에서 밖으로 나가는 보의 길이는 30~40cm가 일반적이다.

72 주택정원에 설치하는 시설물 중 수경시설에 해당하는 것은?

① 퍼걸러　　　　② 미끄럼틀
③ 정원등　　　　④ 벽천

73 물에 대한 설명이 틀린 것은?

① 호수, 연못, 풀 등은 정적으로 이용된다.
② 분수. 폭포, 벽천, 계단폭포 등은 동적으로 이용된다.
③ 조경에 물의 이용은 동서양 모두 즐겨하였다.
④ 벽천은 다른 수경에 비해 대규모 지역에 어울리는 방법이다.

74 일반적인 주택정원의 잔디를 깎는 높이로 가장 적합한 것은?

① 1~5mm　　　　② 5~15mm
③ 15~25mm　　　④ 25~40mm

75 주택단지 정원의 설계에 관한 사항으로 알맞은 것은?

① 녹지율은 50% 이상이 바람직하다.
② 건물 가까이에 상록성 교목을 식재한다.
③ 단지의 외곽부에는 차폐 및 완충식재를 한다.
④ 공간효율을 높이기 위해 차도와 보도를 인접 및 교차시킨다.

76 주택단지 안의 건축물 또는 옥외에 설치하는 계단을 공동으로 사용할 목적인 경우 최소 얼마 이상의 유효 폭을 가져야 하는가? (단, 단 높이는 18cm 이하, 너비는 26cm 이상으로 한다.)

① 100cm　　　　② 120cm
③ 140cm　　　　④ 160cm

구분	유효폭	단높이	단너비
공동	120	18	26
세대	90	20	24

77 조경설계기준상 공동으로 사용되는 계단의 경우 높이가 2m를 넘는 계단에는 2m 이내마다 당해 계단의 유효폭 이상의 폭으로 너비 얼마 이상의 참을 두어야 하는가? (단, 단의 높이는 18cm 이하, 단의 너비는 26cm 이상이다.)

① 70cm　　　　② 80cm
③ 100cm　　　④ 120cm

78 다음 중 몰(Mall)에 대한 설명으로 옳지 않은 것은?

① 도시환경을 개선하는 한 방법이다.
② 차량은 전혀 들어갈 수 없게 만들어진다.
③ 보행자 위주의 도로이다.
④ 원래의 뜻은 나무그늘이 있는 산책길이란 뜻이다.

정답　70 ①　71 ③　72 ④　73 ④　74 ④　75 ③　76 ②　77 ④　78 ②

79 도시공원 및 녹지 등에 관한 법규에서 정하고 있는 녹지가 아닌 것은?

① 완충녹지　　　　② 경관녹지
③ 연결녹지　　　　④ 시설녹지

80 다음 [보기]에서 괄호에 들어갈 적당한 공간 표현은?

[보기]

서오릉 시민 휴식공원 기본계획에는 왕릉의 보존과 단체이용객에 대한 개방이라는 상충되는 문제를 해결하기 위하여 (　　)(을)를 설정함으로써 왕릉과 공간을 분리시켰다.

① 진입광장　　　　② 동적공간
③ 완충녹지　　　　④ 휴게공간

81 도시공원의 설치 및 규모의 기준상 어린이공원의 최대 유치 거리는?

① 100m　　　　② 250m
③ 500m　　　　④ 1,000m

82 어린이공원에 심을 경우 어린이에게 해를 가할 수 있기 때문에 식재하지 말아야 할 수종은?

① 느티나무　　　　② 음나무
③ 일본목련　　　　④ 모란

해설

음나무 : 가시가 있음

83 어린이를 위한 운동시설로서 모래터의 깊이는 어느 정도가 가장 알맞은가?

① 5~10cm　　　　② 10~20cm
③ 20~30cm　　　　④ 30cm 이상

84 묘지공원의 설계 지침으로 가장 올바른 것은?

① 장제랑 주변은 기능상 키가 작은 관목만을 식재한다.
② 산책로는 이용하기 좋게 주로 직선화한다.
③ 묘지공원 내는 경건한 분위기를 위해 어린이놀이터 등 휴게시설 설치를 일체 금지시킨다.
④ 전망대 주변에는 큰 나무를 피하고, 적당한 크기의 화목류를 배치한다.

85 국립공원의 발달에 기여한 최초의 미국 국립공원은?

① 옐로스톤　　　　② 요세미티
③ 센트럴파크　　　　④ 보스턴 공원

해설

• 최초의 자연공원 : 요세미티
• 미국 도시공원의 효시 : 센트럴파크

86 국립공원은 누가 지정하여 관리하는가?

① 건설교통부장관
② 행정안전부장관
③ 환경부장관
④ 농림축산식품부장관

87 조경의 대상을 기능별로 분류해 볼 때 「자연공원」에 포함되는 것은?

① 묘지공원　　　　② 휴양지
③ 군립공원　　　　④ 정관녹지

해설

자연공원 : 국립공원, 군립공원, 도립공원

88 골프장에 사용되는 잔디 중 난지형 잔디는?

① 들잔디　　　　② 벤트그래스
③ 켄터키블루그래스　　　④ 라이그래스

89 다음 골프와 관련된 용어 설명으로 옳지 않은 것은?

① 에프론 칼라(Apron Collar) : 임시로 그린의 표면을 잔디가 아닌 모래로 마감한 그림을 말한다.
② 코스(Course) : 골프장 내 플레이가 허용되는 모든 구역을 말한다.
③ 해저드(Hazard) : 벙커 및 워터 해저드를 말한다.
④ 티샷(Tee Shot) : 티그라운드에서 제1타를 치는 것을 말한다.

> 해설
>
> 에프론 칼라 : 그린의 가장자리 풀(짧게 깎은 풀로 이루어진 그린 둘레)

90 다음 중 학교조경에 관한 사항으로 틀린 것은?

① 교실을 중심으로 한 정적부분과 운동장을 중심으로 한 동적부분으로 명확하게 구분하여 차폐와 방음이 이루어지도록 한다.
② 학교원에는 교재원적 부분과 작업원적 부분으로 구분된다.
③ 수목은 가급적 외래 수종을 많이 심고, 수종도 가능한 한 다양하게 심는다.
④ 통행구분을 명확하게 하는 것이 좋다.

91 사적지 조경의 종류별 조경계획 중 올바르지 않은 것은?

① 건축물 가까이에는 교목류를 식재하지 않는다.
② 민가의 안마당에는 유실수를 주로 식재한다.
③ 성곽 가까이에는 교목을 심지 않는다.
④ 묘역 안에는 큰 나무를 심지 않는다.

> 해설
>
> 민가의 안마당에는 화목류, 관목류 식재를 주로 식재한다.

92 옥상정원에 대한 설명 중 적합하지 않은 것은?

① 햇볕이 강한 곳이므로 건물구조가 견딜 수 있는 한 큰 나무를 심어 그늘을 만든다.
② 잔디를 입히는 곳의 흙의 두께는 30cm 정도를 표준으로 한다.
③ 건물구조가 약할 때에는 큰 화분에 심은 나무를 이용하는 것이 좋다.
④ 배수에 특히 유의하여 바닥에 관 암거를 설치하고 10cm 정도의 왕모래를 깔도록 한다.

93 옥상정원의 인공지반 상단의 식재 토양층 조성 시 사용되는 경량재가 아닌 것은?

① 버미큘라이트
② 펄라이트
③ 피트모스
④ 석회

94 토양의 물리성과 화학성을 개선하기 위한 유기질 토양개량제는 어떤 것인가?

① 펄라이트
② 버미큘라이트
③ 피트모스
④ 제올라이트

> 해설
>
> 무기질 토양개량제 : 펄라이트, 버미큘라이트, 제올라이트

95 옥상정원에서 식물을 심을 자리는 전체 면적의 얼마를 넘지 않도록 하는 것이 좋은가?

① $\frac{1}{2}$
② $\frac{1}{3}$
③ $\frac{1}{4}$
④ $\frac{1}{5}$

정답 89 ① 90 ③ 91 ② 92 ① 93 ④ 94 ③ 95 ②

Chapter 05 🌳 조경설계

1 조경제도의 기초

01 제도용구

구분	내용
템플릿	• 수목 또는 시설물 표현
삼각자	• 직각 잡는데 또는 수직선 그을 때 사용
I(아이)자	• 제도판에 부착된 자로 T 자 대신으로 수평선 그을 때 사용
연필	• 샤프 0.5mm, 0.9mm로 대신 사용 • H가 높을수록 단단하고 흐리며 B가 높을수록 무르고 진함
제도용지	• 복사지 A3 용지로 모두 해결됨 • 참고로 사용할 수 있는 용지 : 투사용지, 트레이싱 페이퍼 : 기름종이
곡선자	• 운형자, 자유곡선자, 원호자
기 타	• 30cm 방한자, 삼각축척자(1/100~1/600)

- 윤척[輪(바퀴 윤), 尺(자 척=calipers)] : 수목 흉거 직경 측정 시 사용되는 기구
- 경척[(鯨고래 경), 尺(자 척)] : 곡(曲) 척의 1자 2치 5푼(37.88cm)에 해당하는 면적을 측정
- 곡척 : 나무, 쇠 이용하여 90도 각도의 "ㄱ"자 모양 자
- 덴드로메타 : 수고와 방위각을 측정
- 플래니미터 : 설계도상 부정형 지역의 면적을 측정

02 조경기호 : 수목과 시설물을 위에서 수직으로 내려다 본 상태로 표시하며 실제 형태를 단순화시켜 사용한다.

① 수목표시 : 수목에 대한 표시방법은 정해진 건 없으나 일반적으로 교목, 관목, 덩굴식물, 지피식물로 나누어 표시하고 교목과 관목은 다시 침엽과 활엽으로 나누어 표시한다.

구분	내용
교목과 관목	• 원형 템플릿을 사용, 가는 선으로 원을 그린다. • 원 내에 가지 또는 질감을 표시하는 방법이다. • 그림자를 넣어 표현, 수목의 윤곽선이 뚜렷이 나타나야 한다. • 가지나 질감 표현 시 겹치는 부분에 유의해야 한다. • 활엽수는 부드러운 질감을 표현, 침엽수는 직선 혹은 톱니형 곡선을 사용하여 표현한다.
덩굴식물과 지피식물	• 덩굴식물은 줄기와 잎을 자연스럽게 표현한다. • 지피식물은 점이나 짧은 선을 이용하여 식재 면적 내에 표시한다.

② 구조물표시 : 실물의 평면 형태를 표시한다.

③ 방위표시 : 설계자에 따라 원형으로 개성있게 표시한다.

④ 축척표시 : 막대 축척으로 표제란 하단에 표시한다.

03 기초 제도

(1) **제도** : 제도란 제도 기구를 사용하여 설계자의 구상을 선, 기호, 문자 등으로 제도용지에 표시하는 일이다.

(2) **제도의 순서**

> 축척 및 도면 크기의 결정 → 윤곽선 및 표제란 설정 → 도면의 배치(위치 결정) → 제도

가) 축척 및 도면 크기의 결정

① 축척 : 실물에 대한 도면에서의 줄인 비율(실척, 배척, 축척)을 말한다.

② 축척은 대지의 규모, 도면의 종류에 따라 결정한다.

③ 일반적으로 배치도와 평면도는 1/100 ~ 1/600, 상세도 1/10 ~ 1/50을 사용한다.

> 예 주택정원, 근린공원, 가로변공원 등은 대체적으로 1/100을 사용한다.

나) 윤곽선 및 표제란 설정

① 윤곽선은 용지의 가장자리에 10mm 정도 띄우고 도면을 철할 때에는 대개 왼쪽을 철하게 되므로 왼쪽에 25mm의 여백을 남긴다.

② 표제란은 도면의 오른쪽 상하로 길게 또는 오른쪽 하단구석에 작게, 도면의 하단부 좌우로 길게 설정한다.

③ 표제란에는 공사명, 도면명, 범례, 수목수량표, 시설물수량표, 축척, 방위, 설계자명, 도면번호 등 사항을 기록한다.

다) 도면의 배치(위치 결정) : 균형과 질서 있게 배치, 글자크기, 치수선, 도형의 크기를 알맞게 조정한다.

라) 제도 – 도면기호 표기

명칭		굵기	구분	명칭	용도
실선	굵은선	0.3~0.8mm		단면선, 외형선, 파단선	보이는 부분 나타낸 선
	가는선	0.2mm		치수보조선, 치수선, 지시선, 해칭선	치수선 등 각도 설명
허선	파선	가는선보다 굵게	– – – –	숨은선	보이지 않는 부분 표시
	일점쇄선	가는선보다 굵게	—— - -	절단, 경계, 기준선	절단위치 표시
		가는선 0.2mm	—·—·—	중심선	중심축, 대칭축 표시
	이점쇄선	가는선보다 굵게	—··—··—	가상선	가상되는 부분 표시

① 치수의 단위는 mm로 하며 단위표시는 하지 않는다.

② 치수를 표시할 때는 치수선, 치수보조선을 사용(가는 실선)한다.

③ 치수선은 치수보조선에 직각이 되도록 그으며 화살표나 점으로 경계를 명확히 표시한다.

④ 치수의 기입은 치수선에 따라 평형하게 기입한다.

⑤ 도면의 아래에서 위로, 왼쪽에서 오른쪽으로 읽을 수 있도록 치수선의 윗부분이나 치수선의 중앙에 기입한다. ※ 총수량은 표제란에 표기

> 💡 인출선
>
> • 도면의 내용물 자체에 설명할 수 없을 때 사용한다.
> • 수목명, 수목의 규격, 나무그루 수 등을 기입 시 이용한다.
> • 가는 선으로 명료하게 긋고 마무리와 처리를 깨끗하게 한다.
> • 인출선의 수평부분을 기입사항의 길이와 맞춘다.
> • 인출선의 방향과 기울기는 통일하는 것이 좋다.
> • 인출선 간의 교차와 치수선의 교차를 피한다(부득이 한 경우 점프선 사용).
> • 한 도면에서는 인출선의 굵기와 질 등을 동일하게 유지한다.

2 설계도의 종류

01 평면도 : 물체를 위에서 바라본 것을 가정하고 작도한 것이다. 조경설계의 기본적인 도면 평면을 보고 입체를 느낄 수 있는 능력이 필요하다.

02 배치도 : 계획의 전반적인 사항을 알게 하기 위한 도면이다. 시설물의 위치, 도로체계, 부지경계선, 지형, 방위, 식생 등 표현에 사용한다.

03 식재 평면도 : 조경설계 시 가장 많이 사용되는 도면이다. 수목의 위치, 종류, 수량, 규격 표현에 사용한다.

구분	내용
수목의 규격	• 수고(H), 수관 폭(W), 흉고직경(B), 근원직경(R)으로 표시한다. • 수고와 수관 폭은 m로, 지름은 cm 단위로 표시한다.
구조물 평면도	• 건축물, 벤치, 분수 등의 옥외시설물과 시공재료의 성질, 내구성, 마감처리, 안정성 등을 고려한다.

04 입면도

① 대개 평면도와 같은 축척 이용 : 정면도, 배면도, 측면도

② 구조물 정면에서 본 외적형태를 보여주기 위함이다.

③ 대지 입면도 : 대지 밖 정면에서 대지를 바라본 형태이다.

05 단면도

① 구조물을 수직으로 자른 단면을 보여준다.

② 구조물의 내부 구조 및 내부 공간 구성을 보여주기 위한 것이다. 이때 반드시 단면부위는 평면도 상에 나타내야 한다.

③ 대지 단면도 : 대지를 수직으로 자른 단면을 보여준다.

06 상세도

① 평면도나 단면도에 잘 나타나지 않는 세부사항을 표현한다.

② 평면 상세도와 단면 상세도가 있다.

③ 구조물 : 재료, 치수, 색채, 공법 등을 기입한다.

④ 식재 : 식재방법, 지주목의 설치 등 필요한 세부사항을 기재한다.

07 투시도

① 설계안이 완공되었을 경우를 가정하여 설계내용을 실제 눈에 보이는 대로 입체적인 그림으로 나타내며, 유리창을 통해 바깥 풍경을 보면서 보이는 그대로를 유리창에 그려낸 것과 같은 효과를 주는 도면이다.

② 투시도에는 치수와 치수선을 표시하지 않는다.

구분	내용
보는 눈의 높이에 따라 구분	조감도, 투시도, 앙시(仰視)도
보는 눈의 위치에 따라 구분	평행투시(1소점), 성각투시(2소점), 경사투시(3소점)

08 조감도 : 설계 대상지 완성 후의 모습을 공중에서 내려다 본 그림으로 공간 전체를 사실적으로 표현함으로써 공간구성을 쉽게 알 수 있도록 표현한다.

09 현황도 : 기본 계획 시 가장 기초로 이용되는 도면이다.

10 스케치 : 눈높이나 눈보다 조금 높은 높이에서 보이는 공간을 표현하는 그림으로 관찰지가 설계된 공간에서 볼 때를 가상하여 투시도, 작도법에 의하지 않고 실제 눈에 보이는 대로 자연스럽게 그려 표시한다.

3 수목의 규격

01 규격표시

(1) 수고(H : Height, 단위 : m)

① 지표면으로부터 수관의 상단부까지의 수직높이를 말한다. 단, 웃자란 가지는 제외한다.

② 소철이나 야자류는 줄기의 높이를 측정하고 퍼걸러 등에 사용되는 덩굴성 수목은 줄기의 길이를 측정한다.

(2) 수관 폭(W : Width, 단위 : m)

① 전정을 한 정형수나 형상수는 수관의 최대 폭을 측정한다.

② 타원형의 일반수형은 최소 폭과 최대 폭을 합한 평균값으로 결정한다.

(3) 흉고 직경(B : Diameter of Breast Height – 가슴높이 지름, 단위 : cm)

① 줄기의 굵기를 측정하는 것으로 일반적 가슴높이 정도인 1.2m 높이에 있는 줄기의 지름을 말한다.

② 단, 쌍간일 경우 각 간의 흉고직경 합의 70%나 당해 수목의 최대 흉고직경 중 큰 것을 택한다.

(4) 근원 직경(R : Root, 단위 : cm)

흉고 직경을 측정할 수 없는 관목이나 가슴높이 이하에서 줄기가 여러 갈래로 갈라진 교목, 덩굴성 수목, 묘목 등에 적용하며 지표면 줄기의 굵기를 말한다.

(5) 지하고(BH/C : Breast Height/Canopy, 단위 : m)

지표면에서 수관의 맨 아래가지의 수직 높이를 말한다. 녹음수나 가로수와 같이 지하고를 정할 필요가 있는 경우 적용한다.

(6) 수관고 : 수고에서 지하고를 뺀 수관의 높이를 말한다.

(7) 수관길이(L : Length, 단위 : m)

수관이 수평 또는 능수형 등 세장(細長)하는 생장 특성을 가진 수종이나 이에 준하여 조형한 수관은 최대길이를 수관 길이로 측정한다.

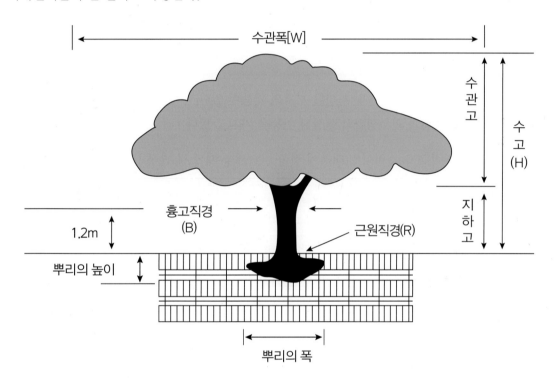

※ 수고(H/m), 수관나비(W/m), 흉고지름(B/Cm), 근원지름(R/Cm)으로 표시

02 수목 표시

(1) 교목성 수목

① 수고(H)×수관폭(W) : 일반 침엽수, 잣나무, 전나무, 오엽송, 독일가문비, 금송 등

② 수고(H)×근원직경(R) : 흉고 측정이 곤란한 수종, 단풍나무, 감나무, 느티나무, 모과나무, 만경류 등

③ 수고(H)×흉고직경(B) : 은행나무, 버즘나무, 왕벚나무, 은단풍 등

④ 수고(H)×수관폭(W)×근원직경(R) : 누운향나무 등

※ 아교목 : 교목과 관목의 중간 크기로 자라는 식물

(2) **관목성 수목**

① 수고(H)×수관폭(W) : 철쭉 등 대다수 일반 관목류 ※ 수고, 수관폭 측정 가능 수목

② 수고(H)×근원직경(R) : 만경목류, 노박덩굴, 능소화, 등나무

③ 수고(H)×가지의 수 : 개나리, 쥐똥나무 등

④ 수고(H)×수관폭(W)×가지의 수 : 해당화, 덩굴장미 ※ 줄기의 수가 적고, 도장지가 발달, 가지 수가 중요한 수종

⑤ 수고(H)×수관폭(W)×수관길이(L) : 눈향나무 ※ 수관이 한쪽 길이 방향으로 성장, 발달하는 수목

⑥ 묘목 : 간장×근원직경×근장 ※ 간장 : 수고, 근장 : 뿌리의 길이

※ 수목 규격 표시의 예 : 동백나무(H 1.2× W0.4), 매화나무(H 1.0× R6.0), 산철쭉(H0.4×W0.3)

4 정원설계

01 주택정원

(1) 성격과 유형

① 생활공간으로써의 기능 및 사생활 보호의 기능이 있다.

② 실내의 안락함과 외부생활의 연장된 기능을 가지고 있다.

(2) 설계기준 : 면적 200m² 이상인 대지에 건축물을 세울 때 조경 면적 규정에 따른다.

구분	내용
건축면적 1,000m² 이하	대지면적의 10%
건축면적 1,000~2,000m²	대지면적의 15% 이상
건축면적 2,000m² 이상	20% 이상

(3) 설계지침

가) 앞뜰 : 대문에서 현관 사이 공간, 차고, 조명, 울타리, 조각품 등 설치경관을 강조한다.

　예 사계절의 변화를 느끼도록 보여주는 정원, 주 동선이 되는 원로

나) 안뜰 : 응접실, 거실 쪽의 뜰로 옥외생활을 즐길 수 있는 곳, 조망과 정적, 동적 이용 기능 및 식사, 대화 등 다목적으로 이용된다.

　예 퍼걸러, 정자, 벤치, 수경 시설, 놀이 및 운동시설 등

다) 뒤뜰 : 사생활이 보장되도록 가족만의 휴식 공간으로 이용하며, 외부와의 시선이 차단된다.

라) 작업뜰

① 장독대, 세탁장소, 채소밭, 창고 등 배치, 뒤쪽에 자리 잡는 경우가 많으며, 통풍과 채광, 배수가 잘 되도록 한다.

② 작업뜰의 바닥은 벽돌이나 타일 등으로 포장하는 것이 좋다.

마) 주차공간 : 옥외주차장은 소형승용차 1대 2.5m×5m 이상, 지하차고는 폭 3~4m, 길이 6~7m, 높이 2.2~2.4m 이상 확보하는 것이 좋다.

02 학교정원

(1) 성격과 유형

① 교육적 가치를 바탕으로 전체적 조화를 이룬 환경을 조성한다.

② 근린공원의 역할을 한다.

③ 교육을 위한 시설로 교재원 또는 실습원으로의 역할을 담당한다.

(2) 설계기준

① 면적 : 학생수 변동을 고려하며, 지역계획의 일환으로 한다.

② 조망과 일조 고려 : 겨울철에도 4시간 이상의 일조가 필요하므로 이를 고려한다.

③ 토양 : 마사토 등을 이용하여 배수가 용이하도록 한다.

④ 자연 식생 상태가 이루어지도록 다양한 부지를 활용한다.

(3) 설계지침

가) 진입공간(앞뜰)

① 학교의 얼굴에 해당하므로 상징적 수목을 식재하고, 이미지를 좌우를 밝게 하고 무게 있는 경관으로 조성한다.

② 교실 건물 앞에는 관목, 화목류를 식재한다.

나) 휴게공간(가운데, 옆뜰)

① 주로 교실 주변이나 운동장 주변에 위치하며, 벤치나 퍼걸러 등을 설치한다.

② 학생과 교직원의 휴식을 위한 공간으로 녹음수를 식재하고, 그늘을 제공하는 것이 필요하다. 특히, 퍼걸러에 등나무 등 덩굴식물을 식재한다.

다) 운동장

① 운동장은 체육활동을 위한 공간과 놀이시설물이 위치한 공간으로 고정시설물은 외곽에, 스탠드(관람석)는 햇빛을 등지게 설치한다.

② 체육활동을 방해하지 않는 곳에 녹음수를 식재한다.

라) 교재원, 실습원 : 자생식물로 경관을 표현하고 식물명 등을 기재한 팻말을 부착한다.

마) 주변지역(경계공간) : 수림대로 차폐역할을 하며, 담장은 투시형 담장이나 산울타리를 조성하는 것이 바람직하다.

03 공장정원

(1) 성격과 유형

① 근로자에게 쾌적한 환경을 제공하여 건강관리를 하며, 생산성을 증진시킨다.

② 주민에게 공기정화 및 소음차단으로 친근감과 안정감을 부여한다.

(2) 설계기준

① 녹지지역은 따로 설정하고 완충지역, 예비지역을 설정한다.

② 방음, 방진, 방풍, 방화용 등의 수림대 조성으로 녹지조성의 기능을 살린다.

③ 동선은 기능적, 효율적으로 배치한다.

④ 토양개량, 공해에 강한 수종, 복지시설 완비

(3) 설계지침

① 수목은 환경 인자에 적응할 수 있는 생태적 특성을 고려(향토 수종 식재)한다.

② 수림대(완충지역)는 30m 이상 상록교목을 식재하고, 속성수 및 비료목을 심은 양 측면에 관목을 배식한다.

③ 울타리는 투시형 울타리와 교목, 관목, 화목류를 심어 미화한다.

④ 건물 주변은 화단을 조성하고, 도로 연변에 잔디대 조성 및 녹음수를 열식한다.

⑤ 다목적 광장을 조성하여 종업원의 휴식을 위한 운동, 오락 등의 장소를 제공한다.

04 옥상정원

(1) 성격과 유형

① 새로운 유형의 도시녹지와 토지 이용의 효율성을 증대한다.

② 주거환경에 부족한 녹지공간을 확보한다.

③ 미관증진 및 여가공간의 확보와 지역사회의 환경 개선에 도움을 준다.

(2) 설계기준

① 하중, 옥상 바닥보호와 배수 문제를 고려한다.

② 바람, 한발, 강우, 햇볕 등 자연재해로의 안전성을 고려한다.

③ 토양층의 깊이와 구성성분, 시비 및 식생의 유지관리, 수종의 적절한 선택을 한다.

(3) 설계지침

① 시설물 배치 및 바람막이 벽을 설치한다.

② 옥상 가장자리에 난간을 설치한다.

③ 방수막을 슬래브 위에 설치하고, 그 위에 보존층을 놓고 마무리한다.

④ 버미큘라이트, 피트모스, 펄라이트, 화산재 등 경량제 흙(인공토)을 사용한다.

⑤ 바람에 강하고 뿌리에 세근이 발달한 것을 이용한다.

⑥ 진흙, 낙엽, 분해목 등으로 멀칭하여 수분 증발을 억제한다.

⑦ 작은 관목류나 지피식물을 식재한다.

⑧ 토심은 45~60cm이다.

⑨ 가장 좋은 나무 : 수수꽃다리, 영산홍, 철쭉, 회양목, 홍단풍, 반송, 곰솔 등이 있다.

05 골프장 조경

(1) 성격과 유형

① 아름다운 자연경관과 신선한 공기를 맛보며 쾌적한 환경에 즐길 수 있는 운동이다.

② 규모에 따라 선수권코스, 정규코스, 실행코스가 있다.

(2) 설계기준

가) 공간구성

① 클럽하우스를 중심으로 골프코스구역, 관리시설구역, 위락시설구역, 생산시설구역, 환경보존구역으로 구분된다.

② 남북방향으로 설계, 방위(방향)는 잔디를 위해 남사면, 남동사면으로 한다.

③ 홀의 구성은 아웃(Out) 9홀, 인(In) 9홀로 구분(표준 : 9홀×2홀＝18홀)

(3) 설계지침

가) 표준코스 : 18홀(hole), 4개의 짧은 홀(119~228m), 10개의 중간홀(274~430m), 4개의 긴 홀(430m 이상)을 지형에 맞추어 흥미 있게 배치한다.

나) 홀의 구성

① 티(Tee) : 출발점 지역, 그린이 잘 보이게 주변보다 0.3~1m 높게 성토

② 그린(Green) : 종점지역

③ 페어웨이(Fair Way) : 티와 그린 사이에 짧게 깎은 잔디지역

④ 러프(Rough) : 페어웨이 주변의 깎지 않은 초지

⑤ 하자드(Hazard) : 장애지역, 벙커(Bunker), 연못, 내, 수목 등으로 코스의 변화성 부여

다) 많이 쓰는 잔디

① 들잔디 : 티, 페어웨이, 러프

② 벤트그래스 : 그린

06 사적지 조경

(1) 성격과 유형 : 역사적 사실과 문화적 내용을 가지는 지역으로 시대성을 지니며, 「문화재보호법」에 의해 지정된 문화재가 많다.

(2) 설계기준

① 「문화재보호법」 준수 및 역사적 고증이 필요하다.

② 도입 시설물은 형태, 질감, 색채 등이 주변 및 역사적 환경과 조화되도록 배려한다.

③ 경내는 엄숙하고 전통적 분위기이다.

④ 경관조성은 기존경관을 그대로 보존하면서 전통적 수종을 한다.

(3) 설계지침

① 진입부에는 향토 수종, 상징적 시설을 설치한다.

② 묘역 내, 묘역 앞면, 성의 외곽, 회랑이 있는 사찰 내, 건물 가까이, 석탑 주위에는 수목식재를 금지한다.

③ 묘 담 밖 배후지역, 성곽 하층부, 후원 등은 식재를 한다.

④ 계단은 화강암이나 넓적한 자연석 이용(통나무 계단 등), 경사지, 절개지는 화강암 장대석(長臺石) 사용, 포장은 전돌(塼石)전이나 화강암 판석을 이용한다.

⑤ 모든 시설물에 시멘트를 노출시키지 않는다.

※ 전돌[한자로 전석(塼石)] : 흙으로 구워 만든 검은 벽돌[포지(鋪地) : 전돌로 바닥 포장]

※ 장대석 : 길게 다듬어 만든 돌(층계, 축대, 지렛돌에 사용)

07 묘지조경

(1) 위치 선정

① 묘지의 입지는 일반적으로 도시 외곽에 위치하는 것이 좋으며, 교통이 편리한 지역에 조성한다.

② 이는 유족과 참배객들이 정기적으로 방문하기 편리하도록 하기 위함이다.

(2) 주변 환경 및 조경 설계

① 묘지는 정숙하면서도 밝고 개방감 있는 장소에 조성하는 것이 좋다.

② 고인을 기리는 엄숙한 분위기를 유지하면서도, 어둡고 음침한 인상을 주지 않도록 쾌적한 자연
환경과의 조화가 필요하다.

(3) 주요 시설과 편의 공간

① 현대의 묘지는 단순한 추모공간을 넘어, 가족 단위로 방문하는 참배객들을 위한 편의시설의 확
충이 요구된다. 이를 위해 다음과 같은 시설이 설치되면 좋다.

구분	내용
놀이시설	• 가족 단위 방문객 중 어린이들이 있을 경우를 대비해, 소규모의 놀이공간이 배치될 수 있다. 이는 방문이 단절되지 않도록 유도하는 부가적 장치이다.
전망대	• 조망이 우수한 지형에는 전망대를 설치하여 자연 경관을 감상할 수 있도록 한다. • 묘지 전체를 조망하거나 고인의 묘역을 한눈에 바라볼 수 있는 상징적 의미의 공간으로 활용되기도 한다.
화장실	• 기본적이면서도 반드시 필요한 편의시설로, 참배객들의 이용 편의성을 높이고 장시간 체류가 가능하도록 도와주는 요소이다. • 이 외에도 쉼터, 산책로, 안내 표지판, 휴게시설 등이 함께 설계되어야 한 다. • 식재는 주로 소나무, 향나무, 대나무, 매화 등 상징적 의미가 있는 식물이 활용되며, 계절감과 자연미를 동시에 고려해 조화롭게 배치된다.

01 조경에서 제도 시 가장 많이 사용되는 제도용구로 가장 적당하지 않은 것은?

① 원형 템플릿 ② 삼각 축척자
③ 컴퍼스 ④ 나침반

02 단면 외형선을 긋거나 문자를 써 넣을 때 굵은선 용으로 적당하지 않은 연필의 무른 정도는?

① H ② F
③ B ④ HB

03 치수선을 표시하지 않는 것은?

① 상세도 ② 투시도
③ 구조도 ④ 배치도

해설

투시도 : 그림만 그려넣는 것

04 치수선 및 치수에 대한 기본적인 설명으로 부적합한 것은?

① 단위는 mm로 하고, 단위표시를 반드시 기입한다.
② 치수를 표시할 때에는 치수선과 치수보조선을 사용한다.
③ 치수선은 치수보조선에 직각이 되도록 긋는다.
④ 치수의 기입은 치수선에 따라 도면에 평행하게 기입한다.

해설

치수선 및 치수는 숫자만 기입하고 단위표시는 하지 않는다.

05 도면에 수목을 표시하는 방법으로 잘못된 것은?

① 간단한 원으로 표현하는 방법도 있다.
② 덩굴성 식물의 경우에는 줄기와 잎을 자연스럽게 표현한다.
③ 활엽수의 경우에는 직선이나 톱날형태를 사용하여 표현한다.
④ 윤곽선의 크기는 수목의 성숙 시 퍼지는 수관의 크기를 나타낸다.

해설

• 활엽수는 둥글고 부드러운 윤곽선의 형태로 표현한다.
• 침엽수는 직선 혹은 톱날형태의 곡선을 사용한다.

06 도면상에서 식물재료의 표기 방법으로 바르지 않은 것은?

① 덩굴성 식물의 규격은 길이로 표시한다.
② 같은 수종은 인출선을 연결하여 표시하도록 한다.
③ 수종에 따라 규격은 H×W, H×B, H×R 등의 표기방식이 다르다.
④ 수목에 인출선을 사용하여, 수종명, 규격, 관목, 교목을 구분하여 표시하고 총수량을 함께 기입한다.

해설

총수량은 표제란에 기입한다.

07 수목의 규격을 "H×W"로 표시하는 수종으로만 짝지어진 것은?

① 소나무, 느티나무 ② 회양목, 장미
③ 주목, 철쭉 ④ 백합나무, 향나무

해설

• 느티나무 : H×R
• 장미 : H×W×가지수
• 향나무 : H×B

01 ④ 02 ① 03 ② 04 ① 05 ③ 06 ④ 07 ③ 정답

107

08 다음 중 도면 작성 시 옳은 것은?

① 청사진을 만들 때 도면의 인킹(Inking)된 곳
　과 감광면이 서로 마주보게 한다.

② 중심선과 절단선은 2점 쇄선으로 한다.

③ GL은 눈높이를 말한다.

④ 원칙적으로 도면 위쪽은 북쪽이어야 한다.

> **해설**
> • GL : 지반고(자연상태인 현재 지반의 레벨)
> • 감광면 : 필름면

09 제도 용구로 사용되는 삼각자 한 쌍(이등변 삼각
자와 부등변 삼각자)으로 작도할 수 있는 각도는?

① 65°   ② 95°

③ 105°   ④ 125°

10 단면상세도상에서 철근 D-16 @300이라고 적혀
있을 때, @은 무엇을 나타내는가?

① 철근의 간격   ② 철근의 길이

③ 철근의 직경   ④ 철근의 개수

> **해설**
> 지름 16mm인 이형 철근을 300mm 간격으로 배치한다.

11 다음 중 시설물 상세도의 표현 기호에 대한 설명
이 틀린 것은?

① D : 지름   ② H : 높이

③ R : 넓이   ④ THK : 두께

> **해설**
> R은 반지름을 나타낸다.

12 조경시설물 표시에 있어 반드시 필요한 도면은?

① 상세도   ② 현황도

③ 투시도   ④ 조감도

> **해설**
> • 상세도 : 도면에 나타나지 않는 세부사항을 표기한다.
> • 현황도 : 기본계획 시 사용한다.

13 시공이 가능하도록 시공도면을 작성하는 조경계
획 과정은?

① 실시설계   ② 기본계획

③ 목표설정   ④ 기본설계

14 물체의 절단한 위치 및 경계를 표시하는 선은?

① 실선   ② 파선

③ 1점 쇄선   ④ 2점 쇄선

> **해설**
> • 실선 : 굵은 선, 가는 선
> • 파선 : 숨은선
> • 2점 쇄선 : 가상선

15 설계단계에 있어서 시방서 및 공사비 내역서 등을
포함하고 있는 설계는?

① 기본구상   ② 기본계획

③ 기본설계   ④ 실시설계

16 조경식재 설계도를 작성할 때 수목명, 규격, 본수 등을 기입하기 위한 인출선 사용의 유의사항으로 올바르지 않은 것은?

① 가는 선으로 명료하게 긋는다.
② 인출선의 수평부분은 기입 사항의 길이와 맞춘다.
③ 인출선간의 교차나 치수선의 교차를 피한다.
④ 인출선의 방향과 기울기는 자유롭게 표기하는 것이 좋다.

해설

인출선은 통일하는 것이 좋다.

17 식재설계에서의 인출선과 선의 종류가 동일한 것은?

① 단면선   ② 숨은선
③ 경계선   ④ 치수선

해설

• 단면선 : 중간선
• 파선 : 숨은선
• 1점 쇄선 : 경계선
• 인출선, 치수선 : 가는 선

18 정원설계에 주루 많이 사용되는 축척은?

① 1/50 ~ 1/100
② 1/300 ~ 1/600
③ 1/600 ~ 1/1,000
④ 1/1,000 ~ 1/1,1200

19 "물체의 실제 치수"에 대한 도면에 표시한 대상물의 비를 의미하는 용어는?

① 척도   ② 도면
③ 표제란   ④ 연각선

20 실물을 도면에 나타날 때의 비율을 무엇이라 하는가?

① 범례   ② 표제란
③ 평면도   ④ 축척

21 다음 중 플래니미터를 바르게 설명한 것은?

① 설계도상 부정형 지역의 면적 측정 시 주로 사용되는 기구이다.
② 수목 흉고직경 측정 시 사용되는 기구이다.
③ 수목의 높이를 관측하는 기구이다.
④ 설계도상의 곡선 길이를 측정하는 기구이다.

해설

• 플래니미터 : 설계도상 부정형 지역의 면적을 측정(토지면적을 측정하는 기계)
• 윤척 : 수목 흉고 직경 측정 시 사용되는 기구

22 그림과 같은 축도기호가 나타내고 있는 것으로 옳은 것은?

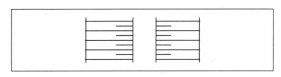

① 등고선   ② 성토
③ 전토   ④ 과수원

23 구조물 재료의 단면 표시기호 중 강(鋼)을 나타낸 것으로 가장 적합한 것은?

① 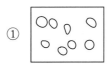   ②

③    ④

24 다음 설계 기호는 무엇을 표시한 것인가?

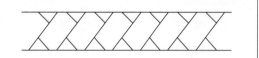

① 인조석다짐　　② 잡석다짐
③ 보도블록포장　④ 콘크리트포장

25 다음 설명에 해당하는 것은?

> • 눈높이나 눈보다 조금 높은 위치에서 보여지는 공간을 실제 보이는 대로 자연스럽게 표현한 그림
> • 나타내고자 하는 의도의 윤곽을 잡아 개략적으로 표현하고자 할 때, 즉 아이디어를 수집, 기록, 정착화하는 과정에 필요
> • 디자이너에게 순간적으로 떠오르는 불확실한 아이디어의 이미지를 고정, 정착화시켜 나가는 초기단계

① 투시도　　② 스케치
③ 입면도　　④ 조감도

26 설계도의 종류 중에서 입체적인 느낌이 나지 않는 도면은 무엇인가?

① 상세도　　② 투시도
③ 조감도　　④ 스케치도

27 물체의 앞이나 뒤에 화면을 놓은 것으로 생각하고, 시점에서 물체를 본 시선과 그 화면이 만나는 각 점을 연결하여 물체를 그리는 투상법은?

① 사투상법　　② 투시도법
③ 정투상법　　④ 표고투상법

28 다음 중 단면도, 입면도, 투시도 등의 설계도면에서 물체의 상대적인 크기(기준)를 느끼기 위해서 그리는 대상이 아닌 것은?

① 수목　　② 자동차
③ 사람　　④ 연못

29 A2 도면의 크기 치수로 옳은 것은? (단, 단위는 mm이다.)

① 841×1,189　② 549×841
③ 420×594　　④ 210×297

30 제도기구를 사용하여 설계자의 의사를 선, 기호, 문장 등으로 제도용지에 표시하는 일을 무엇이라 하는가?

① 설계　　② 계획
③ 제도　　④ 제작

31 다음 중 조경에서 제도를 하는 순서가 올바른 것은?

> ㉠ 축척을 정한다.
> ㉡ 도면의 윤곽을 정한다.
> ㉢ 도면의 위치를 정한다.
> ㉣ 제도를 한다.

① ㉠ → ㉡ → ㉢ → ㉣
② ㉡ → ㉢ → ㉠ → ㉣
③ ㉡ → ㉠ → ㉢ → ㉣
④ ㉢ → ㉡ → ㉠ → ㉣

정답　24 ②　25 ②　26 ①　27 ②　28 ④　29 ③　30 ③　31 ①

32 CAD의 효과로 바르지 않은 것은?

① 설계변경이 쉽다.

② 설계의 표준화로 설계시간을 단축할 수 있다.

③ 도면의 수정과 재활용이 용이하다.

④ 오류의 발견이 어렵다.

> **해설**
>
> 프로그램에서 정확하고 신속한 계산이 이루어져 질적 향상을 할 수 있다(설계비용 절감).

33 조경분야에서 컴퓨터를 활용함에 있어서 설계 대상자의 특성을 분석하기 위해 자료수집 및 분석에 사용된 것으로 가장 알맞은 것은?

① 워드프로세서(Word Processor)

② 캐드시스템(CAD System)

③ 이미지 프로세싱(Image Processing)

④ 지리정보시스템(Geographic Information System)

34 투시도 작성에서 소점이 위치하는 곳은?

① 기선   ② 화면선

③ 수평선   ④ 시선

> **해설**
>
> 소점 : 물체가 화면에 평행하게 놓인 상태

35 조감도는 소점이 몇 개인가?

① 1개   ② 2개

③ 3개   ④ 4개

> **해설**
>
> 평행투시 1소점, 성각투시 2소점, 경사투시 3소점

36 시점(Eye Point)이 가장 높은 투시도는?

① 평행 투시도   ② 조감 투시도

③ 유각 투시도   ④ 입체 투시도

37 다음의 입체도에서 화살표 방향을 정면으로 할 때 평면도를 바르게 표현한 것은?

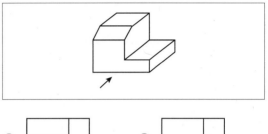

①   ②

③    ④

38 다음 설계도면의 종류에 대한 설명으로 옳지 않은 것은?

① 입면도는 구조물의 외형을 보여주는 것이다.

② 평면도는 물체를 위에서 수직방향으로 내려다 본 것을 그린 것이다.

③ 단면도는 구조물의 내부나 내부공간의 구성을 보여주기 위한 것이다.

④ 조감도는 관찰자의 눈높이에서 본 것을 가정하여 그린 것이다.

> **해설**
>
> 입면도에 대한 설명이다.

PART

II

조경재료

Chapter 06 🌳 조경재료의 분류 및 특성

1 조경재료의 분류

조경재료는 기능에 따른 분류와 외관상 용도에 따른 분류로 구분된다.

01 기능에 따른 분류 및 특징

종류	분류	특성
생물재료	수목, 지피식물, 초화류	자연성, 연속성, 조화성, 비규격성(개성미)
무생물재료	석질, 목질, 물, 시멘트, 콘크리트, 점토, 금속, 플라스틱, 미장, 도장, 역청 등	균일성, 불변성, 가공성

(1) **자연성** : 생명력을 가진 자연 소재로, 계절 변화와 생장에 따라 모습이 달라진다.
　예 잔디밭, 나무, 꽃 등은 시간이 지나면 계절 변화에 따라 색이나 형태가 자연스럽게 변화함

(2) **연속성** : 시간에 따라 성장·변화하며, 주변 환경과 자연스럽게 연결된다.
　예 나무가 자라서 그늘을 형성하고 시간이 지나면 낙엽이 짐

(3) **조화성** : 주변 경관이나 다른 요소들과 색, 형태, 질감면에서 잘 어우러진다.
　예 다양한 식물이 색상, 질감, 형태면에서 자연스럽게 어우러짐

(4) **비규격성(개성미)** : 개체마다 고유한 크기·형태를 지녀 규격화되지 않으며, 유기적인 아름다움을 형성한다.
　예 같은 종의 나무라도 생육상태, 가지의 형태가 제각기 다름

02 외관상 용도에 따른 분류

종류	내용
평면재료	잔디 등 지피 덮는 재료
입체적 재료	조경 수목, 담장, 정원석, 퍼걸러, 조각상 등
구획재료	땅을 가르거나 선에 효과적인 회양목, 경계석 등

1 조경 수목

01 식물의 형태로 본 분류

(1) 나무의 고유 모양

구분	내용
교목	곧은 줄기가 있고 줄기와 가지의 구분이 명확하며 줄기의 길이 생장이 현저히 큰 나무로 대략 5m 이상인 나무를 말한다.
관목	뿌리 부근에서 여러 줄기가 나와 줄기와 가지의 구별이 뚜렷하지 않은 키가 작은 나무로 대개 3m 이하의 나무를 말한다.
덩굴성 식물	덩굴과 같이 스스로 서지 못하고 다른 물체를 감거나 부착하여 지탱하는 수목을 말한다.

(2) 잎의 모양

가) 침엽수

① 겉씨식물, 나자식물에 속하는 나무들로 일반적으로 잎이 좁다.

② 잎의 모양이 바늘처럼 길고 뾰족하며, 잎맥이 나란한 것(나란히맥)이다.

성상	종류
상록침엽교목	소나무, 전나무, 잣나무, 구상나무, 비자나무, 측백나무, 독일가문비, 곰솔(해송), 주목
상록침엽관목	눈향나무, 둥근향나무, 눈주목, 옥향, 개비자나무
상록활엽교목	동백나무, 후박나무, 굴거리나무, 녹나무, 가시나무, 차나무

나) 활엽수

① 속씨식물, 피자식물에 속하는 나무들로 일반적으로 잎이 넓다.

② 잎맥이 그물 모양인 그물맥이다.

성상	종류
낙엽침엽교목	메타세콰이아, 은행나무, 잎갈나무, 낙우송, 낙엽송
낙엽침엽관목	없음
낙엽활엽교목	플라타너스, 위성류, 느티나무, 산수유, 목련, 백합나무, 회화나무, 자귀나무, 중국단풍, 칠엽수, 버즘나무 등
낙엽활엽관목	화살나무, 진달래, 명자나무, 쥐똥나무, 황매화, 히어리, 박태기나무, 조팝나무, 해당화, 무궁화 등

※ 나자(裸子)식물 : 밑씨가 씨방 안에 있지 않고 드러나 있는 식물(소나무, 잣나무, 전나무 등)

※ 피자(被子)식물 : 밑씨가 씨방 안에 싸여 있는 식물(버드나무, 벚나무, 밤나무 등)

| 구상나무 | 주목 | 전나무 |

| 산수유 | 백합나무 | 회화나무 |

02 관상면으로 본 분류

가) 꽃 관상 나무

구분	내용
봄꽃	진달래, 박태기나무, 철쭉, 동백나무, 목련, 조팝나무, 매화나무, 수수꽃다리, 모란 등
여름꽃	배롱나무, 자귀나무, 석류나무, 능소화, 마가목, 산딸나무, 층층나무, 수국, 무궁화 등
가을꽃	부용, 은목서, 호랑가시나무 등
겨울꽃	팔손이나무, 비파나무 등

박태기나무

동백나무

수수꽃다리

| 산딸나무 | 자귀나무 | 능소화 |

나) 열매 관상 나무 : 피라칸타, 석류나무, 감나무, 낙상홍, 팥배나무, 모과나무, 산수유, 생강나무, 감탕나무 등

| 피라칸타 | 낙상홍 | 팥배나무 |
| 산수유 | 석류나무 | 모과나무 |

다) 잎 관상 나무 : 벽오동, 은행나무, 단풍나무류, 계수나무, 은행나무, 호랑가시나무, 위성류, 느티나무 등

| 벽오동 | 호랑가시나무 | 계수나무 |

라) 단풍 관상 나무 : 단풍나무, 고로쇠나무, 네군도단풍, 복자기, 붉나무, 화살나무, 낙상홍, 매자나무, 은행나무, 백합나무 등

고로쇠나무

네군도단풍

붉나무

※ 안토시안(anthocyan) → 붉은색, 카로티노이드(carotinoid) → 노란색, 크샨토필(xanthophyll) → 황색

마) 수피(樹皮) 관상 나무 : 자작나무(흰색), 백송, 배롱나무, 소나무, 곰솔, 독일가문비, 모과나무, 벽오동 등

백송

독일가문비

벽오동

03 이용 목적에 따른 분류

(1) **경관장식용** : 공원 잔디밭, 건물 현관 옆 등에 식재하며, 꽃이나 열매, 잎이 아름다운 나무들로 이루어진다. 주로 단식이나 군식의 형태로 경관을 장식한다.

가) 교목류(상목류) : 소나무, 전나무, 독일가문비, 낙우송, 은행나무, 칠엽수, 대나무, 단풍나무, 모과나무, 왕벚나무, 자귀나무, 배롱나무, 산수유 등

소나무

왕벚나무

독일가문비

나) 관목류(하목류) : 철쭉, 누운향나무, 반송, 회양목, 병꽃나무, 수국, 명자나무, 조팝나무, 낙상홍,
　　수수꽃다리, 옥향, 피라칸타, 무궁화, 진달래, 개나리 등

| 병꽃나무 | 명자나무 | 피라칸타 |

다) 지피식물 : 조릿대. 맥문동, 원추리, 비비추 등

| 맥문동 | 원추리 | 비비추 |

라) 덩굴식물 : 담쟁이덩굴, 인동덩굴, 능소화, 송악, 등나무, 칡, 으름덩굴 등

| 등나무 | 능소화 | 송악 |

(2) 산(생)울타리 및 차폐용

가) 내용

① 살아 있는 수목을 이용해 도로나 옆집과의 경계 또는 담장 역할을 하는 수목이다.

② 시각적으로 아름답지 못한 장소 등을 가려주는 역할을 하는 수목이다.

나) 종류 : 측백나무, 화백, 사철나무, 개나리, 명자나무, 피라칸타, 무궁화, 회양목, 꽝꽝나무, 호랑
　　가시나무 등

화백

측백나무

꽝꽝나무

(3) 녹음용

가) 내용

① 강한 햇볕을 조절하기 위해 식재한다.

② 큰 잎, 지하고가 높은 낙엽교목을 활용한다.

나) 종류 : 느티나무, 은행나무, 플라타너스, 백합나무, 회화나무, 칠엽수, 버즘나무, 벽오동, 녹나무, 굴거리나무 등

(4) 방음용

가) 내용 : 시가지 도로변의 소음차단 및 감소를 위해 지하고가 낮고 잎이 치밀한 상록교목을 활용한다.

나) 종류 : 감탕나무, 아왜나무, 향나무, 녹나무, 히말라야시다, 태산목, 구실잣밤나무, 개나리 등

감탕나무

향나무

녹나무

(5) 방풍용

가) 내용

① 강한 바람을 막기 위해 줄기, 가지가 강하고 심근성인 것을 활용한다.

② 가옥의 추녀높이보다 높이 자라야 한다.

나) 종류 : 곰솔(해송), 편백, 삼나무, 느티나무, 가시나무, 전나무, 녹나무, 동백나무 등

(6) 방화용

가) 내용 : 가지가 많고 잎이 무성하며 수분이 많은 상록활엽수를 활용한다.

나) 종류 : 가시나무, 굴거리나무, 후박나무, 감탕나무, 아왜나무, 사철나무, 편백, 화백, 은행나무 등

| 가시나무 | 후박나무 | 굴거리나무 |

(7) 가로수용

가) 내용

① 가로경관, 미기후 조절, 대기오염 정화, 섬광, 교통소음 차단 및 감소기능, 방풍, 방설, 방사, 방조, 방화대로서의 기능, 도시민의 사생활 보호

② 식재기준 : 차도에서 0.65m 이상, 건물로부터 5~7m 이상, 수간거리 6~8m

③ 수목형태 : 수고 3.5m 이상, 흉고 직경 10cm 이상(R 12cm), 지하고 1.8m 이상, 수목보호대 차도로부터 1m 이상

나) 종류 : 은행나무, 느티나무, 플라타너스, 벚나무, 회화나무, 칠엽수, 중국단풍 등

04 조경 수목의 특성

(1) 수형의 종류

구분		수종
원추형		메타세쿼이아, 주목, 구상나무, 낙우송, 삼나무, 전나무 등
우산형		왕벚나무, 편백, 반송, 복숭아나무, 층층나무 등
구형		졸참나무, 수수꽃다리, 화살나무, 가시나무, 녹나무 등
난형		백합, 측백나무, 동백나무, 버즘나무, 태산목, 모과나무 등
원주형		무궁화, 포플러류, 자작나무, 부용, 미루나무 등

구분		수종
배상형		느티나무, 단풍나무, 배롱나무, 자귀나무, 산수유, 회화나무 등
능수형		능수버들, 용버들, 실편백, 능수단풍나무, 능수벚나무 등
만경형		능소화, 담쟁이덩굴, 인동덩굴, 등나무, 으름덩굴, 송악 등
포복형		눈향나무, 눈주목, 눈잣나무

💡 나무줄기

사간	나무줄기가 옆으로 비스듬히 기울어진 형태
곡간	나무줄기가 휘어 있는 형태
직간	나무줄기가 곧바로 선 형태
다간	나무줄기가 여러 개로 나와 성장하는 형태

(2) 색채

색채	수종
백색계	자작나무, 백송, 플라타너스, 동백나무, 분비나무, 서어나무 등
청록색계	벽오동, 황매화, 식나무 등
갈색계	소나무, 주목, 삼나무, 섬잣나무, 잣나무, 모과나무 등
흑갈색계	곰솔(해송), 가문비나무, 독일가문비, 히말라야시다 등
색채가 특이한 수종	금사철, 은백양, 홍단풍, 은단풍, 은사철, 홍가시나무 등

(3) 꽃

구분	내용
3월	동백나무(적색), 생강나무(노랑), 산수유(노랑), 개나리(노랑), 풍년화(노랑), 매화(백색)
4월	동백나무(적색), 생강나무(노랑), 산수유(노랑), 개나리(노랑), 풍년화(노랑), 매화(백색)
5월	벚나무(담홍), 박태기(담홍), 목련(백, 자), 조팝나무(백), 황매화(황)
6월	인동(백, 황), 수국(자주)
7월	자귀나무(담홍), 능소화(주황), 배롱나무(홍), 회화나무(황), 무궁화, 불두화(백)

(4) 열매

구분	내용
적색	팥배나무, 주목, 산딸나무, 매자, 찔레, 피라칸타, 꽃사과, 마가목, 산수유
흑색	쥐똥나무, 감탕나무, 동백나무, 생강나무

(5) 개화

구분	내용
당년에 자란 새 가지에 꽃 피는 수종	장미, 무궁화, 배롱나무, 능소화, 대추나무, 감나무, 등나무 등

(6) 단풍

구분	내용
다홍색	화살나무, 담쟁이덩굴, 단풍나무류, 감나무, 붉나무, 마가목 등
황색	고로쇠나무, 은행나무, 느티나무, 백합나무, 갈참나무, 계수나무, 미루나무, 배롱나무, 층층나무, 자작나무, 칠엽수, 벽오동 등

(7) 수세

가) 생장속도

구분	내용
생장속도가 빠른 수종	배롱나무, 쉬땅나무, 자귀나무, 층층나무, 개나리, 무궁화 등
생장속도가 느린 수종	구상나무, 백송, 독일가문비, 감탕나무, 때죽나무, 산사나무, 위성류 등

(8) 맹아성

구분	내용
맹아력이 강한 나무	낙우송, 사철나무, 회양목, 미루나무, 능수버들, 무궁화, 개나리, 쥐똥나무, 주목, 모과나무, 철쭉 등
맹아력이 약한 나무	소나무, 해송, 잣나무, 자작나무, 비자나무, 녹나무, 왕벚나무, 굴거리나무 등

(9) 이식에 대한 적응성

구분	내용
이식이 쉬운 수종	메타세쿼이아, 측백나무, 꽝꽝나무, 사철나무, 쥐똥나무, 미루나무, 은행나무, 명자나무, 향나무, 벽오동, 버즘나무, 무궁화 등
이식이 어려운 수종	독일가문비, 백송, 소나무, 백합나무, 자작나무, 칠엽수, 전나무, 주목, 섬잣나무, 가시나무, 굴거리나무, 느티나무, 목련, 자귀나무 등

(10) 향기

구분	내용
꽃	매화나무(3월), 서향(4~5월), 수수꽃다리(4~5월), 일본목련(6월), 인동덩굴(7월), 목서류(10월) 등
열매	녹나무, 모과나무 등
잎	침엽수 잎, 편백, 화백, 삼나무, 생강나무, 녹나무 등

(11) 질감

① 수관의 외형이 시각적으로 주는 느낌

② 질감의 요소 : 꽃과 잎의 생김새, 꽃과 잎의 착생 밀도, 열매

구분	내용
거친 것(큰 잎)	벽오동, 칠엽수, 플라타너스, 태산목, 팔손이나무 등
고운 것(작은 잎)	철쭉류, 소나무, 편백, 화백, 삼나무 등

| 태산목 | 벽오동 | 철쭉류 | 삼나무 |

05 조경 수목과 환경

(1) 기온

① 식물의 천연분포를 결정짓는 가장 주된 요인으로 위도와 고도에 따라 다르고 수종분포도 띠에 따라 다르다.

② 산림대는 온도조건에 따라 난대림, 온대림, 한대림으로 구분한다.

구분	내용
난대림	녹나무, 동백나무, 가시나무, 감탕나무, 식나무, 사철나무, 꽝꽝나무 등
온대림	해송, 서어나무, 굴피나무, 졸참나무, 밤나무, 전나무, 박달나무, 피나무 등
한대림	잣나무, 전나무, 주목, 가문비나무, 분비나무, 이깔나무 등

(2) 광선

가) 음수 : 전 광선량의 50% 내외의 약한 광선에서도 비교적 좋은 생육을 한다.

예 사철나무, 회양목, 전나무, 주목, 눈주목, 비자나무, 동백나무, 독일가문비, 팔손이나무, 호랑가시나무, 식나무, 후박나무 등

나) **양수** : 전 광선량의 70% 내외로 충분한 광선 밑에서 좋은 생육을 하며 건조하고 기온이 낮은 곳에서는 대개 양성을 띤다.

> 향나무, 소나무, 해송, 철쭉, 느티나무, 은행나무, 무궁화, 백목련, 가중나무, 산수유, 석류나무, 낙엽송, 측백나무, 모과나무, 포플러류 등

다) **중간수** : 중간성질로 입지조건의 변화에 따라 성질이 변화한다.

> 잣나무, 삼나무, 섬잣나무, 화백, 목서, 회화나무, 칠엽수, 벚나무류, 단풍나무, 수국, 담쟁이덩굴, 목련류, 진달래, 개나리 등

(3) 바람

가) 방풍림

① 바람의 속도 감소, 식물의 생장에 도움, 바닷가의 염분, 모래의 비산을 막고, 마을 경관을 향상시킨다.

② 수림대의 구조는 수고를 높게 하고 너비를 넓게 해야 효과적이다.

③ 수림대가 바람의 속도를 줄이는 효과가 있다.

④ 수림대 위쪽 수고의 6~10배 내외 거리, 아래쪽 수고의 25~30배 거리이다.

⑤ 수림대 아래쪽 수고의 3~5배 해당 지점이 가장 큰 효과(풍속의 65% 떨어짐)가 있다.

나) 수목의 내풍성

① 천근성 수종은 심근성 수종에 비해 바람에 쓰러지기 쉽다.

② 생장이 빠른 수종이 늦은 수종에 비해 줄기, 가지가 잘 부러진다.

구분	내용
내풍력이 큰 수종 – 심근성	녹나무, 편백, 곰솔, 밤나무, 화백, 삼나무, 느티나무, 오리나무, 떡갈나무, 소나무, 버즘나무, 가시나무류, 구실잣나무, 후박나무, 일본 잎갈나무, 상수리나무 등
내풍력이 작은 수종 – 천근성	미루나무, 아카시나무, 버드나무, 독일가문비, 낙엽송, 매화나무, 자작나무

- **광보상점** : 식물의 광합성량과 호흡량이 일치하는 광도
- **광포화점** : 빛을 받아도 광합성의 속도가 더 이상 증가하지 않는 지점의 강도
- ※ **실내식물**
- 빛의 세기가 약하면, 잎이 황색으로 변한다.
- 빛의 세기가 너무 강하면 잎이 흰색으로 변한다.

(4) 수분 : 유기물과 땅속에 미세한 흙일수록 수분보유에 유리하여 식물의 생장을 이롭게 한다.

구분	내용
내습성	낙우송, 수양버들, 메타세쿼이아, 위성류, 수국, 오동나무, 계수나무 등

구분	내용
내건(耐乾)성	소나무, 향나무, 곰솔(해송), 가중나무, 노간주나무, 사시나무, 자작나무, 산오리나무 등
내습, 내건성	꽝꽝나무, 사철나무, 자귀나무, 박태기나무, 플라타너스, 명자나무, 보리수나무 등

(5) 공해(아황산가스의 피해가 가장 큼)

구분	내용
아황산가스에 강한 수종	사철나무, 가이즈카향나무, 은행나무, 플라타너스 등
아황산가스에 약한 수종	소나무, 느티나무, 자작나무, 전나무, 독일가문비

(6) 염해

구분	내용
내염성	곰솔(해송), 비자나무, 해당화, 동백나무, 사철나무 등
비내염성	소나무, 낙엽송, 독일가문비, 목련, 왕벚나무 등

(7) 토양

가) 토양단면

① 자연상태의 산림토양을 수직방향으로 파보면 맨 위에 유기물층, 표층, 하층, 기층, 기암이 나온다.
② 수목의 뿌리는 주로 표층과 하층에서 발달한다(표층이 많음).

나) 토성

① 토성이란 토양입자를 크기별로 나누고, 모래와 진흙의 함유비율에 따라 토양을 분류한 것이다.
② 식물생육에 알맞은 토양의 용적비율은 광물질 : 유기질 : 공기 : 수분 = 45 : 5 : 20 : 30이며, 사토, 사양토, 양토, 식양토, 식토로 구분한다.

종류	진흙 함량	촉감에 의한 판정
사토	2.5% 이하	거의 모래뿐임
사양토	2.5~25.0%	대부분 모래인 것 같음
양토	5.0~37.5%	반 정도가 모래인 것 같음
식양토	7.5~50.0%	약간의 모래가 있는 것 같음
식토	50.0%	이상 진흙으로만 된 것 같음

(8) 식재 지반의 조성

구분	내용
척박지를 견디는 수종	소나무, 버드나무, 자작나무, 등나무, 아까시나무, 보리수나무, 자귀나무 등
비옥지를 좋아하는 수종	주목, 측백나무, 철쭉, 회양목, 벽오동, 벚나무, 장미, 불두화, 모란 등
강산성에 견디는 수종	진달래, 소나무, 곰솔, 잣나무, 전나무, 상수리나무, 밤나무, 낙엽송 등
약산성, 중성에 견디는 수종	가시나무, 녹나무, 떡갈나무, 느티나무, 백합나무, 피나무 등
알칼리성에 견디는 수종	낙우송, 개나리, 가래나무, 단풍나무, 물푸레나무, 서어나무, 남천 등

※ 심근성 수종 : 소나무, 전나무, 곰솔, 주목, 동백나무, 일본목련, 느티나무, 백합나무, 상수리나무, 은행나무 등

※ 천근성 수종 : 독일가문비, 편백, 미루나무, 자작나무, 버드나무, 매화나무, 황철나무, 아까시나무 등

06 수목의 눈

(1) **수목의 눈 종류** : 화목류의 수형을 결정할 때 수목의 눈 종류를 파악하여 생장 방향과 개화수량 등을 결정해야 한다. 수목 눈의 대표적인 종류는 아래와 같다.

구분	내용
잎눈(葉芽)	자라서 잎이나 가지가 될 눈
꽃눈(花芽)	자라서 꽃이 될 눈으로 잎눈보다 짧고 통통함
잠아(潛芽)	줄기 밑에서 드러나지 않는 눈으로, 발달하지 않고 그냥 있다가 근처의 가지나 줄기가 절단되면 발달됨
부정아(不定芽)	보통 싹이 나지 않는 곳에서 나는 눈
정아(頂芽)	식물의 가지 끝에서 나는 눈
측아(側芽)	가지의 옆에 달리는 눈
맹아(萌芽)	부정기적인 눈

(2) 그림으로 보는 수목의 눈

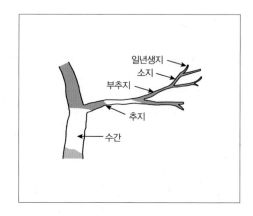

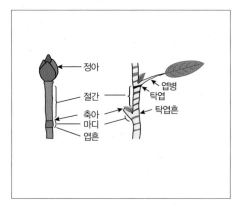

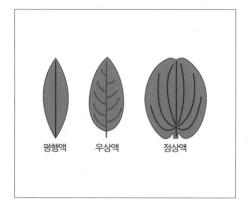

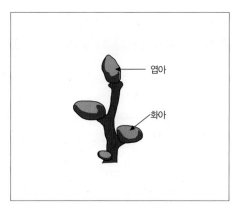

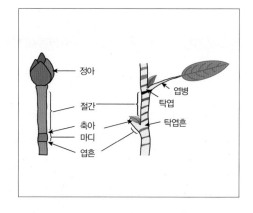

07 조경 수목이 갖추어야 할 조건

(1) 적응성

① 식재되는 지역의 기후(온도, 강수량, 바람 등)와 토양 조건(배수, 산성도 등)에 잘 적응해야 한다.

② 병이나 해충에 강해 유지관리가 쉬워야 한다.

③ 도시 환경(매연, 소음, 염분 등)에서도 잘 견딜 수 있어야 한다.

(2) 조형적 가치

① 나무의 전체적인 형태가 미적 가치가 있어야 한다.

② 조경 공간의 분위기를 조화롭게 해야 한다.

③ 다양한 시각적 요소로 사계절에 걸쳐 경관의 다양성을 제공해야 한다.

(3) 기능성

① 시야 차단, 소음 차단, 프라이버시 보호 등을 위한 스크린 역할을 한다.

② 바람을 막거나 도시 소음을 줄이는 역할을 한다.

③ 뿌리로 토양을 고정하여 침식을 막는 기능을 한다.

④ 이산화탄소 흡수, 산소 방출, 먼지 흡착 등의 역할을 한다.

(4) 관리 용이성

① 너무 빠르게 자라거나 느리게 자라는 수종은 관리에 어려움이 있을 수 있으니 관리가 쉬워야 한다.

② 가지치기, 병해충 방제 등 유지관리가 쉬운 수종이 적합하다.

③ 일정 크기 이상 자라지 않아야 하는 경우, 크기 조절이 쉬워야 한다.

(5) 경제성

① 조경 효과에 비해 구입 및 식재 비용이 적절해야 한다.

② 대량 식재나 교체가 필요한 경우 번식과 이식이 쉬워야 한다.

(6) 지역성과 상징성

① 지역의 자연환경이나 문화와 어울리는 수종은 지역 정체성 확보에 유리하다.

② 특정 장소나 공간의 상징성을 부여할 수 있는 수종이 적절하다.

수목이 갖추어야 할 조건 요약

- 수형이 아름답고 실용적일 것
- 불리한 환경에서 적응력이 클 것
- 병충해에 강할 것
- 이식이 쉽고 잘 자랄 것
- 다량으로 쉽게 구할 수 있을 것
- 다듬기 작업에 견디는 성질이 좋을 것

---

2 지피식물

01 지피식물의 종류 : 잔디류, 소관목류, 초본류, 넝쿨성식물류, 조릿대류(맥문동, 비비추, 원추리, 조릿대)

02 지피식물의 조건

① 치밀한 지표 피복일 것, 키가 작고 다년생일 것

② 번식·생장이 빠를 것, 내답압성일 것

③ 병충해, 저항성이 강할 것

④ 식물성 특성을 고루 갖추어 부드럽고 관리가 용이할 것

03 지피식물의 효과 : 미적 효과, 운동 및 휴식 효과, 기온조절, 동결방지, 토양유실 방지, 흙먼지 방지

04 한국 잔디

(1) 종류

① 들잔디 : 가장 많이 이용하며, 강건하고 내답압성이 우수하다.

② 금잔디(고려잔디) : 섬세하고 유연 변종이 많다.

③ 빌로드 잔디 : 남해안에 자생하며 추위 및 번식력이 약하다.

※ 적지 : 하루 5시간 이상 햇빛, 전광선의 70 % 이상, 배수 잘 되는 사양토

(2) 번식

① 종자 파종 : 잔디 씨앗을 직접 뿌려서 번식시키는 방법이다.

② 떼잔디 깔기 : 이미 자란 잔디를 일정 크기로 잘라서 땅에 직접 깔아주는 방법입니다.

(3) 떼심기

① 규격 : 30×30cm, 두께 3cm

② 시기 : 여름, 겨울을 피해서 식재한다.

③ 경사면 식재 시 : 떼꽂이를 사용(위 부분 양 끝에 1개씩) 한다.

(4) 잔디 뗏밥주기

① 목적 : 땅속 줄기가 땅위로 노출되는 것을 방지하여 표면이 고르게 한다.

② 난지형 : 6~8월에 흙을 5mm 채로 쳐서 주고 난 후 충분히 물을 준다.

③ 뗏밥두께 : 0.5~1cm

(5) 거름주기

① 시기 : 난지형(겨울에 잎이 마름)은 하절기, 한지형(사철 푸름)은 봄, 가을이다.

② 화학비료인 경우 연간 3~8회를 준다.

③ 제초작업 후 비가 내리기 전에 주면 좋다.

05 서양잔디

(1) 종류

① 난지형 : 버뮤다그라스

② 한지형 : 벤트그라스 - 골프장 그린에 많이 사용한다.

(2) 번식

① 대부분 종자번식이며 버뮤다그라스가 포기 번식을 한다.

② 특성 : 한국잔디에 비해 자주 깎아야 하고 더위, 병 등 관리에 손이 많이 간다.

3 초화류

01 초화류 분류

(1) 한해살이 초화류(1,2년생)

① 봄뿌림(가을 화단용) : 맨드라미, 매리골드, 채송화, 백일홍

② 가을뿌림(봄 화단용) : 팬지, 피튜니아, 금잔화, 패랭이꽃

(2) 여러해살이 초화류(다년생) : 국화, 베고니아, 아스파라가스, 루드베키아, 카네이션, 부용, 꽃창포, 도라지꽃 등

(3) 알뿌리 초화류(구근초화)

　① 봄 심기 알뿌리 초화류 : 다알리아, 칸나, 아마릴리스

　② 가을 심기 알뿌리 초화류 : 튤립, 수선화, 백합

(4) 수생초류 : 붕어마름, 창포, 수련, 연꽃, 부평초 등

맨드라미	채송화	백일홍	패랭이꽃
국화	루드베키아	꽃창포	카네이션
다알리아	칸나	수선화	백합
아마릴리스	붕어마름	창포	수련

02 화단용 초화류 조건

　① 모양이 아름답고 키가 작으면 좋다.

　② 가지가 많이 갈라져서 꽃이 많이 달리면 좋다.

　③ 꽃 색깔이 선명하고 개화기간이 길면 좋다.

　④ 바람, 건조, 병해충에 견디는 힘이 강하면 좋다.

　⑤ 성질이 강건하고 나쁜 환경에도 잘 자라면 좋다.

131

03 계절별 화단

구분	내용
봄 화단용	팬지, 금어초, 금잔화, 패랭이꽃, 안개초, 데이지, 베고니아, 튤립, 수선화
여름, 가을 화단용	채송아, 봉숭아, 과꽃, 매리골드, 피튜니아, 샐비어, 코스모스, 맨드라미, 국화, 부용, 칸나 등
겨울 화단용	꽃양배추

팬지

금어초

금잔화

데이지

베고니아

튤립

과꽃

피튜니아

샐비어

코스모스

맨드라미

꽃양배추

01 구상나무(Abies Koreana Wilson)와 관련된 설명으로 틀린 것은?

① 한국이 원산지이다.

② 측백나무과에 해당한다

③ 원추형의 상록침엽고목이다.

④ 열매는 구과로 원통형이며 길이 4~7cm, 지름 2~3cm의 자갈색이다.

> 해설
>
> 구상나무는 우리나라 특산종이며 소나무과, 상록침엽교목이다.

02 다음 수종 중 상록활엽수가 아닌 것은?

① 사철나무   ② 꽝꽝나무

③ 동백나무   ④ 플라타너스

> 해설
>
> 플라타너스는 낙엽활엽교목이다.

03 다음 설명에 적합한 수목은?

- 감탕나무과 식물이다.
- 상록활엽 소교목으로 열매가 적색이다.
- 잎은 호생으로 타원상의 6각형이며 가장자리에 바늘 같은 각점(角點)이 있다.
- 자웅이주이다.
- 열매는 구형으로서 지름 8~10mm이며, 적색으로 익는다.

① 감탕나무   ② 낙상홍

③ 먼나무   ④ 호랑가시나무

04 호랑가시나무(감탕나무과)와 목서(물푸레나무과)의 특징 비교 중 옳지 않은 것은?

① 목서의 꽃은 백색으로 9~10월에 개화한다.

② 호랑가시나무의 잎은 마주나며 얇고 윤택이 없다.

③ 호랑가시나무의 열매는 지름 0.8~1.0cm로 9~10월에 적색으로 익는다.

④ 목서의 열매는 타원형으로 이듬해 10월경에 암자색으로 익는다.

> 해설
>
> 호랑가시나무의 잎은 어긋나게 나며, 두껍고 윤택(광택)이 있다.

05 다음 중 물푸레나무과에 해당되지 않는 것은?

① 미선나무   ② 광나무

③ 이팝나무   ④ 식나무

> 해설
>
> 물푸레나무과는 주로 북반구에 분포해 있으며, 쥐똥나무, 개나리, 물푸레나무, 이팝나무, 미선나무, 광나무 등이 있다.

06 이팝나무와 조팝나무에 대한 설명으로 옳지 않은 것은?

① 이팝나무의 열매는 타원형의 핵과이다.

② 환경이 같다면 이팝나무가 조팝나무보다 꽃이 먼저 핀다.

③ 과명은 이팝나무는 물푸레나뭇과이고 조팝나무는 장미과이다.

④ 성상은 이팝나무는 낙엽활엽교목이고 조팝나무는 낙엽활엽관목이다.

> 해설
>
> 이팝나무는 5월, 조팝나무는 4월에 개화한다.

07 다음 중 낙우송과(Taxodiaceae) 수종은?

① 삼나무   ② 백송

③ 비자나무   ④ 은사시나무

> **해설**
>
> - 삼나무는 일본원산의 상록침엽교목
> - 백송 : 소나무과
> - 비자나무 : 주목과
> - 은사시나무 : 버드나무과

08 다음 중 한발(가뭄)이 계속될 때 짚 깔기나 물주기를 제일 먼저 해야 될 나무는?

① 소나무   ② 향나무

③ 가중나무   ④ 낙우송

> **해설**
>
> - 짚 깔기나 물주기는 수분증발 방지를 위해서 하는 것이다.
> - 소나무, 향나무, 가중나무는 내건성이며, 낙우송은 내습성, 호습성이다.

09 다음 중 멜루스(Malus)속에 해당되는 식물은?

① 아그배나무   ② 복사나무

③ 팥배나무   ④ 쉬땅나무

10 다음 중 백목련에 대한 설명으로 옳지 않은 것은?

① 낙엽활엽교목으로 수형은 평정형이다.

② 열매는 황색으로 여름에 익는다.

③ 향기가 있고 꽃은 백색이다.

④ 잎이 나기 전에 꽃이 핀다.

> **해설**
>
> 백목련의 열매는 9월에 익는다.

11 다음 [보기]가 설명하고 있는 수종은?

> **[보기]**
> - 17세기 체코 선교사를 기념하는 데서 유래되었다.
> - 상록활엽 소교목으로 수형은 구형이다.
> - 꽃은 한 개씩 정생 또는 액생, 꽃받침과 꽃잎은 5~7개이다.
> - 열매는 삭과, 둥글며 3개로 갈라지고, 지름 3~4cm 정도이다.
> - 짙은 녹색의 잎과 겨울철 붉은색 꽃이 아름다우며, 음수로서 반음지나 음지에 식재, 전정에 잘 견딘다.

① 생강나무   ② 동백나무

③ 노각나무   ④ 후박나무

> **해설**
>
> 동백나무(Camellia)는 17세기 체코 선교사 C.T. camellus를 기념하는 것에서 유래되었다.

12 꽃을 관상하는 나무로만 짝지어진 것은?

① 박태기나무, 주목, 느티나무

② 배롱나무, 동백나무, 백목련

③ 소나무, 대나무, 산수유

④ 매화나무, 개나리, 단풍나무

> **해설**
>
> - 배롱나무 : 여름 꽃 관상
> - 동백나무 : 겨울 꽃 관상
> - 백목련 : 봄 꽃 관상

13 개화기가 가장 빠른 것끼리 나열된 것은?

① 풍년화, 꽃사과, 황매화

② 조팝나무, 미선나무, 배롱나무

③ 진달래, 낙상홍, 수수꽃다리

④ 생강나무, 산수유, 개나리

> **해설**
>
> - 풍년화 : 2~3월   꽃사과 : 4월
> - 황매화 : 4~5월   조팝나무 : 4월
> - 미선나무 : 4월   배롱나무 : 7~8월
> - 진달래 : 3월 중순~말   낙상홍 : 6월
> - 수수꽃다리 : 4~5월   생강나무 : 3~4월
> - 산수유 : 3~4월   개나리 : 3~4월

정답   07 ①   08 ④   09 ①   10 ②   11 ②   12 ②   13 ④

14 다음 중 녹나무과로 봄에 가장 먼저 개화하는 수종은?

① 치자나무   ② 호랑가시나무

③ 생강나무   ④ 무궁화

> **해설**
>
> • 치자나무 : 꼭두서니과, 6~7월
> • 호랑가시나무 : 감탕나무과, 4~5월
> • 생강나무 : 녹나무과, 3~4월
> • 무궁화 : 아욱과, 7월 초~10월 중순

15 산수유(Cornus Officinails)에 대한 설명으로 옳지 않은 것은?

① 우리나라 자생수종이다.

② 열매는 핵과로 타원형이며 길이는 1.5~2.0cm이다.

③ 잎은 대생, 장타원형, 길이는 4~10cm 뒷면에 갈색털이 있다.

④ 잎보다 먼저 피는 황색의 꽃이 아름답고 가을에 붉게 익는 열매는 식용과 관상용으로 이용가능하다.

> **해설**
>
> 산수유는 한국, 일본, 중국 동부지역의 수종이다.

16 다음 설명에 가장 적합한 수종은?

> • 교목으로 꽃이 화려하다.
> • 전정을 싫어하고 대기오염에 약하며, 토질을 가리는 결점이 있다.
> • 매우 다방면으로 이용되며, 열식 또는 군식으로 많이 식재된다.

① 왕벚나무   ② 수양버들

③ 전나무   ④ 벽오동

17 다음 중 백색 계통의 꽃이 피는 수종들로 짝지어진 것은?

① 박태기나무, 개나리, 생강나무

② 쥐똥나무, 이팝나무, 층층나무

③ 목련, 조팝나무, 산수유

④ 무궁화, 매화나무, 진달래

> **해설**
>
> • 박태기나무 : 홍자색, 개나리 : 노란색, 생강나무 : 노란색
> • 쥐똥나무 : 백색, 이팝나무 : 백색, 층층나무 : 백색
> • 목련 ; 백색, 조팝나무 : 백색, 산수유 : 노란색
> • 무궁화 : 분홍색, 매화나무 : 선홍색, 진달래 : 선홍색

18 줄기가 아름다우며 여름에 개화하여 꽃이 100여 일 간다는 나무는?

① 백합나무   ② 불두화

③ 배롱나무   ④ 이팝나무

19 다음 중 개화기가 길며, 줄기의 수피 껍질이 매끈하고, 적갈색 바탕에 백반이 있어 시각적으로 아름다우며 한여름에 꽃이 드문 때 개화하는 부처꽃과의 수종은?

① 배롱나무   ② 벚나무

③ 산딸나무   ④ 회화나무

20 다음 중 황색 꽃을 갖는 나무는?

① 모감주나무   ② 조팝나무

③ 박태기나무   ④ 산철쭉

> **해설**
>
> • 조팝나무 : 백색
> • 박태기나무 : 홍자색
> • 산철쭉 : 홍자색

21 다음 중 꽃이 먼저 피고, 잎이 나중에 나는 수목이 아닌 것은?

① 개나리 ② 산수유
③ 수수꽃다리 ④ 백목련

 해설
수수꽃다리는 잎이 먼저 나고, 꽃이 나중에 핀다(선엽후화).

22 봄에 강한 향기를 지닌 꽃이 피는 나무는?

① 치자나무 ② 서향
③ 불두화 ④ 백합나무

 해설
서향은 4~5월에 개화하며, 천리향이라 불린다.

23 다음 중 가을에 꽃향기를 풍기는 수종은?

① 매화나무 ② 수수꽃다리
③ 모과나무 ④ 목서류

 해설
목서류는 10월에 꽃이 핀다(금목서, 은목서).

24 가을에 그윽한 향기를 가진 등황색 꽃이 피는 수종은?

① 금목서 ② 남천
③ 팔손이나무 ④ 생강나무

 해설
금목서가 가을 꽃 중에서 가장 향기가 진하다.

25 다음 중 가시가 없는 수종은?

① 산초나무 ② 음나무
③ 금목서 ④ 찔레꽃

26 다음 중 성목의 수간 질감이 가장 거칠고, 줄기는 아래로 처지며 수피가 회갈색으로 갈라져 벗겨지는 것은?

① 배롱나무 ② 개잎갈나무
③ 벽오동 ④ 주목

27 다음 중 줄기의 색채가 백색 계열에 속하는 수종은?

① 모과나무 ② 자작나무
③ 노각나무 ④ 해송

28 감상하는 부분이 주로 줄기가 되는 나무는?

① 자작나무 ② 자귀나무
③ 수양버들 ④ 위성류

29 줄기의 색이 아름다워 관상 가치를 가진 대표적인 수종의 연결로 옳지 않은 것은?

① 백색계의 수목 : 자작나무
② 갈색계의 수목 : 편백
③ 적갈색계의 수목 : 소나무
④ 흑갈색계의 수목 : 벽오동

 해설
벽오동의 줄기의 색은 푸른색을 띤다.

30 흰말채나무의 설명으로 옳지 않은 것은?

① 층층나무과로 낙엽활엽관목이다.
② 노란색의 열매가 특징적이다.
③ 수피가 여름에는 녹색이나 가을, 겨울철의 붉은 줄기가 아름답다.
④ 잎은 대생하며 타원형 또는 난상타원형이고, 표면에 작은 털, 뒷면은 흰색의 특징을 갖는다.

 해설
노란색의 열매가 특징적인 것은 노랑말채나무이다.

정답 21 ③ 22 ② 23 ④ 24 ① 25 ③ 26 ② 27 ② 28 ① 29 ④ 30 ②

31 다음 중 조경 수목의 계절적 현상에 대한 설명으로 옳지 않은 것은?

① 싹틈 : 눈은 일반적으로 지난 해 여름에 형성되어 겨울을 나고, 봄에 기온이 올라감에 따라 싹이 튼다.

② 개화 : 능소화, 무궁화, 배롱나무 등의 개화는 그 전년에 자란 가지에서 꽃눈이 분화하여 그 해에 개화한다.

③ 결실 : 결실량이 지나치게 많을 때에는 다음 해의 개화, 결실이 부실해지므로 꽃이 진 후 열매를 적당히 솎아 준다.

④ 단풍 : 기온이 낮아짐에 따라 잎 속에서 생리적인 현상이 일어나 푸른 잎이 다홍색, 황색 또는 갈색으로 변하는 현상이다.

해설

1년생 가지 개화 수종	무궁화, 장미, 배롱나무, 대추나무, 포도나무, 감나무, 다래나무, 밤나무 등
2년생 가지 개화 수종	매화나무, 수수꽃다리, 살구나무, 석류 등
3년생 가지 개화 수종	사과나무, 배나무, 꽃사과, 명자나무 등
불규칙 개화 수종	무화

32 단풍의 색깔이 선명하게 드는 환경을 올바르게 설명한 것은?

① 날씨가 추워서 햇빛을 보지 못할 때

② 비가 자주 올 때

③ 바람이 세게 불고 햇빛을 적게 받을 때

④ 가을의 맑은 날이 계속되고 밤, 낮의 기온차가 클 때

해설

· 붉은색 단풍 : 안토시안
· 황색 단풍 : 카로티노이드
· 노란색 단풍 : 크산토필

33 다음 조경 식물 중 생장 속도가 가장 느린 것은?

① 배롱나무　　　　② 쉬나무

③ 눈주목　　　　　④ 층층나무

해설

눈주목은 음수이면서 장기수에 해당한다.

34 다음 중 1회 신장형 수목은?

① 철쭉　　　　　　② 화백

③ 삼나무　　　　　④ 소나무

해설

1회 신장형	· 4~6월 경 새싹이 나와 자라다가 생장이 멈춘 후 양분의 축척이 일어나는 신장 생장을 한다 예 소나무, 곰솔, 잣나무, 은행나무, 너도밤나무 등
2회 신장형	· 6~7월 또는 8~9월에 또 한 차례의 신장 생장이 일어난 후 양분이 축척되는 신장 형태 예 철쭉류, 사철나무, 쥐똥나무, 편백나무, 화백나무, 삼나무 등

35 다음 중 1속에서 잎이 5개 나오는 수종은?

① 백송　　　　　　② 소나무

③ 리기다소나무　　④ 잣나무

해설

· 백송 : 3엽송
· 소나무 : 2엽송
· 리기다소나무 : 3엽송
· 잣나무 : 5엽송

36 정원수는 개화 생리에 따라 당년에 자란 가지에 꽃 피는 수종, 2년생 가지에 꽃 피는 수종, 3년생 가지에 꽃 피는 수종으로 구분한다. 다음 중 2년생 가지에 꽃 피는 수종은?

① 장미　　　　　　② 무궁화

③ 살구나무　　　　④ 명자나무

해설

· 장미 : 1년생
· 무궁화 : 당해년도
· 살구나무 : 2년생
· 명자나무 : 3년생

37 다음 중 단풍나무류에 속하는 수종은?

① 신나무   ② 낙상홍

③ 계수나무   ④ 화살나무

> 해설
>
> • 낙상홍 : 감탕나무과
> • 계수나무 : 계수나무과
> • 화살나무 : 노박덩굴과

38 다음 [보기]의 설명에 해당하는 수종은?

> ┌ [보기] ─────
> • 어린가지의 색은 녹색 또는 적갈색으로 엽흔이 발달하고 있다.
> • 수피에서는 냄새가 나며 약간 골이 파여 있다.
> • 단풍나무 중 복엽이면서 가장 노란색 단풍이 든다.
> • 내조성, 속성수로서 조기녹화에 적당하며 녹음수로 이용가치가 높으며 폭이 없는 가로에 가로수로 심는다.

① 복장나무   ② 네군도단풍

③ 단풍나무   ④ 고로쇠나무

> 해설
>
> • 네군도단풍의 수피는 황갈색(회갈색)이다.
> • 복엽은 잎이 2개 이상의 작은 잎으로 이루어진 모양을 뜻한다.

39 다음 중 붉은색(홍색) 단풍이 드는 수목들로 구성된 것은?

① 낙우송, 느티나무, 백합나무

② 칠엽수, 참느릅나무, 졸참나무

③ 감나무, 화살나무, 붉나무

④ 잎갈나무, 메타세쿼이아, 은행나무

> 해설
>
> • 낙우송 : 노란색, 갈색   • 느티나무 : 황색, 회색
> • 백합나무 : 황색   • 칠엽수 : 황색
> • 참느릅나무 : 붉은색   • 졸참나무 : 갈색
> • 잎갈나무 : 노란색   • 은행나무 : 노란색

40 관상적인 측면에서 본 분류 중 열매를 감상하기 위한 수종으로 가장 적합한 것은?

① 은행나무   ② 모과나무

③ 반송   ④ 낙우송

41 홍색(紅色) 열매를 맺지 않는 수종은?

① 산수유   ② 쥐똥나무

③ 주목   ④ 사철나무

> 해설
>
> 쥐똥나무는 검은색 열매를 맺는다.

42 남부지방에서 새가 좋아하는 열매를 맺어 들새 유치에 효과적인 나무는?

① 백합나무   ② 층층나무

③ 감탕나무   ④ 벽오동

> 해설
>
> • 감탕나무는 끈끈한 물질이 있는 나무이다.
> • 감탕은 새를 잡거나 나무를 붙이는 데 쓰인다.

43 다음 중 차폐식재에 적용 가능한 수종의 특징으로 옳지 않은 것은?

① 지하고가 낮고 지엽이 치밀한 수종

② 전정에 강하고 유지 관리가 용이한 수종

③ 아랫가지가 말라죽지 않는 상록수

④ 높은 식별성 및 상징적 의미가 있는 수종

> 해설
>
> 높은 식별성 및 상징적 의미가 있는 수종은 지표식재이다.

정답   37 ①   38 ②   39 ③   40 ②   41 ②   42 ③   43 ④

44 경계식재로 사용하는 조경 수목의 조건으로 옳은 것은?

① 지하고가 높은 낙엽활엽수

② 꽃, 열매, 단풍 등이 특징적인 수종

③ 수형이 단정하고 아름다운 수종

④ 잎과 가지가 치밀하고 전정에 강하며, 아랫가지가 말라죽지 않는 상록수

> **해설**
>
> 경계식재로 사용하는 조경 수목은 지엽이 치밀하고 전정에 강한 수종, 생장이 빠르고 유지관리가 용이한 수종, 아랫가지가 잘 말라죽지 않는 상록수가 좋다.

45 고속도로의 시선유도 식재는 주로 어떤 목적을 갖고 있는가?

① 위치를 알려준다.

② 침식을 방지한다.

③ 속력을 줄이게 한다.

④ 전방의 도로 형태를 알려준다.

> **해설**
>
> 시선유도 식재는 동선유도 및 방향을 제시하며, 운전자의 시선을 유도하기 위한 식재 방법이다.

46 다음 중 방화식재로 사용하기 적당한 수종으로 짝지어진 것은?

① 광나무, 식나무

② 피나무, 느릅나무

③ 태산목, 낙우송

④ 아까시, 보리수

> **해설**
>
> 방화식재는 잎이 두껍고 함수량이 많은 수종으로 잎이 넓고 밀생하는 수종으로 맹아력이 강하다.

47 다음 중 방풍용 수목의 조건으로 옳지 않은 것은?

① 양질의 토양으로 주기적으로 이식한 천근성 수목일 것

② 일반적으로 견디는 힘이 큰 낙엽활엽수보다 상록활엽수일 것

③ 파종에 의해 자란 자생수종으로 직근(直根)을 가진 것

④ 대표적으로 소나무, 가시나무, 느티나무 등이 있음

> **해설**
>
> 방풍용 수목은 심근성 수종으로 뿌리와 가지가 튼튼해야 하고 가옥의 추녀보다 높이 자라야 한다.

48 조경 수목의 이용 목적으로 본 분류 중 [보기]의 설명에 해당하는 것은?

> [보기]
>
> 수형이나 잎의 모양 및 색깔이 아름다운 낙엽교목이어야 하며, 다듬기 직업이 용이해야 하고, 병충해 및 공해에 강한 수목

① 가로수

② 방음수

③ 방풍수

④ 생울타리

> **해설**
>
> 가로수는 가로경관, 미기후 조절, 대기오염 정화, 섬광·교통소음 차단 및 감소기능, 방풍·방설의 기능, 도시민의 사생활 보호 기능이 있다.

49 가로수는 키큰나무(교목)의 경우 식재간격을 몇 m 이상으로 할 수 있는가? (단, 도로의 위치와 주위 여건, 식재수종의 수관 폭과 생장속도, 가로수로 인한 피해 등을 고려하여 식재간격을 조정할 수 있다.)

① 6m

② 8m

③ 10m

④ 12m

44 ④ 45 ④ 46 ① 47 ① 48 ① 49 ② 정답

50 쾌적한 가로환경과 환경보전, 교통제어, 녹음과 계절성, 시선유도 등으로 활용하고 있는 가로수로 적합하지 않은 수종은?

① 이팝나무　　　　② 은행나무
③ 메타세쾨이아　　④ 능소화

51 다음 중 방음용 수목으로 사용하기 부적합한 것은?

① 아왜나무　　　　② 녹나무
③ 은행나무　　　　④ 구실잣밤나무

52 정원수 이용 분류상 다음의 설명에 해당되는 것은?

> • 가지다듬기에 잘 견딜 것
> • 아랫가지가 말라 죽지 않을 것
> • 잎이 아름답고 가지가 치밀할 것

① 가로수　　　　　② 녹음수
③ 방풍수　　　　　④ 생울타리

53 다음 중 산울타리 수종이 갖추어야 할 조건으로 틀린 것은?

① 전정에 강할 것
② 아랫가지가 오래갈 것
③ 지엽이 치밀할 것
④ 주로 교목활엽수일 것

　해설
산울타리 수종은 관목이어야 한다.

54 맹아력이 강한 나무로 짝지어진 것은?

① 향나무, 무궁화
② 쥐똥나무, 가시나무
③ 느티나무, 해송
④ 미루나무, 소나무

　해설
맹아력이 강한 나무는 낙우송, 사철나무, 탱자나무, 회양목, 무궁화, 개나리, 쥐똥나무, 주목, 향나무, 모과나무, 층층나무, 가시나무, 철쭉 등이 있다.

55 일반적으로 수종 요구 특성은 그 기능에 따라 구분되는데, 녹음식재용 수종에서 요구되는 특징으로 가장 적합한 것은?

① 생장이 빠르고 유지관리가 용이한 관목류
② 지하고가 높고 병충해가 적은 낙엽활엽수
③ 아랫가지가 쉽게 말라 죽지 않는 상록수
④ 수형이 단정하고 아름다운 상록침엽수

　해설
[녹음식재용 수종]
• 이용자의 휴식, 위락공간 제공
• 녹음 휴식, 레크레이션 등 이용자의 적극적 활동공간 제공
• 사람들의 이용성이 강조된 식재

56 다음의 설명하는 수종은?

> • 학명은 "Betula Schmidtii Regel"이다.
> • Schmidt Birch 또는 단목(檀木)이라 불리기도 한다.
> • 곧추 자라나 불규칙하며, 수피는 흑회색이다.
> • 5월에 개화하고 암수 한 그루이며, 수형은 원추형, 뿌리는 심근성, 잎의 질감이 섬세하여 녹음수로 사용 가능하다.

① 오리나무　　　　② 박달나무
③ 소사나무　　　　④ 녹나무

　해설
[학명]
• 오리나무는 Alnus Japonica이다.
• 소사나무는 Carpinus이다.
• 녹나무는 Cinnamomum이다.

 정답 50 ④　51 ③　52 ④　53 ④　54 ①, ②　55 ②　56 ②

57 마로니에와 칠엽수에 대한 설명으로 옳지 않은 것은?

① 마로니에와 칠엽수는 원산지가 같다.

② 마로니에와 칠엽수의 잎은 장상복엽이다.

③ 마로니에는 칠엽수와는 달리 열매 표면에 가시가 있다.

④ 마로니에와 칠엽수 모두 열매 속에는 밤톨 같은 씨가 들어 있다.

> **해설**
>
> 마로니에는 유럽, 칠엽수는 일본이 원산지이다.

58 수목의 생태 특성과 수종들의 연결이 옳지 않은 것은?

① 습한 땅에 잘 견디는 수종 : 메타세쿼이아, 낙우성, 왕버들 등

② 메마른 땅에 잘 견디는 수종 : 소나무, 향나무, 아까시 등

③ 산성토양에 잘 견디는 수종 : 느릅나무, 서어나무, 보리수나무 등

④ 식재토양의 토심이 깊은 것(심근성) : 호두나무, 후박나무, 가시나무 등

> **해설**
>
> • 산성토양에 잘 견디는 수종은 소나무류, 밤나무, 잣나무, 가문비나무, 전나무 등이다.
> • 서어나무는 알칼리성 토양에서 잘 견디며, 보리수나무는 척박지에서 잘 견디는 특성이 있다.

59 양수 수종만으로 짝지어진 것은?

① 향나무, 가중나무

② 가시나무, 아왜나무

③ 회양목, 주목

④ 사철나무, 독일가문비나무

> **해설**
>
> 가시나무, 아왜나무, 회양목, 주목, 사철나무, 독일가문비나무는 음수에 해당한다.

60 다음 중 심근성 수종이 아닌 것은?

① 자작나무　　　　② 전나무

③ 후박나무　　　　④ 백합나무

> **해설**
>
> 천근성 나무에는 독일가문비나무, 편백나무, 미루나무, 자작나무 등이 있다.

61 지력이 낮은 척박지에서 지력을 높이기 위한 수단으로 식재 가능한 콩과 수종은?

① 소나무　　　　② 녹나무

③ 갈참나무　　　④ 자귀나무

> **해설**
>
> • 소나무 : 소나무과
> • 녹나무 : 녹나무과
> • 갈참나무 : 참나무과

62 다음 [보기]에서 설명하는 수종은?

[보기]
• 낙엽활엽교목으로 부채꼴형 수형이다.
• 야합수(夜合樹)라 불리기도 한다.
• 여름에 피는 꽃은 분홍색으로 화려하다.
• 천근성 수종으로 이식에 어려움이 있다.

① 자귀나무　　　　② 치자나무

③ 은목서　　　　　④ 서향

> **해설**
>
> 자귀나무는 낙엽소교목이며 야합수, 소쌀나무라고도 불린다.

63 다음 조경수 중 '주목'에 관한 설명으로 틀린 것은?

① 9~10월 붉은색의 열매가 열린다.

② 수피가 적갈색으로 관상가치가 높다.

③ 맹아력이 강하며, 음수이나 양지에서 생육이 가능하다.

④ 생장속도가 매우 빠르다.

> **해설**
>
> 주목은 음수이며 장기수로 생장속도가 느린 특성이 있다.

57 ① 　58 ③ 　59 ① 　60 ① 　61 ④ 　62 ① 　63 ④ 　**정답**

64 다음 중 비옥지를 가장 좋아하는 수종은?

① 소나무
② 아까시나무
③ 사방오리나무
④ 주목

 해설

소나무, 아까시나무는 척박지, 사방오리나무는 습식지를 좋아한다.

65 다음 중 [보기]와 같은 특성을 지닌 정원수는?

[보기]
• 형상수로 많이 이용되고, 가을에 열매가 붉게 된다.
• 내음성이 강하며, 비옥지에서 잘 자란다.

① 주목
② 쥐똥나무
③ 화살나무
④ 산수유

66 건조한 땅이나 습지에 모두 잘 견디는 수종은?

① 향나무
② 계수나무
③ 소나무
④ 꽝꽝나무

해설

• 향나무 : 내건성
• 계수나무 : 내습성
• 소나무 : 내건성
• 꽝꽝나무 : 중용수

67 임목(林木) 생장에 가장 좋은 토양 구조는?

① 판상구조(Platy)
② 괴상구조(Blocky)
③ 입상구조(Granular)
④ 견과상구조(Nutty)

해설

• 판상구조 : 물이나 바람에 의해 층층이 쌓인 퇴적물이 판을 이룬 구조
• 괴상구조 : 다면체를 이루고 각도는 비교적 둥근 토양의 구조
• 입상구조 : 물빠짐이 좋은 구조
• 견과상구조 : 과실형상의 토양구조

68 토양의 단면 중 낙엽이 대부분 분해되지 않고 원형 그대로 쌓여 있는 층은?

① L층
② P층
③ H층
④ C층

해설

• P층 : 낙엽이 분해되었지만 원형은 유지가 되어 있는 층
• H층 : 분해가 진행되어 낙엽의 기원을 알 수 없는 층
• C층 : 모재층

69 산성토양에서 가장 잘 견디는 나무는?

① 조팝나무
② 진달래
③ 낙우송
④ 회양목

해설

• 산성토양에서 잘 견디는 수종 : 소나무, 전나무, 잣나무, 진달래, 금솔 등
• 알칼리성 토양에서 잘 견디는 수종 : 단풍나무, 낙우송, 회양목 등

70 염분에 강한 수종으로 짝지어진 것은?

① 해송, 왕벚나무
② 단풍나무, 가시나무
③ 비자나무, 사철나무
④ 광나무, 목련

해설

내염성이 좋은 나무 : 금솔, 비자나무, 해당화, 동백나무, 사철나무 등

71 다음 중 곰솔(해송)에 대한 설명으로 옳지 않은 것은?

① 동아(冬芽)는 붉은색이다.
② 수피는 흑갈색이다.
③ 해안지역의 평지에 많이 분포한다.
④ 줄기는 한해에 가지를 내는 층이 하나여서 나무의 나이를 짐작할 수 있다.

해설

곰솔(해송)의 동아는 회백색이다.

정답 64 ④ 65 ① 66 ④ 67 ③ 68 ① 69 ② 70 ③ 71 ①

Chapter 08 🌳 목질재료

1 목재의 특징

01 목재의 장점 및 단점

구분	내용
목재의 장점	• 외관이 아름답다. • 무게가 가벼워 다루기 좋으며 무게에 비해 강도가 크다. • 가공이 쉽고 열전도율이 낮다(플라스틱, 돌 등). • 압축강도보다 인장강도가 크다.
목재의 단점	• 부위에 따라 재질이 고르지 못하고 불에 타기 쉽다. • 함수량의 증감에 따라 팽창, 수축하여 변형되기 쉽다. • 재질, 강도의 균열성이 적고 크기에 제한을 받는다.

02 목재의 구조

(1) 침엽수 및 활엽수

구분	내용
침엽수	• 가볍고 목질이 연하며 탄력 있고 질기다. • 구조용, 공사용 • 예외 : 향나무, 낙엽송은 목질이 단단하다
활엽수	• 무늬가 아름답고 단단하며 재질이 치밀하다. • 가구제작, 장식용 • 예외 : 포플러, 오동나무는 목질이 연하다.

(2) 춘재, 추재, 나이테

① 춘재 : 봄·여름 성장, 빛깔이 엷고 재질이 연하다.

② 추재 : 가을·겨울 성장분, 재질이 치밀하고 단단하다.

③ 나이테 : 수심을 중심으로 춘재와 추재가 동심원으로 나타나서 생장연수를 표현한다.

(3) 심재, 변재, 부름켜

① 심재 : 수심 가까이에 있는 적갈색 부분, 단단하며 강도와 내구성이 크다.

② 변재 : 목재 표면에 위치, 수액의 이동과 양분의 저장, 무르고 강도와 내구성이 심재보다 작다.

③ 부름켜 : 물관과 체관 사이에 있는 분열조직으로, 나무의 생장을 담당하는 형성층이다.

03 목재의 성질

(1) 비중(specific gravity)

가) 정의

① 비중은 물질 교유의 특성으로 기준이 되는 물질의 밀도에 대한 상대적인 비를 말한다.

② 밀도란 물질의 단위 부피당 질량을 의미한다.

나) 종류

구분	종류
생목 비중	벌채 직후 생재의 비중
기건 비중	공기 중 습도와 평형을 이룬 기건재의 무게를 기준으로 한 비중
절대건조 비중	100~110℃의 온도에서 수분을 완전 제거시킨 전건재(全乾材)의 비중

(2) **함수율** : 목재 내에 함유하고 있는 수분을 백분율로 나타낸 값이다.

구분	종류
전건재(全乾材)	물기가 전혀 없도록 완전히 말린 목재(함수율 0%)
섬유포화점	목재의 유리수와 흡착수가 증발되는 경계점으로 함수율은 30% 정도임
기건재	공기 중에서 말린 목재(함수율 15% 정도)로 골재의 표면은 건조하나 내부는 적은 양의 물을 포함하고 있는 상태
표면건조포화상태	골재의 표면에는 수분이 없으나 내부는 수분으로 충만된 상태
절대건조상태	"건조로(oven)"에서 100~110℃ 온도로 완전히 건조시킨 상태
습윤상태	골재의 내부가 완전히 수분으로 채워져 있고, 표면에도 여분의 물을 포함하고 있는 상태

1. **목재의 단위** : 1재 = 1치×1치×12자(1치=3.03cm, 1자 = 30.3cm)

   1m³ = 299.58재 즉, 1m³ = 약 300재

2. **함수율(%)**

   함수율(%) = {(건조 전 무게 − 건조 후 무게) ÷ 건조 후 무게}×100

   = {(습윤상태 − 절대건조상태) ÷ 절대건조상태}×100

3. **흡수율**

   흡수율(%) = {(표면건조상태 − 절대건조상태) ÷ 절대건조상태}×100

※ **흡수율** : 물체가 물을 내부에 빨아들이는 양과 물체의 실제와의 비율. 즉, 흡수한 수량의 비율을 흡수율이라고 한다.

4. **목재의 강도** : 인장강도 〉 휨강도 〉 압축강도 〉 전단강도

2 목재의 건조와 방부

01 건조의 목적

① 갈라짐, 뒤틀림, 변색, 부패를 방지하기 위해서이다[함수율 15%(기건 함수율)].

② 탄성 강도를 높이기 위해서이다.

③ 가공·접착 칠이 잘 되게 하기 위해서이다.

④ 단열이 잘 되게 하기 위해서이다.

⑤ 전기절연 효과가 높아지도록 하기 위해서이다.

02 건조방법

(1) 자연건조법

① 침지법 : 운반과정 중 수중에서 건조시키는 방법이다.

② 공기건조법 : 목재를 자연 기상조건에 의해 건조하는 것이다.

(2) 인공건조법

① 열기법 : 가열공기를 이용한 건조실에서 전조하는 방법이다.

② 증기법 : 고온·다습한 공기를 주입하여 서서히 건조시키는 방법이다.

③ 훈연건조법 : 배기 및 연소가스를 건조실에 주입하여 건조시키는 방법이다.

(3) 특수건조법

① 고주파건조, 고온건조 : 인공건조의 범위에 포함되지만, 일반적으로 잘 이용하지 않는 진공건조이다.

 목재가공 작업

구분	내용
마름질	부재절단(길이를 잘라냄)
바심질	맞춤을 위해 끼워지는 부분을 깎음(구멍뚫기, 홈파기, 자르기, 기타 다듬질 등)
모접기	목재의 각진 모서리 부분을 둥근 모양으로 깎아냄
먹매김	먹줄치기, 바닥면에 형상/치수, 마감면 등의 위치 등을 표기
도장	소지조정, 눈막이(눈메꿈), 샌딩실리 등의 작업을 하기 위한 것
연마	표면처리 마지막 단계, 재료의 평활/평탄고 유지
접착	서로 다른 물질의 결합력 유지

03 목재의 방부 및 방부제 종류

(1) 목재의 방부 – 부식요인 : 부패, 풍화, 충해에 의한 것이다.

(2) 방부제 종류

가) 수용성 방부제

① CCA 방부제 : 크롬(Cr), 구리(Cu), 비소(As)의 화합물로 가장 많이 사용한다.

② ACC 방부제 : 구리, 크롬의 화합물, 광산 갱목에만 사용한다.

나) 유용성 방부제

① 콜타르 : 흑색이고 침투가 약하므로 도포용으로 사용한다.

② 유성페인트, 크레오소트유(석탄을 고온 건조해 얻는 타르), 콜타르, 오일스테인, PCP(펜타클로로페놀) 등

※ PCP : 방부력 우수, 열·약제에 안정적, 무색

04 방부제 처리법

구분	내용
도장법	목재를 충분히 건조시킨 다음 균열이나 이음부에 솔 등으로 페인트, 니스, 콜타르, 크레오소트, 아스팔트 등의 방부제를 도포하는 방법으로 가장 일반적인 방법이다.
주입법	밀폐된 관내에서 건도된 목재에 방부제를 가압하여 목재 내부에 깊숙이 침투시키는 방법으로 가장 많이 사용되는 방법이다.
표면탄화법	표면을 3 ~12mm 깊이로 태워 탄화시키는 것이며 흡수성이 증가하는 단점이 있다.
침투법	상온에서 CCA, 크레오소트 등에 목재를 담가 침투시킨다.

3 목재의 종류

01 원목

① 통나무 : 말구 지름에 따라 대경목, 중경목, 소경목으로 구분한다.

② 조각재 : 4면을 따낸 원목으로 최소 단면에 따라 대조각재, 중조각재, 소조각재로 구분한다.

02 제제목 : 원목을 가공한 제품으로 각재류, 판재류가 있다.

① 각재류 : 폭이 두께의 3배 미만인 제재목으로 소각재, 대각재로 나눈다.

② 판재류 : 두께가 7.5cm 미만이고, 폭이 두께의 4배 이상인 것을 말하며, 후판재, 판재, 소폭판재가 있다.

03 가공재

(1) 합판의 특징

① 나무결이 아름답다.

② 수축, 팽창의 변형 없다.

③ 강도가 고르다.

④ 넓은 판 이용이 가능하다.

⑤ 내구성·내습성이 크다.

(2) 합판의 종류

구분	종류
보통합판	홀수개의 단판이 직교하여 구성. 베니 코어 합판, 완전 내수합판, 보통 내수합판, 비 내수합판(물에 묻지 않음)
특수합판	구성 특수합판, 표면 특수합판, 약액처리 합판

1. 대나무
- 외측 부분이 내측보다 우수하다.
- 조경에 사용되는 대나무는 맹종죽과 왕대 등으로 일본식 정원이나 실내 조경재로 많이 쓰인다.
- 벌채 시기는 늦가을에서 초겨울 사이이다.
- 벌채 연령 : 왕대, 맹종죽, 솜대는 4~5년, 해장죽, 오죽은 2년이 좋다.

2. 섬유재
- 볏짚, 새끼줄, 밧줄 등을 이용
- 친환경적 섬유재 : 녹화마대, 녹화테이프 등

3. 지주목 : 소나무, 밤나무, 낙엽송(오래 썩지 않음)

01 다음 합판의 제조 방법 중 목재의 이용효율이 높고, 가장 널리 사용되는 것은?

① 로타리 베니어(Rotary Venner)

② 슬라이스트 베니어(Sliced Veneer)

③ 쏘드 베니어(Sawed Veneer)

④ 플라이우드(Plywood)

해설

• 로타리 베니어 : 두루마리 방식으로 벗겨내어 제조
• 슬라이스드 베니어 : 얇게 절단하여 제조
• 쏘드 베니어 : 띠톱처럼 얇게 쪼개어 제조
• 플라이우드 : 합판의 종류로 생산과정에서 도장 등 표면 처리하여 더 이상 마감처리가 필요하지 않은 합판

02 목재의 구조에는 춘재와 추재가 있는데 추재를 바르게 설명한 것은?

① 세포는 막이 얇고 크다.

② 빛깔이 엷고 재질이 연하다.

③ 빛깔이 짙고 재질이 치밀하다.

④ 춘재보다 자람의 폭이 넓다.

해설

• 춘재는 봄, 여름에 자란 부분으로 생장속도가 빠르며 유연한 목질부로 색이 연하다.
• 추재는 색이 짙고 재질이 치밀하여 단단하다.

03 다음 목재 중 무른 나무에 속하는 것은?

① 참나무   ② 향나무

③ 포플러   ④ 박달나무

해설

• 활엽수 : 무늬가 아름답고 재질이 치밀하여 가구제작 및 장식용으로 많이 쓰인다.
• 침엽수 : 가볍고 연하며 탄력이 있고 질겨 구조용, 공사용으로 많이 쓰인다.(예외적으로 향나무, 낙엽송은 목질이 단단하다.)

04 목재의 심재와 변재에 관한 설명으로 옳지 않은 것은?

① 심재는 수액의 통로이며 양분의 저장소이다.

② 심재의 색깔은 짙으며 변재의 색깔은 비교적 엷다.

③ 심재는 변재보다 단단하여 강도가 크고 신축 등 변형이 적다.

④ 변재는 심재 외측과 수피 내측 사이에 있는 생활세포의 집합이다.

해설

변재는 목재의 표면에 위치하는 수액의 통로이며 양분의 저장소이다.

05 원목의 4면을 따낸 목재를 무엇이라 부르는가?

① 통나무   ② 가공재

③ 조각재   ④ 판재

해설

• 통나무 : 제재하지 않은 나무
• 가공재 : 가공한 나무(합판 등)
• 판재 : 폭이 두께의 4배 이상 되는 제재목

06 다음 중 목재 내 할렬(Checks)은 어느 때 발생하는가?

① 목재의 부분별 수축이 다를 때

② 건조 초기에 상태습도가 높을 때

③ 함수율이 높은 목재를 서서히 건조할 때

④ 건조 응력이 목재의 횡인장강도보다 클 때

해설

• 할렬은 건조 시 길이 방향으로 갈라지는 것을 뜻한다.
• 응력은 재료에 압축·인장·굽힘·비틀림 등의 하중을 가하였을 때 대응하여 재료 내 생기는 저항력을 뜻한다.

정답   01 ①   02 ③   03 ③   04 ①   05 ③   06 ④

07 조경시설 재료로 사용되는 목재는 용도에 따라 구조용 재료와 장식용 재료로 구분된다. 다음 중 강도 및 재구성이 커서 구조용 재료에 가장 적합한 수종은?

① 단풍나무   ②은행나무

③오동나무   ④ 소나무

해설

• 구조용 재료는 목질이 무르고 탄력적인 침엽수를 사용한다.
• 장식용 재료는 단단하고 무늬가 아름다운 활엽수를 사용한다. 예외적으로 침엽수인 향나무는 목질이 단단하여 장식용 재료로 사용한다.

08 통나무로 계단을 만들 때의 재료로 가장 적합하지 않은 것은?

① 소나무   ② 편백

③ 수양버들   ④ 떡갈나무

09 목도채의 재료로 가장 좋은 것은?

① 참나무   ② 전나무

③ 버드나무   ④ 현사시

해설

목도채는 목에 걸어서 무거운 물건을 들 때 사용하며, 1복노는 50kg이나.

10 목재를 가공해 놓으면 무게가 있어서 보기 좋으나 쉽게 썩는 결점이 있다. 정원 구조물을 만드는 목재재료로 가장 좋지 못한 것은?

① 소나무   ② 밤나무

③ 낙엽송   ④ 라왕

해설

라왕은 열대지방에서 자라는 수종으로 부드러운 재질이어서 가구재로 사용한다.

11 목재를 방부제 속에 일정기간 담가두는 방법으로 크레오소트(Creosote)를 많이 사용 하는 방부법은?

① 표면탄화법   ② 직접유살법

③ 상압주입법   ④ 약제도포법

해설

• 표면탄화법 : 목재의 표면을 3~10mm 정도 태워 방부처리한 것
• 직접유살법 : 식성습정이나 주성 따위를 이용하여 식물에 해로운 곤충을 유인하여 죽이는 해충방제법
• 상압주입법 : 상온의 방부제용액에 담그고 다시 저온에 담그는 방법
• 약제도포법 : 건조시킨 후 솔로 바르는 가장 간단한 방법
※ 크레오소트는 몰타르를 증류하여 물보다 무거운 유분을 정제한 것으로 흑갈색 용액이다.

12 목재의 방부처리 방법 중 일반적으로 가장 효과가 우수한 것은?

① 침지법   ② 도포법

③ 생리적 주입법   ④ 가압주입법

해설

• 침지법 : 방부용액에 일정 시간 동안 담그는 방법
• 도포법 : 목재를 충분히 건조시킨 후 솔 등으로 약제를 도포하여 방부처리하는 방법
• 생리적 주입법 : 벌목하기 전 나무 뿌리에 약품을 주입시기는 방법
• 가압주입법 : 통 속(압력 용기)에 목재를 넣고, 방부제를 넣은 후 외부에서 압력을 가해 방부제가 목재 내부 깊숙이 침투하도록 하는 방법

13 목재에 수분이 침투되지 못하도록 하여 부패를 방지할 수 있는 방법은?

① 표면 탄화법   ② 니스 도장법

③ 약제 주입법   ④ 비닐 포장법

07 ④   08 ③   09 ①   10 ④   11 ③   12 ④   13 ②   정답

14 목재 방부제에 요구되는 성질로 부적합한 것은?

① 목재에 침투가 잘 되고 방부성이 큰 것

② 목재에 접촉되는 금속이나 인체에 피해가 없을 것

③ 목재의 인화성, 흡수성에 증가가 없을 것

④ 목재의 강도가 커지고 중량이 증가될 것

15 목재의 방부제(Preservate)는 유성, 수용성, 유용성으로 크게 나눌 수 있다. 유용성으로 방부력이 대단히 우수하고 열이나 약제에도 안정적이며 거의 무색제품으로 사용되는 약제는?

① PCP

② 염화아연

③ 황산구리

④ 크레오소트

> 해설
>
> PCP(펜타크로로페놀)는 무색이고 유용성이다.

16 섬유포화점은 목재 중에 있는 수분이 어떤 상태로 존재하고 있는 것을 말하는가?

① 결합수만이 포화되어 있을 때

② 자유수만이 포화되어 있을 때

③ 유리수만이 포화되어 있을 때

④ 자유수와 결합수가 포화되어 있을 때

> 해설
>
> • 결합수는 세포 자체의 수분을 뜻한다.
> • 섬유포화점은 섬유 중의 결합수가 증가되어 극한에 도달하고, 자유수가 포함되어 있지 않은 함수율 상태이다.

17 목재 유희시설물을 보수하려고 한다. 방충 효과를 알아보기 위해 함수율을 계산하면 얼마인가? (목재의 건조 전 중량은 120kg, 건조 후 중량은 80kg)

① 20%

② 40%

③ 50%

④ 60%

> 해설
>
> [함수율]
> (건조 전 중량 − 건조 후 중량)/(건조 후 중량)×100
> = (120−80)/80×100
> = 50%

18 목재의 강도에 관한 설명 중 가장 거리가 먼 것은?

① 휨강도는 전단강도보다 크다.

② 비중이 크면 목재의 강도는 증가하게 된다.

③ 목재는 외력이 섬유방향으로 작용할 때 가장 강하다.

④ 섬유포화점에서 전건상태에 가까워짐에 따라 강도는 작아진다.

> 해설
>
> 함수율이 낮을수록 강도는 커진다.

19 목재의 인장강도와 압축강도에 대한 설명으로 가장 옳은 것은?

① 압축강도가 더 크다.

② 인장강도가 더 크다.

③ 두 개의 강도가 동일하다.

④ 휨강도와 두 개의 강도가 모두 동일하다.

20 다음 중 목재공사에서 구멍뚫기, 홈파기, 자르기, 기타 다듬질하는 일을 가르키는 것은?

① 마름질

② 먹매김

③ 모접기

④ 바심질

> 해설
>
> • 마름질 : 길이를 잘라내는 것
> • 먹매김 : 먹통을 써서 치수 금을 긋는 것
> • 모접기 : 모서리를 둥글게 하는 것
> • 바심질 : 자르고 깎고 파내는 것

21 목재를 연결하여 움직임이나 변형 등을 방지하고, 거푸집의 변형을 방지하는 철물로 사용하기에 가장 부적합한 것은?

① 볼트, 너트

② 못

③ 꺾쇠

④ 리벳

> 해설
>
> 리벳은 얇은 판재를 영구적으로 결합시키는 연성 금속 핀이다.

정답 14 ④ 15 ① 16 ① 17 ③ 18 ④ 19 ② 20 ④ 21 ④

Chapter 09 🌳 석질재료

1 석재의 특징

01 성질

① 압축강도는 강하지만 휨강도나 인장강도는 약하다.

② 석재에 포함된 수분이 동결 융해(融解)를 반복하여 조직의 재질을 약화시킴으로써 붕괴된다.

02 석재의 강도

① 압축 〉 휨 〉 인장 〉 전단

② 화강암 〉 대리석 〉 안산암 〉 사암 〉 응회암

03 석재의 장점 및 단점

(1) 석재의 장점

① 외관이 매우 아름답다.

② 내구성과 강도가 크다.

③ 가공성이 있으며, 변형되지 않는다.

④ 산지에 따라 다양한 색조와 질감을 갖는다.

⑤ 압축강도, 내구성, 내화학성이 크고 마모성이 적다.

(2) 석재의 단점

① 무거워서 다루기 불편하다.

② 가공하기가 어렵다.

③ 가격이 비싸다.

④ 압축강도에 비해 휨강도나 인장강도가 작다.

⑤ 화열을 받을 경우 균열 또는 파괴되기가 쉽다.

2 암석의 분류

01 화성암

① 지구 내부에 녹아 있는 마그마가 냉각하여 굳어진 것이다.

② 화강암, 현무암, 안산암, 섬록암 등이 있다.

02 퇴적암(수성암)

① 암석의 분쇄물 등이 물속에 침전되어 지열과 지압으로 다시 굳어진 암석으로 층을 이루어 형성되며, 수성암이라고도 한다.

② 응회암, 사암, 점판암, 석회암, 혈암 등이 있다.

03 변성암

① 화성암, 퇴적암이 지각 변동이나 지열에 의해 화학적·물리적으로 성질이 변한 것이다.

② 편마암, 편암, 사문암, 대리석 등이 있다.

3 가공석

01 가공석의 종류

(1) 규격제

구분	내용
각석	• 폭이 두께의 3배 미만이고, 폭보다 길이가 긴 직육면체의 석재이다. • 용도 : 쌓기용, 기초용, 경계석 등
판석	• 두께가 15cm 미만이고 폭이 두께의 3배 이상인 판 목양의 석재이다. • 디딤돌, 원로 포장용, 계단 설치용 등
마름돌	• 지정된 규격에 따라 직육면체가 되도록 각 면을 다듬는 석재이다. • 석재 중 가장 고급품이므로 미관과 내구성이 요구되는 구조물이나 쌓기용으로 사용한다.
견치돌 (犬齒, dog tooth stone)	• 앞면, 길이, 뒷면, 접촉부 등의 치수를 지정해서 깨낸 돌로 면에 직각으로 잰 길이가 최소변의 1.5배 이상이다. • 마름모꼴 또는 사각형 뿔 모양으로 주로 흙막이용 메쌓기나 찰쌓기에 사용한다.
잡석	• 엄격한 규격이 없이 견치돌과 비슷하게 깨낸 돌이다. • 잔골재(모래) : 10mm체를 전부 통과하고 NO.4체(5mm)를 거의 통과하는 골재이다. • 굵은 골재(자갈) : NO.4체(5mm)에 거의 남는 골재이다.

(2) 골재

가) 입자 크기에 따른 구분

구분	내용
잔골재(모래)	10mm체를 전부 통과하고 NO.4체(5mm)를 거의 통과하는 골재이다.
굵은 골재(자갈)	NO.4체(5mm)에 거의 남는 골재이다.

나) 생산수단에 따른 구분

구분	내용
천연골재	강골재, 바다골재, 산골재
인공골재	부순모래, 부순돌, 인공경량골재

4 자연석

01 자연석의 분류

① 이용상의 분류 : 경관석, 디딤돌, 호박돌로 구분한다.

② 산출 장소에 따른 분류 : 산석, 강석, 해석으로 구분한다.

02 자연석의 모양

자연석의 모양은 입석, 횡석, 평석, 환석, 각석, 사석, 와석, 괴석이 있다.

[자연석의 여러 가지 모양]

입석

횡석

평석

환석

각석

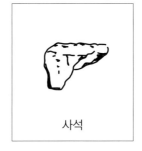
사석

와석

괴석

03 자연석의 특징

① 돌의 이끼 : 자연미를 느낄 수 있다.

② 돌의 뜰녹 : 조면에 고색을 띤 것, 관상가치가 높다.

③ 돌의 절리 : 돌에 선이나 무늬가 생기므로 방향감을 주며 예술적 가치가 생긴다.

④ 돌의 크기 : 다양한 돌의 크기로 대비, 조화, 비례, 균형을 맞추어 사용한다.

⑤ 돌의 조면 : 풍화·침식되어 표면이 거칠어진 상태이다.

5 석재의 가공방법

석재는 자연석 그대로 사용하기도 하지만 대부분 일정 모양으로 가공한 상태로 쓰이며, 모양, 크기, 및 용도에 따라 규격재, 골재 등으로 나뉜다.

[석재 가공 도구]

도드락망치

메망치

정

양날망치

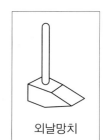
외날망치

구분	내용
흑두기	쇠망치(메망치)로 석재 표면의 큰 돌출 부분만 대강 떼어 내는 정도의 거친 면을 마무리하는 작업(메다듬)
정다듬	흑두기 한 면을 정으로 비교적 고르고 곱게 다듬는 작업이다.
도드락다듬	정다듬한 표면을 도드락 망치를 이용하여 1~3회 정도로 곱게 다듬는 작업이다.
잔다듬	외날 망치나 양날 망치로 정다듬 면 또는 도드락다듬 면을 일정 방향이나 평행선으로 나란히 찍어 1~5회 정도 다듬어 평탄하게 마무리 하는 작업이다.
물갈기	필요에 따라 잔다듬 면을 연마기나 숫돌로 매끈하게 갈아내는 작업이다.

💡 석재용어

구분	내용
호박돌	호박형의 천연석, 가공하지 않은 지름 18cm 이상의 돌, 수로의 사면보호, 연못 바닥, 원로 포장, 때로는 기초용, 육법 쌓기, 줄 눈 어긋나게 쌓기
잡석	10~30cm 정도의 크고 작은 깬돌, 기초석
굵은모래	천연산, 지름 0.25~2mm 정도의 알맹이
잔모래	천연산, 지름 0.05~0.25mm 정도의 알맹이
조약돌	가공하지 않은 천연석, 7.5~20cm 정도의 돌
자갈	0.5~7.5cm 정도로 석축의 뒷 채움돌
왕모래	지름 3~9mm 정도의 것을 석가산 밑에 깔아 냇물을 상징하는 데에 쓰이며 원로에 깔기도 함

적중 예상문제

01 다음 중 조경시공에 활용되는 석재의 특징으로 부적합한 것은?

① 내화성이 뛰어나고 압축강도가 크다.

② 내수성, 내구성, 내화학성이 풍부하다.

③ 색조와 광택이 있어 외관이 미려하며 장중하다.

④ 천연물이기 때문에 재료가 균일하고 갈라지는 방향성이 없다.

> **해설**
>
> 천연물 재료는 균일하지 않으며 갈라지는 방향성이 존재한다.

02 석질재료의 장점이 아닌 것은?

① 외관이 매우 아름답다.

② 내구성과 강도가 크다.

③ 가격이 저렴하고 시공이 용이하다.

④ 변형되지 않으며 가공성이 있다.

> **해설**
>
> 석질재료는 가격이 비싸며 시공이 어려운 단점이 있다.

03 석재의 형성원인에 따른 분류 중 퇴적암에 속하지 않는 것은?

① 사암   ② 점판암

③ 응회암   ④ 안산암

> **해설**
>
> • 퇴적암(수성암)에는 응회암, 사암, 점판암, 석회암 등이 있다.
> • 안산암은 화산암이다.

04 석재의 비중에 대한 설명으로 틀린 것은?

① 비중이 클수록 조직이 치밀하다.

② 비중이 클수록 흡수율이 높다.

③ 비중이 클수록 압축강도가 크다

④ 석재의 비중은 2.0~2.7이다.

> **해설**
>
> 비중이 클수록 흡수율이 낮다.

05 퇴적암의 일종으로 판 모양으로 떼어낼 수 있어 디딤돌, 바닥포장재 등으로 쓸 수 있는 것은?

① 화강암   ② 안산암

③ 현무암   ④ 점판암

> **해설**
>
> • 화강암 : 석탑, 건축
> • 안산암 : 구조재, 골재
> • 현무암 : 문의 기둥, 석등

06 마그마가 지하 10km 정도의 깊이에서 서서히 굳어진 화강의 주요 구성 광물이 아닌 것은?

① 석회   ② 석영

③ 장석   ④ 운모

07 화강암(Granite)의 특징으로 옳지 않은 것은?

① 조직이 균일하며 내구성 및 강도가 크다.

② 내화성이 우수하여 고열을 받는 곳에 적당하다.

③ 외관이 아름답기 때문에 장식재로 쓸 수 있다.

④ 자갈·쇄석 등과 같은 콘크리트용 골재료로 많이 사용된다.

> **해설**
>
> • 화강암의 장점 : 열과 화학 반응에 강하고, 단단하며 윤이 난다. 건물의 내외장재, 축대, 비석, 건축자재로 사용한다.
> • 화강암의 단점 : 내화성이 약하다.

08 바닥포장용 석재로 가장 우수한 것은?

① 화강암 ② 안산암
③ 대리석 ④ 석회암

09 화강석의 크기가 20cm×20cm×100cm일 때 중량은? (단, 화강석의 비중은 평균 2.60이다.)

① 약 50kg ② 약 100kg
③ 약 150kg ④ 약 200kg

> **해설**
>
> [중량]
> 중량 = 가로×세로×높이×비중
> $= 20×20×100×2.6$
> $=104,000g/cm^3$
> $=104kg$

10 다음 석재 중 흡수율이 가장 큰 것은?

① 화강암 ② 안산암
③ 응회암 ④ 대리석

> **해설**
>
> • 흡수율은 압축강도가 작을수록 커진다.
> • 압축강도 : 화강암 〉 대리석 〉 안산암 〉 응회암

11 석재를 조성하고 있는 광물의 조직에 따라 생기는 눈의 모양을 말하며, 돌결이라는 의미로 사용되기도 하고, 조암광물 중에서 가장 많이 함유된 고아물의 결정벽면과 일치하므로 화강암에서는 장석의 분리면에 해당하는 것은?

① 층리 ② 편리
③ 석목 ④ 석리

> **해설**
>
> • 층리 : 퇴적암, 절리
> • 편리 : 평행 판자 모양
> • 석목 : 쪼개지기 쉬움
> • 석리 : 돌의 결

12 돌이 풍화·침식되어 표면이 자연적으로 거칠어진 상태를 뜻하는 것은?

① 돌의 뜰녹 ② 돌의 절리
③ 돌의 조면 ④ 돌의 이끼바탕

13 다음 돌의 가공방법에 대한 설명으로 잘못된 것은?

① 혹두기 : 표면의 큰 돌출부분만 떼어 내는 정도의 다듬기
② 정다듬 : 정으로 비교적 고르고 곱게 다듬는 정도의 다듬기
③ 잔다듬 : 도드락 다듬면을 일정 방향이나 평행선으로 나란히 찍어 다듬어 평탄하게 마무리하는 다듬기
④ 도드락다듬 : 혹두기한 면을 연마기나 숫돌로 매끈하게 갈아내는 다듬기

> **해설**
>
> • 도드락다듬은 정다듬한 면을 다듬는 작업이다.
> • 가공순서 : 혹두기 → 정다듬 → 도드락다듬 → 잔다듬 → 물갈기

14 정원에 사용되는 자연석의 특징과 선택에 관한 내용 중 옳지 않은 것은?

① 정원석으로 사용되는 자연석은 산이나 개천에 흩어져 있는 돌을 그대로 운반하여 이용한 것이다.
② 경도가 높은 돌은 기품과 운치가 있는 것이 많고 무게가 있어 보여 가치가 높다.
③ 부지 내 타 물체와의 대비, 비례, 균형을 고려하여 크기가 적당한 것을 사용한다.
④ 돌에는 색채가 있어서 생명력을 느낄 수 있고 검은색과 흰색은 예로부터 귀하게 여겨지고 있다.

15 크기가 지름 20~30cm 정도의 것이 크고 작은 알로 고루고루 섞여 있으며 형상이 고르지 못한 큰 돌이라 설명하기도 하며, 큰 돌을 깨서 만드는 경우도 있어 주로 기초용으로 사용하는 석재의 분류명은?

① 산석 　　　　　　② 야면석
③ 잡석 　　　　　　④ 판석

해설

잡석은 10~30cm 정도의 크고 작은 깬 돌로 기초석, 뒷채움용으로 사용한다.

16 자연석 중 눕혀서 사용하는 돌로, 불안감을 주는 돌을 받쳐서 안정감을 갖게 하는 돌의 모양은?

① 입석 　　　　　　② 평석
③ 환석 　　　　　　④ 횡석

해설

- 입석 : 세워서 쓰는 돌, 전후좌우 어디에서나 관상이 가능하다.
- 평석 : 윗부분이 평평한 돌로 안정감이 필요한 부분에 배치한다.
- 환석 : 둥근 돌, 무리로 배석할 때 사용한다.

17 우리나라의 조선시대 전통정원을 꾸미고자 할 때 다음 중 연못시공으로 적합한 호안공은?

① 자연석 호안공 　　② 사괴석 호안공
③ 편책 호안공 　　　④ 마름돌 호안공

18 자연석 공사 시 돌과 돌 사이에 붙여 심는 것으로 적합하지 않은 것은?

① 회양목 　　　　　② 철쭉
③ 맥문동 　　　　　④ 향나무

해설

돌틈식재는 관목, 조릿대, 지피류, 초화류 등 키가 작은 식물로 식재하므로 큰 나무로 성장할 가능성이 있는 향나무는 돌틈식재에 적합하지 않다.

19 두께 15cm 미만이며, 폭이 두께의 3배 이상인 판 모양의 석재를 무엇이라고 하는가?

① 각석 　　　　　　② 판석
③ 마름돌 　　　　　④ 견치돌

20 형태가 정형적인 곳에 사용하나, 시공비가 많이 드는 돌은?

① 산석 　　　　　　② 강석(하천석)
③ 호박돌 　　　　　④ 마름돌

21 돌을 뜰 때 앞면, 길이, 뒷면, 접촉부 등의 치수를 지정해서 깨낸 돌로 앞면은 정사각형이며, 흙막이 용으로 사용되는 재료는?

① 각석 　　　　　　② 판석
③ 마름석 　　　　　④ 견치석

해설

- 각석 : 폭이 두께의 3배 미만이고, 폭보다 길이가 긴 직육면체
- 판석 : 너비가 두께의 3배 이상인 석재
- 마름석 : 석재 중 가장 고급용으로 지정된 규격에 따라 직육면체로 다듬은 석재

22 다음 중 수로의 사면보호, 연못바닥, 벽면 장식 등에 주로 사용되는 자연석은?

① 산석 　　　　　　② 호박돌
③ 잡석 　　　　　　④ 하천석

해설

호박돌 : 가공하지 않은 18cm 이상의 돌로 연못호안공, 사면보호, 원로포장 등에 사용된다.

23 점토제품 제조를 위한 소성(燒成) 공정순서로 맞는 것은?

① 예비처리 → 원료조합 → 반죽 → 숙성 → 성형 → 시유(施釉) → 소성

② 원료조합 → 반죽 → 숙성 → 예비처리→ 소성 → 성형 → 시유(施釉)

③ 반죽 → 숙성 → 성형 → 원료조합 → 시유(施釉) → 소성 → 예비처리

④ 예비처리 → 반죽 → 원료조합 → 숙성 → 시유(施釉) → 성형 → 소성

24 흡수성과 투수성이 거의 없어 배수관, 상·하수도관, 전선 및 케이블관 등에 쓰이는 점토 제품은?

① 벽돌　　　　　② 도관

③ 플라스틱　　　④ 타일

> 해설
>
> 도관은 내·외면에 유약을 칠한 점토를 구워 만든 관으로 배수관, 상·하수도관, 전선 및 케이블관 등에 사용된다.

25 점토제품 중 돌을 빻아 빚은 것을 1,300℃ 정도의 온도로 구웠기 때문에 거의 물을 빨아들이지 않으며, 마찰이나 충격에 견디는 힘이 강한 것은?

① 벽돌제품　　　② 토관제품

③ 타일제품　　　④ 도자기 제품

26 점토, 석영, 장석, 도석 등을 원료로 하여 적당한 비율로 배합한 다음 높은 온도로 가열하여 유리화될 때까지 충분히 구워 굳힌 제품으로, 대개 흰색 유리질로 반투명하여 흡수성이 없고 기계적 강도가 크며, 때리면 맑은 소리를 내는 것은?

① 토기　　　　　② 자기

③ 도기　　　　　④ 석기

27 벽돌의 특성과 관련 없는 것은?

① 축조용 벽돌은 정교하면서도 시원한 느낌을 준다.

② 보통벽돌은 어린이 유희시설 및 바닥 포장에 쓰인다.

③ 이형벽돌은 특수한 용도와 모양으로 처음부터 만들어진 것이다.

④ 다공질벽돌은 톱질과 못 박음이 가능하다.

> 해설
>
> 축조용 벽돌은 따뜻한 느낌을 준다.

28 우리나라에서 사용하고 있는 표준형 벽돌 규격은?

① 200mm×100mm×50mm

② 150mm×100mm×50mm

③ 210mm×90mm×50mm

④ 190mm×90mm×57mm

> 해설
>
> • 표준형 벽돌 : 190mm×90mm×57mm
> • 기존형 벽돌 : 210mm×100mm×60mm
> • 내화 벽돌 : 230mm×114mm×65mm

29 표준형 벽돌을 사용하여 1.5B로 시공한 담장의 총 두께는? (단, 줄눈의 두께는 10mm이다.)

① 210mm　　　　② 270mm

③ 290mm　　　　④ 330mm

> 해설
>
> | 구분 | 0.5B | 1.0B | 1.5B | 2.0B |
> | --- | --- | --- | --- | --- |
> | 표준형 | 75 | 150 | 225 | 300 |
> | 기존형 | 65 | 130 | 195 | 260 |
>
> ※ 1m² 쌓을 시 소요매수

30 벽돌 수량 산출방법 중 면적 산출 시 표준형 벽돌로 시공 시 1m²를 0.5B의 두께로 쌓으면 소요되는 벽돌량은? (단, 줄눈은 10mm로 한다.)

① 85매　　　　　② 130매

③ 75매　　　　　④ 149매

31 다음 중 벽돌쌓기 작업에 관한 설명으로 틀린 것은?

① 시공 시 가능하면 통줄눈으로 쌓는다.

② 벽돌은 쌓기 전에 충분히 물을 축여 쌓는다.

③ 벽돌은 어느 부분이든 균일한 높이로 쌓아 올린다.

④ 치장 줄눈은 되도록 짧은 시일에 하는 것이 좋다.

해설

시공 시 막힌줄눈으로 쌓는 것이 더 견고하다.

32 전통 가옥의 담장에서 사괴석이나 호박돌을 쌓을 때 가장 많이 볼 수 있는 줄눈은?

① 민줄눈   ② 내민줄눈

③ 평줄눈   ④ 빗살줄눈

33 벽돌쌓기 시공에 대한 주의사항으로 틀린 것은?

① 굳기 시작한 모르타르는 사용하지 않는다.

② 붉은 벽돌은 쌓기 전에 충분한 물 축임을 실시한다.

③ 1일 쌓기 높이는 1.2m를 표준으로 하고, 최대 1.5m 이하로 한다.

④ 벽돌 벽은 가급적 담장의 중앙부분을 높게 하고 끝부분을 낮게 한다.

해설

벽돌 벽은 높이를 동일하게 쌓는다.

34 벽돌쌓기법에서 한 켜는 마구리쌓기, 다음 켜는 길이쌓기로 하고 모서리 벽 끝에 이오토막을 사용하는 벽돌쌓기 방법인 것은?

① 미국식 쌓기   ② 영국식 쌓기

③ 프랑스식 쌓기   ④ 마구리 쌓기

해설

• 이오토막 : 영국식 쌓기
• 칠오토막 : 네덜란드식(화란식) 쌓기

1 시멘트의 종류

시멘트는 석회석과 점토, 기타 광물질의 혼합체(광 찌꺼기)를 소성로에 구운 다음 급랭 덩어리를 수화 작용에 의해 가루로 만든 일종의 결합체이며, 시멘트는 포틀랜드 시멘트, 혼합 시멘트, 특수 시멘트로 분류한다.

01 포틀랜트 시멘트

구분	내용
보통 포틀랜트 시멘트	• 주성분은 실리카(SiO_2), 알루미나(Al_2O_3), 석회(CaO)이다. • 건축구조물, 콘크리트제품 등에 사용된다.
중용열 시멘트	• 수화열이 적고 건조수축이 적다. • 균열이 방지된다. • 댐이나 큰 공사에 사용된다.
조강 포틀랜드 시멘트	• 조기에 높은 강도를 내고 수밀성이 좋으며 저온에서도 강도 발현이 좋아 겨울철, 수중, 해중 공사 등에 적합하다(보통시멘트 7일 강도를 3일에 발휘). • 수화열이 커 균열의 위험이 있다. • 재령이 3일이면 210kg/cm² 이상의 강도를 발현한다.
백색 포틀랜드 시멘트	• 철분 함량이 적어 건물의 도장, 인조대리석 가공품, 채광용, 컬러 시멘트, 표식 등에 사용한다.

02 혼합시멘트

구분	내용
슬래그 시멘트 (고로 시멘트)	• 제철소의 용광로에서 생긴 광재(slag)를 이용하여 제조한 것으로 분말도가 높고 응결 및 강도 발생이 약간 느리지만 화학적 저항성이 크고 발열량이 적다. • 해수, 기름의 작용을 받은 구조물이나 공장 폐수시설, 오수로 구축, 항만용으로 사용한다.
플라이애시 시멘트	• 분탄을 연료로 하는 화력발전소 등의 굴뚝에서 채집한 재(fly ash)에 clinker(석탄이 고열에 타고 남은 단단한 물질)와 적당량 석고를 혼합 분쇄하여 제조한다. • 폐수시설, 하수도, 항만용으로 사용한다.
포졸란 시멘트	• 실리카질의 포졸란을 넣어 만든 시멘트로 경화가 느리나 조기강도가 크다. • 해수나 광산, 공장폐수, 하수 등 특수목적에 사용한다.
실리카 시멘트	• 방수용으로 사용하기 위해 규산질 혼합재를 섞어 수밀성을 높인 것으로 동결이나 융해작용에 대한 저항성은 적으나 화학적 저항성은 크다. • 해수나 광산, 공장폐수, 하수 등 특수목적에 사용한다.

03 특수 시멘트(알루미나 시멘트)

① 회갈색 또는 회흑색을 나타내고 비중은 보통 포틀랜드 시멘트보다 가볍고 석고를 가하지 않는다.

② 조강성이 매우 크며 화학작용을 받는 곳에 저항이 크고, 1일 후 강도가 나온다.

③ 조강시멘트로 냉한지대의 공사나 급한 공사에 사용한다.

※ 수밀성(쫀쫀함) : 시멘트에 채워진 물이 밖으로 새지 않고 밀봉되어 있는 성질

※ 재령(굳어가는 시간) : 시멘트, 콘크리트에서는 4주가 기준(28일이 재령)임

2 시멘트의 성질

시멘트는 비중, 분말도, 응결, 경화, 강도, 풍화, 수축 등의 성질이 있으며 단계별로 수화 → 응결 → 경화 → 수축의 단계를 거친다.

01 응결

① 고체상태가 되는 것이다.

② 물과 접촉하여 유동성을 잃고 굳어지며 자력으로 모양이 유지되는 고체 상태를 말한다.

③ KS규정에 의한 응결시간은 초결 1시간, 종결 10시간이다.

02 경화 : 시간이 지남에 따라 점차 굳어지는 것이다.

03 분말도

① 입자의 굵고 가는 정도이다.

② 시멘트는 분말도가 높을수록 수화작용이 빨라 초기 강도가 높고 강도 증진도 빠르다. 하지만 수축률이 커지고 내구성이 약해지기 쉽다.

04 비중

① 비중은 기준이 되는 물질의 밀도에 대한 상대적인 비이다.

② 시멘트의 비중은 약 3.05~3.15t/m³이다.

③ 시멘트가 풍화되거나 혼화재료가 첨가되면 비중이 떨어진다.

3 시멘트 콘크리트 제품

01 개요 : 콘크리트 제조 → 운반 → 부어넣기 → 다짐 → 표면 마무리 → 양생

02 시멘트 콘크리트 제품의 장점 및 단점

장점	단점
• 임의 형태로 구조물이 구성되어 있어 시공이 용이하고 유지비가 적게 든다. • 재료 획득 및 운반에 용이하다. • 압축강도·내구성·내화성·내구성이 크다. • 철근과의 부착력이 좋다. • 피복을 하여 녹을 방지할 수 있다.	• 자체의 무게가 무겁다. • 균열의 위험이 있다. • 개조나 파괴가 어렵다. • 품질유지와 시공관리가 쉽지 않다. • 인장강도와 휨강도가 적어 철근으로 보강이 필요하다.

03 관련 용어

구분	내용
시멘트 풀	• 시멘트＋물(시멘트와 물을 반죽한 진한 액상체)
모르타르	• 시멘트＋잔골재(모래)＋물
콘크리트	• 시멘트＋물＋모래＋자갈
컨시스텐시 (Consistency)	• 반죽의 되고 진 정도(농도, 밀도)
워커빌리티 (Workability)	• 콘크리트 타설 시 유동성과 정성이 있어 잘 채워지고 분리를 일으키지 않는 정도, 시공연도를 말함 ※ 시공연도 : 콘크리트 시공 시 유동성, 정성, 비분리성 등의 수치
블리딩 (Bleeding)	• 재료의 선택, 배항비 부적당해서 물이 먼지와 함께 표면 위로 올라와서 곰보처럼 생기는 현상
슬럼프시험 (Slump test)	• 워커빌리티를 측정하기 위한 수단으로 반죽의 질기를 측정하는 방법
용적 배합	• 콘크리트 1m³ 제작에 필요한 각 재료를 부피로 표시 • 철근콘크리트 → 시멘트 : 모래 : 자갈(1 : 2 : 4) • 무근콘크리트 → 시멘트 : 모래 : 자갈(1 : 3 : 6) • 치장용 줄눈 → 1 : 1 • 기초공사 → 시멘트 : 모래 : 자갈(1 : 4 : 8)
무게 배합	• 콘크리트 1m³ 제작에 필요한 각 재료를 무게로 표시 • 시멘트 387kg : 모래 660kg : 자갈 1,040kg
플라스티서티 (Plasticity, 성형성)	• 거푸집에 쉽게 다져넣을 수 있고 거푸집을 제거하면 천천히 형상이 변하기는 하지만 허물어지거나 재료가 분리되는 일이 없으며 굳지 않는 콘크리트 성질
부배합/빈배합	• 부배합 : 표준 배합보다 단위 시멘트량이 많은 것 • 빈배합 : 표준 배합보다 단위 시멘트량이 적은 것

04 혼화재료

(1) 혼화재(混和材)

① 혼화재료 중 사용량이 많아서 그 자체의 부피가 콘크리트 배합계산에 관계되는 재료이다.

② 고로슬래그, 플라이애쉬, 포졸란이 있다.

(2) 혼화제(混和劑)

① 혼화재료 중 사용량이 1% 이하로 적어서 그 자체의 부피가 콘크리트 배합계산에 무시되는 재료이다.

② AE제, 감수제, 응결경화촉진제, 지연제, 방수제가 있다.

거푸집 설치를 위한 재료로는 거푸집널, 격리재, 긴결재, 간격재, 박리재 등이 있다.

구분	내용
거푸집널	거푸집이라고도 하며 합판을 이용하기도 하고 규격화된 철판 거푸집을 사용하기도 한다.
격리재(세퍼레이터)	긴결재로 긴결할 때 거푸집널 간의 간격을 유지하기 위해 거푸집널 사이에 고정시키는 부품이다.
긴결재(폼타이)	콘크리트의 측압에 거푸집널이 벌어지거나 우그러들지 않도록 거푸집널을 서로 연결 고정하는 것으로 철선, 볼트 등이 있다.
간격재(스페이서)	철근과 거푸집의 간격을 일정하게 유지시켜 철근의 피복 두께를 일정하게 유지시켜 주는 것이다.
박리재	거푸집의 해체를 용이하게 하기 위하여 거푸집 면에 도포하는 기름류로 동식물유, 타르, 폐유, 폐광(엔진오일)류, 모르타르, 식용유 등을 사용한다.

05 기타

(1) **수화열** : 시멘트가 수화작용으로 발생시키는 열량, 시멘트+물의 혼합으로 주어진 시간 동안 발생되는 열, 수화열이 높으면(많이 비비면 온도 올라감) 균열이 발생된다.

(2) **시멘트의 주성분** : 석회(CaO), 실리카(SiO_2), 알루미나(Al_2O_3), 산화철(Fe_2O_3)

(3) **면적 구하는 공식 및 예시문제**

가) 공식

$A = 0.4 \times (N \div n)$

- A : 시멘트 창고의 소요면적
- N : 저장하려는 총 포대수
- n : 쌓는 포대(단)수(단기 저장 13단, 장기 저장 7포)
- 0.4 : 한 포대가 차지하는 면적

나) 예시문제

- 시멘트 1포대 무게 : 40kg, 1m^3 무게는 1,500kg
- 시멘트 500포대를 저장할 수 있는 가설창고의 최소 필요 면적은? (단, 쌓기 단수는 최대 13단으로 한다)
  0.4×(저장 포대수 500÷쌓기 단수 13)=15.384.... 약 15.4 m^2

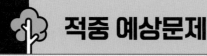

01 시멘트의 주재료에 속하지 않는 것은?

① 화강암　　　　② 석회암

③ 진흙　　　　　④ 광석찌꺼기

> **해설**
>
> 시멘트의 주재료 : 석회암+점토(진흙)+광물질(혼합체, 광찌꺼기)

02 시멘트의 종류 중 혼합 시멘트에 속하는 것은?

① 팽창 시멘트

② 알루미나 시멘트

③ 고로슬래그 시멘트

④ 조강 포틀랜드 시멘트

03 겨울철 또는 수중 공사 등 빠른 시일에 마무리해야 할 공사에 사용하기 편리한 시멘트는?

① 보통 포틀랜드 시멘트

② 중용열 포틀랜드 시멘트

③ 조강 포틀랜드 시멘트

④ 슬래그 시멘트

> **해설**
>
> • 조강 포틀랜드 시멘트는 재령이 3일이다.
> • 조기에 높은 강도를 내고 수밀성이 좋으며 저온에서도 강도 발현이 좋아 겨울철 수중·해중 공사 등에 적합하다.

04 다음과 같은 특징을 갖는 시멘트는?

> • 조기강도가 크다(재령 1일에 보통 포틀랜드 시멘트의 재령 28일 강도와 비슷함).
> • 산, 염류, 해수 등의 화학적 작용에 대한 저항성이 크다.
> • 내화성이 우수하다.
> • 한중 콘크리트에 적합하다.

① 알루미나 시멘트

② 실리카 시멘트

③ 포졸란 시멘트

④ 플라이애시 시멘트

05 시멘트 보관 및 창고의 구비조건에 대한 설명으로 옳은 것은?

① 간단한 나무구조로 통풍이 잘되게 한다.

② 시멘트를 쌓을 마루높이는 지면에서 10cm 정도로 유지한다.

③ 창고 둘레 주위에는 비가 내릴 때 물을 담아 공사 시 이용할 장소를 파 놓는다.

④ 시멘트 쌓기는 최대 높이 13포대로 한다.

> **해설**
>
> • 시멘트를 쌓을 마루의 높이는 지면에서 30cm 정도로 유지하고 입하 순서대로 사용한다.
> • 시멘트를 쌓는 최대의 높이는 13포대이며, 장기 보관 시 7포대 이상 쌓지 않아야 한다.

06 한국산업 규격에서 정하고 있는 포틀랜드 시멘트가 상온에서 응결이 끝나는 시간은?

① 1시간 이후에 시작하여 10시간 이내에 끝난다.

② 1~2시간 이후에 시작하여 3~4시간 이내에 끝난다.

③ 3시간 이후에 시작하여 일주일 이내에 끝난다.

④ 일주일 이후에 시작하여 3주일 이내에 끝난다.

정답 01 ① 02 ③ 03 ③ 04 ① 05 ④ 06 ①

07 시멘트의 응결을 빠르게 하기 위하여 사용하는 혼화제는?

① 지연제　　　　② 발포제
③ 급결제　　　　④ 기포제

해설

급결제는 겨울철 수중 공사 시 응결경화촉진제로 사용한다(염화칼슘, 염화마그네슘).

08 비파괴검사에 의하여 검사할 수 없는 것은?

① 콘크리트 강도
② 콘크리트 배합비
③ 철근부식 유무
④ 콘크리트 부재의 크기

해설

• 비파괴검사는 구조물을 부수지 않고 내부균열 및 구멍 등을 검사하는 방법이다.
• 콘크리트 구조물의 압축강도 추정 및 내구성 진단, 균열의 위치, 철근의 위치를 파악한다.

09 다음 중 콘크리트의 장점이 아닌 것은?

① 재료의 획득 및 운반이 용이하다.
② 인장강도와 휨강도가 크다.
③ 압축강도가 크다
④ 내구성, 내화성, 내수성이 크다.

해설

콘크리트는 인장강도와 휨강도가 작아 철근을 넣어 보강한다.

10 다음 일반적인 콘크리트의 특징을 설명한 것 중 잘못된 것은?

① 형상 및 치수의 제한이 없고 임의의 형상, 크기의 부재나 구조물을 만들 수 있다.
② 재료의 입수 및 운반이 용이하다.
③ 압축강도가 크고 내구성, 내화성, 내수성 및 내진성이 우수하다.
④ 압축강도에 비하여 인장강도, 휨강도가 크기 때문에 취성적 성질은 없다.

11 AE콘크리트의 성질 및 특징 설명으로 틀린 것은?

① 수밀성이 향상된다.
② 콘크리트 경화에 따른 발열이 커진다.
③ 입형이나 압도가 불량한 골재를 사용할 경우에 공기연행의 효과가 크다.
④ 일반적으로 빈배합의 콘크리트일수록 공기연행에 의한 워커빌리티의 개선효과가 크다.

해설

AE제는 공기연행제로 콘크리트 경화에 따른 발열이 적어진다.

12 콘크리트 1m²에 소요되는 재료의 양을 L로 계량하여 1 : 2 : 4 또는 1 : 3 : 6 등의 배합 비율로 표시하는 배합을 무엇이라 하는가?

① 표준계의 배합　　　② 용적배합
③ 중량배합　　　　　④ 시험중량배합

13 폭이 50cm, 높이가 60cm, 길이가 10m인 콘크리트 기초에 소요되는 재료의 양은? (단, 배합비는 1 : 3 : 6이고, 자갈은 0.90kg/m³, 시멘트는 226kg/m³, 모래 0.45kg/m³이다)

① 시멘트 678, 모래 1.35, 자갈 2.7
② 시멘트 678, 모래 2.7, 자갈 1.35
③ 시멘트 2.7, 모래 1.35, 자갈 6.78
④ 시멘트 1.35, 모래 6.7, 자갈 2.7

14 다음 콘크리트와 관련된 설명 중 옳은 것은?

① 콘크리트의 굵은 골재 최대 치수는 20mm이다.

② 물 결합재비는 원칙적으로 60% 이하여야 한다.

③ 콘크리트는 원칙적으로 공기 연행제를 사용하지 않는다.

④ 강도의 일반적으로 표준양생을 실시한 콘크리트 공시체의 재령이 30일 때 시험값을 기준으로 한다.

해설

- 콘크리트의 굵은 골재 최대 치수는 40mm이다.
- 콘크리트는 원칙적으로 콘크리트 혼화재를 사용하지 않는다.
- 콘크리트 공시체의 재령이 28일 때 시험값을 기준으로 한다.

15 일반적으로 추운 지방이나 겨울철에 콘크리트가 빨리 굳어지도록 주로 섞어 주는 것은?

① 석회   ② 염화칼슘
③ 붕사   ④ 마그네슘

해설

응결경화 촉진제 : 시멘트의 응결을 촉진하여 콘크리트의 조기강도를 증대시키기위해 첨가하는 물질로 염화칼슘, 식염규산나트륨을 사용한다.

16 콘크리트 혼화제 중 내구성 및 워커빌리티(Workability)를 향상시키는 것은?

① 감수제   ② 경화촉진제
③ 지연제   ④ 방수제

해설

AE제, 감수제 : 워커빌리티 개선 효과가 있다.

17 콘크리트의 골재, 석축의 메움(채움)돌 등으로 주로 사용되는 것은?

① 잡석   ② 호박돌
③ 자갈   ④ 견치석

18 다음 중 괄호 안에 들어갈 말로 옳게 나열된 것은?

콘크리트가 단단히 굳어지는 것은 시멘트와 물의 화학반응에 의한 것인데, 시멘트와 물이 혼합된 것을 (   )라 하고, 시멘트와 모래 그리고 물이 혼합된 것을 (   )라 한다.

① 콘크리트, 모르타르
② 모르타르, 콘크리트
③ 시멘트 페이스트, 모르타르
④ 모르타르, 시멘트 페이스트

19 해초풀 물이나 기타 전·접착제를 사용하는 미장 재료는?

① 벽토   ② 회반죽
③ 시멘트 모르타르   ④ 아스팔트

20 콘크리트 혼화재와 그 역할에 대한 연결이 옳지 않은 것은?

① AE감수제 : 단위수량·단위시멘트의 감소

② AE제 : 작업성능이나 동결융해 저항성능의 향상

③ 고성능 감수제 : 강력한 감수효과와 강도의 대폭 증가

④ 기포제 : 염화물에 의한 강재의 부식을 억제

해설

- 염화물에 의한 강재의 부식을 억제하는 것은 방청제에 대한 설명이다.
- 기포제는 용매에 녹아서 거품을 잘 나게 하는 물질이다.

정답 14 ② 15 ② 16 ① 17 ③ 18 ③ 19 ② 20 ④

21 콘크리트의 시공순서가 바르게 연결된 것은?

① 운반 → 제조 → 부어넣기 → 다짐 → 표면
   마무리 → 양생

② 운반 → 제조 → 부어넣기 → 양생 → 표면
   마무리 → 다짐

③ 제조 → 운반 → 부어넣기 → 다짐 → 양생
   → 표면마무리

④ 제조 → 운반 → 부어넣기 → 다짐 → 표면
   마무리 → 양생

22 다음 중 일반적인 콘크리트의 특징이 아닌 것은?

① 모양을 임의로 만들 수 있다.

② 임의대로 강도를 얻을 수 있다.

③ 내화·내구성이 강한 구조물을 만들 수 있다.

④ 경화시 수축균열이 발생하지 않는다.

해설

콘크리트 경화 시 수축균열이 발생한다.

23 다음 시멘트의 종류 중 혼합시멘트가 아닌 것은?

① 알루미나 시멘트

② 플라이애시 시멘트

③ 고로슬래그 시멘트

④ 포틀랜드 포졸란 시멘트

해설

• 알루미나 시멘트는 특수시멘트이다.

1 점토제품

01 특성

① 여러 가지 암석이 풍화되어 분해된 물질이며 가소성이어서 물로 반죽하면 임의의 모양을 만들 수 있다.

② 건조시키면 굳어지고 불에 구우면 더욱 경화되는 성질이 있다.

02 제품별 용도

(1) 벽돌(표준 190mm×90mm×57mm)

① 담장, 화단의 경계석, 원로의 포장, 테라스 바닥 및 퍼걸러와 같은 시설물의 축조용으로 사용되는 벽돌은 정교하면서도 따뜻한 느낌을 준다.

② 종류에는 보통벽돌, 다공질벽돌, 과소품벽돌, 이형벽돌, 특수벽돌 등이 있다.

(2) 도관과 토관

가) 도관

① 점토 또는 내화 점토를 주 원료로 하며 내외면에 유약을 칠하여 구운 것으로 불침투성이며 내압력이 크다.

② 표면이 매끄럽고 단단하다.

③ 흡수성과 투수성이 없어 배수관, 상하수관, 전선 및 케이블관으로 사용한다.

나) 토관

① 논밭의 하층토와 같은 저급 점토를 원료로 모양을 만든 후 유약을 바르지 않고 그대로 구운 것이다.

② 표면이 거칠고 투수율이 크며 연기나 공기 등의 환기관으로 사용한다.

③ 곧은관과 이형관

구분	내용
곧은관	플랜지관, 도장집관(플랜지 없음)
이형관	굽은관(30, 45, 90도), 가지관(편지관 60, 90도의 2종)

(3) 타일

① 점토, 장석, 규석, 석회석을 재료로 한다.

② 외관에 결함이 없고 흡수성이 적으며 휨과 충격에 강하다.

③ 방화성과 내마멸성이 강하다.

④ 모자이크타일, 외장타일, 내장타일, 바닥타일 등이 있다.

⑤ 건축 및 조경장식의 마무리재로 사용한다.

(4) 테라코타

① 입체타일로 석재보다 색이 자유롭다.

② 일반 석재보다 가볍고 압축 강도는 화강암의 1/2 정도이다.

(5) 도자기 제품

① 돌을 빻아 빚은 것을 1,300℃로 구워 만든다.

② 흡수성이 없다.

③ 마찰, 충격에 견디는 힘이 강하다.

④ 음료수대, 가로등 기구, 야외탁자, 스툴 등이 있다.

2 금속재료

01 금속재료의 장점 및 단점

장점	단점
• 인장강도가 크다 • 강도에 비해 가볍다. • 불에 타지 않는 불연재이며 균일성이 높다. • 공급에 용이하다.	• 가열 시 역학적 성질이 저하한다. • 부식되기 쉽고, 차가운 느낌이 든다. • 열전도율이 크다. • 산, 알칼리에 큰 반응을 한다.

02 금속재료의 종류

(1) 철금속

구분	내용
형강	• 특수 단면으로 압연한 강재(평강, L 형강, T 형강 등), 철골구조용
강봉	• 원형 및 이형 단면의 강봉, 각형 단면의 강재
강판	• 강편을 롤러에 넣어 압연한 것[후판, 박판, 함석(박판에 아연 도금), 양철(박판에 주석 도금)] • 판 두께(후판 : 3mm 이상, 박판 : 3mm 이하)
철선	• 연강의 강선을 압연하여 아연 도금한 것으로 보통 철사를 말한다.
와이어 로프	• 지름 0.26~5.0mm인 가는 철선을 몇 개 꼬아서 기존 로프를 만들고 이를 다시 여러 개 꼬아 만든 것이다.
긴결(緊結)철물	• 볼트, 너트, 못, 앵커볼트 등

(2) 비철금속

구분	내용
알루미늄	• 원광석인 보크사이드에서 알루미나를 추출하여 전기 분해 과정을 통해 산소를 제거하고 얻어진 은백색 금속이다.

구분	내용
구리	• 내식성이 강하고 외관이 아름다워 외부 장식재로 사용한다. • 놋쇠 : 구리와 아연을 합친 것 • 청동 : 구리와 주석을 합친 것 • 백동 : 구리와 니켈을 합친 것
스테인레스강	• 철과 크롬 합금으로 만들어진 것이다. • 불활성가스 용접에 사용되며 녹이 잘 슬지 않는다.

(3) 금속재료의 성질

구분	내용
탄성	• 변형된 물체가 변형을 일으킨 힘이 제거되면 원래의 모양과 크기로 되돌아가려는 성질이다.
연성	• 탄성한도를 초과하여 힘을 받고도 파괴되지 않고 늘어나는 성질이다.
전성	• 금속재료를 얇은 판으로 만들 수 있는 성질이다.
인성	• 굽힘이나 비틀림 등의 외력에 저항하는 성질이다. • 높은 응력에 잘 견디면서 큰 변형을 나타내는 성질이다.

(4) 재료의 성질과 관련된 용어

구분	내용
담금질	• 고온으로 가열한 금속재료를 급랭한 뒤 고온에서 안정된 상태 또는 중간상태를 실온으로 동결시킴으로써 단단하게 만드는 조작으로 담근 후 식히는 것이다.
풀림	• 금속, 유리를 일정한 온도로 가열한 다음에 천천히 식혀 내부조직을 고르게 하고 응력을 제거하는 열처리 조작이다.
불림	• 금속을 달구었다가 공기 중에서 천천히 식혀 보다 안정된 조직과 무른 성질을 갖게 하는 열처리 방법으로 주로 강철을 처리하는 데 쓴다.
뜨임	• 담금질한 강철을 알맞은 온도로 다시 가열하였다가 공기 중에서 식혀 조직을 무르게 하여 내부 응력을 없애는 것이다. • 담금질한 강철이 사용 중에 변형되거나 갈라지는 것을 막기 위함이다.

3 플라스틱재료

01 플라스틱 정의 : 플라스틱은 열이나 압력으로 성형 가능한 고분자 화합물로 천연수지 및 합성수지의 총칭이며 보통 합성수지 및 그 성형물을 가리킨다.

02 플라스틱의 장점 및 단점

장점	단점
• 소성(구부러짐), 가공성이 좋아 복잡한 모양 성형에 좋다. • 내산성, 내알칼리성으로 가볍고, 강도와 탄력성이 있다. • 착색, 광택이 좋으며, 투광성 및 전기와 열의 절연성이 있다. • 접착력이 크고 전성이 있다.	• 열전도율이 높고 불에 타기 쉽다. • 내열성, 내후성, 내광성이 부족하다. • 변색이 잘된다. • 저온 및 자외선에 약하다. • 정전기 발생량이 크다.

03 플라스틱의 종류

(1) 경질 염화 비닐관(PVC)

① 흙 속에서 부식되지 않고 유수마찰이 적으며 이음도 용이하다.

② 급수관, 배수관, 전선관 등에 사용한다.

(2) 유리 섬유 강화 플라스틱(FRP)

① 최근 가장 많이 쓰인다.

② 강도가 강한 플라스틱에 강화제인 유리 섬유를 넣어 강화시킨 제품으로 정원석, 아파트옥상 물탱크, 벽천 등에 사용한다.

(3) 폴리에틸렌관

① 가볍고 충격에 견디는 힘이 크고 시공이 용이하며 경제적이다.

② 내한성이 커서 추운 지방의 수도관으로 사용한다.

04 열경화성/열가소성수지

(1) 열가소성

① 가열하면 부드러워져서 성형이 가능하다.

② 냉각하면 다시 단단해진다.

③ 재가열 시 다시 연화된다(반복 가공 가능).

④ 비교적 가볍고, 절연성 및 내화학성이 우수하다.

⑤ 대표적인 열가소성 수지 예시 : 폴리에틸렌(PE), PVC (Polyvinyl Chloride, 경질 염화 비닐관), 아크릴 수지(PMMA, 유기 유리)

(2) 열경화성

① 열을 가하여 성형 후, 다시 열을 가해도 형태가 변하지 않는다.

② 재활용은 어려우나, 내열성과 강도, 내화학성이 뛰어나다.

③ 구조재나 절연재 등 내구성이 중요한 부위에 사용한다.

④ FRP(Fiberglass Reinforced Plastic, 유리 섬유 강화 플라스틱), 폴리에스테르 수지, 페놀 수지, 멜라민 수지, 에폭시 수지, 실리콘 수지, 우레탄 수지

05 수지별 특징

구분	내용
실리콘	• 500℃ 이상 견디는 수지로 내수성, 내열성 우수, 내연성, 전기적 절연성이 있다. • 유리섬유판, 피혁류 등 모든 접착이 가능하고 방수제, 도료, 접착제로 사용된다.
에폭시	• 액체상태의 수지에 경화제를 넣어 사용한다. • 내산성, 내알카리성, 접착 효과가 우수하며 콘크리트 접착 및 방수, 포장재로 사용된다.
멜라민수지	• 무색투명하여 착색이 자유롭다. • 내수성, 내약품성 우수, 도료, 내수베니어 합판의 접착제로 사용된다.
아크릴	• 투명도가 높아 유기 유리라고도 불린다. • 착색이 자유로워 채광판, 도어판, 칸막이판 등에 사용한다.
폴리에틸렌	• 상온에서 유백색의 탄성이 있는 열가소성 수지로 얇은 시트이다. • 건축용 성형품으로 사용한다.
염화 비닐 수지	• 폴리염화비닐, PVC라고도 한다. • 파이프, 튜브, 물받이 통 등의 제품에 사용된다.

01 다음 중 금속재료의 특성이 바르게 설명된 것은?

① 소재 고유의 광택이 우수하다.

② 소재의 재질이 균일하지 않다.

③ 재료의 질감이 따뜻하게 느껴진다.

④ 일반적으로 산에 부식되지 않는다.

해설

장점	• 인장강도가 크고 불에 잘 타지 않는 불연재이다. • 강도에 비해 가볍고 균일하며 공급이 용이하다.
단점	• 가열 시 역학성질이 저하된다. • 부식이 일어나기 쉽고 차가운 느낌을 준다. • 열전도율이 크며 산, 알칼리에 큰 반응이 일어난다.

02 복잡한 형상의 제작 시 품질도 좋고 작업이 용이하며, 내식성이 뛰어나고, 탄소 함유량이 약 1.7~6.6%, 용융점은 1,100~1,200°C로 선철에 고철을 섞어서 용광로에서 재용해한 뒤 탄소 성분을 조절하여 제조하는 것은?

① 동합금   ② 주철

③ 중철   ④ 강철

해설

• 동합금 : 구리합금(구리를 주 성분으로 하고 금속이나 비금속을 융합한 것)
• 주철 : 철과 크롬을 합금한 것, 무쇠
• 강철 : 철과 탄소를 합금한 것(특수강철은 니켈, 크롬, 망가 텅스텐, 몰리브덴을 포함)

03 다음 중 공기 중에 환원력이 커서 산화가 쉽고, 이온화 경향이 가장 큰 금속은?

① Pb   ② Fe

③ Al   ④ Cu

04 강을 적당한 온도(800~1,000°C)로 가열하여 소정의 시간까지 유지한 후에 로 내부에서 천천히 냉각시키는 열처리방법은?

① 풀림(Annealing)

② 불림(Normalizing)

③ 뜨임질(Tempering)

④ 담금질(Quenching)

해설

• 불림 : 가열 후 공기 중에서 서서히 냉각하는 것
• 뜨임질 : 불림, 담금질을 한 강을 다시 가열 후 공기 중에 냉각하는 것
• 담글질 : 급랭처리하는 것

05 재료의 역학적 성질 중 "탄성"에 관한 설명으로 옳은 것은?

① 재료가 작은 변형에도 쉽게 파괴하는 성질

② 물체에 외력을 가한 후 외력을 제거시켰을 때 영구변형이 낳는 성질

③ 물체에 외력을 가한 후 외력을 제거하면 원래의 모양과 크기로 돌아가는 성질

④ 재료가 하중을 받아 파괴될 때까지 높은 응력에 견디며 큰 변형을 나타내는 성질

해설

• 탄성 : 원래의 모양으로 돌아가는 성질
• ①은 취성, ②는 소성, ④는 인성에 대한 설명이다.

06 92~96%의 철을 함유하고 나머지는 크롬·망간·유황·인 등으로 구성되어 있으며 창호, 철물, 자물쇠, 맨홀뚜껑 등의 재료로 사용되는 것은?

① 선철   ② 강철

③ 주철   ④ 순

해설

탄소, 규소, 망간, 유황, 인 등으로 구성되어 있는 것은 주철이다.

01 ① 02 ② 03 ③ 04 ① 05 ③ 06 ③ **정답**

07 플라스틱 제품의 특성이 아닌 것은?

① 비교적 산과 알칼리에 견디는 힘이 강하다.

② 접착시키기가 간단하다.

③ 저온에서도 파손이 안 된다.

④ 60°C 이상에서 연화된다.

08 다음과 같은 특징을 가진 재료는?

> • 성형·가공이 용이하다.
> • 가벼운 데 비하여 강하다.
> • 내화성이 없다.
> • 온도의 변화에 약하다.

① 목질재료   ② 플라스틱 제품

③ 금속재료   ④ 흙

09 플라스틱 재료 중 흙 속에서도 부식되지 않는 제품은?

① 식생호안블록

② 유리블록 제품

③ 콘크리트 격자블록

④ 경질 염화 비닐관

10 다음의 경계석 재료 중 잔디와 초화류의 구분에 주로 사용하며 곡선처리가 가장 용이한 경제적인 재료는?

① 콘크리트 제품   ② 화강석 재료

③ 금속재 제품   ④ 플라스틱 제품

11 합성수지에 관한 설명 중 잘못된 것은?

① 기밀성, 집착성이 크다.

② 비중에 비하여 강도가 크다.

③ 착색이 자유롭고 가공성이 커서 장식적 마감재에 적합하다.

④ 내마모성이 보통 시멘트 콘크리트에 비교하면 극히 적어 바닥 재료로는 적합하지 않다.

> **해설**
>
> [합성수지]
> • 강도가 크고 전기나 열이 잘 통하지 않는 특징이 있다.
> • 전자제품의 부품으로 사용되며 방수 및 방습성의 특성이 있다.
> • 가볍고 투명하다.
> • 성형성이 뛰어나 다양한 용도로 제작이 가능하다.

12 인공폭포나 인공동굴의 재료로 가장 일반적으로 많이 쓰이는 경량소재는?

① 복합 플라스틱 구조재(FRP)

② 레드 우드(Red Wood)

③ 스테인레스 강철(Stainless Steel)

④ 폴리에틸렌(Polyethylene)

13 열경화성 수지의 설명으로 틀린 것은?

① 축합반응을 하여 고분자로 된 것이다.

② 다시 가열하는 것이 불가능하다.

③ 성형품은 용제에 녹지 않는다.

④ 불소수지와 폴리에틸렌수지 등으로 수장재로 이용된다.

> **해설**
>
> • 열경화성 수지는 열을 가하여 어떤 모양으로 만든 후에 다시 열을 가했을 때 재가공할 수 없다는 특징이 있다.
> • 불소수지는 열가소성 수지로 열을 가하면 여러 모양으로 가공할 수 있는 합성수지이다.

정답   07 ③   08 ②   09 ④   10 ④   11 ④   12 ①   13 ④

14 투명도가 높아 유기 유리라는 명칭이 있으며, 착색이 자유롭고 내충격 강도가 크며, 평판, 골판 등의 형태의 성형품으로 만들어 채광판, 도어판, 칸막이 벽 등에 쓰이는 합성수지는?

① 요소수지　　　　② 아크릴수지
③ 에폭시수지　　　④ 폴리스티렌수지

> **해설**
>
> 아크릴수지(유기 유리) : 유리 대용으로 쓰이는 무색투명한 판 모양의 합성수지로 항공기의 창유리, 시계유리, 보안경 등의 재료로 사용된다.

15 합성수지 중에서 파이프, 튜브, 물받이통 등의 제품에 가장 많이 사용되는 열가소성 수지는?

① 페놀수지　　　　② 멜라민수지
③ 염화비닐수지　　④ 폴리에스테르수지

> **해설**
>
> 페놀수지, 멜라민수지, 폴리에스테르수지는 열경화성수지이다.

16 비닐포, 비닐망 등은 어느 수지에 속하는가?

① 아크릴수지　　　② 염화비닐수지
③ 폴리에틸렌수지　④ 멜라민수지

17 다음 내용에서 설명하는 수지의 종류는?

> • 상온에서 유백색의 탄성이 있는 열가소성 수지
> • 얇은 시트, 벽체 발포 온판 및 건축용 성형품으로 이용

① 폴리에틸렌수지　② 멜라민수지
③ 페놀수지　　　　④ 아크릴수지

> **해설**
>
> • 멜라민수지 : 건축, 가구, 식기재료로 사용
> • 페놀수지 : 접시, 쟁반, 냄비 및 주전자의 손잡이 재료로 사용
> • 아크릴수지 : 건축재료, 판, 성형품으로 사용

18 다음 중 페인트에 관한 설명으로 틀린 것은?

① 수성페인트 도장은 1회만 한다.
② 녹막이 페인트는 연단 페인트이다.
③ 합성수지 페인트는 콘크리트용이다.
④ 합성수지 페인트는 유성페인트보다 건조시간이 빠르다.

> **해설**
>
> 수성페인트 도장은 2~3회 한다.

19 도료(塗料) 중 바니시와 페인트의 근본적인 차이점은?

① 안료(顔料)　　　② 건조과정
③ 용도　　　　　　④ 도장방법

20 다음 도료 중 건조가 가장 빠른 것은?

① 오일페인트　　　② 바니시
③ 래커　　　　　　④ 레이크

> **해설**
>
> 래커는 자연건조 방법에 의해 상온에서 경화되며 초기 건조가 가장 빠르다.

21 바탕재료의 부식을 방지하고 아름다움을 증대시키기 위한 목적으로 사용하는 재료는?

① 니스　　　　　　② 피치
③ 벽토　　　　　　④ 회반죽

> **해설**
>
> • 피치 : 알루미늄 제련에 쓰임
> • 벽토 : 외벽의 거친 벽 등에 쓰이는 조초
> • 회반죽 : 모래, 여물, 해초물을 섞어 만든 미장용 반죽

22 다음 중 조경공사에 사용되는 섬유재에 관한 설명으로 틀린 것은?

① 볏짚은 줄기를 감싸 해충의 잠복소를 만드는 데 쓰인다.

② 새끼줄은 뿌리분이 깨지지 않도록 감는 데 사용한다.

③ 밧줄은 마섬유로 만든 섬유로프가 많이 쓰인다.

④ 새끼줄은 5타래를 1속이라 한다.

해설

새끼줄은 10타래를 1속이라고 한다.

23 새끼(볏짚제품)의 용도를 설명한 것 중 틀린 것은?

① 더위에 약한 나무를 보호하기 위해서 줄기에 감는다.

② 옮겨 심는 나무의 뿌리부분이 상하지 않도록 감아준다.

③ 강한 햇빛에 줄기가 타는 것을 방지하기 위하여 감아준다.

④ 천공성 해충의 침입을 방지하기 위하여 감아준다.

24 수목 이식 후에 수간보호용 자재로 부피가 가장 적고 운반이 용이하며 도시 미관 조성에 가장 적합한 재료는?

① 짚   ② 새끼

③ 거적   ④ 녹화마대

25 생태복원용으로 이용되는 재료로 거리가 먼 것은?

① 식생매트   ② 식생자루

③ 식생호안 블록   ④ FRP

해설

FRP는 유리 섬유 강화 플라스틱으로 생태복원과는 거리가 멀다.

26 유리의 주성분이 아닌 것은?

① 규산   ② 소다

③ 석회   ④ 수산화칼슘

해설

유리의 주성분은 규산, 소다, 석회 등이다.

27 알루미늄의 일반적인 성질로 틀린 것은 ?

① 열의 전도율이 높다.

② 비중이 약 2.7 정도이다.

③ 전성과 연성이 풍부하다.

④ 산과 알카리에 특히 강하다.

 정답 22 ④   23 ①   24 ④   25 ④   26 ④   27 ④

PART

III

조경시공 및 조경관리

Chapter 12 🌳 조경시공

1 조경시공의 기본사항

01 개념

① 정원이나 공원 만들기부터 국가 전체의 경관을 실제로 조성하여 일상생활을 보다 편리하고 쾌적하게 만들어주는 것이다.

② 설계도면, 시방서, 해당 법규, 계약조건을 바탕으로 각종 지원과 시공 기술 및 시공관리 기술을 활용하여 계약한 금액과 기간 안에 공사를 완성시키는 것이다.

③ 이용에 적합한 기능과 구조, 아름다움의 구현이라는 조경 본래의 목적을 성취해야 한다.

02 특성

① 생명력이 있는 식물재료를 많이 사용한다.

② 시설물은 미적, 기능적, 안전성, 편의성을 요구한다.

③ 조경 수목은 정형화된 규격표시가 있어 규격이 다른 수목은 현장 수검 시 문제의 소지가 발생한다.

④ 공종의 다양화나 규모가 작아 기계장비의 투입이 곤란한 경우가 발생한다.

03 시공 인적 용어

① 시공주 : 공사의 시공을 의뢰하는 주문자 또는 발주자

② 시공자 : 시공주와 계약을 하여 공사를 완성하고 그 대가를 받는 자 또는 도급자

③ 감독관 : 재료, 공작물검사, 시험, 현장지휘 등 감독업무에 종사할 것을 발주자가 도급자에게 통고한 자로 대리인, 보조자도 포함한다.

④ 현장대리인 : 공사업자를 대리하여 현장에 상주하는 책임시공 기술자로 현장소장이며, 감독관의 지시에 따라 공사 완성을 추진한다.

04 공사 실시 방식

(1) 공사 실시 방식 : 공사 실시 방식에는 직영방식, 계약방식이 있다.

가) 직영방식 : 발주자 스스로 시공자가 되어 일체의 공사를 자기 책임하에 시행하는 것이다.

나) 계약방식

① 일식도급 : 공사전체를 한 도급자에게 위탁하는 도급방법이다.

② 분할도급 : 공정별 또는 공구별로 전문업자에게 도급을 위탁하는 방법이다.

(2) 공사 정산방법

가) 정액도급 : 총 공사비를 결정한 후 추가 공사비 없이 당초의 정액한도 내에서 공사비를 지급하는 것이다.

나) 단가도급 : 재료, 노임 등의 단가를 확정하고 공사 완료 후에 실시 수량을 결정하여 결정된 단가에 의해 공사비를 정산하는 방식이다.

다) 실비정산도급 : 공사의 실비를 기업주와 도급자가 확인·정산하고 시공자는 미리 정한 보수율에 따라 도급자에게 그 보수액을 지급하는 방법이다.

(3) 입찰

가) 경쟁 입찰방식 : 일반경쟁입찰, 지명경쟁입찰, 제한경쟁입찰, 일괄입찰(=turn key), PQ(Pre Qualification, 입찰자격사전심사제도)

나) 수의계약 : 입찰 순서는 입찰 → 개찰 → 낙찰 → 계약체결순이다.

05 시공계획 및 관리

(1) 시공계획

① 사전조사, 현장원 파견, 노무계획, 자재계획, 공사용 기계사용계획, 공정계획, 안전관리 등이 있다.

② 시공 4대 목표 : 품질(좋게), 원가(싸게), 공정(빠르게), 안전(안전하게)

(2) 시공관리 : 시공관리 기능으로는 품질관리, 공정관리, 원가관리 등 3대 기능이 있다.

가) 공정표 : 공정계획을 도표화한 것으로 횡선식, 사선식, 곡선그래프식, 열기식 등이 있으며, 최근 에는 막대 공정표, 네트워크 공정표가 많이 쓰인다.

구분	막대 공정표	네트워크 공정표
장점	• 소규모 간단한 공사로 시급을 요하는 공사에 사용된다. • 공정별 공사와 전체의 공정시기 등이 일목요연하다. • 착공일과 완료일이 명료하여 일반인도 이해하기 쉽다.	• 상호 간의 작업관계가 명확하다. • 작업의 문제점 예측이 가능하다. • 최적의 비용으로 공기단축이 가능하다.
단점	• 대형공사나 복잡하고 중요한 공사·공기를 엄수해야 하는 공사에 사용된다. • 작업상황이 변동되었을 때 탄력성이 없다. • 작업 간의 관계가 명확하지 않다.	• 공정표 작성에 숙련을 요구한다. • 수정 및 변경에 많은 시간이 요구된다.

2 토공사

01 토공사의 정의 : 토공사란 계획목적에 맞도록 흙을 다루는 모든 작업을 뜻한다.

02 토공사의 종류

조경공사의 토공사는 전체 부지의 조성과 조경시설물을 시공하기 위한 토공사와 식물의 생육을 위한 식재 기반을 조성하는 토공사가 있으며, 기계를 이용한 토공사와 인력을 이용한 토공사가 있다.

※ 토공과 관련된 용어들 : 흙깎기(절토), 흙쌓기(성토), 다짐, 취(取)토, 사(捨)토, 더돋기(더돋우기) 등이 있다.

03 토공사의 균형, 토양의 부피, 안식각과 비탈경사

(1) 토공사의 균형

① 정확한 토량계산이 필요하다.

② 흙깎기량과 흙쌓기량에 맞추는 것이 가장 경제적이다.

③ 흙깎기 지역이 흙쌓기 지역과 거리가 멀수록 운반거리로 인한 공사비용이 증가하게 된다.

(2) 토양의 부피

① 자연 상태의 토양부피 : 흐트러진 토양부피 1.20~1.30, 다져진 토양부피 0.85~0.90

② 흙의 부피 : 흐트러진 상태 〉 자연 상태 〉 다져진 상태

(3) 안식각과 비탈경사

구분	내용
안식각 (휴지각, 휴식각)	• 절, 성토 후 일정기간이 지나 자연경사를 유지하며 안정된 상태를 이루게 되는 각도 • 흙의 안식각 : 흙의 입자가 클수록 안식각이 크다. - 자갈 〉 모래 〉 보통 흙 • 안식각은 보통 30°~35°이다. 예 미끄럼틀, 계단 등 사용
비탈면 경사	• 수직고를 1로 보고 이에 대한 수평거리의 비율로 나타낸다. 각도나 %로 나타내기도 한다. • 보통 토질의 성토경사는 1 : 1.5, 절토경사는 1 : 1을 기준으로 한다. • 경사도(%)=[수직거리(h) ÷ 수평거리(w)]×100

04 토공사의 변화와 더돋기

(1) 토량의 변화 : L[Loose]은 흐트러진 후의 토량의 증가율이고, C(Compact)는 다져진 후의 토량의 감소율이다.

$$L = \frac{흐트러진\ 상태의\ 토양(m^2)}{자연\ 상태의\ 토양(m^2)} \qquad C = \frac{다져진\ 상태의\ 토양(m^2)}{자연\ 상태의\ 토양(m^2)}$$

(2) 더돋기

① 압축 및 침하에 의한 줄어듦을 방지하고 계획 높이를 유지하고자 흙을 더돋기한다.

② 토질, 성토높이, 시공방법 등에 따라 다르나 대개는 높이가 10% 미만이다.

05 지형

(1) 등고선의 개념 : 지도에서 해발고도가 같은 지점을 연결하여 각 지점의 높이와 지형의 기복을 나타내는 곡선이다.

(2) 등고선의 종류

① 등고선의 간격 : 두 등고선 사이의 연직거리(높이차)이다.

② 주곡선 : 지형도 전체에 일정 높이의 간격으로 그려진 곡선이다.

③ 계곡선 : 주곡선의 다섯줄마다 굵은선으로 그어진 것이다.

④ 간곡선 : 주곡선의 간격의 1/2 거리의 가는 파선이다.

⑤ 보조곡선 : 간곡선 간격의 1/2거리의 가는 점선으로 표시한 것이다.

구분	1 : 5,000	1 : 25,000	1 : 50,000	등고선의 기호
주곡선	5m	10m	20m	─────────
계곡선	25m	50m	100m	━━━━━━━━━
간곡선	2.5m	5m	10m	─ ─ ─ ─ ─ ─
보조곡선	1.25m	2.5m	5m	╴╴╴╴╴╴╴╴

(3) 등고선의 성질

① 등고선은 도면 안 또는 밖에서 서로 만나며 없어지지 않는다.

② 높이가 다른 등고선은 절벽이나 동굴에서 교차한다.

③ 급경사지에서 간격이 좁고 완만한 경사지에서는 간격이 넓다.

④ 경사가 같으면 같은 간격이다.

(4) 능선과 계곡

구분	내용
능선	능선이나 분수령의 등고선은 V나 또는 U자 형태를 나타내며 방향은 높은 곳에서 낮은 곳으로 볼록하게 뻗어져 나간 형태이다.
계곡	하천과 계곡의 등고선은 ∧또는 ∩의 형태를 나타내며 방향은 낮은 곳에서 높은 곳으로 볼록하게 파고 들어간 형태로 능선보다는 예각의 형태를 나타낸다.

(5) 요사면·철사면·평사면

구분	내용
요사면(凹斜面)	산정부근(표고가 높은 곳)에서는 등고선 간격이 좁고 밀접하며 산기슭 부근(표고가 낮은 곳)에서는 등고선 간격이 넓다.
철사면(凸斜面)	산정 부근에서는 등고선 간격이 넓고 산기슭 부근에서 등고선 간격이 좁다.
평사면(平斜面)	전체적으로 동일한 간격을 가지는 등고선이다.

06 부지 정지공사

(1) 부지 정지공사 개요

① 부지 정지공사는 시공도면에 의거하여 계획된 등고선과 표고대로 부지를 골라 시공 기준면(formation)을 만드는 일이다.

② 부지 정지공사는 식재 수목에 필요한 식재기반을 조성하는 경우, 또는 구조물이나 시설물을 설치하기 위하여 가장 먼저 시행하는 공사이다.

(2) 부지 정지공사에 동반되는 공사의 종류

부지 정지공사는 일반적으로 흙깎기와 흙쌓기 공사를 동반한다.

가) 흙깎기(절토)

① 흙깎기에서 지표면 50cm 정도 깊이의 표토를 보존하여 식물의 생육에 활용(미끄럼 방지, 식재 작업에 활용)

② 흙깎기할 때는 흙의 중력을 고려하여 깎기 순서를 정하고 안식각보다 약간 작게 하여 비탈면의 안정유지, 비탈면 경사는 1 : 1 정도로 한다.

③ 작업 중과 후에도 토양 침식 예방차원에서 배수를 고려해야 한다.

④ 장비는 굴삭기계로 불도저, 파워셔블, 백호 등을 사용한다.

⑤ 흙깎기 방법

- 중심 말뚝과 폭 말뚝을 나타내는 규준틀을 설치한다.
- 중심선을 따라 파내고 좌우로 파면서 넓혀간다.
- 중력을 이용하여 높은 곳에서 낮은 곳으로 비탈면 작업 또는 밑에서 토사를 파내어 흙이 무너지게 하는 방법 등이 있다.

[흙깎기 순서]

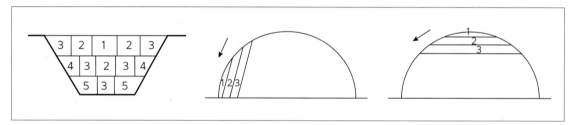

나) 흙쌓기(성토)

① 흙의 입도가 좋아 잘 다져져 쌓아진 흙이 안정될 수 있어야 한다.

② 흙에는 도시쓰레기, 콘크리트 덩어리 등 시공 잔재물과 수목, 풀 등의 잡물질이 혼합되지 않도록 유의해야 한다.

③ 흙쌓기를 할 때에는 보통 30~40cm마다 다짐을 해야 계획대로 유지할 수 있다.

④ 경사지 흙쌓기에는 층 따기를 해주는 것이 안정적이고 평지에도 원지반에 요철을 만들고 표토를 제거한 후 하는 게 좋다.

⑤ 흙쌓기의 경사는 1 : 1.5로 한다.

⑥ 다짐층에서 배수가 안 되는 일이 없도록 해야 한다.

⑦ 작업 중과 작업 후에도 토양침식 예방차원에서 배수에 유의해야 한다.

⑧ 흙쌓기에는 수평쌓기, 전방쌓기, 가교쌓기 등이 있다.

다) 마운딩 공사

① 경관에 변화를 주거나 방음, 방풍, 방설 등을 위한 목적으로 작은 동산을 만드는 경우를 '마운딩' 이라 하고, 가산조성, 조산, 축산작업이라고도 한다.

② 마운딩 공사는 흙쌓기 공사방법에 의해 실시하며 식재기반 조성이 주된 목적이므로 식재에 필요한 윗부분은 너무 다져져 식물 뿌리의 활착에 영향을 주면 안 된다.

07 비탈면 조성과 보호

(1) 비탈면 보호 방법

비탈면 보호는 비탈면을 안정시켜 붕괴예방과 함께 경관적으로 가치가 있도록 하기 위한 방법이다.

가) 식물에 의한 비탈면 보호 공법

구분	내용
식생자루공법	• 사면녹화를 위해 특수하게 만든 자루, 비탈면에 일정하게 파 놓은 수평구에 묻는다.
식생매트공법	• 종자와 비료 등을 풀로 부착시킨 매트류(짚, 섬유망 등)로 비탈면을 전면적으로 피복하는 공법이다.
종자뿜어붙이기공법	• 종자, 비료, 화이버를 섞어서 분사하여 파종하는 방법이다. • 급경사지나 짧은 시간에 피복을 요하는 절토 및 성토사면에 적용하는 공법이다.
떼심기 공법	• 비탈면에 떼를 심어 녹화하는 공법으로 떼붙이기 공법이다.

(2) 구축물 보호 공법

자연적 또는 인위적 요인으로 인해 구조물이나 사면의 안정성이 저하되는 것을 방지하기 위해 적용되는 기술적 방법이다. 구축물 보호 공법에는 콘크리트 블록쌓기 공법, 콘크리트 격자틀 공법, 옹벽 공법이 있다.

가) 콘크리트 블록쌓기 공법

콘크리트를 쌓아 비탈면을 보호하는 공법으로, 비탈면 경사가 1 : 0.5 이상인 급경사면에 사용한다.

나) 콘크리트 격자틀 공법

비탈면에 길이 1.0~1.5m 정도의 장방향 콘크리트블럭을 격자상으로 조립하고, 그 교차점에 콘크리트 말뚝이나 철침을 박아 비탈면에 고정시키는 비탈면 안정공법이다.

다) 옹벽공법

옹벽(retaining wall)은 큰 압력에 저항하여 무너짐을 방지하는 것으로 직접 비탈면의 붕괴를 방지하는 경우, 급경사지에서 흙깎기 또는 흙쌓기 할 토량을 감소시키는 경우에 사용한다.

구분	이미지	내용
중력식 및 반중력식 옹벽		• 중력식 옹벽은 흙의 압력을 자체의 무게로 지지하는 옹벽이다. • 3m 내외의 낮은 옹벽이고, 무근 콘크리트를 사용한다.

구분	이미지	내용
T자형 및 L자형 옹벽		• 이 두 옹벽은 캔틸레버(cantilever)를 이용하여 재료를 절약한 것으로 자체 무게와 뒤채움한 토사의 무게를 지지하여 안전도를 높인 옹벽이다. • 주로 5m 내외의 높지 않은 곳에 철근콘크리트를 사용한다.
부벽식 및 뒷부벽식 옹벽		• 옹벽의 토압을 받는 반대쪽[앞쪽]에 부벽을 만든 것을 부벽식 옹벽이라 한다. • 토압을 받는 뒤쪽에 부벽을 설치한 것을 뒷부벽식 옹벽이라고 한다. • 부벽식 옹벽은 안정성을 중시하는 6m 이상의 높은 옹벽에 많이 사용한다.

08 토공용 기계

(1) 굴착기계

① 파워셔블 : 좁은 곳의 수직터 파기에 이용한다.

② 백호우(Back hoe) : 지면보다 낮은 곳을 굴착할 때 이용한다.

③ 드레그라인 : 기계 위치보다 낮은 연질기반을 굴착할 때 유리하다.

(2) 적재기계

① 로더 : 연약 지반의 흙을 깎아 싣거나 모아놓은 흙·골재 등의 적재에 적합하다.

(3) 운반기계(손수레 포함)

① 크레인 : 무거운 물건을 수직으로 들어 올려 운반하는 기계이다.

② 덤프트럭 : 흙의 장거리 운반에 사용되며, 적재 용량은 8~15ton이다.

③ 지게차 : 무거운 자재나 기계를 들어 올려 실어주거나 소형자재 운반에 사용한다.

④ 체인블럭 : 도르래, 톱니바퀴, 쇠사슬 등을 조합시켜 무거운 물건을 달아 올리는 기계로 돌쌓기에 많이 사용한다.

(4) 정지기계

① 모터그레이더 : 운동장 같은 넓은 대지, 노면을 광할하게 고를 때, 필요한 흙쌓기 높이를 조절할 때 사용하는 기계이다.

(5) 다짐기계

① 컴팩터 : 기계의 몸체가 충격을 주어서 평판을 다지는 기계이다. 벽돌포장 시 정지용으로 많이 사용한다.

② 진동롤러 : 롤러에 진동기를 달아서 진동을 하면서 다짐을 하는 기계이다.

09 측량

(1) 평판측량 3요소

① 정준 : 평판을 평평하게 한다.

② 구심 : 도상기계점과 지상기계점을 일치시킨다.

③ 표정 : 방향을 일치시킨다.

(2) 평판측량 방법

구분	내용
방사법	• 장애물이 없는 탁 트인 공간에서 하나의 중심점을 이용하여 사방의 측점을 측량하는 방법이다. • 비교적 좁은 구역에 적합하다.
전진법	• 장애물이 있는 경우에 기계를 이동하면서 측점을 측량하는 방법이다. • 방사법이 불가능한 경우 사용한다.
교회법	• 기지점에서 미지점의 위치를 결정하는 방법이다. • 전방교회법, 후방교회법, 측방교회법이 있다.

(3) 수준측량

① 후시 : 기지점에 세운 표척을 읽은 값

② 전시 : 표고를 구하려는 점에 세운 표척을 읽은 값

③ 전환점(이기점) : 전시와 후시를 연결하는 점

④ 중간점 : 전시만을 취하는 점

⑤ 표척 : 수준 측량에서 높이를 재는 자

⑥ 레벨 : 수준 측량에서 수평면을 시준할 때 쓰는 광학기기

⑦ 야장 : 측량값을 기록하는 수첩

(4) 측량의 3대 요소 : 측량의 3대 요소는 거리, 방향, 높이이다.

3 석공사 및 벽돌쌓기 공사

01 석공사

(1) 자연석 쌓기

① 비탈면, 연못의 호안, 정원의 필요한 장소에 자연석을 쌓아 흙의 붕괴를 방지하여 경사면을 보호할 뿐 아니라 주변 경관과 시각적으로 조화를 이룰 수 있도록 하는 일을 말한다.

② 자연석의 조건 : 각을 가질 것, 뜰녹이 있을 것

③ 산비탈에는 산돌, 연못의 호안이나 자연석 인공폭포에는 강돌이나 바닷돌 주택정원은 다양하게 취향을 살려서 한다.

(2) 자연석 무너짐 쌓기

① 자연풍경에서 암석이 무너져 내려 안정되게 쌓여 있는 것을 그대로 묘사하는 방법이다.

② 상석은 비교적 작고, 윗면을 평평하게 하고, 자연스럽게 높낮이가 있도록 한다.

③ 돌틈 식재는 비옥한 흙을 채워 회양목, 철쭉 등의 관목류와 초화류를 심는다.

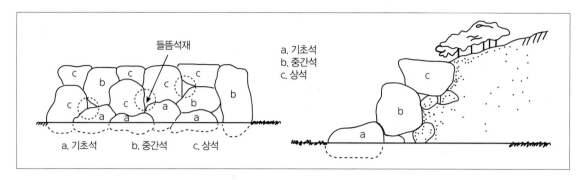

(3) 호박돌 쌓기

① 호박돌은 깨지지 않고 표면이 깨끗하며 크기가 비슷한 모양으로 선택 사용하고 안정성이 없으므로 찰쌓기를 하고 뒤에 괌돌을 사용한다.

② 규칙적인 모양으로 쌓는 것이 보기도 좋고 안정성이 있으며 돌을 서로 어긋나게 놓아 줄눈이 ＋가 되지 않도록 해야 한다.

③ 호박돌 쌓기는 이어쌓기, 빗겨쌓기 등 육법쌓기를 한다.

(4) 경관석 놓기

① 조경공간에서 시각의 초점(시선유도)이 되거나, 강조하고 싶은 장소에 보기 좋은 자연석을 배치하여 감상 효과를 높이는 데 쓰이는 돌이다.

② 주변에 관목류, 초화류 등을 식재하거나 잔자갈, 모래를 깔아 경관석이 돋보이게 한다.

③ 경관석을 몇 개 어울려 놓을 때는 중심이 되는 큰 주석과 보조 부석의 조화를 생각하여 3, 5, 7 등 홀수로 구성한다.

(5) 디딤돌 놓기

① 정원의 잔디나 맨땅 위에 놓아 보행자의 편의를 돕고 지피식물을 보호하며, 시각적으로 아름답게 하고자 하는 돌놓기이다.

② 디딤돌은 보통 한 면이 넓적하고 평평한 자연석, 화강판석, 천연슬레이트 등의 판석, 통나무와 인조목 등이다.

③ 크고 작은 것을 섞어 직선보다는 어긋나게 배치한다.

④ 돌 간의 간격은 보행 폭을 고려하여 돌과 돌 사이의 중심을 잡는다.

   • 보폭 : 성인 남자 약 60~70cm, 여자 45~60cm로 빠른 동선은 보폭과 비슷하게 하며 느린 동선 35~60cm으로 한다.

   • 한발씩 걷는 것 : 25~30cm, 두께 : 10~15cm, 잠시 멈춤용 50~60cm

⑤ 높이는 지표보다 3~5cm 높게 해준다.

⑥ 디딤돌이 움직이지 않도록 괌돌, 모르타르, 콘크리트로 안정해 준다.

(6) 마름돌 쌓기 : 견치석이나 각석 등의 마름돌을 이용해 쌓으며 메쌓기와 찰쌓기, 골쌓기와 켜쌓기가 있다.

가) 메쌓기
① 모르타르, 콘크리트를 사용하지 않고 쌓는 방법이다.
② 배수가 잘 되어 붕괴 우려가 없으나 견고성이 없어 높이에 제한이 있다.

나) 찰쌓기
① 쌓아 올릴 때 줄눈에 모르타르, 뒤채움에 콘크리트를 사용한다.
② 뒷면의 배수를 위해 2m²마다 배수관을 설치한다.
③ 견고하지만 배수 불량 시 토압에 붕괴우려가 있다.

다) 골쌓기
① 줄눈을 물결 모양으로 골을 지워가며 쌓는 방법이다.
② 하천 공사 등에 견치석을 쌓을 때 이용한다.
③ 시간이 흐를수록 견고해지며 일부분이 무너져도 전체에 파급되지 않는 장점이 있다.

라) 켜쌓기
① 각층을 직선으로 쌓는다.
② 골쌓기보다 약해 높이 쌓기에는 곤란하다.
③ 돌의 크기가 균일하고 시각적으로 좋아 조경 공간에 사용한다.

(7) 평석쌓기

가) 개요
① 넓고 두둑한 돌쌓기로 이음새가 상하·좌우 다르게 쌓는다.
② 높은 것은 시멘트 뒤채움, 4~6cm마다 물구멍이 있다.

나) 돌쌓는 방법
① 뒤채움과 배수관계가 가장 중요하다.
② 쌓는 높이가 높아짐에 따라 일정한 경사를 두고 뒤채움 두께를 크게 넣어야 한다.
③ 줄눈은 통줄눈(+)이 되지 않도록 한다.
④ 모르타르 배합비가 보통 1 : 2~1 : 3이며, 중요한 것은 1 : 1로 한다.
⑤ 하루 쌓는 높이는 1.2m 이상을 쌓지 않는다.

02 벽돌쌓기 공사

(1) 규격
① 기존형 : 210mm×100mm× 60mm
② 표준형 : 190mm× 90mm×57mm
③ 벽돌 절단 크기에 따라 온장, 칠오(7.5)토막, 반토막, 이오(2.5)토막, 반절, 반반절 등이 있다.

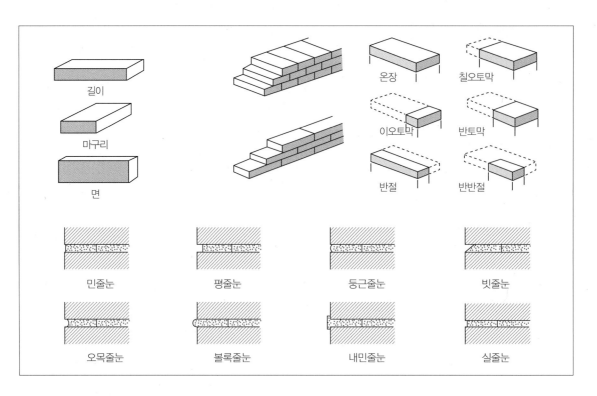

(2) 줄눈과 쌓는 두께

가) 줄눈

① 줄눈은 구조물의 이음부로 벽돌쌓기에서는 벽돌 사이에 생기는 가로·세로부분의 이음줄을 말한다.

② 통줄 : +자 형태로 나타나는 이음줄로 단점은 하중이 분포되지 않아 쉽게 붕괴될 수 있다.

③ 막힘줄눈 : 상하의 세로줄눈이 일직선으로 이어지지 않고 서로 어긋나게 되어 있는 이음줄이다.

④ 치장줄눈 : 여러 형태로 아름답게 처리하여 벽돌 쌓는 면 전체가 미관상 보기 좋도록 만드는 것 이다.

나) 쌓는 두께

① 벽돌의 길이를 기준으로 한다.

② 쌓는 두께에 따라 반장쌓기(0.5B), 한장쌓기(1.0B), 한장반 쌓기(1.5B), 두장쌓기(2.0B)가 있다.

구분	0.5B	1.0B	1.5B	2.0B
표준형 벽돌(190×90×57)	75매	149매	224매	298매
기존형 벽돌(210×100×60)	65매	130매	195매	260매

(3) 나라별 쌓기 방식

가) 영국식 쌓기

① 한 켜는 마루리쌓기, 한 켜는 길이쌓기로 한다.

② 모서리 끝에 이오토막이나 반절을 사용한다.

③ 벽돌쌓기법 중 가장 튼튼한 쌓기기법이다.

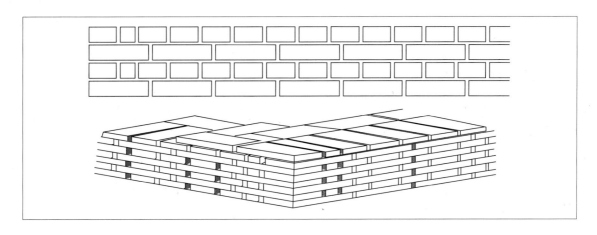

나) 네덜란드(화란식) 쌓기

① 영국식 쌓기와 같으나, 모서리 끝에 칠오토막을 사용한다.

② 한 켜는 길이쌓기, 다음 켜는 마구리쌓기를 번갈아 쌓는 방식이다.

③ 작업이 용이하다.

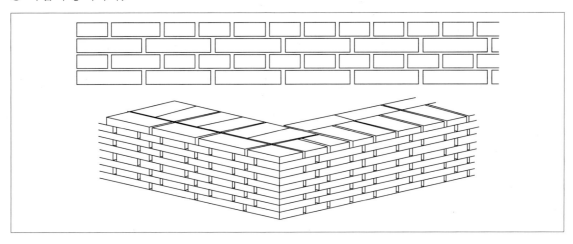

다) 프랑스식 쌓기

① 매 켜에 길이와 마구리 쌓기가 번갈아 나오는 방식이다.

② 통 줄눈이 많으나 아름다운 외관이 장점이다.

③ 강도를 필요로 하지 않는 치장쌓기 벽체 또는 벽돌담에 사용한다.

④ 반 토막을 많이 사용하는 이점이 있다.

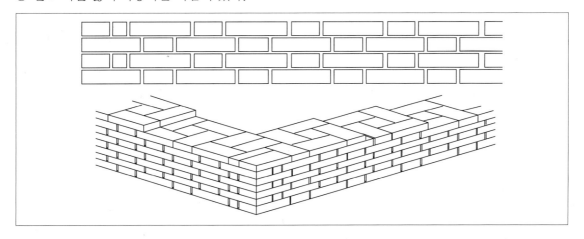

라) 미국식 쌓기

① 벽돌 벽의 뒷면은 영국식 쌓기로 한다.

② 앞면은 치장벽돌을 사용해서 벽체 앞면의 5켜는 길이쌓기로 하고, 그 위 한 켜는 마구리쌓기로 하는 방법이다.

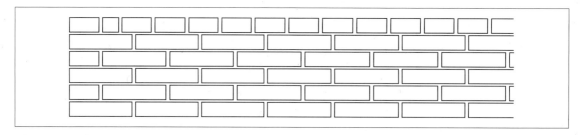

(4) 벽돌쌓는 방법

① 검사에 합격한 것으로 미리 물을 흡수시킨 후 시공한다.

② 모르타르 배합비(시멘트 : 모래) 1 : 2 ~ 1 : 3, 중요한 곳의 치장줄눈은 1 : 1로 한다.

③ 수평실과 수준기에 의해 정확히 맞추어 시공 줄눈의 폭은 10mm가 표준이다.

④ 벽돌쌓기는 하루 1.5m 이하로 쌓는데, 보통 1.2m 정도가 좋으며 1.5m는 벽돌 20켜 정도, 1.2m는 벽돌 17켜 정도이다.

⑤ 내화벽돌은 물을 사용하지 않는다.

⑥ 벽돌나누기를 정확히 하되 토막벽돌이 나지 않게 한다.

⑦ 굳기 시작한 모르타르는 절대로 사용하지 않는다.

⑧ 모르타르가 굳기 전에 하중이 가해지지 않게 한다.

4 기초공사 및 포장공사

01 기초의 정의

① 기초공사 : 기초＋지정(地定)

② 상부 구조물의 무게를 받아 지반에 안전하게 전달하기 위해 땅 속에 만드는 구조물을 기초라 한다.

02 기초의 종류 : 기초의 종류로는 직접기초, 독립기초, 복합기초, 연속기초, 온통기초가 있다.

구분	내용
직접기초	건축물의 하중(무게)을 지표면 가까이에 있는 단단한 지반에 직접 전달하는 방식의 기초
독립기초	각 기둥을 한 개씩 받치는 기초로 지반의 지지력이 비교적 강한 경우에 가능
복합기초	2개 이상의 기둥을 합쳐서 1개의 기초로 받치는 것
연속기초	줄기초, 담장의 기초와 같이 길게 하는 것
온통기초	전면기초, 구조물의 바닥을 전면적으로 1개의 기초로 받치는 것

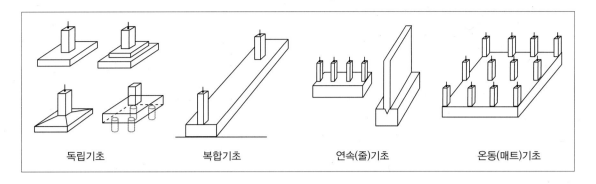

독립기초　　　　복합기초　　　　연속(줄)기초　　　　온동(매트)기초

03 원로포장

조경 공간 내부의 보도, 차도, 마차길 등 모든 동선을 편리하게 유기적으로 연결시키기 위해 설치하는 도로이다.

(1) 원로의 일반적인 사항

① 단순·명쾌해야 한다.

② 용도가 다른 원로는 분리시키고 재료를 달리해야 한다.

③ 미적인 고려가 있어야 한다.

④ 기울기가 15% 이상인 때는 계단을 만든다.

(2) 원로의 폭

① 보도 : 1인용 0.7~0.9m, 2인용 1.2m 이상이다.

② 보·차도 겸용 : 최소한 1차선이 3m 이상이다.

(3) 포장의 종류

가) 보도블럭 포장

① 재료가 다양하고 공사비가 저렴하다.

② 줄눈이 모래로 채워지므로 결합력이 약하다.

③ 지반을 다지고 모래를 3~5cm 깔고 포장한다.

④ 방법

　• 잡석다짐 150, 모래 40, 보도블럭 60,

　• 잡석 100, 콘크리트 50, 모래 30, 보도블럭 60

나) 판석포장

① 화강석, 점판암(24시긴 물에 불린 후 사용함)을 사용한다.

② 판석은 Y형으로 배치하고 모르타르로 고정한다.

③ 포장 : 잡석 → 콘크리트 → 모르타르 → 석재타일

④ 석재타일 : 내구성에 강하고 마모될 우려가 없어 건물 진입로, 산책로에 주로 쓰인다.

⑤ 판석 줄눈의 폭 : 보통 10~20mm, 깊이 5~10mm 정도이다.

다) 벽돌포장

① 질감과 색상에 친근감이 있다.

② 마모가 쉽고 탈색 우려가 있으며, 압축강도가 약하다.

③ 포장방법(실기시험) 예 평깔기, 모로세워깔기

라) 콘크리트포장

① 내구성, 내마모성이 좋으나, 파손될 경우 보수가 어려우며 보행감이 좋지 않다.

② 지반이 15cm이고, 시멘트 : 모래 : 자갈 – 1 : 2 : 4 배합이다.

③ 콘크리트 두께는 인도 5~6cm이고 차도는 인도의 2배이다.

④ 시공 시 타설부터 분리한 신축 줄눈과 시공 후 커팅에 의해 매스 분리 크랙을 유도하는 수축 줄눈이 있다.

마) 자갈포장

① 잔디밭을 가로지르는 원로는 자갈포장을 피한다.

② 지반을 10cm 파서 로울러로 다지고, 자갈 10~15cm를 깐다.

③ 배수시설을 한다.

④ 표층돌은 0.5~1.5cm의 굵기이다.

바) 투수콘크리트 포장

① 아스팔트 유제에 다공질 재료를 혼합하여 표면수의 통과를 가능하게 한다.

② 보도, 광장, 자전거도로 등에 사용한다.

5 수경공사 : 물의 특성을 고려하여 연못, 분수, 벽천, 폭포 등의 시설을 만드는 것이다.

01 수경공사의 종류

(1) 연못

가) 방수처리

① 수밀콘크리트 후 방수처리한다.

② 진흙 다짐에 의한 방법 – 바닥에 점토를 두껍게 발라준다.

③ 바닥에 비닐 시트를 깔고 점토 : 석회 : 시멘트(7 : 2 : 1)를 혼합하여 사용한다.

나) 호안부분 처리(연못둘레) : 자연형 연못의 경우에는 진흙 다짐, 자연석쌓기, 자갈깔기, 말뚝 등으로 처리한다.

다) 공사방법

① 급수구 위치는 표면 수위보다 높게 한다.

② 월류구(越流, overflow – 벽면)는 수면과 같은 위치에 설치한다.

③ 퇴수구는 연못 바닥의 경사를 따라 가장 낮은 곳에 배치한다.

④ 순환 펌프, 정수실 등은 노출되지 않게 관목 등으로 차폐식재한다.

⑤ 연못의 식재함(포켓) 설치, 어류 월동보호소, 수초를 식재한다.

(2) 분수 : 단일관 분수, 분사식 분수, 폭기식 분수, 모양 분수가 있다.

(3) 벽천

① 물을 떨어뜨려 모양과 소리를 즐길 수 있도록 하는 것이다.

② 좁은 공간, 경사지나 벽면을 이용한다.

③ 평지에 벽면을 만들어 설치한다.

④ 수로, 순환 펌프가 필요하다.

⑤ 구조 : 벽체, 토수구, 수반

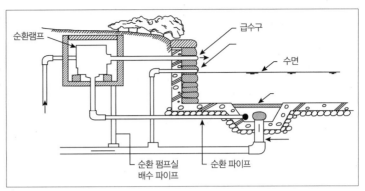

6 관수 · 배수 공사

01 관수공사(灌, 물댈 관)

(1) 정의 : 식물의 생장에 도움이 되도록 알맞은 양의 수분을 인위적으로 공급하는 시설공사이다.

(2) 종류 : 지표관수법(수동관수), 살수관수법(스프링쿨러), 점적식 관수법(낙수관수)이 있다.

구분	내용
지표관수법	수로나 웅덩이를 설치하여 지표면에 흘러 보내거나 관수하며, 효율성은 20~30%이고 수동식 관수이다.
살수관수법	자동식으로 고정된 스프링클러를 통해 자연효과를 내며, 효율성은 70%이다.
점적식관수법	각 수목의 뿌리 부분이나 지정된 지역의 지표 또는 지하에 낙수기의 구멍을 통해 낮은 압력수를 일정 비율로 관하는 방법으로 효율성은 90%(가장 높음)이다.

02 배수공사

가) 표면배수

① 지표수 또는 지하수를 수로를 통해 유출시키는 것으로 배수를 위해서는 물이 흐를 수 있는 경사면을 부지 외곽에 조성해 주어야 한다.

② 경사는 최소한 1 : 20~1 : 30 정도가 되도록 하여 지표수(빗물)를 배수구 또는 측구로 유입시켜 배출한다.

③ 배수구는 겉도랑(명거)으로 설치 : 콘크리트, 호박돌, 자갈, U형 측구, L형 측구 등을 사용하여 토양침식을 방지한다.

④ 빗물받이(우수거)가 집수속도랑(집수거)를 통해 지하의 배수관으로 흘러 들어간다.

• 도로 우수거(빗물받이, L형 측구) 설치 : 20m마다, 최대 30m 이내에 설치한다.

• L형 측구, U형 측구의 끝부분 등에 설치한다.

⑤ 집수속도랑의 설치 위치 : 관의 기점과 종점 관경에 다른 관이 이어지는 지점에 설치한다.

• 완만한 구배로 운동 및 활동에 적합한 포장 구배는 4~10%이다.

• 옹벽 시공 시 배수구의 간격은 $3m^2$마다 1개이다.

• 배수관 매설 시 터파기는 하부에서 상부로 하고 매설은 상류에서 하류 쪽으로 관을 부설한다.

구분	내용
우수거(雨水渠)	빗물이 흐르는 통로이고, 빗물을 모아 하수구로 보낸다.
집수거(集水渠)	도로 양 측면에 설치한 유입구에 모인 빗물을 지하로 연결되는 배수관로로 유인하는 구조물이다.
명거(明渠)	배수를 위하여 땅 위에 만든 도랑이다.
측구(側溝)	길바닥의 물이 잘 빠지도록 차도와 인도 경계선을 따라 만든 얕은 도랑이다.
암거	용수나 배수용의 수로가 도로, 철도, 제방 등의 아래에 매설되었을 때를 암거라 한다.
속도랑	땅 밀림, 산사태 방지를 위하여 산지 비탈에서 지하수 및 침투수를 신속히 배제하여 비탈지반의 함수비 및 간극수압을 저하시켜 안정을 도모하고자 계획·시공하는 공작물이다.

나) 지하층 배수

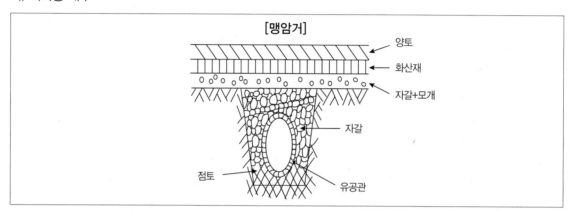

① 지하층 배수는 지표면 밑의 과잉수를 제거하는 것으로 심토층 배수라고도 하는데 속도랑(암거)을 설치하여 배수시킨다.

② 속도랑은 벙어리 암거(맹암거)와 유공관 암거로 분류한다.

구분	내용
벙어리 암거(맹암거)	지하에 도랑을 파고 모래, 자갈, 호박돌을 치워 공극을 크게 하여 놓고 주변의 물이 스미도록 한 일종의 땅속 수로이다.
유동관 암거(구멍이 있는 관)	벙어리 암거의 자갈층에 구멍 있는 관을 설치한 것이다.

03 암거 배수망의 배치

구분	내용	형태
어골형 (hemingbone type)	• 주관을 중앙에 비스듬히 지관을 설치하는 것 • 경기장 같은 평탄한 지역에 적합 • 전 지역의 배수 균일	

구분	내용	형태
절치형 (gridiron type)	• 지역 경계 근처에 주관 설치. 한쪽 측면에 지관을 설치하여 연결하는 것 • 비교적 좁은 면적의 전 지역을 균일하게 배수할 때 이용	
선형 (fan shaped type)	• 주관, 지관의 구분이 없이 같은 표기의 관이 부채살 모양으로 1개 지점으로 집중되게 설치하여 집수 후 배수시키는 것	
차단법 (interoepting system)	• 경사면 위나 자체의 유수를 막기 위해 사용 • 경사면 바로 위쪽에 배수구를 설치하여 유수를 막는 방법	
자연형 (natural type)	• 전면 배수가 요구되지 않는 지역에서 많이 사용 • 지형의 등고선을 따라 주관을 설치하고 지관을 설치하는 방법	

04 하수배수 방식

구분	내용	형태
직각식	• 배수 관거를 하천에 직각으로 연결하여 배출한다. • 비용이 저렴하나 수질오염의 우려가 있다.	
차집식	• 우천 시 하천으로 방류하고, 맑은 날은 차집거를 통해 하수 처리장으로 보내는 방식이다.	
선형식	• 지형이 한 방향으로 집중되어 경사를 이루거나 하수처리 관계상 한정된 장소로 집중시켜야 할 때 사용된다.	
방사식	• 지역이 광대하여 한 곳으로 모으기 곤란할 때 방사형으로 구획, 구분하여 집수하는 방식이다.	

7 조경시설물 공사

01 성격

① 옥외 공간에 설치되는 모든 시설물을 총칭한다.

② 이용자에게 안전, 편의, 편리, 보안과 쾌적을 제공하고 행위를 유도하며 조절하는 역할이다.

③ 경관의 구성요소로 독특한 분위기를 창출한다.

02 조경시설물의 종류

종류	유형
휴게시설	벤치, 퍼걸러, 정자, 야외탁자

종류	유형
편익시설	음수대, 시계탑, 매점, 주차장, 전망대 등
유희시설	시소, 정글짐, 사다리, 낚시터 등 여가선용을 위한 놀이시설
휴양시설	야영장
수경시설	연못, 벽천, 분수, 도섭지
운동시설	철봉, 평행봉 등
관리시설	관리소, 화장실 등

(1) 단일시설

가) 그네

① 높이는 2인용 기준으로 2.3~2.5m 정도가 적당하다.

② 지주의 각도는 90~110° 정도로 한다.

③ 발판은 견질목재로 하고, 모서리는 둥글게 다듬도록 한다.

④ 부지의 외곽부분에 남북향으로 설치한다.

⑤ 그네 앞뒤로 그넷줄의 길이보다 1m 이상 떨어진 곳으로 접근을 막는 인지책을 60cm 정도 높이로 설치한다.

나) 미끄럼틀

① 철재와 플라스틱 재료가 많이 쓰인다.

② 미끄럼판과 지면의 각도는 30~35°, 폭은 40~50cm 정도로 한다.

③ 사다리(계단)의 경사도는 70° 내외로 설치, 양쪽에 손잡이가 필요하며 계단발판의 폭은 50cm 이상, 높이는 15~20cm 정도로 설치한다.

④ 미끄럼틀은 북향으로 배치한다.

다) 모래판

① 모래터 깊이 : 30cm 이상, 너비는 4~5m이다.

② 하루에 4~5시간의 햇빛이 쬐이고 통풍이 잘 되는 곳에 사용한다.

③ 가장자리는 방부 처리한 목재를 사용하여 지표보다 15~20cm 높게 한다.

④ 바닥은 배수공을 설치하거나 잡석으로 물이 빠지도록 한다.

⑤ 어린이 놀이터에서 가장 먼저 고려해야 할 것은 안전이다.

라) 시소

① 철제와 목제의 접착 부분은 방부제를 도포한다.

② 지지대와 연결 부분의 회전이 원활하도록 제작한다.

③ 좌판과 지면이 닿는 부분은 탄력이 있는 소재를 사용하여 완충시킨다.

(2) 운동 및 체력단련 시설

① 일정 공간에 체계적으로 배치하여 모든 연령층이 구별 없이 이용하게 한다.

② 턱걸이, 팔굽혀펴기, 다리 올리기, 가슴 펴기 등 다양하게 설치한다.

구분	내용
철봉	• 6살이면 130cm 정도 높이에 매달릴 수 있다. • 신체의 발육에 도움을 준다. • 안전을 도모하기 위하여 80~100cm의 높이로 하는 것이 좋다. • 기둥은 12cm 각의 각목을 콘크리트 2m 간격으로 굳혀 세우고 2.5~3.75cm의 파이프를 걸친다.
수영장	• 수심 - 유아용 0.3~0.8m, 초등학생용 0.8~1.1m - 중학생용 0.8 ~ 1.6m, 고등학생용 이상 성인용 1.2 ~ 1.6m • 레크레이션용 다이빙대의 높이가 1.5m인 수영장에서 안전 최소 수심은 2.25m이다.
공인 운동시설	• 규격 - 축구장 105×70m - 농구장 28×15m - 하키장 91×50~55m - 테니스장(더블스코트) 10.97×23.77m • 운동이나 활동에 적합한 경사는 4~10%이다. • 각종 시설이 풍부한 녹지 속에 배치되는 것이 바람직하다. • 일반적으로 전체 면적 중 운동시설이 차지하는 비율은 50% 이하가 적당하다.

(3) 옥외시설물

가) 안내시설

① 배치 : 보행 교차점과 주요 시설의 입구에 설치한다.

② 형태 : 단순해야 하며 내용은 위계, 통일성, 조화를 고려한다.

③ 식별성을 높이기 위해 상징과 그림 문자를 사용한다.

④ 가시성이 높은 색 조합 : 황색 바탕에 검정 글씨, 백색 바탕에 청색 글씨, 적색바탕에 백색 글씨 등이다.

나) 휴게시설

구분	내용
벤치	• 콘크리트는 겨울에 차갑고 플라스틱은 깨지기 쉬운 결점이 있어 목재가 가장 무난하다.
야외탁자	• 평탄지에 설치하기 위해 입지조건 개선 및 차분한 느낌이 드는 자리가 적합하다. • 탁자판은 방부처리된 목재가 좋다. • 높이 70cm, 의자높이 35cm, 탁자와 의자의 간격은 35cm이다. • 탁자의 넓이는 의자에 앉아 중앙에 손이 닿을 수 있는 정도면 좋다.
퍼걸러	• 태양광선을 차단, 그늘 제공 및 휴식을 할 수 있도록 하기 위한 것이다. • 콘크리트, 목재, 철재, 인조목 등을 사용, 특히 기둥은 벽돌쌓기나 마름돌쌓기로 하고, 콘크리트 위에 판석, 타일로 마감한다. • 퍼걸러 천장면은 등나무 등의 덩굴식물을 올리거나 그늘막을 덮기도 한다. • 테라스 위, 원로의 중간, 통경선의 끝부분, 정원의 구석진 곳에 설치한다. • 높이 2.2~2.5m 높이보다 목이 커야 안정감이 있다. • 기둥간격 1.8~2.7m, 도리의 길이(기둥 기준)는 60cm 이상으로 한다. • 보의 간격은 40~60cm, 보의 길이(도리 기준)는 30~40cm로 한다.

다) 편익시설

구분	내용
휴지통	• 벤치 2~4개마다, 원로의 경우 20~60m마다 한 개씩 설치한다. • 내구성이 있는 재료로 높이 60~80cm, 직경 50~60cm가 적당하다.
음수대	• 급배수가 편리하고 양지바른 곳에 설치한다. • 음수대의 받침 접시는 2%의 경사를 유지하며 단시간 내 완전 배수가 이루어지도록 한다. • 음수대 폭은 30~40cm 정도로 하고 사람과의 적정거리는 50cm 정도, 어린이용은 10cm 정도의 발판을 설치한다. • 음수대 높이는 꼭지가 위로 향한 경우에는 65~80cm, 아래로 향한 경우에는 70~90cm 기준이다.

라) 관리시설

① 관리소 : 주 진입 지점에 위치한다.

② 화장실 : 1인당 소요면적은 $3.3m^2$이다.

마) 경계시설

구분	내용
대(정)문	• 출입구를 명확히 표시하며, 사람의 출입을 통제하는 기능을 한다. • 구획의 경계이자 장식적 요소로 설치한다.
울타리	• 경계표시, 위험방지, 통행제한 및 유도의 목적으로 한다. • 지반 조사 후 기초공사에 대한 사항 설계에 반영한다. • 도로변 공원은 투시형 담장을 설치한다.
볼라드	• 보행인과 차량 교통의 분리를 위해 설치한다. • 배치 간격은 차도 경계부에서 2m 정도의 간격이다. • 볼라드는 필요에 따라 이동식 볼라드, 형광 볼라드, 보행등 겸용 볼라드 등 다양한 형태로 설치된다. • 볼라드의 색은 식별성을 높이기 위해 바닥 포장 및 재료와 대비되는 색으로 밝은 계통을 사용하며 벤치로서의 역할도 기대할 수 있다.

바) 조명시설

① 정원·공원 0.5lux 이상, 원로·시설물 2.0lux 이상이다.

② 가로등이나 터널 조명에는 나트륨 등이 사용되며, 에너지 효율이 높은 것이 특징이다.

③ 조명 기구 중 백열등은 수명이 가장 짧고, 일반적으로 LED나 형광등 수명이 길다.

※ 수은램프 : 수목과 잔디의 황녹색을 살리는 것에 최적인 것은 LED 램프이다.

사) 계단

① 경사가 15°인 경우 계단을 설치한다.

② 계단의 경사는 30~35°가 적당하다.

③ 계단참은 10~12계단 올라간 곳, 계단의 방향이 바뀌는 곳에 설치한다.

④ 신체장애자를 위한 경사로의 경사는 8% 이하로 한다.

아) 주차장

① 주차장은 도로를 포함하여 승용차 1대당 23~35m², 버스 1대당 70~130m²이다.

② 주차장 설정 조건에는 지역적 특성, 도로교통 상황, 원내의 동선, 시설의 종류, 규모, 수용인원, 다른 시설과의 관련성이 있다.

③ 노외주차장은 평탄지나 완경사지에 설치하는 것이 바람직하며, 경승지와 같은 자연환경이 우수한 곳은 자연환경 보존을 고려하여 계획해야 한다.

④ 노면주차장은 행락지의 전망을 고려하고, 알맞은 면적과 도로의 선형 및 구배(기울기)가 적절한 위치에 설치하는 것이 바람직하다.

⑤ 주차장의 주차 형태는 차량의 주차 각도에 따라 90°, 60°, 45°, 30°식 주차로 구분된다.

자) 기타 시설물

구분	내용
아치와 트렐레스	• 근대 정원을 구성하는 시설이나 절충식에도 잘 어울린다. • 서로 결합되어 경계부로서 간단한 눈가림이 된다. • 장미, 능소화로 보기 좋게 장식하여 녹문이라고도 한다. • 트렐레스는 좁고 얄팍한 목재를 엮어 1.5m 정도의 격자형 시설로서 덩굴을 지탱한다. • 격자의 크기는 20~30cm이다.
정자(원두막)	• 주위의 아름다운 경관을 한눈에 볼 수 있는 높은 곳에 세운다. • 팔각정 혹은 육각정으로 한다.

03 시설물 관리

(1) 시설물 관리 방법

① 콘크리트 포장의 갈라진 부분은 파손재료 및 이물질을 제거한다.

② 배수시설은 정기적인 점검과 함께 배수구의 잡물을 제거한다.

③ 유희시설물의 점검은 용접부분 및 움직임이 많은 부분을 철저히 조사한다.

(2) 페인트칠하기

① 목재의 바탕칠을 할 때는 표면상태, 건조상태를 먼저 점검한다.

② 목재의 갈라진 구멍, 흠, 틈 등은 퍼티로 땜질하여 24시간 후 초벌칠을 한다.

③ 콘크리트, 모르타르면의 틈은 석고로 땜질하고, 유성, 수성 페인트칠을 한다.

④ 철재 페인트칠 순서

녹닦기(샌드페이퍼 등) → 연단(광명단) → 에나멜페인트 칠하기

01 이식(移植)

① 식물을 이전의 생육지에서 다른 장소로 자리를 바꾸어 옮겨 심는 작업이다.

② 이식 후 다시 옮겨 심을 필요가 있는 것을 가식(假植)이라 하고 그대로 수확까지 두는 것을 정식(定植)또는 아주심기라 한다.

③ 초화류는 이식 과정에서 뿌리가 절단될 경우, 뿌리의 발달이 지나치게 밀집되는 현상이 발생할 수 있다. 이를 방지하고 생육을 원활히 하기 위해, 육묘 중간에 한두 번 옮겨 심기를 실시하는데, 이 경우의 옮겨 심기를 이식이라 하고, 최종 정식 전에 일시적으로 심어두는 과정을 가식이라고 한다.

02 이식시기 및 습성

(1) 이식 개요

① 수목은 어느 계절에 이식하느냐에 따라 활착 가능성이 크게 좌우된다.

② 대체적인 이식 적기는 가을의 5~10℃ 이하이며, 생육이 정지되는 휴면기가 적기이다.

③ 대나무류는 죽순이 자라나기 전, 산죽이나 조릿대는 가을이 좋다.

구분	내용
낙엽활엽수류 (낙엽침엽수 포함)	• 가을 이식 : 잎이 떨어진 휴면기간으로 보통 10~11월이다. • 봄 이식 : 해토(땅이 녹는 시기) 직후부터 4월 상순까지이며 보통 이른 봄 눈이 트기 전이다.
상록활엽수류 (동백, 사철, 가시, 남부지방)	• 추위에 대한 저항력이 부족하다. • 이식 적기는 3월 하순~4월 중순으로 낙엽활엽수보다 조금 늦게 한다. • 6~7월의 장마 때(기온이 오르고 공중습도가 높을 때) : 세포분열이 잘 된다.
침엽수류 (냉기에 약함)	• 해토 후부터 4월 상순까지이다. • 9월 하순~10월 하순까지(낙엽활엽수보다 1개월 정도 빠름) : 겨울에는 하지 않는다.

(2) 이식시기

① C/N 비율은 1 정도일 때가 적정하며, T/R 비율이 1일 때가 가장 이상적이다.

② 잎으로부터 증산되는 수분이 뿌리의 흡수능력보다 적어야 한다.

③ 증산량이 가장 적은 봄, 가을이 적기이다. ※ 증산 : 나뭇잎 등 공기구멍으로 수분이 증발하는 것

④ 이른 봄은 그해의 기후조건에 따라 이미 눈이 움직이는 경우도 있고 가을 이식은 활착 여부를 알 수 없는 결점이 있다.

⑤ 침엽수류 상록활엽수는 이른 봄이 좋으나 추운 지방은 엄동기는 피해야 한다(9~10월, 4~5월).

⑥ 비시기라도 잔가지를 쳐서 잎의 수를 줄이고, 충분한 크기의 뿌리분은 붙인다. 잎은 모조리 딴다.

03 굴취(나무캐기)

(1) 굴취의 일반사항

① 뿌리돌림된 수목은 그대로 굴취하되 새로 난 잔뿌리를 가위로 매끈하게 자른다.

② 관목은 넓게, 교목은 깊게 굴취한다.

③ 잔뿌리가 많고 이식이 용이한 수종은 경비 절감을 위해 다소 분을 작게 지어 옮긴다.

④ 부정근과 맹아력, 발근력이 왕성한 수종은 수액 이동 전 분을 짓지 않고 약간의 흙을 붙여 이식한다.

C/N 비율 및 TR 비율

구분	내용
C/N 비율 (탄소와 질소의 비율)	• 식물체에서 이용가능한 탄소와 질소의 비율이다. • 값이 낮으면 영양생장이, 값이 높으면 생식성장이 왕성하다(carbon은 광합성에 의함, Nitrogen은 땅속에 있는 양분).
TR 비율 (Top/Root)	• 식물체의 지상부와 지하부의 무게 비율이다. • 식물은 '1'로 생장하려는 경향이 있다. • 이식 시 뿌리가 감량되면, 상부도 감량해야 잘 산다. • 가급적 분의 크기보다 약간 길게 한다.

(2) 굴취 방법

가) 나근 굴취법(맨뿌리캐기)

① 뿌리를 절단한 후 뿌리에 기존 흙을 붙이지 않고 맨뿌리로 캐내는 방법이며, 가능한 뿌리의 절단 부위를 적게 하는 것이 좋다.

② 꺼낸 직후 젖은 거적, 짚, 수피, 비닐 등으로 감싸주어 뿌리의 건조를 막는 것이 중요하다.

③ 이식이 잘 되는 낙엽수를 낙엽기간 중에 이식할 때와 이식이 용이한 작은 나무나 묘목 등을 캐낼 때 사용한다.

나) 뿌리 감기 굴취법

① 뿌리를 절단한 후 뿌리 주위에 기존의 흙을 붙이고 짚과 새끼 등으로 뿌리감기를 하여 뿌리 분을 만드는 방법이다.

② 교목류, 상록수, 이식력이 약한 나무나 희귀 나무를 부적기(不適期)에 이식할 때 주로 사용하는 방법이다.

다) 특수 굴취법

구분	내용
추적 굴취법 (더듬어파기)	• 흙을 파헤쳐 뿌리의 끝부분을 추적해 가며 캐낸다. • 등나무, 담쟁이덩굴, 밀감나무, 모란 등
동토법	• 해토 전에 낙엽수 실시(낙엽수를 심는 작업을 수행)한다. • 나무 주위에 도랑을 파 돌리고 밑부분을 헤쳐서 분 모양으로 만들어 2주 정도 방치하여 동결시킨 후 이식하는 방법이다. • 미국 북부, 일본 홋카이도, 중국 만주 등에서 일부 응용한다.

(3) 뿌리분

가) 뿌리분의 크기

① 분의 크기는 수간 근원지름 4배 정도(4~6배)를 기준으로 한다.

② 발근력이 약한 것은 분의 크기를 더 크게 만든다.

③ 뿌리분은 잔뿌리가 많이 있는 곳까지 깊이를 파고, 둘레(옆)는 동그랗고 수직으로, 밑(밑면)은 둥글게 다듬어 팽이 모양이 되도록 한다.

나) 분의 크기

① 분의 크기는 상록활엽수 〉 침엽수 〉 낙엽활엽수 순서로 분을 크게 만든다.

② 발근력이 약한 것은 분의 크기를 1m 이상 크게 짓는다.

③ 뿌리분의 지름

> 뿌리분의 지름＝24+(N−3)×d[상수]
> • N : 근원지름(cm)
> • d : 상수(상록수 = 4, 낙엽수 = 5)

④ 뿌리분의 생김새(근원지름의 4배인 경우)
- 접시분(4d×2d) : 천근성 수종, 버드나무, 아카시아, 독일가문비, 자작 등
- 보통분(4d×3d) : 일반적인 수종, 벚나무, 측백 등
- 조개(=팽이)분 (4d×4d): 심근성 수종, 느티나무, 소나무, 회화나무, 주목 등

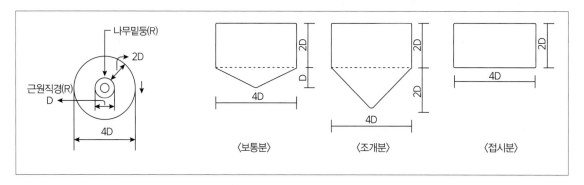

다) 뿌리 분뜨기

① 분뜨기에 앞서 고사지, 쇠약지, 밀생한 가지 등을 수형이 상하지 않는 범위에서 전정하고 아랫가지가 많아 작업이 불편한 경우에는 수관을 모아 매어놓고 작업을 한다.

② 뿌리분 범위에 있는 잡초나 오물을 제거하고 다진 다음 뿌리분 크기를 표시하고 삽이나 곡괭이 또는 장비를 이용하여 수직으로 파내려 간다.

③ 뿌리분 감기할 때 굴취폭은 분 크기보다 30cm 이상 크게 하여 분감기 작업을 할 수 있도록 하고 굵은 뿌리는 톱이나 전정가위로 절단한다.

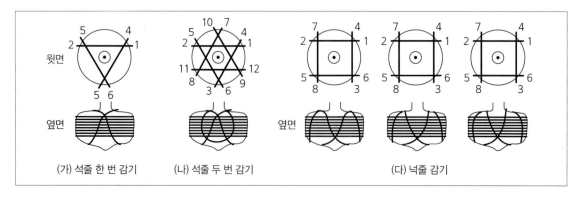

라) 분 감기

① 분감기는 일반적으로 뿌리분 깊이만큼 흙을 판 뒤에 실시하지만, 모래 등으로 인해 뿌리분 만들기가 어려운 경우에는 뿌리분 주위를 절반($\frac{1}{2}$) 정도 파냈을 때부터 분감기를 시작해야 한다. 이후 나머지 흙을 파내고 다시 한 번 분감기를 실시해야 뿌리분이 흩어지지 않는다.

② 뿌리분의 모양은 깨끗하게 다듬고, 절단된 뿌리는 가위나 칼로 다시 한 번 깔끔하게 정리한 뒤 방부제를 발라주는 것이 좋다.

③ 준비한 끈으로 뿌리분의 측면을 위에서 아래로 감아내려 간다.

④ 허리감기를 실시한 후, 땅속의 곧은 뿌리만 남기고 뿌리분 아래쪽(밑부분)의 흙을 조금씩 파내면서 밑면과 윗면에 각각 석줄, 넉줄, 다섯줄 감기를 실시한다.

⑤ 최근에는 끈으로 허리감기 하는 대신 녹화마대나 녹화 테이프로 뿌리분의 측면을 감고 끈으로 위아래를 감아주는 방법도 많이 쓴다.

⑥ 마지막으로 남은 곧은 뿌리를 잘라낸다. 이때 수목이 넘어가지 않도록 주의해야 한다.

마) 뿌리분 들어내기

① 분을 뜬 후 뿌리분을 들어올릴 때에는 무엇보다 안전을 최우선으로 고려하여, 수목과 뿌리분이 손상되지 않도록 신중하게 작업해야 한다.

② 특히, 대형목의 경우, 나무가 잘못 넘어지면 작업자가 다칠 수 있으므로 더욱 주의가 필요하다.

③ 뿌리분을 들어내는 방법에는 인력에 의한 방법과 장비에 의한 방법이 있다.

　예 목도, 크레인, 포크레인, 체인블럭, 레카 등

바) 뿌리돌림

구분	내용
목적	• 이식력이 약한 나무의 뿌리분 안에 미리 세근을 발달시켜 이식력을 높인다. • 노목이나 쇠약한 나무의 세력을 갱신한다.
시기	• 뿌리의 생장이 가장 활발한 봄이 적기이다. • 혹서기와 혹한기를 피하면 가능하다.
방법 및 요령	• 일반적으로 이식하기 1년 전에 실시(최소 6개월 전)한다. • 수세가 약하거나 대형목, 노목 등 이식이 어려운 나무는 뿌리 둘레 $\frac{1}{2}$, $\frac{1}{3}$씩 2~3년에 걸쳐 뿌리돌림을 반복한 후 이식한다. • 낙엽활엽수는 수액이 이동하기 전, 잎이 나기 전인 이른 봄에 이식하는 것이 좋으며, 또는 장마 이후 신초가 단단해지는 시기에도 이식이 가능하다.

　💡 뿌리돌림(근회, 根回)

• 수목을 이식할 때 활착을 돕기 위하여 사전에 뿌리를 잘라 실뿌리를 발생시키는 방법(T/R율 조절)이다.
• 침엽수와 상록활엽수는 수액이 움직이기 시작하는 시기, 즉 눈이 트기 약 2주 전에 이식한다.
• 뿌리는 근원지름의 3~5배 범위에서 자르며, 일반 이식 기준(4~6배)보다 좁게 절단한다. 단, 직근과 사방 뿌리는 자르지 않고, 15cm 정도 환상박피를 한다.
• 흙을 되메울 때는 거름이나 부엽토를 소량 섞어 잔뿌리 생성을 도우며, 물을 붓지 않도록 주의한다.

04 운반

① 수목의 크기와 운반 거리 등을 고려하여 적절한 운반 장비를 선택하고, 장애물 통과에 대비해 수관은 미리 묶어 정리한다.

② 차량에 실을 때는 뿌리 부분이 앞쪽, 가지 부분이 뒤쪽을 향하도록 적재한다.

③ 수목과 접촉하는 부위에는 짚이나 가마니 등과 같은 완충재를 대어 줄기 손상을 방지한다.

④ 증발을 억제하기 위해 줄기를 거적이나 가마니로 감싸준다.

05 식재순서

구분	내용
표토 걷기(유기물층)	표면의 유기물층(표토)은 따로 걷어내어, 이후 거름으로 활용할 수 있도록 분리해 둔다.
구덩이 파기	식재 구덩이는 뿌리분보다 넓이는 1.5~3배, 깊이는 2~4배 정도로 넉넉하게 판다.
거름과 표토 넣기	파낸 구덩이 바닥에 거름과 표토를 넣어 뿌리가 잘 자리잡을 수 있도록 한다.
나무 앉히기	나무는 원래 자라던 방향(전생지 방향)에 맞추어 심고, 가지가 많은 쪽이 남쪽을 향하도록 배치한다.
속흙 넣고 물 조임	물 죽쑤기(구덩이에 속 흙을 $\frac{3}{4}$ 정도 채운 후, 물을 부어 흙과 뿌리가 잘 밀착되도록 한다.)
나머지 흙 채우기 및 다지기	남은 흙을 모두 채운 뒤, 뿌리가 흔들리지 않도록 단단히 다져준다.
물집 만들기	물주기 편하도록 나무 주변에 일정 거리 간격을 두고 둥글게 도랑을 파 물집을 만든다.
물주기(관수)	흙이 충분히 젖을 만큼 물을 충분히 준다.
멀칭	짚 등을 덮어 수분 증발을 막고, 잡초 발생을 억제한다.
전정(가지치기)	수목의 균형을 맞추고 생장을 돕기 위해 가지를 적절히 치고 구조를 정돈한다.

※ 흙죔(흙 조임) : 수분을 싫어하는 나무, 예를 들어 건조한 환경에서 자라는 소나무나 향나무와 같은 수종에는 주의해서 실시해야 한다.

※ 이식이 어려운 수종 : 소나무, 전나무, 주목, 백합, 목련, 감나무, 자작나무, 굴거리나무, 독일가문비, 섬잣나무, 때죽나무, 가시나무 등

06 식재 후의 유지관리

(1) 이식 시 전정

① 이식 후 뿌리의 수분 흡수량과 지엽의 수분 증산량의 조절을 위하여 실시한다.

② 손상된 가지나 잎, 밀생한 가지, 분얼지, 꽃, 열매 등을 정리한다.

③ 발근 촉진제와 수분증발 억제제를 사용한다.

(2) 이식 후 수목이 고사하는 경우

① 이식 후 충분히 관수하지(물을 주지) 않은 경우

② 이식하기에 적절한 시기가 아닌 경우

③ 나무를 너무 깊이 심은 경우

④ 뿌리를 너무 많이 잘라낸 경우

⑤ 이식 전과 후의 입지 조건이 크게 다른 경우

⑥ 늙고 허약한 나무일 경우

⑦ 뿌리돌림이 반드시 필요한 수목을 준비 없이 그냥 옮겨 심은 경우

⑧ 뿌리 사이에 틈이 생겨 바람이 들어가거나 햇볕에 말라버린 경우

⑨ 바람이나 동물에 의해 나무가 흔들린 경우

⑩ 지하에 각종 오염물이 있는 경우

⑪ 지엽의 증산량이 뿌리의 흡수량보다 많은 경우

⑫ 미숙한 퇴비(열을 많이 발생함)나 계분을 과다하게 시비하였을 경우

⑬ 배수가 잘 되지 않는 토양인 경우

(3) 지주목 세우기

① 수목을 식재한 후, 바람에 의해 뿌리가 흔들리거나 강풍에 쓰러지는 것을 방지하고 활착을 촉진 시키기 위해 목재, 철재 파이프, 철선, 와이어로프, 플라스틱 등으로 나무를 단단히 고정시킨다.

② 지주가 닿는 부분의 수피(나무껍질)가 손상되지 않도록 새끼줄, 마닐라 로프, 고무환 등을 사용해 보호조치를 하며, 지주를 땅에 깊이 고정할 때는 뿌리가 상하지 않도록 한다.

[지주 세우기 종류]

구분	내용
단각지주	• 수고 1.2m 이하의 소교목
이각지주	• 수고 2m 이하의 교목 • 삼각지주나 사각지주 설치가 어려운 좁은 공간에서 사용하기에 적합
삼발이지주	• 2m 이상의 나무에 적용 • 사람 통행이 많지 않고, 경관상 중심이 되지 않는 위치 • 안전성이 높고 표면과 지주의 각도는 45~75도로 한다.
삼각지주	• 가장 많이 사용한다. • 적당한 높이에 3개의 가로대를 설치하고 중간목을 댄다.
기타	• 윤대지주, 매몰형 지주, 당김줄형 지주, 연결형 지주

(4) 수간의 수피감기 : 엽면적이 큰 대형 수목일수록 수간에서 수분 증산량이 많다(전체 증산량의 약 12~22% 이상이 줄기에서 발생함).

가) 수피감기의 목적(효과)

① 이식된 나무는 저항력이 약하므로, 동해(寒害)나 병충해로부터 보호하기 위해 수피를 감아준다.

② 햇빛에 줄기가 타는 것을 막고, 증산작용을 줄이기 위해 수간 보호가 필요하다.

③ 수분의 증발을 억제하여 나무의 활착을 돕는다.

④ 소나무좀의 피해를 방지하기 위해 수피감기를 실시하며, 이는 수피감기를 하는 가장 중요한 이유 중 하나이다.

(5) 멀칭

① 뿌리분 주변의 토양 위에 볏짚, 풀, 분쇄목, 비닐 등으로 5~10cm 두께로 덮는 작업이다.

② 멀칭 재료로 뿌리분 지름의 약 3배 정도 넓이의 원형으로 고르게 덮는다.

③ 멀칭은 수분 증발 억제, 잡초 발생 방지, 병충해 예방, 토양 경화 방지, 지온 유지, 비료 분해 촉진, 동해 방지 등의 효과가 있다.

(6) 중경 (갈아엎기) : 수목 주변의 표토를 갈아엎어 토양에 공극을 형성함으로써, 수분의 모세관 현상을 차단하고 증발을 억제하여 가뭄 피해를 줄일 수 있다.

(7) 관수

① 수목은 식재 직후에만 충분히 관수해주면 대부분 활착이 잘 이루어진다.

② 이른 봄이나 초여름 가뭄 시, 뿌리가 아직 활착되지 않은 경우에는 특히 주의가 필요하다.

③ 봄철 새싹이 트기 시작할 무렵에는 수분 요구량이 많지만, 잎이 없어 겉으로 보기에는 상태 판단이 어렵다.

(8) 시비

① 새 뿌리가 내리기 시작한 후에 시비를 시작하며, 이식 직후에는 시비를 금한다.

② 과습기나 극심한 건조기에는 피해서 시비를 한다.

③ 뿌리의 활착 시기는 보통 7월 하순까지이므로, 이후에는 칼륨(K)과 인산(P) 위주로 시비한다.

④ 질소(N) 비료는 생장을 지나치게 촉진시켜 세포조직을 연하게 만들고, 그로 인해 월동 시 동해 피해를 입기 쉽다.

(9) 방한

① 월동이 곤란한 수목이나 영양상태 불균형 시 동해를 입는다.

② 수피를 감싸주고 뿌리 주위를 성토 또는 멀칭을 한다.

(10) 병충해 방지

① 이식 수목은 수세가 약하여 해충 발생이 쉽다.

② 살충제, 살균제를 구별하여 사용한다.

9 잔디 및 초화류

01 잔디의 종류

① 한국잔디 : 들잔디, 금잔디, 빌로드잔디 등

② 서양잔디 : 켄터키블루그래스, 밴트그래스, 버뮤다 그래스, 톨훼스큐 등

02 뗏장붙이기

① 전면 떼붙이기 : 평떼붙이기 방식으로, 떼를 전체 면에 어긋나게 배열하는 것이다.

② 어긋나게 붙이기 : 뗏장을 20~30cm 간격으로 엇갈리게 놓거나, 서로 맞물리도록 배열하는 것이다.

③ 줄떼붙이기 : 뗏장을 5, 10, 15, 20cm 정도 크기로 잘라, 그 간격을 15, 20, 30cm 정도로 띄워 심는다.

※ 종자 파종 : 발아에 적합한 온도는 난지형 잔디는 30~35℃, 한지형 잔디는 20~25℃이다.

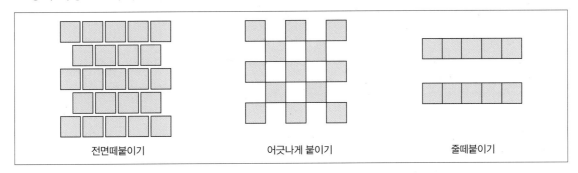

전면떼붙이기   어긋나게 붙이기   줄떼붙이기

03 잔디밭 조성순서

> 경운 → 시비 → 정지 및 전압(1차) → 파종 → 전압(2차) → 멀칭 → 관수

04 초화류 : 초화류를 이용하여 만든 화단은 조경공간을 훨씬 부드럽고 화사하게 만들어 주어 보는 이에게 즐거움을 준다.

(1) 조성

① 초화를 심을 때는 종자를 파종하거나 모종을 심는 방법이 있으나, 대부분 모종 심는 방법을 이용한다.

② 모종은 밭에서 재배한 것과 포트(Pot)에서 재배한 것이 있으며, 밭에서 재배한 모종은 식재 1~2시간 전에 관수하면 흙이 많이 붙어 있어 분뜨기(뿌리를 캐내기)가 좋다.

③ 모종을 심을 때는 초종의 특성에 따라 식재 간격을 조절해야 뿌리 활착이 잘 되고 줄기 퍼짐도 좋아진다.

④ 꽃모종은 줄이 바뀔 때마다 어긋나게 심는 것이 좋다.

(2) 식재

① 식재 전에 충분히 관수하여 흙을 안정시키고, 배수를 고려하여 가뭄에 대비한 관수시설을 설치한다.

② 퇴비와 복합비료를 넣고 흙을 살아엎은 후, 약 1주일간 햇빛에 노출시켜 흙덩이가 자연스럽게 부서지도록 한다.

③ 그 후 바로 정지를 하되, 배수를 위해 중앙 부분을 약간 높게 만드는 것이 좋다.

④ 식재할 구역은 석회 등으로 표시하고, 줄 눈자를 이용해 꽃묘는 줄이 바뀔 때마다 어긋나게 심는다.

⑤ 식재 후 관수할 때는 물이 꽃과 잎에 튀지 않도록 주의한다.

01 다음 중 조경시공의 특징으로 틀린 것은?

① 생명력이 있는 식물재료를 많이 사용한다.
② 시설물은 미적이고 기능적이며 안전성과 편의성 등이 요구된다.
③ 조경 수목은 정형화된 규격표시가 있기 때문에 모양이 다른 나무들은 현장 검수에서 문제의 소지가 있다.
④ 조경 수목의 단가 적용은 정형화된 규격에 의해서 시행되고 있으며 수목의 조건에 따라 단가 및 품셈을 증감하여 사용하고 있다.

02 조경프로젝트의 수행단계 중 설계된 도면에 따라 자연 및 인공재료를 이용하여 도면의 내용을 실제로 만들어 내는 분야는?

① 조경관리　　　② 조경계획
③ 조경설계　　　④ 조경시공

03 시공계획의 4대 목표를 구성하는 요소가 아닌 것은?

① 원가　　　② 안전
③ 관리　　　④ 공정

> **해설**
> • 시공의 4대 목표 : 품질, 원가, 공정, 안전
> • 시공관리의 기능 : 품질관리, 공정관리, 원가관리

04 시공계획을 세우는 목적이 아닌 것은?

① 최소한 비용으로 시공하여 경제성을 극대화하기 위하여
② 최대한 인원을 동원하여 조기에 완공하기 위하여
③ 시공품질을 정해진 수준으로 달성하기 위하여
④ 시공을 안전하게 수행하기 위하여

> **해설**
> 시공계획 : 최소의 비용으로 안전하게 시공할 수 있도록 조건과 방법을 결정하는 계획

05 시공계획서에 포함되어야 할 내용이 아닌 것은?

① 공사개요
② 계약서
③ 공정표
④ 인력동원계획 및 현장 조직표

06 Bar Chart식 공정표를 작성하는 순서가 올바른 것은?

> ㉠ 부분공사, 시공에 필요한 시간을 계획한다.
> ㉡ 이용할 수 있는 공사기간을 가로축에 표시한다.
> ㉢ 공사기간 내에 전체공사를 끝낼 수 있도록 각 부분공사의 소요공사 기간을 도표 위에 자리에 맞추어 일정을 짠다.
> ㉣ 전체공사를 구성하는 모든 부분공사를 세로로 열거한다.

① ㉡ → ㉣ → ㉠ → ㉢
② ㉣ → ㉡ → ㉠ → ㉢
③ ㉢ → ㉣ → ㉡ → ㉣
④ ㉢ → ㉠ → ㉠ → ㉡

> **해설**
> [Bar Chart식 공정표]
> 1. 정의
> • 횡선식 공정표로 시간과 작업을 도식적으로 표현한 최초의 과학적 공정관리표이다.
> • 세로측에 공사종목별, 각 공사명 표기
> • 가로측에 날짜 및 공사기간 표기
> 2. 장점
> • 각 공정별 작업 공사 내용과 전체 공사 일정(공정 시기)이 한눈에 보기 쉽고 명확하게 정리되어 있다.
> • 각 공정별 공사의 착수일과 완료일이 표시되어 있다.
> • 공정표가 단순하게 구성되어 있어 경험이 적은 사람도 쉽게 이해할 수 있다.

정답 01 ④　02 ④　03 ③　04 ②　05 ②　06 ②

07 정관리기법 중 횡선식 공정표(Bar Chart)의 장점에 해당하는 것은?

① 신뢰도가 높으며 전자계산기의 이용이 가능하다.

② 각 공정별의 착수 및 종료일이 명시되어 있어 판단이 용이하다.

③ 바나나 모양의 곡선으로 작성하기 쉽다.

④ 상호관계가 명확하며, 주 공정선의 일에는 현장인원의 중점배치가 가능하다.

08 다음 공사 소요 기일로 옳은 것은?

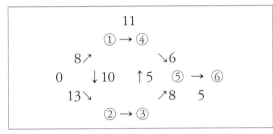

① 39일   ② 40일

③ 41일   ④ 42일

09 다음 중 시공관리의 3대 기능이 아닌 것은?

① 노무관리   ② 품질관리

③ 원가관리   ④ 공정관리

10 체계적인 품질관리를 추진하기 위한 데밍(Deming's Cycle)의 관리로 가장 적합한 것은?

① 계획(Plan) → 추진(Do) → 조치(Action) → 검토(Check)

② 계획(Plan) → 검토(Check) → 추진(Do) → 조치(Action)

③ 계획(Plan) → 조치(Action) → 검토(Check) → 추진(Do)

④ 계획(Plan) → 추진(Do) → 검토(Check) → 조치(Action)

11 공사현장의 공사관리 및 기술관리, 기타 공사업무 시행에 관한 모든 사항을 처리하여야 할 사람은 누구인가?

① 공사발주자

② 공사현장 대리인

③ 공사현장 감독관

④ 공사현장 감리원

> **해설**
>
> 공사현장 대리인은 공사업자를 대리하여 현장에 상주하는 책임시공 기술자이다.

12 발주자와 설계 용역 계약을 체결하고 충분한 계획과 자료를 수집하여 넓은 지식과 경험을 바탕으로 시방서와 공사내역서를 작성하는 자를 가리키는 용어는?

① 설계자   ② 감리원

③ 수급인   ④ 현장대리인

> **해설**
>
> 설계자는 발주자와 설계용역 계약을 체결한 후, 시공에 필요한 설계도서를 작성한다.

13 다음 [보기]의 입찰 순서로 옳은 것은?

[보기]
ㄱ 입찰공고   ㄴ 입찰   ㄷ 낙찰
ㄹ 계약   ㅁ 현장설명   ㅂ 개찰

① ㄱ → ㄴ → ㄷ → ㄹ → ㅁ → ㅂ

② ㄱ → ㅁ → ㄴ → ㅂ → ㄷ → ㄹ

③ ㄱ → ㄴ → ㅂ → ㄷ → ㄹ → ㅁ

④ ㅁ → ㅂ → ㄱ → ㄴ → ㄷ → ㄹ

14 직영공사의 특징으로 옳지 않은 것은?

① 공사 내용이 단순하고 시공 과정이 용이할 때

② 풍부하고 저렴한 노동력, 재료의 보유 또는 구입 편의가 있을 때

③ 시급한 준공을 필요로 할 때

④ 일반도급으로 단가를 정하기 곤란한 특수한 공사가 필요할 때

> **해설**
> • 직영공사는 직접 관리하고 경영하는 것이다.
> • 시급한 준공을 필요로 할 때에는 수의계약을 한다.

15 도급공사는 공사실시 방식에 따른 분류와 공사비 지불방식에 따른 분류로 구분할 수 있다. 공사실시 방식에 해당되는 것은?

① 분할도급

② 정액도급

③ 단가도급

④ 실비청산 보수가산도급

> **해설**
> 정액도급, 단가도급, 실비청산 보수가산도급은 공사비 정산 방법이다.

16 설계와 시공을 함께 하는 입찰방식은?

① 수의계약   ② 특명입찰

③ 공동입찰   ④ 일괄입찰

> **해설**
> 일괄입찰은 'Turn Key 방식'이라고도 하며, 설계와 시공을 하나의 계약으로 발주하여, 입찰자가 설계부터 시공까지 전 과정을 일괄적으로 수행하는 방식이다.

17 다음 중 유자격자는 모두 입찰에 참여할 수 있으며, 균등한 기회를 제공하고, 공사비 등을 절감할 수 있으나 부적격자에게 낙찰될 우려가 있는 입찰 방식은?

① 특명입찰   ② 일반경쟁입찰

③ 지명경쟁입찰   ④ 수의계약

> **해설**
> • 특명입찰 : 건물주가 단일 도급자를 지명하여 입찰
> • 지명경쟁입찰 : 특정요건을 갖춘 업체끼리 경쟁하여 입찰
> • 수의계약 : 공사시공에 가장 적합하다고 인정되는 한 명의 업자를 선정하여 입찰

18 조경공사의 시공자 선정방법 중 일반 공개경쟁입찰방식에 관한 설명으로 옳은 것은?

① 예정가격을 비공개로 하고 견적서를 제출하여 경쟁입찰에 단독으로 참가하는 방식

② 계약의 목적, 성질 등에 따라 참가자의 자격을 제한하는 방식

③ 신문, 게시 등의 방법을 토하여 다수의 희망자가 경쟁에 참가하여 가장 유리한 조건을 제시한 자를 선정하는 방식

④ 공사 설계서와 시공 도서를 작성하여 입찰서와 함께 제출하여 입찰하는 방식

19 다음 중 조경시공순서로 가장 알맞은 것은?

① 터닦기 → 급·배수 및 호안공 → 콘크리트공사 → 정원시설물 설치 → 식재공사

② 식재공사 → 터닦기 → 정원시설물 설치 → 콘크리트공사 → 급·배수 및 호안공

③ 급·배수 및 호안공 → 정원시설물 설치 → 콘크리트공사 → 식재공사 → 터닦기

④ 정원시설물 설치 → 급·배수 및 호안공 → 식재공사 → 터닦기 → 콘크리트공사

정답 14 ③   15 ①   16 ④   17 ②   18 ③   19 ①

20 다음 중 여성토(餘盛土)의 정의로 가장 알맞은 것은?

① 가라앉을 것을 예측하여 흙을 계획높이보다 더 쌓는 것

② 중앙분리대에서 흙을 볼록하게 쌓아 올리는 것

③ 옹벽 앞에 계단처럼 콘크리트를 쳐서 옹벽을 보강하는 것

④ 잔디밭에서 잔디에 주기적으로 뿌려 뿌리가 노출되지 않도록 준비하는 토양

여성토(餘盛土)는 압축이나 침하로 인한 높이 감소를 방지하기 위해 일정 높이마다 흙을 더 쌓아 최종적으로 계획된 높이를 유지하려는 것이다.

21 흙쌓기를 할 경우에는 일정 높이마다 다짐을 실시하며 성토해 나가야 하는데, 그렇지 않을 경우에는 나중에 압축과 침하에 의해 계획 높이보다 줄어들게 된다. 그러한 것을 방지하고자 하는 행위를 무엇이라 하는가?

① 정지   ② 취토

③ 흙쌓기   ④ 더돋기

22 흙을 이용하여 2m 높이로 마운딩하려 할 때, 더돋기를 고려해 실제 쌓아야 하는 높이로 가장 적합한 것은?

① 2m   ② 2m 20cm

③ 3m   ④ 3m 30cm

여성토(더돋기)는 10% 미만으로 한다.

23 마운딩의 기능으로 옳지 않은 것은?

① 유효 토심확보

② 배수 방향 조절

③ 공간 연결의 역할

④ 자연스러운 경관 연출

마운딩은 식재 기반 조성, 경관 변화, 방음·방풍·방설 등의 목적을 위한 흙쌓기 공법으로 작은 동산을 만드는 것이다.

24 토양침식에 대한 설명으로 옳지 않은 것은?

① 토양의 침식량은 유거수량이 많을수록 적어진다.

② 토양 유실량은 강우량보다 최대 강우 강도와 관계가 있다.

③ 경사도가 크면 유속이 빨라져 무거운 입자도 침식된다.

④ 식물의 생장은 투수성이 좋게 하여 토양 유실량을 감소시킨다.

25 조경의 구조물에는 직접기초를 사용하는데, 담장의 기초와 같이 길게 띠 모양으로 받치고 있는 기초를 가리키는 것은?

① 독립기초   ② 복합기초

③ 연속기초   ④ 전면기초

• 독립기초 : 단일기둥을 받치는 기초
• 복합기초 : 2개 이상의 기둥을 한 개의 기초만으로 받치는 기둥
• 연속기초 : 줄기초
• 전면기초 : 건물 하부 전체를 받치는 기초, 온통기초

20 ①   **21** ④   **22** ②   **23** ③   **24** ①   **25** ③   정답

26 시설물의 기초 부위에서 발생하는 토공량의 관계식으로 옳은 것은?

① 잔토처리 토량=되메우기 체적−터파기 체적

② 되메우기 토량=터파기 체적−기초 구조부 체적

③ 되메우기 토량=기초 구조부 체적−터파기 체적

④ 잔토처리 토량=기초 구조부 체적−터파기 체적

27 흙은 같은 양이라도 자연상태(N)와 흐트러진 상태(S), 인공적으로 다져진 상태(H)에 따라 각각 그 부피가 달라진다. 자연상태의 흙의 부피(N)를 1.0으로 할 경우 부피가 많은 순서로 적당한 것은?

① H > N > S

② N > H > S

③ S > N > H

④ S > H > N

28 사면(slope)의 안정계산 시 고려해야 할 요소 중 가장 거리가 먼 것은?

① 흙의 간극비

② 흙의 점착력

③ 흙의 단위 중량

④ 흙의 내부 마찰각

29 비탈면 표층부의 붕괴 방지 공정이 아닌 것은?

① 콘크리트 격자공

② 콘크리트 설치공

③ 덧씌우기

④ 비탈면 앵커

30 토공작업 시 지반면보다 낮은 면의 굴착에 사용하는 기계로 깊이 6m 정도의 굴착에 적당하며, 백호우라고도 불리는 기계는?

① 클램 쉘

② 드래그라인

③ 파워 쇼벨

④ 드랙 쇼벨

해설

• 클램 쉘 : 좁은 공간에서 수직 굴착 작업에 사용
• 드래그라인 : 기계보다 낮은 위치의 흙 굴착에 적합
• 파워쇼벨 : 기계보다 높은 지면을 깎아내리는 데 사용
• 백호우 : 드랙 쇼벨이라고 하며, 기계보다 낮은 연질 지반 굴착에 유리

31 다음 중 무거운 돌을 놓거나, 큰 나무를 옮길 때 신속하게 운반과 적재를 동시에 할 수 있어 편리한 장비는?

① 체인블록

② 모터그레이더

③ 트럭크레인

④ 콤바인

해설

• 체인블록 : 수동공구로 무거운 물건을 들 때 사용
• 모터그레이더 : 노면 평탄 작업 시 사용
• 콤바인 : 농작물 수확 및 탈곡 시 사용

32 관수공사에 대한 설명으로 옳지 못한 것은?

① 관수방법은 지표 관개법, 살수 관개법, 낙수식 관개법으로 나눌 수 있다.

② 살수 관개법은 설치비가 많이 들지만, 관수 효과가 높다.

③ 수압에 의해 작동하는 회전식은 360°까지 임의 조절이 가능하다.

④ 회전장치가 수압에 의해 지상 10cm로 상승 또는 하강하는 팝업(Pop-Up) 살수기는 평소 시각적으로 불량하다.

해설

팝업 살수기는 지하표면에 숨어있어 시각적으로 불량하지 않다.

정답 26 ② 27 ③ 28 ① 29 ③ 30 ④ 31 ③ 32 ④

33 다음 중 동체로부터 분무공이 올라와서 회전하는 살수기는?

① 회전입상살수기
② 회전살수기
③ 분무살수기
④ 분무입상살수기

34 암거배수의 설명으로 옳은 것은?

① 강우 시 표면에 떨어진 물을 처리하기 위한 배수시설
② 땅 밑에 돌이나 관을 묻어 배수시키는 시설
③ 지하수를 이용하기 위한 시설
④ 돌이나 관을 땅에 수직으로 뚫어 설치하는 것

• 암거배수는 심토층에 관이나 자갈 등을 묻어 지하수를 배출하는 시설이다.
• 강우 시 지표수 처리를 위한 배수 방식은 표면배수이다.

35 지역이 광대해서 하수를 한 개의 소로 모으기가 곤란할 때 배수지역을 수개 또는 그 이상으로 구분해서 배관하는 배수 방식은?

① 직각식
② 차집식
③ 방사식
④ 선형식

해설

직각식	도시에서 하수가 직각으로 연결되는 방식으로, 도시 중앙에 큰 강이 흐르거나 도시가 발달한 경우에 주로 사용된다.
차집식	하수를 차집기에 모아 하수종말처리장으로 유입시키는 방식이다.
방사식	광범위한 지역에서 적용되는 방식으로, 별도의 처리 체계를 갖추며 하수처리장의 부담이 크고 경제적 비용도 많이 든다.
선형식	선형식은 배수계통을 나뭇가지 형태로 배치하는 방식으로, 경사진 지형에서 주로 사용되며 하수를 한정된 장소로 집중시킨다.

36 옥외 조경공사 지역의 배수관 설치에 관한 설명으로 잘못된 것은?

① 경사는 관의 지름이 작은 것일수록 급하게 한다.
② 배수관의 깊이는 동결심도 바로 위쪽에 설치한다.
③ 관에 소켓이 있을 때는 소켓이 관의 상류쪽으로 향하도록 한다.
④ 관의 이음부는 관 종류에 따른 적합한 방법으로 시공하며, 이음부의 관 내부는 매끄럽게 마감한다.

해설

배수관의 깊이는 동결심도보다 깊이 설치한다.

37 표면 배수 시 빗물받이는 몇 m마다 설치하는가?

① 1~10m
② 20~30m
③ 40~50m
④ 60~70m

해설

빗물받이는 도로폭, 경사, 배수면적을 고려해야 하며 20~30m마다 설치한다.

38 일정한 응력을 가할 때, 변형이 시간과 더불어 증대하는 현상을 의미하는 것은?

① 탄성
② 취성
③ 크리프
④ 릴랙세이션

해설

• 탄성 : 외력을 제거했을 때 원래의 형태로 되돌아가려는 성질
• 취성 : 재료가 외부 힘에 의해 갑작스럽게 파괴되는 성질
• 크리프 : 일정한 외력이 지속적으로 작용할 때, 시간의 흐름에 따라 재료의 변형이 점차 증가하는 현상
• 릴랙세이션 : 일정한 변형 상태에서 시간이 지나면서 응력이 점차 감소하는 현상(응력 완화 현상)

39 콘크리트를 친 후 응결과 경화가 완전히 이루어지도록 보호하는 것을 가리키는 용어는?

① 타설
② 파종
③ 다지기
④ 양생

33 ① 34 ② 35 ③ 36 ② 37 ② 38 ③ 39 ④ 정답

40 주로 수량의 다소에 따라서 반죽이 되고 진 정도를 나타내는 굳지 않는 콘크리트의 성질은?

① workability(워커빌리티, 작업성)

② plasticity(플라스틱시티, 성형성)

③ consistency(콘시턴스, 반죽질기)

④ finishability(피니셔빌리티)

> **해설**
>
> • workability(워커빌리티, 작업성) : 콘크리트를 다루기 쉬운 정도
> • plasticity(플라스틱시티, 성형성) : 거푸집에 잘 들어가고 형태를 잡기 쉬운 성질
> • consistency(콘시턴스, 반죽질기) : 시공 중 형태를 유지하면서 잘 흐르지 않는 정도
> • 피니셔빌리티(finishability) : 표면 마감(Finishing)이 쉬운 정도

41 콘크리트를 혼합한 다음 운반해서 다져 넣을 때까지 시공성의 좋고 나쁨을 나타내는 성질. 즉, 콘크리트의 시공성을 나타내는 것은?

① 슬럼프 시험(slump test)

② 워커빌리티(workability)

③ 물/시멘트(water cement ratio)

④ 양생(curing)

42 콘크리트 공사 중 거푸집 상호 간의 간격을 일정하게 유지시키기 위한 것은?

① 캠버   ② 긴장기

③ 스페이서   ④ 세퍼레이터

> **해설**
>
> | | |
> |---|---|
> | 캠버 | 보나 슬래브 같은 수평 부재가 하중에 의해 처질 것을 예상하여, 미리 상향으로 들어올려 시공하는 것 |
> | 긴장기 | 거푸집이 벌어지는 것을 방지하기 위해 사용되는 긴결재로, 거푸집 널(판)을 서로 연결하고 고정하는 역할을 함 |
> | 스페이서 | 철근이 거푸집에 밀착되지 않도록 간격을 유지해주는 간격 유지 장치 |
> | 세퍼레이터 | 구조물 사이에 설치되어 공간이나 기능을 구분하기 위한 격리 장치 |

43 콘크리트 슬럼프값 측정 순서로 옳은 것은?

① 시료 채취 → 다지기 → 콘에 채우기 → 상단 고르기 → 콘 벗기기 → 슬럼프값 측정

② 시료채취 → 콘에 채우기 → 콘 벗기기 → 상단 고르기 → 다지기 → 슬럼프값 측정

③ 시료 채취 → 콘에 채우기 → 다지기 → 상단 고르기 → 콘 벗기기 → 슬럼프값 측정

④ 다지기 → 시료 채취 → 콘에 채우기 → 상단 고르기 → 콘 벗기기 → 슬럼프값 측정

> **해설**
>
> 슬럼프값 측정 : 워커빌리티(반죽질기정도) 측정

44 콘크리트의 측압은 콘크리트 타설 전에 검토해야 할 매우 중요한 시공요인이다. 다음 중 콘크리트 측압에 영향을 미치는 요인에 대한 설명으로 틀린 것은?

① 콘크리트의 타설 높이가 높으면 측압은 커지게 된다.

② 콘크리트의 타설 속도가 빠르면 측압은 커지게 된다.

③ 콘크리트의 슬럼프가 커질수록 측압은 커지게 된다.

④ 콘크리트의 온도가 높을수록 측압은 커지게 된다.

45 굳지 않은 모르타르나 콘크리트에서 물이 분리되어 위로 올라오는 현상은?

① 워커빌리티(workability)

② 블리딩(bleeding)

③ 피니셔빌리티(finishability)

④ 레이턴스(laitance)

> **해설**
>
> 블리딩 : 재료 선택이나 배합이 부적절할 때, 물이 시멘트 입자나 먼지와 함께 표면 위로 올라와 콘크리트 표면이 곰보처럼 되는 현상

정답 40 ③   41 ②   42 ④   43 ③   44 ④   45 ②

46 벽 뒤로부터의 토압에 의한 붕괴를 막기 위한 공사는?

① 옹벽쌓기   ② 기슭막이

③ 견치석 쌓기   ④ 호안공

해설

토압	흙과 접촉하는 옹벽, 흙막이 벽, 지하 매설물 등이 흙으로부터 수평방향으로 받는 압력
기슭막이	개울이나 산기슭, 제방 등이 침식되는 것을 방지하기 위해, 기슭이나 물의 흐름 방향과 평행하게 설치하는 구조물
호안공	개울이나 제방, 산기슭 등이 물에 의해 침식되거나 무너지는 것을 방지하기 위해 설치하는 구조물

47 옹벽에 어떤 힘이 정면에서 배면 쪽으로 민다면 배토는 압축을 받고 이 압축이 커져서 파괴될 때의 압력을 무슨 토압이라 하는가?

① 압축토압   ② 주동토압

③ 수동토압   ④ 정지토압

해설

• 주동토압 : 흙이 구조물을 밀어내며 움직이게 하려는 토압
• 수동토압 : 옹벽이 흙을 향해 이동할 때 발생하는 토압
• 정지토압 : 흙막이 벽체에 변위(움직임)가 발생하지 않을 때 작용하는 토압

48 옹벽 중 캔틸레버(Cantilever)를 이용하여 재료를 절약한 것으로 자체 무게와 뒤채움한 토사의 무게를 지지하여 안전도를 높인 옹벽으로 주로 5m 내외의 높지 않은 곳에 설치하는 것은?

① 중력식 옹벽   ② 반중력식 옹벽

③ 부벽식 옹벽   ④ L자형 옹벽

49 연못을 조성하여 관리할 때 적합하지 않은 관리 기법은?

① 월류구의 높이는 표면 수면높이와 같게 한다.

② 급수구의 높이는 표준 수면보다 높게 한다.

③ 급수구의 높이는 바닥면과 일치해야 한다.

④ 급수구와 퇴수구는 노출되지 않는 것이 좋다.

50 정적인 상태의 수경경관을 도입하고자 할 때 바른 것은?

① 하천   ② 계단 폭포

③ 호수   ④ 분수

해설

하천, 계단 폭포(캐스케이드), 분수는 동적인 수경경관이다.

51 자연석(조경석) 쌓기의 설명으로 옳지 않은 것은?

① 크고 작은 자연석을 이용하여 잘 배치하고, 견고하게 쌓는다.

② 사용되는 돌의 선택은 인공적으로 다듬은 것으로 가급적 벌어짐이 없이 연결될 수 있도록 배치한다.

③ 자연석으로 서로 어울리게 배치하고 자연석 틈 사이에 관목류를 이용하여 채운다.

④ 맨 밑에는 큰 돌을 기초석으로 배치하고, 보기 좋은 면이 앞면으로 오게 한다.

52 돌쌓기 공사에서 4목도 돌이란 무게가 몇 kg 정도의 것을 말하는가?

① 약 100kg   ② 약 150kg

③ 약 200kg   ④ 약 300kg

해설

1목도는 50kg이다.

46 ①   47 ①   48 ④   49 ③   50 ③   51 ②   52 ③   정답

53 돌쌓기의 종류 중 찰쌓기에 대한 설명으로 옳은 것은?

① 뒤채움에 콘크리트를 사용하고, 줄눈에 모르타르를 사용하여 쌓는다.

② 돌만을 맞대어 쌓고 잡석, 자갈 등으로 뒤채움을 하는 방법이다.

③ 마름돌을 사용하여 돌 한 켠의 가로줄눈이 수평적 직선이 되도록 쌓는다.

④ 막돌, 깬 돌, 깬 잡석을 사용하여 줄눈을 파상 또는 골을 지어 가며 쌓는 방법이다.

> **해설**
>
> 찰쌓기는 줄눈에 모르타르, 뒷채움에 콘크리트를 사용하는 견고한 공법이지만, 뒷면 배수를 위해 2m²마다 설치하는 지름 3cm 배수관의 배수 불량 시 토압에 의해 붕괴될 우려가 있다.

54 다음 중 토사 포장의 개량공법에 속하지 않는 것은?

① 지반치환공법　　② 노면치환공법

③ 배수처리공법　　④ 패칭공법

> **해설**
>
> 패칭공법은 아스팔트나 콘크리트 포장이 깨지거나 손상된 부분을 메우는 보수공법이다.

55 조경바닥 포장재료인 판석시공에 관한 설명으로 틀린 것은?

① 판석은 점판암이나 화강석을 잘라서 쓴다.

② Y형의 줄눈은 불규칙하므로 통일성 있게 ＋자형의 줄눈이 되도록 한다.

③ 기층은 잡석다짐 후 콘크리트로 조성한다.

④ 가장자리에 놓는 것은 선에 맞춰 판석을 절단한다.

56 주 보행도로로 이용되는 보행공간의 포장재료 중 질감에 따른 구분이 아닌 것은?

① 부드러운 재료　　② 딱딱한 재료

③ 거친 재료　　　　④ 중간 성격 재료

> **해설**
>
> • 부드러운 재료 : 흙, 잔디, 마사토 등
> • 딱딱한 재료 : 콘크리트, 아스팔트 등
> • 중간 성격의 재료 : 벽돌 등

57 경석(景石)의 배석(配石)에 대한 설명으로 옳은 것은?

① 원칙적으로 정원 내에 눈에 띄지 않는 곳에 두는 것이 좋다.

② 차경(借景)의 정원에 쓰면 유효하다.

③ 자연석보다 다소 가공하여 형태를 만들어 쓰도록 한다.

④ 입석(立石)인 때에는 역삼각형으로 놓는 것이 좋다.

> **해설**
>
> • 경석은 보기 좋고 아름다운 큰 자연석을 말하며, 배석은 돌짜임의 구성을 의미한다.
> • 경석을 배석할 때는 중요 지점이나 집 안뜰, 잔디밭, 각종 포장면 등 시선이 잘 가는 곳에 생김새가 아름다운 돌을 선택하여 가장 눈에 띄는 위치에 배치한다.

58 토사 포장 보수용 노면자갈의 배합비율로 가장 부적당한 것은?

① 자갈 70%, 모래 25%, 점토 5%

② 자갈 65%, 모래 25%, 점토 10%

③ 자갈 60%, 모래 30%, 점토 10%

④ 자갈 50%, 모래 30%, 점토 20%

> **해설**
>
> • 노면 자갈의 배합 시, 점토질은 10% 이하, 모래질은 30% 이하로 제한한다.
> • 노면 자갈의 최대 굵기는 30~50mm 이하가 이상적이며, 이는 노면 전체 두께의 $\frac{1}{3}$을 넘지 않도록 한다.

정답 **53** ①　**54** ④　**55** ②　**56** ③　**57** ②　**58** ④

59 소형고압블록 포장의 시공방법에 대한 설명으로 옳은 것은?

① 차도용은 보도용에 비해 얇은 두께 6cm의 블록을 사용한다.

② 지반이 약하거나 이용도가 높은 곳은 지반 위에 잡석으로만 보강한다.

③ 블록 깔기가 끝나면 반드시 진동기를 사용해 바닥을 고르게 마감한다.

④ 블록의 최종 높이는 경계석보다 조금 높아야 한다.

60 다음 중 완충층의 기능이 아닌 것은?

① 보도블록 높이는 같이 하는데 편리하다.

② 요철면을 조절한다.

③ 보도블록에 어느 정도 탄성을 준다.

④ 겨울에 동상현상을 막아준다.

61 아스팔트량의 골재의 입도불량 등 아스팔트 침입도가 부적합한 역청재료 사용 시 도로에서 나타나는 파손현상은?

① 균열　　　　　　② 국부적 침하

③ 표면연화　　　　④ 박리

해설

표면연화란 표면의 단단한 것이 부드럽고 무르게 되는 것을 말하며, 박리는 접착층이 분리되는 현상이다.

62 경사가 있는 보도교의 경우 종단 기울기가 얼마를 넘지 않도록 하며, 미끄럼을 방지하기 위해 바닥을 거칠게 표면처리하여야 하는가?

① 3°　　　　　　　② 5°

③ 8°　　　　　　　④ 15°

해설

• 보도교는 도로나 철로를 사람들이 안전하게 다닐 수 있게 만든 다리를 말한다.

• 보통은 계단을 설치하나 휠체어, 유모차 등이 오르고 내려가기 쉽게 경사로를 설치하기도 하며, 최근에는 엘리베이터도 설치한다.

63 어린이 놀이시설물 설치에 대한 설명으로 옳지 않은 것은?

① 시소는 출입구에 가까운 곳, 휴게소 근처에 배치하도록 한다.

② 미끄럼대의 미끄럼판의 각도는 일반적으로 30~40° 정도의 범위로 한다.

③ 그네는 통행이 많은 곳을 피하여 동서방향으로 설치한다.

④ 모래판은 하루 4~5시간의 햇볕이 쬐고 통풍이 잘 되는 곳에 위치시킨다.

64 모래판 조성에 관한 설명이다. 가장 옳지 않은 것은?

① 하루에 4~5시간의 햇볕이 쬐고 통풍이 잘 되는 곳에 설치한다.

② 모래판은 가능한 한 휴게시설에서 멀리 배치한다.

③ 모래판의 깊이는 놀이의 안전을 고려하여 30cm 이상으로 한다.

④ 가장자리는 방부처리한 목재를 사용하여 지표보다 높게 모래막이 시설을 해준다.

65 휴게공간의 입지 조건으로 적합하지 않은 것은?

① 경관이 양호한 곳

② 시야가 잘 띄지 않은 곳

③ 보행동선이 합쳐지는 곳

④ 기존 녹음수가 조성된 곳

66 옥외 장치물에서 벤치, 퍼걸러, 정자 등은 무슨 시설인가?

① 휴게시설　　　　② 안내시설

③ 편익시설　　　　④ 관리시설

해설

• 안내시설 : 표지판(안내판), 유도블록(시각장애인용) 등

• 편익시설 : 휴지통, 음수대(식수대) 등

• 관리시설 : 관리소, 화장실 등

67 벤치설치 기준에 부적합한 것은?

① 앉음판의 높이는 약 34~40cm이다.

② 앉음판의 너비는 38~43cm를 표준치로 한다.

③ 2인용 벤치의 폭은 100cm가 적당하다.

④ 앉음판과 등받이의 각도는 일반 휴식의 경우 110° 정도이다.

> **해설**
>
> 2인용 벤치의 폭은 120cm가 적당하다.

68 공원에 화장실을 설치할 때 면적이 1.5~2ha마다 몇 개씩 설치하는가?

① 1개   ② 2개

③ 3개   ④ 4개

> **해설**
>
> [공중화장실 설치 기준]
> • 전체 면적 : 33m² 이상
> • 대변기 수 : 총 11개 이상
> • 남자 대변기 : 3개 이상, 여자 대변기 : 8개 이상
> • 소변기 : 5인용 이상

69 일반 공원의 경우 휴지통은 대략 어느 정도 설치하는가?

① 벤치 2~4개당 1개, 20~60m 간격마다 1개

② 벤치 4~6개당 1개, 60~80m 간격마다 1개

③ 벤치 2~3개당 1개, 15~25m 간격마다 1개

④ 벤치 4~6개당 1개, 40~60m 간격마다 1개

70 다음 중 음수대에 관한 설명으로 옳지 않은 것은?

① 표면재료는 청결성, 내구성, 보수성을 고려한다.

② 양지 바른 곳에 설치하고, 가급적 습한 곳은 피한다.

③ 유지관리상 배수는 수직 배수관을 많이 사용하는 것이 좋다.

④ 음수전의 높이는 성인, 어린이, 장애인 등 이용자의 신체특성을 고려하여 적정높이로 한다.

71 음수전 설계 시 물이 나는 지점과 사람과의 거리는?

① 20cm   ② 50cm

③ 40cm   ④ 70cm

72 조경시설물 중 관리시설물로 분류되는 것은?

① 분수, 인공폭포   ② 그네, 미끄럼틀

③ 축구장, 철봉   ④ 조명시설, 표지판

> **해설**
>
> • 수경시설 : 분수, 인공폭포
> • 놀이시설 : 그네, 미끄럼틀
> • 운동시설 : 축구장, 철봉

73 가로등 조명 중 가장 수명이 긴 것은?

① 수은등   ② 할로겐등

③ 형광등   ④ 백열등

74 설치비는 비싸지만 유지관리비가 저렴하며 열효율이 높고 투시성이 뛰어난 등은?

① 나트륨등   ② 금속할로겐등

③ 수은등   ④ 형광등

75 다음 중 밝기가 적절한 것은?

① 주택가, 도로 : 200~500룩스

② 공원 : 100~200룩스

③ 경기장 : 100~300룩스

④ 주차장 : 5~100룩스

> **해설**
>
> • 주택가, 도로 : 1~10룩스
> • 공원 : 2~20룩스
> • 경기장 : 20~5,000룩스

정답 67 ③ 68 ① 69 ① 70 ③ 71 ② 72 ④ 73 ① 74 ① 75 ④

76 창살울타리(Trellis)는 설치 목적에 따라 높이 차이가 결정되는데 그 목적이 적극적 침입방지의 기능일 경우 최소 얼마 이상으로 하여야 하는가?

① 2.5m   ② 1.5m
③ 1m   ④ 50m

77 다음 중 시방서에 포함되어야 할 내용으로 가장 부적합한 것은?

① 재료의 종류 및 품질
② 시공 방법의 정도
③ 재료 및 시공에 대한 검사
④ 계약서를 포함한 계약 내역서

78 수목뿌리의 역할이 아닌 것은?

① 지장근 : 양분을 저장하여 비대해진 뿌리
② 부착근 : 줄기에서 새근이 나와 다른 물체에 부착하는 뿌리
③ 기생근 : 다른 물체에 기생하기 위한 뿌리
④ 호흡근 : 식물체를 지지하는 기근

> **해설**
> 호흡근은 뿌리의 일부가 공기 중에 노출되어 공기를 흡수하는 기근이다.

79 다음 중 일반적인 토양의 상태에 따른 뿌리 발달에 대한 설명으로 옳지 않은 것은?

① 비옥한 토양에서는 뿌리목 가까이에서 많은 뿌리가 갈라져 나가고 길게 뻗지 않는다.
② 척박지에서는 뿌리의 갈라짐이 적고 길게 뻗어 나간다.
③ 건조한 토양에서는 뿌리가 짧고 좁게 퍼진다.
④ 습한 토양에서는 호흡을 위하여 땅 표면 가까운 곳에 뿌리가 퍼진다.

> **해설**
> 건조한 토양에서는 뿌리가 깊게 뻗는다.

80 조경식재 공사에서 뿌리돌림의 목적으로 가장 부적합한 것은?

① 뿌리분을 크게 만들기 위해
② 이식 후 활착을 돕기 위해
③ 잔뿌리의 신생과 신장도모
④ 뿌리 일부를 절단 또는 각피하여 잔뿌리 발생촉진

81 큰 나무 뿌리돌림에 대한 설명 중 옳지 못한 것은?

① 굵은 뿌리를 3~4개 정도 남겨둔다.
② 굵은 뿌리 절단 시 톱으로 깨끗이 절단한다.
③ 뿌리돌림을 한 후에 새끼로 뿌리분을 감아 두면 뿌리의 부패를 촉진하여 좋지 않다.
④ 뿌리돌림을 하기 전 지주목을 설치하여 작업하는 것이 좋다.

82 느티나무의 수고가 4m, 흉고지름이 6cm, 근원지름이 10cm인 뿌리분의 지름크기는 대략 얼마로 하는 것이 좋은가? [단, A=24+(N−3)×d, d : 상수(상록수 : 4, 낙엽수 : 5)]

① 29cm   ② 39cm
③ 59cm   ④ 99cm

> **해설**
> 느티나무는 낙엽수이므로 d의 값은 5이다.
> 따라서 24+(10−3)×5=59cm

76 ②   77 ④   78 ④   79 ③   80 ①   81 ③   82 ③   **정답**

83 일반적으로 수목을 뿌리돌림할 때, 분의 크기는 근원지름의 몇 배 정도가 적당한가?

① 2배　　　　　② 4배

③ 8배　　　　　④ 12배

84 근원 직경이 15cm인 수목의 뿌리분은 직경이 얼마인가?

① 30cm　　　　② 60cm

③ 90cm　　　　④ 120cm

85 나무를 옮겨 심었을 때 잘려진 뿌리로부터 새 뿌리가 나오게 하여 활착이 잘되게 하는 데 가장 중요한 것은?

① 호르몬과 온도

② C/N율과 토양의 온도

③ 온도와 지주목의 종류

④ 잎으로부터의 증산과 뿌리의 흡수

> 해설
>
> 잎에서의 증산량과 뿌리에서의 흡수량의 비율을 T/R율이라 한다.

86 조경공사에서 이식 적기가 아닌 때 식재공사를 하는 방법으로 틀린 것은?

① 가지의 일부를 쳐내서 증산량을 줄인다.

② 뿌리분을 작게 만들어 수분조절을 해준다.

③ 증산억제제를 나무에 살포한다.

④ 봄철의 이식 적기보다 늦어질 경우 이른 봄에 굴취하여 가식한다.

87 수목의 생리상 이식 시기로 가장 적당한 시기는?

① 뿌리활동이 시작되기 직전

② 뿌리활동이 시작된 후

③ 새 잎이 나온 후

④ 한창 생장이 왕성한 때

> 해설
>
> 가장 적당한 이식 시기는 증산량이 가장 적은 봄이나 가을이다.

88 다음 중 모란의 이식 적기는?

① 2월 상순~3월 상순

② 3월 상순~4월 상순

③ 6월 상순~7월 중순

④ 9월 중순~10월 중순

> 해설
>
> 모란은 낙엽활엽수로, 이식 시기는 가을(10~11월, 잎이 떨어진 휴면기)이나 봄(해토 직후부터 4월 중순까지)이 적합하다.

89 다음 중 조경수의 이식에 대한 적응이 가장 쉬운 수종은?

① 벽오동　　　　② 전나무

③ 섬잣나무　　　④ 가시나무

90 수종에 따라 또는 같은 수종이라도 개체의 성질에 따라 삽수의 발근에 차이가 있는데 일반적으로 삽목 시 발근이 잘 되지 않는 수종은?

① 오리나무　　　② 무궁화

③ 개나리　　　　④ 꽝꽝나무

정답　83 ②　84 ②　85 ④　86 ②　87 ①　88 ④　89 ①　90 ①

91 소나무류를 옮겨 심을 경우 줄기를 진흙으로 이겨 발라놓은 주요한 이유가 아닌 것은?

① 해충을 구제하기 위해

② 수분의 증산을 억제

③ 겨울을 나기 위한 월동 대책

④ 일시적인 나무의 외상을 방지

92 수피가 얇은 나무에서 수피가 타는 것을 방지하기 위하여 실시해야 할 작업은?

① 수간주사 주입 ② 낙엽 깔기

③ 줄기 싸기 ④ 받침대 세우기

93 다음 중 줄기의 수피가 얇아 옮겨 심은 직후 줄기 감기를 반드시 하여야 되는 수종은?

① 배롱나무 ② 소나무

③ 향나무 ④ 은행나무

94 다음 중 바람에 대한 이식 수목의 보호조치로 가장 효과가 없는 것은?

① 큰 가지치기 ② 지주목 세우기

③ 수피감기 ④ 방풍막 치기

95 일반적으로 높이 10m의 방풍림에 있어서 방풍효과가 미치는 범위를 바람 위쪽과 바람 아래쪽으로 구분할 수 있는데, 바람 아래쪽은 약 얼마까지 방풍효과를 얻을 수 있는가?

① 100m ② 300m

③ 500m ④ 1,000m

해설
- 바람 위쪽 : 수고의 6~10배 거리까지 효과 있음(수고 10m일 경우 최대 100m)
- 바람 아래쪽 : 수고의 25~30배 거리까지 효과 있음 (수고 10m일 경우 최대 300m)
- 방풍효과가 가장 큰 지점 : 수고의 3~5배 거리 지점에서는 바람 속도가 최대 약 65%까지 줄어듦

96 이식할 수목의 가식장소와 그 방법의 설명으로 잘못된 것은?

① 공사의 지장이 없는 곳에 감독관의 지시에 따라 장소를 정한다.

② 그늘지고 배수가 잘 되지 않는 곳을 선택한다.

③ 나무가 쓰러지지 않도록 세우고 뿌리분에 흙을 덮는다.

④ 필요한 경우 관수시설 및 수목 보양시설을 갖춘다.

97 다음 중 교목의 공사 공정으로 옳은 것은?

① 구덩이파기 → 물 죽쑤기 → 묻기 → 지주 세우기 → 수목방향 정하기 → 물집 만들기

② 구덩이파기 → 수목방향 정하기 → 묻기 → 물 죽쑤기 → 지주세우기 → 물집 만들기

③ 수목방향 정하기 → 구덩이파기 → 물 죽쑤기 → 묻기 → 지주세우기 → 물집 만들기

④ 수목방향 정하기 → 구덩이파기 → 묻기 → 지주세우기 → 물 죽쑤기 → 물집 만들기

98 식물 생육에 필요한 토양의 생존 최소 깊이와 생장(생육) 최소 깊이가 바르게 연결된 것은?

① 잔디 및 초본류 - 15, 30

② 대관목 - 30, 45

③ 천근성 교목 - 45, 60

④ 심근성 교목 - 60, 90

해설

구분		생존최소토심	생육최소토심
교목	심근성	90cm	150cm
	천근성	60cm	90cm
관목	대	45cm	60cm
	소	30cm	45cm
지피/초화류		15cm	30cm

91 ③　92 ③　93 ①　94 ③　95 ②　96 ②　97 ②　98 ① 정답

99 자연토양을 사용한 인공지반에 식재된 대관목의 생존에 필요한 최소 식재 토심은? (단, 배수구배는 1.5~2.0%이다.)

① 15m ② 30cm
③ 45cm ④ 70cm

100 잔디밭을 조성하려 할 때 뗏장붙이는 방법으로 틀린 것은?

① 뗏장붙이기 전에 미리 땅을 갈고 정지(整地)하여 밑거름을 넣는 것이 좋다.
② 뗏장붙이는 방법에는 전면붙이기, 어긋나게 붙이기, 줄붙이기 등이 있다.
③ 줄붙이기나 어긋나게 붙이기는 뗏장을 절약하는 방법이지만, 아름다운 잔디밭이 완성되기까지에는 긴 시간이 소요된다.
④ 경사면에는 평떼 전면붙이기를 시행한다.

경사면에는 줄떼붙이기를 시행한다.

101 화단에 초화류를 식재하는 방법으로 옳지 않은 것은?

① 식재할 곳에 1평당 퇴비 1~2kg, 복합비료 80~120g을 밑거름으로 뿌리고 20~30cm 깊이로 갈아준다.
② 큰 면적의 화단은 바깥쪽부터 시작하여 중앙부위로 심어 나가는 것이 좋다.
③ 식재하는 줄이 바뀔 때마다 어긋나게 심는 것이 보기에 좋고 생장에 유리하다.
④ 심기 한나절 전에 관수해 주면 캐낼 때 뿌리에 흙이 많이 붙어 활착에 좋다.

해설

큰 면적의 화단은 안쪽에서부터 시작하여 바깥쪽으로 심어 나가는 것이 좋다.

102 건물이나 담장 앞 또는 원로에 따라 길게 만들어지는 화단은?

① 모둠화단 ② 경재화단
③ 카펫화단 ④ 침상화단

경재화단은 한쪽에서만 관상하도록 구성되며, 앞쪽에는 낮은 식물, 뒤쪽에는 키 큰 식물을 배치하는 방식이다.

103 실내조경식물의 선정 기준이 아닌 것은?

① 가스에 잘 견디는 식물
② 낮은 광도에 견디는 식물
③ 내건성과 내습성이 강한 식물
④ 온도 변화에 예민한 식물

해설

실내 조경식물은 낮은 광도와 온도 변화에 잘 견디는 식물, 내건성 및 내습성이 뛰어난 식물, 가스와 병충해에 잘 견디는 식물, 가시나 독성이 없는 안전한 식물이 적합하다.

104 실내조경계획에 있어 실내식물의 중요한 환경적 고려요소가 아닌 것은?

① 광선의 도입
② 습도의 유지
③ 실내공간의 규모
④ 토양력의 유지

정답 99 ③ 100 ④ 101 ② 102 ② 103 ④ 104 ③

105 실내식물의 환경조건에 대한 설명으로 옳지 않은 것은?

① 실내에서는 건축적 제약으로 인하여 하루 12~18시간 정도 빛을 공급받아야 한다.

② 실내정원의 낮 온도는 21~24°C로 유지시켜야 한다.

③ 식물에 있어서 최적습도는 70~90%인데, 상대습도가 30% 이상이면 대부분의 식물은 적응할 수 있다.

④ 실내조경용 토양은 배수가 양호하고 양분이 많은 순수토양을 사용해야 한다.

106 실내식물은 광선의 세기가 광보상점 이상 광포화점 이하여야 건강하게 생육할 수 있는데, 빛의 세기가 너무 약하면 나타나는 현상은?

① 잎이 황색으로 변한다.

② 잎이 마르고 희게 된다.

③ 잎의 두께가 굵어진다.

④ 잎의 가장자리가 마르게 된다.

• 광보상점 : 식물의 광합성량과 호흡량이 정확히 같아지는 광도의 지점
• 광포화점 : 빛의 세기가 일정 수준 이상으로 증가해도, 광합성 속도가 더 이상 증가하지 않는 지점

107 실내식물 생육 시 빛의 강도가 너무 약할 때 일어나는 현상이 아닌 것은?

① 잎이 황색으로 변한다.

② 잎이 마르고 희게 된다.

③ 점차적으로 잎이 떨어진다.

④ 잎의 두께가 얇아지고 줄기가 가늘어진다.

잎이 마르고 희게 되는 현상은 강한 햇빛에 그대로 노출이 되었을 때 발생한다.

108 실내의 내음성 식물에 빛의 강도가 너무 강하였을 때의 현상은?

① 잎이 황색으로 변한다.

② 점차적으로 잎이 떨어진다.

③ 잎의 두께가 얇아지고 줄기가 가늘어진다.

④ 잎이 마르고 희게 되며 나중에는 죽게 된다.

내음성 식물 : 음지에서도 광합성을 하며 독립영양을 마련할 수 있는 식물

109 건조 등 환경적응이 강한 식물로 독특한 모양으로 인해 실내 분식물 장식에서 관엽식물 다음으로 많이 이용되는 식물은?

① 고산식물 ② 구근류

③ 화목류 ④ 다육식물

다육식물은 건조한 기후에 적응하기 위해 잎이나 줄기 혹은 뿌리에 물을 저장하는 구조를 지닌 식물이다.

110 실내정원을 구성할 때 사용되는 인공토양에 관한 설명으로 옳은 것은?

① 펄라이트(Perlite)는 화강암 속의 흑운모를 1,100°C 정도의 고온에서 수증기를 가하여 팽창시킨 것이다.

② 버미큘라이트(Vermiculite)는 황토와 톱밥을 섞어서 둥글게 뭉쳐 고온 처리한 것이다.

③ 하이드로볼(Hydro Ball)은 진주암을 870°C 정도의 고온으로 가열하여 팽창시켜 만든 백색의 가벼운 입자로 만든 것으로 무균상태이다.

④ 피트모스(Peatmoss)는 습지의 수태가 퇴적하여 만들어진 것으로 유기질 용토이다.

• ①은 버미큘라이트에 관한 설명이다.
• ②는 하이드로볼에 관한 설명이다.
• ③은 펄라이트에 관한 설명이다.

105 ④ 106 ① 107 ② 108 ④ 109 ④ 110 ④

Chapter 13 🌳 조경관리

① 조경수목의 전정

01 전정의 정의 : 나무의 건전한 생육과 형태 유지를 위해 가지나 잎 등의 일부를 제거하는 작업이다.

02 전정의 목적

(1) 예술적인 측면

① 원래 수형 유지 : 자연미 강조, 본래 수형을 유지한다.

② 토피어리 : 장식미를 강조하고, 조형미를 창출한다.

(2) 실용적인 측면

① 태풍피해 : 전정을 통해 바람의 저항을 최소화한다.

② 주위시설물 피해방지 : 공공시설물을 가리는 가지를 제거하여 시설물의 기능을 원활히 유지한다.

(3) 생리적인 측면

구분	내용
개화	• 단순히 나무의 모양을 다듬는 것이 아니라, 식물의 생리 작용. 특히, 개화에도 직접적인 영향을 준다.
해거리 방지 및 결실촉진	• 과도한 결실을 억제하여 매년 안정적인 수확이 가능하도록 한다. • 햇빛과 통풍을 개선하여 광합성 효율을 높여 결실을 촉진한다.
수세회복	• 병해충, 환경 스트레스, 노화, 가지 과다 등으로 약해진 나무의 생장력을 다시 정상 상태로 되돌림
갱신유도	• 노쇠하거나 약해진 가지를 잘라내고, 새로운 가지의 생장을 유도하여 수목의 생리적 활력을 되살린다.
생장조장	• 생장을 조장하기 위해 병충해 피해지, 고사지, 꺾어진 가지, 곁움 등을 제거한다.
생장억제	• 발육 억제 및 수형 고정에 기여한다. 예 산울타리 전정
생리조절	• 이식 시 지하부의 손실에 따라 지상부를 전정함으로써 수분 흡수와 증산의 균형을 맞추는 생리조절이 필요하다.

※ T/R율은 가지와 뿌리의 균형을 유지하기 위한 생리조절의 한 방법이며, 일반적으로 1:1 비율이 대표적이다.

03 전정시기

구분	시기	특징
봄 전정	3~5월	• 새로운 가지와 잎이 나오는 3~5월에 실시한다. • 낙엽수는 생장기 초기에 순지르기나 눈따기 등의 약전정을 통해 생장을 조절한다. • 꽃피는 나무는 꽃이 진 후에 실시한다.
여름 전정	6월~8월	• 꽃나무는 6월에 전정을 끝낸다. • 꽃나무 전정 적기는 화아분화 약 1~2월 전이나 꽃이 진 직후이다.
가을 전정	9~11월	• 여름 전정의 연장 약전정을 한다. • 상록활엽수는 이 시기에 전정한다.
겨울 전정 (마취된 상태)	11~3월	• 대부분의 조경수목은 겨울에 전정한다. • 낙엽수의 경우, 휴면 중이라 전정의 영향을 거의 받지 않는다. • 겨울에는 나무에 잎이 없어 병든 가지나 해충 피해 가지를 찾기가 쉽다. • 상록활엽수는 겨울철 추위에 민감하므로 겨울 전정 시 강전정을 삼가야 한다.

※ 전정하지 않는 수종

구분	내용
낙엽활엽수	느티나무, 회화나무, 참나무류, 떡갈나무 등
상록활엽수	동백나무, 치자나무, 녹나무, 태산목 등
침엽수	독일가문비, 금송, 히말라야시다 등

※ 향나무 : 봄에 왕성한 성장 후 전정, 겨울에 치면 봄에 성장이 어렵다.

04 전정횟수

구분	내용
침엽수	• 침엽수는 전정에 민감하므로 1년에 한 번만 전정한다. • 보통 생육기 이전에 가볍게 정리해준다.
상록수 중 맹아력이 강한 수종	• 맹아력이 좋아 잘 자라는 상록수는 연 3회 전정이 가능하다. • 전정 시기는 5~6월, 7~8월, 9~10월로, 생육기를 나눠 가지를 정리한다.
상록수 중 맹아력이 보통인 수종	• 맹아력이 중간 정도인 나무는 연 2회 전정이 적당하다. • 보통 5~6월과 9~10월에 전정해 건강한 가지 분포를 유지한다.
낙엽수	• 낙엽수는 휴면기(12~3월)와 여름철(7~8월)에 2회 전정한다. • 겨울 전정은 수형 정리에, 여름 전정은 가지 솎기에 효과적이다.

05 전정 순서와 전정할 가지

(1) 전정 순서

① 전체 수형 스케치 : 전정을 시작하기 전에 나무의 형태를 잘 관찰하고, 제거할 가지와 남길 가지를 미리 계획한다. 이와 같이 하면 전정이 훨씬 효율적이고 실수도 줄일 수 있다.

② 위에서 아래로, 밖에서 안으로 : 전정은 위쪽에서 아래쪽으로, 바깥쪽에서 안쪽 방향으로 진행하는 것이 좋다. 이와 같이 하면 가지들이 잘 보여 작업이 수월하고, 전체 균형을 잡기 쉽다.

③ 굵은 가지부터 잔가지 순으로 : 굵은 가지는 나무 모양에 큰 영향을 주므로 먼저 잘라 큰 틀을 잡는다. 그 다음에 잔가지를 다듬으며 세부적인 형태를 정리한다.

(2) 전정할 가지

① 도장지(튀어나온 가지) : 수형과 통풍에 방해 ② 안으로 향한 가지 : 수형을 나쁘게 함

③ 고사지, 병충해 입은 가지 ④ 줄기에 움돋은 가지(맹아지)

⑤ 교차한 가지 ⑥ 신초(맨 위에 하나만 남김)

⑦ 평행지 및 수하지 등

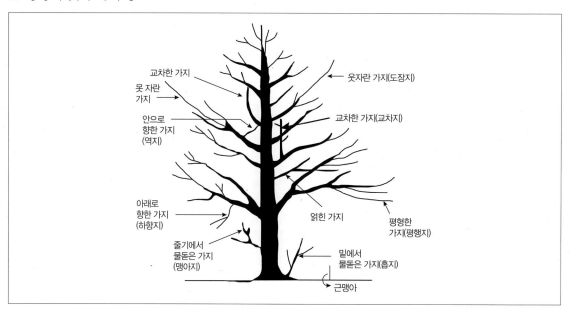

(3) 강전정과 약전정

구분	내용
강전정	• 생육이 왕성하고, 새 가지 발생이 잘 되는 어린 나무 • 활엽수는 침엽수에 비해 강전정에 잘 견딤 • 교목 및 가로수는 범위를 크게 잡아 전정(단, 지하고 2.5m 이상 유지) • 전정 후 새 가지 유도, 수형 조절 목적
약전정	• 부드러운 질감을 가진 나무 예 수양버들, 단풍나무 • 침엽수는 특히 겨울철 전정을 피하고, 약하게 정리 • 가지 끝이나 새순을 가볍게 다듬는 수준 • 상처 최소화, 형태 유지 목적

06 전정방법

① 전정을 시작하기 전에는 나무의 전체 수형을 파악하고, 실제 가지가 자라날 방향과 배치를 고려하여 작업 계획을 세워야 한다.

② 전정은 보통 나무의 정상부에서부터 주지를 중심으로 진행하며, 주간으로부터 사방으로 균형 있게 굵은 가지를 배치하고, 상하로도 적절한 간격을 유지하도록 한다.

③ 수액이 본격적으로 흐르기 전에 강전정을 실시하면 수목의 높이를 조절하고 키를 낮출 수 있는 효과가 있다.

④ 특별한 경우를 제외하고 한 줄기 끝에서 여러 개의 가지가 동시에 발생하지 않도록 해야 한다.

⑤ 벚나무는 병원균에 약한 특성이 있으므로, 굵은 가지를 자를 경우 절단 부위에 병균 침입을 막기 위해 반드시 도포제를 발라야 한다.

⑥ 느티나무는 바람에 의한 피해를 고려하여 굵은 가지 전정을 피할 수 있지만, 무조건적인 가지치기 회피는 바람 피해보다 과밀 수형 등 부작용이 클 수 있으므로 상황에 따라 판단해야 한다.

⑦ 가이즈까 향나무는 전정 시 전정가위를 약 45° 각도로 세워 절단면이 깔끔하게 되도록 잘라야 한다.

⑧ 가로수 전정 시에는 차량과 보행자의 통행에 지장이 없도록 지하고가 2.5m 이상이 되도록 전정한다.

⑨ 좁은 톱을 사용해 가지를 전정한 뒤에는 끌로 절단면을 매끈하게 다듬고, 유성 페인트나 방부제를 발라 상처 부위를 보호해야 한다.

⑩ 마디 위 전정 시 바깥눈 기준으로 위쪽 7~10mm 정도 위에서 자르며, 눈의 방향과 평행하게 전정해야 눈이 커지고 가지로 발달하기 용이하다.

⑪ 소나무 순지르기는 보통 5~6월에 실시하며, 새 순 중 2~3개만 남기고 중심 순을 포함한 나머지는 제거한다. 남기는 순도 1/2~2/3 정도만 손으로 꺾어 수세를 조절하며, 묵은 잎은 뽑아주어 햇빛 투과를 돕고 생장을 억제할 수 있다.

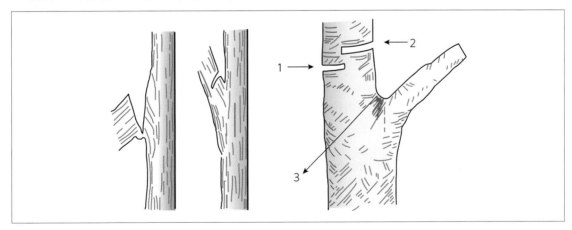

⑫ 잣나무 잎솎기는 보통 2~3년생 잣나무에 실시하며, 8~9월경 맨손으로 부드럽게 훑어주는 방식으로 한다.

07 가지의 명칭

구분	내용
주지(主枝)	• 가장 굵은 가지
부주지(副主枝)	• 두 번째로 굵은 가지
측지(側枝)	• 옆으로 뻗은 가지
신초지(新梢枝)	• 겨울눈이 그 해 가지로 자란 것
역지(逆枝)	• 줄기로 향한 가지
도장지(徒長枝)	• 다른 가지에 비해 세력이 강하고, 위를 향하여 길게 자란 가지
교차지(交叉枝)	• 나뭇가지가 서로 엇갈린 가지
중복지(重複枝)	• 가지의 분기점에서 2개의 가지가 나온 것
상향지	• 위로 향한 가지
하향지	• 아래로 향한 가지
수하지(垂下枝)	• 아래로 처져 줄기와 평행하게 자란 가지. 가지가 꺾여 끝눈이 비정상적인 방향으로 자라서 생긴 가지
맹아지(萌芽枝)	• 정상적인 눈에서 발달한 가지가 아닌 잠아나 부정아에서 발달한 가지
부정아	• 원래 눈이 생기지 않는 기관이나 조직에서 나오는 눈

08 기타

(1) **전정가위** : 전정 작업에 사용되는 가위는 용도에 따라 다양한 종류가 있다.

① 갈쿠리 전정가위 : 손이 닿기 어려운 높은 가지를 자르거나 열매를 채취할 때 사용되며, 끝에 갈고리 모양이 있어 대상물을 쉽게 끌어당기거나 고정할 수 있다.

② 적심가위 또는 순치기 가위 : 주로 연하고 부드러운 가지, 혹은 수관 내부의 가늘고 약한 가지를 제거할 때 사용한다. 또한, 꽃꽂이용으로 섬세한 가지를 다듬을 때에도 사용된다.

(2) **리콤의 법칙**

가지의 각도에 따라 생장 형태가 달라지는 현상으로 가지가 수직에 가까울수록 생장은 왕성하지만, 꽃눈 형성이나 열매 착과는 적고, 반대로 수평에 가까울수록 생장세는 약해지나 열매가 잘 달리는 특징이 있다. 따라서 전정 시, 가지의 수직성과 수평성 사이에서 균형과 조화를 이루도록 잘 조절해야 한다.

② 조경수목 보호관리

01 거름주기

(1) 목적

① 수목의 건강한 생장을 유도하고, 기능적·심미적 가치를 높이는 데 있다.

② 양분을 충분히 공급함으로써 수목의 생육을 촉진하고, 잎과 수형이 건강하게 유지되어 미관을 향상시킨다.

③ 건강한 수목은 병해충에 대한 저항력이 높아지므로, 적절한 시비는 병충해 예방에도 효과적이다.

④ 유기질 비료를 사용할 경우, 미생물 번식과 토양 활력을 간접적으로 촉진할 수 있다.

⑤ 인산·칼륨 등 꽃과 열매 형성에 필요한 영양분을 공급함으로써 개화 상태를 개선하고 열매 성숙을 촉진하는 효과도 있다.

(2) 거름 주는 요령

① 효력이 천천히 나타나는 거름은 늦가을부터 이른 봄 사이에 뿌리 주변에 사용하여, 뿌리의 흡수 활동이 시작될 무렵에 효과가 나타나도록 한다.

② 속효성 비료는 7월 말 이전 생장기에만 사용한다. 특히, 황산암모늄과 같은 질소 비료를 계속 사용할 경우에는 토양을 산성화시킬 수 있으므로 주의가 필요하다.

③ 두엄이나 퇴비와 같은 유기질 비료는 잘 숙성된 것을 사용해야 한다.

④ 흙이 너무 건조할 경우에는 물을 먼저 뿌려 토양을 축인 후 거름을 주어야 한다.

(3) 거름주는 시기

① 질소질 비료와 같은 속효성 비료는 덧거름(추비)으로, 지효성 비료는 밑거름(기비)으로 사용한다.

구분	내용
속효성 비료	• 효력이 빠른 비료이다. • 주로 3월경 싹이 트는 시기, 꽃이 진 직후, 열매를 수확한 뒤와 같이 수목이 양분을 많이 필요로 하는 시기에 사용된다. • 다만, 7월 이후에는 속효성 비료를 주지 않는 것이 바람직하다.
지효성 비료	• 효력이 느린 비료이다. • 보통 늦가을부터 이른 봄 사이에 사용한다.

② 수목의 생장 시기에 따라 밑거름(두엄, 계분, 퇴비)과 덧거름(질소, 인, 칼륨 등 복합비료)을 적절히 사용한다.

③ 화목류(꽃나무)의 경우 인산 비료는 일반적으로 5~6월경 꽃눈이 형성되기 전 시기에 주는 것이 효과적이며, 일부 수종에서는 7~8월에도 시용 가능하다.

④ 조경 수목의 시비 시기는 일반적으로 낙엽이 진 후가 좋다.

(4) 거름 주는 방법

① 전면 거름주기 : 수목을 식재하기 전에 밑거름으로 비료를 전면적으로 살포한 뒤 경운하는 방법이나, 수목이 밀식된 곳에 비료를 전면에 골고루 살포하는 방법이다.

② 윤상 거름주기 : 수목의 주위를 둥글게 파서 그 안에 비료를 주는 방법이다.

③ 방사성 거름주기 : 수목의 밑둥에서 바깥 방향으로 방사형으로 도랑을 내고 그 안에 비료를 주는 방법이다.

④ 선상 거름주기 : 산울타리처럼 군식된 수목을 따라 도랑을 길게 파고 비료를 주는 방법이다. 예 주목, 장미, 철쭉, 벚나무 등

⑤ 천공 거름주기 : 수목 주위의 몇 군데에 구멍을 뚫고 그 안에 흙과 거름을 섞어 넣는 방법이다. 보통 6개월 정도 효과가 지속된다.

⑥ 격윤상 거름주기: 윤상 거름주기와 유사하지만, 연속적으로 거름을 주지 않고 일정 간격을 두고 띄엄띄엄 거름을 주는 방법이다.

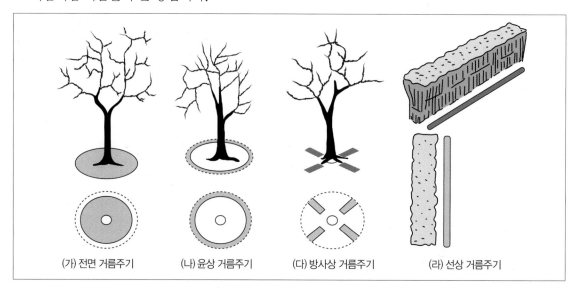

(가) 전면 거름주기　(나) 윤상 거름주기　(다) 방사상 거름주기　(라) 선상 거름주기

💡 엽면시비법과 수간주사 및 질소질 비료 종류

1. 엽면시비법 및 수간주사

엽면시비법	• 액체 비료를 물에 희석하여 식물의 잎에 직접 공급하는 방식이다. • 잎의 표면보다 뒷면(이면)에서 비료 성분의 흡수가 더 잘 이루어진다.
수간주사	• 엽면시비나 토양시비가 어려운 경우에 사용한다. • 거목이나 경제성이 높은 수종을 대상으로 하는 경우 사용한다.

※ C/N율 : 탄소(C, 주로 탄수화물로 뿌리에 저장됨)와 질소(N, 뿌리에서 지상부로 이동)의 비율이다. 식물의 생장과 생리작용에 중요한 지표이다.

2. 질소질 비료 종류

황산암모늄	• 질소 함량 21%. 석회질소나 나무재와 함께 사용하지 않아야 하며, 장기간 사용할 경우 토양을 산성화시킬 수 있다.
요소	• 질소 함량 45%으로 수분 흡수가 빠른 속효성 비료이다.

02 식물에 흡수되는 양분과 역할

(1) 식물에 필요한 16대 원소

구분	내용
다량원소	탄소(C), 수소(H), 산소(O), 질소(N), 인(P), 칼륨(K), 칼슘(Ca), 마그네슘(Mg), 황(S)
미량원소	철(Fe), 망간(Mn), 몰리브덴(Mo), 붕소(B), 아연(Zn), 구리(Cu), 염소(Cl)
비료의 3요소	질소(N), 인(P), 칼륨(K)
비료의 4요소	질소(N), 인(P), 칼륨(K), 칼슘(Ca)

(2) 주요비료의 역할

가) 질소(N)

① 질소는 광합성을 촉진하여 수목의 잎과 줄기 생장을 돕는다.

② 질소가 부족하면 생장이 위축되고 조기에 성숙하게 된다.

③ 질소가 과다하면 도장이 발생하고 식물이 약해지며 성숙이 늦어진다.

④ 질소 과다는 식물의 내한성을 떨어뜨리지만, 휴면기에는 내한성이 오히려 증가한다.

⑤ 질소 기아 현상은 질소 부족으로 인해 미생물이나 식물 간 질소 경쟁이 발생하는 현상이다. 이 현상은 유기물이 많은 토양에서 주로 발생한다.

나) 인(P)

① 인은 세포 분열을 촉진하고, 꽃과 열매 및 뿌리의 발육에 관여한다.

② 새눈과 잔가지의 형성에도 영향을 미치며, 결핍될 경우 뿌리, 줄기, 가지의 수가 줄어들고, 꽃과 열매의 품질이 나빠진다.

③ 과잉되면 영양 생장이 단축되고 성숙이 촉진되며, 그 결과 수확량이 감소한다.

다) 칼륨(K)

① 칼륨은 병해, 서리, 가뭄(한발)에 대한 저항성을 높이며, 꽃과 열매의 향기 및 색깔 조절에 관여한다.

② 결핍 시 잎이 시들고, 단백질과 녹말의 생성이 감소한다.

라) 칼슘(Ca)

① 칼슘은 식물체 내 유기산을 중화하고, 단백질 합성 및 뿌리 박테리아의 질소 고정을 돕는다.

② 칼슘 부족 시, 뿌리나 새싹의 생장점이 파괴되어 갈색으로 변하며 죽게 된다.

③ 가뭄과 추위에 대한 저항성이 약해져 피해를 받기 쉬워진다.

마) 황(S)

① 황은 꽃과 열매의 생리적 조절(예 행기 조절) 및 호흡 작용, 콩과 식물의 근류 형성, 그리고 탄수화물 대사 작용에 관여한다.

② 황 결핍 시 단백질 합성이 지연되며, 콩과 식물의 질소 고정 작용이 저하된다. 또한 안토시안 색소가 형성되어 생육이 저해된다.

바) 철(Fe)

① 철은 엽록소 생성의 촉매 작용을 하며, 산소 운반, 효소의 활성(부활) 작용, 과산화수소 분해에도 관여한다.

② 철 결핍 시 엽맥 사이의 잎 조직에 황화(황변)현상이 나타난다.

※ **뿌리** : 양분과 수분을 흡수, 잎에서 만든 동화양분을 저장한다.

※ **뿌리털** : 가장 왕성하게 양분을 흡수한다.

03 관수(물주는 시기)

(1) 수분의 역할

① 식물체 내에서 물질의 이동과 다양한 생화학적 반응은 주로 물을 매개로 하여 이루어진다.

② 세포 내의 액포에 있는 세포액은 팽압을 형성하여 식물의 체형을 유지하는 데 기여한다.

③ 수분 증산 작용은 수목의 체온 조절에 도움을 준다.

④ 토양에 존재하는 유효 물질은 식물이 흡수 가능한 형태의 양분을 의미하며, 물은 이들 물질을 용해시켜 뿌리를 통해 흡수 가능하게 만든다.

(2) 관수 시기

① 잎이 시들기 시작할 때는 토양이 건조하다는 신호로, 이 시점을 기준으로 토양이 습한지 건조한지를 판단할 수 있다.

② 한 번 충분히 관수한 후 중단하는 것보다, 일정 간격으로 계속해서 관수해 주는 것이 식물 생장에 더 효과적이다.

③ 관수는 나무의 근원직경(줄기 굵기)의 3~5배 정도 떨어진 위치에 원형으로 고랑을 파서 실시하는 것이 좋다.

04 조경 수목 관리

(1) 풍해

① 조풍 : 바다로부터 소금기를 품고 불어오는 바람(염해)이다.

② 주풍 : 일정한 방향으로 규칙적으로 부는 바람에 나무가 피해를 입은 현상이다.

(2) 추위

① 상해(동해): 나무가 휴면 전이나 이른 봄 수분이 오른 상태에서 냉해를 입어 새싹이 피해를 입는 현상이다.

② 상렬 : 추위로 인해 나무껍질이 수직(수선) 방향으로 갈라지는 현상이다.

③ 상종 : 서리로 인해 나무 표면에 혹이 생기는 현상이며, 단풍나무, 배롱나무는 수피 감기가 반드시 필요하다.

④ 서리해 : 서리에 의해 발생하는 피해이며, 만상(晩霜)은 이른 봄에 발생하고, 조상(早霜)은 초겨울에 발생한다.

※ **잠복소 설치** : 월동해충을 유인해 모은 뒤, 이들을 봄에 태워서 해충 발생을 줄이기 위한 방제 방법이다.

(3) 예방법

구분	내용
성토법	식물의 뿌리 부위를 중심으로 지상에서 약 30~50cm 높이로 흙을 덮어 보온해 주는 방법이다.
피복법	지표면 위에 낙엽이나 왕겨, 짚 등을 20~30cm 두께로 덮어 식물을 보호하는 방식이다.
매장법	석류나무나 장미류처럼 추위에 약한 식물을 뿌리째 파내어 땅속에 눕혀 묻어주는 방식으로, 겨울철 추위로부터 보호한다.
포장법	백일홍, 모과나무, 장미, 감나무, 벽오동 등 낙엽 활엽수를 천 등으로 감싸서 외부의 찬 공기로부터 보호하는 방법이다.
방풍법	가이스까향나무나 히말라야시다와 같이 내한성이 약한 어린 상록수 주위에 바람을 막는 벽을 설치하여 찬바람 피해를 줄이는 방식이다.
훈연법	과수원 등에서 서리 피해를 예방하기 위해 새벽 무렵 연기를 피워 온도를 조절하는 방법으로, 보통 100m²당 1개소 정도로 설치한다.
관수법	서리가 내렸을 때 아침 일찍 물을 뿌려 서리를 녹여 식물의 피해를 줄이는 방법이다.
시비 조절법	7월 말까지 질소 비료, 인산 비료, 칼리 비료를 고루 주고, 이후에는 유기질 비료만을 사용하여 식물이 도장(과도한 성장)하시 않도록 조절하는 방식이다.

(4) 공해

① 대기오염 피해는 여름철 고온다습할 때 심하며, 주요 원인은 아황산가스, 일산화탄소, 질소산화물 등이다.

② 소나무, 자작나무, 독일가문비 등 기공이 많이 열리는 수종은 오염에 약하다.

③ 골프장 동남쪽처럼 일교차가 큰 지역에서는 단풍나무, 배롱나무 등의 수피가 잘 터진다.

(5) 껍질데기(피소, 한발 해)

① 피소는 여름철 강한 햇볕에 줄기가 과열되어 나무껍질이 데거나 갈라지는 현상이다.

② 피소 예방 방법으로는 하목식재, 줄기 새끼 감기, 석회수(백토제) 칠하기 등이 있다.

(6) 노목, 쇠약목 관리

가) 나무가 쇠약해지는 원인

① 뿌리 기능의 쇠약 : 수분과 양분 흡수가 원활하지 않아 나무의 생장이 저해되는 원인이 된다.

② 나무줄기의 손상 : 수피나 목질부가 물리적으로 다치면서 양분 이동이 어려워져 나무가 약해진다.

③ 병충해 및 공해 피해 : 병원균, 해충, 대기오염물질 등에 의해 조직이 손상되며 활력이 떨어진다.

④ 기상적 피해 : 강풍, 폭설, 가뭄, 동해(凍害) 등 극한 기후로 인해 나무에 스트레스가 가해지는 것이다.

나) 수목의 외과수술

① 시기 : 4~9월 사이, 조직 유합이 잘 되는 시기에 실시하는 것이 적절하다.

② 수술절차 : 부패부 제거 → 살균·살충 처리 → 방수·방부 처리 → 동공 충진(폴리우레탄폼, 콜타르 등) → 매트 처리 → 인공 나무껍질 처리 → 수지 처리 순서이다.

다) 수간 주사

① 시기 : 4~9월 사이, 증산작용이 활발한 맑은 날에 실시해야 흡수율이 높다.

② 방법

구분	내용
구멍 뚫기(2곳)	• 수간의 밑부분 5~10cm 높이에 하나, 반대편 10~20cm 높이에 하나씩 총 2개의 구멍을 드릴로 뚫는다.
구멍각도, 지름, 깊이	• 구멍의 각도는 약 30°, 지름은 5mm, 깊이는 3~4cm로 한다.
구멍 속 톱밥	• 구멍 속의 톱밥이나 찌꺼기는 깨끗이 제거한다.
수간 주입기	• 높이 180cm 정도 위치 나무가지에 주입기를 고정하고, 반대편에도 같은 방식으로 설치한다. • 주입 통에 약액을 넣고 호스를 통해 구멍까지 연결하며, 약액이 새지 않도록 호스 끝을 구멍에 단단히 끼운다. • 약액 주입 후 도포제를 발라 보호한 뒤, 코르크 마개로 구멍을 막아준다.

라) 엽면시비(효과 가장 빠름)

① 엽면시비는 나무의 세력이 쇠약해졌을 때, 잎을 통해 직접 양분을 공급하는 방법이다.

② 영양제는 100~500배 희석하여 사용한다.

③ 지상부 전체가 충분히 젖도록 고르게 분무 살포한다.

05 병충해의 방제

(1) 병해

가) 발병부위

① 잎, 꽃, 과일 : 흰가루병, 녹병, 붉은별무늬병, 갈색무늬병

② 줄기 발생 : 가지 마름병, 줄기 마름병

③ 나무 전체 발생 : 시들음병, 세균성연부병, 바이러스모자이크병, 흰비단병

④ 뿌리 발생 : 흰빛날개무늬병, 자주빛날개무늬병, 뿌리썩음병, 근두암종병

나) 병원균의 종류(전염성)

① 곰팡이류 : 조균, 담자균류, 자낭균, 불완전균

② 세균류 : 박테리아, 구균, 나선균, 사상균

다) 수목의 전염성 병해 분류

구분	내용
바이러스병	• 대표적으로 모자이크병이 있다. • 상처나 곤충(예 진딧물)에 의해 전염된다.
마이코플라스마병 (파이토플라스마)	• 대추나무, 오동나무, 뽕나무의 오갈병, 쥐똥나무 빗자루병 등이 있다. • 치료제로는 옥시테트라사이클린 1g을 물에 1,000배 희석하여 사용한다.

구분	내용
세균병	• 대표적인 예로 뿌리혹병이 있다. • 병원균으로는 박테리아, 구균, 사상균 등이 있다.
진균병(곰팡이병)	• 병원균의 종류에 따라 조균류, 담자균류, 자낭균류 등이 있다. 　－ 조균류 : 포도나무 노균병 　－ 담자균류 : 붉은별무늬병, 잣나무털녹병, 녹병 　－ 자낭균류 : 흰가루병, 그을음병 • 그 외 벚나무 빗자루병, 흰가루병 등도 대표적인 곰팡이성 병해이다.

라) 병해용어

① 전반 : 병원체가 다양한 경로를 통해 기주 식물에 도달하거나 전파되는 과정이다.

② 잠복기간 : 병원체가 식물에 감염된 후, 병징이 나타날 때까지의 시간이다.

③ 기주식물 : 병원체가 침입하여 정착하고, 병을 일으키는 대상 식물이다.

④ 이종기생 : 한 기생 생물이 일생 동안 두 가지 이상의 서로 다른 생물체에 기생하는 현상이다.

⑤ 기주교대 : 녹병균처럼 병원체가 생활사를 완성하기 위해 서로 다른 기주를 번갈아 기생하는 현상이다. 이때 두 기주 중 경제적 가치가 낮은 쪽을 중간기주라고 한다.

⑥ 중간기주 : 기주교대 과정에서 병원체가 일시적으로 기생하는 경제적 가치가 낮은 기주 식물이다.

⑦ 병징 : 병든 식물의 조직에 나타나는 색깔의 변화, 천공, 괴사, 위축 등을 말한다.

⑧ 표징 : 병원체가 식물체의 병든 부위에 직접 나타나는 외적인 증상이다. 특히, 곰팡이의 균사나 포자 등이 눈에 보이는 경우를 말한다.

⑨ 병환 : 병원체가 기주식물에 감염하여 병을 일으키고 증식하는 일련의 연속적인 과정 전체를 의미한다.

　※ 병을 일으키는 3대 원인 : 병원체, 기주, 환경

(2) 충해

가) 가해방법

구분	내용
흡즙성(즙을 빨아 먹는 해충)	진딧물, 응애, 깍지벌레, 매미
식엽성(갉아 먹는 해충)	나방류(복숭아 명나방 제외), 황금충 ※ 복숭아 명나방 : 과실 종자에 피해를 준다.
천공성(구멍 뚫는 해충)	하늘소류, 소나무좀, 박쥐나방 ※ 소나무 좀 : 유충은 2회 탈피, 유충기간은 약 20일 정도
충영성(혹을 만드는 해충)	솔잎혹파리, 밤나무혹벌

나) 수목병 중간기주

① 소나무 혹병 : 참나무류

② 잣나무 털녹병 : 송이풀, 까치밤나무

③ 소나무 잎녹병 : 소나무, 해송, 스트로브잣나무

④ 붉은별무늬병 : 향나무, 노간주나무

※ 세계3대 수목병 : 잣나무 털녹병, 느릅나무 시들음병, 밤나무줄기 마름병

(3) 병충해 방제법

구분	내용
생물학적 방제	• 해충의 천적을 이용한 방제 방법으로, 예를 들어 솔잎혹파리에 먹좀벌을 방사하는 것이 대표적이다.
물리학적 방제	• 전정한 가지나 낙엽을 소각하거나, 잠복소 및 유살법(해충을 유인하여 제거)을 활용하는 방식이다. • 이 외에도 온도 처리법이나 방사선 이용법 등이 포함된다.
화학적 방제	• 해충이나 병원체를 제거하기 위해 농약을 사용하는 방법이다.
기계적 방제법	• 포살법(직접 잡아 제거), 진동법, 경운법(토양 뒤집기) 등을 통해 병해충을 제거하는 방식이다.
재배학적 방제법	• 내충성이 강한 품종을 선택하여 병해충에 대한 피해를 예방하는 재배상의 방법이다.

06 농약의 구분

구분	포장지색	내용
살충제	초록색	해충을 방제하는 약제로, 대표적으로 디프제, 스미치온 등이 있다.
살비제	청색	응애류(진드기목 해충)를 방제하는 약제이다.
살균제	분홍색	병원균을 방제하는 약제로, 보르도액, 석회황합제 등이 대표적이다.
제초제	노란색	특정 잡초만 제거하는 약제로, 디캄바액제, 반벨 등이 있다.
	적색	모든 식물을 고사시키는 약제로, 그라목손(클로라이드), 근사미(글리포세이트) 등이 있다.
생장조절제	청색	식물의 생장을 촉진하거나 낙과를 방지하는 약제로, 옥신, 지베렐린 등이 사용된다.

07 주요 병충해 방제

(1) 침엽수의 병해와 방제

가) 잎마름병(주요 해충 : 솔나방, 소나무좀, 솔잎혹파리)

① 봄철 잎에 띠 모양의 황색 반점이 생기며, 이후 갈색으로 변색된다.

② 병든 묘목은 초기에 제거하거나 태우고, 5월 하순부터 8월까지 2주 간격으로 구리제를 살포한다.

③ 주요 기주 수종 : 주목, 소나무, 곰솔, 잣나무 등

나) 잣나무털녹병

① 병원균이 잎의 기공을 통해 침입한 뒤 줄기로 전파되며, 침입 부위는 처음에는 황색, 2년 후에는

적갈색으로 변하고, 이듬해에는 수피가 파괴된다.

② 중간기주인 송이풀이나 까치밥나무류를 제거하고, 잣나무 높이의 $\frac{1}{3}$ 정도까지 가지치기를 실시하며, 구리제를 살포한다.

③ 주로 15년생 이하의 잣나무에서 발생한다.

(2) 활엽수의 병해와 방제

가) 흰가루병

구분	내용
증상	• 장마철 이후 잎의 앞뒷면에 흰색 반점이 생기며, 주로 늦가을에 많이 발생한다.
방제	• 봄철 새순 발생 전에는 석회황합제 • 여름철에는 만코지 수화제, 지오판 수화제, 베노밀 수화제 등을 2주 간격으로 살포한다.
기주	• 밤나무, 참나무류, 느티나무, 감나무, 배롱나무, 단풍나무, 붉나무, 오리나무, 장미, 개암나무 등

2) 녹병

구분	내용
증상	• 봄철 향나무의 잎과 줄기에 갈색 돌기가 생기며, 비가 오면 황색의 한천 모양으로 부풀고 동포자가 발아하여 장미과 식물로 전염된다. • 6~7월에는 장미과 식물의 잎과 열매에 노란 반점이 나타나고, 그 중앙에 흑색 점이 생긴다.
방제	• 향나무 주변에 장미과 식물을 심지 않도록 주의한다. • 향나무에는 만코지 수화제, 폴리옥신 수화제, 중간기주에는 티디폰, 훼나리, 마이탄 수화제 등을 살포한다.
기주	• 장미과 식물(배나무, 사과나무 등), 향나무

※ 기주식물과 중간기주 간 전염성이 있으므로 함께 관리 필요

다) 그을음병

구분	내용
증상	• 가지, 줄기, 과일 등에 검댕처럼 그을음이 낀 듯한 모습을 보이며, 깍지벌레나 진딧물의 배설물에서 발생한다.
방제	• 휴면기에는 기계유 유제를 살포하여 해충을 방제한다. • 발생기에는 메티온 유제를 사용해 깍지벌레를 구제한다. • 질소질 비료를 과다하게 주면 발생이 증가하므로 주의해야 한다. • 직접 방제제로는 만코지 수화제와 티오판 수화제를 사용한다.
기주	• 소나무류, 주목, 대나무, 배롱나무, 감나무, 쥐똥나무, 감귤 등

라) 빗자루병

구분	내용
증상	• 균이 잎과 줄기에 침입하여 가지에 잔가지가 빗자루처럼 다발로 발생한다. 특히 대나무는 마디가 많고 바늘 모양의 소엽이 착생된다.
방제	• 7~9월 사이에 파라티온 수화제와 메타유제를 살포하여 방제한다.
기주	• 벚나무, 오동나무, 대추나무, 살구나무, 전나무, 대나무 등

마) 참나무시들음병

구분	내용
증상	• 잎이 갑자기 시들고 낙엽이 조기 탈락하며, 나무 내부에는 청흑색의 변색부와 갈색 병징이 나타난다. • 광릉긴나무좀이 매개충이며, 2004년 성남시에서 처음 발생이 보고되었다.
방제	• 광릉긴나무좀(매개충) 방제가 중요하며, 감염목은 신속히 제거하고 소각한다. • 수간주사나 수간 살충제 처리를 실시한다.
기주	• 상수리나무, 졸참나무, 갈참나무 등

바) 잎떨림병

구분	내용
증상	• 4월 초부터 6월 사이, 낙엽에 흑갈색의 타원형 돌기가 형성되며 조기 낙엽이 발생한다.
방제	• 발생 초기에 병든 낙엽을 제거 및 소각하고, 구리계 살균제(보르도액 등)를 2주 간격으로 2~3회 살포한다.
기주	• 소나무류(해송, 적송, 잣나무)

08 해충별 가해 증상과 방제

(1) 응애류(즙액을 빨아 먹음)

① 잎 뒷면의 즙을 먹어 노란색 반점을 남긴다.

② 4월에 살비제를 살포한다.

③ 천적으로 무당벌레, 풀잠자리, 포식성 응애, 거미 등이 있다.

④ 주요 기주 식물 : 소나무, 감나무, 사철나무

(2) 깍지벌레류(즙액을 빨아 먹음)

① 잎, 가지를 가해하며 2차적으로 그을음병, 고약병 등을 유발한다.

② 수프라사이드 유제를 살포하며, 루비깍지벌레에 포스파미돈 액제가 가장 효과적이다.

③ 천적으로 무당벌레류, 풀잠자리류, 기생벌 등이 있다.

④ 주요 기주 식물 : 감나무, 배롱나무

(3) 진딧물류(즙액을 빨아 먹음)

① 잎, 가지를 가해하며 황화현상, 그을음병을 유발한다.

② 발생 초기 마라톤 유제, 개량 메타시스톡스 유제를 살포한다.

③ 천적으로 무당벌레류, 꽃등애류, 풀잠자리류, 기생봉 등이 있다.

④ 유충은 적색, 분홍색, 검은색 등을 띠며 끈끈한 분비물을 분비하고 수액을 빨아 먹는다. 점착성 분비물을 배설하여 그을음병을 유발하기도 한다.

(4) 미국흰불나방(잎을 갉아 먹음)

① 애벌레가 거미줄로 잎을 싸고 그 속에서 무리를 이루어 잎살만 먹다가, 노숙해지면 잎맥까지 가해하며 번데기로 월동한다.

② 유충 가해기에는 생물농약 슈리사이드와 디프유제 수용제를 살포한다.

③ 무리 지어 있는 애벌레를 피해 잎과 함께 채취하여 소각한다.

(5) 솔나방(잎을 갉아 먹음)

① 송충이, 애벌레가 솔잎을 갉아먹어 나중에 말라죽는다.

② 7~8월에 발생하며 솔잎에 약 500개의 알을 낳는다.

③ 마라톤 유제를 살포한다.

④ 7월 하순~8월 상순에 성충을 등화유살하고, 10월에 잠복소 설치하며 다음 해 3월에 태운다.

⑤ 천적으로 뻐꾸기, 꾀꼬리, 두견새 등이 있다.

(6) 오리나무 잎벌레(뿌리, 잎)

① 애벌레(굼벵이)는 뿌리를 가해하고, 성충인 풍뎅이는 밤에 잎을 갉아 먹는다.

② 유충 가해기인 5월~7월 하순에 디프제를 살포하고, 성충은 포획하여 제거한다.

③ 잎 뒷면의 알 덩어리 또는 군서 유충을 채취하여 소각한다.

(7) 독나방 (잎을 갉아 먹음)

① 잎을 가해하여 잎맥만 남기고 그물 모양의 피해를 유발한다.

② 유충의 가해기에는 디프제 분제 또는 수용제를 살포한다.

③ 성충은 등화유살하고, 군서한 유충은 피해 잎과 함께 채취하여 소각한다.

(8) 측백나무 하늘소(구멍 뚫는 해충)

① 나무의 형성층 부위에 구멍을 뚫고 가해하여 나무를 급속히 말라 죽게 한다.

　※ 배설물을 줄기 밖으로 배출하지 않아 피해를 발견하기 어렵다.

② 피해를 입은 가지나 줄기를 채취하여 소각한다.

③ 메프(스미치온계) 수용제를 살포한다.

(9) 소나무좀(구멍 뚫는 해충)

① 월동한 애벌레가 쇠약한 나무의 형성층에 갱도를 만들어 수분, 양분을 차단하여 나무를 말라 죽게 한다.

② 새로 나온 성충은 새순에 구멍을 뚫고 진을 빨아 먹어 일부 가지가 고사한다.

③ 유충이 부화되는 6월 말까지 본격적인 피해가 발생하며, 성충에 의한 피해가 특히 심하다.

④ 세력이 약한 부분은 미리 제거하고, 벌채한 유인용 소나무에 어미벌레가 알을 낳게 한 후 껍질을 벗겨 태운다.

(10) 솔잎혹파리

① 애벌레가 솔잎 기부에 혹을 만들고 즙을 빨아 먹는다.

② 유충이 땅속에서 월동하며, 1929년 처음 발견되었다.

③ 침투성 살충제를 사용하며, 다이메크론 수간주사를 실시한다.

④ 피해목은 9월 이전에 벌채해야 한다.

⑤ 천적으로는 솔잎혹파리먹물좀과 혹파리살이먹물좀이 있다.

(11) 솔수염하늘소

① 발생 시기는 5월 하순부터 7월까지이다.

② 우화의 최성기는 6월 중순~하순이다.

(12) 소나무재선충

① 발생시기 : 9~11월, 기주는 소나무

② 증상 : 솔수염하늘소에 의해 감염되며, 여름 이후 침엽이 급격히 처지고 송진이 거의 나오지 않으며, 고사한다.

09 작물 보호제 및 방제법

(1) 물과 혼합하여 사용

① 수용제 : 물에 잘 녹는 재료를 분제로 만들어 물에 녹여 사용한다.

② 수화제 : 물에 잘 녹지 않는 재료를 증량제와 계면활성제를 가하여 가루로 만들어 물에 희석하여 사용한다.

③ 유제 : 물에 녹지 않는 재료를 유기용매에 녹인 후 유화제를 혼합하여 액체 상태로 만든 것으로 물에 희석시켜 사용한다.

④ 액제 : 물에 잘 녹는 재료를 물 또는 메탄올에 녹인 후 동결방지제를 첨가하여 물에 희석하여 사용한다.

(2) 그대로 사용

① 분제 : 고운 가루 형태의 작물 보호제로, 별도의 희석 없이 제품 그대로 살포한다.

② 입제 : 작은 입자 형태의 작물 보호제로, 별도의 희석 없이 제품 그대로 살포한다.

(3) 농약의 사용법

가) 농약 살포 시 유의사항

① 살균제를 살포할 경우 보호 살균제는 병원균이 침입하기 이전에, 직접 살균제는 발병 초기에 살포하는 것이 효과적이다.

② 살충제를 살포할 경우 독제는 유충이 발생된 초기에 살포하고, 접촉제는 유충이 전부 나타난 다음 몸체에 직접 살포하는 것이 효과적이며 맑은 날 오전에 살포하는 것이 좋다.

③ 제초제는 발아 전 처리제와 발아 후 경엽 처리제로 구분되어 각각 적기에 처리한다.

④ 약제의 살포량은 약제별로 명시된 사용량을 정확히 지켜야 하는데 눈짐작이나 약병 뚜껑에 의한 약제의 계량 보다는 메스실린더를 이용하는 것이 정확하다.

나) 농약의 물리적 성질

구분	내용
고착성	살포하여 부착한 약제가 이슬이나 빗물에 씻겨 내리지 않고 식물체 표면에 묻어있는 성질
부착성	작물 표면에 달라 붙는 성질
침투성	약제가 침투하는 성질
현수성	약제의 작은 알맹이가 약액 중에 골고루 퍼져있게 하는 성질

※ 상승효과와 길항효과 : 서로의 작용을 증대시키는 효과를 상승효과(시너지 효과)라고 하며, 반대로 한쪽의 효과가 다른 쪽에 의해 감소하거나 상쇄되는 현상을 길항효과라고 한다.

※ 유기인계 : 이네진이라고도 불리며, 수은계 농약을 대체하기 위해 개발된 에스테르계 살충제이다.

다) 농약 살포 방법

구분	내용
분무법	분무액에 압력을 주어 노즐(분출구멍)로 분출시키는 것으로 병충해나 식물체에 골고루 묻힐 수 있다.
살분법	인력 살분기를 사용하는 경우로 천천히 걸어가면서 뿌리는 것으로 미세한 분제이므로 상승기류가 없는 이른 아침이나 저녁 때가 좋다.
살립법	입제를 살포하는 방법으로 보통 손으로 뿌리며 균일하게 살포하는 것이 약효를 제대로 낼 수 있다.
토양처리법	토양 표면이나 토양 속에 서식하는 병해충 및 잡초를 방제할 목적으로 처리하는 방법으로 약제로는 액제, 분제, 훈증제 등이 있다.

(4) 안전한 농약 사용

① 바람이 부는 방향을 등지고 살포한다.

② 비가 오지 않고 바람이 없는 맑은 날에 살포한다.

③ 살포 중에는 음식을 먹거나, 담배를 피우지 않는다.

④ 피부가 노출되지 않도록 마스크와 보호복을 착용한다.

⑤ 한낮은 피하고, 아침이나 저녁의 서늘하고 바람이 적은 시간대에 살포한다.

⑥ 약제가 날려 다른 농작물에 피해를 주지 않도록 깔때기형 노즐을 낮추어 살포한다.

01 잔디의 종류

(1) 한국 잔디(떼, 종자 번식)

① 한국형 잔디는 우리나라에서 자생하는 난지형 잔디로, 키는 15cm 이하이며 가는 줄기와 땅속줄기에 의해 옆으로 퍼진다.

② 5~9월 사이에 잎이 푸르게 유지되나, 녹색 기간이 짧고 음지에서 잘 자라지 못한다.

③ 추위, 더위, 병충해에 매우 강하며, 산성 토양이나 답압에도 잘 견디기 때문에 축구장, 공항, 공원, 묘지 등에 널리 이용된다.

④ 한국잔디에는 들잔디, 금잔디, 빌로드잔디, 갯잔디 등이 있다.

※ 들잔디 : 가장 많이 식재되는 잔디로, 생활력과 토양 응집력이 뛰어나고, 잎이 넓고 거칠며, 공원, 운동장, 비탈면 등에 적합하다.

(2) 서양 잔디

① 한지형 잔디로 음지에서 비교적 잘 자라며, 여름 고온기를 제외하고는 언제라도 파종이 가능하다는 장점이 있다.

② 상록성 다년초이며, 일반적으로 종자로 번식한다.

③ 서양잔디의 종류로는 켄터키블루그래스, 벤트그래스, 페스쿠그래스, 라이그래스, 버뮤다그래스, 위핑러브그래스 등이 있다.

※ 톨 훼스큐(Tall Fescue) : 한지형 잔디, 법면(경사지) 녹화용, 골프장 러프용으로 쓰이며, 더운 날씨와 건조한 환경에도 잘 견딘다. 약 30~50cm 정도로 자란다.

02 잔디깎기

(1) 장점

① 잔디 면을 균일하게 유지할 수 있으며, 분얼을 촉진하여 밀도를 높인다.

② 잡초 발생을 줄이고 잔디 면을 고르게 하여 경관을 아름답게 한다.

③ 통풍이 잘 되어 병해충 발생을 억제할 수 있다.

④ 편평한 잔디밭을 조성함으로써 경기력 향상에 도움이 된다.

(2) 단점

① 잔디를 깎으면 잎이 절단되어 탄수화물 저장량이 감소한다.

② 상처 부위를 통해 병원균이 침입하기 쉬우며, 수분 흡수 능력도 저하된다.

(3) 잔디 깎는 기계

구분	내용
로터리 모우어 (Rotary Mower)	• 프로펠러 모양의 날이 수평으로 회전하면서 잔디를 깎는 방식이다. • 깎인 면이 다소 거칠기 때문에 골프장 러프(Rough), 고원의 수목지역 등 잔디의 품질이 크게 중요하지 않은 50평 이상의 넓은 면적에 주로 사용된다.

구분	내용
핸드 모우어 (Hand Mower)	• 인력으로 바퀴를 돌려 날이 회전하면서 잔디를 깎는 방식이다. • 50평 미만의 소규모 잔디밭 관리에 적합하며, 주택 정원 등에서 주로 사용된다.
그린 모우어 (Green Mower)	• 골프장의 그린, 테니스코트 등 잔디면이 섬세하게 유지되어야 하는 곳에 사용된다. • 정밀한 작업이 가능하여 잔디의 상태를 균일하게 유지할 수 있다.
갱 모우어 (Gang Mower)	• 5,000평 이상의 대면적 잔디를 깎는 데 사용되며, 트럭, 지프차, 또는 기타 견인 차량에 연결하여 운용한다. • 경사지나 지면이 평탄하지 않은 곳에서도 균일하게 잔디를 깎을 수 있으며, 깎인 잔디의 상태도 양호하다.

(4) **토양** : 잔디의 종류에 따라 차이는 있지만, 일반적으로는 참흙(양질토양)이 적합하며, 토양 산도는 pH 5.0~7.0 범위가 알맞다.

(5) **토양수분과 배수**

① 토양 수분은 온도 다음으로 중요한 요소이다.

② 토양 내 수분 함량은 25% 정도가 적당하며, 물이 고이거나 지하수위가 지표에서 50cm 이상으로 높은 경우에는 배수 조치가 필요하다.

③ 운동 경기장, 골프장, 정원 등에는 관수가 필수적이며, 관수 시간은 새벽이 가장 좋지만, 상황에 따라 저녁에 관수하는 것도 무방하다.

03 배토(뗏밥주기)

(1) **목적** : 땅속줄기가 땅위로 노출되는 것을 방지하고, 표면이 고른 잔디밭을 만든다.

(2) **효과**

① 노출된 땅속줄기를 보호하고 뿌리 신장을 촉진한다.

② 잔디밭 표면을 평탄하게 유지할 수 있다.

③ 토질 개량제 혼합 시 토양 개량의 효과가 있다.

④ 퇴적된 검불잔디나 잔디방석의 분해를 촉진한다.

(3) **종류**

① 점토 : 밭흙 : 유기물 = 1 : 1 : 1 또는 2 : 1 : 1

② 가는 모래 : 밭흙 : 유기물 = 2 : 1 : 1

(4) **배토 넣는 시기 및 두께**

① 난지형 잔디는 6~7월에, 한지형 잔디는 생육이 왕성한 9월에 배토를 실시한다.

② 골프장, 경기장은 연 3~5회 실시한다.

③ 잔디를 깎은 후 또는 갱신작업 후, 배토 후에는 충분히 관수해 준다.

④ 일반적인 뗏밥 두께는 2~4mm 정도이며, 두 번째 배토는 15일 후에 실시한다(연 1회~2회).

⑤ 가정용 잔디밭에는 5~10mm, 골프장에는 3~7mm 두께로 배토한다.

04 잔디의 병충해

(1) 병해

가) 녹병(붉은 녹병)

① 한국잔디에서 주로 발생하는 대표적인 병해로, 일반적으로는 라지패취라고도 불린다.

② 엽초에 오렌지색 또는 황갈색 반점이 생기며, 배수가 불량하거나 답압이 심한 곳에서 주로 발생한다.

③ 만코지 수화제, 석회황합제, 훼나리 등을 사용하여 방제한다.

※ 담자균류에 속하는 곰팡이병으로, 연 2회 정도 발생하며, 기온 17°C~22°C, 습윤 상태에서 잘 발생한다. 또한 질소질 비료가 부족한 지역에서 많이 발생한다.

나) 브라운 패치(갈색잎마름병)

① 6~9월 사이 고온다습한 환경에서 주로 발생한다.

② 한지형 잔디에서만 나타나며, 토양 전염성 병해로 전파 속도가 매우 빠르다. 특히 산성 토양, 질소질 비료 과다 시비, 잔디 깎기 불량 등의 조건에서 자주 발생한다.

③ 토양 소독, 훼나리, 티람제 등을 사용해 방제한다.

※ 서양잔디에 주로 발생하는 대표적인 병해로, 잔디 잎에 갈색의 동그란 병반이 생기며, 벤트그래스에서 특히 많이 발생한다.

(2) 충해

가) 황금충류

① 4월부터 9월까지 발생한다.

② 한국잔디에 피해가 심하며, 성충은 풍뎅이와 비슷하고, 애벌레(유충)가 잔디의 뿌리를 가해한다.

③ 머프 유제 또는 아시트 분제를 사용하여 방제한다.

05 잡초 방제

(1) 잡초의 피해

① 양분과 수분을 빼앗아 잔디의 생육을 저해한다.

② 태양광을 차단하여 광합성 작용을 방해한다.

③ 바람을 막아 증산 작용이 원활히 이루어지지 않게 한다.

④ 병해충의 서식처가 되어 병이나 해충의 발생을 촉진한다.

⑤ 잔디밭의 미관을 해친다.

(2) 잡초의 방제

① 잔디의 상토 소독에 사용하는 약제 : 토양살균제인 클로로피크린, 메틸브로마이드 등의 토양살균제를 사용한다.

② 잡초(클로버, 토끼풀) 방제용 제초제 : 디캄바 액제(반벨), 메코프프액제(영일엠시피피), 메코프로프-피 액제(초병) 등을 사용한다.

※ 그라목손, 근사미 : 잔디에 피해를 주므로 생장을 멈춘 상태에서만 사용한다.

06 화단의 관리

구분	내용
화단을 꾸밀 때	• 모종을 구입하거나 모판을 준비한다. • 꾸밈의 분위기에 따라 색채의 배합과 재료의 종류를 고려한다.
화단의 디자인	**[어떤 꽃을 심을 것인가]** • 간단하고 명쾌하도록 가능한 큰 무늬의 꽃을 선택한다. • 위치와 배경을 고려한다. • 꽃의 가지 수는 적게 하는 것이 좋으며, 키, 꽃의 형태, 개화 시기 등을 함께 고려하여 배치한다.
색채의 배합	• 빨강, 노랑, 파랑이 기본색이다. • 보색의 개념은 파랑 − 주황, 노랑 − 보라, 빨강 − 녹색 • 3원색(빨강, 노랑, 파랑)만 사용할 경우 눈에 잘 띄지만, 자칫 품위가 없어 보일 수 있다. 반면, 보색을 활용하면 부드럽고 조화로운 인상을 줄 수 있다.
갈아심기	• 화단 중앙부 가까운 곳부터 차례로 심는다. • 작업 시 발 디딜 곳에 널판지를 깔아 다른 식물을 보호한다. • 꽃의 모양이 좋고 꽃이 피기 시작한 모종부터 선택하여 심는다. • 꽃 사이에 알맞은 간격을 유지하여 심는다.

01 정지·전정의 효과 중 틀린 것은?

① 병해충 예방

② 뿌리발달의 조절

③ 수형 유지

④ 도장지 등을 제거함으로써 수목의 위축 외 소화

02 개화결실을 목적으로 실시하는 정지·전정의 방법 중 옳지 못한 것은?

① 약지는 길게, 강지는 짧게 전정하여야 한다.

② 묵은 가지나 병해충 가지는 수액유동 전에 전정한다.

③ 작은 가지나 내측으로 뻗은 가지는 제거한다.

④ 개화 결실을 촉진하기 위하여 가지를 유인하거나 단근작업을 실시한다.

> 해설
>
> 약지는 짧게 하고 강지는 길게 전정하여야 한다.

03 다음 가지다듬기 중 생리 조절을 위한 가지 다듬기는?

① 병해충 피해를 입은 가지를 잘라 내었다.

② 향나무를 일정한 모양으로 깎아 다듬었다.

③ 늙은 가지를 젊은 가지로 갱신하였다.

④ 이식한 정원수의 가지를 알맞게 잘라냈다.

> 해설
>
> T/R율 조절은 지상부(Top)와 지하부(Root)의 비율을 조절하는 것이다.

04 전정시기에 따른 전정요령에 대한 설명 중 틀린 것은?

① 진달래. 목련 등 꽃나무는 꽃이 충실하게 되도록 개화 직전에 전정해야 한다.

② 하계 전정 시는 통풍과 일조가 잘 되게 하고, 도장지는 제거해야 한다.

③ 떡갈나무는 묵은 잎이 떨어지고, 새잎이 나올 때가 전정의 적기이다.

④ 가을에 강전정을 하면 수세가 저하되어 역효과가 난다.

> 해설
>
> 꽃이 피는 나무는 꽃이 진 후에 전정한다.

05 꽃이 피고 난 뒤 낙화할 무렵 바로 가지 다듬기를 해야 좋은 수종은?

① 철쭉　　　　　② 목련

③ 명자나무　　　④ 사과나무

06 수목의 전정에 관한 다음 사항 중 틀린 것은?

① 가로수의 밑가지는 2.5m 이상 되는 곳에서 나오도록 한다.

② 이식 후 활착을 위한 전정은 본래의 수형이 파괴되지 않도록 한다.

③ 봄 전정(4~5월) 시 진달래, 목련 등의 화목류는 개화가 끝난 후에 하는 것이 좋다.

④ 여름전정(6~8월)은 수목의 생장이 완성한 때이므로 강전정을 해도 나무가 상하지 않아서 좋다.

> 해설
>
> 꽃나무는 6월 이전에 전정을 끝내야 하며 약전정을 한다.

정답　01 ④　02 ①　03 ④　04 ①　05 ①　06 ④

07 전정시기와 방법에 관한 설명 중 옳지 않은 것은?

① 상록활엽수는 겨울 전정 시에 강전정을 하여야 한다.

② 화목류의 봄 전정은 꽃이 진 후 하는 것이 좋다.

③ 여름전정은 수광과 통풍을 좋게 할 목적으로 행한다.

④ 상록활엽수는 가을 전정이 적기이다.

해설

상록활엽수는 추위에 약하므로 강전정을 피해야 한다.

08 겨울 전정의 설명으로 틀린 것은?

① 12~3월에 실시한다.

② 상록수는 동계에 강전정을 하는 것이 가장 좋다.

③ 제거 대상가지를 발견하기 쉽고 작업도 용이하다.

④ 휴면 중이기 때문에 굵은 가지를 잘라 내어도 전정의 영향을 거의 받지 않는다.

09 다음 중 산울타리의 다듬기 방법으로 옳은 것은?

① 전정횟수와 시기는 생장이 완만한 수종의 경우 1년에 5~6회 실시한다.

② 생장이 빠르고 맹아력이 강한 수종은 1년에 8~10회 실시한다.

③ 일반수종은 장마 때와 가을에 2회 정도 전정한다.

④ 화목류는 꽃이 피기 바로 전 실시하고, 덩굴식물의 경우 여름에 전정한다.

해설

• 전정은 생장이 완만한 수종은 연 2회, 생장이 빠르고 맹아력이 강한 수종은 연 3~4회 실시한다.

• 화목류는 꽃이 진 후, 덩굴식물은 가을에 전정하는 것이 적절하다.

10 조경수의 전정방법으로 옳지 않은 것은?

① 전체적인 수형의 구성을 미리 정한다.

② 충분한 햇빛을 받을 수 있도록 가지를 배치한다.

③ 병해충 피해를 받은 가지는 제거한다.

④ 아래에서 위로 올라가면서 전정한다.

해설

조경수를 전정할 때는 위에서부터 아래 방향으로 전정한다.

11 다음 중 나무의 가지다듬기에서 하는 가지가 아닌 것은?

① 밑둥에서 자라나는 가지

② 아래 방향으로 자란 가지

③ 위쪽으로 곧게 자라는 가지

④ 서로 교차하여 엉킨 가지

12 수목의 전정 작업에 관한 요령 중 틀린 것은?

① 전정 작업을 하기 전 나무의 수형을 살펴 이루어질 가지의 배치를 염두에 둔다.

② 우선 나무의 정상부로부터 주지의 전정을 실시한다.

③ 주지의 전정은 주간에 대해서 사방으로 고르게 굵은 가지를 배치하는 동시에 상하로도 적당한 간격으로 자리 잡도록 한다.

④ 상부는 가볍게, 하부는 약하게 한다.

07 ① 08 ② 09 ③ 10 ④ 11 ③ 12 ④ 정답

13 수목의 굵은 가지치기 요령 중 가장 거리가 먼 것은?

① 잘라낼 부위는 먼저 밑둥으로부터 10~15cm 부위를 위에서부터 아래까지 내리 자른다.

② 잘라낼 부위는 아래쪽의 굵은 가지의 1/3 정도 깊이까지 톱자국을 먼저 만들어 놓는다.

③ 톱을 돌려 아래쪽에 만들어 놓은 상처보다 약간 높은 곳을 위에서부터 내리 자른다.

④ 톱으로 자른 자리의 거친 부분은 손칼로 깨끗이 다듬는다.

> **해설**
> 톱으로 자른 자리의 거친 부분은 끌로 깨끗하게 다듬은 후 페인트 및 방부제를 발라준다.

14 바람의 피해로부터 보호하기 위해 굵은 가지를 실시하지 않아도 되는 수종으로 가장 적합한 것은?

① 독일가문비나무　② 수양버들
③ 자작나무　④ 느티나무

15 다음 중 전정을 할 때 큰 줄기나 가지자르기를 삼가야 하는 수종은?

① 벚나무　② 수양버들
③ 오동나무　④ 현사시나무

> **해설**
> 벚나무는 전정을 피하는 것이 좋으며, 부득이할 경우 도포제로 병균 침입을 막아야 한다.

16 다음 중 인공적 수형을 만드는 데 적합한 수종이 아닌 것은?

① 꽝꽝나무　② 아왜나무
③ 주목　④ 벚나무

17 형상수(Topiary)를 만들 때 유의사항이 아닌 것은?

① 망설임 없이 강전정을 통해 한 번에 수형을 만든다.

② 형상수를 만들 수 있는 대상수종은 맹아력이 좋은 것을 선택한다.

③ 전정 시기는 상처를 아물게 하는 유합조직이 잘 생기는 3월 중에 실시한다.

④ 수형을 잡는 방법은 통대나무에 가지를 고정시켜 유인하는 방법, 규준틀을 만들어 가지를 유인하는 방법, 가지에 전정만을 하는 방법 등이 있다.

18 인공적 수형을 만드는 데 적합한 수목의 특징으로 틀린 것은?

① 자주 다듬어도 자라는 힘이 쇠약해지지 않는 나무

② 병이나 벌레 등에 견디는 힘이 강한 나무

③ 되도록 잎이 작고 잎의 양이 많은 나무

④ 다듬어 줄 때마다 잔가지와 잎보다는 굵은 가지가 잘 자라는 나무

19 다음 조경수 가운데 자연적인 수형이 구형인 것은?

① 배롱나무　② 백합나무
③ 회화나무　④ 은행나무

> **해설**
> • 배롱나무 : 배상형
> • 백합나무 : 난형
> • 은행나무 : 원추형

20 수목을 전정한 뒤 수분증발 및 병균 침해를 막기 위하여 상처 부위에 칠하는 도포제로 사용할 수 있는 것은?

① 유황　② 석회
③ 톱신페스트　④ 다이센 M

정답 13 ① 14 ④ 15 ① 16 ④ 17 ① 18 ④ 19 ③ 20 ③

21 다음 수종 중 흰가루병에 가장 잘 걸리는 식물은?

① 대추나무
② 향나무
③ 장미
④ 동백나무

22 소나무류의 순자르기는 어떤 목적을 위한 가지다듬기인가?

① 생장조정을 돕는 가지다듬기
② 생장을 억제하는 가지다듬기
③ 세력을 갱신하는 가지다듬기
④ 생리 조정을 위한 가지다듬기

> 해설
>
> 소나무류의 순자르기(적심)는 지나치게 자라는 가지의 신장을 억제하기 위해 진행하는 것이다.

23 소나무류의 잎솎기는 어느 때 하는 것이 가장 좋은가?

① 12월경
② 2월경
③ 5월경
④ 8월경

24 적심에 대한 설명으로 틀린 것은?

① 고점 생장하는 수목에 실시한다.
② 참나무과 수종에서 주로 실시한다.
③ 수관이 치밀하게 되도록 교정하는 작업이다.
④ 촛대처럼 자란 새순을 가위로 잘라주거나 손끝으로 끊어준다.

> 해설
>
> 생육 중인 작물의 줄기나 가지의 선단 생장점을 잘라 분지수를 늘리거나 생육을 촉진한다.

25 전정도구 중 주로 연하고 부드러운 가지나 수관내부의 가늘고 약한 가지를 자를 때와 꽃꽂이를 할 때 흔히 사용하는 것은?

① 대형전정가위
② 적심가위 또는 순치기가위
③ 적화, 적과가위
④ 조형전정가위

> 해설
>
> • 대형전정가위 : 지름 3cm 이상의 굵은 가지를 전정할 때 사용
> • 적화가위 : 꽃눈 및 열매를 솎을 때 사용
> • 적과가위 : 과일 수확 시 사용
> • 조형전정가위 : 산울타리 전정 시 사용

26 거름을 주는 목적으로 볼 수 없는 것은?

① 조경 수목을 아름답게 유지하기 위함이다.
② 병충해에 대한 저항력을 증진시키기 위함이다.
③ 토양 미생물의 번식을 억제시키기 위함이다.
④ 열매 성숙을 돕고, 꽃을 아름답게 하기 위함이다.

27 비료의 3요소가 아닌 것은?

① 질소(N)
② 인산(P)
③ 칼슘(Ca)
④ 칼륨(K)

> 해설
>
> 비료의 3요소 : N(질소), P(인산), K(칼륨)

28 식물의 아래 잎에서 황화현상이 일어나고 심하면 잎 전면에 나타나며, 잎이 작지만 잎수가 감소하며 초본류의 초장이 작아지고 조기낙엽이 비료결핍의 원인이라면 어느 비료 요소와 관련된 설명인가?

① P
② N
③ Mg
④ K

21 ③ 22 ② 23 ④ 24 ② 25 ② 26 ③ 27 ③ 28 ② 정답

29 세포분열을 촉진하여 식물체의 각 기관들의 수를 증가, 특히 꽃과 열매를 많이 달리게 하고, 뿌리의 발육, 녹말생산, 엽록소의 기능을 높이는 데 관여하는 영양소는?

① N
② P
③ K
④ Ca

> **해설**
>
> • 인(P)은 세포분열을 촉진하고 꽃, 열매, 뿌리 발달에 관여한다.
> • 인(P) 결핍 시 뿌리와 줄기, 가지 수가 줄고 꽃과 열매의 생육이 나빠진다.

30 개화를 촉진하는 정원수 관리에 관한 설명으로 옳지 않은 것은?

① 햇빛을 충분히 받도록 해준다.
② 물을 되도록 적게 주어 꽃눈이 많이 생기도록 한다.
③ 깻묵, 닭똥, 요소, 두엄 등을 15일 간격으로 시비한다.
④ 너무 많은 꽃봉오리는 솎아낸다.

> **해설**
>
> 깻묵, 닭똥, 요소, 두엄은 휴면기인 10~11월에 연간 양의 70%를 시비해 서서히 효과를 본다.

31 과습지역 토양의 물리적 관리 방법이 아닌 것은?

① 암거배수 시설설치
② 명거배수 시설설치
③ 토양치환
④ 석회사용

32 다음 중 조경 수목의 꽃눈분화, 결실 등과 가장 관련이 깊은 것은?

① 질소와 탄소비율
② 탄소와 칼륨비율
③ 질소와 인산비율
④ 인산과 칼륨비율

33 식물이 필요로 하는 양분요소 중 미량원소로 옳은 것은?

① O
② K
③ Fe
④ S

> **해설**
>
> 미량원소 : Fe, Mn, Mo, B, Zn, Cu, Cl

34 양분결핍 현상이 생육초기에 일어나기 쉬우며, 새 잎에 황화현상이 나타나고 엽맥 사이가 비단무늬 모양으로 되는 결핍 원소는?

① Fe
② M
③ Zn
④ Cu

> **해설**
>
> 철(Fe)은 엽록소 생성에 촉매 역할을 한다.

35 다음 복합비료 중 주성분 함량이 가장 많은 비료는?

① 0-40-10
② 11-21-11
③ 21-21-17
④ 18-18-18

36 복합비료의 표시가 21-17-18일 때 설명으로 옳은 것은?

① 인산 21%, 칼륨 17%, 질소 18%
② 칼륨 21%, 인산 17%, 질소 18%
③ 질소 21%, 인산 17%, 칼륨 18%
④ 인산 21%, 질소 17%, 칼륨 18%

정답 29 ② 30 ③ 31 ④ 32 ① 33 ③ 34 ① 35 ③ 36 ③

37 다음 중 질소질 속효성 비료로서 주로 덧거름으로 쓰이는 비료는?

① 황산암모늄   ② 두 엄

③ 생석회   ④ 깻묵

두엄, 생석회, 깻묵, 닭똥 등은 지효성 비료로 밑거름으로 사용된다.

38 거름을 줄 때 지켜야 할 점으로 잘못된 것은?

① 흙이 몹시 건조하면 맑은 물로 땅을 축이고 거름주기를 한다.

② 두엄, 퇴비 등으로 거름을 줄 때는 다소 덜 썩은 것을 선택하여 사용한다.

③ 속효성 거름주기는 7월 말 이내에 끝낸다.

④ 거름을 주고 난 다음에는 흙으로 덮어 정리 작업을 실시한다.

두엄, 퇴비 등으로 거름을 줄 때는 잘 숙성된 것을 사용해야 한다.

39 수목에 거름을 주는 요령 중 맞는 것은?

① 효력이 늦은 거름은 늦가을부터 이른 봄 사이에 준다.

② 효력이 빠른 거름은 3월경 싹이 틀 때, 꽃이 졌을 때, 그리고 열매 따기 전 여름에 준다.

③ 산울타리는 수관선 바깥쪽으로 방사상으로 땅을 파고 거름을 준다.

④ 속효성 거름주기는 늦어도 11월 초 이내에 이루어지도록 한다.

40 생울타리처럼 수목이 대상으로 군식되었을 때 거름을 주는 방법으로 가장 적당한 것은?

① 전면 거름주기   ② 방사선 거름주기

③ 천공 거름주기   ④ 선상 거름주기

41 다음 중 수관폭을 형성하는 가지 끝 아래의 수관선을 기준으로 환상으로 깊이 20~25cm, 나비 20~30cm 정도로 둥글게 파서 거름을 주는 방법은?

① 윤상 거름주기   ② 방사선 거름주기

③ 천공 거름주기   ④전면 거름주기

42 엽면시비에 관한 설명 중 틀린 것은?

① 이식 후나 뿌리에 장애를 받았을 경우에 사용한다.

② 비료의 농도는 가급적 진하게 하고 한 번에 충분한 양을 하는 것이 효과적이다.

③ 약액이 고루 살포되도록 전착제를 사용하는 것이 효과적이다.

④ 살포 시기는 한낮을 피해 맑은 날 아침이나 저녁 때가 좋다.

비료는 여러 차례 충분한 양을 살포하는 것이 좋다.

43 다음 중 잔디의 종류 중 한국잔디의 특징에 대한 설명으로 옳지 않은 것은?

① 우리나라의 자생종이다.

② 난지형 잔디에 속한다.

③ 뗏장에 의해서만 번식 가능하다.

④ 손상 시 회복속도가 느리고 겨울 동안 황색 상태로 남아있는 단점이 있다.

44 재래종 잔디의 특징이 아닌 것은?

① 양지를 좋아한다.

② 병충해에 강하다.

③ 뗏장으로 번식한다.

④ 자주 깎아주어야 한다.

37 ①   38 ②   39 ①   40 ④   41 ①   42 ②   43 ③   44 ④   **정답**

45 다음 중 난지형 잔디에 해당되는 것은?

① 레드톱

② 버뮤다그래스

③ 켄터키블루그래스

④ 톨 훼스큐

46 난지형 한국잔디의 발아적온으로 맞는 것은?

① 15~20℃   ② 20~23℃

③ 25~30℃   ④ 30~33℃

47 서양잔디의 특성에 대한 설명으로 가장 부적합 것은?

① 그늘에서도 비교적 잘 견딘다.

② 대부분 숙근성 다년초로 병충해에 강하다.

③ 일반적으로 씨뿌림으로 시공한다.

④ 상록성인 것도 있다.

48 다음 설명에 해당되는 잔디는?

> • 한지형 잔디이다.
> • 불완전 포복형이지만, 포복력이 강한 포복 경을 지표면으로 강하게 뻗는다.
> • 잎의 폭이 2~3mm로 질감이 매우 곱고 품질이 좋아서 골프장 그린에 많이 이용한다.
> • 짧은 예초에 견디는 힘이 가장 강하나, 병충해에 약하여 방제에 힘써야 한다.

① 버뮤다그래스   ② 켄터키블루그래스

③ 벤트그래스   ④ 라이그래스

49 다음 중 잔디밭의 넓이가 50평 이상으로 잔디의 품질이 아주 좋지 않아도 되는 골프장의 러프 (Rough)지역, 공원의 수목지역 등에 많이 사용하는 잔디 깎는 기계는?

① 핸드 모우어   ② 그린 모우어

③ 로타리 모우어   ④ 갱 모우어

해설

• 핸드 모어: 50평 미만의 잔디밭에 사용

• 그린 모어: 골프장 그린이나 테니스장 등 섬세한 잔디 면에 사용

• 갱 모어: 운동장 등 5,000평 이상의 넓은 면적 잔디밭 에 사용

50 잔디깎기의 목적으로 옳지 않은 것은?

① 잡초 방제   ② 이용편리 도모

③ 병충해 방지   ④ 잔디의 분열 억제

51 잔디깎기의 설명이 잘못된 것은?

① 잘려진 잎은 한 곳에 모아서 버린다.

② 가뭄이 계속 될 때는 짧게 깎아준다.

③ 일정한 주기로 깎아준다.

④ 일반적으로 난지형진디는 고온에 잘 자라므로 여름에 자주 깎아주어야 한다.

해설

가뭄 시에는 잔디가 일시적으로 휴면상태이므로 깎지 않는 것이 좋다.

52 잔디 뗏밥주기의 방법으로 옳지 않은 것은?

① 흙은 5mm 체로 쳐서 사용한다.

② 난지형 잔디의 경우는 생육이 왕성한 6~8 월에 준다.

③ 잔디 포지전면을 골고루 뿌리고 레이크로 긁어 준다.

④ 일시에 많이 주는 것이 효과적이다.

정답 45 ② 46 ④ 47 ② 48 ③ 49 ③ 50 ④ 51 ② 52 ④

53 우리나라 들잔디의 종자처리 방법으로 가장 적합한 것은?

① KOH 20~25% 용액에 10~25분간 처리 후 파종한다.

② KOH 20~25% 용액에 20~30분간 처리 후 파종한다.

③ KOH 20~25% 용액에 30~45분간 처리 후 파종한다.

④ KOH 20~25% 용액에 1시간 처리 후 파종한다.

54 잔디의 거름주기 방법으로 적합하지 않은 것은?

① 질소질 거름은 1회 주는 양이 1m²당 10g 이상이어야 한다.

② 난지형 잔디는 하절기에, 한지형 잔디는 봄과 가을에 집중해서 준다.

③ 화학비료인 경우 연간 2~8회 정도로 나누어 거름주기한다.

④ 가능하면 제초작업 후 비 오기 전에 실시한다.

해설

잔디에 거름을 줄 때는 봄과 가을, 연 2회 실시하며, 한 번에 5~10g 정도 시비한다.

55 잔디의 생육상태가 쇠약하고 잎이 누렇게 변할 때에는 어떤 비료를 주는 것이 가장 효과적인가?

① 요소　　　　　② 과인산 석회

③ 용성인비　　　③ 염화칼륨

56 잔디밭 관리에 대한 설명으로 옳은 것은?

① 1년에 1~3회만 깎아준다.

② 겨울철에 뗏밥을 준다.

③ 여름철 물주기는 한낮에 한다.

④ 질소질 비료의 과용은 라지패치를 유발한다.

해설

• 잔디는 일반적으로 연 5~6회 깎아주며, 적어도 3회 실시한다.

• 난지형 잔디의 경우 6~7월, 한지형의 경우 9월에 뗏밥을 준다.

57 대취(Thach)란 지표면과 잔디(녹색식물체) 사이에 형성되는 것으로 이미 죽었거나 살아있는 뿌리, 줄기 그리고 가지 등이 서로 섞여 있는 유기층을 말한다. 다음 중 대취의 특징으로 옳지 않은 것은?

① 한겨울에 스캘핑이 생기게 한다.

② 대취층에 병원균이나 해충이 기거하면서 피해를 준다.

③ 탄력성이 있어서 그 위에서 운동할 때 안전성을 제공한다.

④ 소수성의 대취의 성질로 인하여 토양으로 수분이 전달되지 않아서 국부적으로 마른 지역을 형성하며 그 위의 잔디가 말라 죽게 된다.

58 잔디의 잎에 갈색 병반이 동그랗게 생기고, 특히 6~9월경 벤트그래스에 주로 나타나는 병해는?

① 녹병　　　　　② 황화병

③ 브라운페치　　④ 설부병

해설

브라운페치는 고온다습하거나 질소 비료를 과다하게 사용할 때 발생한다.

59 한국잔디의 해충으로 가장 큰 피해를 주는 것은?

① 풍뎅이 유충　　② 거세미 나방
③ 땅강아지　　　　④ 선충

해설

풍뎅이 유충은 4월부터 9월 사이에 발생하며, 성충은 잎을 가해하고 유충은 잔디의 지하경을 갉아 먹는다.

60 다음 중 가뭄에 잔디보다 강하며, 토양 산도는 영향이 적어 잔디밭에 발생하는 잡초는?

① 쑥　　　　　　② 매자기
③ 벗 풀　　　　　④ 마디꽃

61 잔디밭에 많이 발생하는 잡초인 클로버(토끼풀)를 제초하는 데 가장 효율적인 것은?

① 베노밀수화제　　② 캡탄수화제
③ 디코폴수화제　　④ 디캄바액제

62 다음 중 지피식물 선택 조건으로 부적합한 것은?

① 치밀하게 피복되는 것이 좋다.
② 키가 낮고 다년생이며 부드러워야 한다.
③ 병충해에 강하며 관리가 용이하여야 한다.
④ 특수 환경에 잘 적응하며 희소성이 있어야 한다.

63 조경 수목의 관리를 위한 작업 가운데 정기적으로 해주지 않아도 되는 것은?

① 전정 및 거름주기
② 병충해 방지
③ 잡초제거 및 관수
④ 토양개량 및 고사목 제거

64 가지가 굵어 이미 찢어진 경우에 도복 등의 위험을 방지하고자 하는 방법으로 가장 알맞은 것은?

① 지주설치
② 쇠조임(당김줄설치)
③ 외과수술
④ 가지치기

65 꺾꽂이(삽목)번식과 관련된 설명으로 옳지 않은 것은?

① 왜성화할 수도 있다.
② 봄철에는 새싹이 나오고 난 직후에 실시한다.
③ 실생묘에 비해 개화·결실이 빠르다.
④ 20~30℃의 온도와 포화상태에 가까운 습도 조건이면 항시 가능하다.

해설

왜성화는 식물의 크기가 인위적인 처리, 생리적 장애, 또는 바이러스 감염 등으로 인해 작아지는 현상이다.

66 다음 중 접붙이기 번식을 하는 목적으로 거리가 먼 것은?

① 종자가 없고 꺾꽂이로도 뿌리가 내리지 못하는 수목의 증식에 이용된다.
② 씨 뿌림으로는 품종이 지니고 있는 고유의 특징을 계승시킬 수 없는 수목의 증식에 이용된다.
③ 가지가 쇠약해지거나 말라 죽은 경우 이것을 보태주거나 힘을 회복시키기 위해서 이용된다.
④ 바탕나무의 특성보다 우수한 품종을 개발하기 위해 이용된다.

정답　59 ①　60 ①　61 ④　62 ④　63 ④　64 ②　65 ②　66 ④

67 노목이나 쇠약해진 나무의 보호대책으로 가장 옳지 않은 것은?

① 말라죽은 가지는 밑둥부터 잘라 내어 불에 태워 버린다.

② 바람맞이에 서 있는 노목은 받침대를 세워 흔들리는 것을 막아준다.

③ 유기질 거름보다는 무기질 거름만을 수시로 나무에 준다.

④ 나무 주위의 흙을 자주 갈아엎어 공기유통과 빗물이 잘 스며들게 한다.

68 수목줄기의 썩은 부분을 도려내고 구멍에 충진 수술을 하고자 할 때 가장 효과적인 시기는?

① 1~3월 　　　　② 5~8월

③ 10~12월 　　　④ 시기는 상관없다.

> 해설
>
> • 외과 수술 시기 : 4~9월에 실시한다.
> • 외과 수술 절차 : 쇠약지 및 고사지 절단 → 부패 부위 제거 → 동공 가장자리 형성층 노출 → 살균 및 살충 처리 → 방부 및 방수 처리 → 동공 충진 → 매트 처리 → 인공 나무 　껍질 처리 → 수지 처리

69 수목 동공의 외과수술 순서로 가장 적절한 것은?

① 부패부 제거 → 동공 가장자리의 형성층 노출 → 소독 및 방부처리 → 동공충전 → 방수처리 → 표면경화처리 → 인공수피처리

② 부패부 제거 → 소독 및 방부처리 → 동공 가장자리의 형성층 노출 → 방수처리 → 동공충전 → 표면경화처리 → 인공수피처리

③ 부패부 제거 → 동공 가장자리의 형성층 노출 → 동공충전 → 방수처리 → 소독 및 방부처리 → 표면경화처리 → 인공수피처리

④ 부패부 제거 → 동공 가장자리의 형성층 노출 → 방수처리 → 동공충전 → 표면경화처리 → 소독 및 방부처리 → 인공수피처리

70 다음 수목의 외과 수술용 재료 중 동공충전물의 재료로 가장 부적합한 것은?

① 콜타르

② 에폭시수지

③ 불포화 폴리에스테르 수지

④ 우레탄고무

71 더운 여름 오후에 햇빛이 강하면 수간의 남서쪽 수피 가열에 의해서 피해(터지거나 갈라짐)를 받을 수 있는 현상을 무엇이라 하는가?

① 피소 　　　　　② 상렬

③ 조상 　　　　　④ 만상

72 다음 중 상렬의 피해가 많이 나타나지 않는 수종은?

① 소나무 　　　　② 단풍나무

③ 일본목련 　　　④ 배롱나무

> 해설
>
> 수피가 얇은 단풍나무나 배롱나무의 경우 반드시 수피감기를 해주어야 한다.

73 상해(霜害)의 피해와 관련된 설명으로 옳지 않은 것은?

① 분지를 이루고 있는 우묵한 지형에 상해가 심하다.

② 성목보다 유령목에 피해를 받기 쉽다.

③ 일차가 심한 남쪽 경사면보다 북쪽 경사면이 피해가 심하다.

④ 건조한 토양보다 과습한 토양에서 피해가 많다.

67 ③　68 ②　69 ①　70 ①　71 ①　72 ①　73 ③　정답

74 저온의 해를 받은 수목의 관리 방법으로 적당하지 않은 것은?

① 멀칭

② 바람막이 설치

③ 강전정과 과다한 시비

④ Wilt – Pruf(시들음 방지제) 살포

75 이른 봄 늦게 오는 서리로 인한 수목의 피해를 나타내는 것은?

① 조상(早霜)　　② 만상(晚霜)

③ 동상(冬霜)　　④ 한상(寒傷)

76 동해(凍害) 발생에 관한 설명 중 틀린 것은?

① 난지(暖地)산 수종, 생육지에서 멀리 떨어져 이식된 수종일수록 동해에 강하다.

② 건조한 토양보다 과습한 토양에서 더 많이 발생한다.

③ 바람이 없고 맑게 갠 밤의 새벽에는 서리가 적어 피해가 드물다.

④ 침엽수류와 낙엽활엽수는 상록활엽수보다 내동성이 크다.

77 식물병의 발병에 관여하는 3대 요인과 가장 거리가 먼 것은?

① 일조부족

② 병원체의 밀도

③ 야생동물의 가해

④ 기주식물의 감수성

> **해설**
>
> 병충해 발생의 3요소
> • 병원체 : 세균, 곰팡이, 바이러스, 해충 등
> • 기주 : 병해충에 감염되는 식물
> • 환경 : 기상, 토양, 관리 상태 등

78 이종기생골의 그 생활사를 완성하기 위하여 기주를 바꾸는 것을 무엇이라고 하는가?

① 기주교대　　② 중간기주

③ 이종기생　　④ 공생교환

> **해설**
>
> • 이종기생골 : 한 기생 생물이 일생 동안 두 가지 이상의 다른 생물에 기생하는 현상
> • 중간기주 : 기생충이 성숙하기까지 여러 숙주를 거칠 때, 최종 숙주를 제외한 나머지 숙주
> • 이종기생 : 서로 다른 두 종류의 기주식물을 옮겨 다니며 기생하는 것
> • 공생교환 : 둘 이상의 생물이 서로 이익을 주고받으며 협력하는 관계

79 배나무 붉은별무늬병의 겨울포자 세대의 중간기주 식물은?

① 잣나무　　② 향나무

③ 배나무　　④ 느티나무

80 다음 중 파이토플라즈마에 의한 수목병은?

① 뽕나무 오갈병　　② 잣나무 털녹병

③ 밤나무 뿌리혹병　　④ 낙엽송 끝마름병

81 일반적으로 빗자루병이 가장 발생하기 쉬운 수종은?

① 향나무　　② 대추나무

③ 동백나무　　④ 장미

정답　74 ③　75 ②　76 ①　77 ③　78 ①　79 ②　80 ①　81 ②

82 다음 [보기]에서 설명하고 있는 병은?

[보기]
- 수목에 치명적인 병은 아니지만 발생하면 생육이 위축되고 외관을 나쁘게 한다.
- 장미, 단풍나무, 배롱나무, 벚나무 등에 많이 발생한다.
- 병든 낙엽을 모아 태우거나 땅 속에 묻음으로써 전염원을 차단하는 것이 필수적이다.
- 통기불량, 일조부족, 질소과다 등이 발병유인이다.

① 흰가루병　　　　② 녹병
③ 빗자루병　　　　④ 그을음병

흰가루병 : 장마철 이후 잎의 앞뒷면에 흰색 반점이 생기며, 늦가을에 주로 발생한다.

83 오리나무잎벌레의 천적으로 가장 보호되어야 할 곤충은?

① 벼룩좀벌　　　　② 침노린재
③ 무당벌레　　　　④ 실잠자리

84 다음 중 식엽성(食葉性) 해충이 아닌 것은?

① 솔나방　　　　　② 텐트나방
③ 복숭아명나방　　④ 미국흰불나방

85 다음 설명하는 해충으로 가장 적합한 것은?

- 유충은 적색, 분홍색, 검은색이다.
- 끈끈한 분비물을 분비한다.
- 식물의 어린잎이나 새가지, 꽃봉오리에 붙어 수액을 빨아먹어 생육을 억제한다.
- 점착성 분비물을 배설하여 그을음병을 발생시킨다.

① 응애　　　　　　② 솜벌레
③ 진딧물　　　　　④ 깍지벌레

86 해충 중에서 잎에 주사 바늘과 같은 침으로 식물체 내에 있는 즙액을 빨아 먹는 종류가 아닌 것은?

① 응애　　　　　　② 깍지벌레
③ 측백하늘소　　　④ 매미

- 흡즙성 해충 : 응애, 깍지벌레, 매미 등
- 천공성 해충(구멍을 뚫는 해충) : 하늘소류, 소나무좀, 박쥐나방 등

87 수확한 목재를 주로 가해하는 대표적 해충은?

① 흰개미　　　　　② 매미
③ 풍뎅이　　　　　④ 흰불나방

88 8월 중순경에 양버즘나무의 피해 나무줄기에 잠복소를 설치해 가장 효과적인 방제가 가능한 해충은?

① 진딧물류　　　　② 미국흰불나방
③ 하늘소류　　　　④ 버들재주나방

89 다음 설명하는 잡초로 옳은 것은?

- 일년생 광엽잡초에 해당한다.
- 논잡초로 많이 발생할 경우에는 기계수확이 곤란하다.
- 줄기 기부가 비스듬히 땅을 기며 뿌리가 내리는 잡초이다.

① 메꽃　　　　　　② 한련초
③ 가막사리　　　　④ 사마귀풀

90 다음 중 밭에 많이 발생하여 우생하는 잡초는?

① 바랭이　　　　　② 올미
③ 가래　　　　　　④ 너도방동사니

91 작물과 잡초 간의 경합에 있어서 임계 경합기간(Critical period of Competition)은?

① 경합이 끝나는 시기
② 경합이 시작되는 시기
③ 작물이 경합에 가장 민감한 시기
④ 잡초가 경합에 가장 민감한 시기

92 소량의 소수성 용매에 원제를 용해하고 유화제를 사용하여 물에 유화시킨 액을 의미하는 것은?

① 용액
② 유탁액
③ 수용액
④ 현탁액

유탁액은 액체 속에 다른 액체 방울이나 액정이 분산된 콜로이드 상태를 말한다.

93 농약 살포 시 주의할 점이 아닌 것은?

① 바람을 등지고 뿌린다.
② 정오부터 2시경까지는 뿌리지 않는 것이 좋다.
③ 마스크, 안경, 장갑을 착용한다.
④ 약효가 흐린 날이 좋으므로 흐린 날 뿌린다.

94 농약 보관 시 주의하여야 할 사항으로 옳은 것은?

① 농약은 고온보다 저온에서 분해가 촉진된다.
② 분말제제는 흡습되어도 물리성에는 영향이 없다.
③ 유제는 유기용제의 혼합으로 화재의 위험성이 없다.
④ 고독성 농약은 일반 저독성 약제와 혼적하여도 무방하다.

95 잠복소를 설치하는 목적으로 가장 적합한 것은?

① 동행의 방지를 위해
② 월동벌레를 유인하여 봄에 태우기 위해
③ 겨울의 가뭄 피해를 막기 위해
④ 동해나 나무의 생육조절을 위해

96 내충성이 강한 품종을 선택하는 것은 다음 중 어느 방제법에 속하는가?

① 물리적 방제
② 화학적 방제법
③ 생물적 방제법
④ 재배학적 방제법

• 물리적 방제 : 바닷물에 담그거나 온도 차를 이용해 해충을 제거
• 화학적 방제 : 농약 등 화학약품을 사용
• 생물학적 방제 : 천적이나 포식충을 이용
• 재배학적 방제 : 재배 방법이나 임업 관리로 병해충 예방

97 다음 중 수간주사 주입방법으로 옳지 않은 것은?

① 구멍 속의 이물질과 공기를 뺀 후 주입관을 넣는다.
② 중력식 수간주사는 가능한 한 지제부 가까이에 구멍을 뚫는다.
③ 구멍의 각도는 50~60° 가량 경사지게 세워서, 구멍지름 20mm 정도로 한다.
④ 뿌리가 제구실을 못하고 다른 시비방법이 없을 때, 빠른 수세회복을 원할 때 사용한다.

구멍의 각도는 20~30°, 지름은 5mm로 한다.

정답　91 ③　92 ②　93 ④　94 ③　95 ②　96 ④　97 ③

98 병해충 방제를 목적으로 쓰이는 농약의 포장지 표기형식 중 색깔이 분홍색을 나타내는 농약의 종류는?

① 살충제   ② 살균제

③ 제초제   ④ 살비제

> **해설**
> • 살충제 : 녹색, 해충방제 목적
> • 살균제 : 분홍색, 병원균을 죽이는 목적
> • 제초제 : 노란색, 잡초를 죽이는 목적
> • 살비제 : 청색, 응애만을 죽이는 목적

99 다음 중 생장조절제가 아닌 것은?

① 비에이액제(영일비에이)

② 도마토톤액제(정미도마도론)

③ 인돌비액제(도래미)

④ 파라코액제(그라목손)

> **해설**
> 파라코액제(그라목손)는 제초제에 해당한다.

100 다음 중 잡초방제용 제초제가 아닌 것은?

① 메프수화제(스미치온)

② 씨마네수화제(씨마진)

③ 알라유제(라쏘)

④ 파라코액제(그라목손)

> **해설**
> 메프수화제(스미치온)는 병충해 방지용이다.

101 다음 제초제 중 잡초와 작물 모두를 살멸시키는 비선택성 제초제는?

① 디캄바액제

② 글리포세이트액제

③ 펜티온유제

④ 에테폰액제

102 많은 나무를 모아 심었거나 줄지어 심었을 때 적합한 지주설치법은?

① 단각 지주

② 이각 지주

③ 삼각 지주

④ 연결형(연계형) 지주

103 수목식재 후 지주목 설치 시에 필요한 완충 재료로서 작업 능률이 뛰어나고 통기성과 내구성이 뛰어난 환경 친화적인 재료이며, 상열을 막기 위해 사용하는 것은?

① 새끼   ② 고무판

③ 보온덮개   ④ 녹화테이프

104 응애만 죽이는 농약의 종류에 해당하는 것은?

① 살충제   ② 살균제

③ 살비제   ④ 살서제

105 다음 중 소나무류를 가해하는 해충으로 가장 관련이 적은 것은?

① 솔나방   ② 미국흰불나방

③ 소나무좀   ④ 솔잎혹파리

> **해설**
> 미국흰불나방은 5월부터 연 3~4회 발생하며, 160여 종의 활엽수를 가해하는 잡식성 해충이다.

106 다음 중 흰불나방의 피해가 가장 많이 발생하는 수종은?

① 감나무   ② 사철나무

③ 플라타너스   ④ 측백나무

98 ②   99 ④   100 ①   101 ②   102 ④   103 ④   104 ③   105 ②   106 ③   **정답**

107 다음 수종 중 흰가루병에 가장 잘걸리는 식물은?

① 대추나무   ② 향나무

③ 동백나무   ④ 장미

108 솔잎혹파리에는 먹좀벌을 방사시키면 방제효과가 있다. 이러한 방제법에 해당하는 것은?

① 기계적 방제법   ② 생물적 방제법

③ 물리적 방제법   ④ 화학적 방제법

> **해설**
> • 기계적 방제법 : 해충을 직접 포살 채취, 차단하는 방법
> • 물리적 방제법 : 전정가지 소각, 낙엽태우기, 잠복소 이용
> • 화학적 방제법 : 농약 사용(약제방제)

109 식물병에 대한 "코흐의 법칙"의 설명으로 틀린 것은?

① 병든 생물체에 병원체로 의심되는 특정 미생물이 존재해야 한다.

② 그미생물은 기주생물로부터 분리되고 배지에서 순수배양 되어야 한다.

③ 순수배양한 미생물을 동일 기중 접종하였을 때 동일한 병이 발생되어야 한다.

④ 병든 생물채로부터 접종할 때 사용하였던 미생물과 동일한 특성의 미생물이 재분리되지만 배양은 되지 않아야 한다.

110 1차 전염원이 아닌 것은?

① 균핵   ② 분생포자

③ 난포자   ④ 균사속

> **해설**
> 분생포자는 진균류에서 만들어지는 무성의 포자이다.

111 수목의 잎 조직 중 가스교환을 주로 하는 곳은?

① 책상조직   ② 엽록체

③ 표피   ④ 기공

 정답   107 ④ 108 ② 109 ④ 110 ② 111 ④

조경
기능사
필기

▶ 면밀히 출제기준을 분석한 핵심이론

▶ 생동감을 위해 건축물 및 수목 컬러 이미지

▶ 이론에 대한 이해도를 높일 수 있는 적중 예상문제

▶ 실전 감각을 익히기 위한 기출복원문제

(주)다락원 경기도 파주시 문발로 211

📞 (02)736-2031 (내용문의: 내선 291~296 / 구입문의: 내선 250~252)

📠 (02)732-2037

🌐 www.darakwon.co.kr

💻 http://cafe.naver.com/1qpass

출판등록 1977년 9월 16일 제406-2008-000007호

정가 **26,000**원

13370

9 788927 774693

ISBN 978-89-277-7469-3

Q PASS

2025
최/신/판

조경
기능사
필기

현병희 · 이찬호 공저

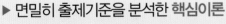

▶ 면밀히 출제기준을 분석한 핵심이론

▶ 생동감을 위해 건축물 및 수목 컬러 이미지

▶ 이론에 대한 이해도를 높일 수 있는 적중 예상문제

▶ 실전 감각을 익히기 위한 기출복원문제

CBT 대비 모바일 모의고사 5회
저자 직강 무료 동영상 강의 제공

QPASS
조경
기능사
필기

현병희 · 이찬호 공저

다락원

목차

01 조경 양식을 형태적으로 분류했을 때 성격이 다른 것은?

① 중정식   ② 회유임천식

③ 평면기하학식   ④ 노단식

> 해설
>
> 회유임천식 조경양식은 동양(일본)에서, 중정식·평면기하학식·노단식 조경양식은 서양에서 나타나는 양식이다.

02 조감도는 소점이 몇 개인가?

① 1개   ② 2개

③ 3개   ④ 4개

03 다음 중 도시공원 및 녹지 등에 관한 법률 시행규칙에서 공원 규모가 가장 작은 것은?

① 묘지공원   ② 어린이공원

③ 광역권근린공원   ④ 체육공원

> 해설
>
> • 묘지공원 : 100,000m² 이상
> • 어린이공원 : 1,500m² 이상
> • 광역권근린공원 : 1,000,000m² 이상
> • 체육공원 : 10,000m² 이상

04 주차장법 시행규칙상 주차장의 주차단위구획 기준은? (단, 평행주차형식 외의 장애인전용 방식이다.)

① 2.0m 이상×4.5m 이상

② 2.3m 이상×4.5m 이상

③ 3.0m 이상×5.0m 이상

④ 3.3m 이상×5.0m 이상

05 보행에 지장을 주어 보행 속도를 억제하고자 하는 포장 재료는?

① 아스팔트   ② 콘크리트

③ 블록   ④ 조약돌

> 해설
>
> • 부드러운 재료 : 잔디, 마사토
> • 딱딱한 재료 : 아스팔트, 콘크리트
> • 중간 성격의 재료 : 조약돌, 벽돌

06 옴스테드와 캘버트 보가 제시한 그린 스워드 안의 내용이 아닌 것은?

① 넓고 쾌적한 마차 드라이브 코스

② 차음과 차폐를 위한 주변식재

③ 평면적 동선체계

④ 동적놀이를 위한 운동장

07 다음 중 가장 가볍게 느껴지는 색은?

① 파랑   ② 노랑

③ 초록   ④ 연두

08 다음 정원시설 중 우리나라 전통조경시설이 아닌 것은?

① 취병(생울타리)   ② 화계

③ 벽천   ④ 석지

> 해설
>
> 벽천은 서양에서 유래되었다.

 정답   01 ②   02 ③   03 ②   04 ④   05 ④   06 ③   07 ②   08 ③

09 고려시대 궁궐정원을 맡아보던 관서는?

① 원야　　　　　② 장원서
③ 상림원　　　　④ 내원서

조선시대 관장부서 : 장원서

10 조선시대 후원양식에 대한 설명 중 틀린 것은?

① 각 계단에는 향나무를 주로 다듬어 장식하였다.
② 중엽 이후 풍수지리설의 영향을 받아 후원양식이 생겼다.
③ 건물 뒤에 자리 잡은 언덕배기를 계단 모양으로 다듬어 만들었다.
④ 경복궁 교태전 후원인 아미산, 창덕궁 낙선재의 후원 등이 그 예이다.

향나무가 아닌 꽃나무와 기이한 바위로 장식하였다.

11 사대부나 양반 계급에 속했던 사람이 자연 속에 묻혀 야인으로서의 생활을 즐기던 별서 정원이 아닌 것은?

① 다산초당　　　② 부용동정원
③ 소쇄원　　　　④ 방화수류정

방화수류정은 1794년(정조 18년)에 수원성곽 축조 시 세워졌다.

12 고대 그리스에서 아고라(agora)는 무엇인가?

① 유원지　　　　② 농경지
③ 광장　　　　　④ 성지

로마 광장 : 포럼

13 영국 정형식 정원의 특징 중 매듭화단이란 무엇인가?

① 가늘고 긴 형태로 한쪽 방향에서만 관상할 수 있는 화단
② 수목을 전정하여 정형적 모양으로 만든 미로
③ 카펫을 깔아 놓은 듯 화려하고 복잡한 문양이 펼쳐진 화단
④ 낮게 깎은 회양목 등으로 화단을 기하학적 문양으로 구획한 화단

14 19세기 유럽에서 정형식 정원의 의장을 탈피하고 자연 그대로의 경관을 표현하고자 한 조경 수법은?

① 노단식　　　　② 자연풍경식
③ 실용주의식　　④ 회교식

15 사적인 정원 중심에서 공적인 대중 공원의 성격을 띤 시대는?

① 20세기 전반 미국
② 19세기 전반 영국
③ 17세기 전반 프랑스
④ 14세기 후반 에스파냐

영국의 17세기는 정형식, 18세기는 자연풍경식, 19세기는 공공공원의 성격을 띤다.

16 수준측량과 관련이 없는 것은?

① 야장　　　　　② 앨리데이드
③ 레벨　　　　　④ 표척

앨리데이드는 평판측량에 사용한다.

09 ④　10 ①　11 ④　12 ③　13 ④　14 ②　15 ②　16 ②　**정답**

17 근대 독일 구성식 조경에서 발달한 조경시설물의 하나로 실용과 미관을 겸비한 시설은?

① 분수 　　　　② 캐스케이드

③ 연못 　　　　④ 벽천

18 다음 중 열경화성수지 도료로 내수성이 크고 열탕에서도 침식되지 않으며, 무색투명하고 착색이 자유로우면 아주 굳고 내수성, 내약품성, 내용제성이 뛰어나며, 알키드수지로 변성하여 도료, 내수 베니어합판의 접착제 등에 이용되는 것은?

① 멜라민수지 도료

② 프탈산수지 도료

③ 석탄산수지 도료

④ 염화비닐수지 도료

19 유리의 주성분이 아닌 것은?

① 규산 　　　　② 수산화칼슘

③ 석회 　　　　④ 소다

20 조경시설물 중 유리섬유강화플라스틱(FRP)으로 만들기 가장 부적합한 것은?

① 화분대 　　　　② 수족관의 수조

③ 수목 보호관 　　　④ 인공암

수족관의 수조는 유리나 아크릴을 이용한다.

21 스프레이 건(spray gun)을 쓰는 것이 가장 적합한 도료는?

① 에나멜 　　　　② 유성페인트

③ 수성페인트 　　　④ 래커

22 블리딩 현상에 따라 콘크리트 표면에 떠올라 표면의 물이 증발함에 따라 콘크리트 표면에 남는 가볍고 미세한 물질로서 시공 시 작업이음을 형성하는 것에 대한 용어로 맞는 것은?

① laitance 　　　　② plasticity

③ workability 　　　④ consistency

해설

• plasticity : 분리가 일어나지 않는 성질
• workability : 굳지 않은 콘크리트의 반죽질기, 시공연도를 의미
• consistency : 반죽의 되고 진 정도

23 용광로에서 선철을 제조할 때 나온 광석 찌꺼기를 석고와 함께 시멘트에 섞은 것으로 수화열이 낮고, 내구성이 높으며, 화학적 저항성이 큰 한편, 투수가 적은 특징을 갖는 것은?

① 알루미나시멘트

② 조강 포틀랜드시멘트

③ 실리카시멘트

④ 고로시멘트

해설

• 조강 포틀랜드시멘트 : 겨울철 수중공사
• 알루미나시멘트 : 냉한지대, 급한공사
• 실리카시멘트 : 해수, 광산, 공장폐수, 하수

24 목재 방부제에 요구되는 성질로 부적합한 것은?

① 목재의 인화성, 흡수성에 증가가 없을 것

② 목재의 강도가 커지고 중량이 증가될 것

③ 목재에 침투가 잘되고 방부성이 큰 것

④ 목재에 접촉되는 금속이나 인체에 피해가 없을 것

정답 17 ④ 18 ① 19 ② 20 ② 21 ④ 22 ① 23 ④ 24 ②

25 다음 골재의 입도(粒度)에 대한 설명 중 옳지 않은 것은?

① 입도란 크고 작은 골재알(粒)이 혼합되어 있는 정도를 말하며 체가름 시험에 의하여 구할 수 있다.

② 입도가 좋은 골재를 사용한 콘크리트는 공극이 커지기 때문에 강도가 저하한다.

③ 입도시험을 위한 골재는 4분법(四分法)이나 시료분취기에 의하여 필요한 양을 채취한다.

④ 입도곡선이란 골재의 체가름 시험결과를 곡선으로 표시한 것이며 입도곡선이 표준입도곡선 내에 들어가야 한다.

해설

입도가 좋은 골재를 사용한 콘크리트는 공극이 작아지기 때문에 강도가 증가한다.

26 다음 중 거푸집에 미치는 콘크리트의 측압 설명으로 틀린 것은?

① 붓기속도가 빠를수록 측압이 크다.

② 수평부재가 수직부재보다 측압이 작다.

③ 경화속도가 빠를수록 측압이 크다.

④ 시공연도가 좋을수록 측압은 크다.

해설

경화속도가 빠를수록 측압이 작다.

27 다음 중 수목을 기하학적인 모양으로 수관을 다듬어 만든 수형을 가리키는 용어는?

① 정형수　　　　② 형상수

③ 경관수　　　　④ 녹음수

28 다음 수목 중 봄철에 꽃을 가장 빨리 보려면 어떤 수종을 식재해야 하는가?

① 말발도리　　　② 자귀나무

③ 매실나무　　　④ 금목서

29 다음 중 상록용으로 사용할 수 없는 식물은?

① 마삭줄　　　　② 불로화

③ 골고사리　　　④ 남천

해설

불로화는 일년초로 상록용으로 사용할 수 없다.

30 단위용적중량이 $1.65t/m^3$이고 굵은 골재 비중이 2.65일 때 이 골재의 실적률(A)과 공극률(B)은 각각 얼마인가?

① A : 62.3%, B : 37.7%

② A : 69.7%, B : 30.3%

③ A : 66.7%, B : 33.3%

④ A : 71.4%, B : 28.6%

해설

[공극률과 실적률]
- 공극률＝1－(단위용적중량/비중)×100
  1－(1.65/2.65)×100＝37.7%
- 실적률＝(단위용적중량/비중)×100
  (1.65/2.65)×100＝62.3%

31 다음 수목 중 일반적으로 생장속도가 가장 느린 것은?

① 네군도단풍　　② 층층나무

③ 개나리　　　　④ 비자나무

해설

장기수 : 주목, 비자나무

32 다음 수종들 중 단풍이 붉은색이 아닌 것은?

① 신나무　　　　② 복자기

③ 화살나무　　　④ 고로쇠나무

해설

고로쇠나무의 단풍은 노란색을 띤다.

33 다음 중 비옥지를 가장 좋아하는 수종은?

① 소나무　　　　　② 아까시나무

③ 사방오리나무　　④ 주목

 해설

철쭉, 측백, 회양목

34 다음 중 홍초과에 해당하며, 잎은 넓은 타원형이 며 길이는 30~40cm로 양끝이 좁고 밑부분이 엽 초로 되어 원줄기를 감싸며 측맥이 평행하고, 삭 과는 둥글고 잔돌기가 있으며, 뿌리는 고구마 같 은 굵은 근경이 있는 식물명은?

① 히아신스　　　　② 튤립

③ 수선화　　　　　④ 칸나

해설

• 가을심기 알뿌리 : 튤립, 수선화, 히야신스
• 봄심기 알뿌리 : 칸나, 다알리아

35 다음 중 가로수를 심는 목적으로 볼 수 없는 것은?

① 시선을 유도한다.

② 방음과 방화의 효과가 있다.

③ 녹음을 제공한다.

④ 도시환경을 개선한다.

36 조경설계 과정에서 가장 먼저 이루어져야 하는 것은?

① 평면도 작성

② 내역서 작성

③ 구상개념도 작성

④ 실시설계도 작성

37 다음 중 공사 현장의 공사 및 기술관리, 기타 공사 업무 시행에 관한 모든 사항을 처리하여야 할 사 람은?

① 공사 발주자　　　② 공사 현장대리인

③ 공사 현장감독관　④ 공사 현장감리원

38 직영공사의 특징에 대한 설명으로 옳지 않은 것은?

① 시급한 준공을 필요로 할 때

② 공사내용이 단순하고 시공 과정이 용이할 때

③ 일반도급으로 단가를 정하기 곤란한 특수한 공사가 필요할 때

④ 풍부하고 저렴한 노동력, 재료의 보유 또는 구입 편의가 있을 때

39 항공사진측량의 장점 중 틀린 것은?

① 동적인 대상물의 측량이 가능하다.

② 좁은 지역 측량에서 50% 정도의 경비가 절 약된다.

③ 분업화에 의한 작업능률성이 높다.

④ 축척 변경이 용이하다.

해설

좁은 지역은 비경제적이다.

40 거실이나 응접실 또는 식당 앞에 건물과 잇대어서 만드는 시설물은?

① 모래터　　　　　② 트렐리스

③ 정자　　　　　　④ 테라스

정답　33 ④　34 ④　35 ②　36 ③　37 ②　38 ①　39 ②　40 ④

41 조경시설물 중 관리 시설물로 분류되는 것은?

① 축구장, 철봉
② 조명시설, 표지판
③ 분수, 인공폭포
④ 그네, 미끄럼틀

> **해설**

• 놀이시설 : 그네, 미끄럼틀
• 운동시설 : 철봉

42 다음 보도블록 포장공사의 단면 그림 중 블록 아랫부분은 무엇으로 채우는 것이 좋은가?

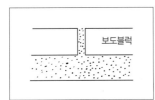

① 모래
② 자갈
③ 콘크리트
④ 잡석

43 원로의 디딤돌 놓기에 관한 설명으로 틀린 것은?

① 디딤돌은 주로 화강암을 넓적하고 둥글게 기계로 깎아 다듬어 놓은 돌만을 이용한다.
② 디딤돌은 보행을 위하여 공원이나 정원에서 잔디밭, 자갈 위에 설치하는 것이다.
③ 징검돌은 상·하면이 평평하고 지름 또한 한 면의 길이가 30~60cm, 높이가 30cm 이상인 크기의 강석을 주로 사용한다.
④ 디딤돌의 배치간격 및 형식 등은 설계도면에 따르되 윗면은 수평으로 놓고 지면과의 높이는 5cm 내외로 한다.

> **해설**

디딤돌은 주로 자연석을 많이 사용한다.

44 자연석(조경석) 쌓기의 설명으로 옳지 않은 것은?

① 크고 작은 자연석을 이용하여 잘 배치하고, 견고하게 쌓는다.
② 사용되는 돌의 선택은 인공적으로 다듬은 것으로 가급적 빌어짐이 없이 연결될 수 있도록 배치한다.
③ 자연석으로 서로 어울리게 배치하고 자연석 틈 사이에 관목류를 이용하여 채운다.
④ 맨 밑에는 큰 돌을 기초석을 배치하고, 보기 좋은 면이 앞면으로 오게 한다.

> **해설**

자연석은 인공적으로 다듬지 않는 것이다.

45 벽돌쌓기 시공에 대한 주의사항으로 틀린 것은?

① 굳기 시작한 모르타르는 사용하지 않는다.
② 붉은 벽돌은 쌓기 전에 충분한 물 축임을 실시한다.
③ 1일 쌓기 높이는 1.2m를 표준으로 하고, 최대 1.5m 이하로 한다.
④ 벽돌벽은 가급적 담장의 중앙부분을 높게 하고 끝부분을 낮게 한다.

> **해설**

벽돌벽은 동일한 높이로 쌓는다.

46 벽돌쌓기에서 사용되는 모르타르의 배합비 중 가장 부적합한 것은?

① 1 : 1
② 1 : 2
③ 1 : 3
④ 1 : 4

> **해설**

• 치장줄눈 – 1 : 1
• 아치쌓기용 – 1 : 2
• 조적용 – 1 : 3

47 지역이 광대해서 하수를 한 개소로 모으기가 곤란할 때 배수지역을 수개 또는 그 이상으로 구분해서 배관하는 배수 방식은?

① 직각식　　　　② 차집식
③ 방사식　　　　④ 선형식

48 다음 배수관 중 가장 경사를 급하게 설치해야 하는 것은?

① Ø100mm　　　② Ø200mm
③ Ø300mm　　　④ Ø400mm

> **해설**
> 배수관의 경사는 관의 지름이 작은 것일수록 급하게 해야 한다.

49 경사가 있는 보도교의 경우 종단 기울기가 얼마를 넘지 않도록 하며, 미끄럼을 방지하기 위해 바닥을 거칠게 표면처리 하여야 하는가?

① 3˚　　　　② 5˚
③ 8˚　　　　④ 15˚

50 비탈면의 기울기는 관목 식재 시 어느 정도 경사보다 완만하게 식재하여야 하는가?

① 1 : 0.3보다 완만하게
② 1 : 1보다 완만하게
③ 1 : 2보다 완만하게
④ 1 : 3보다 완만하게

51 퍼걸러(pergola) 설치 장소로 적합하지 않은 것은?

① 주택 정원의 가운데
② 건물에 붙여 만들어진 테라스 위
③ 통경선의 끝부분
④ 주택 정원의 구석진 곳

52 다음 중 일반적인 토양의 상태에 따른 뿌리 발달의 특징 설명으로 옳지 않은 것은?

① 척박지에서는 뿌리의 갈라짐이 적고 길게 뻗어 나간다.
② 건조한 토양에서는 뿌리가 짧고 좁게 퍼진다.
③ 비옥한 토양에서는 뿌리목 가까이에서 많은 뿌리가 갈라져 나가고 길게 뻗지 않는다.
④ 습한 토양에서는 호흡을 위하여 땅 표면 가까운 곳에 뿌리가 퍼진다.

> **해설**
> 건조한 토양에서는 식물이 뿌리를 깊게 내려 최대한 물을 흡수하려고 한다.

53 실내조경 식물의 선정 기준이 아닌 것은?

① 가스에 잘 견디는 식물
② 낮은 광도에 견디는 식물
③ 내건성과 내습성이 강한 식물
④ 온도 변화에 예민한 식물

> **해설**
> 실내조경에 적합한 식물은 온도 변화에 둔감한 식물이다.

정답 47 ③　48 ①　49 ③　50 ③　51 ①　52 ②　53 ④

54 다음 수목 중 식재 시 근원직경에 의한 품셈을 적용할 수 있는 것은?

① 아왜나무
② 꽃사과나무
③ 은행나무
④ 왕벚나무

해설

꽃사과나무는 아래가지가 여러 줄기로 수간이 갈라져 있다.

55 조경수 전정의 방법이 옳지 않은 것은?

① 전체적인 수형의 구성을 미리 정한다.
② 충분한 햇빛을 받을 수 있도록 가지를 배치한다.
③ 병해충 피해를 받은 가지는 제거한다.
④ 아래에서 위로 올라가면서 전정한다.

해설

위에서 아래로 내려가면서 전정한다.

56 다음 중 전정을 할 때 큰 줄기나 가지자르기를 삼가야 하는 수종은?

① 오동나무
② 현사시나무
③ 벚나무
④ 수양버들

해설

벚나무의 경우 상처가 잘 아물지 않아 균이나 벌레의 침입이 많다. 어쩔 수 없이 전정을 해야 하는 경우 방부처리를 필수로 해주어야 한다.

57 나무를 옮겨 심었을 때 잘려진 뿌리로부터 새 뿌리가 오게 하여 활착이 잘되게 하는 데 가장 중요한 것은?

① 온도와 지주목의 종류
② 잎으로부터의 증산과 뿌리의 흡수
③ C/N율과 토양의 온도
④ 호르몬과 온도

58 오늘날 세계 3대 수목병에 속하지 않는 것은?

① 잣나무 털녹병
② 소나무류 리지나뿌리썩음병
③ 느릅나무 시들음병
④ 밤나무 줄기마름병

59 다음 중 농약의 혼용 사용 시 장점이 아닌 것은?

① 약효 상승
② 약효지속기간 연장
③ 약해 증가
④ 독성 경감

해설

약해 : 부작용, 피해

60 솔수염하늘소의 성충이 최대로 출현하는 최성기로 가장 적합한 것은?

① 3~4월
② 4~5월
③ 6~7월
④ 9~10월

해설

솔수염하늘소의 성충은 5월 하순부터 7월에 출현하며, 우화 최전성기는 6월 중·하순부터이다.

01 조경의 직무는 조경설계기술자, 조경시공기술자, 조경관리기술자로 크게 분류할 수 있다. 그중 조경설계기술자의 직무내용에 해당하는 것은?

① 병해충방제
② 조경묘목생산
③ 식재공사
④ 시공감리

02 "형태, 색채와 더불어 ( )은(는) 디자인의 필수 요소로서 물체의 조성 성질을 말하며, 이는 우리의 감각을 통해 형태에 대한 지식을 제공한다." ( ) 안에 들어갈 디자인 요소는?

① 입체
② 공간
③ 질감
④ 광선

03 실선의 굵기에 따른 종류(가는선, 중간선, 굵은선)와 용도가 바르게 연결되어 있는 것은?

① 가는선 – 단면선
② 가는선 – 파선
③ 중간선 – 치수선
④ 굵은선 – 도면의 윤곽선

> 해설
> 숨은선 : 파선

04 주축선 양쪽에 짙은 수림을 만들어 주축선이 두드러지게 하는 비스타(vista) 수법을 가장 많이 이용한 정원은?

① 영국 정원
② 프랑스 정원
③ 이탈리아 정원
④ 독일 정원

> 해설
> • 영국 정원 : 자연풍경식
> • 독일 정원 : 실용겸비, 과학적

05 다음 중 설치기준의 제한은 없으며, 유치거리 500m 이하, 공원면적 10,000㎡ 이상으로 할 수 있으며, 주로 인근에 거주하는 자의 이용에 제공할 목적으로 설치되는 도시공원의 종류는?

① 도보권근린공원
② 묘지공원
③ 어린이공원
④ 근린생활권 근린공원

06 경관구성의 미적 원리를 통일성과 다양성으로 구분할 때, 다음 중 다양성에 해당하는 것은?

① 조화
② 균형
③ 강조
④ 대비

> 해설
> 다양성은 변화, 운율, 점층, 대비의 효과가 있다.

07 먼셀의 색상환에서 BG는 무슨 색인가?

① 연두색
② 남색
③ 청록색
④ 보라색

> 해설
> BG의 B는 Blue, G는 Green으로 혼합 시 청록색이 된다.

08 오방색 중 황(黃)의 오행과 방위가 바르게 짝지어진 것은?

① 금(金) – 서쪽
② 목(木) – 동쪽
③ 토(土) – 중앙
④ 수(水) – 북쪽

정답 01 ④ 02 ③ 03 ④ 04 ② 05 ④ 06 ④ 07 ③ 08 ③

09 다음 중 별서의 개념과 가장 거리가 먼 것은?

① 별장의 성격을 갖기 위한 것

② 수목을 가꾸기 위한 것

③ 은둔생활을 하기 위한 것

④ 효도하기 위한 것

10 정형식 배식 방법에 대한 설명이 옳지 않은 것은?

① 교호식재 – 서로 마주보게 배치하는 식재

② 대식 – 시선축의 좌우에 같은 형태, 같은 종류의 나무를 대칭 식재

③ 열식 – 같은 형태와 종류의 나무를 일정한 간격으로 직선상에 식재

④ 단식 – 생김새가 우수하고, 중량감을 갖춘 정형수를 단독으로 식재

> **해설**
> 교호식재는 같은 간격으로 서로 어긋나게 식재하는 방법이다.

11 "응접실이나 거실 쪽에 면하며, 주택정원의 중심이 되고, 가족의 구성단위나 취향에 따라 계획한다."와 같은 목적의 뜰은 주택정원의 어디에 해당하는가?

① 안뜰   ② 앞뜰

③ 뒤뜰   ④ 작업뜰

> **해설**
> 안뜰은 가족구성원을 위한 사적인 공간이다.

12 우리나라에서 처음 조경의 필요성을 느끼게 된 가장 큰 이유는?

① 급속한 자동차의 증가로 인한 대기오염을 줄이기 위해

② 공장폐수로 인한 수질오염을 해결하기 위해

③ 인구증가로 인해 놀이, 휴게시설의 부족 해결을 위해

④ 고속도로, 댐 등 각종 경제개발에 따른 국토의 자연훼손의 해결을 위해

13 중국 청나라 때의 유적이 아닌 것은?

① 이화원   ② 졸정원

③ 자금성 금원   ④ 원명원 이궁

> **해설**
> 졸정원은 중국 명나라 때의 유적이다.

14 영국인 Brown의 지도하에 덕수궁 석조전 앞뜰에 조성된 정원 양식과 관계되는 것은?

① 보르비콩트 정원   ② 센트럴파크

③ 분구원   ④ 빌라 메디치

15 메소포타미아의 대표적인 정원은?

① 마야사원

② 바빌론의 공중정원

③ 베르사유 궁전

④ 타지마할 사원

> **해설**
> 프랑스 : 베르사유 궁전

16 혼화재의 설명 중 옳은 것은?

① 종류로는 포졸란, AE제 등이 있다.

② 혼화재료는 그 사용량이 비교적 많아서 그 자체의 부피가 콘크리트의 배합계산에 관계된다.

③ 종류로는 슬래그, 감수제 등이 있다.

④ 혼화재는 혼화제와 같은 것이다.

17 좋은 콘크리트를 만들려면 좋은 품질의 골재를 사용해야 하는데, 좋은 골재에 관한 설명으로 옳지 않은 것은?

① 납작하거나 길지 않고 구형이 가까울 것
② 골재의 표면이 깨끗하고 유해 물질이 없을 것
③ 굳은 시멘트 페이스트보다 약한 석질일 것
④ 굵고 잔 것이 골고루 섞여 있을 것

> **해설**
> 골재는 치밀하고 단단한 것이 좋다.

18 시멘트 액체 방수제의 종류가 아닌 것은?

① 비소계 ② 규산소다계
③ 염화칼슘계 ④ 지방산계

> **해설**
> • 무기질계 : 염화칼슘계
> • 규산소다계, 유기질계 : 지방산계

19 다음 중 화성암 계통의 석재인 것은?

① 화강암 ② 점판암
③ 대리석 ④ 사문암

> **해설**
> • 점판암 : 퇴적암 계통
> • 대리석, 사문암 : 변성암 계통

20 석재의 분류방법 중 가장 보편적으로 사용되는 방법은?

① 성인에 의한 방법
② 산출상태에 의한 방법
③ 조직구조에 의한 방법
④ 화학성분에 의한 방법

> **해설**
> 성인에 의한 방법으로 화성암계, 수성암(퇴적암)계, 변성암계를 분류한다.

21 목재의 방부처리 방법 중 일반적으로 가장 효과가 우수한 것은?

① 가압 주입법 ② 도포법
③ 생리적 주입법 ④ 침지법

> **해설**
> • 도포법 : 솔로 도포한다.
> • 생리적 주입법 : 뿌리 부분에 방부제 용액을 뿌려서 수목에 흡수시킨다.
> • 침지법 : 상온에서 방부제 용액 속에 목재를 수일간 침지시켜 주입한다.

22 다음 중 압축강도(kgf/cm^2)가 가장 큰 목재는?

① 오동나무 ② 밤나무
③ 삼나무 ④ 낙엽송

> **해설**
> • 오동나무 : $372kgf/cm^2$ • 밤나무 : $353kgf/cm^2$
> • 삼나무 : $400kgf/cm^2$ • 낙엽송 : $638kgf/cm^2$

23 다음 중 인공지반을 만들려고 할 때 사용되는 경량토로 부적합한 것은?

① 버미큘라이트 ② 모래
③ 펄라이트 ④ 부엽토

24 기건상태에서 목재 표준함수율은 어느 정도인가?

① 5% ② 15%
③ 25% ④ 35%

25 쾌적한 가로환경과 환경보전, 교통제어, 녹음과 계절성, 시선유도 등으로 활용하고 있는 가로수로 적합하지 않은 수종은?

① 이팝나무 ② 은행나무
③ 메타세콰이어 ④ 능소화

> **해설**
> 능소화는 덩굴이므로 적합하지 않다.

정답 17 ③ 18 ① 19 ① 20 ① 21 ① 22 ④ 23 ② 24 ② 25 ④

26 생태복원을 목적으로 사용하는 재료로 가장 거리가 먼 것은?

① 식생매트　　　　② 잔디블록

③ 녹화마대　　　　④ 식생자루

녹화마대는 뿌리분을 감는 데 이용한다.

27 조경 수목이 규격에 관한 설명으로 옳은 것은? (단, 괄호 안의 영문은 기호를 의미한다)

① 수고(W) – 지표면으로부터 수관의 하단부 까지의 수직높이

② 지하고(BH) – 지표면에서 수관이 맨 아랫 가지 까지의 수직높이

③ 흉고직경(R) – 지표면 줄기의 굵기

④ 근원직경(B) – 가슴 높이 정도의 줄기의 지름

• 수고(H)
• 흉고직경(B)
• 근원직경(R)

28 줄기의 색이 아름다워 관상가치를 가진 대표적인 수종의 연결로 옳지 않은 것은?

① 갈색계의 수목 – 편백

② 적갈색계의 수목 – 소나무

③ 흑갈색계의 수목 – 벽오동

④ 백색계의 수목 – 자작나무

• 청색 : 벽오동의 수피
• 백색계 : 자작나무, 백송
• 적갈색계 : 소나무, 주목

29 홍색(紅色) 열매를 맺지 않는 수종은?

① 산수유　　　　② 쥐똥나무

③ 주목　　　　　④ 사철나무

쥐똥나무는 검은색 열매를 맺는다.

30 형상수로 이용할 수 있는 수종은?

① 주목　　　　　② 명자나무

③ 단풍나무　　　④ 소나무

상록침엽수 지엽이 치밀하기 때문에 형상수로 이용할 수 있다.

31 다음 조경 수목 중 음수인 것은?

① 향나무　　　　② 느티나무

③ 비자나무　　　④ 소나무

대표적인 양수 조경 수목 : 향나무, 소나무

32 활엽수이지만 잎의 형태가 침엽수와 같아서 조경적으로 침엽수로 이용하는 것은?

① 은행나무　　　② 산딸나무

③ 위성류　　　　④ 이팝나무

33 수종에 따라 또는 같은 수종이라도 개체의 성질에 따라 삽수의 발근에 차이가 있는데 일반적으로 삽목 시 발근이 잘되지 않는 수종은?

① 오리나무　　　② 무궁화

③ 개나리　　　　④ 꽝꽝나무

소나무, 해송

34 다음 중 낙엽활엽교목으로 부채꼴형 수형이며, 야합수(夜合樹)라 불리기도 하며, 여름에 피는 꽃은 분홍색으로 화려하며, 천근성 수종으로 이식에 어려움이 있는 수종은?

① 서향　　　　　② 치자나무

③ 은목서　　　　④ 자귀나무

26 ③　27 ②　28 ③　29 ②　30 ①　31 ③　32 ③　33 ①　34 ④

35 산울타리에 적합하지 않은 식물 재료는?

① 무궁화   ② 느릅나무
③ 측백나무   ④ 꽝꽝나무

 해설

느릅나무는 녹음수종이다.

36 다음 입찰의 순서로 옳은 것은?

① 현장설명 → 개찰 → 입찰공고 → 입찰 →
낙찰 → 계약
② 입찰공고 → 입찰 → 낙찰 → 계약 → 현장
설명 → 개찰
③ 입찰공고 → 현장설명 → 입찰 → 개찰 →
낙찰 → 계약
④ 입찰공고 → 입찰 → 개찰 → 낙찰 → 계약
→ 현장설명

37 공사의 실시방식 중 공동 도급의 특징이 아닌 것은?

① 여러 회사의 참여로 위험이 분산된다.
② 이해 충돌이 없고, 임기응변 처리가 가능하다.
③ 공사이행의 확실성이 보장된다.
④ 공사의 하자책임이 불분명하다.

38 공사원가에 의한 공사비 구성 중 안전관리비가 해당되는 것은?

① 간접재료비   ② 간접노무비
③ 경비   ④ 일반관리비

해설

경비는 공사원가 중 재료비와 노무비를 제외한 비용이다.

39 공원 행사의 개최 순서대로 나열한 것은?

① 기획 → 제작 → 실시 → 평가
② 평가 → 제작 → 실시 → 기획
③ 제작 → 평가 → 기획 → 실시
④ 제작 → 실시 → 기획 → 평가

40 지형도에서 U자 모양으로 그 바닥이 낮은 높이의 등고선을 향하면 이것은 무엇을 의미하는가?

① 계곡   ② 능선
③ 현애   ④ 동구

해설

계곡은 V로 나타낸다.

41 크롬산아연을 안료로 하고, 알키드 수지를 전색료로 한 것으로 알루미늄 녹막이 초벌칠에 적당한 도료는?

① 광명단   ② 파커라이징
③ 그라파이트   ④ 징크로메이트

해설

철재녹막이 : 광명단

42 어린이 놀이 시설물 설치에 대한 설명으로 옳지 않은 것은?

① 미끄럼대의 미끄럼판의 각도는 일반적으로
30~40° 정도의 범위로 한다.
② 모래터는 하루 4~5시간의 햇볕이 쬐고 통
풍이 잘되는 곳에 위치한다.
③ 시소는 출입구에 가까운 곳, 휴게소 근처에
배치하도록 한다.
④ 그네는 통행이 많은 곳을 피하여 동서 방향
으로 설치한다.

해설

그네는 남북 방향으로 설치한다.

정답   35 ②   36 ③   37 ②   38 ③   39 ①   40 ②   41 ④   42 ④

43 토공 작업 시 지반면보다 낮은 면의 굴착에 사용하는 기계로 깊이 6m 정도의 굴착에 적당하며, 백호우라고도 불리는 기계는?

① 파워 쇼벨 ② 드랙 쇼벨
③ 클램 쉘   ④ 드래그라인

> **해설**
> • 파워 쇼벨 : 동력삽
> • 클램 쉘 : 흙을 집는 기계(좁은 곳 수직 파기)

44 콘크리트를 혼합한 다음 운반해서 다져 넣을 때까지 시공성의 좋고 나쁨을 나타내는 성질, 즉 콘크리트의 시공성을 나타내는 것은?

① 슬럼프시험   ② 워커빌리티
③ 물·시멘트비 ④ 양생

> **해설**
> 슬럼프시험 : 시공연도

45 흙깎기(切土) 공사에 대한 설명으로 옳은 것은?

① 보통 토질에서는 흙깎기 비탈면 경사를 1 : 0.5 정도로 한다.
② 식재공사가 포함된 경우의 흙깎기에서는 지표면 표토를 보존하여 식물생육에 유용하도록 한다.
③ 작업물량이 기준보다 작은 경우 인력보다는 장비를 동원하여 시공하는 것이 경제적이다.
④ 흙깎기를 할 때는 안식각보다 약간 크게 하여 비탈면의 안정을 유지한다.

> **해설**
> • 흙깎기 비탈면 경사는 1 : 1.5의 비율로 한다.
> • 작업물량이 기준보다 작은 경우 장비보다는 인력을 동원하는 것이 경제적이다.
> • 흙깎기를 할 때는 안식각보다 작게 하여 비탈면의 안정을 유지한다.

46 배수공사 중 지하층 배수와 관련된 설명으로 옳지 않은 것은?

① 속도랑의 깊이는 심근성보다 천근성 수종을 식재할 때 더 깊게 한다.
② 큰 공원에서는 자연 지형에 따라 배치하는 자연형 배수방법이 많이 이용된다.
③ 암거배수의 배치형태는 어골형, 평행형, 빗살형, 부채살형, 자유형 등이 있다.
④ 지하층 배수는 속도랑을 설치해줌으로써 가능하다.

> **해설**
> 속도랑의 깊이는 천근성보다 심근성 수종을 식재할 때 더 깊게 한다.

47 다음 중 교목의 식재 공사 공정으로 옳은 것은?

① 수목방향 정하기 → 구덩이 파기 → 물 죽쑤기 → 묻기 → 지주세우기 → 물집 만들기
② 구덩이 파기 → 물 죽쑤기 → 지주세우기 → 수목방향 정하기 → 물집 만들기
③ 구덩이 파기 → 수목방향 정하기 → 묻기 → 물 죽쑤기 → 지주세우기 → 물집 만들기
④ 수목방향 정하기 → 구덩이 파기 → 묻기 → 지주세우기 → 물 죽쑤기 → 물집 만들기

48 생울타리처럼 수목이 대상으로 군식되었을 때 거름 주는 방법으로 가장 적당한 것은?

① 전면 거름 주기
② 방사상 거름 주기
③ 천공 거름 주기
④ 선상 거름 주기

49 다음 중 학교 조경의 수목 선정 기준에 가장 부적합한 것은?

① 생태적 특성　　　② 경관적 특성
③ 교육적 특성　　　④ 조형적 특성

50 다음 중 수목의 굵은 가지치기 방법으로 옳지 않은 것은?

① 톱으로 자른 자리의 거친 면은 손칼로 깨끗이 다듬는다.
② 잘라낼 부위는 아래쪽에 가지 굵기의 1/3 정도 깊이까지 톱자국을 먼저 만들어 놓는다.
③ 톱을 돌려 아래쪽에 만들어 놓은 상처보다 약간 높은 곳을 위에서부터 내리 자른다.
④ 잘라낼 부위는 먼저 가지의 밑동으로부터 10~15cm 부위를 위에서부터 아래까지 내리 자른다.

해설

한 번에 내리 자르면 지륭부에 상처가 나서 감염이 될 수 있다.

51 겨울 전정의 설명으로 틀린 것은?

① 제거 대상가지를 발견하기 쉽고 작업도 용이하다.
② 휴면 중이기 때문에 굵은 가지를 잘라내어도 전정의 영향을 거의 받지 않는다.
③ 상록수는 동계에 강전정하는 것이 가장 좋다.
④ 12~3월에 실시한다.

해설

• 상록활엽수는 추위에 약하므로 동계에는 강전정을 피한다.
• 상록침엽수는 겨울철 전정을 금지한다.

52 다음 중 뿌리분의 형태별 종류에 해당하지 않는 것은?

① 보통분　　　② 사각분
③ 접시분　　　④ 조개분

해설

• 접시분 : 천근성 수종
• 조개분 : 심근성 수종

53 다음 중 수간주입 방법으로 옳지 않은 것은?

① 구멍의 각도는 50~60˚ 가량 경사지게 세워서 구멍지름을 20mm 정도로 한다.
② 뿌리가 제구실을 못하고 다른 시비방법이 없을 때 빠른 수세회복을 원할 때 사용한다.
③ 구멍 속의 이물질과 공기를 뺀 후 주입관을 넣는다.
④ 중력식 수간주사는 가능한 한 지제부 가까이에 구멍을 뚫는다.

해설

구멍의 각도는 20~30˚ 정도이고 지름은 5mm 정도이다.

54 정원수의 거름 주기 설명으로 옳지 않은 것은?

① 지효성의 유기질 비료는 밑거름으로 준다.
② 지효성 비료는 늦가을에서 이른 봄 사이에 준다.
③ 속효성 거름은 7월 이후에 준다.
④ 질소질 비료와 같은 속효성 비료는 덧거름으로 준다.

해설

속효성 거름은 7월 말 이내에 끝낸다.

정답　49 ④　50 ④　51 ③　52 ②　53 ①　54 ③

55 질소 기아 현상에 대한 설명으로 옳지 않은 것은?

① 미생물과 고등식물 간에 질소경쟁이 일어난다.

② 미생물 상호간의 질소경쟁이 일어난다.

③ 토양으로부터 질소의 유실이 촉진된다.

④ 탄질율이 높은 유기물이 토양에 가해질 경우 발생한다.

해설

질소 기아 현상 : 식물의 유효성 질소 부족 현상

56 다음 중 세균에 의한 수목병은?

① 소나무 잎녹병

② 뽕나무 오갈병

③ 밤나무 뿌리혹병

④ 포플러 모자이크병

해설

소나무 잎녹병은 곰팡이, 뽕나무 오갈병은 마이코플라즈마, 포플러 모자이크병은 바이러스에 의한 병이다.

57 참나무 시들음병에 대한 설명으로 옳지 않은 것은?

① 매개충의 암컷 등판에는 곰팡이를 넣는 균낭이 있다.

② 매개충은 광릉긴나무좀이다.

③ 피해목은 초가을에 모든 잎이 낙엽이 된다.

④ 월동한 성충은 5월경에 침입공을 빠져나와 새로운 나무를 가해한다.

해설

시들음병에 걸린 피해목은 7월 말 시들면서 말라 죽는 특징이 있다.

58 다음 중 유충은 적색, 분홍색, 검은색이며, 끈끈한 분비물을 분비하며, 식물의 어린잎이나 새 가지, 꽃봉오리에 붙어 수액을 빨아먹어 생육을 억제하며, 점착성 분비물을 배설하여 그을음병을 발생시키는 해충으로 가장 적합한 것은?

① 진딧물   ② 깍지벌레

③ 응애   ④ 솜벌레

해설

• 감나무, 배롱나무 : 깍지벌레

• 솜벌레 : 솜속의 씨를 먹는다.

59 한국 잔디의 해충으로 가장 큰 피해를 주는 것은?

① 선충   ② 거세미나방

③ 땅강아지   ④ 풍뎅이 유충

해설

풍뎅이류는 한국잔디의 해충 중 유충과 성충 모두 큰 피해를 준다.

60 잔디의 상토소독에 사용하는 약제는?

① 메티다티온   ② 메틸브로마이드

③ 디캄바   ④ 에테폰

해설

메틸브로마이드는 토양 살균제로, 살균효과가 좋으나 독성이 강하여 유용한 미생물까지 죽인다.

01 조경 제도 용품 중 곡선자라고 하여 각종 반지름의 원호를 그릴 때 사용하기 가장 접합한 재료는?

① 삼각자
② T자
③ 원호자
④ 운형자

02 다음 중 조화(harmony)의 설명으로 가장 적합한 것은?

① 서로 다른 것끼리 모여 서로를 강조시켜 주는 것
② 축선을 중심으로 하여 양쪽의 비중을 똑같이 만드는 것
③ 각 요소들이 강약, 장단의 주기성이나 규칙성을 가지면서 전체적으로 연속적인 운동감을 가지는 것
④ 모양이나 색깔 등이 비슷비슷하면서도 실은 똑같지 않은 것끼리 균형을 유지하는 것

03 다음 중 색의 3속성에 관한 설명으로 옳은 것은?

① 그레이 스케일(gray scale)은 채도의 기준척도로 사용된다.
② 감각에 따라 식별되는 색의 종명을 채도라고 한다.
③ 두 색상 중에서 빛의 반사율이 높은 쪽이 밝은 색이다.
④ 색의 포화상태, 즉 강약을 말하는 것은 명도이다.

> 해설
>
> • 그레이 스케일은 명도의 기준 척도이다.
> • 감각에 따라 식별되는 색의 종명을 색상이라 한다.
> • 색의 포화상태, 즉 강약을 말하는 것은 채도이다.

04 주변 지역의 경관과 비교할 때 지배적이며, 특징을 가지고 있어 지표적인 역할을 하는 것을 무엇이라고 하는가?

① nodes
② landmarks
③ vista
④ districts

> 해설
>
> • nodes : 결절점
> • vista : 통경선
> • districts : 지구

05 단독 주택정원에서 일반적으로 장독대, 쓰레기통, 창고 등이 설치되는 공간은?

① 앞뜰
② 작업뜰
③ 뒤뜰
④ 안뜰

> 해설
>
> 뒤뜰 : 사생활 보호

06 다음 중 식물재료의 특성으로 부적합한 것은?

① 생장과 번식을 계속하는 연속성이 있다.
② 생물로서, 생명 활동을 하는 자연성을 지니고 있다.
③ 불변성과 가공성을 지니고 있다.
④ 계절적으로 다양하게 변화함으로써 주변과의 조화성을 가진다.

> 해설
>
> ③ 불변성과 가공성은 인공재료의 특성이다.

정답 ▶ 01 ③ 02 ④ 03 ③ 04 ② 05 ② 06 ③

07 노외주차장의 구조·설비기준으로 틀린 것은? (단, 주차장법 시행규칙을 적용한다.)

① 노외주차장에서 주차에 사용되는 부분의 높이는 주차바닥면으로부터 2.1m 이상으로 하여야 한다.

② 노외주차장의 출입구 너비를 3.5m 이상으로 하여야 하며, 주차대수 규모가 50대 이상인 경우에는 출구와 입구를 분리하거나 너비 5.5m 이상의 출입구를 설치하여 소통이 원활하도록 하여야 한다.

③ 노외주차장의 출구와 입구에서 자동차의 회전을 쉽게 하기 위하여 필요한 경우에는 차로와 도로가 접하는 부분을 곡선형으로 하여야 한다.

④ 노외주차장의 출구 부근의 구조는 해당 출구로부터 2m를 후퇴한 노외주차장의 차로의 중심선상 1.0m의 높이에서 도로의 중심선에 직각으로 향한 왼쪽·오른쪽 각각 45°의 범위에서 해당 도로를 통행하는 자를 확인할 수 있도록 하여야 한다.

> **해설**
> ④ 내용은 다음과 같다.
> • 차로의 중심선상 1.0m(×)
>   → 차로의 중심선상 1.4m(○)
> • 도로의 중심선에서 직각으로 향한 왼쪽·오른쪽 각각 45°의 범위에서(×)
>   → 도로의 중심선에서 직각으로 향한 왼쪽·오른쪽 각각 60°의 범위에서(○)

08 조선시대 정자의 평면유형은 유실형(중심형, 편심형, 분리형, 배면형)과 무실형으로 구분할 수 있는데 다음 중 유형이 다른 하나는?

① 광풍각   ② 임대정
③ 거연정   ④ 세연정

> **해설**
> 거연정은 유실형 중 배면형이고 광풍각, 임대정, 세연정은 유실형 중 중심형이다.

09 화단의 초화류를 엷은 색에서 점점 짙은 색으로 배열할 때 가장 강하게 느껴지는 조화미는?

① 점층미   ② 균형미
③ 통일미   ④ 대비미

10 우리나라 후원양식의 정원수법이 형성되는 데 영향을 미친 것이 아닌 것은?

① 불교의 영향   ② 음양오행설
③ 유교의 영향   ④ 풍수지리설

> **해설**
> 불교사상은 사찰의 정원을 중심으로 극락정토사상에 근거한다.

11 우리나라 고유의 공원을 대표할 만한 문화재적 가치를 지닌 정원은?

① 경복궁의 후원   ② 덕수궁의 후원
③ 창경궁의 후원   ④ 창덕궁의 후원

> **해설**
> 창덕궁의 후원은 유교 사상에 근원을 두며, 방지원도(方池圓島)의 형식을 띠고 있는 자연지형을 그대로 이용한 정원이다.

12 다음 중 정형식 정원에 해당하지 않는 양식은?

① 회유임천식   ② 중정식
③ 평면기하학식   ④ 노단식

07 ④   08 ③   09 ①   10 ①   11 ④   12 ①   정답

13 조선시대 경승지에 세운 누각 중 경기도 수원에 위치한 것은?

① 연광정   ② 사허정

③ 방화수류정   ④ 영호정

14 다음 중 사절우(四節友)에 해당되지 않는 것은?

① 소나무   ② 난초

③ 국화   ④ 대나무

> **해설**
>
> • 사절우 : 소나무, 매화, 국화, 대나무
> • 사군자 : 매화, 난, 국화, 대나무

15 센트럴 파크(Central Park)에 대한 설명 중 틀린 것은?

① 19세기 중엽 미국 뉴욕에 조성되었다.

② 르 코르뷔지에(Le Corbusier)가 설계하였다.

③ 면적은 약 334헥타르의 장방형 슈퍼블록으로 구성되었다.

④ 모든 시민을 위한 근대적이고 본격적인 공원이다.

> **해설**
>
> 센트럴파크는 프레드릭 로 옴스테드와 칼버트 보우가 설계하였다.

16 다음 중 음수대에 관한 설명으로 옳지 않은 것은?

① 양지 바른 곳에 설치하고, 가급적 습한 곳은 피한다.

② 표면재료는 청결성, 내구성, 보수성을 고려한다.

③ 음수전의 높이는 성인, 어린이, 장애인 등 이용자의 신체특성을 고려하여 적정높이로 한다.

④ 유지관리상 배수는 수직 배수관을 많이 사용하는 것이 좋다.

> **해설**
>
> 음수대는 청소하기 쉬운 구조와 형태로 설계한다.

17 담금질을 한 강에 인성을 주기 위하여 변태점 이하의 적당한 온도에서 가열한 다음 냉각시키는 조작을 의미하는 것은?

① 불림   ② 뜨임질

③ 풀림   ④ 사출

> **해설**
>
> • 불림 : 적당한 온도로 가열 후 공기 중 냉각
> • 풀림 : 적당한 온도로 가열 후 서서히 냉각

18 미장재료 중 혼화재료가 아닌 것은?

① 방청제   ② 착색제

③ 방수제   ④ 방동제

정답   13 ③   14 ②   15 ②   16 ④   17 ②   18 ①

19 벽돌쌓기 방법 중 가장 견고하고 튼튼한 것은?

① 미국식 쌓기 ② 영국식 쌓기
③ 네덜란드식 쌓기 ④ 프랑스식 쌓기

20 보통포틀랜드시멘트와 비교했을 때 고로(高爐)시멘트의 일반적 특성에 해당하지 않은 것은?

① 수화열이 적어 매스콘크리트에 적합하다.
② 해수(海水)에 대한 저항성이 크다.
③ 초기강도가 크다.
④ 내열성이 크고 수밀성이 양호하다.

> 해설
>
> 고로시멘트는 분말도가 높고 응결 및 강도 발생이 약간 느리다.

21 콘크리트에 사용되는 골재에 대한 설명으로 옳지 않은 것은?

① 잔 것과 굵은 것이 적당히 혼합된 것이 좋다.
② 불순물이 묻어 있지 않아야 한다.
③ 형태는 매끈하고 편평, 세장한 것이 좋다.
④ 유해물질이 없어야 한다.

> 해설
>
> 골재는 편평하고 세장한 것보다 구형에 가까운 것이 좋다.

22 콘크리트의 흡수성, 투수성을 감소시키기 위해 사용하는 방수용 혼화제의 종류(무기질계, 유기질계)가 아닌 것은?

① 염화칼슘 ② 고급지방산
③ 실리카질 분말 ④ 탄산소다

> 해설
>
> 탄산소다 : 급결제용 혼화제

23 인공폭포나 인공동굴의 재료로 가장 일반적으로 많이 쓰이는 경량소재는?

① 복합 플라스틱 구조재(FRP)
② 레드우드(Redwood)
③ 스테인레스 강철(Stainless Stecl)
④ 폴리에틸렌(Polyethylene)

24 투명도가 높으므로 유기유리라는 명칭이 있고 착색이 자유로워 채광판, 도어판, 칸막이판 등에 이용되는 것은?

① 알키드수지
② 폴리에스테르수지
③ 아크릴수지
④ 멜라민수지

> 해설
>
> 열경화성 : 폴리에스테르수지, 멜라민수지, 아크릴수지

25 석재를 형상에 따라 구분할 때 견치돌에 대한 설명으로 옳은 것은?

① 폭이 두께의 3배 미만으로 육면체 모양을 가진 돌
② 치수가 불규칙하고 일반적으로 뒷면이 없는 돌
③ 두께가 15cm 미만이고, 폭이 두께의 3배 이상인 육면체 모양의 돌
④ 전면은 정사각형에 가깝고, 뒷길이, 접촉면, 뒷면 등의 규격화된 돌

> 해설
>
> ①은 각석, ②는 깬돌(할석), ③은 판석이다.

26 다음 중 점토에 대한 설명으로 옳지 않은 것은?

① 화학성분에 따라 내화성, 소성 시 비틀림 정도, 색채의 변화 등의 차이로 인해 용도에 맞게 선택된다.

② 가소성은 점토입자가 미세할수록 좋고 또한 미세부분은 콜로이드로서의 특성을 가지고 있다.

③ 습윤 상태에서는 가소성을 가지고 고온으로 구우면 경화되지만 다시 습윤 상태로 만들면 가소성을 갖는다.

④ 암석이 오랜 기간에 걸쳐 풍화 또는 분해되어 생긴 세립자 물질이다.

27 목재의 강도에 대한 설명 중 가장 거리가 먼 것은?

① 목재는 외력이 섬유방향으로 작용할 때 가장 강하다.

② 휨강도는 전단강도보다 크다.

③ 비중이 크면 목재의 강도는 증가하게 된다.

④ 섬유포화점에서 전건상태에 가까워짐에 따라 강도는 작아진다.

> **해설**
> 섬유포화점에서 전건상태에 가까워짐에 따라 강도는 커진다.

28 다음 합판의 제조 방법 중 목재의 이용효율이 높고, 가장 널리 사용되는 것은?

① 쏘드 베니어(sawed veneer)

② 로타리 베니어(rotary veneer)

③ 슬라이스 베니어(sliced veneer)

④ 플라이우드(plywood)

29 다음 중 차폐식재로 사용하기 가장 부적합한 수종은?

① 계수나무   ② 서양측백

③ 호랑가시   ④ 쥐똥나무

> **해설**
> 계수나무는 녹음수이다.

30 다음 중 줄기의 색채가 백색 계열에 속하는 수종은?

① 노각나무   ② 해송

③ 모과나무   ④ 자작나무

> **해설**
> 노각나무, 모과나무는 무늬가 있다.

31 심근성 수종에 해당하지 않는 것은?

① 은행나무   ② 현사시나무

③ 섬잣나무   ④ 태산목

32 정원수는 개화 생리에 따라 당년에 자란 가지에 꽃 피는 수종, 2년생 가지에 꽃 피는 수종, 3년생 가지에 꽃 피는 수종으로 구분한다. 다음 중 2년생 가지에 꽃 피는 수종은?

① 살구나무   ② 명자나무

③ 장미   ④ 무궁화

> **해설**
> • 명자나무는 3년생 가지에 꽃이 핀다.
> • 무궁화, 장미는 당년에 자란 가지에 꽃이 핀다.

정답 26 ③ 27 ④ 28 ② 29 ① 30 ④ 31 ② 32 ①

33 가을에 그윽한 향기를 가진 등황색 꽃이 피는 수종은?

① 팔손이나무   ② 생강나무

③ 금목서   ④ 남천

> 해설
>
> • 팔손이나무는 음수이다.
> • 생강나무는 이른 봄 노란 꽃이 핀다.

34 흰말채나무의 설명으로 옳지 않은 것은?

① 층층나무과로 낙엽활엽관목이다.

② 수피가 여름에는 녹색이나 가을, 겨울철의 붉은 줄기가 아름답다.

③ 노란색의 열매가 특징적이다.

④ 잎은 대생하며 타원형 또는 난상타원형이고, 표면에 작은 털, 뒷면은 흰색의 특징을 갖는다.

> 해설
>
> 흰말채나무는 붉은 수피에 흰 열매를 맺는다.

35 우리나라 들잔디(Zoysia Japonica)의 특징으로 옳지 않은 것은?

① 번식은 지하경(地下莖)에 의한 영양번식을 위주로 한다.

② 척박한 토양에서 잘 자란다.

③ 더위 및 건조에 약한 편이다.

④ 여름에는 무성하지만 겨울에는 잎이 말라 죽어 푸른빛을 잃는다.

> 해설
>
> 우리나라 들잔디는 더위, 추위, 건조, 병해충에 강하다.

36 일반적인 조경관리에 해당되지 않는 것은?

① 이용관리   ② 생산관리

③ 운영관리   ④ 유지관리

37 우리나라의 조선시대 전통정원을 꾸미고자 할 때 다음 중 연못시공으로 적합한 호안공은?

① 편책 호안공   ② 마름돌 호안공

③ 자연석 호안공   ④ 사괴석 호안공

> 해설
>
> 사괴석 : 네 덩어리를 한 짐에 질 만한 돌이라는 뜻에서 유래하였다.

38 하수도시설기준에 따라 오수관거의 최소관경은 몇 mm를 표준으로 하는가?

① 100mm   ② 150mm

③ 200mm   ④ 250mm

> 해설
>
> 하수도 시설기준에서 오수관거의 최소 관경은 200mm, 우수관거의 최소 관경은 250mm로 규정되어 있다.

39 삼각형의 세 변의 길이가 각각 5m, 4m, 5m라고 하면 면적은 약 얼마인가?

① 약 $8.2m^2$ ② 약 $9.2m^2$

③ 약 $10.2m^2$ ④ 약 $11.2m^2$

> 해설
>
> [헤론의 공식]
> • 세 변의 길이가 a, b, c인 삼각형에서
> $s = \dfrac{a+b+c}{2}$ 일 때,
> 삼각형의 넓이(S)는 $\sqrt{s(s-a)(s-b)(s-c)}$ 이다.
> $s = \dfrac{5+4+5}{2}$ 일 때,
> $S = \sqrt{7(7-5)(7-4)(7-5)}$
> $\quad = \sqrt{84}$
> $\quad = 9.16$ 이므로 약 $9.2m^2$이다.

40 다음 중 무거운 돌을 놓거나, 큰 나무를 옮길 때 신속하게 운반과 적재를 동시에 할 수 있어 편리한 장비는?

① 트럭크레인
② 모터그레이더
③ 체인블록
④ 콤바인

> 해설

- 모터그레이더는 지면을 평탄하게 조성하는 데 사용한다.
- 체인블록은 큰 돌을 앉힐 때 사용한다.
- 콤바인은 벼 수확 시 사용한다.

41 중앙에 큰 암거를 설치하고 좌우에 작은 암거를 연결시키는 형태로, 경기장과 같이 전 지역의 배수가 균일하게 요구되는 곳에 주로 이용되는 형태는?

① 자연형
② 차단법
③ 어골형
④ 즐치형

> 해설

- 차단법 : 경사면 바로 위쪽에 배수구 설치
- 자연형 : 전면 배수가 요구되지 않는 지역에서 사용

42 한 켜는 마구리쌓기, 다음 켜는 길이쌓기로 하고 길이켜의 모서리와 벽 끝에 칠오토막을 사용하는 벽돌쌓기 방법은?

① 프랑스식 쌓기
② 미국식 쌓기
③ 네덜란드식 쌓기
④ 영국식 쌓기

> 해설

칠오토막을 사용하는 벽돌쌓기는 네덜란드(화란)식 쌓기이다.

43 돌쌓기 시공상 유의해야 할 사항으로 옳지 않은 것은?

① 석재는 충분하게 수분을 흡수시켜서 사용해야 한다.
② 하루에 1~1.2m 이하로 찰쌓기를 하는 것이 좋다.
③ 서로 이웃하는 상하층의 세로줄눈을 연속하게 된다.
④ 돌쌓기 시 뒤채움을 잘하여야 한다.

> 해설

한줄눈 되면 침하한다.

44 표면건조 내부 포수상태의 골재에 포함하고 있는 흡수량의 절대 건조상태의 골재 중량에 대한 백분율은 다음 중 무엇을 기초로 하는가?

① 골재의 흡수율
② 골재의 함수율
③ 골재의 표면수율
④ 골재의 조립률

45 조경설계기준에서 인공지반에 식재된 식물과 생육에 필요한 최소 식재토심으로 옳은 것은? (단, 배수구배는 1.5~2%, 자연토양을 사용한다.)

① 잔디 – 15cm
② 초본류 – 20cm
③ 소관목 – 40cm
④ 대관목 – 60cm

> 해설

초본류는 15cm, 소관목은 30cm, 대관목은 45cm이다.

46 관상하기에 편리하도록 땅을 1~2m 깊이로 파내려가 평평한 바닥을 조성하고, 그 바닥에 화단을 조성한 것은?

① 기식화단
② 모둠화단
③ 양탄자화단
④ 침상화단

> 해설

- 양탄자화단 : 양탄자 무늬처럼 화려하다.
- 기식화단 : 광장 중심부에 위치하며 중심부는 높게, 가장자리는 낮게 한다.

정답 40 ① 41 ③ 42 ③ 43 ③ 44 ① 45 ① 46 ④

47 곁눈 밑에 상처를 내어 놓으면 잎에서 만들어진 동화물질이 축적되어 잎눈이 꽃눈으로 변하는 일이 많다. 어떤 이유 때문인가?

① T/R율이 낮아지므로
② C/N율이 낮아지므로
③ T/R율이 높아지므로
④ C/N율이 높아지므로

> **해설**
> C/N율이 높으면 꽃눈을 형성하고 결실을 좋게 한다.

48 상록수를 옮겨심기 위하여 나무를 캐 올릴 때 뿌리분의 지름으로 가장 적합한 것은?

① 근원직경의 1/2배
② 근원직경의 1배
③ 근원직경의 3배
④ 근원직경의 4배

> **해설**
> [분의 크기]
> $D = 24 + (N-3) \times d$

49 다음 중 줄기의 수피가 얇아 옮겨 심은 직후 줄기감기를 반드시 하여야 되는 수종은?

① 배롱나무
② 소나무
③ 향나무
④ 은행나무

50 다음 중 한발이 계속될 때 짚 깔기나 물 주기를 제일 먼저 해야 될 나무는?

① 소나무
② 향나무
③ 가중나무
④ 낙우송

> **해설**
> 낙우송은 호습성으로, 물을 좋아한다.

51 내충성이 강한 품종을 선택하는 것은 다음 중 어느 방제법에 속하는가?

① 화학적 방제법
② 재배학적 방제법
③ 생물적 방제법
④ 물리적 방제법

52 다음 중 정원수의 덧거름으로 가장 적합한 것은?

① 두엄
② 생석회
③ 요소
④ 쌀겨

> **해설**
> 정원수의 덧거름으로 질소질 비료(요소, 유안)를 사용한다.

53 상해(霜害)의 피해와 관련된 설명으로 틀린 것은?

① 성목보다 유령목에 피해를 받기 쉽다.
② 일차(日差)가 심한 남쪽 경사면보다 북쪽 경사면이 피해가 심하다.
③ 분지를 이루고 있는 우묵한 지형에 상해가 심하다.
④ 건조한 토양보다 과습한 토양에서 피해가 많다.

> **해설**
> 일차가 심한 북쪽 경사면보다 남쪽 경사면의 피해가 심하다.

54 작물 – 잡초 간의 경합에 있어서 임계 경합기간(Critical Period of Competition)이란?

① 작물이 경합에 가장 민감한 시기
② 잡초가 경합에 가장 민감한 시기
③ 경합이 끝나는 시기
④ 경합이 시작되는 시기

47 ④ 48 ④ 49 ① 50 ④ 51 ② 52 ③ 53 ② 54 ① 정답

55 주로 종자에 의하여 번식되는 잡초는?

① 피

② 너도방동사니

③ 올미

④ 가래

해설

주로 종자에 의하여 번식되는 잡초는 피, 바랭이, 뚝새풀 등이 있다.

56 비중이 1.15인 이소푸로치오란 유제(50%) 100mL로 0.05% 살포액을 제조하는 데 필요한 물의 양은?

① 104.9L

② 110.5L

③ 114.9L

④ 124.9L

해설

50%인 유제를 0.05%로 희석하므로
50÷0.05=1,000 배액
유제 100mL에 1,000 배액이므로
0.1L×1,000=100L이다.
따라서 필요한 물의 양은 100L×1.15(비중)=약 115L 이다.

57 다음 중 농약의 보조제가 아닌 것은?

① 증량제

② 협력제

③ 유인제

④ 유화제

해설

유인제 : 해충유인 제거약제

58 다음 해충 중 성충의 피해가 문제되는 것은?

① 뽕나무하늘소

② 밤나무순혹벌

③ 솔나방

④ 소나무좀

해설

소나무좀은 유충이 부화되는 6월 말까지 본격적인 피해를 준다.

59 솔나방의 생태적 특성으로 옳지 않은 것은?

① 1년에 1회로 성충은 7~8월에 발생한다.

② 식엽성 해충으로 분류된다.

③ 줄기에 약 400개의 알을 낳는다.

④ 유충이 잎을 가해하며, 심하게 피해를 받으면 소나무가 고사하기도 한다.

해설

솔나방은 솔잎에 약 500개의 알을 낳는다.

60 잔디밭의 관수시간으로 가장 적당한 것은?

① 오후 2시경에 실시하는 것이 좋다.

② 정오경에 실시하는 것이 좋다.

③ 오후 6시 이후 저녁이나 일출 전에 한다.

④ 아무때나 잔디가 타면 관수한다.

정답 55 ① 56 ③ 57 ③ 58 ④ 59 ③ 60 ③

01 다음 중 순공사원가에 해당되지 않는 것은?

① 이윤   ② 재료비

③ 노무비   ④ 경비

02 "용적률=(A)/대지면적×100" 식에서 'A'에 해당하는 것은?

① 건축 연면적   ② 건축면적

③ 1호당 면적   ④ 평균 층수

해설

• 용적률 = $\dfrac{건축\ 연면적}{대지면적} \times 100$

• 용적률은 건축물 중 총면적의 대지면적에 대한 백분율 (각층 면적의 합)이다.

03 조경계획을 위한 경사분석을 할 때 등고선 간격 5m, 등고선에 직각인 두 등고선의 평면거리 20m로 조사 항목이 주어질 때 해당 지역의 경사도는 몇 %인가?

① 4%   ② 10%

③ 25%   ④ 40%

해설

[경사도]

경사도(%) = $\dfrac{수직높이}{수평거리} \times 100$

$\dfrac{5}{20} \times 100 = 25\%$

04 주택단지 안의 건축물 또는 옥외에 설치하는 계단의 경우, 공동으로 사용할 목적인 경우 최소 얼마 이상의 유효폭을 가져야 하는가? (단, 단 높이는 18cm 이하, 단 너비는 26cm 이상으로 한다.)

① 100cm   ② 120cm

③ 140cm   ④ 160cm

05 주택정원의 세부공간 중 가장 공공성이 강한 성격을 갖는 공간은?

① 작업뜰   ② 안뜰

③ 앞뜰   ④ 뒤뜰

해설

• 앞뜰 : 대문에서 현관

• 안뜰 : 정원의 중심

• 뒤뜰 : 침실과 연결

06 다음 중 1858년에 조경가(Landscape Architect)라는 말을 처음으로 사용하기 시작한 사람이나 단체는?

① 르 노트르(Le Notre)

② 미국조경가협회(ASLA)

③ 세계조경가협회(IFLA)

④ 옴스테드(F.L.Olmsted)

07 다음 중 위요경관에 속하는 것은?

① 숲속의 호수   ② 계곡 끝의 폭포

③ 넓은 초원   ④ 노출된 바위

해설

위요경관은 수목 혹은 경사면 등의 주위 경관요소들에 의해 울타리처럼 둘러싸여 있는 경관이다.

08 다음 중 성목의 수간 질감이 가장 거칠고, 줄기는 아래로 처지며, 수피가 회갈색으로 갈라져 벗겨지는 것은?

① 벽오동   ② 주목

③ 개잎갈나무   ④ 배롱나무

01 ①   02 ①   03 ③   04 ②   05 ③   06 ④   07 ①   08 ③   정답

09 우리나라의 정원 양식이 한국적 색채가 짙게 발달한 시기는?

① 고조선시대 　　② 삼국시대
③ 고려시대 　　　④ 조선시대

> **해설**
> 한국적 색채가 가장 짙게 발달한 시기는 조선시대이다.

10 우리나라에서 세계문화유산으로 등록되어 있지 않은 곳은?

① 경주역사유적지구 　② 고인돌 유적
③ 독립문 　　　　　　④ 수원화성

11 자연 경관을 인공으로 축경화(縮景化)하여 산을 쌓고, 연못, 계류, 수림을 조성한 정원은?

① 중정식 　　　② 전원 풍경식
③ 고산수식 　　④ 회유 임천식

> **해설**
> 전원 풍경식 : 전원적, 목가적

12 다음 중 중국 정원의 특징에 해당하는 것은?

① 침전조정원 　② 직선미
③ 정형식 　　　④ 태호석

> **해설**
> 태호석은 당 중기부터 사용하였다.

13 다음 중 이탈리아 정원의 가장 큰 특징은?

① 노단건축식 　　② 평면기하학식
③ 자연풍경식 　　④ 중정식

> **해설**
> • 평면기하학식 : 프랑스
> • 자연풍경식 : 영국
> • 중정식 : 스페인

14 스페인의 코르도바를 중심으로 한 지역에서 발달한 정원양식은?

① atrium 　　　② peristylium
③ patio 　　　　④ court

> **해설**
> • 아트리움 : 손님맞이
> • 페르스틸리움 : 사적 공간

15 일본 정원에서 가장 중점을 두고 있는 것은?

① 조화 　　　② 대비
③ 대칭 　　　④ 반복

> **해설**
> 중국 정원은 대비에 중점을 두고 있다.

16 콘크리트용 골재의 흡수량과 비중을 측정하는 주된 목적은?

① 혼화재료의 사용여부를 결정하기 위하여
② 콘크리트의 배합설계에 고려하기 위하여
③ 공사의 적합여부를 판단하기 위하여
④ 혼합수에 미치는 영향을 미리 알기 위하여

 정답 09 ④　10 ③　11 ④　12 ④　13 ①　14 ③　15 ①　16 ②

17 다음 중 콘크리트 타설 시 염화칼슘의 사용 목적은?

① 고온증기 양생

② 황산염에 대한 저항성 증대

③ 콘크리트의 조기 강도

④ 콘크리트의 장기 강도

> **해설**
>
> 콘크리트 타설 시 염화칼슘의 역할은 콘크리트의 경화를 촉진시키는 것으로 추운 지방이나 겨울철에 시멘트에 섞어서 사용한다.

18 콘크리트용 혼화재료로 사용되는 플라이애시에 대한 설명 중 틀린 것은?

① 플라이애시의 비중은 보통포틀랜드시멘트보다 작다.

② 포졸란 반응에 의해서 중성화 속도가 저감된다.

③ 플라이애시는 이산화규소(SiO_2)의 함유율이 가장 많은 비결정질 재료이다.

④ 입자가 구형이고 표면조직이 매끄러워 단위수량을 감소시킨다.

19 다음 그림과 같은 콘크리트 제품의 명칭으로 가장 적합한 것은?

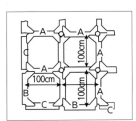

① 기본블록

② 견치블록

③ 격자블록

④ 힘줄블록

20 다음 중 보도 포장재료로 부적당한 것은?

① 외관 및 질감이 좋을 것

② 자연 배수가 용이할 것

③ 내구성이 있을 것

④ 보행 시 마찰력이 전혀 없을 것

> **해설**
>
> 보행 시 마찰력이 전혀 없으면 미끄러질 위험이 있다. 따라서 미끄러지 않을 정도의 마찰력은 있어야 한다.

21 철근을 D13으로 표현했을 때, D는 무엇을 의미하는가?

① 둥근 철근의 길이

② 이형 철근의 길이

③ 둥근 철근의 지름

④ 이형 철근의 지름

22 다음 중 건축과 관련된 재료의 강도에 영향을 주는 요인으로 가장 거리가 먼 것은?

① 재료의 색   ② 온도와 습도

③ 하중시간   ④ 하중속도

23 자연석 중 눕혀서 사용하는 돌로, 불안감을 주는 돌을 받쳐서 안정감을 갖게 하는 돌의 모양은?

① 횡석   ② 환석

③ 평석   ④ 입석

> **해설**
>
> • 평석 : 평평한 돌
>
> • 환석 : 둥근 모양의 돌
>
> • 입석 : 세워 쓰는 돌

24 일반적인 목재의 특성 중 장점에 해당되는 것은?

① 충격의 흡수성이 크고, 건조에 의한 변형이 크다.

② 충격, 진동에 대한 저항성이 작다.

③ 열전도율이 낮다.

④ 가연성이며 인화점이 낮다.

25 목재의 건조 방법은 자연건조법과 인공건조법으로 구분될 수 있다. 다음 중 인공건조법이 아닌 것은?

① 훈연 건조법　　② 고주파 건조법

③ 증기법　　　　④ 침수법

자연건조법 : 침수법, 공기건조법

26 식물의 분류와 해당 식물들의 연결이 옳지 않은 것은?

① 덩굴성 식물류 – 송악, 칡, 등나무

② 한국 잔디류 – 들잔디, 금잔디, 비로드잔디

③ 소관목류 – 회양목, 이팝나무, 원추리

④ 초본류 – 맥문동, 비비추, 원추리

• 원추리 : 초본류

• 이팝나무 : 교목

• 회양목 : 관목

27 학명은 "Betula schmidtii Regel"이고, Schmidt birch 또는 단목(檀木)이라 불리기도 하며, 곧추 자라나 불규칙하며, 수피는 흑색이고, 5월에 개화하고 암수한그루이며, 수형은 원추형, 뿌리는 심근석, 잎의 질감이 섬세하여 녹음수로 사용 가능한 수종은?

① 오리나무　　　② 박달나무

③ 소사나무　　　④ 녹나무

단목 : 단단한 나무

28 1년 내내 푸른 잎을 달고 있으며, 잎이 바늘처럼 뾰족한 나무를 가리키는 명칭은?

① 상록활엽수　　② 상록침엽수

③ 낙엽활엽수　　④ 낙엽침엽수

상록침엽수 : 소나무, 주목, 전나무

29 덩굴로 자라면서 여름(7～8월경)에 아름다운 주황색 꽃이 피는 수종은?

① 등나무　　　　② 홍가시나무

③ 능소화　　　　④ 남천

• 홍가시나무 : 흰색, 5～6월

• 등나무 : 연한 자주색, 4～5월

• 남천 : 노란빛이 도는 흰색, 6～7월

30 가로수로서 갖추어야 할 조건을 기술한 것 중 옳지 않은 것은?

① 강한 바람에도 잘 견딜 수 있는 수종

② 여름철 그늘을 만들고 병해충에 잘 견디는 수종

③ 사철 푸른 상록수

④ 각종 공해에 잘 견디는 수종

잎이 크고 일시에 낙엽이 져서 청소하기 편리한 수종

31 수목을 관상적인 측면에서 본 분류 중 열매를 감상하기 위한 수종에 해당되는 것은?

① 은행나무　　　② 모과나무

③ 반송　　　　　④ 낙우송

모과나무 : 열매가 향기롭고 못생겨서 놀래는 나무

정답　24 ③　25 ④　26 ③　27 ②　28 ②　29 ③　30 ③　31 ②

32 산울타리용 수종으로 부적합한 것은?

① 개나리   ② 칠엽수
③ 꽝꽝나무   ④ 명자나무

> **해설**
>
> 칠엽수는 교목에 해당하는 녹음수이다.

33 줄기의 색이 아름다워 관상가치 있는 수목들 중 줄기의 색계열과 그 연결이 옳지 않은 것은?

① 청록색계의 수목 – 식나무
② 갈색계의 수목 – 편백
③ 적갈색계의 수목 – 서어나무
④ 백색계의 수목 – 백송

> **해설**
>
> 서어나무는 수피가 회색계열이다.

34 형상수(Topiary)를 만들기에 알맞은 수종은?

① 느티나무   ② 주목
③ 단풍나무   ④ 송악

> **해설**
>
> 형상수(토피어리)는 잎이 치밀한 상록침엽수가 적당하다.

35 두 종류 이상의 제초제를 혼합하여 얻은 효과가 단독으로 처리한 반응을 각각 합한 것보다 높을 때의 효과는?

① 독립효과(independent effect)
② 부가효과(additive effect)
③ 상승효과(synergistic effect)
④ 길항효과(antagonistic effect)

> **해설**
>
> • 길항효과 : 두 약물을 사용했지만 약효가 단독으로 사용했을 때보다 적은 경우이다.
> • 부가효과 : 유사한 두 약을 사용 시 효과가 고용량 한 가지 투여한 것과 같은 경우이다.

36 조경설계기준상 휴게시설의 의자에 관한 설명으로 틀린 것은?

① 의자의 길이는 1인당 최소 45cm를 기준으로 하되, 팔걸이 부분의 폭은 제외한다.
② 체류시간을 고려하여 설계하며, 긴 휴식에 이용되는 의자는 앉음판의 높이가 낮고 등받이를 길게 설계한다.
③ 등받이 각도는 수평면을 기준으로 85~95°를 기준으로 한다.
④ 앉음판의 높이는 34~46cm를 기준으로 하되 어린이를 위한 의자는 낮게 할 수 있다.

> **해설**
>
> 등받이 각도는 수평면을 기준으로 95~110°를 기준으로 한다.

37 기본계획 수립 시 도면으로 표현되는 작업이 아닌 것은?

① 식재계획   ② 시설물 배치계획
③ 집행계획   ④ 동선계획

38 마스터 플랜(master plan)이란?

① 수목 배식도

② 실시설계

③ 기본계획

④ 공사용 상세도

39 공사 일정 관리를 위한 횡선식 공정표와 비교한 네트워크(NET-WORK) 공정표의 설명으로 옳지 않은 것은?

① 일정의 변화를 탄력적으로 대처할 수 있다.

② 간단한 공사 및 시급한 공사, 개략적인 공정에 사용된다.

③ 공사 통제 기능이 좋다.

④ 문제점의 사전 예측이 용이하다.

> 해설
>
> 네트워크 공정표는 내용이 복잡한 대규모 공사나 중요한 공사에 적합하다.

40 다음 중 관리하자에 의한 사고에 해당되지 않는 것은?

① 시설의 노후, 파손에 의한 것

② 시설의 구조자체의 결함에 의한 것

③ 위험장소에 대한 안전대책 미비에 의한 것

④ 위험물 방치에 의한 것

41 AE콘크리트의 성질 및 특징 설명으로 틀린 것은?

① 콘크리트 경화에 따른 발열이 커진다.

② 수밀성이 향상된다.

③ 일반적으로 빈배합의 콘크리트일수록 공기연행에 의한 워커빌리티의 개선효과가 크다.

④ 입형이나 입도가 불량한 골재를 사용할 경우에 공기연행의 효과가 크다.

> 해설
>
> 콘크리트 경화에 따른 발열이 적어진다.

42 다음 콘크리트와 관련된 설명 중 옳은 것은?

① 콘크리트는 원칙적으로 공기연행제를 사용하지 않는다.

② 콘크리트의 굵은 골재 최대 치수는 20mm이다.

③ 물-결합재비는 원칙적으로 60% 이하여야 한다.

④ 강도는 일반적으로 표준양생을 실시한 콘크리트 공시체의 재령 30일 때 시험값을 기준으로 한다.

> 해설
>
> • 공기연행제는 콘크리트혼화재로 사용한다.
> • 콘크리트의 굵은 골재의 치수는 일반적으로 20~25mm이며, 단면이 큰 경우 40mm이다.
> • 강도는 일반적으로 재령이 28일일 때 시험값을 기준으로 한다.

43 건물과 정원을 연결시키는 역할을 하는 시설은?

① 테라스　　　　② 트렐리스

③ 퍼걸러　　　　④ 아치

정답　38 ③　39 ②　40 ②　41 ①　42 ③　43 ①

44 거푸집에 쉽게 다져 넣을 수 있고 거푸집을 제거하면 천천히 형상이 변화하지만 재료가 분리되거나 허물어지지 않고 굳지 않은 콘크리트의 성질은?

① finishability　　② workability

③ consistency　　④ plasticity

• finishability : 마무리
• workability : 재료분리를 일으키지 않는 작업용이 정도
• consistency : 반죽질기

45 원로의 시공계획 시 일반적인 사항을 설명한 것 중 틀린 것은?

① 원칙적으로 보도와 차도를 겸할 수 없도록 하고, 최소한 분리시키도록 한다.

② 보행자 2인이 나란히 통행 가능한 원로폭은 1.5~2.0m이다.

③ 원로는 단순 명쾌하게 설계, 시공이 되어야 한다.

④ 보행자 한 사람이 통행 가능한 원로폭은 0.8~1.0m이다.

보·차도 겸용 : 최소한 1차선 3m 폭 유지

46 시설물의 기초부위에서 발생하는 토공량의 관계식으로 옳은 것은?

① 잔토처리 토량=기초 구조부 체적-터파기 체적

② 산토처리 토량=되메우기 체적-터파기 체적

③ 되메우기 토량=터파기 체적-기초 구조부 체적

④ 되메우기 토량=기초 구조부 체적-터파기 체적

잔토처리량=터파기의 양-되메우기의 양

47 흙을 이용하여 2m 높이로 마운딩하려 할 때, 더돋기를 고려해 실제 쌓아야 하는 높이로 가장 적합한 것은?

① 2m　　② 2m 20cm

③ 3m　　④ 3m 30cm

48 창살울타리(trellis)는 설치 목적에 따라 높이가 차이가 결정되는데 그 목적이 적극적 침입방지의 기능일 경우 최소 얼마 이상으로 하여야 하는가?

① 50cm　　② 1m

③ 1.5m　　④ 2.5m

49 가로수는 키큰나무(교목)의 경우 식재간격을 몇 m 이상으로 할 수 있는가? (단, 도로의 위치와 주위 여건, 식재수종의 수관폭과 생장속도, 가로수로 인한 피해 등을 고려하여 식재간격을 조정할 수 있다.)

① 6m　　② 8m

③ 10m　　④ 12m

50 다음 중 전정의 목적에 대한 설명으로 옳지 않은 것은?

① 미관에 중점을 두고 한다.

② 실용적인 면에 중점을 두고 한다.

③ 생리적인 면에 중점을 두고 한다.

④ 희귀한 수종의 번식에 중점을 두고 한다.

51 나무의 특성에 따라 조화미, 균형미, 주위 환경과의 미적 적응 등을 고려하여 나무 모양을 위주로 한 전정을 실시하는데, 그 설명으로 옳은 것은?

① 상록수의 전정은 6~9월이 좋다.

② 조경 수목의 대부분에 적용되는 것은 아니다.

③ 전정 시기는 3월 중순~6월 중순, 10월 말~12월 중순이 이상적이다.

④ 일반적으로 전정작업 순서는 위에서 아래로 수형의 균형을 잃은 정도로 강한 가지, 얽힌 가지, 난잡한 가지를 제거한다.

52 꽃이 피고 난 뒤 낙화할 무렵 바로 가지다듬기를 해야 하는 좋은 수종은?

① 사과나무　　　② 철쭉

③ 명자나무　　　④ 목련

해설

철쭉은 낙화 직후 전정하는 것이 좋다.

53 화단에 초화류를 식재하는 방법으로 옳지 않은 것은?

① 식재하는 줄이 바뀔 때마다 서로 어긋나게 심는 것이 보기에 좋고 생장에 유리하다.

② 식재할 곳에 $1m^2$당 퇴비 1~2kg, 복합비료 80~120g을 밑거름으로 뿌리고 20~30cm 깊이로 갈아준다.

③ 큰 면적의 화단은 바깥쪽부터 시작하여 중앙부위로 심어 나가는 것이 좋다.

④ 심기 한나절 전에 관수해주면 캐낼 때 뿌리에 흙이 많이 붙어 활착에 좋다.

해설

큰 면적의 화단은 중심부에서 바깥쪽으로 심어 나간다.

54 관수의 효과가 아닌 것은?

① 지표와 공중의 습도가 높아져 증산량이 증대된다.

② 토양 중의 양분을 용해하고 흡수하여 신진대사를 원활하게 한다.

③ 증산작용으로 인한 잎의 온도 상승을 막고 식물체 온도를 유지한다.

④ 토양의 건조를 막고 생육 환경을 형성하여 나무의 생장을 촉진시킨다.

해설

지표와 공중의 습도가 높아져 증산량이 감소한다.

55 일반적으로 빗자루병이 가장 발생하기 쉬운 수종은?

① 향나무　　　② 대추나무

③ 동백나무　　　④ 장미

해설

빗자루병에 잘 걸리는 수종 : 벚나무, 대추나무, 오동나무

정답　50 ④　51 ④　52 ②　53 ③　54 ①　55 ②

56 메치온(methidathion) 40% 유제를 1,000배액으로 희석해서 10a당 6말(20L/말)을 살포하여 해충을 방제하고자 할 때 유제의 소요량은 몇 mL인가?

① 100 ② 120

③ 150 ④ 240

해설

- 소요약의 양=총 소요량/희석배수
- 6말×20L=120L(=120,000mL)
  120,000mL/1,000배=120mL

57 가해 수종으로는 향나무, 편백, 삼나무 등이 있고, 똥을 줄기 밖으로 배출하지 않기 때문에 발견하기 어렵고, 기생성 천적인 좀벌류, 맵시벌류, 기생파리류로 생물학적 방제를 하는 해충은?

① 장수하늘소 ② 미끈이하늘소

③ 측백나무하늘소 ④ 박쥐나방

58 소량의 소수성 용매에 원제를 용해하고 유화제를 사용하여 물에 유화시킨 액을 의미하는 것은?

① 용액 ② 유탁액

③ 수용액 ④ 현탁액

해설

- 용액 : 두 종류 이상의 물질이 고르게 섞여있는 혼합물
- 수용액 : 용액의 용매로 물을 사용한 것
- 현탁액 : 액체 속에 미세한 고체의 입자가 분산되어 퍼져있는 것

59 다음 [보기]의 잔디종자 파종작업들을 순서대로 바르게 나열한 것은?

[보기]
- 경운 • 정지작업 • 기비살포
- 복토 • 멀칭 • 파종 • 전압

① 정지작업 → 파종 → 전압 → 복토 → 기비살포 → 멀칭 → 경운

② 기비살포 → 파종 → 정지작업 → 복토 → 멀칭 → 전압 → 경운

③ 파종 → 기비살포 → 정지작업 → 복토 → 전압 → 경운 → 멀칭

④ 경운 → 기비살포 → 정지작업 → 파종 → 복토 → 전압 → 멀칭

60 다음 뗏장을 입히는 방법 중 줄붙이기 방법에 해당하는 것은?

01 다음 중 조경에 관한 설명으로 옳지 않은 것은?

① 우리의 생활환경을 정비하고 미화하는 일이다.

② 국토 전체 경관의 보존, 정비를 과학적이고 조형적으로 다루는 기술이다.

③ 주택의 정원만 꾸미는 것을 말한다.

④ 경관을 보존 정비하는 종합과학이다.

02 조경의 대상을 기능별로 분류해볼 때 자연공원에 포함되는 것은?

① 경관녹지　　　② 군립공원

③ 휴양지　　　④ 묘지공원

 해설

자연공원은 국립·도립·군립공원을 의미한다.

03 디자인 요소를 같은 양, 같은 간격으로 일정하게 되풀이하여 움직임과 율동감을 느끼게 하는 것으로 리듬의 유형 중 가장 기본적인 것은?

① 점층　　　② 반복

③ 방사　　　④ 강조

04 도시공원 및 녹지 등에 관한 법률에 의한 어린이공원의 기준에 관한 설명으로 옳은 것은?

① 공원구역 경계로부터 500m 이내에 거주하는 주민 250명 이상의 요청 시 어린이공원 조성계획의 정비를 요청할 수 있다.

② 공원시설 부지면적은 전체 면적의 60% 이하로 한다.

③ 1개소 면적은 1,200m 이상으로 한다.

④ 유치거리는 500m 이하로 제한한다.

해설

• 어린이공원은 250m 이내에 거주하는 주민 500명 이상의 요청 시 조성계획의 정비를 요청할 수 있다.

• 어린이공원 1개소의 면적은 1,500m^2 이상으로 하고 유치거리는 250m 이하로 제한한다.

05 계단의 설계 시 고려해야 할 기준으로 옳지 않은 것은?

① 계단의 높이가 5m 이상이 될 때에만 중간에 계단참을 설치한다.

② 진행 방향에 따라 중간에 1인용일 때 단 너비 90~110cm 정도의 계단참을 설치한다.

③ 계단의 경사는 최대 30~35°가 넘지 않도록 해야 한다.

④ 단 높이를 h, 단 너비를 b로 할 때 2h+b= 60~65cm가 적당하다.

 해설

2m 높이마다 계단참을 설치한다.

정답　01 ③　02 ②　03 ②　04 ②　05 ①

06 다음 중 몰(mall)에 대한 설명으로 옳지 않은 것은?

① 원래의 뜻은 나무 그늘이 있는 산책길이라
는 뜻이다.
② 도시환경을 개선하는 방법이다.
③ 차량은 전혀 들어갈 수 없게 만들어진다.
④ 보행자 위주의 도로이다.

> **해설**
> 몰 : 상점가가 설치된 보행자 전용 쇼핑몰

07 공공의 조경이 크게 부각되기 시작한 때는?

① 고대
② 군주시대
③ 중세
④ 근세

> **해설**
> 18세기 이후 왕족, 귀족 소유의 정원을 시민에게 개방·
> 양도함으로써 공원으로 전환되었다.

08 다음 중 경복궁 교태전 후원과 관계없는 것은?

① 화계가 있다.
② 상량전이 있다.
③ 아미산이라 칭한다.
④ 굴뚝은 육각형 4개가 있다.

> **해설**
> 상량전은 창덕궁 낙선재의 후원이다.

09 통일신라 문무왕 14년에 중국의 무산 12봉을 본 딴 산을 만들고 화초를 심었던 정원은?

① 소쇄원
② 향원지
③ 비원
④ 안압지

> **해설**
> 안압지 : 못속에 '방장', '봉래', '영주'의 3개의 섬 조성

10 다음 중 조선시대 중엽 이후에 정원양식에 가장 큰 영향을 미친 사상은?

① 임천회유설
② 신선설
③ 자연복귀설
④ 음양오행설

11 다음 중 중국 4대 명원(四大 名園)에 포함되지 않는 것은?

① 졸정원
② 창랑정
③ 작원
④ 사자림

> **해설**
> 4대 명원 : 졸정원, 창랑정, 사자림, 유원

12 프랑스의 르 노트르가 유학하여 조경을 공부한 나라는?

① 이탈리아
② 영국
③ 미국
④ 스페인

> **해설**
> 르 노트르는 이탈리아에서 노단식 정원을 배웠다.

13 다음 중 일본에서 가장 먼저 발달한 정원양식은?

① 다정식
② 고산수식
③ 회유임천식
④ 축경식

> **해설**
> 임천식 → 회유임천식 → 축산고산 → 평정고산 → 다정
> 식 → 축경식

14 골프장에서 우리나라 들잔디를 사용하기가 가장 어려운 지역은?

① 티
② 그린
③ 페어웨이
④ 러프

> **해설**
> 그린지역에는 한지형 벤트그래스를 사용한다.

06 ③ 07 ④ 08 ② 09 ④ 10 ④ 11 ③ 12 ① 13 ③ 14 ② **정답**

15 우리나라의 산림대별 특징 수종 중 식물의 분류학상 한대림에 해당되는 것은?

① 아왜나무
② 구실잣밤나무
③ 붉가시나무
④ 잎갈나무

16 정적인 상태의 수경경관을 도입하고자 할 때 바른 것은?

① 하천
② 계단 폭포
③ 호수
④ 분수

17 강(鋼)과 비교한 알루미늄의 특징에 대한 내용 중 옳지 않은 것은?

① 강도가 작다.
② 비중이 작다.
③ 열팽창율이 작다.
④ 전기 전도율이 높다.

> **해설**
>
> 알루미늄은 강보다 열팽창율이 크다.

18 구조재료의 용도상 필요한 물리 화학적 성질을 강화시키고 미관을 증진시킬 목적으로 재료의 표면에 피막을 형성시키는 액체 재료를 무엇이라 하는가?

① 도료
② 착색
③ 강도
④ 방수

19 다음 중 석탄을 235~315℃에서 고온건조하여 얻은 타르 제품으로서 독성이 적고 자극적인 냄새가 있는 유성 목재 방부제는?

① 콜타르
② 크레오소드유
③ 플로오르화나트륨
④ 펜타클로르페놀(PCP)

20 점토, 석영, 장석, 도석 등을 원료로 하여 적당한 비율로 배합한 다음 높은 온도로 가열하여 유리화될 때까지 충분히 구워 굳힌 제품으로서, 대게 흰색 유리질로서 반투명하여 흡수성이 없고 기계적 강도가 크며, 때리면 맑은 소리를 내는 것은?

① 토기
② 자기
③ 도기
④ 석기

> **해설**
>
> • 토기는 진흙에 유약을 바르지 않고 700~1,000℃로 구운 것을 말한다.
> • 도기는 유약을 바르고 1,200℃에서 구운 것을 말한다.
> • 자기는 유약을 바르고 1,200~1,400℃에서 구운 것을 말한다.

21 다음 중 열경화성 수지의 종류와 특징에 대한 설명이 옳지 않은 것은?

① 우레탄수지 - 투광성이 크고 내후성이 양호하며 착색이 자유롭다.
② 실리콘수지 - 열절연성이 크고 내약품성, 내후성이 좋으며 전기적 성능이 우수하다.
③ 페놀수지 - 강도, 전기절연성, 내산성, 내수성 모두 양호하나 내알칼리성이 약하다.
④ 멜라민수지 - 요소수지와 같으나 경도가 크고 내수성은 약하다.

> **해설**
>
> • 투광성 : 빛이 뚫고 들어가는 성질
> • 내후성 : 노출 시 그대로 유지

> **정답** 15 ④   16 ③   17 ③   18 ①   19 ②   20 ②   21 ①

22 콘크리트용 혼화재로 실리카 흄(Silica Fume)을 사용한 경우 효과에 대한 설명으로 잘못된 것은?

① 알칼리 골재반응의 억제 효과가 있다.

② 내화학약품성이 향상된다.

③ 단위수량과 건조수축이 감소된다.

④ 콘크리트의 재료분리 저항성, 수밀성이 향상된다.

 해설

감수효과가 향상된다.

23 다음 석재 중 일반적으로 내구연한이 가장 짧은 것은?

① 화강석   ② 석회암

③ 대리석   ④ 석영암

해설

• 화강석 : 200년
• 석회암 : 40년
• 대리석 : 100년
• 석영암 : 75년

24 두께 15cm 미만이며, 폭이 두께의 3배 이상인 판 모양의 석재를 무엇이라고 하는가?

① 각석   ② 판석

③ 마름돌   ④ 견치돌

25 다음 목재 접착제 중 내수성이 큰 순서대로 바르게 나열된 것은?

① 아교 〉페놀수지 〉요소수지

② 페놀수지 〉요소수지 〉아교

③ 요소수지 〉아교 〉페놀수지

④ 페놀수지 〉아교 〉요소수지

26 목재가 통상 대기의 온도, 습도와 평형된 수분을 함유한 상태의 함수율은?

① 약 7%   ② 약 15%

③ 약 20%   ④ 약 30%

해설

대기 중 목재의 함수율은 약 15%이다.

27 다음 중 목재 내 할렬(Checks)은 어느 때 발생하는가?

① 함수율이 높은 목재를 서서히 건조할 때

② 건조 응력이 목재의 횡인장강도보다 클 때

③ 목재의 부분별 수축이 다를 때

④ 건조 초기에 상대습도가 높을 때

해설

할렬은 나무의 섬유 방향으로 갈라지는 현상을 말하며 건조 응력이 목재의 횡인장강도보다 클 때 발생된다.

28 수목의 규격을 "H×W"로 표시하는 수종으로만 짝지어진 것은?

① 소나무, 느티나무   ② 회양목, 잔디

③ 주목, 철쭉   ④ 백합나무, 향나무

해설

상록교목·관목＝H×W

29 목재의 심재와 변재에 관한 설명으로 옳지 않은 것은?

① 심재의 색깔은 짙으며 변재의 색깔은 비교적 엷다.

② 심재는 변재보다 단단하여 강도가 크고 신축 등 변형이 적다.

③ 변재는 심재 외측과 수피 내측 사이에 있는 생활세포의 집합이다.

④ 심재는 수액의 통로이며 양분의 저장소이다.

해설

변재는 수액의 통로이며 양분의 저장소이다.

22 ③   23 ②   24 ②   25 ②   26 ②   27 ②   28 ③   29 ④   정답

30 다음 중 낙우송의 설명으로 옳지 않은 것은?

① 열매는 둥근 달걀 모양으로 길이 2~3cm 지름 1.8~3.0cm의 암갈색이다.

② 종자는 삼각형의 각모에 광택이 있으며, 날개가 있다.

③ 잎은 5~10cm 길이로 마주나는 대생이다.

④ 소엽은 편평한 새의 깃 모양으로서 가을에 단풍이 든다.

> **해설**
>
> • 대생 : 마주난다.
> • 호생 : 어긋난다.

31 여름철에 강한 햇빛을 차단하기 위해 식재되는 수종을 가리키는 것은?

① 녹음수　　　　② 방풍수

③ 차폐수　　　　④ 방음수

32 건물 주위에 식재 시 양수와 음수의 조합으로 되어 있는 수종들은?

① 눈주목, 팔손이나무

② 자작나무, 개비자나무

③ 사철나무, 전나무

④ 일본잎갈나무, 향나무

> **해설**
>
> 음수 : 주목, 팔손이나무, 비자나무, 전나무, 사철나무

33 다음 중 조경수의 이식에 대한 적응이 가장 쉬운 수종은?

① 섬잣나무　　　　② 벽오동

③ 가시나무　　　　④ 전나무

> **해설**
>
> 이식이 쉬운 수종 : 버즘나무, 버드나무, 비자나무, 목련

34 겨울철 화단용으로 가장 알맞은 식물은?

① 샐비어　　　　② 꽃양배추

③ 팬지　　　　④ 피튜니아

> **해설**
>
> • 샐비어 : 가을 화단
> • 팬지 : 봄 화단
> • 피튜니아 : 여름 화단

35 다음 조경용 소재 및 시설물 중에서 평면적 재료에 가장 적합한 것은?

① 퍼걸러　　　　② 분수

③ 잔디　　　　④ 조경 수목

36 설계도서에 포함되지 않는 것은?

① 설계도면　　　　② 현장사진

③ 물량내역서　　　　④ 공사시방서

37 조경설계기준상 공동으로 사용되는 계단의 경우 높이가 2m를 넘는 계단에는 2m 이내마다 당해 계단의 유효폭 이상의 폭으로 너비 얼마 이상의 참을 두어야 하는가?

① 70cm　　　　② 80cm

③ 100cm　　　　④ 120cm

정답　30 ③　31 ①　32 ②　33 ②　34 ②　35 ③　36 ②　37 ④

38 평판측량에서 평판을 정치하는 데 생기는 오차 중 측량 결과에 가장 큰 영향을 주므로 특히 주의해야 할 것은?

① 중심 맞추기 오차
② 수평 맞추기 오차
③ 앨리데이드의 수준기에 따른 오차
④ 방향 맞추기 오차

- 구심 : 중심 맞추기 오차
- 정준 : 수평 맞추기 오차
- 표정 : 방향 맞추기 오차

39 경석(景石)의 배석(配石)에 대한 설명으로 옳은 것은?

① 자연석보다 다소 가공하여 형태를 만들어 쓰도록 한다.
② 원칙적으로 정원 내에 눈에 띄지 않는 곳에 두는 것이 좋다.
③ 차경(借景)의 정원에 쓰면 유효하다.
④ 입석(立石)인 때에는 역삼각형으로 놓는 것이 좋다.

경석은 보기 좋고 아름다운 큰 자연석을 중요지점에 둔다.

40 시멘트의 각종 시험과 연결이 옳은 것은?

① 분말도시험 - 루사델리 비중병
② 비중시험 - 길모아 장치
③ 안정성시험 - 오토클레이브
④ 응결시험 - 블레인법

- 분말도시험 : 블레인법
- 비중시험 : 루사델리 비중병
- 응결시험 : 길모아 장치

41 다음 시멘트의 종류 중 혼합 시멘트가 아닌 것은?

① 알루미나 시멘트
② 플라이애시 시멘트
③ 고로 슬래그 시멘트
④ 포틀랜드 포졸란 시멘트

특수 시멘트 : 알루미나 시멘트(재령 1일을 기준으로 삼음)

42 골재알의 모양을 판정하는 척도인 실적률(%)을 구하는 식으로 옳은 것은?

① 100-조립률(%)
② 조립률(%)-100
③ 공극률(%)-100
④ 100-공극률(%)

[실적률]
실적률=100-공극률
- 실적률(d)=w(단위용적중량)/pc(비중)×100
- 공극률(v)=(1-w/p)×100으로 용적(m^3) 중의 공극을 백분율(%)로 나타낸 값

43 표준형 벽돌을 사용하여 1.5B로 시공한 담장의 총 두께는? (단, 줄눈의 두께는 10mm이다.)

① 210mm
② 270mm
③ 290mm
④ 330mm

[표준형 벽돌 1m^2당 소요매수와 두께]

구분	0.5B	1.0B	1.5B	2.0B
소요매수	75	149	224	298
두께	95	190	290	390

44 건물이나 담장 앞 또는 원로에 따라 길게 만들어지는 화단은?

① 카펫화단
② 침상화단
③ 모둠화단
④ 경재화단

- 침상화단 : 1~2m 깊이
- 카펫화단 : 양탄자 무늬
- 모둠화단 : 기식화단
- 경재화단 : 건물 통로 등의 주변에 조성

38 ④ 39 ③ 40 ③ 41 ① 42 ④ 43 ③ 44 ④ 정답

45 토양의 입경조성에 의한 토양의 분류를 무엇이라고 하는가?

① 토양반응　　　　② 토양분류

③ 토성　　　　　　④ 토양통

46 다음 중 흙 쌓기에서 비탈면의 안정 효과를 가장 크게 얻을 수 있는 경사는?

① 1 : 0.3　　　　　② 1 : 0.5

③ 1 : 0.8　　　　　④ 1 : 1.5

> **해설**
> • 성토경사 − 1 : 1.5
> • 절토경사 − 1 : 1

47 지하층의 배수를 위한 시스템 중 넓고 평탄한 지역에 주로 사용되는 것은?

① 자연형　　　　　② 차단법

③ 어골형, 평행형　④ 줄치형, 선형

> **해설**
> • 자연형 : 전면배수 비요구 지역
> • 차단법 : 경사면의 위나 자체의 유수를 막기 위함
> • 줄치형, 선형 : 좁은 면적의 전 지역

48 조형(造形)을 목적으로 한 전정을 가장 잘 설명한 것은?

① 도장지를 제거하고 결과지를 조정한다.
② 나무 원형의 특징을 살려 다듬는다.
③ 밀생한 가지를 솎아준다.
④ 고사지 또는 병지를 제거한다.

49 생 울타리를 전지·전정하려고 한다. 태양의 광선을 골고루 받게 하여 생 울타리 밑가지 생육을 건전하게 하려면 생 울타리의 단면 모양은 어떻게 하는 것이 가장 적합한가?

① 팔각형　　　　　② 원형

③ 삼각형　　　　　④ 사각형

50 다음 가지 다듬기 중 생리조정을 위한 가지 다듬기는?

① 이식한 정원수의 가지를 알맞게 잘라냈다.
② 병해충 피해를 입은 가지를 잘라내었다.
③ 향나무를 일정한 모양으로 깎아 다듬었다.
④ 늙은 가지를 젊은 가지로 갱신하였다.

51 소나무류의 순따기에 알맞은 적기는?

① 1~2월　　　　　② 3~4월

③ 5~6월　　　　　④ 7~8월

52 비료의 3요소가 아닌 것은?

① 칼슘(Ca)　　　　② 칼륨(K)

③ 인(P)　　　　　④ 질소(N)

> **해설**
> 비료의 3요소 : N(질소), P(인), K(칼륨)

53 수간에 약액 주입 시 구멍 뚫는 각도로 가장 적절한 것은?

① 수평　　　　　　② 0~10°

③ 20~30°　　　　④ 50~60°

---

 45 ③　**46** ④　**47** ③　**48** ②　**49** ③　**50** ①　**51** ③　**52** ①　**53** ③

54 다음 중 식엽성(食葉性) 해충이 아닌 것은?

① 복숭아명나방   ② 미국흰불나방

③ 솔나방   ④ 텐트나방

복숭아명나방 : 과실 및 종자를 가해하는 해충

55 다음 중 파이토플라스마에 의한 수목병은?

① 밤나무뿌리혹병   ② 낙엽송끝마름병

③ 뽕나무오갈병   ④ 잣나무털녹병

파이토플라스마에 의한 수목병 : 대추나무빗자루병, 뽕나무오갈병

56 다음 중 일년생 광엽 잡초로 논 잡초로 많이 발생할 경우는 기계수확이 곤란하고 줄기기부가 비스듬히 땅을 기며 뿌리가 내리는 잡초는?

① 가막사리   ② 사마귀풀

③ 메꽃   ④ 한련초

사마귀풀 : 종자 번식하고, 논둑 옆에서 많이 발생한다.

57 다음 제초제 중 잡초와 작물 모두를 살멸시키는 비선택성 제초제는?

① 디캄바액제   ② 글리포세이트액제

③ 팬티온유제   ④ 에태폰액제

글리포세이트액제는 근사미는 같은 의미이다.

58 잔디밭을 조성하려 할 때 뗏장 붙이는 방법으로 틀린 것은?

① 뗏장 붙이는 방법에는 전면붙이기, 어긋나게 붙이기, 줄붙이기 등이 있다.

② 경사면에는 평떼 전면 붙이기를 시행한다.

③ 줄붙이기나 어긋나게 붙이기는 뗏장을 절약하는 방법이지만 아름다운 잔디밭이 완성되기까지에는 긴 시간이 소요된다.

④ 뗏장 붙이기 전에 미리 땅을 갈고 정지(整地)하여 밑거름을 넣는 것이 좋다.

59 다음 중 들잔디의 관리 설명으로 옳지 않은 것은?

① 해충은 황금충류가 가장 큰 피해를 준다.

② 들잔디의 깎기 높이는 2~3cm로 한다.

③ 뗏밥은 초겨울 또는 해동이 되는 이른 봄에 준다.

④ 병은 녹병의 발생이 많다.

들잔디는 난지형 잔디로 뗏밥은 6~7월에 주는 것이 좋다.

60 다져진 잔디밭에 공기 유통이 잘되도록 구멍을 뚫는 기계는?

① 론 모우어(Lawn Mower)

② 론 스파이크(Lawn Spike)

③ 레이크(Rake)

④ 소드 바운드(Sod Bound)

54 ①   55 ③   56 ②   57 ②   58 ②   59 ③   60 ②   정답

01 조경식재 설계도를 작성할 때 수목명, 규격, 본수 등을 기입하기 위한 인출선 사용의 유의사항으로 올바르지 않은 것은?

① 인출선의 수평부분은 기입사항의 길이와 맞춘다.

② 인출선의 방향과 기울기는 자유롭게 표기하는 것이다.

③ 가는 실선을 명료하게 긋는다.

④ 인출선 간의 교차나 치수선의 교차를 피한다.

해설

인출선의 방향과 기울기는 동일해야 한다.

02 도시공원 및 녹지 등에 관한 법률 시행규칙상 도시의 소공원 공원시설 부지면적 기준은?

① 100분의 20 이하

② 100분의 30 이하

③ 100분의 40 이하

④ 100분의 60 이하

03 다음 중 물체가 있는 것으로 가상되는 부분을 표시하는 선의 종류는?

① 1점 쇄선 ② 2점 쇄선

③ 실선 ④ 파선

해설

• 1점 쇄선 : 중심선, 절단선
• 실선 : 물체의 보이는 부분
• 파선 : 물체의 보이지 않는 부분

04 미적인 형 그 자체로는 균형을 이루지 못하지만 시각적인 힘의 통합에 의해 균형을 이룬 것처럼 느끼게 하여 동적인 감각과 변화 있는 개성적 감정을 불러일으키며, 세련미와 성숙미 그리고 율동감과 유연성을 주는 미의 원리는?

① 집중 ② 비례

③ 비대칭 ④ 대비

해설

비대칭 : 개성적, 세련미, 성숙미

05 다음 중 온도감이 따뜻하게 느껴지는 색은?

① 주황색 ② 남색

③ 보라색 ④ 초록색

06 빠른 보행을 필요로 하는 곳에 포장 재료로 사용되기 가장 부적합한 곳은?

① 콘크리트 ② 조약돌

③ 소형고압블럭 ④ 아스팔트

해설

딱딱한 재료 : 아스팔트, 콘크리트

07 작은 색 견본을 보고 색을 선택한 다음 아파트 외벽에 칠했더니 염도와 채도가 높아져 보였다. 이러한 현상을 무엇이라고 하는가?

① 면적대비 ② 보색대비

③ 색상대비 ④ 한난대비

정답 01 ② 02 ① 03 ② 04 ③ 05 ① 06 ② 07 ①

08 다음 중 정원에서의 눈가림 수법에 대한 설명으로 틀린 것은?

① 눈가림은 변화와 거리감을 강조하는 수법이다.

② 이 수법은 원래 동양적인 수법이다.

③ 정원이 한층 더 깊이가 있어 보이게 하는 수법이다.

④ 좁은 정원에서는 눈가림 수법을 쓰지 않는 것이 정원을 더 넓게 보이게 한다.

> 해설
> 눈가림 수법은 좁은 정원의 넓이를 한층 더 크고 변화 있게 하려는 조경기술이다.

09 "서오릉 시민 휴식공원 기본계획에는 왕릉의 보존과 단체이용객에 대한 개방이라는 상충되는 문제를 해결하기 위하여 (   )을(를) 설정함으로써 왕릉과 공간을 분리시켰다." (   ) 안에 들어갈 적절한 공간적 표현은?

① 완충녹지　　② 휴게공간
③ 진입광장　　④ 동적공간

10 다음 중 창덕궁 후원 내 옥류천 일원에 위치하고 있는 궁궐 내 유일의 초정은?

① 부용정　　② 청의정
③ 관람정　　④ 애련정

> 해설
> 창의정에는 초가지붕과 주변에 논이 있어 임금이 그 해의 작황을 알기 위해 직접 벼를 길렀다.

11 다음 중 "피서산장, 이화원, 원명원"은 중국의 어느 시대 정원인가?

① 진　　② 당
③ 명　　④ 청

> 해설
> 열하 피서산장, 이화원(만수산 이궁), 원명원 이궁은 청나라시대 건립된 황실정원이다.

12 오방색 중 오행으로는 목(木)에 해당하며, 동방(東方)의 색으로 양기가 가장 강한 곳이다. 계절로는 만물이 생성하는 봄의 색이고 오륜은 인(仁)을 암시하는 색은?

① 백(白)　　② 적(赤)
③ 황(黃)　　④ 청(靑)

> 해설
> • 토 : 황
> • 화 : 적
> • 금 : 백
> • 수 : 흑

13 로마시대 공공건물과 주랑으로 둘러싸인 다목적 열린 공간으로 무덤의 전실을 가르키기도 했던 곳은?

① 테라스　　② 키넬
③ 포럼　　④ 빌라

14 '사자(死者)의 정원'이라는 묘지정원을 조성한 고대 정원은?

① 이집트 정원　　② 바빌로니아 정원
③ 페르시아 정원　　④ 그리스 정원

> 해설
> 이집트 정원 : 사자의 정원, 주택정원, 신전정원

08 ④ 09 ① 10 ② 11 ④ 12 ④ 13 ③ 14 ① 정답

15 다음 중 본격적인 프랑스식 정원으로서 루이 14세 당시의 니콜라스 푸케와 관련 있는 정원은?

① 퐁텐블로(Fontainebleau)

② 보르 뷔 콩트(Vaux-le-Vicomte)

③ 베르사유(Versailles)

④ 생클루(Saint-Cloud)

> **해설**
>
> 앙드레 르 노트르를 정원사로 임명하였다.

16 재료의 역학적 성질 중 탄성에 관한 설명으로 옳은 것은?

① 재료가 하중을 받아 파괴될 때까지 높은 응력에 견디며 큰 변형을 나타내는 성질

② 물체에 외력을 가한 후 외력을 제거하면 원래의 모양과 크기로 돌아가는 성질

③ 물체에 외력을 가한 후 외력을 제거시켰을 때 영구변형이 남는 성질

④ 재료가 작은 변형에도 쉽게 파괴하는 성질

> **해설**
>
> ① 인성, ③ 소성, ④ 취성

17 비금속재료의 특성에 관한 설명 중 옳지 않은 것은?

① 아연은 산 및 알칼리에 강하나 공기 중 및 수중에서는 내식성이 작다.

② 동은 상온의 건조공기 중에서 변화하지 않으나 습기가 있으면 광택을 소실하고 녹청색으로 된다.

③ 납은 비중이 크고 연질이며 전성, 연성이 풍부하다.

④ 알루미늄은 비중이 비교적 작고 연질이며 강도도 낮다.

> **해설**
>
> 아연은 산 및 알칼리에 약하고 내식성이 강하다.

18 합성수지 중에서 파이프, 튜브, 물받이통 등의 제품에 가장 많이 사용되는 열가소성수지는?

① 멜라민수지 ② 페놀수지

③ 염화비닐수지 ④ 폴리에스테르수지

> **해설**
>
> 열경화성 수지 : 폴리에스테르수지, 페놀수지, 멜라민수지

19 방부력이 우수하고 내습성도 있으며 값도 싸지만, 냄새가 좋지 않아서 실내에 사용할 수 없고, 미관을 고려하지 않은 외부에 사용하는 방부제는?

① 크레오소트 ② 물유리

③ 광명단 ④ 황암모니아

> **해설**
>
> 크레오소트는 석탄을 235~315℃의 고온에서 건조하여 얻은 타르제품이다.

20 강을 적당한 온도(800~1,000℃)로 가열하여 소정의 시간까지 유지한 후에 로(爐) 내부에서 천천히 냉각시키는 열 처리법은?

① 불림(normalizing)

② 뜨임질(tempering)

③ 풀림(annealing)

④ 담금질(quenching)

21 다음 재료 중 기건상태에서 열전도율이 가장 작은 것은?

① 콘크리트 ② 알루미늄

③ 유리 ④ 석고보드

> **해설**
>
> 콘크리트 1.41, 알루미늄 204, 유리 0.67, 석고보드 0.18의 열전도율을 갖고 있다.

 정답 15 ② 16 ② 17 ① 18 ③ 19 ① 20 ③ 21 ④

22 투명도가 높으므로 유기유리라는 명칭이 있으며, 착색이 자유롭고 내충격 강도가 크고, 평판, 골판 등의 각종 형태의 성형품으로 만들어 채광판, 도어 판, 칸막이벽 등에 쓰이는 합성수지는?

① 아크릴수지   ② 요소수지

③ 에폭시수지   ④ 폴리스티렌수지

23 다음 석재 중 조직이 균질하고 내구성 및 강도가 큰 편이며, 외관이 아름다운 장점이 있는 반면 내화 성이 작아 고열을 받는 곳에는 적합하지 않은 것은?

① 응회암   ② 화강암

③ 편마암   ④ 안산암

> **해설**
>
> 화강암은 내화성이 작다.

24 암석 재료의 가공 방법 중 쇠망치로 석재 표면의 큰 돌출 부분만 대강 떼어내는 정도의 거치 면을 마무리하는 작업을 무엇이라 하는가?

① 도드락다듬   ② 혹두기

③ 잔다듬   ④ 물갈기

> **해설**
>
> 혹두기 → 정다듬 → 도드락다듬 → 잔다듬 → 물갈기

25 흙에 시멘트와 다목적 토양개량제를 섞어 기층과 표층을 겸하는 간이포장 재료는?

① 칼라 세라믹   ② 카프

③ 우레탄   ④ 콘크리트

> **해설**
>
> 카프(KAP) : 토양경화제 + 시멘트 + 흙(화강토, 황토흙) 의 혼합

26 양질의 포졸란(Pozzolan)을 사용한 콘크리트의 성질로 옳지 않은 것은?

① 워커빌리티 및 피니셔빌리티가 좋다.

② 강도의 증진이 빠르고 단기강도가 크다.

③ 수밀성이 크고 발열량이 적다.

④ 화학적 저항성이 크다.

> **해설**
>
> 양질의 포졸란을 사용한 콘크리트는 초기강도는 작으나 장기강도가 크다.

27 목구조의 보강철물로서 사용되지 않는 것은?

① 나사못   ② 듀벨

③ 고장력 볼트   ④ 꺽쇠

> **해설**
>
> 고장력 볼트는 철골구조의 마찰접합에 사용된다.

28 다음 중 형상수로 많이 이용되고, 가을에 열매가 붉게 되며, 내응성이 강하며, 비옥지에서 잘 자라 는 특성을 가진 정원수는?

① 화살나무   ② 쥐똥나무

③ 주목   ④ 산수유

> **해설**
>
> 형상수(토피어리)는 지엽이 치밀하고 상록수이어야 한다.

29 정원의 한 구석에 녹음용수로 쓰기 위해서 단독으로 식재하려 할 때 적합한 수종은?

① 칠엽수   ② 박태기나무

③ 홍단풍   ④ 꽝꽝나무

22 ①   23 ②   24 ②   25 ②   26 ②   27 ③   28 ③   29 ①   **정답**

30 다음 중 난대림의 대표 수종인 것은?

① 녹나무　　　　② 주목
③ 전나무　　　　④ 분비나무

해설

- 한대림 : 주목, 전나무, 분비나무
- 난대림 : 동백, 사철나무, 가시나무

31 여름에 꽃피는 알뿌리 화초인 것은?

① 수선화　　　　② 백합
③ 히아신스　　　④ 글라디올러스

해설

여름에 꽃피는 알뿌리 화초(춘식구근)는 글라디올러스, 다알리아, 칸나, 아마릴리스 등이 있다.

32 수확한 목재를 주로 가해하는 대표적 해충은?

① 풍뎅이　　　　② 흰불나방
③ 흰개미　　　　④ 매미

33 나무줄기의 색채가 흰색계열이 아닌 수종은?

① 자작나무　　　② 모과나무
③ 분비나무　　　④ 서어나무

해설

모과나무는 나무줄기의 색채가 화려하다.

34 물의 이용 방법 중 동적인 요소는?

① 연못　　　　　② 호수
③ 캐스케이드　　④ 풀

해설

연못, 호수, 풀은 정적인 요소이다.

35 토양수분과 조경 수목과의 관계 중 습지를 좋아하는 수종은?

① 신갈나무　　　② 소나무
③ 주엽나무　　　④ 노간주나무

해설

습지를 좋아하는 수목의 종류는 주엽나무, 낙우송, 계수나무, 수양버들, 오동나무, 수국 등이다.

36 다음 중 계곡선에 대한 설명 중 맞는 것은?

① 간극선 간격의 1/2 거리의 가는 점선으로 그어진 것이다.
② 주곡선 간격의 1/2 거리의 가는 파선으로 그어진 것이다.
③ 주곡선은 다섯줄마다 굵은 선으로 그어진 것이다.
④ 1/5,000의 지형도 축척에서 등고선은 10m 간격으로 나타난다.

해설

1/5,000의 지형도 축척에서 등고선은 5m 간격으로 나타난다.

37 다음 중 주요 기능의 공정에서 옥외 레크레이션의 관리체계와 거리가 먼 것은?

① 이용자관리　　② 공정관리
③ 서비스관리　　④ 자원관리

정답　30 ①　31 ④　32 ③　33 ②　34 ③　35 ③　36 ③　37 ②

38 표준품셈에서 포함된 것으로 규정된 소운반 거리는 몇 m 이내를 말하는가?

① 10m ② 20m

③ 30m ④ 50m

39 다음 그림과 같은 땅깎기 공사 단면의 절토 면적은?

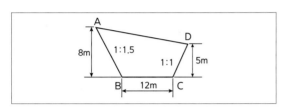

① 60 ② 96

③ 112 ④ 128

> **해설**
>
> [단면적 절토 면적 공식]
> • 단면적 절토 면적=사다리꼴 면적(공사 단면=전체 면적, 직사각형) − 삼각형 면적(절토 면적)
>   = 232m² − 104m² = 128m²
> • 공사 단면(전체 면적, 직사각형) : 29(밑변 길이의 합)×8=232m²
> • 절토 면적 : 12×8÷2+29×3÷2+5×5÷2=104m²

40 다음 토양층위 중 집적층에 해당되는 것은?

① A층 ② B층

③ C층 ④ D층

> **해설**
>
> A층은 표층, B층은 집적층, C층은 모재층, D층은 기암층이다.

41 토양의 물리성과 화학성을 개선하기 위한 유기질 토양 개량재는 어떤 것인가?

① 펄라이트 ② 피트모스

③ 버미큘라이트 ④ 제올라이트

42 암거는 지하수위가 높은 곳, 배수 불량 지반에 설치한다. 암거의 종류 중 중앙에 큰 암거를 설치하고, 좌우에 작은 암거를 연결시키는 형태로 넓이에 관계없이 경기장이나 어린이놀이터와 같은 소규모의 평탄한 지역에 설치할 수 있는 것은?

① 빗살형 ② 어골형

③ 부채살형 ④ 자연형

> **해설**
>
> • 빗살형은 비교적 좁은 면적의 전 지역에 균일하게 배수할 때 이용한다.
> • 자연형은 전면 배수가 요구되지 않는 지역에 이용한다.

43 콘크리트 슬럼프값 측정순서로 옳은 것은?

① 시료체취 → 콘에 채우기 → 다지기 → 상단 고르기 → 콘 벗기기 → 슬럼프값 측정

② 시료체취 → 콘에 채우기 → 콘 벗기기 → 상단 고르기 → 다지기 → 슬럼프값 측정

③ 시료체취 → 다지기 → 콘에 채우기 → 상단 고르기 → 콘 벗기기 → 슬럼프값 측정

④ 다지기 → 시료체취 → 콘에 채우기 → 상단 고르기 → 콘 벗기기 → 슬럼프값 측정

44 콘크리트를 친 후 응결과 경화가 완전히 이루어지도록 보호하는 것을 가리키는 용어는?

① 파종 ② 양생

③ 다지기 ④ 타설

45 토양의 3상이 아닌 것은?

① 임상 ② 기상

③ 액상 ④ 고상

> **해설**
>
> 토양 3상 : 기상, 액상, 고상

46 정원석을 쌓을 면적이 60m², 정원석의 평균 뒷길이 50cm, 공극률이 40%라고 할 때 실제적인 자연석의 체적은 얼마인가?

① 12m³ ② 16m³
③ 18m³ ④ 20m³

해설

[자연석 체적]
자연석 체적=평균뒷길이×실적률(100−공적률)×면적
= 0.5m×0.6×60m² = 18m²

47 벽돌수량 산출방법 중 면적산출 시 표준형 벽돌로 시공 시 1m²를 0.5B의 두께로 쌓으면 소요되는 벽돌량은? (단, 줄눈은 10mm로 한다.)

① 65매 ② 130매
③ 75매 ④ 149매

해설

[벽돌 두께에 따른 m²당 수량 산출]

구분	0.5B	1.0B	1.5B	2.0B
표준형 벽돌 (190×90×57)	75매	149매	224매	298매
기존형 벽돌 (210×100×60)	65매	130매	195매	260매

48 벽면에 벽돌 길이만 나타나게 쌓는 방법은?

① 네덜란드식 쌓기 ② 길이 쌓기
③ 옆세워 쌓기 ④ 마구리 쌓기

49 임해매립지 식재기반에서의 조경시공 시 고려하여야 할 사항으로 거리가 먼 것은?

① 염분 제거
② 발생가스 및 악취 제거
③ 지하수위 조절
④ 배수관부설

해설

식재의 식재토심

50 수목의 가슴 높이 지름을 나타내는 기호는?

① F ② SD
③ B ④ W

51 심근성 수목을 굴치할 때 뿌리분의 형태는?

① 접시분 ② 사각형분
③ 조개분 ④ 보통분

해설

• 조개분의 크기 : 근원지름(D)의 4배
• 조개분의 깊이 : 근원지름(D)의 4배
• 심근성 수목에는 느티나무, 소나무 등이 있다.

52 이른 봄 늦게 오는 서리로 인한 수목의 피해를 나타내는 것은?

① 조상(弔喪) ② 만상(晚霜)
③ 동상(凍傷) ④ 한상(寒傷)

해설

만상 : 늦을 만(晚)

53 다음 수목의 외과 수술용 재료 중 동공 출전물의 재료로 가장 부적합한 것은?

① 에폭시 수지
② 불포화 폴리에스테르 수지
③ 우레탄 고무
④ 콜타르

정답 46 ③ 47 ③ 48 ② 49 ② 50 ③ 51 ③ 52 ② 53 ④

54 눈이 트기 전 가지의 여러 곳에 자리 잡은 눈 가운데 필요로 하지 않은 눈을 따버리는 작업을 무엇이라 하는가?

① 열매따기　　　② 눈따기
③ 순자르기　　　④ 가지치기

55 생 울타리처럼 수목이 대상으로 군식되었을 때 거름 주는 방법으로 적당한 것은?

① 선상거름주기　　　② 방사상거름주기
③ 전면거름주기　　　④ 천공거름주기

56 수목에 영양공급 시 그 효과가 가장 빨리 나타나는 것은?

① 엽면시비　　　② 유기물시비
③ 토양천공시비　　④ 수간주사

> 해설
>
> 엽면시비가 효과가 가장 빠르다.

57 솔잎혹파리에 대한 설명 중 틀린 것은?

① 유충으로 땅속에서 월동한다.
② 우리나라에서는 1929년에 처음 발견되었다.
③ 유충은 솔잎을 밑부에서부터 갉아 먹는다.
④ 1년에 1회 발생한다.

> 해설
>
> 유충은 솔잎기부에 들어가 즙액을 빨아먹는다.

58 농약 살포작업을 위해 물 100L를 가지고 1,000 배액을 만들 경우 얼마의 약량이 필요한가?

① 50mL　　　② 100mL
③ 150mL　　　④ 200mL

> 해설
>
> [ha당 원액소요량]
> · ha당 원액소요량=총 소요량/희석배수
>   =100/1,000=0.1L=100mL
> · 총 소요량 : 100mL

59 잔디밭에 많이 발생하는 잡초인 클로바(토끼풀)를 제초하는 데 가장 효율적인 것은?

① 디코폴수화재　　② 디캄바액재
③ 베노빌소화재　　④ 캡탄수화재

60 다음 복합비료 중 주성분 함량이 가장 많은 비료는?

① 0-40-10　　　② 11-21-11
③ 18-18-18　　　④ 21-21-17

> 해설
>
> 복합비료인 질소-인-칼륨의 순서로 21-21-17이 가장 많은 함량이다.

54 ② 　55 ① 　56 ① 　57 ③ 　58 ② 　59 ② 　60 ④ 　정답

01 훌륭한 조경가가 되기 위한 자질에 대한 설명 중 틀린 것은?

① 토양, 지질, 지형, 수문(水文) 등 자연과학적 지식이 요구된다.

② 인류학, 지리학, 사회학, 환경심리학 등에 관한 인문과학적 지식도 요구된다.

③ 건축이나 토목 등에 관련된 공학적인 지식도 요구된다.

④ 합리적인 사고보다는 감성적 판단이 더욱 필요하다.

해설

조경가는 합리적인 접근만을 하며, 예술가는 창조적인 접근만을 도모한다.

02 조경 양식을 형태(정형식, 자연식, 절충식) 중심으로 분류할 때, 자연식 조경 양식에 해당하는 것은?

① 강한 축을 중심으로 좌우 대칭형으로 구성된다.

② 한 공간 내에서 실용성과 자연성을 동시에 강조하였다.

③ 주변을 돌 수 있는 산책로를 만들어서 다양한 경관을 즐길 수 있다.

④ 서아시아와 프랑스에서 발달된 양식이다.

03 도시공원 및 녹지 등에 관한 법률에서 정하고 있는 녹지가 아닌 것은?

① 완충녹지　　　　② 경관녹지

③ 연결녹지　　　　④ 시설녹지

04 다음 중 어린이 공원의 설계 시 공간구성 설명으로 옳은 것은?

① 동적인 놀이공간에는 아늑하고 햇빛이 잘 드는 곳에 잔디밭, 모래밭을 배치하여 준다.

② 정적인 놀이공간에는 각종 놀이시설과 운동시설을 배치하여 준다.

③ 감독 및 휴게를 위한 공간은 놀이공간이 잘 보이는 곳으로 아늑한 곳으로 배치한다.

④ 공원 외곽은 보행자나 근처 주민이 들여다 볼 수 없도록 밀식한다.

해설

놀이공간은 부모님들이 볼 수 있는 가까운 곳으로 한다.

05 휴게공간의 입지 조건으로 적합하지 않은 것은?

① 보행동선이 합쳐지는 곳

② 기존 녹음수가 조성된 곳

③ 경관이 양호한 곳

④ 시야에 잘 띄지 않는 곳

06 수고 3m인 감나무 3주의 식재공사에서 조경공 0.25인, 보통 인부 0.20인의 식재노무비 일위 대가는 얼마인가? (단, 조경공 40,000/일, 보통 인부 30,000/일)

① 6,000원　　　　② 10,000원

③ 16,000원　　　　④ 48,000원

해설

• 조경공 : 0.25×40,000=10,000(원)

• 보통 인부 : 0.20×30,000=6,000(원)

　따라서 10,000+6,000=16,000(원)이다.

정답　01 ④　02 ③　03 ④　04 ③　05 ④　06 ③

07 도면상에서 식물재료의 표기 방법으로 바르지 않은 것은?

① 수목에 인출선을 사용하여 수종명, 규격, 관목, 교목을 구분하여 표시하고 총수량을 함께 기입한다.

② 덩굴성 식물의 규격은 길이로 표시한다.

③ 같은 수종은 인출선을 연결하여 표시하도록 한다.

④ 수종에 따라 규격은 H×W, H×B, H×R 등의 표기방식이 다르다.

> 해설
>
> 수목에 인출선을 사용하여 수종, 규격, 수량을 기입한다. 여기서의 수량은 총 수량이 아님을 유의한다.

08 다음 중 눈높이나 눈보다 조금 높은 위치에서 보여지는 공간을 실제 보이는 대로 자연스럽게 표현한 그림으로 나타내고자 하는 의도의 윤곽을 잡아 개략적으로 표현하고자 할 때, 즉 아이디어를 수집, 기록, 정착화하는 과정에 필요하며, 디자이너에게 순간적으로 떠오르는 불확실한 아이디어의 이미지를 고정, 정착화시켜 나가는 초기 단계에 해당하는 그림은?

① 입면도   ② 조감도

③ 투시도   ④ 스케치

> 해설
>
> 스케치 : 윤곽은 개략적, 자연스럽게 표현한 그림

09 조경 양식 중 노단식 정원 양식을 발전시키게 한 자연적인 요인은?

① 지형   ② 기후

③ 식물   ④ 토질

> 해설
>
> 이탈리아는 지형의 영향을 받았다.

10 주위가 건물로 둘러싸여 있어 식물의 생육을 위한 채광, 통풍, 배수 등에 주의해야 할 곳은?

① 중정(中庭)   ② 원로(園路)

③ 주정(主庭)   ④ 후정(後庭)

> 해설
>
> 원로 : 보행공간

11 줄기나 가지가 꺾이거나 다치면 그 부근에 있던 숨은 눈이 자라 싹이 나오는 것을 무엇이라 하는가?

① 생장성   ② 휴면성

③ 맹아력   ④ 성장력

12 조선시대 전기 조경 관련 대표 저술서이며, 정원 식물의 특성과 번식법, 괴석의 배치법, 꽃을 화분에 심는 법, 최화법(催花法), 꽃이 꺼리는 것, 꽃을 취하는 법과 기르는 법, 화분 놓는 법과 관리법 등의 내용이 수록되어 있는 것은?

① 동사강목   ② 양화소록

③ 택리지   ④ 작정기

> 해설
>
> • 안정복「동사강목」: 역사서
> • 이중환「택리지」: 지리서
> • 귤준망「작정기」: 일본 최초의 조원 지침서(침전조)

13 다음 중 왕과 왕비만이 즐길 수 있는 사적인 정원이 아닌 곳은?

① 덕수궁 석조전 전정

② 창덕궁 낙선재의 후원

③ 경복궁의 아미산

④ 덕수궁 준명당의 후원

> 해설
>
> 왕과 왕비만이 즐길 수 있는 곳은 후원이다.

14 다음 중 이탈리아의 정원 양식에 해당하는 것은?

① 평면기하학식　　② 노단건축식

③ 자연풍경식　　　④ 풍경식

> **해설**
> • 정형식 : 프랑스, 이탈리아, 스페인
> • 자연풍경식 : 영국, 독일

15 일본의 다정(茶庭)이 나타내는 아름다움의 미는?

① 통일미　　　　　② 대비미

③ 단순미　　　　　④ 조화미

> **해설**
> 일본은 조화미, 중국은 대비미를 추구한다.

16 다음 중 특히 내수성, 내열성이 우수하며, 내연성, 전기적 절연성이 있고 유리 섬유판, 텍스, 피혁류 등 모든 접착이 가능하고, 방수제로도 사용하고 500℃ 이상 견디는 유일한 수지이며, 주로 방수제, 도료, 접착제 용도로 쓰이는 합성수지는?

① 페놀수지　　　　② 에폭시수지

③ 실리콘수지　　　④ 폴리에스테르수지

17 플라스틱 제품의 특성이 아닌 것은?

① 내열성이 약하여 열가소성수지는 60℃ 이상에서 연화된다.

② 비교적 산과 알카리에 견디는 힘이 콘크리트나 철 등에 비해 우수하다.

③ 접착이 자유롭고 가공성이 크다.

④ 열팽창계수가 적어 저온에서도 파손이 안 된다.

> **해설**
> 플라스틱 제품은 열팽창계수가 커서 내열, 내화성이 적다.

18 다음 중 유리의 제성질에 대한 일반적인 설명으로 옳지 않은 것은?

① 약한 산에는 침식되지 않지만 염산, 황산, 질산 등에는 서서히 침식된다.

② 광선에 대한 성질은 유리의 성분, 두께, 표면의 평활도 등에 따라 다르다.

③ 열전도율 및 열팽창률이 작다.

④ 굴절률은 2.1~2.9 정도이고, 납을 함유하면 낮아진다.

> **해설**
> 유리의 굴절률은 1.5~1.9 정도이고, 납을 함유하면 굴절률이 커진다.

19 다음 중 인공토양을 만들기 위한 경량재가 아닌 것은?

① 펄라이트(perlite)

② 버미큘라이트(vermiculite)

③ 부엽토

④ 화산재

> **해설**
> 부엽토는 나뭇잎이나 가지 등이 미생물에 의해 부패, 분해되어 생긴 흙이다.

20 92~96%의 철을 함유하고 나머지는 크롬, 규소, 망간, 유황, 인 등으로 구성되어 있으며 창호철물, 자물쇠, 맨홀 뚜껑 등의 재료로 사용되는 것은?

① 주철　　　　　　② 강철

③ 선철　　　　　　④ 순철

정답　14 ②　15 ④　16 ③　17 ④　18 ④　19 ③　20 ①

21 다음 중 야외용 조경시설물 재료로서 가장 내구성이 낮은 재료는?

① 나왕재
② 미송
③ 플라스틱재
④ 콘크리트재

> 해설

나왕의 강도는 무난하고 가공이 용이하나 내구성과 병해충에는 약하다.

22 일정한 응력을 가할 때, 변형이 시간과 더불어 증대하는 현상을 의미하는 것은?

① 취성
② 크리프
③ 릴렉세이션
④ 탄성

> 해설

릴렉세이션 : 응력 완화 현상

23 콘크리트 공사 중 거푸집 상호 간의 간격을 일정하게 유지시키기 위한 것은?

① 스페이서(Spacer)
② 세퍼레이터(Separator)
③ 캠버(Camber)
④ 긴장기(Form tie)

> 해설

• 스페이서 : 철근의 거푸집에 밀착되는 것 방지
• 긴장기 : 거푸집 간격 유지하며 벌어지는 것 방지

24 콘크리트의 단위 중량 계산, 배합설계 및 시멘트의 품질 판정에 주로 이용되는 시멘트의 성질은?

① 비중
② 압축강도
③ 분말도
④ 응결시간

25 콘크리트의 균열발생 방지법으로 옳지 않은 것은?

① 콘크리트의 온도 상승을 작게 한다.
② 물시멘트비를 작게 한다.
③ 단위 시멘트량을 증가시킨다.
④ 발열량이 적은 시멘트와 혼화제를 사용한다.

> 해설

콘크리트의 균열발생을 방지하기 위해서는 단위 시멘트량을 적게 해야 한다.

26 형상은 재두각추체에 가깝고 전면은 거의 평면을 이루며 대략 정사각형으로서 뒷길이, 접촉면의 폭, 뒷면 등이 규격화된 돌로, 접촉면의 폭은 전면 1변의 길이의 1/10 이상이라야 하고, 접촉면의 길이는 1변의 평균 길이의 1/2 이상인 석재는?

① 각석
② 사고석
③ 견치석
④ 판석

> 해설

재두각추체 : 접촉면의 길이는 앞면 4변의 제일 짧은 길이의 3배 이상

27 정원에 사용되는 자연석의 특징과 선택에 관한 내용 중 옳지 않은 것은?

① 경도가 높은 돌은 기품과 운치가 있는 것이 많고 무게가 있어 보여 가치가 높다.
② 정원석으로 사용되는 자연석은 산이나 개천에 흩어져 있는 돌을 그대로 운반하여 이용한 것이다.
③ 돌에는 색채가 있어서 생명력을 느낄 수 있고 검은색과 흰색은 예로부터 귀하게 여겨지고 있다.
④ 부지 내 타 물체와의 대비, 비례, 균형을 고려하여 크기가 적당한 것을 사용한다.

> 해설

질감이 떨어지면 죽은색으로 흉하게 보인다.

28 다음 중 트래버틴(Travertin)은 어떤 암석의 일종인가?

① 대리석   ② 응회암

③ 화강암   ④ 안산암

29 목재의 방부법 중 그 방법이 나머지 셋과 다른 하나는?

① 방청법   ② 침지법

③ 분무법   ④ 도포법

> **해설**
> 방청법은 목재가 아닌 금속의 부패방지를 위해 사용하는 방법이다.

30 다음 중 산울타리 수종이 갖추어야 할 조건으로 틀린 것은?

① 전정에 강할 것

② 아랫가지가 오래갈 것

③ 지엽이 치밀할 것

④ 주로 교목활엽수일 것

> **해설**
> 산울타리수종은 상록수이어야 한다.

31 학교조경에 도입되는 수목을 선정할 때 조경 수목의 생태적 특성에 대한 설명으로 옳은 것은?

① 구입하기 쉽고 병충해가 적고 관리하기가 쉬운 수목을 선정한다.

② 교과서에서 나오는 수목이 선정되도록 하며 학생들과 교직원들이 선호하는 수목을 선정한다.

③ 학교 이미지 개선에 도움이 되며, 계절의 변화를 느낄 수 있도록 수목을 선정한다.

④ 학교가 위치한 지역의 기후, 토양 등의 환경에 조건이 맞도록 수목을 선정한다.

32 다음 중 어린가지의 색은 녹색 또는 적갈색으로 엽흔이 발달하고 있으며, 수피에서는 냄새가 나며 약간 골이 파여 있고, 단풍나무 중 복엽이면서 가장 노란색 단풍이 들며, 내조성, 속성수로서 조기녹화에 적당하며 녹음수로 이용가치가 높으며 폭이 없는 가로에 가로수로 심는 수종은?

① 단풍나무   ② 고로쇠나무

③ 복장나무   ④ 네군도단풍

> **해설**
> 붉은색 단풍 : 단풍나무, 고로쇠나무, 복장나무

33 여름에 꽃을 피우는 수종이 아닌 것은?

① 능소화   ② 조팝나무

③ 석류나무   ④ 배롱나무

> **해설**
> 조팝나무는 4월에 흰 꽃이 핀다.

정답   28 ①   29 ①   30 ④   31 ④   32 ④   33 ②

34 여름부터 가을까지 꽃을 감상할 수 있는 알뿌리 화초는?

① 색비름   ② 금잔화
③ 칸나   ④ 수선화

해설

봄 심기 구근류 : 칸나

35 다음 수종 중 상록활엽수가 아닌 것은?

① 굴거리나무   ② 후박나무
③ 메타세쿼이어   ④ 동백나무

해설

메타세쿼이어는 낙엽침엽수이다.

36 설계도면에서 선의 용도에 따라 구분할 때 실선의 용도에 해당되지 않는 것은?

① 치수를 기입하기 위해 사용한다.
② 지시 또는 기호 등을 나타내기 위해 사용한다.
③ 물체가 있을 것으로 가상되는 부분을 표시한다.
④ 대상물의 보이는 부분을 표시한다.

해설

물체가 있을 것으로 가상되는 부분은 2점 쇄선으로 표시한다.

37 평판측량에서 도면상에 없는 미지점에 평판을 세워 그 점(미지점)의 위치를 결정하는 측량방법은?

① 측방교선법   ② 복전진법
③ 원형교선법   ④ 후방교선법

38 다음 중 건설장비 분류상 배토정지용 기계에 해당되는 것은?

① 모터그레이더   ② 드래그라인
③ 램머   ④ 파워 쇼벨

해설

• 드래그라인 : 굴착(기계보다 낮은 연질 지반)
• 램머 : 다지기
• 파워 쇼벨 : 굴착, 싣기(기계보다 높은 지반)

39 모래밭(모래터) 조성에 관한 설명으로 가장 부적합한 것은?

① 적어도 하루에 4~5시간의 햇볕이 쬐고 통풍이 잘되는 곳에 설치한다.
② 모래밭의 깊이는 놀이의 안전을 고려하여 30cm 이상으로 한다.
③ 가장자리는 방부 처리한 목재 또는 각종 소재를 사용하여 지표보다 높게 모래막이 시설을 해준다.
④ 모래밭은 가급적 휴게시설에서 멀리 배치한다.

40 수중에 있는 골재를 채취했을 때 무게가 1,000g, 표면건조 내부포화상태의 무게가 900g, 대기건조 상태의 무게가 860g, 완전 건조 상태의 무게가 850g일 때 함수율 값은?

① 4.65%   ② 5.88%
③ 11.11%   ④ 17.65%

해설

[함수율]

$$함수율 = \frac{습윤목재중량 - 건조목재중량}{건조목재중량} \times 100$$

$$= \frac{(1,000-850)}{850} \times 100 = 17.65\%$$

41 경관석 놓기의 설명으로 옳은 것은?

① 일반적으로 3, 5, 7 등 홀수로 배치한다.

② 경관석은 항상 단독으로만 배치한다.

③ 같은 크기의 경관석으로 조합하면 통일감이 있어 자연스럽다.

④ 경관석의 배치는 돌 사이의 거리나 크기 등을 조정 배치하여 힘이 분산되도록 한다.

해설

분산되지 않게 짜임새가 있게 한다.

42 벽돌쌓기법에서 한 켜는 마구리쌓기, 다음 켜는 길이쌓기로 하고 모서리 벽끝에 이오토막을 사용하는 벽돌쌓기 방법인 것은?

① 미국식 쌓기　　② 영국식 쌓기

③ 프랑스식 쌓기　　④ 마구리 쌓기

해설

이오토막을 사용하는 방법은 영국식 쌓기이며, 칠오토막을 사용하는 방법은 네덜란드(화란)식 쌓기이다.

43 공원 내에 설치된 목재벤치 좌판(座板)의 도장보수는 보통 얼마 주기로 실시하는 것이 좋은가?

① 계절이 바뀔 때　　② 6개월

③ 매년　　　　　　④ 2~3년

44 다음 중 침상화단(Sunken Garden)에 관한 설명으로 가장 적합한 것은?

① 양탄자를 내려다보듯이 꾸민 화단

② 경계부분을 따라서 1열로 꾸민 화단

③ 관상하기 편리하도록 지면을 1~2m 정도 파내려가 꾸민 화단

④ 중앙부를 낮게 하기 위하여 키 작은 꽃을 중앙에 심어 꾸민 화단

45 염해지 토양의 가장 뚜렷한 특징을 설명한 것은?

① 치환성 석회의 함량이 높다.

② 활성철의 함량이 높다.

③ 마그네슘, 나트륨 함량이 높다.

④ 유기물의 함량이 높다.

46 수목의 식재 시 해당 수목의 규격을 수고와 근원직경으로 표시하는 것은? (단, 건설공사 표준품셈을 적용한다.)

① 현사시나무　　② 목련

③ 자작나무　　　④ 은행나무

해설

• 현사시나무 : 흉고직경

• 자작나무, 은행나무 : 수고, 흉고직경

47 다음 중 정형적 배식 유형은?

① 부등변삼각형식재　　② 임의식재

③ 군식　　　　　　　④ 교호식재

해설

①, ②, ③은 비정형적 배식 유형이다.

48 조경수를 이용한 가로막이 시설의 기능이 아닌 것은?

① 시선 차단

② 보행자의 움직임 규제

③ 악취 방지

④ 광선 방지

해설

통행 조절, 섬광 조절

정답　41 ①　42 ②　43 ④　44 ③　45 ③　46 ②　47 ④　48 ③

49 다음 중 접붙이기 번식을 하는 목적으로 가장 거리가 먼 것은?

① 씨뿌림으로는 품종이 지니고 있는 고유의 특징을 계승시킬 수 없는 수목의 증식에 이용된다.

② 바탕나무의 특성보다 우수한 품종을 개발하기 위해 이용된다.

③ 가지가 쇠약해지거나 말라 죽은 경우 이것을 보태주거나 또는 힘을 회복시키기 위해서 이용된다.

④ 종자가 없고 꺾꽂이로도 뿌리 내리지 못하는 수목의 증식에 이용된다.

50 다음 중 큰 나무의 뿌리돌림에 대한 설명으로 가장 거리가 먼 것은?

① 뿌리돌림을 한 후에 새끼로 뿌리분을 감아 두면 뿌리의 부패를 촉진하여 좋지 않다.

② 굵은 뿌리를 3~4개 정도 남겨둔다.

③ 뿌리돌림을 하기 전 수목이 흔들리지 않도록 지주목을 설치하여 작업하는 방법도 좋다.

④ 굵은 뿌리 절단 시는 톱으로 깨끗이 절단한다.

> **해설**
>
> 뿌리돌림을 한 후 뿌리분에 새끼감기를 해야 운반 시 뿌리분에 가해지는 충격을 막을 수 있다.

51 양분결핍 현상이 생육초기에 일어나기 쉬우며, 새잎에 황화 현상이 나타나고 엽맥 사이가 비단무늬 모양으로 되는 결핍 원소는?

① Cu　　　　　② Mn
③ Zn　　　　　④ Fe

> **해설**
>
> 미량원소 : 철(Fe)

52 다음 중 교목류의 높은 가지를 전정하거나 열매를 채취할 때 주로 사용할 수 있는 가위는?

① 갈쿠리전정가위　　② 조형전정가위
③ 순치기가위　　　　④ 대형전정가위

53 다음 중 수목의 전정 시 제거해야 하는 가지가 아닌 것은?

① 밑에서 움돋는 가지
② 아래를 향해 자란 하향지
③ 교차한 교차지
④ 위를 향해 자라는 주지

54 소나무의 순지르기, 활엽수의 잎 따기 등에 해당하는 전정법은?

① 생리를 조절하는 전정
② 생장을 돕기 위한 전정
③ 생장을 억제하기 위한 전정
④ 세력을 갱신하는 전정

> **해설**
>
> 생장을 억제하기 위한 전정 : 산울타리 다듬기, 소나무 새순치기, 녹음수, 가로수 전정

55 배롱나무, 장미 등과 같은 내한성이 약한 나무의 지상부를 보호하기 위하여 사용되는 가장 적합한 월동 조치법은?

① 새끼감기　　　　② 짚싸기
③ 연기씌우기　　　④ 흙묻기

> **해설**
>
> 배롱나무 : 수피가 얇으며 간지럼나무라고도 한다.

56 사철나무 탄저병에 관한 설명으로 틀린 것은?

① 상습발생지에서는 병든 잎을 모아 태우거나 땅속에 묻고, 6월경부터 살균제를 3~4회 살포한다.

② 관리가 부실한 나무에서 많이 발생하므로 거름주기와 가지치기 등의 관리를 철저히 하면 문제가 없다.

③ 흔히 그을음병과 같이 발생하는 경향이 있으며 병징도 혼동될 때가 있다.

④ 잎에 크고 작은 점무늬가 생기고 차츰 움푹 들어가면서 진전되므로 지저분한 느낌을 준다.

해설

• 탄저병 : 잎, 어린가지, 과실이 검게 변하고 움푹 들어간다.
• 그을음병 : 잎 앞면에 그을음으로 덮인 듯한 증상을 나타내는 병

57 다음 중 미국흰불나방 구제에 가장 효과가 좋은 것은?

① 카바릴수화제(세빈)
② 디니코나졸수화제(빈나리)
③ 디캄바액제(반벨)
④ 시마진수화제(씨마진)

58 다음 중 밭에 많이 발행하여 우생하는 잡초는?

① 올미   ② 바랭이
③ 가래   ④ 너도방동사니

해설

논 잡초 : 매자기, 가래, 올미, 개구리밥, 미나리, 너도방동사니

59 난지형 잔디에 뗏밥을 주는 가장 적합한 시기는?

① 3~4월
② 5~7월
③ 9~10월
④ 11~1월

해설

• 난지형 잔디에 뗏밥을 주는 시기는 6~7월이다.
• 한지형 잔디에 뗏밥을 주는 시기는 봄, 가을이다.

60 우리나라 조선 정원에서 사용되었던 홍예문의 성결을 띤 구조물이라 할 수 있는 것은?

① 트렐리스
② 정자
③ 아치
④ 테라스

해설

• 트렐리스 : 덩굴식물을 지탱하거나 머리 위에 수직으로 비치는 햇빛을 가리기 위해 목재와 금속으로 만든 격자 모양의 구조물이다.
• 정자 : 경치가 좋은 곳에 놀거나 쉬기 위하여 지은 집으로 벽이 없고 기둥과 지붕만 있다.
• 아치 : 홍예문의 돌담은 화강석과 벽돌을 혼용한 아치 구조이다.
• 테라스 : 실내에서 직접 밖으로 나갈 수 있도록 방의 앞면으로 가로나 정원으로 뻗쳐 나온 곳이다.

정답 56 ③ 57 ① 58 ② 59 ② 60 ③

01 다음 중 넓은 잔디밭을 이용한 전원적이며 목가적인 정원 양식은 무엇인가?

① 다정식   ② 회유임천식

③ 고산수식   ④ 전원풍경식

해설

- 다정식 정원은 다실에 이르는 길을 중심으로 한 좁은 공간에 꾸며지는 자연식 정원이다.
- 회유임천식 정원은 숲과 깊은 굴곡의 수면을 이용하며 중국과 일본에서 사용된 양식이다.
- 고산수식 정원은 물을 이용하지 않고 모래와 자갈 등으로 물을 형상화하였다.

02 주축선을 따라 설치된 원로의 양쪽에 짙은 수림을 조성하여 시선을 주축선으로 집중시키는 수법을 무엇이라 하는가?

① 테라스(terrace)   ② 파티오(patio)

③ 비스타(vista)   ④ 퍼걸러(pergola)

해설

비스타는 프랑스의 조경 양식이다.

03 물체의 절단한 위치 및 경계를 표시하는 선은?

① 실선   ② 파선

③ 1점 쇄선   ④ 2점 쇄선

해설

- 실선 : 외형선, 단면선, 치수선, 치수보조선
- 파선 : 숨은선
- 2점 쇄선 : 가상선

04 다음 중 점층(漸層)에 관한 설명으로 가장 적합한 것은?

① 조경재료의 형태나 색깔, 음향 등의 점진적 증가

② 대소, 장단, 명암, 강약

③ 일정한 간격을 두고 흘러오는 소리, 다변화 되는 색채

④ 중심축을 두고 좌우대칭

해설

- 강약 : 대비
- 일정 간격 : 반복
- 중심축을 두고 좌우대칭 : 대칭

05 안정감과 포근함 등과 같은 정적인 느낌을 받을 수 있는 경관은?

① 파노라마 경관   ② 위요경관

③ 초점경관   ④ 지형경관

해설

- 파노라마 : 시선 장애물 없이 조망 가능
- 초점경관 : 관찰자 시선, 한 점에 유도
- 지형경관 : 지형에 특징을 나타내고 경관의 지표가 되는 경관 – 천연미적경관

06 황금비는 단변이 1일 때 장변은 얼마인가?

① 1.681   ② 1.618

③ 1.186   ④ 1.861

해설

단변이 1일 때 가장 안정적인 장변은 1.618이다.

01 ④   02 ③   03 ③   04 ①   05 ②   06 ②   정답

07 골프장에 사용되는 잔디 중 난지형 잔디는?

① 들잔디
② 벤트그래스
③ 켄터키블루그래스
④ 라이그래스

> **해설**
> • 난지형 : 들잔디, 버뮤다그래스
> • 한지형 : 벤트그래스, 켄터키블루그래스, 라이그래스

08 미기후에 관련된 조사항목으로 적당하지 않은 것은?

① 대기오염정도
② 태양복사열
③ 안개 및 서리
④ 지역온도 및 전국온도

09 다음 정원의 개념을 잘 나타내는 중정은?

> • 무어 양식의 극치라고 일컬어지는 알함브라 (Alhambra)궁의 여러 개의 중정(patio) 중 하나이다.
> • 4개의 수로에 의해 4분되는 파라다이스 정원이다.
> • 가장 화려한 정원으로서 물의 존귀성이 드러난다.

① 사자의 중정
② 창격자 중정
③ 연못의 중정
④ Lindaraja Patio

> **해설**
> 사자의 중정은 주랑식 중정이라고도 부르며, 기둥이 섬세한 장식의 아치를 받치고 있는 알함브라의 중정 중 하나이다.

10 우리나라 고려시대 궁궐 정원을 맡아보던 곳은?

① 내원서
② 상림원
③ 장원서
④ 원야

> **해설**
> • 궁원 : 고구려
> • 내원서 : 고려
> • 상림원 : 조선 세종
> • 장원서 : 조선 세조

11 우리나라에서 한국적 색채가 농후한 정원양식이 확립되었다고 할 수 있는 때는?

① 통일신라
② 고려 전기
③ 고려 후기
④ 조선시대

12 이탈리아 정원 양식의 특성과 가장 관계가 먼 것은?

① 테라스 정원
② 노단식 정원
③ 평면기하학식 정원
④ 축선상에 여러 개의 분수 설치

> **해설**
> 평면기하학식 정원은 프랑스 정원의 특징이다.

13 버킹검의 스토우 가든을 설계하고, 담장 대신 정원 부지의 경계선에 도랑을 파서 외부로부터의 침입을 막은 하하(ha-ha) 수법을 실현하게 한 사람은?

① 켄트
② 브릿지맨
③ 와이즈맨
④ 챔버

> **해설**
> • 켄트 : 자연은 직선을 싫어한다. 직선을 곡선으로 바꾸었다.
> • 챔버 : 영국의 큐가든(영국 왕립식물원)은 중국의 건축과 정원양식을 도입하여 중국식 탑을 세웠다.

정답 07 ① 08 ④ 09 ① 10 ① 11 ④ 12 ③ 13 ②

14 다음 설명 중 중국 정원의 특징이 아닌 것은?

① 차경수법을 도입하였다.

② 태호석을 이용한 석가산 수법이 유행하였다.

③ 사의주의보다는 상징적 축조가 주를 이루는 사실주의에 입각하여 조경이 구성되었다.

④ 자연경관이 수려한 곳에 인위적으로 암석과 수목을 배치하였다.

해설

중국의 정원은 사실주의보다는 사의주의에 입각하여 구성되었다.

15 19세기 미국에서 식민지시대의 사유지 중심의 정원에서 공공적인 성격을 지닌 조경으로 전환되는 전기를 마련한 것은?

① 센트럴 파크   ② 프랭클린 파크

③ 버큰헤드 파크   ④ 프로스펙트 파크

해설

센트럴 파크 : 도시공원의 근원

16 재료가 탄성한계 이상의 힘을 받아도 파괴되지 않고 가늘고 길게 늘어나는 성질은?

① 취성(脆性)   ② 인성(靭性)

③ 연성(延性)   ④ 전성(廛性)

해설

• 취성은 작은 변형에도 파괴되는 성질이다.

• 인성은 높은 힘에 견디며 파괴되기 전까지 큰 변형을 보인다.

• 전성은 재료를 얇게 펼 수 있는 성질이다.

17 해사 중 염분이 허용한도를 넘을 때 철근콘크리트의 조치방안으로 옳지 않은 것은?

① 아연도금 철근을 사용한다.

② 방청제를 사용하여 철근의 부식을 방지한다.

③ 살수 또는 침수법을 통하여 염분을 제거한다.

④ 단위 시멘트량이 적은 빈배합으로 하여 염분과의 반응성을 줄인다.

18 시멘트의 응결에 대한 설명으로 옳지 않은 것은?

① 시멘트와 물이 화학 반응을 일으키는 작용이다.

② 수화에 의하여 유동성과 점성을 상실하고 고화하는 현상이다.

③ 시멘트 겔이 서로 응집하여 시멘트입자가 치밀하게 채워지는 단계로서 경화하여 강도를 발휘하기 직전의 상태이다.

④ 저장 중 공기에 노출되어 공기 중의 습기 및 탄산가스를 흡수하여 가벼운 수화반응을 일으켜 탄산화하여 고화되는 현상이다.

해설

④ 풍화현상

19 합성수지에 관한 설명 중 잘못된 것은?

① 기밀성, 접착성이 크다.

② 비중에 비하여 강도가 크다.

③ 착색이 자유롭고 가공성이 크므로 장식적 마감재에 적합하다.

④ 내마모성이 보통 시멘트콘크리트에 비교하면 극히 적어 바닥 재료로는 적합하지 않다.

해설

합성수지는 마모가 적고 탄력성이 크므로 바닥 재료에 적합하다.

14 ③   15 ①   16 ③   17 ④   18 ④   19 ④   정답

20 우리나라에서 식물의 천연분포를 결정짓는 가장 주된 요인은?

① 광선　　　　　② 온도
③ 바람　　　　　④ 토양

- 지구상의 식생분포는 기온, 강수량에 의해 구분된다.
- 온도는 삼림분포에 절대적 영향을 미친다.

21 다음 중 공기 중에 환원력이 커서 산화가 쉽고, 이온화 경향이 가장 큰 금속은?

① Pb　　　　　② Fe
③ Al　　　　　④ Cu

[이온화 경향 순서]
- K 〉Ca 〉Na 〉Mg 〉Al 〉Zn 〉Fe 〉Ni 〉Sn 〉Pb 〉H 〉Cu 〉Hg 〉Ag 〉Pt 〉Au
- 이온화 경향이 큰 금속은 전자를 잃고 산화되기 쉬우며, 이온화 경향이 작은 금속은 전자를 얻어 환원되기 쉽다.

22 점토제품 제조를 위한 소성(燒成) 공정순서로 맞는 것은?

① 예비처리 → 원료조합 → 반죽 → 숙성 → 성형 → 시유(施釉) → 소성
② 원료조합 → 반죽 → 숙성 → 예비처리 → 소성 → 성형 → 시유
③ 반죽 → 숙성 → 성형 → 원료조합 → 시유 → 소성 → 예비처리
④ 예비처리 → 반죽 → 원료조합 → 숙성 → 시유 → 성형 → 소성

23 다음 중 훼손지비탈면의 초류종자 살포(종비토뿜어붙이기)와 가장 관계없는 것은?

① 종자　　　　　② 생육기반재
③ 지효성비료　　　④ 농약

재료 : 식물종자, 비료(흙, 유기물, 대용토양)

24 돌을 뜰 때 앞면, 뒷면, 길이 접촉부 등의 치수를 지정해서 깨낸 돌을 무엇이라 하는가?

① 견치돌　　　　② 호박돌
③ 사괴석　　　　④ 평석

- 호박돌은 하천의 둥근돌 20~30cm 크기의 자연석이다.
- 평석은 윗부분이 평평한 돌로 앞부분에 배석할 때 사용한다.
- 견치돌은 한식건물의 벽체, 돌담용으로 사용하며 각면의 치수를 지정해 깨내어 만든다.

25 화강암(Granite)에 대한 설명 중 옳지 않은 것은?

① 내마모성이 우수하다.
② 구조재로 사용이 가능하다.
③ 내화도가 높아 가열 시 균열이 적다.
④ 절리의 거리가 비교적 커서 큰 판재를 생산할 수 있다.

화강암은 열에 약하다.

26 인조목의 특징이 아닌 것은?

① 제작 시 숙련공이 다루지 않으면 조잡한 제품을 생산하게 된다.
② 목재의 질감은 표출되지만 목재에서 느끼는 촉감을 맛볼 수 없다.
③ 안료를 잘못 배합하면 표면에서 분말이 나오게 되어 시각적으로 좋지 않고 이용에도 문제가 생긴다.
④ 마모가 심하여 파손되는 경우가 많다.

인조목은 견고하고 쉽게 부패되지 않아 유지관리에 용이하다.

20 ②　21 ③　22 ①　23 ④　24 ①　25 ③　26 ④

27 목재의 구조에는 춘재와 추재가 있는데 추재(秋材)를 바르게 설명한 것은?

① 세포는 막이 얇고 크다.

② 빛깔이 엷고 재질이 연하다.

③ 빛깔이 짙고 재질이 치밀하다.

④ 춘재보다 자람의 폭이 넓다.

28 수목의 여러 가지 이용 중 단풍의 아름다움을 관상하려 할 때 적합하지 않은 수종은?

① 신나무   ② 칠엽수

③ 화살나무   ④ 팥배나무

> 해설
>
> 팥배나무 : 열매를 감상하는 수종, 생태공원 조류유인식물

29 호랑가시나무(감탕나무과)와 목서(물푸레나무과)의 특징 비교 중 옳지 않은 것은?

① 호랑가시나무의 잎은 마주나며 얇고 윤택이 없다.

② 목서의 꽃은 백색으로 9~10월에 개화한다.

③ 호랑가시나무의 열매는 0.8~1.0cm로 9~10월에 적색으로 익는다.

④ 목서의 열매는 타원형으로 이듬해 10월경에 암자색으로 익는다.

> 해설
>
> 호랑가시나무의 잎은 어긋나며 두껍고 광택이 있다.

30 다음 중 조경 수목의 생장 속도가 빠른 수종은?

① 둥근향나무   ② 감나무

③ 모과나무   ④ 삼나무

> 해설
>
> • 속성수 : 생장 속도가 빠르다.
> • 장기수 : 생장 속도가 느리다.

31 다음 중 방풍용수의 조건으로 옳지 않은 것은?

① 양질의 토양으로 주기적으로 이식한 천근성 수목

② 일반적으로 견디는 힘이 큰 낙엽활엽수보다 상록활엽수

③ 파종에 의해 자란 자생수종으로 직근(直根)을 가진 것

④ 대표적으로 소나무, 가시나무, 느티나무 등임

> 해설
>
> 방풍용수는 심근성이어야 하며 줄기 가지가 강인해야 한다.

32 감탕나무과(Aquifoliaceae)에 해당하지 않는 것은?

① 호랑가시나무   ② 먼나무

③ 꽝꽝나무   ④ 소태나무

> 해설
>
> 소태나무 : 소태나무과

33 다음 설명에 적합한 수목은?

> • 감탕나무과 식물이다.
> • 자웅이주이다.
> • 상록활엽수 교목으로 열매가 적색이다.
> • 잎은 호생으로 타원상의 육각형이며 가장자리에 바늘 같은 각점(角點)이 있다.
> • 열매는 구형으로서 지름 8~10mm이며, 적색으로 익는다.

① 감탕나무   ② 낙상홍

③ 먼나무   ④ 호랑가시나무

34 다음 중 황색의 꽃을 갖는 수목은?

① 모감주나무   ② 조팝나무

③ 박태기나무   ④ 산철쭉

> 해설
>
> 조팝나무는 흰색, 박태기나무와 산철쭉은 홍자색의 꽃을 피운다.

35 일반적으로 봄 화단용 꽃으로만 짝지어진 것은?

① 맨드라미, 국화　　② 데이지, 금잔화
③ 샐비어, 색비름　　④ 칸나, 메리골드

해설

가을 뿌림(봄 화단용) : 팬지, 피튜니아, 데이지, 금잔화

36 측량에서 활용되는 정지된 평균해수면을 육지까지 연장하여 지구 전체를 둘러쌌다고 상상한 곡면은?

① 타원체면　　　　② 지오이드면
③ 물리적지표면　　④ 회전타원체면

37 조경현장에서 사고가 발생하였다고 할 때 응급조치를 잘못 취한 것은?

① 기계의 작동이나 전원을 단절시켜 사고의 진행을 막는다.
② 현장에 관중이 모이거나 흥분이 고조되지 않도록 하여야 한다.
③ 사고 현장은 사고 조사가 끝날 때까지 그대로 보존하여 두어야 한다.
④ 상해자 발생 시는 관계 조사관이 현장을 확인 보존 후 전문의의 치료를 받게 한다.

38 조경시설물의 관리원칙으로 옳지 않은 것은?

① 여름철 그늘이 필요한 곳에 차광시설이나 녹음수를 식재한다.
② 노인, 주부 등이 오랜 시간 머무는 곳은 가급적 석재를 사용한다.
③ 바닥에 물이 고이는 곳은 배수시설을 하고 다시 포장한다.
④ 이용자의 사용빈도가 높은 것은 충분히 조이거나 용접한다.

해설

노인, 주부 등이 오랜 시간 머무는 곳은 가급적 목재를 사용한다.

39 다음 그림과 같은 비탈면 보호공의 공종은?

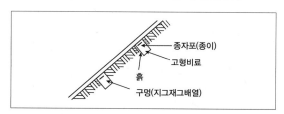

① 식생구멍공　　　② 식생자루공
③ 식생매트공　　　④ 줄떼심기공

해설

• 식생구멍공 : 종자, 비료, 토양을 비탈면 구멍에 채워 넣는 공법
• 식생자루공 : 종자, 비료, 토양을 채운 그물자루를 비탈면의 수평도랑에 덮는 공법
• 식생매트공 : 종자, 비료, 토양에 풀을 먹인 매트로 비탈면을 전면적으로 피복하는 공법
• 줄떼심기공 : 평지나 비탈면에 빈떼를 수평으로 심는 공법

40 벽 뒤로부터의 토압에 의한 붕괴를 막기 위한 공사는?

① 옹벽쌓기　　　　② 기슭막이
③ 견치석쌓기　　　④ 호안공

정답　35 ②　36 ②　37 ④　38 ②　39 ①　40 ①

41 콘크리트의 재료분리 현상을 줄이기 위한 방법으로 옳지 않은 것은?

① 플라이애시를 적당량 사용한다.
② 세장한 골재보다는 둥근 골재를 사용한다.
③ 중량골재와 경량골재 등 비중차가 큰 골재를 사용한다.
④ AE제나 AE감수제 등을 사용하여 사용수량을 감소시킨다.

해설

비중차가 큰 골재를 사용하면 운반, 타설 과정에서 재료분리 현상이 발생한다.

42 콘크리트의 크리프(Creep) 현상에 관한 설명으로 옳지 않은 것은?

① 부재의 건조 정도가 높을수록 크리프는 증가한다.
② 양생, 보양이 나쁠수록 크리프는 증가한다.
③ 온도가 높을수록 크리프는 증가한다.
④ 단위수량이 적을수록 크리프는 증가한다.

해설

크리프 : 일정한 응력을 가할 때 변형이 시작과 더불어 증대하는 현상

43 각 재료의 할증률로 맞는 것은?

① 이형철근 – 5%
② 강판 – 12%
③ 경계블록(벽돌) – 5%
④ 조경용수목 – 10%

해설

이형철근 3%, 강판 10%, 경계블록(벽돌) 3%

44 다음 중 호박돌 쌓기에 이용되는 쌓기법으로 가장 적합한 것은?

① +자 줄눈 쌓기
② 줄눈 어긋나게 쌓기
③ 평석 쌓기
④ 이음매 경사지게 쌓기

해설

호박돌 쌓기 : 줄눈 어긋나게 쌓기, 육법 쌓기

45 흙은 같은 양이라 하더라도 자연상태(N)와 흐트러진 상태(S), 인공적으로 다져진 상태(H)에 따라 각각 그 부피가 달라진다. 자연상태의 흙의 부피(N)를 1.0으로 할 경우 부피가 큰 순서로 적당한 것은?

① H 〉N 〉S
② N 〉H 〉S
③ S 〉N 〉H
④ S 〉H 〉N

46 벽면적 4.8m² 크기에 1.5B 두께로 붉은 벽돌을 쌓고자 할 때 벽돌의 소요매수는? (단, 줄눈의 두께는 10mm이고, 할증률을 고려한다.)

① 925매
② 963매
③ 1,109매
④ 1,245매

해설

[벽돌의 소요매수]
• 벽돌의 소요매수=벽면적×m²당 벽돌매수×할증률
　= 4.8×224×1.03＝1,107.456매
• 할증률 : 붉은 벽돌 1.03%

47 마운딩(mounding)의 기능으로 옳지 않은 것은?

① 유효토심 확보
② 자연스러운 경관 연출
③ 공간연결의 역할
④ 배수방향 조절

해설

공간분할의 역할

48 과습지역 토양의 물리적 관리 방법이 아닌 것은?

① 암거배수 시설설치

② 명거배수 시설설치

③ 토양 치환

④ 석회 시용

> **해설**
>
> 석회 시용을 줄인다.

49 다음 중 토양수분의 형태적 분류와 설명이 옳지 않은 것은?

① 결합수(結合水) – 토양 중의 화합물의 한 성분

② 흡습수(吸濕水) – 흡착되어 있어서 식물이 이용하지 못하는 수분

③ 모관수(毛管水) – 식물이 이용할 수 있는 수분의 대부분

④ 중력수(重力水) – 중력에 내려가지 않고 표면장력에 의하여 토양입자에 붙어있는 수분

> **해설**
>
> 중력수 : 중력에 의해 토양층 아래로 내려가는 물

50 단풍나무를 식재 적기가 아닌 여름에 옮겨 심을 때 실시해야 하는 작업은?

① 뿌리분을 크게 하고, 잎을 모조리 따내고 식재

② 뿌리분을 적게 하고, 가지를 잘라낸 후 식재

③ 굵은 뿌리는 자르고, 가지를 솎아내고 식재

④ 잔뿌리 및 굵은 뿌리를 적당히 자르고 식재

> **해설**
>
> 큰 수종, 이식이 어려운 수종, 희귀수종은 뿌리분을 크게 만들어 옮긴다.

51 개화를 촉진하는 정원수관리에 관한 설명으로 옳지 않은 것은?

① 햇빛을 충분히 받도록 해준다.

② 물을 되도록 적게 주어 꽃눈이 많이 생기도록 한다.

③ 깻묵, 닭똥, 요소, 두엄 등을 15일 간격으로 시비한다.

④ 너무 많은 꽃봉오리는 솎아낸다.

> **해설**
>
> 개화를 촉진하는 비료 : 인산분, 칼륨분이 많이 든 비료

52 소나무류는 생장조절 및 수형을 바로잡기 위하여 순따기를 실시하는데 대략 어느 시기에 실시하는가?

① 3~4월

② 5~6월

③ 9~10월

④ 11~12월

53 일반적으로 근원직경이 10cm인 수목의 뿌리분을 뜨고자 할 때 뿌리분의 직경으로 적당한 크기는?

① 20cm

② 40cm

③ 80cm

④ 120cm

> **해설**
>
> 근원직경의 4배가 적당하다.

54 다음 중 일반적으로 전정 시 제거해야 하는 가지가 아닌 것은?

① 도장한 가지

② 바퀴살 가지

③ 얽힌 가지

④ 주지(主枝)

> **해설**
>
> 도장한 가지 : 웃자란 가지

정답 48 ④ 49 ④ 50 ① 51 ③ 52 ② 53 ② 54 ④

55 수목의 전정작업 요령에 관한 설명으로 옳지 않은 것은?

① 상부는 가볍게, 하부는 강하게 한다.
② 우선나무의 정상부로부터 주지의 전정을 실시한다.
③ 전정작업을 하기 전 나무의 수형을 살펴 이루어질 가지의 배치를 염두에 둔다.
④ 주지의 전정은 주간에 대해서 사방으로 고르게 굵은 가지를 배치하는 동시에 상하(上下)로도 적당한 간격으로 자리 잡도록 한다.

해설

상부는 강하게, 하부는 약하게 전정한다(산울타리).

56 꺾꽂이(삽목)번식과 관련된 설명으로 옳지 않은 것은?

① 실생묘에 비해 개화결실이 빠르다.
② 봄철에는 새싹이 나오고 난 직후에 실시한다.
③ 왜성화할 수도 있다.
④ 20~30℃의 온도와 포화상태에 가까운 습도 조건이면 항상 가능하다.

해설

왜성화 : 식물의 크기가 인위적인 처리나 생리적 장해 또는 바이러스의 감염 등으로 작아지는 현상

57 수목의 키를 낮추려면 다음 중 어떠한 방법으로 전정하는 것이 가장 좋은가?

① 수액이 유동하기 전에 약전정을 한다.
② 수액이 유동한 후에 약전정을 한다.
③ 수액이 유동하기 전에 강전정을 한다.
④ 수액이 유동한 후에 강전정을 한다.

58 잎응애(spider mite)에 관한 설명으로 옳지 않은 것은?

① 무당벌레, 풀잠자리, 거미 등의 천적이 있다.
② 절지동물로서 거미강에 속한다.
③ 5월부터 세심히 관찰하여 약충이 발견되면 다이아지논 입제 등 살충제를 살포한다.
④ 육안으로 보이지 않기 때문에 응애 피해를 다른 병으로 잘못 진단하는 경우가 자주 있다.

해설

잎응애를 방지하기 위해 살비제를 살포한다.

59 흡즙성 해충의 분비물로 인하여 발생하는 병은?

① 흰가루병　　　　② 혹병
③ 그을음병　　　　④ 점무늬병

해설

그을음병은 진딧물과 깍지벌레의 분비물에서 기생하는 곰팡이로 인해 발생된다.

60 잔디의 잎에 갈색 병반이 동그랗게 생기고, 특히 6~9월경에 벤트그래스에 주로 나타나는 병해는?

① 녹병　　　　　　② 브라운패치
③ 황화병　　　　　④ 설부병

해설

브라운패치는 서양잔디의 대표적인 병이다.

55 ①　56 ②　57 ③　58 ③　59 ③　60 ② 정답

331

01 토양의 단면 중 낙엽이 대부분 분해되지 않고 원형 그대로 쌓여 있는 층은?

① L층　　　　　② F층
③ H층　　　　　④ C층

해설

- F층 : 낙엽이 미생물 분해된 층으로 식물조직이 육안으로 식별 가능하다.
- H층 : 낙엽을 육안으로 식별하기 어려운 층으로 흑갈색 토양이다.
- C층 : 모재층으로 모래로 구성되어 있다.

02 다음 중 색의 대비에 관한 설명이 틀린 것은?

① 보색인 색을 인접시키면 본래의 색보다 채도가 낮아져 탁해 보인다.
② 명도단계를 연속시켜 나열하면 각각 인접한 색끼리 두드러져 보인다.
③ 명도가 다른 두 색을 인접시키면 명도가 낮은 색은 더욱 어두워 보인다.
④ 채도가 다른 두 색을 인접시키면 채도가 높은 색은 더욱 선명해 보인다.

해설

보색인 색을 인접시키면 본래의 색보다 채도가 높아져 선명해 보인다.

03 조경 프로젝트의 수행단계 중 주로 공학적인 지식을 바탕으로 다른 분야와는 달리 생물을 다룬다는 특수한 기술이 필요한 단계로 가장 적합한 것은?

① 조경계획　　　② 조경설계
③ 조경관리　　　④ 조경시공

해설

조경시공은 설계도면의 내용을 실제로 만들어 내는 단계를 말한다. 따라서 생물을 다루는 특수한 기술이 필요한 단계이다.

04 다음 중 일반적으로 옥상정원 설계 시 일반조경 설계보다 중요하게 고려할 항목으로 관련이 가장 적은 것은?

① 토양층 깊이　　② 방수 문제
③ 지주목의 종류　④ 하중 문제

05 로마의 조경에 대한 설명으로 알맞은 것은?

① 집의 첫 번째 중정(atrium)은 5점형 식재를 하였다.
② 주택정원은 그리스와 달리 외향적인 구성이었다.
③ 집의 두 번째 중정(peristylium)은 가족을 위한 사적 공간이다.
④ 겨울 기후가 온화하고 여름이 해안기후로 시원하여 노단형의 별장(villa)이 발달하였다.

해설

- 지스터스 : 5점형 식재
- 로마 주택정원과 그리스 주택은 모두 내향적이다.

06 앙드레 르 노트르(Andre Le notre)가 유명하게 된 것은 어떤 정원을 만든 후부터인가?

① 베르사유(Versailles)
② 센트럴 파크(Central Park)
③ 토스카나장(Villa Toscana)
④ 알함브라(Alhambra)

해설

베르사유 궁전 정원은 세계 최대 규모의 정형식 정원으로 루이 14세 때 앙드레 르 노트르가 설계하였다.

정답　01 ①　02 ①　03 ④　04 ③　05 ③　06 ①

07 경관 구성의 기법 중 한 그루의 나무를 다른 나무와 연결시키지 않고 독립하여 심는 경우를 말하며, 멀리서도 눈에 잘 띄기 때문에 랜드마크의 역할도 하는 수목 배치 기법은?

① 점식 ② 열식
③ 군식 ④ 부등변 삼각형

• 정형식 식재 : 점식, 대식, 열식, 교호식재, 집단식재
• 자연식 식재 : 부등변 삼각형, 군식

08 계획 구역 내에 거주하고 있는 사람과 이용자를 이해하는 데 목적이 있는 분석 방법은?

① 자연환경분석 ② 인문환경분석
③ 시각환경분석 ④ 청각환경분석

09 다음 중 일본 정원과 관련이 가장 적은 것은?

① 축소 지향적 ② 인공적 기교
③ 통경선의 강조 ④ 추상적 구성

통경선(비스타) : 프랑스

10 도시공원 및 녹지 등에 관한 법률에서 어린이공원의 설계기준으로 틀린 것은?

① 유지거리는 250m 이하, 1개소의 면적은 1,500m² 이상의 규모로 한다.
② 휴양시설 중 경로당을 설치하여 어린이와의 유대감을 형성할 수 있다.
③ 유희시설에 설치되는 시설물에는 정글짐, 미끄럼틀, 시소 등이 있다.
④ 공원 시설 부지면적은 전체 면적의 60% 이하로 하여야 한다.

설치 가능한 시설은 조경시설, 휴양시설(경로당 및 노인복지회관 제외)이다.

11 수목을 표시를 할 때 주로 사용되는 제도 용구는?

① 삼각자 ② 템플릿
③ 삼각축척 ④ 곡선자

12 귤준망의 「작정기」에 수록된 내용이 아닌 것은?

① 서원조 정원 건축과의 관계
② 원지를 만드는 법
③ 지형의 취급방법
④ 입석의 의장법

「작정기」는 여러 정원을 감상한 뒤 정원에 관한 이야기를 모아 엮은 책으로 원지를 만드는 법, 지형의 취급방법, 입석의 의장법 등이 수록되어 있다.

13 식재설계에서의 인출선과 선의 종류가 동일한 것은?

① 단면선 ② 숨은선
③ 경계선 ④ 치수선

• 인출선에 사용되는 선은 가는선으로, 치수선이 정답이다.
• 단면선 : 굵은선, 숨은선 : 1점 쇄선, 경계선 : 중간선

14 다음 중 이탈리아 정원의 장식과 관련된 설명으로 가장 거리가 먼 것은?

① 기둥 복도, 열주, 퍼걸러, 조각상, 장식분이 된다.
② 계단 폭포, 물무대, 정원극장, 동굴 등이 장식된다.
③ 바닥은 포장되며 곳곳에 광장이 마련되어 화단으로 장식된다.
④ 원예적으로 개량된 관목성의 꽃나무나 알뿌리 식물 등이 다량으로 식재되어진다.

이탈리아 정원의 장식은 녹음수, 과실수가 주류를 이룬다.

07 ① 08 ② 09 ③ 10 ② 11 ② 12 ① 13 ④ 14 ④ **정답**

15 시공 후 전체적인 모습을 알아보기 쉽도록 그린 그림과 같은 형태의 도면은?

① 평면도
② 입면도
③ 조감도
④ 상세도

16 주철강의 특성 중 틀린 것은?

① 선철이 주재료이다.
② 내식성이 뛰어나다.
③ 탄소 함유량은 1.7~6.6%이다.
④ 단단하여 복잡한 형태의 주조가 어렵다.

> **해설**
>
> 보통 주철은 난로, 맨홀 뚜껑을 비롯해 주물제품으로 널리 사용된다.

17 섬유포화점은 목재 중에 있는 수분이 어떤 상태로 존재하고 있는 것을 말하는가?

① 결합수만이 포함되어 있을 때
② 자유수만이 포함되어 있을 때
③ 유리수만이 포화되어 있을 때
④ 자유수와 결합수가 포화되어 있을 때

> **해설**
>
> 목재가 건조하면 1차적으로 자유수가 증발하고 결합수는 남는다.

18 다음 중 옥상정원을 만들 때 배합하는 경량재로 사용하기 가장 어려운 것은?

① 사질 양토
② 버미큘라이트
③ 펄라이트
④ 피트모스

> **해설**
>
> [옥상 조경에 사용하는 경량재]
> • 무기질 : 버미큘라이트, 펄라이트, 파산제
> • 유기질 : 피트모스

19 골재의 함수상태에 대한 설명 중 옳지 않은 것은?

① 절대건조상태는 105±5℃ 정도의 온도에서 24시간 이상 골재를 건조시켜 표면 및 골재 알 내부의 빈틈에 포함되어 있는 물이 제거된 상태이다.
② 공기 중 건조상태는 실내에 방치한 경우 골재 입자의 표면과 내부의 일부가 건조된 상태이다.
③ 표면건조포화상태는 골재입자의 표면에 물은 없으나 내부의 빈틈에 물이 꽉 차있는 상태이다.
④ 습윤상태는 골재 입자의 표면에 물이 부착되어 있으나 골재 입자 내부에는 물이 없는 상태이다.

> **해설**
>
> ④ 골재의 내부는 포화상태 표면에도 수분이 있는 상태

20 다음 중 자작나무과(科)의 물오리나무 잎으로 가장 적합한 것은?

①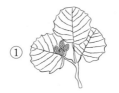
②
③
④

21 다음 중 물푸레나무과에 해당되지 않는 것은?

① 미선나무
② 광나무
③ 이팝나무
④ 식나무

> **해설**
>
> 식나무 : 층층나무과

22 실리카질 물질(SiO_2)을 주성분으로 하여 그 자체는 수경성(Hydraulicity)이 없으나 시멘트의 수화에 의해 생기는 수산화칼슘[$Ca(OH)_2$]과 상온에서 서서히 반응하여 불용성의 화합물을 만드는 광물질 미분말의 재료는?

① 실리카흄　　　　② 고로슬래그
③ 플라이애시　　　④ 포졸란

23 석재의 가공 방법 중 혹두기 작업의 바로 다음 후속 작업으로 작업면을 비교적 고르고 곱게 처리할 수 있는 작업은?

① 물갈기　　　　　② 잔다듬
③ 정다듬　　　　　④ 도드락다듬

해설
혹두기 → 정다듬 → 도드락다듬 → 잔다듬 → 물갈기

24 조경 수목 중 아황산가스에 대해 강한 수종은?

① 양버즘나무　　　② 삼나무
③ 전나무　　　　　④ 단풍나무

해설
아황산가스에 강한 수종 : 가죽나무, 상수리나무

25 수목은 생육조건에 따라 양수와 음수로 구분하는데, 다음 중 성격이 다른 하나는?

① 무궁화　　　　　② 박태기나무
③ 독일가문비나무　④ 산수유

해설
음수 : 주목, 팔손이나무, 독일가문비나무, 비자나무

26 다음 중 고광나무(philadelphus schrenkii)의 꽃 색깔은?

① 적색　　　　　　② 황색
③ 백색　　　　　　④ 자주색

해설
고광나무 : 흰색 꽃이 4~5월에 피며, 열매는 삭과이다.

27 화성암의 심성암에 속하며 흰색 또는 담회색인 석재는?

① 화강암　　　　　② 안산암
③ 점판암　　　　　④ 대리석

해설
퇴적암(수성암) : 점판암

28 대취란 지표면과 잔디(녹색식물체) 사이에 형성되는 것으로 이미 죽었거나 살아있는 뿌리, 줄기 그리고 가지 등이 서로 섞여 있는 유기층을 말한다. 다음 중 대취의 특징으로 옳지 않은 것은?

① 한겨울에 스캘핑이 생기게 한다.
② 대취층에 병원균이나 해충이 기거하면서 피해를 준다.
③ 탄력성이 있어서 그 위에서 운동할 때 안전성을 제공한다.
④ 소수성인 대취의 성질로 인하여 토양으로 수분이 전달되지 않아서 국부적으로 마른 지역을 형성하며 그 위에 잔디가 말라 죽게 한다.

29 다음 중 가을에 꽃향기를 풍기는 수종은?

① 매화나무　　　　② 수수꽃다리
③ 모과나무　　　　④ 목서류

해설
금목서는 향기가 너무 강해 현기증이 날 정도이다.

30 다음 중 정원 수목으로 적합하지 않은 것은?

① 잎이 아름다운 것

② 값이 비싸고 희귀한 것

③ 이식과 재배가 쉬운 것

④ 꽃과 열매가 아름다운 것

31 다음 중 난지형 잔디에 해당되는 것은?

① 레드톱

② 버뮤다그래스

③ 켄터키블루그래스

④ 톨 훼스큐

> **해설**
>
> 난지형 잔디 : 들잔디, 버뮤다그래스

32 겨울 화단에 식재하여 활용하기 가장 적합한 식물은?

① 팬지 ② 메리골드

③ 달리아 ④ 꽃양배추

33 다음 노박덩굴과 식물 중 상록계열에 해당하는 것은?

① 노박덩굴 ② 화살나무

③ 참빗살나무 ④ 사철나무

> **해설**
>
> • 노박덩굴 : 낙엽활엽덩굴성
> • 화살나무 : 낙엽활엽관목
> • 참빗살나무 : 낙엽활엽소교목

34 다음 도료 중 건조가 가장 빠른 것은?

① 오일페인트 ② 바니쉬

③ 래커 ④ 레이크

35 지력이 낮은 척박지에서 지력을 높이기 위한 수단으로 식재 가능한 콩과(科) 수종은?

① 소나무 ② 녹나무

③ 갈참나무 ④ 자귀나무

> **해설**
>
> 척박지에서 견디는 수종 : 소나무, 자작나무, 자귀나무, 아까시나무

36 지형을 표시하는 데 가장 기본이 되는 등고선의 종류는?

① 조곡선 ② 주곡선

③ 간곡선 ④ 계곡선

> **해설**
>
> 주된 선이 주곡선이다.

37 다음 중 소나무의 순자르기 방법으로 가장 거리가 먼 것은?

① 수세가 좋거나 어린 나무는 다소 빨리 실시하고, 노목이나 약해 보이는 나무는 5~7일 늦게 한다.

② 손으로 순을 따주는 것이 좋다.

③ 5~6월경에 새순이 5~10cm 자랐을 때 실시한다.

④ 자라는 힘이 지나치다고 생각될 때에는 1/3~1/2 정도 남겨두고 끝부분을 따버린다.

정답 30 ② 31 ② 32 ④ 33 ④ 34 ③ 35 ④ 36 ② 37 ①

38 시멘트의 응결을 빠르게 하기 위하여 사용하는 혼화제는?

① 지연제 　　　　　② 발표제
③ 급결제 　　　　　④ 기포제

39 난지형 한국잔디의 발아적온으로 맞는 것은?

① 15~20℃ 　　　　② 20~23℃
③ 25~30℃ 　　　　④ 30~33℃

> **해설**
>
> • 난지형 : 여름에 파종
> • 한지형 : 봄, 가을 파종

40 용적 배합비 1 : 2 : 4 콘크리트 1m³ 제작에 모래가 0.45m³ 필요하다. 자갈은 몇 m³ 필요한가?

① 0.45m³ 　　　　② 0.5m³
③ 0.90m³ 　　　　④ 0.15m³

> **해설**
>
> [콘크리트 1m³당 재료량]
>
> | 구분 | 1:2:4 | 1:3:6 | 1:4:8 |
> |---|---|---|---|
> | 시멘트(kg) | 320 | 220 | 170 |
> | 모래(m³) | 0.45 | 0.47 | 0.48 |
> | 자갈(m³) | 0.90 | 0.94 | 0.96 |

41 축척이 1/5,000인 지도상에서 구한 수평 면적이 5cm²라면 지상에서의 실제 면적은 얼마인가?

① 1,250m² 　　　　② 12,500m²
③ 2,500m² 　　　　④ 25,000m²

> **해설**
>
> [실제 면적]
> 실제면적＝지도상 면적×(축척)²
> ＝5×5,000²＝125,000,000(cm)＝12,500m²

42 다음 중 잡초의 특성으로 옳지 않은 것은?

① 재생 능력이 강하고 변식 능력이 크다.
② 종자의 휴면성이 강하고 수명이 길다.
③ 생육 환경에 대하여 적응성이 작다.
④ 땅을 가리지 않고 흡비력이 강하다.

> **해설**
>
> 생육 환경에 대하여 적응성이 크다.

43 겨울철에 제설을 위하여 사용되는 해빙염(Deicing Salt)에 관한 설명으로 옳지 않은 것은?

① 염화칼슘이나 염화나트륨이 주로 사용된다.
② 장기적으로는 수목의 쇠락(decline)으로 이어진다.
③ 흔히 수목의 잎에는 괴사성 반점(점무늬)이 나타난다.
④ 일반적으로 상록수가 낙엽수보다 더 큰 피해를 입는다.

44 소나무류의 잎솎기는 어느 때 하는 것이 가장 좋은가?

① 12월경 　　　　　② 2월경
③ 5월경 　　　　　④ 8월경

> **해설**
>
> 소나무류의 순따기는 5~6월이 좋다.

45 다음 중 천적 등 방제대상이 아닌 곤충류에 가장 피해를 주기 쉬운 농약은?

① 훈증제 　　　　　② 전착제
③ 침투성 살충제 　　④ 지속성 접촉제

> **해설**
>
> 지속성 접촉제는 잔류기간이 길어 환경오염의 원인이 되기도 한다.

46 토양수분 중 식물이 이용하는 형태로 가장 알맞은 것은?

① 결합수　　　　② 자유수
③ 중력수　　　　④ 모세관수

해설
- 결합수(결정수) : 식물에는 흡수되지 않으나 화합물의 성질에 영향을 준다.
- 흡습수 : pH 4.5 이상의 힘으로 흡착되어 있어 식물이 이용하지 못한다.
- 모세관수 : 식물이 주로 이용하는 유효수분이다.
- 중력수(유리수, 자유수) : 지하수가 되기도 한다.

47 "공사 목적물을 완성하기까지 필요로 하는 여러 가지 작업의 순서와 단계를 (　　)(이)라고 한다. 가장 효과적으로 공사 목적물을 만들 수 있으며 시간을 단축시키고 비용을 절감할 수 있는 방법을 정할 수 있다." 다음 (　)에 알맞은 것은?

① 공종　　　　② 검토
③ 시공　　　　④ 공정

48 다음 선의 종류와 선긋기의 내용이 잘못 짝지어진 것은?

① 파선 – 단면
② 가는 실선 – 수목인출선
③ 1점 쇄선 – 경계선
④ 2점 쇄선 – 중심선

해설
2점 쇄선은 가상선을 표시할 때 사용한다.

49 전정도구 중 주로 연하고 부드러운 가지나 수관 내부의 가늘고 약한 가지를 자를 때와 꽃꽂이를 할 때 흔히 사용하는 것은?

① 대형전정가위
② 적심가위 또는 순치기가위
③ 적화, 적과가위
④ 조형 전정가위

50 콘크리트용 골재로서 요구되는 성질로 틀린 것은?

① 단단하고 치밀할 것
② 필요한 무게를 가질 것
③ 알의 모양은 둥글거나 입방체에 가까울 것
④ 골재의 낱알 크기가 균등하게 분포할 것

51 임목(林木) 생장에 가장 좋은 토양구조는?

① 판상구조(platy)
② 괴상구조(blocky)
③ 입상구조(granular)
④ 견과상구조(nutty)

해설
- 판상구조 : 수직배수가 잘 안 된다.
- 견과상구조 : 치밀, 단단하다.

52 다음 중 방위각 150°를 방위로 표시하면 어느 것인가?

① N 30°E　　　　② S 30°E
③ S 30°W　　　　④ N 30°W

해설

S (180° − 150°)E → S 30°E

53 이식한 수목의 줄기와 가지에 새끼로 수피감기 하는 이유로 가장 거리가 먼 것은?

① 경관을 향상시킨다.
② 수피로부터 수분 증산을 억제한다.
③ 병해충의 침입을 막아준다.
④ 강한 태양광선으로부터 피해를 막아준다.

정답 46 ④　47 ④　48 ④　49 ②　50 ④　51 ③　52 ②　53 ①

54 다음 중 비탈면을 보호하는 방법으로 짧은 시간과 급경사 지역에 사용하는 시공방법은?

① 자연석 쌓기법

② 콘크리트 격자틀공법

③ 떼심기법

④ 종자뿜어 붙이기법

해설

종자뿜어 붙이기법은 초본류나 목본류의 종자와 비료 접착제 등을 섞은 후 기계로 비탈면에 분사하여 파종하는 방법으로 시공능률과 경제성이 매우 높다.

55 농약을 유효 주성분의 조성에 따라 분류한 것은?

① 입제   ② 훈증제

③ 유기인계   ④ 식물생장 조정제

해설

• ①, ② : 농약 형태로 분류
• ④ : 사용 목적과 작용 특성에 따른 분류

56 소나무류 가해 해충이 아닌 것은?

① 알락하늘소   ② 솔잎혹파리

③ 솔수염하늘소   ④ 솔나방

해설

알락하늘소 : 감귤, 사과 가해 해충

57 고속도로의 시선유도 식재는 주로 어떤 목적을 갖고 있는가?

① 위치를 알려준다.

② 침식을 방지한다.

③ 속력을 줄이게 한다.

④ 전방의 도로 형태를 알려준다.

58 다음 중 여성토의 정의로 가장 알맞은 것은?

① 가라앉을 것을 예측하여 흙을 계획높이보다 더 쌓는 것

② 중앙분리대에서 흙을 볼록하게 쌓아 올리는 것

③ 옹벽 앞에 계단처럼 콘크리트를 쳐서 옹벽을 보강하는 것

④ 잔디밭에서 잔디에 주기적으로 뿌려 뿌리가 노출되지 않도록 준비하는 토양

59 다음 중 등고선의 성질에 관한 설명으로 옳지 않은 것은?

① 등고선상에 있는 모든 점은 높이가 다르다.

② 등경사지는 등고선 간격이 같다.

③ 급경사지는 등고선의 간격이 좁고, 완경사지는 등고선 간격이 넓다.

④ 등고선은 도면의 안이나 밖에서 폐합되며 도중에 없어지지 않는다.

해설

등고선상에 있는 모든 점은 높이가 동일하다.

60 토양침식에 대한 설명으로 옳지 않은 것은?

① 토양의 침식량은 유거수량이 많을수록 적어진다.

② 토양유실량은 강우량보다 최대강우강도와 관계가 있다.

③ 경사도가 크면 유속이 빨라져 무거운 입자도 침식된다.

④ 식물의 생장은 투수성을 좋게 하여 토양 유실량을 감소시킨다.

해설

유거수량이 많을수록 침식량은 많아진다.

01 다음 중 묘원의 정원에 해당하는 것은?

① 보르비꽁트   ② 공중정원
③ 타지마할   ④ 알함브라

> **해설**
> 타지마할 : 무덤, 사원, 종합건축물

02 다음 중 위요된 경관(enclosed landscape)의 특징 설명으로 옳은 것은?

① 시선의 주의력을 끌 수 있어 소규모의 지형도 경관으로서 의의를 갖게 해준다.
② 보는 사람으로 하여금 위압감을 느끼게 하며 경관의 지표가 된다.
③ 확 트인 느낌을 주어 안정감을 준다.
④ 주의력이 없으면 등한시하기 쉬운 것이다.

03 실물을 도면에 나타낼 때의 비율을 무엇이라 하는가?

① 범례   ② 표제란
③ 평면도   ④ 축척

> **해설**
> 그래프와 디자인의 요소들에 대한 간단한 설명을 표시한다.

04 고려시대 조경수법은 대비를 중요시하는 양상을 보인다. 어느 시대의 수법을 받아들였는가?

① 신라시대 수법   ② 일본 임천식 수법
③ 중국 당시대 수법   ④ 중국 송시대 수법

> **해설**
> 고려시대 때는 중국 송시대 수법을 모방한 화원, 석가산, 많은 누각으로 정원을 만들었다.

05 그림과 같이 AOB 직각을 3등분 할 때 다음 중 선의 길이가 같지 않은 것은?

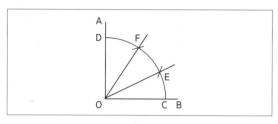

① CF   ② EF
③ OD   ④ OC

> **해설**
> 정삼각형 세 변, 세 각의 크기가 같다.

06 "인간의 눈은 원추세포를 통해 (A)을(를) 지각하고, 간상세포를 통해 (B)을(를) 지각한다." A, B에 적합한 용어는?

① A : 색채, B : 명암
② A : 밝기 , B : 채도
③ A : 명암, B : 색채
④ A : 밝기 , B : 색조

07 "면적이 커지면 명도와 채도가 (㉠)지고, 큰 면적의 색을 고를 때의 견본색은 원하는 색보다 (㉡) 색을 골라야 한다." ( )에 들어갈 각각의 용어는?

① ㉠ 높아, ㉡ 밝고 선명한
② ㉠ 높아, ㉡ 어둡고 탁한
③ ㉠ 낮아, ㉡ 밝고 선명한
④ ㉠ 낮아, ㉡ 어둡고 탁한

정답   01 ③   02 ①   03 ④   04 ④   05 ②   06 ①   07 ②

08 주로 장독대, 쓰레기통, 빨래건조대 등을 설치하는 주택정원의 적합 공간은?

① 안뜰　　　　　② 앞뜰

③ 작업뜰　　　　④ 뒤뜰

- 앞뜰 : 공공성을 띠고 있다.
- 뒤뜰 : 사적인 공간이다.

09 먼셀표색계의 10색상환에서 서로 마주보고 있는 색상의 짝이 잘못 연결된 것은?

① 빨강(R) – 청록(BG)

② 노랑(Y) – 남색(PR)

③ 초록(G) – 자주(RP)

④ 주황(YR) – 보라(P)

④ 파란색, 연두색

10 그림과 같은 축도기호가 나타내고 있는 것으로 옳은 것은?

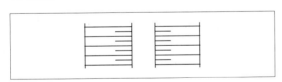

① 등고선　　　　② 성토

③ 절토　　　　　④ 과수원

11 어떤 두 색이 맞붙어있을 때 그 경계 언저리에 대비가 더 강하게 일어나는 현상은?

① 연변대비　　　② 면적대비

③ 보색대비　　　④ 한난대비

12 넓은 의미로의 조경을 가장 잘 설명한 것은?

① 기술자를 정원사라 부른다.

② 궁전 또는 대규모 저택을 중심으로 한다.

③ 식재를 중심으로 한 정원을 만드는 일에 중점을 둔다.

④ 정원을 포함한 광범위한 옥외공간 건설에 적극 참여한다.

13 1857년 미국 뉴욕에 중앙공원(Central Park)을 설계한 사람은?

① 하워드　　　　② 르 코르뷔지에

③ 옴스테드　　　④ 브라운

14 조경미의 원리 중 대비가 불러오는 심리적 자극으로 가장 거리가 먼 것은?

① 반대　　　　　② 대립

③ 변화　　　　　④ 안정

대비는 심리적 자극과 흥분을 촉진시키며, 다이나믹한 흥미를 불러일으킨다.

15 다음의 입체도에서 화살표 방향을 정면으로 할 때 평면도를 바르게 표현한 것은?

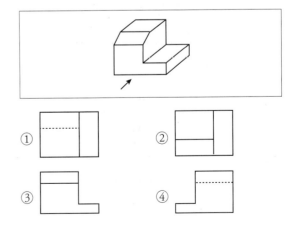

16 가로수가 갖추어야 할 조건이 아닌 것은?

① 공해에 강한 수목

② 답압에 강한 수목

③ 지하고가 낮은 수목

④ 이식에 잘 적응하는 수목

> **해설**
>
> 가로수는 지하고가 높은 낙엽교목이어야 한다.

17 플라스틱의 장점에 해당하지 않는 것은?

① 가공이 우수하다.

② 경량 및 착색이 용이하다.

③ 내수 및 내식성이 강하다.

④ 전기 절연성이 없다.

> **해설**
>
> 플라스틱은 전기 절연성이 있다.

18 열경화성 수지의 설명으로 틀린 것은?

① 축합반응을 하여 고분자로 된 것이다.

② 다시 가열하는 것이 불가능하다.

③ 성형품은 용제에 녹지 않는다.

④ 불소수지와 폴리에틸렌수지 등으로 수장재로 이용된다.

> **해설**
>
> 열가소성 : 불소수지, 폴리에틸렌수지

19 시멘트의 종류 중 혼합 시멘트에 속하는 것은?

① 팽창 시멘트

② 알루미나 시멘트

③ 고로슬래그 시멘트

④ 조강포틀랜드 시멘트

> **해설**
>
> 혼합시멘트에는 고로슬래그 시멘트, 플라이애시 시멘트, 포졸란(실리카) 시멘트 등이 있다.

20 이팝나무와 조팝나무에 대한 설명으로 옳지 않은 것은?

① 이팝나무의 열매는 타원형의 핵과이다.

② 환경이 같다면 이팝나무가 조팝나무보다 꽃이 먼저 핀다.

③ 과명은 이팝나무는 물푸레나뭇과(科)이고, 조팝나무는 장미과(科)이다.

④ 성상은 이팝나무는 낙엽활엽교목이고, 조팝나무는 낙엽활엽관목이다.

> **해설**
>
> 조팝나무는 4월, 이팝나무는 5월에 꽃을 피운다.

21 목재의 방부재(preservate)는 유성, 수용성, 유용성으로 크게 나눌 수 있다. 유용성으로 방부력이 대단히 우수하고 열이나 약제에도 안정적이며 거의 무색제품으로 사용되는 약제는?

① PCP

② 염화아연

③ 황산구리

④ 크레오소트

> **해설**
>
> • 염화아연 : 수용성
> • 황산구리 : 수용성
> • 크레오소트 : 유성

22 다음 중 콘크리트의 워커빌리티 증진에 도움이 되지 않는 것은?

① AE제   ② 감수제

③ 포졸란   ④ 응결경화 촉진제

> **해설**
>
> 응결경화 촉진제 : 시멘트 응고를 빨리하기 위해 시멘트에 첨가하는 약제

23 다음 중 목재의 장점이 아닌 것은?

① 가격이 비교적 저렴하다.

② 온도에 대한 팽창, 수축이 비교적 작다.

③ 생산량이 많으며 입수가 용이하다.

④ 크기에 제한을 받는다.

> **해설**
>
> 현장에서 자르고 크기 맞추기가 쉽다.

24 다음 중 산성토양에서 잘 견디는 수종은?

① 해송   ② 단풍나무

③ 물푸레나무   ④ 조팝나무

> **해설**
>
> 산성토양에 잘 견디는 수종은 소나무, 잣나무, 곰솔, 전나무, 상수리나무, 밤나무, 낙엽송, 편백나무, 아까시나무 등이 있다.

25 잔디밭을 조성함으로써 발생되는 기능과 효과가 아닌 것은?

① 아름다운 지표면 구성

② 쾌적한 휴식 공간 제공

③ 흙이 바람에 날리는 것 방지

④ 빗방울에 의한 토양 유실 촉진

26 목재의 열기 건조에 대한 설명으로 틀린 것은?

① 낮은 함수율까지 건조할 수 있다.

② 자본의 회전기간을 단축시킬 수 있다.

③ 기후와 장소 등의 제약 없이 건조할 수 있다.

④ 작업이 비교적 간단하며, 특수한 기술을 요구하지 않는다.

> **해설**
>
> 열기건조는 건조이론에 대한 이해와 함께 경험이 매우 중요한 작업이다.

27 단위용적중량이 1,700kgf/m³, 비중이 2.6인 골재의 공극률은 약 얼마인가?

① 34.6%   ② 52.94%

③ 3.42%   ④ 5.53%

> **해설**
>
> **[공극률]**
>
> $$공극률 = (1 - \frac{단위용적중량}{비중}) \times 100$$
> $$= (1 - \frac{1.7}{2.6}) \times 100$$
> $$= 34.6\%$$

28 산수유(Cornus officinalis)에 대한 설명으로 옳지 않은 것은?

① 우리나라 자생수종이다.

② 열매는 핵과로 타원형이며 길이는 1.5~2.0cm이다.

③ 잎은 대생, 장타원형, 길이는 4~10cm, 뒷면에 갈색 털이 있다.

④ 잎보다 먼저 피는 황색의 꽃이 아름답고 가을에 붉게 익는 열매는 식용과 관상용으로 이용 가능하다.

> **해설**
>
> 중국이 원산지이다.

29 재료가 외력을 받았을 때 작은 변형만 나타내도 파괴되는 현상을 무엇이라 하는가?

① 강성(剛性)　　　② 인성(靭性)

③ 전성(展性)　　　④ 취성(脆性)

 해설

전성은 재료를 얇게 펼 수 있는 성질이다.

30 다음 중 백목련에 대한 설명으로 옳지 않은 것은?

① 낙엽활엽교목으로 수형은 평정형이다.

② 열매는 황색으로 여름에 익는다.

③ 향기가 있고 꽃은 백색이다.

④ 잎이 나기 전에 꽃이 핀다.

 해설

열매는 빨강이며 9월에 익는다.

31 석재의 형성원인에 따른 분류 중 퇴적암에 속하지 않는 것은?

① 사암　　　　　② 점판암

③ 응회암　　　　④ 안산암

 해설

안산암은 화성암에 속한다.

32 세라믹 포장의 특성이 아닌 것은?

① 융점이 높다.

② 상온에서의 변화가 적다.

③ 압축에 강하다.

④ 경도가 낮다.

 해설

세라믹 포장은 균열, 충격에 매우 강하다.

33 "한지형 잔디로 불완전 포복형이지만, 포복력이 강한 포복경을 지표면으로 강하게 뻗는다. 잎의 폭이 2~3mm로 질감이 매우 곱고 품질이 좋아서 골프장 그린에 많이 이용하며, 짧은 예취에 견디는 힘이 가장 강하나, 병충해에 가장 약하여 방제에 힘써야 한다." 설명에 해당되는 잔디는?

① 버뮤다그래스　　② 켄터키블루그래스

③ 벤트그래스　　　④ 라이그래스

해설

한지형 : 벤트그래스

34 다음 중 벌개미취의 꽃 색으로 가장 적합한 것은?

① 황색　　　　　② 연자주색

③ 검정색　　　　④ 황녹색

35 수목 뿌리의 역할이 아닌 것은?

① 저장근 – 양분을 저장하여 비대해진 뿌리

② 부착근 – 줄기에서 새근이 나와 가른 물체에 부착하는 뿌리

③ 기생근 – 다른 물체에 기생하기 위한 뿌리

④ 호흡근 – 식물체를 지지하는 기근

해설

호습근 : 뿌리의 일부가 공기 중에 노출되어 공기 흡수

36 생물분류학적으로 거미강에 속하며 덥고, 건조한 환경을 좋아하고 뾰족한 입으로 즙을 빨아먹는 해충은?

① 진딧물　　　　② 나무좀

③ 응애　　　　　④ 가루이

정답　29 ④　30 ②　31 ④　32 ④　33 ③　34 ②　35 ④　36 ③

37 노목의 세력회복을 위한 뿌리자르기의 시기와 방법에서 뿌리자르기의 가장 좋은 시기는 (㉠)이며, 뿌리자르기 방법은 나무의 근원 지름의 (㉡)배 되는 길이로 원을 그려 그 위치에서 (㉢)의 깊이로 파내려가며, 뿌리 자르는 각도는 (㉣)가 적합하다. ( )에 들어갈 가장 적합한 것은?

① ㉠ 월동 전
  ㉡ 5~6
  ㉢ 45~50cm
  ㉣ 위에서 30°
② ㉠ 땅이 풀린 직후부터 4월 상순
  ㉡ 1~2
  ㉢ 10~20cm
  ㉣ 위에서 45°
③ ㉠ 월동 전
  ㉡ 1~2
  ㉢ 직각 또는 아래쪽으로 30°
  ㉣ 직각 또는 아래쪽으로 30°
④ ㉠ 땅이 풀린 직후부터 4월 상순
  ㉡ 5~6
  ㉢ 45~50cm
  ㉣ 직각 또는 아래쪽으로 45°

38 수량에 의해 변화하는 콘크리트 유동성의 정도, 혼화물의 묽기 정도를 나타내며 콘크리트의 변형 능력을 총칭하는 것은?

① 반죽질기   ② 워커빌리티
③ 압송성   ④ 다짐성

39 우리나라에서 발생하는 주요 소나무류에 잎녹병을 발생시키는 병원균의 기주로 맞지 않는 것은?

① 소나무   ② 해송
③ 스트로브잣나무   ④ 송이풀

40 다음 중 한 가지에 많은 봉우리가 생긴 경우 솎아 낸다든지, 열매를 따버리는 등의 작업을 하는 목적으로 가장 적당한 것은?

① 생장조장을 돕는 가지다듬기
② 세력을 갱신하는 가지다듬기
③ 착화 및 착과 촉진을 위한 가지다듬기
④ 생장을 억제하는 가지다듬기

41 조경 수목의 단근작업에 대한 설명으로 틀린 것은?

① 뿌리 기능이 쇠약해진 나무의 세력을 회복하기 위한 작업이다.
② 잔뿌리의 발달을 촉진시키고, 뿌리의 노화를 방지한다.
③ 굵은 뿌리는 모두 잘라야 아랫가지의 발육이 좋아진다.
④ 땅이 풀린 직후부터 4월 상순까지가 가장 좋은 작업 시기이다.

42 실내조경 식물의 잎이나 줄기에 백색 점무늬가 생기고 점차 퍼져서 흰 곰팡이 모양이 되는 원인으로 옳은 것은?

① 탄저병   ② 무름병
③ 흰가루병   ④ 모자이크병

37 ④   38 ①   39 ④   40 ③   41 ③   42 ③   **정답**

43 표준품셈에서 조경용 초화류 및 잔디의 할증률은 몇 %인가?

① 1%　　　　　　② 3%

③ 5%　　　　　　④ 10%

44 다음 중 이식하기 어려운 수종이 아닌 것은?

① 소나무　　　　② 자작나무

③ 섬잣나무　　　④ 은행나무

이식이 어려운 수종 : 전나무, 오동나무, 목련

45 잔디의 뗏밥 넣기에 관한 설명으로 가장 부적합한 것은?

① 뗏밥은 가는 모래 2, 밭흙 1, 유기물 약간을 섞어 사용한다.

② 뗏밥은 이용하는 흙은 일반적으로 열처리하거나 증기 소독 등 소독을 하기도 한다.

③ 뗏밥은 한지형 잔디의 경우 봄, 가을에 주고 난지형 잔디의 경우 생육이 왕성한 6~8월에 주는 것이 좋다.

④ 뗏밥의 두께는 30mm 정도로 주고, 다시 줄 때에는 일주일이 지난 후에 잎이 덮일 때까지 주어야 좋다.

뗏밥의 두께는 20~40mm 정도 주며, 다시 줄 때에는 15일이 지난 후에 주는 것이 좋다.

46 조경관리에서 주민참가의 단계는 시민권력의 단계, 형식참가의 단계, 비참가의 단계 등으로 구분된다. 그중 시민권력의 단계에 해당되지 않는 것은?

① 가치관리(citizen control)

② 유화(placation)

③ 권한 위양(delegated power)

④ 파트너십(partnership)

형식참가의 단계 : 정보제공, 상담, 유화

47 다음 중 조경 수목의 꽃눈분화, 결실 등과 가장 관련이 깊은 것은?

① 질소와 탄소비율　　② 탄소와 칼륨비율

③ 질소와 인산비율　　④ 인산과 칼륨비율

꽃눈분화, 결실 등과 가장 관련이 깊은 것은 C/N율, 즉 질소와 탄소의 비율이다.

48 다음 설계도면의 종류에 대한 설명으로 옳지 않은 것은?

① 입면도는 구조물의 외형을 보여주는 것이다.

② 평면도는 물체를 위에서 수직방향으로 내려다 본 것을 그린 것이다.

③ 단면도는 구조물의 내부나 내부공간의 구성을 보여주기 위한 것이다.

④ 조감도는 관찰자의 눈높이에서 본 것을 가정하여 그린 것이다.

조감도는 새가 하늘에 날고 있을 때의 관점으로 그린 것이다.

정답　43 ④　44 ④　45 ④　46 ②　47 ①　48 ④

49 평판을 정치(세우기)하는 데 오차에 가장 큰 영향을 주는 항목은?

① 수평맞추기(정준) ② 중심맞추기(구심)
③ 방향맞추기(표정) ④ 모두 같다

50 다음 중 잔디의 종류 중 한국잔디(Korean lawn grass or Zoysia grass)의 특징에 대한 설명으로 옳지 않은 것은?

① 우리나라의 자생종이다.
② 난지형 잔디에 속한다.
③ 뗏장에 의해서만 번식 가능하다.
④ 손상 시 회복속도가 느리고 겨울 동안 황색 상태로 남아있는 단점이 있다.

> **해설**
> 한국잔디는 주로 영양번식을 하지만 종자파종도 한다.

51 다음 중 차폐식재에 적용 가능한 수종의 특징으로 옳지 않은 것은?

① 지하고가 낮고 지엽이 치밀한 수종
② 전정에 강하고 유지 관리가 용이한 수종
③ 아랫가지가 말라죽지 않는 상록수
④ 높은 식별성 및 상징적 의미가 있는 수종

> **해설**
> ④ 경관식재의 기준

52 농약살포가 어려운 지역과 솔잎혹파리 방제에 사용되는 농약 사용법은?

① 도포법 ② 수간주사법
③ 입제살포법 ④ 관주법

> **해설**
> 관주법 : 땅속 약액 주입

53 900m²의 잔디광장을 평떼로 조성하려고 할 때 필요한 잔디량은 약 얼마인가? (잔디 뗏장의 규격은 30×30×3cm이다.)

① 약 1,000매 ② 약 5,000매
③ 약 10,000매 ④ 약 20,000매

> **해설**
> [뗏장의 양]
> $$뗏장의\ 양 = \frac{전체면적}{뗏장\ 1장의\ 면적}$$
> $$= \frac{900m^2}{0.3 \times 0.3m^2} = 10,000매$$

54 중앙에 큰 맹암거를 중심으로 작은 맹암거를 좌우에 어긋나게 설치하는 방법으로 경기장 같은 평탄한 지형에 적합하며, 전 지역의 배수가 균일하게 요구되는 지역에 설치하며, 주관을 경사지에 배치하고 양측에 설치하는 특징을 갖는 암거배치 방법은?

① 빗살형 ② 부채살형
③ 어골형 ④ 자연형

55 한 가지 약제를 연용하여 살포 시 방제효과가 떨어지는 대표적인 해충은?

① 깍지벌레 ② 진딧물
③ 잎벌 ④ 응애

> **해설**
> • 응애는 살비제를 살포하여 구제하며, 같은 농약을 연용하는 것을 피해야 한다.
> • 4월 중순부터 1주일 간격으로 3회 살포하여 구제한다.

49 ③ 50 ③ 51 ④ 52 ② 53 ③ 54 ③ 55 ④ **정답**

56 다음 중 메쌓기에 대한 설명으로 가장 부적합한 것은?

① 모르타르를 사용하지 않고 쌓는다.

② 뒷채움에는 자갈을 사용한다.

③ 쌓는 높이의 제한을 받는다.

④ 2m²마다 지름 9cm 정도의 배수공을 설치한다.

> **해설**
>
> 메쌓기 : 돌만 쌓는다.

57 시설물 관리를 위한 페인트칠하기의 방법으로 가장 거리가 먼 것은?

① 목재의 바탕칠을 할 때에는 별도의 작업 없이 불순물을 제거한 후 바로 수성페인트를 칠한다.

② 철재의 바탕칠을 할 때에는 별도의 작업 없이 불순물을 제거한 후 바로 수성페인트를 칠한다.

③ 목재의 갈라진 구멍, 홈, 틈은 퍼티로 땜질하여 24시간 후 초벌칠을 한다.

④ 콘크리트, 모르타르면의 틈은 석고로 땜질하고 유성 또는 수성페인트를 칠한다.

> **해설**
>
> 철재의 바탕칠을 할 때에는 용제를 사용하여 기름때를 제거한 후 방청페인트로 초벌칠을 하고 그 위에 다시 페인트를 칠한다.

58 옹벽 중 캔틸레버(Cantilever)를 이용하여 재료를 절약한 것으로 자체 무게와 뒤채움한 토사의 무게를 지지하여 안전도를 높인 옹벽으로 주로 5m 내외의 높지 않은 곳에 설치하는 것은?

① 중력식 옹벽   ② 반중력식 옹벽

③ 부벽식 옹벽   ④ L자형 옹벽

59 형상수(topiary)를 만들 때 유의사항이 아닌 것은?

① 망설임 없이 강전정을 통해 한 번에 수형을 만든다.

② 형상수를 만들 수 있는 대상 수종은 맹아력이 좋은 것을 선택한다.

③ 전정 시시는 상처를 아물게 하는 유합조직이 잘 생기는 3월 중에 실시한다.

④ 수형을 잡는 방법은 통대나무에 가지를 고정시켜 유인하는 방법, 규준틀을 만들어 가지를 유인하는 방법, 가지에 전정만을 하는 방법 등이 있다.

> **해설**
>
> 형상수를 만들 때에는 강전정을 하기보다 연차적으로 전정하여 원하는 수형을 만든다.

60 다음 중 루비깍지벌레의 구제에 가장 효과적인 농약은?

① 페니트로티온수화제

② 다이아지논분제

③ 포스파미돈액제

④ 옥시테트라사이클린수화제

> **해설**
>
> 포스파미돈액제는 침투성 살충제로 진딧물, 솔잎혹파리, 루비깍지벌레 방제에 사용한다.

정답 56 ④ 57 ② 58 ④ 59 ① 60 ③

01 창경궁에 있는 통명전 지당의 설명으로 틀린 것은?

① 장방형으로 장대석으로 쌓은 석지이다.

② 무지개형 곡선 형태의 석교가 있다.

③ 괴석 2개와 앙련(仰蓮) 받침대석이 있다.

④ 물은 직선의 석구를 통해 자당에 유입된다.

해설

창경궁 통명전 지당의 괴석심은 석분 3개이며, 기물을 받히는 앙련 받침대석은 1개가 배치된다.

02 위험을 알리는 표시에 가장 적합한 배색은?

① 흰색 – 노랑   ② 노랑 – 검정

③ 빨강 – 파랑   ④ 파랑 – 검정

해설

• 명시성 : 두 색 인접(대비) 시 금방 눈에 띄는 성질을 말한다.

• 위험을 알리는 표시는 명시성이 좋게 배색해야 한다.

03 물체의 앞이나 뒤에 화면을 놓은 것으로 생각하고, 시점에서 물체를 본 시선과 그 화면이 만나는 각 점을 연결하여 물체를 그리는 투상법은?

① 사투상법   ② 투시도법

③ 정투상법   ④ 표고투상법

04 다음 조경의 효과로 가장 부적합한 것은?

① 공기의 정화   ② 대기오염의 감소

③ 소음 차단   ④ 수질오염의 증가

해설

수질오염이 감소한다.

05 이탈리아 조경 양식에 대한 설명으로 틀린 것은?

① 별장이 구릉지에 위치하는 경우가 많아 정원의 주류는 노단식이다.

② 노단과 노단은 계단과 경사로에 의해 연결된다.

③ 축선을 강조하기 위해 원로의 교정이나 원점에 분수 등을 설치한다.

④ 대표적인 정원으로는 베르사유 궁원이 있다.

해설

베르사유 궁원은 프랑스 조경양식이다.

06 스페인 정원의 특징과 관계가 먼 것은?

① 건물로서 완전히 둘러싸인 가운데 뜰 형태의 정원이다.

② 정원의 중심부는 분수가 설치된 작은 연못을 설치한다.

③ 웅대한 스케일의 파티오 구조의 정원이다.

④ 난대, 열대수목이나 꽃나무를 화분에 심어 중요한 자리에 배치한다.

해설

스페인 정원의 특징은 파티오식과 물을 이용한다는 것이다.

07 다음 중 9세기 무렵에 일본 정원에 나타난 조경 양식은?

① 평정고산수식   ② 침전조양식

③ 다정양식   ④ 회유임천양식

해설

• 9세기 일본(헤이안 시대)의 조경양식은 침전조양식이다.

• 평정고산수식(15세기), 다정양식(16세기), 회유임천식 양식(12~14세기)이다.

01 ③   02 ②   03 ②   04 ④   05 ④   06 ③   07 ②   정답

08 수도원 정원에서 원로의 교차점인 중정 중앙에 큰 나무 한 그루를 심는 것을 뜻하는 것은?

① 파라다이소(Paradiso)

② 바(Bagh)

③ 트렐리스(Trellis)

④ 페리스탈리움(Peristylium)

해설

- 트렐리스 : 격자형 울타리
- 바 : 건물과 정원을 하나의 복합체로 생각한 인도의 정원양식
- 페리스틸리움 : 로마의 주택정원 제2중정인 사적인 공간

09 이격비의 「낙양원명기」에서 원(園)을 가리키는 일반적인 호칭으로 사용되지 않은 것은?

① 원지

② 원정

③ 별서

④ 택원

10 짐을 운반하여야 한다. 다음 중 같은 크기의 짐을 어느 색으로 포장했을 때 가장 덜 무겁게 느껴지는가?

① 다갈색

② 크림색

③ 군청색

④ 쥐색

11 수집한 자료들을 종합한 후에 이를 바탕으로 개략적인 계획안을 결정하는 단계는?

① 목표설정

② 기본구상

③ 기본설계

④ 실시설계

12 도면 작업에서 원의 반지름을 표시할 때 숫자 앞에 사용하는 기호는?

① Ø

② D

③ R

④ A

해설

Ø=지름, D=지름, R=반지름, A=면적

13 '물체의 실체 치수'에 대한 '도면에 표시한 대상물'의 비를 의미하는 용어는?

① 척도

② 도면

③ 표제란

④ 연각선

14 조선시대 궁궐의 침전 후정에서 볼 수 있는 대표적인 것은?

① 자수 화단(花壇)

② 비폭(飛瀑)

③ 경사지를 이용해서 만든 계단식 노단

④ 정자수

15 조선시대 선비들이 즐겨 심고 가꾸었던 사절우(四節友)에 해당하는 식물이 아닌 것은?

① 난초

② 대나무

③ 국화

④ 매화나무

해설

- 난초는 사군자에 해당한다.
- 사군자 : 매화, 난, 국화, 대나무
- 사절우 : 매화, 소나무, 국화, 대나무

정답 08 ① 09 ③ 10 ② 11 ② 12 ③ 13 ① 14 ③ 15 ①

16 목재를 연결하여 움직임이나 변형 등을 방지하고 거푸집의 변형을 방지하는 철물로 사용하기 가장 부적합한 것은?

① 볼트, 너트　　　　② 못

③ 꺾쇠　　　　　　　④ 리벳

리벳 : 철제접합용

17 다음 중 플라스틱 제품의 특징으로 옳은 것은?

① 불에 강하다.

② 비교적 저온에서 가공성이 나쁘다.

③ 흡수성이 크고, 투수성이 불량하다.

④ 내후성 및 내광성이 부족하다.

변색의 결점이 있다.

18 다음 중 녹나무과(科)로 봄에 가장 먼저 개화하는 수종은?

① 치자나무　　　　　② 호랑가시나무

③ 생강나무　　　　　④ 무궁화

[개화시기]

• 치자나무 : 6~7월

• 호랑가시나무 : 4~5월

• 생강나무 : 3월

• 무궁화 : 7~10월

19 콘크리트용 혼화재료로 사용되는 고로슬래그 미분말에 대한 설명 중 틀린 것은?

① 고로슬래그 미분말을 사용한 콘크리트는 보통 콘크리트보다 콘크리트 내부의 세공성이 작아져 수밀성이 향상된다.

② 고로슬래그 미분말은 플라이애시나 실리카흄에 비해 포틀랜드시멘트와의 비중차가 작아 혼화재로 사용할 경우 혼합 및 분산성이 우수하다.

③ 고로슬래그 미분말을 혼화재로 사용한 콘크리트는 염화물이온 침투를 억제하여 철근부식 억제효과가 있다.

④ 고로슬래그 미분말의 혼합률을 시멘트 중량에 대하여 70% 혼합한 경우 중성화 속도가 보통콘크리트의 2배 정도 감소된다.

고로슬래그 미분말 혼합율을 시멘트 중량에 대하여 70% 혼합한 경우 중성화 속도가 보통콘크리트의 2배 정도 증가한다.

20 조경용 포장재료는 보행자가 안전하고, 쾌적하게 보행할 수 있는 재료가 선정되어야 한다. 다음 선정 기준 중 옳지 않은 것은?

① 내구성이 있고, 시공·관리비가 저렴한 재료

② 재료의 질감·색채가 아름다운 것

③ 재료의 표면 청소가 간단하고, 건조가 빠른 재료

④ 재료의 표면이 태양광선의 반사가 많고, 보행 시 자연스러운 매끄러운 소재

21 콘크리트의 응결, 경화 조절의 목적으로 사용되는 혼화제에 대한 설명 중 틀린 것은?

① 콘크리트용 응결, 경화 조절제는 시멘트의 응결·경화속도를 촉진시키거나 지연시킬 목적으로 사용되는 혼화제이다.

② 촉진제는 그라우트에 의한 지수공법 및 뿜어붙이기 콘크리트에 사용된다.

③ 지연제는 조기 경화현상을 보이는 서중콘크리트나 수송거리가 먼 레디믹스트 콘크리트에 사용된다.

④ 급결제를 사용한 콘크리트의 초기강도 증진은 매우 크나 장기강도는 일반적으로 떨어진다.

22 다음 중 합판에 관한 설명으로 틀린 것은?

① 합판을 베니어판이라 하고, 베니어란 원래 목재를 얇게 한 것을 말하며, 이것을 단판이라고도 한다.

② 슬라이트 베니어(Sliced Veneer)는 끌로서 각목을 얇게 절단한 것으로 아름다운 결을 장식용으로 이용하기에 좋은 특징이 있다.

③ 합판의 종류에는 섬유판, 조각판, 적층판 및 강화적층재 등이 있다.

④ 합판의 특징은 동일한 원재로부터 많은 정목판과 나무결 무늬판이 제조되며, 팽창 수축 등에 의한 결점이 없고 방향에 따른 강도 차이가 없다.

> **해설**
>
> 합판의 종류에는 내수합판, 방화합판, 방충합판, 방부합판 등이 있다.

23 다음 중 조경 수목의 계절적 현상 설명으로 옳지 않은 것은?

① 싹틈 – 눈은 일반적으로 지난해 여름에 형성되어 겨울을 나고, 봄에 기온이 올라감에 따라 싹이 튼다.

② 개화 – 능소화, 무궁화, 배롱나무 등의 개화는 그 전년에 자란 가지에서 꽃눈이 분화하여 그 해에 개화한다.

③ 결실 – 결실량이 지나치게 많을 때에는 다음 해의 개화, 결실이 부실해지므로 꽃이 진 후 열매를 적당히 솎아준다.

④ 단풍 – 기온이 낮아짐에 따라 잎 속에서 생리적인 현상이 일어나 푸른 잎이 다홍색, 황색 또는 갈색으로 변하는 현상이다.

> **해설**
>
> 장미, 찔레나무 : 그 해에 자란 가지

24 외력을 받아 변형을 일으킬 때 이어 저항하는 성질로서 외력에 대해 변형을 적게 일으키는 재료는 (㉠)이(가) 큰 재료이다. 이것은 탄성계수와 관계가 있으나 (㉡)와(과)는 직접적인 관계가 없다. 괄호 안에 들어갈 용어로 맞게 연결된 것은?

① ㉠ 강도(strength), ㉡ 강성(stiffness)

② ㉠ 강성(stiffness), ㉡ 강도(strength)

③ ㉠ 인성(toughness), ㉡ 강성(stiffness)

④ ㉠ 인성(toughness), ㉡ 강도(strength)

25 교목으로 꽃이 화려하며, 전정을 싫어하고 대기오염에 약하며, 토질을 가리는 결점이 있으며, 매우 다방면으로 이용되며, 열식 또는 군식으로 많이 식재되는 수종은?

① 왕벚나무　　　　② 수양버들

③ 전나무　　　　　④ 벽오동

> **해설**
>
> • 수양버들, 벽오동 : 낙엽활엽교목
> • 전나무 : 상록침엽교목

정답 21 ② 　22 ③ 　23 ② 　24 ② 　25 ①

26 자동차 배기가스에 강한 수목만으로 짝지어진 것은?

① 화백, 향나무

② 삼나무, 금목서

③ 자귀나무, 수수꽃다리

④ 산수국, 자목련

> **해설**
>
> 배기가스에 강한 수종은 대표적으로 화백나무, 향나무, 비자나무, 편백나무, 녹나무, 굴거리나무, 태산목, 버드나무 등이 있다.

27 한국의 전통조경 소재 중 하나로 자연의 모습이나 형상석으로 궁궐 후원 점경물로 석분에 꽃을 심듯이 꽂거나 화계 등에 많이 도입되었던 경관석은?

① 각석

② 괴석

③ 비석

④ 수수분

28 장미과(科) 식물이 아닌 것은?

① 피라칸다

② 해당화

③ 아까시나무

④ 왕벚나무

> **해설**
>
> 아까시나무는 콩과(科)식물이다.

29 크기가 지름 20~30cm 정도의 것이 크고 작은 알로 고루고루 섞여져 있으며 형상이 고르지 못한 큰 돌이라 설명하기도 하며, 큰 돌을 깨서 만드는 경우도 있어 주로 기초용으로 사용하는 석재의 분류명은?

① 산석

② 야면석

③ 잡석

④ 판석

30 골재의 표면수는 없고, 골재 내부에 빈틈이 없도록 물로 차 있는 상태는?

① 절대건조상태

② 기건상태

③ 습윤상태

④ 표면건조 포화상태

31 질량 113kg의 목재를 절대건조시켜서 100kg이 되었다면 전건량기준 함수율은?

① 0.13%

② 0.30%

③ 3.00%

④ 13.00%

> **해설**
>
> [목재의 함수율]
>
> $$목재의 함수율 = \frac{(건조\ 전\ 중량 - 건조\ 후\ 중량)}{(건조\ 후\ 중량)} \times 100$$
>
> $$= \frac{(113 - 100)}{100} \times 100 = 13\%$$

32 다음 재료 중 연성(延性, ductility)이 가장 큰 것은?

① 금

② 철

③ 납

④ 구리

> **해설**
>
> [연성이 큰 순서]
>
> 금 〉은 〉백금 〉철 〉구리 〉알루미늄 〉주석 〉납

33 다음 중 곰솔(해송)에 대한 설명으로 옳지 않은 것은?

① 동아(冬芽)는 붉은색이다.

② 수피는 흑갈색이다.

③ 해안지역의 평지에 많이 분포한다.

④ 줄기는 한 해에 가지를 내는 층이 하나여서 나무의 나이를 짐작할 수 있다.

> **해설**
>
> 곰솔의 동아는 회백색이며, 붉은색은 소나무에 해당한다.

26 ① 27 ② 28 ③ 29 ③ 30 ④ 31 ④ 32 ① 33 ① **정답**

34 열경화성수지 중 강도가 우수하며, 베이클라이트를 만들고, 내산성, 전기 절연성, 내약품성, 내수성이 좋고, 내알칼리성이 약한 결점이 있으며, 내수합판 접착제 용도로 사용되는 것은?

① 요소계수지　　　② 메타아크릴수지
③ 염화비닐계수지　④ 페놀계수지

해설
페놀계수지 : 이종제 간 접착

35 다음 중 은행나무의 설명으로 틀린 것은?

① 분류상 낙엽활엽수이다.
② 나무껍질은 회백색, 아래로 깊이 갈라진다.
③ 양수로 적윤지토양에 생육이 적당하다.
④ 암수딴그루이고 5월 초에 잎과 꽃이 함께 개화한다.

해설
은행나무는 분류상 낙엽침엽수이다.

36 기초 토공사비 산출을 위한 공정이 아닌 것은?

① 터파기　　　② 되메우기
③ 정원석 놓기　④ 잔토처리

해설
③ 조경공사 표준품셈

37 식물이 필요로 하는 양분요소 중 미량원소로 옳은 것은?

① O　　　② K
③ Fe　　④ S

해설
• 미량원소 : Fe, B, Mn, Cu, Zn, Mo, Cl
• 다량원소 : N, P, K, Ca, Mg, S, C, H, O

38 수목식재 시 수목을 구덩이에 앉히고 난 후 흙을 넣는데 수식(물죔)과, 토식(흙죔)이 있다. 다음 중 토식을 실시하기에 적합하지 않은 수종은?

① 목련　　　② 전나무
③ 서향　　④ 해송

39 뿌리분의 크기를 구하는 식으로 가장 적합한 것은? (단, N은 근원직경, n은 흉고직경, d는 상수이다.)

① $24+(N-3) \times d$　② $24+(N+3) \div d$
③ $24-(n-3)+d$　④ $24-(n-3)-d$

40 토량의 변화에서 체적비(변화율)는 L과 C로 나타낸다. 다음 설명 중 옳지 않은 것은?

① L값은 경암보다 모래가 더 크다.
② C는 다져진 상태의 토량과 자연상태의 토량의 비율이다.
③ 성토, 절토 및 사토량의 산정은 자연상태의 양을 기준으로 한다.
④ L은 흐트러진 상태의 토량과 자연상태의 토량의 비율이다.

해설
L값은 모래(1.10~1.20)보다 경암(1.70~2.00)이 더 크다.

41 다음 중 시방서에 포함되어야 할 내용으로 가장 부적합한 것은?

① 재료의 종류 및 품질
② 시공방법의 정도
③ 재료 및 시공에 대한 검사
④ 계약서를 포함한 계약 내역서

정답　34 ④　35 ①　36 ③　37 ③　38 ①　39 ①　40 ①　41 ④

42 진딧물이나 깍지벌레의 분비물에 곰팡이가 감염되어 발생하는 병은?

① 흰가루병   ② 녹병

③ 잿빛곰팡이병   ④ 그을음병

43 다음 중 재료의 할증률이 다른 것은?

① 목재(각재)   ② 시멘트벽돌

③ 원형철근   ④ 합판(일반용)

> **해설**
>
> • 목재 : 5%
> • 시멘트벽돌 : 5%
> • 원형철근 : 5%
> • 합판 : 3%

44 다음 중 평판측량에 사용되는 기구가 아닌 것은?

① 평판   ② 삼각대

③ 레벨   ④ 앨리데이드

> **해설**
>
> 레벨은 수준측량기구이다.

45 '느티나무 10주에 600,000원, 조경공 1인과 보통공 2인이 하루에 식재한다'라고 가정할 때 느티나무 1주를 식재할 때 소요되는 비용은? (단, 조경공 노임은 60,000원/일, 보통공 노임은 40,000원/일이다.)

① 68,000원   ② 70,000원

③ 72,000원   ④ 74,000원

> **해설**
>
> • 느티나무 1주에 60,000원
> • 인부노임 $= \dfrac{(1인 \times 60,000) + (2인 \times 40,000원)}{10}$
> $= 14,000원$
> 따라서 60,000원+14,000원=74,000원이다.

46 소형고압블록 포장의 시공방법에 대한 설명으로 옳은 것은?

① 차도용은 보도용에 비해 얇은 두께 6cm의 블록을 사용한다.

② 지반이 약하거나 이용도가 높은 곳은 지반 위에 잡석으로만 보강한다.

③ 블록깔기가 끝나면 반드시 진동기를 사용해 바닥을 고르게 마감한다.

④ 블록의 최종 높이는 경계석보다 조금 높아야 한다.

47 저온의 해를 받은 수목의 관리방법으로 적당하지 않은 것은?

① 멀칭

② 바람막이 설치

③ 강전정과 과다한 시비

④ will-pruf(시들음 방지제) 살포

> **해설**
>
> 강전정을 하지 않고 시비를 자제한다.

48 공정관리기법 중 횡선식 공정표(bar chart)의 장점에 해당하는 것은?

① 신뢰도가 높으며 전자계산기의 이용이 가능하다.

② 각 공정별의 착수 및 종료일이 명시되어 있어 판단이 용이하다.

③ 바나나 모양의 곡선으로 작성하기 쉽다.

④ 상호관계가 명확하며, 주 공정선의 일에는 현장인원의 중점배치가 가능하다.

42 ④   43 ④   44 ③   45 ④   46 ③   47 ③   48 ②   **정답**

49 콘크리트 혼화제 중 내구성 및 워커빌리티(Work ability)를 향상시키는 것은?

① 감수제
② 경화촉진제
③ 지연제
④ 방수제

50 콘크리트 1m³에 소요되는 재료의 양을 L로 계량하여 1:2:4 또는 1:3:6 등의 배합 비율로 표시하는 배합을 무엇이라 하는가?

① 표준계량 배합
② 용적배합
③ 중량배합
④ 시험중량배합

> **해설**
>
> 용적배합 : 콘크리트 또는 모르타르의 각 재료의 양을 용적으로 표시한 배합이다.

51 철재 시설물의 손상부분을 점검하는 항목으로 가장 부적합한 것은?

① 용접 등의 접합부분
② 충격에 비틀린 곳
③ 부식된 곳
④ 침하된 곳

> **해설**
>
> 침하된 곳은 콘크리트 시설물의 점검항목이다.

52 더운 여름 오후에 햇빛이 강하면 수간의 남서쪽 수피가 열에 의해서 피해(터지거나 갈라짐)를 받을 수 있는 현상을 무엇이라 하는가?

① 피소
② 상렬
③ 조상
④ 만상

> **해설**
>
> • 상렬 : 추위에 의해 줄기, 수피가 수선방향으로 갈라지는 현상
> • 조상 : 계절에 맞지 않게 추운 날씨가 지속되어 생긴 피해
> • 만상 : 봄에 기온 0℃ 이하로 수목 피해

53 제초제 1,000ppm은 몇 %인가?

① 0.01%
② 0.1%
③ 1%
④ 10%

> **해설**
>
> 1%＝10,000ppm
> x%＝1,000ppm
> 따라서 x＝0.1%이다.

54 농약의 사용목적에 따른 분류 중 응애류에만 효과가 있는 것은?

① 살충제
② 살균제
③ 살비제
④ 살초제

55 수목 외과수술의 시공 순서로 옳은 것은?

> ① 동공 가장자리의 형성층 노출
> ② 부패부 제거
> ③ 표면경화처리
> ④ 동공충진
> ⑤ 방수처리
> ⑥ 인공수피 처리
> ⑦ 소독 및 방부처리

① ① → ⑥ → ② → ③ → ④ → ⑤ → ⑦
② ② → ⑦ → ① → ⑥ → ⑤ → ③ → ④
③ ① → ② → ③ → ④ → ⑤ → ⑥ → ⑦
④ ② → ① → ⑦ → ④ → ⑤ → ③ → ⑥

정답 49 ① 50 ② 51 ④ 52 ① 53 ② 54 ③ 55 ④

56 식물의 아래 잎에서 황화현상이 일어나고 심하면 잎 전면에 나타나며, 잎이 작지만 잎수가 감소하며 초본류의 초장이 작아지고 조기낙엽이 비료 결핍의 원인이라면 어느 비료 요소와 관련된 설명인가?

① P ② N
③ Mg ④ K

- P : 꽃과 열매, 뿌리의 발육과 관련
- N : 잎, 줄기 생장과 관련
- Mg : 엽록소 구성성분과 관련
- K : 꽃과 열매의 향기 및 색깔 조절과 관련

57 조경공사의 시공자 선정방법 중 일반 공개경쟁입찰 방식에 관한 설명으로 옳은 것은?

① 예정가격을 비공개로 하고 견적서를 제출하여 경쟁 입찰에 단독으로 참가하는 방식
② 계약의 목적, 성질 등에 따라 참가자의 자격을 제한하는 방식
③ 신문, 게시 등의 방법을 통하여 다수의 희망자가 경쟁에 참가하여 가장 유리한 조건을 제시한 자를 선정하는 방식
④ 공사 설계서와 시공도서를 작성하여 입찰서와 함께 제출하여 입찰하는 방식

① 수의계약, ② 제한 경쟁입찰, ④ 일괄입찰

58 해충의 방제방법 중 기계적 방제에 해당되지 않는 것은?

① 포살법 ② 진동법
③ 경운법 ④ 온도처리법

온도처리법은 물리적 방제법에 해당한다.

59 조경식재 공사에서 뿌리돌림의 목적으로 가장 부적합한 것은?

① 뿌리분을 크게 만들려고
② 이식 후 활착을 돕기 위해
③ 잔뿌리의 신생과 신장도모
④ 뿌리 일부를 절단 또는 각피하여 잔뿌리 발생촉진

60 2개 이상의 기둥을 합쳐서 1개의 기초로 받치는 것은?

① 줄기초 ② 독립기초
③ 복합기초 ④ 연속기초

줄기초	• 연속기초라고 하며, 기둥이나 벽체의 하중을 연속적으로 지지하는 것이나. • 좁은 길이나 띠처럼 생겼으며 땅을 파고 잡석으로 다짐을 해준다.
독립기초	• 직접기초의 하나이다. • 하나의 기둥 아래 설치된 기초 기둥으로부터의 축력을 독립으로 지반에 전달하도록 하는 기초이다.
연속기초	• 띠 모양의 연속해 있는 기초로 띠기초라고도 한다.

정답 56 ② 57 ③ 58 ④ 59 ① 60 ③

01 다음 중 직선과 관련된 설명으로 옳은 것은?

① 절도가 없어 보인다.

② 직선 가운데에 중개물(中介物)이 있으면 없는 때보다도 짧게 보인다.

③ 베르사유 궁원은 직선이 지나치게 강해서 압박감이 발생한다.

④ 표현 의도가 분산되어 보인다.

02 채도대비에 의해 주황색 글씨를 보다 선명하게 보이도록 하려면 바탕색으로 어떤 색이 가장 적합한가?

① 빨간색   ② 노란색

③ 파란색   ④ 회색

해설

색이 선명할수록 채도가 높고 무채색일수록 채도가 낮다.

03 다음 중국식 정원의 설명으로 가장 거리가 먼 것은?

① 대비에 중점을 두고 있으며, 이것이 중국정원이 특색을 이루고 있다.

② 사실주의보다는 상징적 축조가 주를 이루는 사의주의에 입각하였다.

③ 다정(茶庭)이 정원구성 요소에서 중요하게 작용하였다.

④ 차경수법을 도입하였다.

해설

다정양식은 일본 모모야마 시대의 조경양식이다.

04 영국의 풍경식 정원은 자연과의 비율이 어떤 비율로 조성되었는가?

① 1 : 1   ② 1 : 5

③ 2 : 1   ④ 1 : 100

05 구조용 재료의 단면 표시기호 중 강(鋼)을 나타낸 것으로 가장 적합한 것은?

① 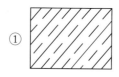   ②

③    ④

해설

① 석재, ② 콘크리트, ④ 목재

06 낮에 태양광 아래에서 본 물체의 색이 밤에 실내 형광등 아래에서 보니 달라보였다. 이러한 현상을 무엇이라 하는가?

① 메타메리즘   ② 메타볼리즘

③ 프리즘   ④ 착시

해설

메타메리즘(조건등색) : 분광반사율이 다른 두 가지 물체가 특정 광원 아래에서 같은 색으로 보이는 것이다.

정답 01 ③   02 ④   03 ③   04 ①   05 ③   06 ①

07 실제 길이 3m는 축척 1/30 도면에서 얼마로 나타나는가?

① 1cm ② 10cm

③ 3cm ④ 30cm

해설

[도상길이]

도상길이＝실제거리×축척

따라서, 300cm×(1/30)＝10cm

08 컴퓨터를 사용하여 조경제도 작업을 할 때의 작업 특징과 가장 거리가 먼 것은?

① 도덕성 ② 정확성

③ 응용성 ④ 신속성

09 다음 중 단순미(單純美)와 가장 관련이 없는 것은?

① 독립수

② 형상수(topiary)

③ 잔디밭

④ 자연석 무너짐 쌓기

10 다음 중 색의 잔상(殘像, after image)과 관련된 설명으로 틀린 것은?

① 주어진 자극이 제거된 후에도 원래의 자극과 색, 밝기가 반대인 상이 보인다.

② 주위 색의 영향을 받아 주위 색에 근접하게 변화하는 것이다.

③ 주어진 자극이 제거된 후에도 원래의 자극과 색, 밝기가 같은 상이 보인다.

④ 잔상은 원래 자극의 세기, 관찰시간과 크기에 비례한다.

11 고려시대 궁궐의 정원을 맡아 관리하던 해당 부서는?

① 내원서 ② 상림원

③ 장원서 ④ 동산바치

12 다음 중 경주 월지(안압지;雁鴨池)에 있는 섬의 모양으로 가장 적당한 것은?

① 사각형 ② 육각형

③ 한반도형 ④ 거북이형

13 다음 중 '사자의 중정(Court of Lion)'은 어느 곳에 속해 있는가?

① 알카자르 ② 헤네랄리페

③ 알함브라 ④ 타지마할

14 도시공원의 설치 및 규모의 기준상 어린이공원의 최대 유치거리는?

① 100m ② 250m

③ 500m ④ 1,000m

해설

어린이공원의 최대 유치거리는 250m 이하이며, 규모는 1,500m² 이상이어야 한다.

15 다음 중 관용색명 중 색상의 속성이 다른 것은?

① 풀색 ② 라벤더색

③ 솔잎색 ④ 이끼색

해설

라벤더색은 보라색 계통이다.

16 다음 중 가시가 없는 수종은?

① 음나무　　　　　② 산초나무

③ 금목서　　　　　④ 찔레꽃

목서류 : 금목서, 은목서

17 다음 중 시멘트의 응결시간에 가장 영향이 적은 것은?

① 온도　　　　　　② 수량(水量)

③ 분말도　　　　　④ 골재의 입도

- 시멘트는 분말도가 클수록, 온도가 높을수록, 단위수량이 적을수록 응결시간이 단축된다.
- 골재의 입도는 워커빌리티(시공성)에 영향을 준다.

18 조경에 이용될 수 있는 상록활엽관목류의 수목으로만 짝지어진 것은?

① 황매화, 후피향나무

② 광나무, 꽝꽝나무

③ 백당나무, 병꽃나무

④ 아왜나무, 가시나무

19 다음 중 양수에 해당하는 낙엽관목 수종은?

① 녹나무　　　　　② 무궁화

③ 독일가문비　　　④ 주목

녹나무는 상록활엽교목, 주목과 독일가문비는 상록침엽교목이다.

20 소가 누워있는 것과 같은 돌로, 횡석보다 안정감을 주는 자연석의 형태는?

① 와석　　　　　　② 평석

③ 입석　　　　　　④ 환석

- 입석 : 서 있는 돌
- 평석 : 평평한 돌
- 환석 : 둥근 모양의 돌

21 구상나무(Abies Koreana Wilson)와 관련된 설명으로 틀린 것은?

① 열매는 구과로 원통형이며 길이 4~7cm, 지름 2~3cm의 자갈색이다.

② 측백나무과(科)에 해당한다.

③ 원추형의 상록침엽교목이다.

④ 한국이 원산지이다.

구상나무는 소나무과이다.

22 자연토양을 사용한 인공지반에 식재된 대관목의 생존에 필요한 최소 식재토심은? (단, 배수구배는 1.5~2.0%이다.)

① 15cm　　　　　② 30cm

③ 45cm　　　　　④ 70cm

16 ③　17 ④　18 ②　19 ②　20 ①　21 ②　22 ③

23 건설재료용으로 사용되는 목재를 건조시키는 목적 및 건조방법에 관한 설명 중 틀린 것은?

① 균류에 의한 부식 및 벌레의 피해를 예방한다.

② 자연건조법에 해당하는 공기건조법은 실외에 목재를 쌓아두고 기건상태가 될 때까지 건조시키는 방법이다.

③ 중량경감 및 강도, 내구성을 증진시킨다.

④ 밀폐된 실내에 가열한 공기를 보내서 건조를 촉진시키는 방법은 인공건조법 중에서 증기건조법이다.

해설

증기건조법은 밀폐된 공간에서 수증기의 힘으로 목재의 수액을 빼내어 건조시키는 방법이다.

24 주로 감람석, 섬록암 등의 심성암이 변질된 것으로 암녹색 바탕에 흑백색의 아름다운 무늬가 있으며, 경질이나 풍화성이 있어 외장재보다는 내장 마감용 석재로 이용되는 것은?

① 사문암　　　　　② 안산암

③ 점판암　　　　　④ 화강암

25 다음 인동과(科) 수종에 대한 설명으로 맞는 것은?

① 백당나무는 열매가 적색이다.

② 분꽃나무는 꽃향기가 없다.

③ 아왜나무는 상록활엽관목이다.

④ 인동동굴의 열매는 둥글고 6~8월에 붉게 성숙한다.

해설

• 분꽃나무는 향기가 아주 좋다.

• 아왜나무는 상록활엽교목이다.

• 인동동굴의 열매는 9~10월에 검게 성숙한다.

26 콘크리트 내구성에 영향을 주는 화학반응식 "$Ca(OH)_2 + CO_2 \rightarrow CaCO_3 + H_2O \uparrow$"의 현상은?

① 알칼리 골재반응　　② 동결융해현상

③ 콘크리트 중성화　　④ 콘크리트 염해

27 다음 중 목재의 방화제(防火劑)로 사용될 수 없는 것은?

① 황산암모늄　　　　② 염화암모늄

③ 제2인산암모늄　　　④ 질산암모늄

해설

①, ②, ③ 목재 방화제

28 다음 중 멜루스(Malus)속에 해당되는 식물은?

① 아그배나무　　　　② 복사나무

③ 팥배나무　　　　　④ 쉬땅나무

해설

• 복사나무 : Prunus

• 팥배나무 : Sorbus

• 쉬땅나무 : Sorbaria

29 콘크리트의 표준배합 비가 1 : 3 : 6일 때 이 배합비의 순서에 맞는 각각의 재료를 바르게 나열한 것은?

① 자갈 : 시멘트 : 모래

② 모래 : 자갈 : 시멘트

③ 자갈 : 모래 : 시멘트

④ 시멘트 : 모래 : 자갈

30 콘크리트 다지기에 대한 설명으로 틀린 것은?

① 진동다지기를 할 때에는 내부 진동기를 하층의 콘크리트 속으로 작업이 용이하도록 사선으로 0.5m 정도 찔러 넣는다.

② 콘크리트 다지기에는 내부진동기의 사용을 원칙으로 하나, 얇은 벽 등 내부진동기의 사용이 곤란한 장소에서는 거푸집 진동기를 사용해도 좋다.

③ 내부진동기의 1개소당 진동시간은 다짐할 때 시멘트 페이스트가 표면 상부로 약간 부상하기까지 한다.

④ 거푸집판에 접하는 콘크리트는 되도록 평탄한 표면이 얻어지도록 타설하고 다져야 한다.

> **해설**
> ① 0.1m 정도 연직(평면에 대한 수직)으로 찔러 넣는다.

31 다음 중 조경공간의 포장용으로 주로 쓰이는 가공석은?

① 강석(하천석)　　② 견치돌(간지석)
③ 판석　　　　　　④ 각석

> **해설**
> • 강석(하천석) : 경관석으로 사용한다.
> • 견치돌(간지석) : 흙막이용으로 사용한다.
> • 각석 : 쌓기용, 기초용, 경계석으로 사용한다.

32 다음 조경식물 중 생장 속도가 가장 느린 것은?

① 배롱나무　　　　② 쉬나무
③ 눈주목　　　　　④ 층층나무

> **해설**
> • 속성수 : 쉬나무, 층층나무
> • 장기수 : 눈주목

33 다음 중 목재에 유성페인트 칠을 할 때 가장 관련이 없는 재료는?

① 건조제　　　　　② 건성유
③ 방청제　　　　　④ 희석제

> **해설**
> 방청제는 금속 녹방지용이다.

34 종류로는 수용형, 용제형, 분말형 등이 있으며 목재, 금속, 플라스틱 및 이들 이종재(異種材) 간의 접착에 사용되는 합성수지 접착제는?

① 페놀수지접착제
② 폴리에스테르수지접착제
③ 카세인접착제
④ 요소수지접착제

35 마로니에와 칠엽수에 대한 설명으로 옳지 않은 것은?

① 마로니에와 칠엽수는 원산지가 같다.
② 마로니에와 칠엽수 모두 열매 속에는 밤톨 같은 씨가 들어 있다.
③ 마로니에는 칠엽수와는 달리 열매 표면에 가시가 있다.
④ 마로니에와 칠엽수의 잎은 장상복엽이다.

> **해설**
> 마로니에는 유럽, 칠엽수는 일본이 원산지이다.

36 다음 중 조경시공에 활용되는 석재의 특징으로 부적합한 것은?

① 색조와 광택이 있어 외관이 미려·장중하다.
② 내수성·내구성·내화학성이 풍부하다.
③ 내화성이 뛰어나고 압축강도가 크다.
④ 천연물이기 때문에 재료가 균일하고 갈라지는 방향성이 없다.

> **해설**
> 천연물은 재료가 균일하지 않고 갈라지는 방향성이 존재한다.

정답　30 ①　31 ③　32 ③　33 ③　34 ①　35 ①　36 ④

37 수간과 줄기 표면의 상처에 침투성 약액을 발라 조직 내로 약효성분이 흡수되게 하는 농약 사용법은?

① 도포법   ② 관주법

③ 도말법   ④ 분무법

해설

• 관주법 : 땅속에 약액을 주입한다.
• 도말법 : 분제, 수화제를 종자에 입혀 살균·살충한다.
• 분무법 : 분무기를 이용해 액체를 살포한다.

38 디딤돌 놓기 공사에 대한 설명으로 틀린 것은?

① 시작과 끝부분, 갈라지는 부분은 50cm 정도의 돌을 사용한다.
② 넓적하고 평평한 자연석, 판석, 통나무 등이 활용된다.
③ 정원의 잔디, 나지 위에 놓아 보행자의 편의를 돕는다.
④ 같은 크기의 돌을 직선으로 배치하여 기능성을 강조한다.

해설

디딤돌은 크고 작은 것을 섞어 직선보다는 어긋나게 놓는 것이 좋다.

39 우리나라에서 1929년 서울의 비원(秘苑)과 전남 목포지방에서 처음 발견된 해충으로 솔잎 기부에 충영을 형성하고 그 안에서 흡즙해 소나무에 피하를 주는 해충은?

① 솔잎벌   ② 솔잎혹파리

③ 솔나방   ④ 솔껍질깍지벌레

40 다음 중 지피식물 선택 조건으로 부적합한 것은?

① 병충해에 강하며 관리가 용이하여야 한다.
② 치밀하게 피복되는 것이 좋다.
③ 키가 낮고 다년생이며 부드러워야 한다.
④ 특수 환경에 잘 적응하며 희소성이 있어야 한다.

41 토양수분 중 식물이 생육에 주로 이용하는 유효수분은?

① 결합수   ② 흡습수

③ 모세관수   ④ 중력수

해설

• 흡습수 : 식물의 이용이 거의 안 됨
• 중력수 : 중력에 의해 흘러내려 식물 이용 가능
• 결합수 : 식물 이용 안 됨

42 개화, 결실을 목적으로 실시하는 정지·전정의 방법으로 틀린 것은?

① 약지는 길게, 강지는 짧게 전정하여야 한다.
② 묵은 가지나 병충해 가지는 수액유동 후에 전정한다.
③ 개화결실을 촉진하기 위하여 가지를 유인하거나 단근작업을 실시한다.
④ 작은 가지나 내측으로 뻗은 가지는 제거한다.

37 ①   38 ④   39 ②   40 ④   41 ③   42 ①, ②   **정답**

43 다음 중 흙깎기의 순서 중 가장 먼저 실시하는 곳은?

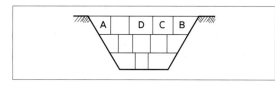

① A   ② B

③ C   ④ D

 해설

흙깎기는 흙의 중력을 고려하여 깎는 순서를 정한 후 실시한다.

44 다음 방제 대상별 농약 포장지 색깔이 옳은 것은?

① 살균제 – 초록색   ② 살충제 – 노란색

③ 제초제 – 분홍색   ④ 생장 조절제 – 청색

해설

살균제는 분홍색, 살충제는 초록색, 제초제는 노란색을 사용한다.

45 다음 중 비료의 3요소에 해당하지 않는 것은?

① N   ② K

③ P   ④ Mg

해설

비료의 3요소는 N(질소), P(인), K(칼륨)이다. Mg(마그네슘)는 다량원소에 속한다.

46 과다 사용 시 병에 대한 저항력을 감소시키므로 특히 토양의 비배관리에 주의해야 하는 무기성분은?

① 질소   ② 규산

③ 칼륨   ④ 인산

해설

비배관리란 토지를 기름지게 하여 작물을 가꾸는 것을 말한다.

47 합성수지 놀이시설물의 관리 요령으로 가장 적합한 것은?

① 정기적인 보수와 도료 등을 칠해주어야 한다.

② 자체가 무거워 균열 발생 전에 보수한다.

③ 회전하는 축에는 정기적으로 그리스를 주입한다.

④ 겨울철 저온기 때 충격에 의한 파손을 주의한다.

48 가지가 굵어 이미 찢어진 경우에 도복 등의 위험을 방지하고자 하는 방법으로 가장 알맞은 것은?

① 지주설치

② 쇠조임(당김줄설치)

③ 외과수술

④ 가지치기

해설

도복 : 수목이 비바람에 쓰러져 뿌리째 뽑히는 것

49 도시공원의 식물 관리비 계산 시 산출근거와 관련이 없는 것은?

① 작업률   ② 식물의 품종

③ 식물의 수량   ④ 작업회수

해설

산출근거는 식물수량, 작업률, 작업횟수, 작업단가와 관련이 있다.

정답   **43** ④   **44** ④   **45** ④   **46** ①   **47** ④   **48** ②   **49** ②

50 참나무 시들음병에 관한 설명으로 틀린 것은?

① 곰팡이가 도관을 막아 수분과 양분을 차단한다.

② 솔수염하늘소가 매개충이다.

③ 피해목은 벌채 및 훈증처리 한다.

④ 우리나라에서는 2004년 경기도 성남시에서 처음 발견되었다.

해설

매개충은 광릉긴나무좀이다.

51 수목의 뿌리분 굴취와 관련된 설명으로 틀린 것은?

① 수목 주위를 파 내려가는 방향은 지면과 직각이 되도록 한다.

② 분의 주위를 1/2 정도 파 내려갔을 무렵부터 뿌리감기를 시작한다.

③ 분의 크기는 뿌리목 줄기 지름의 3~4배를 기준으로 한다.

④ 분 감기 전 직근을 잘라야 용이하게 작업할 수 있다.

52 안전관리 사고의 유형은 설치, 관리, 이용자·보호자·주최자 등의 부주의, 자연재해 등에 의한 사고로 분류된다. 다음 중 관리하자에 의한 사고의 종류에 해당하지 않는 것은?

① 위험장소에 대한 안전대책 미비에 의한 것

② 시설의 노후 및 파손에 의한 것

③ 시설의 구조 자체의 결함에 의한 것

④ 위험물 방치에 의한 것

해설

③은 설치하자에 해당한다.

53 다음 중 토양 통기성에 대한 설명으로 틀린 것은?

① 기체는 농도가 낮은 곳에서 높은 곳으로 확산작용에 의해 이동한다.

② 건조한 토양에서는 이산화탄소와 산소의 이동이나 교환이 쉽다.

③ 토양 속에는 대기와 마찬가지로 질소, 산소, 이산화탄소 등의 기체가 존재한다.

④ 토양생물의 호흡과 분해로 인해 토양 공기 중에는 대기에 비하여 산소가 적고 이산화탄소가 많다.

54 이종기생균이 그 생활사를 완성하기 위하여 기주를 바꾸는 것을 무엇이라고 하는가?

① 기주교대　　　　② 중간기주

③ 이종기생　　　　④ 공생교환

해설

• 중간기주 : 서로 다른 기주식물 중 경제적 가치가 적은 것

• 이종기생 : 전혀 다른 두 종류의 기주식물을 옮겨가며 생활하는 것

• 공생교환 : 서로 이익을 교환하는 것

55 다음 그림과 같은 삼각형의 면적은?

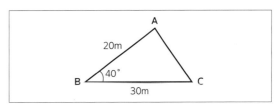

① 115m²　　　　② 193m²

③ 230m²　　　　④ 386m²

해설

$$S = \frac{20 \times 30 \times \sin 40°}{2} = 300 \times \sin 40°$$

sin40°=0.642780이므로

S=192.834=약 193m²

56 인공 식재 기반 조성에 대한 설명으로 틀린 것은?

① 식재층과 배수층 사이는 부직포를 깐다.

② 건축물 위의 인공식재 기반은 방수처리 한다.

③ 심근성 교목의 생존 최소 깊이는 40cm로 한다.

④ 토양, 방수 및 배수시설 등에 유의한다.

57 다음 중 콘크리트의 파손 유형이 아닌 것은?

① 단차(faulting)
② 융기(blow-up)
③ 균열(crack)
④ 양생(curing)

해설

• 단차 : 노상 지지력 부족
• 융기 : 땅이 기준면에 대하여 상대적으로 높아짐
• 양생 : 콘크리트가 완전히 굳을 때까지 적당한 수분을 유지하고 충격을 받거나 얼지 아니하도록 보호하는 일

58 목재를 방부제 속에 일정 기간 담가두는 방법으로 크레오소트(creosote)를 많이 사용하는 방부법은?

① 직접유살법
② 표면탄화법
③ 상압주입법
④ 약제도포법

59 다음 그림은 수목의 번식방법 중 어떠한 접목법에 해당하는가?

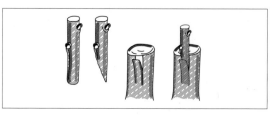

① 쪼개접
② 깎기접
③ 안장접
④ 박피접

해설

쪼개접	• 가지접의 한가지로 대목을 자르고 그 절단 면에서 가로로 쪼개고 그 틈 좌우에 1대씩의 접수를 꽂는 제자리 접법이다.
깎기접	• 절접이라고도 하며, 모든 접목의 기본이라고 할 수 있다. • 대목의 한 옆을 쪼갠 단면에 접수의 단면이 맞붙도록 같이 잡아 묶는 것이다.
안장접	• 대목을 쐐기 모양으로 깎고 접수는 대목 모양으로 잘라 얹어서 잡힌 것으로, 선인장이 있다.

60 적심(摘心, Candle Pinching)에 대한 설명으로 틀린 것은?

① 수관이 치밀하게 되도록 교정하는 작업이다.

② 참나무과(科) 수종에서 주로 실시한다.

③ 촛대처럼 자란 새순을 가위로 잘라주거나 손끝으로 끊어준다.

④ 고정생산하는 수목에 실시한다.

정답　56 ③　57 ④　58 ③　59 ④　60 ②

01 다음 중 19세기 서양의 조경에 대한 설명으로 틀린 것은?

① 1899년 미국 조경가협회(ASLA)가 창립되었다.

② 19세기 말 조경은 토목공학기술에 영향을 받았다.

③ 19세기 말 조경은 전위적인 예술에 영향을 받았다.

④ 19세기 초에 도시문제와 환경문제에 관한 법률이 제정되었다.

해설

1851년 뉴욕시에서 최초로 공원법이 통과되었다.

02 다음 이슬람 정원 중 '알함브라 궁전'에 없는 것은?

① 알베르카 중정

② 사자의 중정

③ 사이프레스의 중정

④ 헤네랄리페 중정

해설

헤네랄리페 중정은 그라나다왕의 피소를 위한 은둔처이다.

03 브라운파의 정원을 비판하였으며 영국 자연풍경식 정원인 큐가든에 중국식 건물, 탑을 도입한 사람은?

① Richard Steele

② Joseph Addison

③ Alexander Pope

④ William Chambers

04 고대 그리스에서 청년들이 체육 훈련을 하는 자리로 만들어졌던 것은?

① 페리스틸리움   ② 지스터스

③ 짐나지움   ④ 보스코

05 조경계획 과정에서 자연환경 분석의 요인이 아닌 것은?

① 기후   ② 지형

③ 식물   ④ 역사성

해설

역사성은 인문환경분석의 요인이다.

06 제도에서 사용되는 물체의 중심선, 절단선, 경계선 등을 표시하는 데 가장 적합한 선은?

① 실선   ② 파선

③ 1점 쇄선   ④ 2점 쇄선

해설

• 실선 : 외형선, 단면선
• 파선 : 숨은선
• 2점 쇄선 : 가상선

07 조선시대 중엽 이후 풍수설에 따라 주택조경에서 새로이 중요한 부분으로 강조된 것은?

① 앞뜰(前庭)   ② 가운데뜰(中庭)

③ 뒤뜰(後庭)   ④ 안뜰(主庭)

01 ④ 02 ④ 03 ④ 04 ③ 05 ④ 06 ③ 07 ③ 정답

08 다음 중 정신 집중으로 요구하는 사무공간에 어울리는 색은?

① 빨강   ② 노랑

③ 난색   ④ 한색

> 해설
> • 한색은 심리적 긴장감을 준다.
> • 난색은 심리적 안정감, 느슨함을 준다.

09 조경계획 및 설계에 있어서 몇 가지의 대안을 만들어 각 대안의 장·단점을 비교한 후에 최종안으로 결정하는 단계는?

① 기본구상   ② 기본계획

③ 기본설계   ④ 실시설계

10 다음 중 스페인의 파티오(patio)에서 가장 중요한 구성 요소는?

① 물   ② 원색의 꽃

③ 색채타일   ④ 짙은 녹음

11 보르 뷔 콩트(Vaux-le-Vicomte) 정원과 가장 관련 있는 양식은?

① 노단식   ② 평면기하학식

③ 절충식   ④ 자연풍경식

> 해설
> 프랑스 : 앙드레 르 노트르의 최초의 평면기하학식 정원

12 다음 중 면적대비의 특징에 대한 설명으로 틀린 것은?

① 면적의 크기에 따라 명도와 채도가 다르게 보인다.

② 면적의 크고 작음에 따라 색이 다르게 보이는 현상이다.

③ 면적이 작은 색은 실제보다 명도와 채도가 낮아 보인다.

④ 동일한 색이라도 면적이 커지면 어둡고 칙칙해 보인다.

> 해설
> 동일한 색이라도 면적이 커지면 밝고 선명해 보인다.

13 정토사상과 신선사상을 바탕으로 불교 선사상의 직접적 영향을 받아 극도의 상징성(자연석이나 모래 등으로 산수자연을 상징)으로 조성된 14~15세기 일본의 정원 양식은?

① 중정식 정원

② 고산수식 정원

③ 전원풍경식 정원

④ 다정식 정원

> 해설
> 14~15세기 일본(무로마치 시대)의 정원양식은 고산수식 정원이다.

14 다음 중 추위에 견디는 힘과 짧은 예취에 견디는 힘이 강하며, 골프장의 그린을 조성하기에 가장 적합한 잔디의 종류는?

① 들잔디   ② 벤트그래스

③ 버뮤다그래스   ④ 라이그래스

정답   08 ④   09 ①   10 ①   11 ②   12 ④   13 ②   14 ②

15 조경설계기준상의 조경시설로서 음수대의 배치, 구조 및 규격에 대한 설명이 틀린 것은?

① 설치위치는 가능하면 포장지역보다는 녹지에 배치하여 자연스럽게 지반면보다 낮게 설치한다.

② 관광지·공원 등에는 설계대상 공간의 성격과 이용특성 등을 고려하여 필요한 곳에 음수대를 배치한다.

③ 지수전과 제수밸브 등 필요시설을 적정 위치에 제 기능을 충족시키도록 설계한다.

④ 겨울철의 동파를 막기 위한 보온용 설비와 퇴수용 설비를 반영한다.

해설

음수대는 녹지에 접한 포장부위에 배치한다.

16 다음 중 아스팔트의 일반적인 특성에 대한 설명으로 옳지 않은 것은?

① 비교적 경제적이다.

② 점성과 감온성을 가지고 있다.

③ 물에 용해되고 투수성이 좋아 포장재로 적합하지 않다.

④ 점착성이 크고 부착성이 좋기 때문에 결합재료, 접착재료로 사용한다.

해설

투수성과 흡수성이 낮다.

17 타일의 동해를 방지하기 위한 방법으로 옳지 않은 것은?

① 붙임용 모르타르의 배합비를 좋게 한다.

② 타일은 소성온도가 높은 것을 사용한다.

③ 줄눈 누름을 충분히 하여 빗물의 침투를 방지한다.

④ 타일은 흡수성이 높은 것일수록 잘 밀착됨으로 방지효과가 있다.

18 회양목의 설명으로 틀린 것은?

① 낙엽활엽관목이다.

② 잎은 두껍고 타원형이다.

③ 3~4월경에 꽃이 연한 황색으로 핀다.

④ 열매는 삭과로 달걀형이며, 털이 없으며 갈색으로 9~10월경에 성숙한다.

해설

회양목은 상록활엽관목이다.

19 다음 중 아황산가스에 견디는 힘이 가장 약한 수종은?

① 삼나무   ② 편백

③ 플라타너스   ④ 사철나무

해설

아황산가스에 약한 수종은 삼나무, 독일가문비, 소나무, 전나무, 느티나무, 감나무, 벚나무, 단풍나무 등이 있다.

20 다음 중 조경 수목의 생장 속도가 느린 것은?

① 모과나무   ② 메타세쾌이어

③ 백합나무   ④ 개나리

해설

모과나무는 장기수로, 생장 속도가 매우 느리다.

21 목재가공 작업 과정 중 소지조정, 눈막이(눈메꿈), 샌딩실러 등은 무엇을 하기 위한 것인가?

① 도장   ② 연마

③ 접착   ④ 오버레이

22 다음 중 미선나무에 대한 설명으로 옳은 것은?

① 열매는 부채 모양이다.

② 꽃색은 노란색으로 향기가 있다.

③ 상록활엽교목으로 산야에서 흔히 볼 수 있다.

④ 원산지는 중국이며 세계적으로 여러 종이 존재한다.

> **해설**
>
> 미선나무의 꽃은 흰색이며 낙엽활엽관목이다. 원산지는 한국이며 1속 1종에 해당한다.

23 조경 재료는 식물재료와 인공재료로 구분된다. 다음 중 식물재료의 특징으로 옳지 않은 것은?

① 생장과 번식을 계속하는 연속성이 있다.

② 생물로서 생명 활동을 하는 자연성을 지니고 있다.

③ 계절적으로 다양하게 변화함으로써 주변과의 조화성을 가진다.

④ 기후변화와 더불어 생태계에 영향을 주지 못한다.

24 친환경적 생태하천에 호안을 복구하고자 할 때 생물의 종다양성과 자연성 향상을 위해 이용되는 소재로 가장 부적합한 것은?

① 섶단   ② 소형고압블럭

③ 돌망태   ④ 야자롤

25 토피어리(topiary)란?

① 분수의 일종   ② 형상수(形狀樹)

③ 조각된 정원석   ④ 휴게용 그늘막

> **해설**
>
> 형상수 대표 수종 : 주목

26 시멘트의 성질 및 특성에 대한 설명으로 틀린 것은?

① 분말도는 일반적으로 비표면적으로 표시한다.

② 강도시험은 시멘트 페이스트 강도시험으로 측정한다.

③ 응결이란 시멘트 풀이 유동성과 점성을 상실하고 고화하는 현상을 말한다.

④ 풍화란 시멘트가 공기 중의 수분 및 이산화탄소와 반응하여 가벼운 수화반응을 일으키는 것을 말한다.

> **해설**
>
> 시멘트 강도시험은 휨시험과 압축시험으로 측정한다.

27 100cm×100cm×5cm 크기의 화강석 판석의 중량은? (단, 화강석의 비중 기준은 2.56ton/m³이다.)

① 128kg   ② 12.8kg

③ 195kg   ④ 19.5kg

> **해설**
>
> • 1m×1m×0.05m×2.56ton/m³=0.128ton 따라서 128kg이다.
>
> • 1t=1,000kg

28 가죽나무(가중나무)와 물푸레나무에 대한 설명으로 옳은 것은?

① 가중나무와 물푸레나무 모두 물푸레나무과(科)이다.

② 잎 특성은 가중나무는 복엽이고 물푸레나무는 단엽이다.

③ 열매 특성은 가중나무와 물푸레나무 모두 날개 모양의 시과이다.

④ 꽃 특성은 가중나무와 물푸레나무 모두 한 꽃에 암술과 수술이 함께 있는 양성화이다.

> **해설**
>
> 물푸레나무는 복엽이다.

정답 22 ①   23 ④   24 ②   25 ②   26 ②   27 ①   28 ③

29 암석은 그 성인(成因)에 따라 대별되는데 편마암, 대리석 등은 어느 암으로 분류되는가?

① 수성암
② 화성암
③ 변성암
④ 석회질암

해설

사문암, 편마암, 대리석

30 소철과 은행나무의 공통점으로 옳은 것은?

① 속씨식물
② 자웅이주
③ 낙엽침엽교목
④ 우리나라 자생식물

해설

• 소철과 은행나무는 겉씨식물이며, 소철은 상록침엽관목, 은행나무는 낙엽침엽교목이다.
• 소철은 중국, 일본, 대만이 원산지이며, 은행나무는 중국 동부이다.

31 가연성 도료의 보관 및 장소에 대한 설명 중 틀린 것은?

① 직사광선을 피하고 환기를 억제한다.
② 소방 및 위험물 취급 관련 규정에 따른다.
③ 건물 내 일부에 수용할 때에는 방화구조적인 방을 선택한다.
④ 주위 건물에서 격리된 독립된 건물에 보관하는 것이 좋다.

해설

환기가 잘되어야 한다.

32 화성암은 산성암, 중성암, 염기성암으로 분류가 되는데, 이때 분류 기준이 되는 것은?

① 규산의 함유량
② 석영의 함유량
③ 장석의 함유량
④ 각섬석의 함유량

33 다음 수목들은 어떤 산림대에 해당되는가?

> 잣나무, 전나무, 주목, 가문비나무, 분비나무, 잎갈나무, 종비나무

① 난대림
② 온대 중부림
③ 온대 북부림
④ 한대림

34 백색계통의 꽃을 감상할 수 있는 수종은?

① 개나리
② 이팝나무
③ 산수유
④ 맥문동

해설

백색계통의 꽃을 감상할 수 있는 수종은 이팝나무, 조팝나무, 층층나무, 쥐똥나무 등이 있다.

35 목재 방부제로서의 크레오소트 유(油, creosote)에 관한 설명으로 틀린 것은?

① 휘발성이다.
② 살균력이 강하다.
③ 페인트 도장이 곤란하다.
④ 물에 용해되지 않는다.

36 다음 중 순공사원가에 속하지 않는 것은?

① 재료비
② 경비
③ 노무비
④ 일반관리비

37 시공관리의 3대 목적이 아닌 것은?

① 원가관리
② 노무관리
③ 공정관리
④ 품질관리

38 다음 중 굵은 가지 절단 시 제거하지 말아야 하는 부위는?

① 목질부 ② 지피융기선
③ 지륭 ④ 피목

지륭은 가지의 하중(가지밑살)을 지탱한다.

39 다음 중 L형 측구의 팽창줄눈 설치 시 지수판의 간격은?

① 20m 이내 ② 25m 이내
③ 30m 이내 ④ 35m 이내

40 다음 그림과 같이 수준측량을 하여 각 측점의 높이를 측정하였다. 절토량 및 성토량이 균형을 이루는 계획고는?

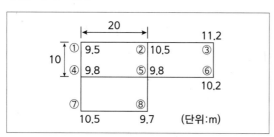

① 9.59m ② 9.95m
③ 10.05m ④ 10.50m

- 체적(V)$=\dfrac{A}{4}(\sum h1+2\sum h2+3\sum h3+4\sum h4)$
- 계획고(h)$=\dfrac{V}{nA}$

41 다음 중 토사붕괴의 예방대책으로 틀린 것은?

① 지하수위를 높인다.
② 적절한 경사면의 기울기를 계획한다.
③ 활동할 가능성이 있는 토석은 제거하여야 한다.
④ 말뚝(강관, H형강, 철근 콘크리트)을 타입하여 지반을 강화시킨다.

42 근원직경이 18cm 나무의 뿌리분을 만들려고 한다. 다음 식을 이용하여 소나무 뿌리분의 지름을 계산하면 얼마인가? (단, 공식 24+(N−3)×d, d는 상록수 4, 활엽수 5이다.)

① 80cm ② 82cm
③ 84cm ④ 86cm

소나무는 상록수이므로 d=4, N=근원직경
24+(18−3)×4=84cm

43 농약은 라벨과 뚜껑의 색으로 구분하여 표기하고 있는데, 다음 중 연결이 바른 것은?

① 제초제 – 노란색
② 살균제 – 녹색
③ 살충제 – 파란색
④ 생장조절제 – 흰색

- 살균제 : 분홍색
- 살충제 : 초록색
- 생장조절제 : 파란색

44 일반적인 공사 수량 산출 방법으로 가장 적합한 것은?

① 중복이 되지 않게 세분화한다.
② 수직방향에서 수평방향으로 한다.
③ 외부에서 내부로 한다.
④ 작은 곳에서 큰 곳으로 한다.

45 목재 시설물에 대한 특징 및 관리 등의 설명으로 틀린 것은?

① 감촉이 좋고 외관이 아름답다.
② 철재보다 부패하기 쉽고 잘 갈라진다.
③ 정기적인 보수와 칠을 해주어야 한다.
④ 저온 때 충격에 의한 파손이 우려된다.

온도에 민감한 시설물 : 석재, 콘크리트, 플라스틱

정답 38 ③ 39 ① 40 ③ 41 ① 42 ③ 43 ① 44 ① 45 ④

46 병의 발생에 필요한 3가지 요인을 정량화하여 삼각형의 각 변으로 표시하고 이들 상호관계에 의한 삼각형의 면적을 발병량으로 나타내는 것을 병삼각형이라 한다. 여기에 포함되지 않는 것은?

① 병원체　　　　② 환경
③ 기주　　　　　④ 저항성

47 살비제(Acaricide)란 어떤 약제를 말하는가?

① 선충을 방제하기 위하여 사용하는 약제
② 나방류를 방제하기 위하여 사용하는 약제
③ 응애류를 방제하기 위하여 사용하는 약제
④ 병균이 식물체에 침투하는 것을 방지하는 약제

> 해설
> • ①은 살선충제
> • ②는 살충제
> • ④는 보호살균제

48 식물의 주요한 표징 중 병원체의 영양기관에 의한 것이 아닌 것은?

① 균사　　　　　② 균핵
③ 포자　　　　　④ 자좌

> 해설
> 포자 : 병원체 생식기관 부분

49 다음 중 한국잔디류에 가장 많이 발생하는 병은?

① 녹병　　　　　② 탄저병
③ 설부병　　　　④ 브라운 패치

> 해설
> • 한국잔디류에 많이 발생하는 병은 녹병이다.
> • 녹병은 과습하거나 영양불량일 때 발생한다.

50 20L 들이 분무기 한 통에 1,000배액의 농약 용액을 만들고자 할 때 필요한 농약의 약량은?

① 10mL　　　　② 20mL
③ 30mL　　　　④ 50mL

> 해설
> [소요약량]
> $$소요약량 = \frac{총사용량}{사용희석배수} = \frac{20}{1,000} = 0.02L = 20mL$$

51 일반적인 식물간 양료 요구도(비옥도)가 높은 것부터 차례로 나열된 것은?

① 활엽수 〉 유실수 〉 소나무류 〉 침엽수
② 유실수 〉 침엽수 〉 활엽수 〉 소나무류
③ 유실수 〉 활엽수 〉 침엽수 〉 소나무류
④ 소나무류 〉 침엽수 〉 유실수 〉 활엽수

52 석재판(板石) 붙이기 시공법이 아닌 것은?

① 습식공법　　　② 건식공법
③ FRP공법　　　④ GPC공법

> 해설
> GPC공법 : 선부착 PC공법

53 수목의 필수원소 중 다량원소에 해당하지 않는 것은?

① H　　　　　　② K
③ Cl　　　　　　④ C

> 해설
> Cl : 미량 원소

54 우리나라에서 발생하는 수목의 녹병 중 기주교대를 하지 않는 것은?

① 소나무 잎녹병
② 후박나무 녹병
③ 버드나무 잎녹병
④ 오리나무 잎녹병

55 축척 1/1,200의 도면을 1/600로 변경하고자 할 때 도면의 증가 면적은?

① 2배
② 3배
③ 4배
④ 6배

> **해설**
> 축척이 감소하면 길이는 두 배, 면적은 네 배로 증가한다.

56 다음 중 생울타리 수종으로 가장 적합한 것은?

① 쥐똥나무
② 이팝나무
③ 은행나무
④ 굴거리나무

> **해설**
> 쥐똥나무는 맹아력이 강하다.

57 소나무좀의 생활사를 기술한 것 중 옳은 것은?

① 유충은 2회 탈피하며 유충기간은 약 20일이다.
② 1년에 1~3회 발생하며 암컷은 불완전변태를 한다.
③ 부화약충은 잎, 줄기에 붙어 즙액을 빨아 먹는다.
④ 부화한 애벌레가 쇠약목에 침입하여 갱도를 만든다.

58 조경관리 방식 중 직영방식의 장점에 해당하지 않는 것은?

① 긴급한 대응이 가능하다.
② 관리실태를 정확히 파악할 수 있다.
③ 애착심을 가지므로 관리효율의 향상을 꾀한다.
④ 규모가 큰 시설 등의 관리를 효율적으로 할 수 있다.

> **해설**
> 규모가 큰 시설 등의 관리를 효율적으로 할 수 있는 방식은 도급방식이다.

59 다음 중 시비시기와 관련된 설명 중 틀린 것은?

① 온대지방에서는 수종에 관계없이 가장 왕성한 생장을 하는 시기가 봄이며, 이 시기에 맞게 비료를 주는 것이 가장 바람직하다.
② 시비효과가 봄에 나타나게 하려면 겨울눈이 트기 4~6주 전인 늦은 겨울이나 이른 봄에 토양에 시비한다.
③ 질소비료를 제외한 다른 대량원소는 연중 필요할 때 시비하면 되고, 미량원소를 토양에 시비할 때에는 가을에 실시한다.
④ 우리나라의 경우 고정생장을 하는 소나무, 전나무, 가문비나무 등은 9~10월보다는 2월에 시비가 적절하다.

60 소나무류의 순자르기에 대한 설명으로 옳은 것은?

① 10~12월에 실시한다.
② 남길 순도 1/3~1/2 정도로 자른다.
③ 새순이 15cm 이상 길이로 자랐을 때에 실시한다.
④ 나무의 세력이 약하거나 크게 기르고자 할 때는 순자르기를 강하게 실시한다.

정답 54 ② 55 ③ 56 ① 57 ① 58 ④ 59 ④ 60 ②

01 다음 중 주택정원의 작업뜰에 위치할 수 있는 시설물로 가장 부적합한 것은?

① 장독대

② 빨래 건조장

③ 파고라

④ 채소밭

02 상점의 간판에 세 가지의 조명을 동시에 비추어 백색광을 만들려고 한다. 이때 필요한 3가지 기본 색광은?

① 노랑(Y), 초록(G), 파랑(B)

② 빨강(R), 노랑(Y), 파랑(B)

③ 빨강(R), 노랑(Y), 초록(G)

④ 빨강(R), 초록(G), 파랑(B)

해설

빛의 3원색은 빨강(Red), 초록(Green), 파랑(Blue)이다.

03 물체를 투상면에 대하여 한쪽으로 경사지게 투상하여 입체적으로 나타낸 것으로 다음 그림과 같은 것은?

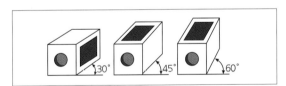

① 사투상도

② 투시투상도

③ 등각투상도

④ 부등각투상도

해설

• 투시투상도 : 하나의 소점(원근감)

• 등각투상도 : 120°, 3개의 축을 기본으로 한다.

• 부등각투상도 : 3개의 모서리 중 두 모서리는 같은 척도로고 나머지는 다른 척도로 한다.

04 사적지 유형 중 '제사, 신앙에 관한 유적'에 해당하는 것은?

① 도요지

② 성곽

③ 고궁

④ 사당

해설

도요지 : 도예

05 우리나라 조경의 특징으로 가장 적합한 설명은?

① 경관의 조화를 중요시하면서도 경관의 대비에 중점을 둔다.

② 급격한 지형변화를 이용하여 돌, 나무 등의 섬세한 사용을 통한 정신세계의 상징화를 한다.

③ 풍수지리설에 영향을 받으며, 계절의 변화를 느낄 수 있다.

④ 바닥포장과 괴석을 주로 사용하여 계속적인 변화와 시각적 흥미를 제공한다.

해설

①, ②, ④는 중국에 해당한다.

06 다음 중 통경선(vistas)의 설명으로 가장 적합한 것은?

① 주로 자연식 정원에서 많이 쓰인다.

② 정원에 변화를 많이 주기 위한 수법이다.

③ 정원에서 바라볼 수 있는 정원 밖의 풍경이 중요한 구실을 한다.

④ 시점(視點)으로부터 부지의 끝부분까지 시선을 집중하도록 한 것이다.

01 ③ 02 ④ 03 ① 04 ④ 05 ③ 06 ④ 정답

07 도시공원 및 녹지 등에 관한 법률 시행규칙에 의한 도시공원의 구분에 해당되지 않는 것은?

① 역사공원
② 체육공원
③ 도시농업공원
④ 국립공원

08 중세 클로이스터 가든에 나타나는 사분원(四分園)의 기원이 된 회교 정원 양식은?

① 차하르 바그
② 페리스타일 가든
③ 아라베스크
④ 행잉 가든

> **해설**
>
> 차하르 바그는 '4개의 정원'이라는 뜻으로 이슬람 회교 정원의 양식이다.

09 다음은 어떤 색에 대한 설명인가?

> 신비로움, 환상, 성스러움 등을 상징하며 여성스러움을 강조하는 역할을 하기도 하지만 비애감과 고독감을 느끼게 하기도 한다.

① 빨강
② 주황
③ 파랑
④ 보라

10 다음 그림의 가로 장치물 중 볼라드로 가장 적합한 것은?

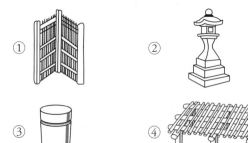

> **해설**
>
> 볼라드는 높이 30~70cm 정도이다.

11 다음 중 ( ) 안에 들어갈 각각의 내용으로 옳은 것은?

> 인간이 볼 수 있는 ( )의 파장은 약 ( )nm 이다.

① 적외선, 560~960
② 가시광선, 560~960
③ 가시광선, 380~780
④ 적외선, 380~780

12 회색의 시멘트 블록들 가운데에 놓인 붉은 벽돌은 실제의 색보다 더 선명해 보인다. 이러한 현상을 무엇이라고 하는가?

① 색상대비
② 명도대비
③ 채도대비
④ 보색대비

13 정원의 구성 요소 중 점적인 요소로 구별되는 것은?

① 원로
② 생울타리
③ 냇물
④ 휴지통

14 다음 중 ( )안에 해당하지 않는 것은?

> 우리나라 전통조경 공간인 연못에는 ( ), ( ), ( )의 삼신산을 상징하는 세 섬을 꾸며 신선사상을 표현했다.

① 영주
② 방지
③ 봉래
④ 방장

> **해설**
>
> 봉래, 방장, 영주

정답 07 ④ 08 ① 09 ④ 10 ③ 11 ③ 12 ③ 13 ④ 14 ②

15 다음 중 교통 표지판의 색상을 결정할 때 가장 중요하게 고려하여야 할 것은?

① 심미성　　　　② 명시성
③ 경제성　　　　④ 양질성

16 다음 지피식물의 기능과 효과에 관한 설명 중 옳지 않은 것은?

① 토양유실의 방지
② 녹음 및 그늘 제공
③ 운동 및 휴식공간 제공
④ 경관의 분위기를 자연스럽게 유도

17 어떤 목재의 함수율이 50%일 때 목재중량이 3,000g이라면 전건중량은 얼마인가?

① 1,000g　　　　② 2,000g
③ 4,000g　　　　④ 5,000g

18 다음 시멘트의 성분 중 화합물상에서 발열량이 가장 많은 성분은?

① C_3A　　　　② C_3S
③ C_4AF　　　　④ C_2S

19 다음 중 환경적 문제를 해결하기 위하여 친환경적 재료로 개발한 것은?

① 시멘트　　　　② 절연재
③ 잔디블록　　　　④ 유리블록

20 소나무 꽃 특성에 대한 설명으로 옳은 것은?

① 단성화, 자웅동주
② 단성화, 자웅이주
③ 양성화, 자웅동주
④ 양성화, 자웅이주

21 다음 중 비료목에 해당되는 식물이 아닌 것은?

① 다릅나무　　　　② 곰솔
③ 싸리나무　　　　④ 보리수나무

22 암석에서 떼어 낸 석재를 가공할 때 잔다듬기용으로 사용하는 도드락 망치는?

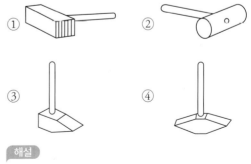

23 다음 중 가로수로 식재하며, 주로 봄에 꽃을 감상할 목적으로 식재하는 수종은?

① 팽나무　　　　　② 마가목
③ 협죽도　　　　　④ 벚나무

24 다음 중 강음수에 해당되는 식물종은?

① 팔손이　　　　　② 두릅나무
③ 회나무　　　　　④ 노간주나무

해설

음수 : 주목, 전나무, 독일가문비

25 석재의 분류는 화성암, 퇴적암, 변성암으로 분류할 수 있다. 다음 중 퇴적암에 해당되지 않는 것은?

① 사암　　　　　　② 혈암
③ 석회암　　　　　④ 안산암

해설

안산암은 화성암이다.

26 콘크리트의 연행공기량과 관련된 설명으로 틀린 것은?

① 사용 시멘트의 비표면적이 작으면 연행공기량은 증가한다.
② 콘크리트의 온도가 높으면 공기량은 감소한다.
③ 단위잔골재량이 많으면, 연행공기량은 감소한다.
④ 플라이애시를 혼화재로 사용할 경우 미연소 탄소 함유량이 많으면 연행공기량이 감소한다.

27 금속을 활용한 제품으로서 철 금속 제품에 해당하지 않는 것은?

① 철근, 강판　　　② 형강, 강관
③ 볼트, 너트　　　④ 도관, 가도관

해설

도관과 가도관은 점토제품이다.

28 피라칸다와 해당화의 공통점으로 옳지 않은 것은?

① 과명은 장미과이다.
② 열매가 붉은 색으로 성숙한다.
③ 성상은 상록활엽관목이다.
④ 줄기나 가지에 가시가 있다.

해설

• 피라칸다는 상록활엽교목이다.
• 해당화는 낙엽활엽관목이다.

29 낙엽활엽소교목으로 양수이며 잎이 나오기 전 3월경 노란색으로 개화하고, 빨간 열매를 맺어 아름다운 수종은?

① 개나리　　　　　② 생강나무
③ 산수유　　　　　④ 풍년화

해설

• 개나리 : 낙엽활엽관목
• 생강나무 : 낙엽활엽관목, 노란색 꽃과 검은 열매를 맺음
• 산수유 : 낙엽활엽소교목, 노란색 꽃과 붉은 열매를 맺음
• 풍년화 : 낙엽활엽소교목, 붉은색 꽃과 갈색 열매를 맺음

30 다음 중 목재의 함수율이 크고 작음에 가장 영향이 큰 강도는?

① 인장강도　　　　② 휨강도
③ 전단강도　　　　④ 압축강도

해설

• 전단강도 : 3%
• 휨강도 : 4%
• 압축강도 : 6%

정답　23 ④　24 ①　25 ④　26 ③　27 ④　28 ③　29 ③　30 ④

31 다음 중 수목의 형태상 분류가 다른 것은?

① 떡갈나무   ② 박태기나무

③ 회화나무   ④ 느티나무

떡갈나무, 회화나무, 느티나무는 낙엽활엽교목이고, 박태기나무는 낙엽활엽관목이다.

32 목련과(Magnoliaceae) 중 상록성 수종에 해당하는 것은?

① 태산목   ② 함박꽃나무

③ 자목련   ④ 일본목련

태산목 : 독립수

33 압력 탱크 속에서 고압으로 방부제를 주입시키는 방법으로 목재의 방부처리 방법 중 가장 효과적인 것은?

① 표면탄화법   ② 침지법

③ 가압주입법   ④ 도포법

34 다음 석재의 역학적 성질 설명 중 옳지 않은 것은?

① 공극률이 가장 큰 것은 대리석이다.

② 현무암의 탄성계수는 후크(Hooke)의 법칙을 따른다.

③ 석재의 강도는 압축강도가 특히 크며, 인장강도는 매우 작다.

④ 석재 중 풍화에 가장 큰 저항성을 가지는 것은 화강암이다.

대리석은 높은 압력에 의해 형성되어 공극률이 작다.

35 통기성, 흡수성, 보온성, 부식성이 우수하여 줄기 감기용, 수목 굴취 시 뿌리감기용, 겨울철 수목보호를 위해 사용되는 마(麻) 소재의 친환경적 조경 자재는?

① 녹화마대   ② 볏짚

③ 새끼줄   ④ 우드칩

36 다음 중 조경석 가로쌓기 작업이 설계도면 및 공사시방서에 명시가 없을 경우 높이 메쌓기는 몇 m 이하로 하여야 하는가?

① 1.5   ② 1.8

③ 2.0   ④ 2.5

37 조경공사용 기계의 종류와 용도(굴삭, 배토정지, 상차, 운반, 다짐)의 연결이 옳지 않은 것은?

① 굴삭용 – 무한궤도식 로더

② 운반용 – 덤프트럭

③ 다짐용 – 탬퍼

④ 배토정지용 – 모터그레이더

무한궤도식 로더는 상차용 기계이다.

38 물 200L를 가지고 제초제 1,000배액을 만들 경우 필요한 약량은 몇 mL인가?

① 10mL   ② 100mL

③ 200mL   ④ 500mL

[살포액 희석]

• 필요약량 = $\dfrac{수량}{희석배수}$

• $\dfrac{200}{1,000}$ = 0.2L = 200mL

39 다음 [보기]의 뿌리돌림 설명 중 ( )에 가장 적합한 숫자는?

[보기]
- 뿌리돌림은 이식하기 (㉠)년 전에 실시하되 최소 (㉡)개월 전 초봄이나 늦가을에 실시한다.
- 노목이나 보호수와 같이 중요한 나무는 (㉢)회 나누어 연차적으로 실시한다.

① ㉠ 1~2 ㉡ 12 ㉢ 2~4
② ㉠ 1~2 ㉡ 6 ㉢ 2~4
③ ㉠ 3~4 ㉡ 12 ㉢ 1~2
④ ㉠ 3~4 ㉡ 24 ㉢ 1~2

40 건설공사의 감리 구분에 해당하지 않는 것은?

① 설계감리 ② 시공감리
③ 입찰감리 ④ 책임감리

41 동일한 규격의 수목을 연속적으로 모아 심었거나 줄지어 심었을 때 적합한 지주 설치법은?

① 단각지주 ② 이각지주
③ 삼각지주 ④ 연결형지주

42 측량 시에 사용하는 측정기구와 그 설명이 틀린 것은?

① 야장 – 측량한 결과를 기입하는 수첩
② 측량 핀 – 테이프의 길이마다 그 측점을 땅 위에 표시하기 위하여 사용되는 핀
③ 폴(pole) – 일정한 지점이 멀리서도 잘 보이도록 곧은 장대에 빨간색과 흰색을 교대로 칠하여 만든 기구
④ 보수계(pedometer) – 어느 지점이나 범위를 표시하기 위하여 땅에 꽂아 두는 나무 표지

43 관리업무 수행 중 도급방식의 대상으로 옳은 것은?

① 긴급한 대응이 필요한 업무
② 금액이 적고 간편한 업무
③ 연속해서 행할 수 없는 업무
④ 규모가 크고, 노력, 재료 등을 포함하는 업무

해설
①, ②, ③은 직영방식에 해당한다.

44 다음 중 유충과 성충이 동시에 나무 잎에 피해를 주는 해충이 아닌 것은?

① 느티나무벼룩바구미
② 버들꼬마잎벌레
③ 주둥무늬차색풍뎅이
④ 큰이십팔점박이무당벌레

해설
주둥무늬차색풍뎅이의 성충은 잎, 유충은 뿌리에 피해를 준다.

45 다음 [보기]의 식물들이 모두 사용되는 정원 식재 작업에서 가장 먼저 식재를 진행해야 할 수종은?

[보기]
소나무, 수수꽃다리, 영산홍, 잔디

① 잔디 ② 영산홍
③ 수수꽃다리 ④ 소나무

46 다음 중 생리적 산성비료는?

① 요소 ② 용성인비
③ 석회질소 ④ 황산암모늄

해설
- 생리적 산성비료 : 황산암모늄, 황산칼륨, 염화칼륨
- 중성비료 : 질산암모늄, 요소, 석회질소
- 염기성비료 : 용성인비, 재, 칠레초석

정답 39 ② 40 ③ 41 ④ 42 ④ 43 ④ 44 ③ 45 ④ 46 ④

47 40%(비중=1)의 어떤 유제가 있다. 이 유제를 1,000배로 희석하여 10a당 9L를 살포하고자 할 때, 유제의 소요량은 몇 mL인가?

① 7 　　　　② 8
③ 9 　　　　④ 10

> **해설**
>
> [살포액 희석의 사용농도]
> - 살포액희석의 사용농도 = $\dfrac{원액농도}{희석배수}$
>
> $= \dfrac{40\%}{1,000} = 0.04\%$
> - ha당 필요약량 = 사용농도 × (살포량/원액농도)
>
> $= 0.04\% \times \left(\dfrac{9L}{40\%}\right)$
>
> 따라서 0.009L 즉, 9mL이다.

48 서중 콘크리트는 1일 평균기온이 얼마를 초과하는 것이 예상되는 경우 시공하여야 하는가?

① 25℃ 　　　　② 20℃
③ 15℃ 　　　　④ 10℃

49 흡즙성 해충으로 버즘나무, 철쭉류, 배나무 등에서 많은 피해를 주는 해충은?

① 오리나무잎벌레 　　　　② 솔노랑잎벌
③ 방패벌레 　　　　④ 도토리거위벌레

50 골프코스에서 홀(hole)의 출발지점을 무엇이라 하는가?

① 그린 　　　　② 티
③ 러프 　　　　④ 페어웨이

> **해설**
>
> - 티 : 출발지점
> - 그린 : 도착지점
> - 러프 : 페어웨이 주변으로 깎지 않은 초지구역
> - 페어웨이 : 티와 그린 사이에 짧게 깎은 잔디구역

51 농약 혼용 시 주의하여야 할 사항으로 틀린 것은?

① 혼용 시 침전물이 생기면 사용하지 않아야 한다.
② 가능한 한 고농도로 살포하여 인건비를 절약한다.
③ 농약의 혼용은 반드시 농약 혼용가부표를 참고한다.
④ 농약을 혼용하여 조제한 약제는 될 수 있으면 즉시 살포하여야 한다.

52 목적에 알맞은 수형으로 만들기 위해 나무의 일부분을 잘라주는 관리방법을 무엇이라 하는가?

① 관수 　　　　② 멀칭
③ 시비 　　　　④ 전정

> **해설**
>
> [전정의 종류]
> - 생장을 돕는 전정
> - 개화, 결실을 돕는 전정
> - 세력갱신을 위한 전정
> - 생장억제를 위한 전정
> - 생장조절을 위한 전정

53 다음 중 지형을 표시하는 데 가장 기본이 되는 등고선은?

① 간곡선 　　　　② 주곡선
③ 조곡선 　　　　④ 계곡선

> **해설**
>
> 주된 선이 주곡선이다.

54 경관에 변화를 주거나 방음, 방풍 등을 위한 목적으로 작은 동산을 만드는 공사의 종류는?

① 부지정지 공사 　　　　② 흙깎기 공사
③ 멀칭 공사 　　　　④ 마운딩 공사

55 잣나무 털녹병의 중간 기주에 해당하는 것은?

① 등골나무 ② 향나무

③ 오리나무 ④ 까치밥나무

> **해설**
> • 잣나무 털녹병 : 까치밥나무
> • 포플러 잎녹병 : 낙엽송
> • 사과나무, 배나무 붉은별 무늬병 : 향나무
> • 소나무혹병 : 졸참나무, 신갈나무

56 수준측량의 용어 설명 중 높이를 알고 있는 기지점에 세운 표척눈금의 읽은 값을 무엇이라 하는가?

① 후시 ② 전시

③ 전환점 ④ 중간점

> **해설**

후시(back sight)	알고 있는 점에 표척을 세워 읽은 값
전시(fore sight)	구하고자 하는 점에 기계를 세워 읽은 값
전환점 (turning point)	높이차 측량의 시작과 끝점 사이에 여러 번 레벨을 설치해서 측량하는 점
중간점 (intermediate point)	2점의 표고를 구하고자 전시만 취한 점

57 석재가공 방법 중 화강암 표면의 기계로 켠 자국을 없애주고 자연스러운 느낌을 주므로 가장 널리 쓰이는 마감방법은?

① 버너마감 ② 잔다듬

③ 정다듬 ④ 도드락다듬

58 공원의 주민참가 3단계 발전과정이 옳은 것은?

① 비참가 → 시민권력의 단계 → 형식적 참가

② 형식적 참가 → 비참가 → 시민권력의 단계

③ 비참가 → 형식적 참가 → 시민권력의 단계

④ 시민권력의 단계 → 비참가 → 형식적 참가

59 자연석(경관석) 놓기에 대한 설명으로 틀린 것은?

① 경관석의 크기와 외형을 고려한다.

② 경관석 배치의 기본형은 부등변삼각형이다.

③ 경관석의 구성은 2, 4, 8 등 짝수로 조합한다.

④ 돌 사이의 거리나 크기를 조정하여 배치한다.

> **해설**
> 경관석의 구성은 1, 3, 5 등 홀수로 조합한다.

60 농약의 물리적 성질 중 살포하여 부착한 약제가 이슬이나 빗물에 씻겨 내리지 않고 식물체 표면에 묻어있는 성질을 무엇이라 하는가?

① 고착성(tenacity)

② 부착성(adhesiveness)

③ 침투성(penetrating)

④ 현수성(suspensibility)

> **해설**
> • 부착성 : 약제가 식물체에 붙는 성질
> • 침투성 : 약제가 식물체에 스며드는 성질
> • 현수성 : 고체 미립자가 균일하게 분산하여 부유하는 성질

정답 55 ④ 56 ① 57 ① 58 ③ 59 ③ 60 ①

01 다음 중 색의 삼속성이 아닌 것은?

① 색상   ② 명도

③ 채도   ④ 대비

해설

색의 3속성 : 색상, 명도, 채도

02 다음 중 기본계획에 해당되지 않는 것은?

① 땅가름   ② 주요시설배치

③ 식재계획   ④ 실시설계

해설

시공 전 단계 : 실시설계(100% 설계)

03 다음 중 서원 조경에 대한 설명으로 틀린 것은?

① 도산서당의 정우당, 남계성원의 지당에 연꽃이 식재된 것은 주렴계의 애련설의 영향이다.

② 서원의 진입공간에는 홍살문이 세워지고, 하마비와 하마석이 놓여진다.

③ 서원에 식재되는 수목들은 관상을 목적으로 식재되었다.

④ 서원에 식재되는 대표적인 수목은 은행나무로 행단과 관련이 있다.

해설

서원에는 공간적 성격에 적합한 일부 수목만을 식재한다.

04 일본의 정원 양식 중 다음 설명에 해당하는 것은?

- 15세기 후반에 바다의 경치를 나타내기 위해 사용하였다.
- 정원소재로 왕모래와 몇 개의 바위만으로 정원을 꾸미고, 식물은 일체 쓰지 않았다.

① 다정양식   ② 축산고산수양식

③ 평정고산수양식   ④ 침전조정원양식

해설

축산고산수양식은 수목으로 산을 표현하며, 평정고산수양식은 수목을 사용하지 않았다.

05 다음 중 쌍탑형 가람배치를 가지고 있는 사찰은?

① 경주 분황사   ② 부여 정림사

③ 경주 감은사   ④ 익산 미륵사

해설

- 1탑 1금당 : 경주 분황사, 부여 정림사
- 3탑 3금당 : 익산 미륵사
- 쌍탑 1금당 : 경주 사천왕사, 경주 감은사지, 경주 불국사

06 다음 중 프랑스 베르사유 궁원의 수경시설과 관련이 없는 것은?

① 아폴로 분수   ② 물극장

③ 라토나 분수   ④ 양어장

07 다음 설계 도면의 종류 중 2차원의 평면을 나타내지 않는 것은?

① 평면도   ② 단면도

③ 상세도   ④ 투시도

해설

투시도 : 입체적

01 ④   02 ④   03 ③   04 ③   05 ③   06 ④   07 ④   정답

08 중국 옹정제가 제위 전 하사받은 별장으로 영국에 중국식 정원을 조성하게 된 계기가 된 곳은?

① 원명원 　　　　 ② 기창원

③ 이화원 　　　　 ④ 외팔묘

> **해설**
>
> 원명원이궁 : 강희제가 줌

09 자유, 우아, 섬세, 간접적, 여성적인 느낌을 갖는 선은?

① 직선 　　　　 ② 절선

③ 곡선 　　　　 ④ 점선

10 다음 중 휴게시설물로 분류할 수 없는 것은?

① 퍼걸러(그늘시렁) 　　 ② 평상

③ 도섭지(발물놀이터) 　 ④ 야외탁자

> **해설**
>
> 도섭지는 수경시설에 해당된다.

11 파란색 조명에 빨간색 조명과 초록색 조명을 동시에 켰더니 하얀색으로 보였다. 이처럼 빛에 의한 색채의 혼합 원리는?

① 가법혼색 　　　　 ② 병치혼색

③ 회전혼색 　　　　 ④ 감법혼색

> **해설**
>
> • 빛의 3원색 : 빨강, 초록, 파랑
> • 가법혼색은 빛을 가하여 색을 혼합하면 원래의 색보다 명도가 증가하는 현상이다.

12 이집트 하(下)대의 상징 식물로 여겨졌으며, 연못에 식재되었고, 식물의 꽃은 즐거움과 승리를 의미하여 신과 사자에게 바쳐졌다. 이집트 건축의 주두(柱頭) 장식에도 사용되었던 이 식물은?

① 자스민 　　　　 ② 무화과

③ 파피루스 　　　　 ④ 아네모네

> **해설**
>
> • 이집트 상(上)대 상징식물 : 연꽃
> • 이집트 하(下)대 상징식물 : 파피루스

13 조경분야의 기능별 대상 구분 중 위락관광시설로 가장 적합한 것은?

① 오피스빌딩정원 　 ② 어린이공원

③ 골프장 　　　　 ④ 군립공원

14 벽돌로 만들어진 건축물에 태양광선이 비추어지는 부분과 그늘진 부분에서 나타나는 배색은?

① 톤 인 톤(tone in tone) 배색

② 톤 온 톤(tone on tone) 배색

③ 까마이외(camaïeu) 배색

④ 트리콜로르(tricolore) 배색

> **해설**
>
> 톤 온 톤 : 색은 동일하나 그 색의 톤을 달리하는 그라데이션 배색

15 골프장에서 티와 그린 사이의 공간으로 잔디를 짧게 깎는 지역은?

① 해저드 　　　　 ② 페어웨이

③ 홀 커터 　　　　 ④ 벙커

> **해설**
>
> • 해저드 : 장애구역
> • 홀 커터 : 홀컵을 뚫는 기구
> • 벙커 : 해저드, 모래요지

정답 08 ① 　09 ③ 　10 ③ 　11 ① 　12 ③ 　13 ③ 　14 ② 　15 ②

16 골재의 함수상태에 관한 설명 중 틀린 것은?

① 골재를 110℃ 정도의 온도에서 24시간 이상 건조시킨 상태를 절대건조 상태 또는 노건조 상태(oven dry condition)라 한다.

② 골재를 실내에 방치할 경우, 골재입자의 표면과 내부의 일부가 건조된 상태를 공기 중 건조상태라 한다.

③ 골재입자의 표면에 물은 없으나 내부의 공극에는 물이 꽉 차있는 상태를 표면건조 포화상태라 한다.

④ 절대건조 상태에서 표면건조 상태가 될 때까지 흡수되는 수량을 표면수량(surface moisture)이라 한다.

> **해설**
>
> ④는 흡수량에 관한 설명이다.

17 다음 중 가로수용으로 가장 적합한 수종은?

① 회화나무   ② 돈나무
③ 호랑가시나무   ④ 풀명자

18 진비중이 1.5, 전건비중이 0.54인 목재의 공극률은?

① 66%   ② 64%
③ 62%   ④ 60%

> **해설**
>
> [목재공극률]
>
> 목재공극률 $= (1 - \dfrac{전건비중}{진비중}) \times 100$
>
> $= (1 - \dfrac{0.54}{1.5}) \times 100$
>
> $= 64\%$

19 나무의 높이나 나무 고유의 모양에 따른 분류가 아닌 것은?

① 교목
② 활엽수
③ 상록수
④ 덩굴성 수목(만경목)

> **해설**
>
> 상록수, 낙엽수 : 잎의 상태

20 다음 중 산울타리 수종으로 적합하지 않은 것은?

① 편백   ② 무궁화
③ 단풍나무   ④ 쥐똥나무

> **해설**
>
> 단풍나무는 경관장식용 수종이다.

21 다음 중 모감주나무(Koelreuteria paniculata Laxmann)에 대한 설명으로 옳은 것은?

① 뿌리는 천근성으로 내공해성이 약하다.
② 열매는 삭과로 3개의 황색종자가 들어있다.
③ 잎은 호생하고 기수1회우상복엽이다.
④ 남부지역에서만 식재가능하고 성상은 상록활엽교목이다.

> **해설**
>
> • 모감주나무는 내공해성이 강하다.
> • 열매는 삭과로 3개의 흑색종자가 들어 있다.
> • 성상은 낙엽활엽교목이다.

22 복수초(Adonis Amurensis Regel & Radde)에 대한 설명으로 틀린 것은?

① 여러해살이풀이다.
② 꽃색은 황색이다.
③ 실생개체의 경우 1년 후 개화한다.
④ 우리나라에는 1속 1종이 난다.

> **해설**
>
> 복수초 실생개체는 3년 후 개화한다.

23 다음 중 지피(地被)용으로 사용하기 가장 적합한 식물은?

① 맥문동   ② 등나무
③ 으름덩굴   ④ 멀꿀

> 해설

지피식물의 종류 : 맥문동, 비비추, 원추리, 꽃잔디, 클로버, 질경이 등

24 다음 중 열가소성 수지에 해당되는 것은?

① 페놀수지   ② 멜라민수지
③ 폴리에틸렌수지   ④ 요소수지

> 해설

열경화성 : 페놀수지, 멜라민수지, 요소수지

25 다음 중 약한 나무를 보호하기 위하여 줄기를 싸주거나 지표면을 덮어주는 데 사용되기에 가장 적합한 것은?

① 볏짚   ② 새끼줄
③ 밧줄   ④ 바크(bark)

26 목질 재료의 단점에 해당되는 것은?

① 함수율에 따라 변형이 잘 된다.
② 무게가 가벼워서 다루기 쉽다.
③ 재질이 부드럽고 촉감이 좋다.
④ 비중이 적은데 비해 압축, 인장강도가 높다.

27 다음 중 열매가 붉은색으로만 짝지어진 것은?

① 쥐똥나무, 팥배나무
② 주목, 칠엽수
③ 피라칸다, 낙상홍
④ 매실나무, 무화과나무

> 해설

• 쥐똥 : 검은색
• 칠엽수 : 황색
• 매실나무 : 녹색

28 다음 중 지피식물의 특성에 해당되지 않는 것은?

① 지표면을 치밀하게 피복해야 한다.
② 키가 높고, 일년생이며 거칠어야 한다.
③ 환경조건에 대한 적응성이 넓어야 한다.
④ 번식력이 왕성하고 생장이 비교적 빨라야 한다.

> 해설

지피식물은 키가 작고 다년생이어야 한다.

29 다음 설명에 해당하는 수종은?

> • "설송(雪松)"이라 불리기도 한다.
> • 천근성 수종으로 바람에 약하며, 수관폭이 넓고 속성수로 크게 자라기 때문에 적지 선정이 중요하다.
> • 줄기는 아래로 처지며, 수피는 회갈색으로 얇게 갈라져 벗겨진다.
> • 잎은 짧은 가지에 30개가 총생, 3~4cm로 끝이 뾰족하며, 바늘처럼 찌른다.

① 잣나무   ② 솔송나무
③ 개잎갈나무   ④ 구상나무

30 다음 중 목재 접착 시 압착의 방법이 아닌 것은?

① 도포법   ② 냉압법
③ 열압법   ④ 냉압 후 열압법

> 해설

도포법 : 목재 방부제 처리방법

정답   23 ①   24 ③   25 ①   26 ①   27 ③   28 ②   29 ③   30 ①

31 목재가 함유하는 수분을 존재 상태에 따라 구분한 것 중 맞는 것은?

① 모관수 및 흡착수
② 결합수 및 화학수
③ 결합수 및 응집수
④ 결합수 및 자유수

32 다음 설명의 ( ) 안에 가장 적합한 것은?

> 조경공사 표준시방서의 기준상 수목은 수관부 가지의 약 ( ) 이상이 고사하는 경우에 고사목으로 판정하고, 지피·초본류는 해당 공사의 목적에 부합되는가를 기준으로 감독자의 육안 검사 결과에 따라 고사 여부를 판정한다.

① $\dfrac{1}{2}$ ② $\dfrac{1}{3}$

③ $\dfrac{2}{3}$ ④ $\dfrac{3}{4}$

33 벤치 좌면 재료 가운데 이용자가 4계절 가장 편하게 사용할 수 있는 재료는?

① 플라스틱
② 목재
③ 석재
④ 철재

34 다음 중 한지형(寒地形) 잔디에 속하지 않는 것은?

① 벤트그래스
② 버뮤다그래스
③ 라이그래스
④ 켄터키블루그래스

해설
버뮤다그래스는 서양의 난지형 잔디에 속한다.

35 다음 중 화성암에 해당하는 것은?

① 화강암
② 응회암
③ 편마암
④ 대리석

해설
• 변성암 : 편마암, 사문암, 대리석
• 퇴적암 : 응회암, 점판암, 사암

36 다음 중 시설물의 사용연수로 가장 부적합한 것은?

① 철재 시소 – 10년
② 목재 벤치 – 7년
③ 철재 파고라 – 40년
④ 원로의 모래자갈 포장 – 10년

해설
철재파고라 : 20년

37 다음 중 금속재의 부식 환경에 대한 설명이 아닌 것은?

① 온도가 높을수록 녹의 양은 증가한다.
② 습도가 높을수록 부식속도가 빨리 진행된다.
③ 도장이나 수선 시기는 여름보다 겨울이 좋다.
④ 내륙이나 전원지역보다 자외선이 많은 일반 도심지가 부식속도가 느리게 진행된다.

해설
④ 빠르게 진행된다.

38 다음 중 같은 밀도(密度)에서 토양공극의 크기 (size)가 가장 큰 것은?

① 식토
② 사토
③ 점토
④ 식양토

31 ④ 32 ③ 33 ② 34 ② 35 ① 36 ③ 37 ④ 38 ② **정답**

39 다음 중 경사도에 관한 설명으로 틀린 것은?

① 45° 경사는 1 : 1이다.

② 25% 경사는 1 : 4이다.

③ 1 : 2는 수평거리 1, 수직거리 2를 나타낸다.

④ 경사면은 토양의 안식각을 고려하여 안전한 경사면을 조성한다.

40 표준시방서의 기재 사항으로 맞는 것은?

① 공사량

② 입찰방법

③ 계약절차

④ 사용재료 종류

41 다음과 같은 피해 특징을 보이는 대기오염 물질은?

- 침엽수는 물에 젖은 듯한 모양, 적갈색으로 변색
- 활엽수 잎의 끝부분과 엽맥 사이 조직의 괴사, 물에 젖은 듯한 모양(엽육조직 피해)

① 오존

② 아황산가스

③ PAN

④ 중금속

42 표준품셈에서 수목을 인력시공 식재 후 지주목을 세우지 않을 경우 인력품의 몇 %를 감하는가?

① 5%

② 10%

③ 15%

④ 20%

43 다음 중 멀칭의 기대 효과가 아닌 것은?

① 표토의 유실을 방지한다.

② 토양의 입단화를 촉진한다.

③ 잡초의 발생을 최소화한다.

④ 유익한 토양미생물의 생장을 억제한다.

 해설

유익한 토양미생물의 생장을 촉진한다.

44 다음 중 등고선의 성질에 대한 설명으로 맞는 것은?

① 지표의 경사가 급할수록 등고선 간격이 넓어진다.

② 같은 등고선 위의 모든 점은 높이가 서로 다르다.

③ 등고선은 지표의 최대 경사선의 방향과 직교하지 않는다.

④ 높이가 다른 두 등고선은 동굴이나 절벽의 지형이 아닌 곳에서는 교차하지 않는다.

45 습기가 많은 물가나 습원에서 생육하는 식물을 수생식물이라 한다. 다음 중 이에 해당하지 않는 것은?

① 부처손, 구절초

② 갈대, 물억새

③ 부들, 생이가래

④ 고랭이, 미나리

해설

- 부처손 : 건조한 바위
- 구절초 : 능선

46 인공지반에 식재된 식물과 생육에 필요한 식재 최소토심으로 가장 적합한 것은? (단, 배수구배는 1.5~2.0%, 인공토양 사용 시로 한다.)

① 잔디, 초본류 – 15cm

② 소관목 – 20cm

③ 대관목 – 45cm

④ 심근성 교목 – 90cm

정답 39 ③ 40 ④ 41 ② 42 ② 43 ④ 44 ④ 45 ① 46 ②

47 가로 2m×세로 50m의 공간에 H0.4×W0.5 규격의 영산홍으로 생울타리를 만들려고 하면 사용되는 수목의 수량은 약 얼마인가?

① 50주 　　　　② 100주

③ 200주 　　　　④ 400주

해설
- 식재공간 : 가로 2m×세로 50m＝100m²
- H0.4×W0.5 규격의 영산홍 1주당 면적 : 0.5m×0.5m＝0.25m²/주
  따라서, 100m²÷0.25m²/주＝400주

48 식물명에 대한 코흐의 원칙의 설명으로 틀린 것은?

① 병든 생물체에 병원체로 의심되는 특정 미생물이 존재해야 한다.

② 그 미생물은 기주생물로부터 분리되고 배지에서 순수배양되어야 한다.

③ 순수배양한 미생물을 동일 기주에 접종하였을 때 동일한 병이 발생되어야 한다.

④ 병든 생물체로부터 접종할 때 사용하였던 미생물과 동일한 특성의 미생물이 재분리되지만 배양은 되지 않아야 한다.

49 다음 중 철쭉류와 같은 화관목의 전정시기로 가장 적합한 것은?

① 개화 1주 전 　　　② 개화 2주 전

③ 개화가 끝난 직후 　④ 휴면기

50 미국흰불나방에 대한 설명으로 틀린 것은?

① 성충으로 월동한다.

② 1화기보다 2화기에 피해가 심하다.

③ 성충의 활동시기에 피해지역 또는 그 주변에 유아등이나 흡입포충기를 설치하여 유인 포살한다.

④ 알 기간에 알 덩어리가 붙어 있는 잎을 채취하여 소각하며, 잎을 가해하고 있는 군서 유충을 소살한다.

해설
미국흰불나방은 번데기로 월동한다.

51 다음 중 제초제 사용의 주의사항으로 틀린 것은?

① 비나 눈이 올 때는 사용하지 않는다.

② 될 수 있는 대로 다른 농약과 섞어서 사용한다.

③ 적용 대상에 표시되지 않은 식물에는 사용하지 않는다.

④ 살포할 때는 보안경과 마스크를 착용하며, 피부가 노출되지 않도록 한다.

52 다음 중 시멘트와 그 특성이 바르게 연결된 것은?

① 조강포틀랜드시멘트 – 조기강도를 요하는 긴급공사에 적합하다.

② 백색포틀랜드시멘트 – 시멘트 생산량의 90%이상을 점하고 있다.

③ 고로슬래그시멘트 – 건조수축이 크며, 보통 시멘트보다 수밀성이 우수하다.

④ 실리카시멘트 – 화학적 저항성이 크고 발열량이 적다.

해설
- 백색포틀랜드시멘트 : 건축물의 도장, 타일 및 인조 대리석의 가공, 조각품을 생산할 때 사용된다.
- 고로슬래그시멘트 : 분말도가 높고, 응결 및 강도발현이 느리다.
- 실리카시멘트 : 특수시멘트로 동결융해작용의 저항성이 작다.

53 일반적인 토양의 표토에 대한 설명으로 가장 부적합한 것은?

① 우수(雨水)의 배수능력이 없다.

② 토양오염의 정화가 진행된다.

③ 토양미생물이나 식물의 뿌리 등이 활발히 활동하고 있다.

④ 오랜 기간의 자연작용에 따라 만들어진 중요한 자산이다.

54 잔디재배 관리방법 중 칼로 토양을 베어주는 작업으로, 잔디의 포복경 및 지하경도 잘라주는 효과가 있으며 레노베이어, 론에어 등의 장비가 사용되는 작업은?

① 스파이킹　　　② 롤링

③ 버티컬 모잉　　④ 슬라이싱

55 벽돌(190×90×57)을 이용하여 경계부의 담장을 쌓으려고 한다. 시공면적 10m²에 1.5B 두께로 시공할 때 약 몇 장의 벽돌이 필요한가? (단, 줄눈은 10mm이고, 할증률은 무시한다.)

① 약 750장　　　② 약 1,490장

③ 약 2,240장　　④ 약 2,980장

해설

1m²당 1.5B 두께로 224장의 벽돌이 필요하다. 따라서 10m²에는 약 2,240장의 벽돌이 필요하다.

56 평판측량의 3요소가 아닌 것은?

① 수평 맞추기(정준)

② 중심 맞추기(구심)

③ 방향 맞추기(표정)

④ 수직 맞추기(수준)

57 페니트로티온 45% 유제 원액 100cc를 0.05%로 희석 살포액을 만들려고 할 때 필요한 물의 양은 얼마인가? (단, 유제의 비중은 1.0이다.)

① 69,900cc　　　② 79,900cc

③ 89,900cc　　　④ 99,900cc

[필요한 물의 양]

필요한 물의 양 = 약량 × ($\frac{원액농도}{희석농도}$ − 1) × 원액비중

= 100 × ($\frac{45\%}{0.05\%}$ − 1) × 1.0 = 89,900cc

58 대추나무에 발생하는 전신병으로 마름무늬매미충에 의해 전염되는 병은?

① 갈반병　　　② 잎마름병

③ 흑병　　　　④ 빗자루병

해설

빗자루병 : 가지가 빗자루 모양으로 변형되는 병

59 다음 복합비료 중 주성분 함량이 가장 많은 비료는?

① 21-21-17　　② 11-21-11

③ 18-18-18　　④ 0-40-10

해설

질소-인-칼륨

60 해충의 방제방법 중 기계적 방제방법에 해당하지 않는 것은?

① 경운법　　　② 유살법

③ 소살법　　　④ 방사선이용법

해설

방사선이용법은 물리적 방제법에 해당한다.

정답 53 ①　54 ④　55 ③　56 ④　57 ③　58 ④　59 ①　60 ④

01 다음 [보기]에서 설명하는 것은?

[보기]
- 유사한 것들이 반복되면서 자연적인 순서와 질서를 갖게 되는 것
- 특정한 형이 점차 커지거나 반대로 서서히 작아지는 형식이 되는 것

① 점이(漸移)　　② 운율(韻律)
③ 추이(推移)　　④ 비례(比例)

해설

- 운율 : 강약, 장단, 고저의 주기성, 연속적 운동감
- 추이 : 시간의 경과에 따른 변화
- 비례 : 전체와 부분간 양적 일정한 관계 형성

02 다음 중 전라남도 담양 지역의 정자원림이 아닌 것은?

① 소쇄원 원림　　② 명옥헌 원림
③ 식영정 원림　　④ 임대정 원림

해설

임대정 원림은 전라남도 화순에 있다.

03 화단 50m의 길이에 1열로 생울타리(H1.2×W0.4)를 만들려면 해당 규격의 수목이 최소한 얼마나 필요한가?

① 42주　　② 125주
③ 200주　　④ 600주

해설

50m÷0.4m=125주

04 다음 제시된 색 중 같은 면적에 적용했을 경우 가장 좁아 보이는 색은?

① 옅은 하늘색　　② 선명한 분홍색
③ 밝은 노란 회색　　④ 진한 파랑

05 도면의 작도 방법으로 옳지 않은 것은?

① 도면은 될 수 있는 한 간단히 하고, 중복을 피한다.
② 도면은 그 길이 방향을 위아래 방향으로 놓은 위치를 정위치로 한다.
③ 사용 척도는 대상물의 크기, 도형의 복잡성 등을 고려, 그림이 명료성을 갖도록 선정한다.
④ 표제란을 보는 방향은 통상적으로 도면의 방향과 일치하도록 하는 것이 좋다.

해설

③ : 좌·우 방향

06 중국 조경의 시대별 연결이 옳은 것은?

① 명 – 이화원(頤和園)
② 진 – 화림원(華林園)
③ 송 – 만세산(萬歲山)
④ 명 – 태액지(太液池)

해설

- 청 : 이화원
- 삼국시대 : 화림원
- 한 : 태액지

07 다음 중 배치도에 표시하지 않아도 되는 사항은?

① 축척
② 건물의 위치
③ 대지 경계선
④ 수목 줄기의 형태

01 ①　02 ④　03 ②　04 ④　05 ②　06 ③　07 ④ 정답

08 다음 중 식별성이 높은 지형이나 시설을 지칭하는 것은?

① 비스타(vista)

② 캐스케이드(cascade)

③ 랜드마크(landmark)

④ 슈퍼그래픽(super graphic)

> **해설**
> • 비스타 : 통경선
> • 캐스케이드 : 인공적 계단폭포
> • 슈퍼그래픽 : 환경디자인

09 다음 [보기]의 설명은 어느 시대의 정원에 관한 것인가?

> [보기]
> • 석가산과 원정, 화원 등이 특징이다.
> • 대표적 유적으로 동지(東池), 만월대, 수창궁원, 청평사 문수원 정원 등이 있다.
> • 휴식·조망을 위한 정자를 설치하기 시작하였다.
> • 송나라의 영향으로 화려한 관상 위주의 이국적 정원을 만들었다.

① 조선

② 백제

③ 고려

④ 통일신라

> **해설**
> 고려는 송나라의 영향을 받았다.

10 이탈리아 바로크 정원 양식의 특징으로 볼 수 없는 것은?

① 미원(maze)

② 토피어리

③ 다양한 물의 기교

④ 타일포장

> **해설**
> 대규모의 토피어리 미원, 총림조성, 묵극장, 물풍금

11 해가 지면서 주위가 어둑해질 무렵 낮에 화사하게 보이던 빨간 꽃이 거무스름해져 보이고, 청록색 물체가 밝게 보인다. 이러한 원리를 무엇이라고 하는가?

① 명순응

② 면적 효과

③ 색의 항상성

④ 푸르키니에 현상

12 다음 중 어린이들의 물놀이를 위해서 만든 얕은 물 놀이터는?

① 도섭지

② 포석지

③ 폭포지

④ 천수지

> **해설**
> 도섭지 : 발 담그고 노는 곳

13 먼셀 표색계의 색채 표기법으로 옳은 것은?

① 2040-Y70R

② 5R 4/14

③ 2:R-4.5-9s

④ 221c

> **해설**
> • 5 : 기본 색의 대표 숫자
> • R : 색상
> • 4 : 명도
> • 14 : 채도

14 조선시대 창덕궁의 후원(비원, 秘苑)을 가리키던 용어로 가장 거리가 먼 것은?

① 북원(北園)

② 후원(後苑)

③ 금원(禁園)

④ 유원(留園)

> **해설**
> 후원 → 북원 → 금원 → 비원(순종)

정답 08 ③ 09 ③ 10 ④ 11 ④ 12 ① 13 ② 14 ④

15 서양의 대표적인 조경양식이 바르게 연결된 것은?

① 이탈리아 – 평면기하학식

② 영국 – 자연풍경식

③ 프랑스 – 노단건축식

④ 독일 – 중정식

> **해설**
>
> • 이탈리아 : 노단식
> • 프랑스 : 평면기하학식
> • 독일 : 자연풍경식

16 방사(防砂)·방진(防塵)용 수목의 대표적인 특징 설명으로 가장 적합한 것은?

① 잎이 두껍고 함수량이 많으며 넓은 잎을 가진 치밀한 상록수여야 한다.

② 지엽이 밀생한 상록수이며 맹아력이 강하고 관리가 용이한 수목이어야 한다.

③ 사람의 머리가 닿지 않을 정도의 지하고를 유지하고 겨울에는 낙엽되는 수목이어야 한다.

④ 빠른 생장력과 뿌리뻗음이 깊고, 지상부가 무성하면서 지엽이 바람에 상하지 않는 수목이어야 한다.

> **해설**
>
> 방사·방진용 : 뿌리뻗음이 깊고 바람에 상하지 않는 수목

17 다음 그림과 같은 형태를 보이는 수목은?

① 일본목련

② 복자기

③ 팔손이

④ 물푸레나무

> **해설**
>
> 복자기 잎은 3출 복엽이라고 한다.

18 목재의 역학적 성질에 대한 설명으로 틀린 것은?

① 옹이로 인하여 인장강도는 감소한다.

② 비중이 증가하면 탄성은 감소한다.

③ 섬유포화점 이하에서는 함수율이 감소하면 강도가 증대된다.

④ 일반적으로 응력의 방향이 섬유방향에 평행한 경우 강도(전단강도 제외)가 최대가 된다.

> **해설**
>
> 탄성계수 증가

19 다음 그림은 어떤 돌쌓기 방법인가?

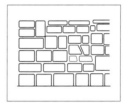

① 층지어쌓기

② 허튼층쌓기

③ 귀갑무늬쌓기

④ 마름돌 바른층쌓기

> **해설**
>
> 허튼층쌓기는 불규칙한 모양, 가로줄눈과 세로줄눈이 일정하지 않다.

20 그림은 벽돌을 토막 또는 잘라서 시공에 사용할 때 벽돌의 형상이다. 다음 중 반토막 벽돌에 해당하는 것은?

①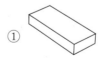

②

③

④

> **해설**
>
> ① 온장벽돌
> ② 반토막벽돌
> ③ 반절벽돌
> ④ 반반절벽돌

21 목재의 치수 표시방법으로 맞지 않는 것은?

① 제재 치수　　　　② 제재 정치수

③ 중간 치수　　　　④ 마무리 치수

- ① 제재 시 톱날중심 간 거리 표시하는 목재치수
- ② 제재한 목재자체의 치수
- ④ 대패질로 마무리한 치수

22 다음 중 주택 정원에 식재하여 여름에 꽃을 감상할 수 있는 수종은?

① 식나무　　　　② 능소화

③ 진달래　　　　④ 수수꽃다리

23 다음 중 9월 중순~10월 중순에 성숙된 열매색이 흑색인 것은?

① 마가목　　　　② 살구나무

③ 남천　　　　④ 생강나무

- 마가목 : 적색 열매
- 살구나무 : 황색 열매
- 남천 : 적색 열매
- 생강나무 : 흑색 열매

24 시멘트의 저장과 관련된 설명 중 (　) 안에 해당하지 않는 것은?

> - 시멘트는 (　)적인 구조로 된 사일로 또는 창고에 품종별로 구분하여 저장하여야 한다.
> - 저장 중에 약간이라도 굳은 시멘트는 공사에 사용하지 않아야 한다. (　)개월 이상 장기간 실시하여 그 품질을 확인한다.
> - 포대시멘트를 쌓아서 저장하면 그 질량으로 인해 하부의 시멘트가 고결할 염려가 있으므로 시멘트를 쌓아올리는 높이는 (　)포대 이하로 하는 것이 바람직하다.
> - 시멘트의 온도는 일반적으로 (　) 정도 이하를 사용하는 것이 좋다.

① 13　　　　② 6

③ 방습　　　　④ 50℃

25 구조용 경량콘크리트에 사용되는 경량골재는 크게 인공, 천연 및 부산경량골재로 구분할 수 있다. 다음 중 인공경량골재에 해당되지 않는 것은?

① 화산재　　　　② 팽창혈암

③ 팽창점토　　　　④ 소성플라이애쉬

26 다음 중 시멘트가 풍화작용과 탄산화 작용을 받은 정도를 나타내는 척도로 고온으로 가열하여 시멘트 중량의 감소율을 나타내는 것은?

① 경화　　　　② 위응결

③ 강열감량　　　　④ 수화반응

21 ③　22 ②　23 ④　24 ②　25 ①　26 ③

27 재료가 외력을 받았을 때 작은 변형만 나타내도 파괴되는 현상을 무엇이라 하는가?

① 취성　　　　　　② 강성

③ 인성　　　　　　④ 전성

• 강성 : 변형·파괴되지 않는 성질
• 인성 : 변형은 되지만 파괴는 되지 않는 성질
• 전성 : 파괴되지 않고 영구적으로 변형되는 성질

28 안료를 가하지 않아 목재의 무늬를 아름답게 낼 수 있는 것은?

① 유성페인트　　　② 에나멜페인트

③ 클리어래커　　　④ 수성페인트

29 다음의 설명에 해당하는 장비는?

> • 2개의 눈금자가 있는데 왼쪽 눈금은 수평거리가 20m, 오른쪽 눈금은 15m일 때 사용한다.
> • 측정방법은 우선 나뭇가지의 거리를 측정하고 시공을 통하여 수목의 선단부와 측고기의 눈금이 일치하는 값을 읽는다. 이때 왼쪽 눈금은 수평거리에 대한 %값으로 계산하고, 오른쪽 눈금은 각도 값으로 계산하여 수고를 측정한다.
> • 수고측정뿐만 아니라 지형경사도 측정에도 사용된다.

① 윤척　　　　　　② 측고봉

③ 하고측고기　　　④ 순토측고기

• 윤척 : 임목의 지름을 측정하는 장비
• 측고봉 : 수고를 측정하는 장비, 조립식 눈금장대
• 하고측고기 : 수고를 측정하는 장비, 삼각법

30 조경에 활용되는 석질재료의 특성으로 옳은 것은?

① 열전도율이 높다.

② 가격이 싸다.

③ 가공하기 쉽다.

④ 내구성이 크다.

내구성 : 힘

31 용기에 채운 골재절대용적의 그 용기 용적에 대한 백분율로 단위질량을 밀도로 나눈 값의 백분율이 의미하는 것은?

① 골재의 실적률

② 골재의 입도

③ 골재의 조립률

④ 골재의 유효습수율

골재의 실적률을 백분율로 나타낸 값

32 다음 [보기]의 조건을 활용한 골재의 공극률 계산식은?

[보기]
• D : 진비중　W : 겉보기 단위용적중량
• W_1 : 110℃로 건조하여 냉각시킨 중량
• W_2 : 수중에서 충분히 흡수된 대로 수중에서 측정한 것
• W_3 : 흡수된 시험편의 외부를 잘 닦아내고 측정한 것

① $\dfrac{W_1}{W_3-W_2}$　　② $\dfrac{W_3-W_1}{W_3-W_2}\times100$

③ $(1-\dfrac{D}{W_2-W_1}\times100)$　④ $(1-\dfrac{W}{D}\times100)$

27 ①　28 ③　29 ④　30 ④　31 ①　32 ④

33 유동화제에 의한 유동화 콘크리트의 슬럼프 증가량의 표준값으로 적당한 것은?

① 2~5cm ② 5~8cm
③ 8~11cm ④ 11~14cm

해설
- 원칙 : 10cm 이하
- 표준 : 5~8cm

34 겨울철에도 노지에서 월동할 수 있는 상록 다년생 식물은?

① 옥잠화 ② 샐비어
③ 꽃잔디 ④ 맥문동

35 다른 지방에서 자생하는 식물을 도입한 것을 무엇이라고 하는가?

① 재배식물 ② 귀화식물
③ 외국식물 ④ 외래식물

해설
- 재배식물 : 이용목적이 있는 인위적 재배식물
- 귀화식물 : 다른 지역의 식물이 인위적·자연적으로 도입·침입하여 기존 식물과 어느 정도 안정상태를 이룬 식물

36 수목을 이식할 때 고려사항으로 가장 부적합한 것은?

① 지상부의 지엽을 전정해준다.
② 뿌리분의 손상이 없도록 주의하여 이식한다.
③ 굵은 뿌리의 자른 부위는 방부처리 하여 부패를 방지한다.
④ 운반이 용이하게 뿌리분은 기준보다 가능한 한 작게 하여 무게를 줄인다.

해설
뿌리분은 근원직경의 4~6배로 한다.

37 콘크리트 시공연도와 직접 관계가 없는 것은?

① 물 – 시멘트비
② 재료의 분리
③ 골재의 조립도
④ 물의 정도 함유량

38 다음 중 과일나무가 늙어서 꽃 맺음이 나빠지는 경우에 실시하는 전정은 어느 것인가?

① 생리를 조절하는 전정
② 생장을 돕기 위한 전정
③ 생장을 억제하는 전정
④ 세력을 갱신하는 전정

39 콘크리트의 배합의 종류로 틀린 것은?

① 시방배합 ② 현장배합
③ 시공배합 ④ 질량배합

해설
- 시방배합 : 시방서에서 규정한 배합
- 현장배합 : 현장상태를 고려한 배함

40 소나무 순지르기에 대한 설명으로 틀린 것은?

① 매년 5~6월경에 실시한다.
② 중심 순만 남기고 모두 자른다.
③ 새순이 5~10cm의 길이로 자랐을 때 실시한다.
④ 남기는 순도 힘이 지나칠 경우 1/3~1/2 정도로 자른다.

해설
소나무 순지르기는 1~2개의 순을 남기고 중심순을 포함한 나머지는 모두 따버린다.

정답 33 ② 34 ④ 35 ④ 36 ④ 37 ② 38 ④ 39 ③ 40 ②

41 코흐의 4원칙에 대한 설명 중 잘못된 것은?

① 미생물은 반드시 환부에 존재해야 한다.

② 미생물은 분리되어 배지상에서 순수 배양되어야 한다.

③ 순수 배양한 미생물은 접종하여 동일한 병이 발생되어야 한다.

④ 발병한 피해부에서 접종에 사용한 미생물과 동일한 성질을 가진 미생물이 반드시 재분리될 필요는 없다.

④ 재분리되어야 한다.

42 토양에 따른 경도와 식물생육의 관계를 나타낼 때 나지화가 시작되는 값(kgf/cm²)은? (단, 지표면의 경도는 Yamanaka 경도계로 측정한 것으로 한다.)

① 9.4 이상 　　　② 5.8 이상

③ 13.0 이상 　　　④ 3.6 이상

43 파이토플라스마에 의한 수목병이 아닌 것은?

① 벚나무 빗자루병

② 붉나무 빗자루병

③ 오동나무 빗자루병

④ 대추나무 빗자루병

벚나무 빗자루병은 병원성 곰팡이에 의해 발병된다.

44 대목을 대립종자의 유경이나 유근을 사용하여 접목하는 방법으로 접목한 뒤에는 관계습도를 높게 유지하며, 정식 후 근두암종병의 발병율이 높은 단점을 갖는 접목법은?

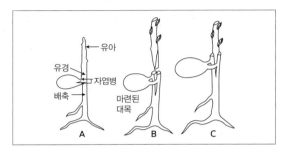

① 아접법 　　　② 유대접

③ 호접법 　　　④ 교접법

45 공사의 설계 및 시공을 의뢰하는 사람을 뜻하는 용어는?

① 설계자 　　　② 시공자

③ 발주자 　　　④ 감독자

46 어른과 어린이 겸용벤치 설치 시 앉음면(좌면, 坐面)의 적당한 높이는?

① 25~30cm 　　　② 35~40cm

③ 45~50cm 　　　④ 55~60cm

• 높이 : 34~46cm
• 폭 : 39~45cm
• 어린이 : 약간 낮게 한다.

47 건설재료의 할증률이 틀린 것은?

① 붉은 벽돌 – 3%

② 이형철근 – 5%

③ 조경용 수목 – 10%

④ 석재판붙임용재(정형돌) – 10%

보통 이형철근의 경우 할증률은 3%이다. 단, 복잡한 구조물에 경우 6~7%로 한다.

41 ④　42 ②　43 ①　44 ②　45 ③　46 ②　47 ② 　정답

48 식재작업의 준비단계에 포함되지 않는 것은?

① 수목 및 양생제 반입 여부를 재확인한다.

② 공정표 및 시공도면, 시방서 등을 검토한다.

③ 빠른 식재를 위한 식재지역의 사전조사는 생략한다.

④ 수목의 배식, 규격, 지하 매설물 등을 고려하여 식재 위치를 결정한다.

> **해설**
> ③ 사전조사를 해야 한다.

49 콘크리트 포장에 관한 설명 중 옳지 않은 것은?

① 보조 기층을 튼튼히 해서 부동침하를 막아야 한다.

② 두께는 10cm 이상으로 하고, 철근이나 용접철망을 넣어 보강한다.

③ 물, 시멘트의 비율은 60% 이내, 슬럼프의 최대값은 5cm 이상으로 한다.

④ 온도변화에 따른 수축·팽창에 의한 파손 방지를 위해 신축줄눈과 수축줄눈을 설치한다.

> **해설**
> ③ 물과 시멘트의 비율은 60~70% 정도로 한다.

50 현대적인 공사관리에 관한 설명 중 가장 적합한 것은?

① 품질과 공기는 정비례한다.

② 공기를 서두르면 원가가 싸게 된다.

③ 경제속노에 맞는 품질이 확보되어야 한다.

④ 원가가 싸게 되도록 하는 것이 공사관리의 목적이다.

> **해설**
> • ① 반비례
> • ② 원가 증가
> • ④ 공사가 원활히 진행되도록 하는 것이 목적

51 다음 중 관리해야 할 수경시설물에 해당되지 않는 것은?

① 폭포　　　　② 분수

③ 연못　　　　④ 덱(deck)

52 아황산가스에 민감하지 않은 수종은?

① 소나무　　　② 겹벚나무

③ 단풍나무　　④ 화백

> **해설**
> 아황산가스에 강한 수종 : 화백, 은행나무, 편백나무, 비자나무, 가시나무, 녹나무, 사철나무, 플라타너스, 쥐똥나무, 무궁화, 칠엽수, 백합나무 등

53 다음 입찰계약 순서 중 옳은 것은?

① 입찰공고 → 낙찰 → 계약 → 개찰 → 입찰 → 현장설명

② 입찰공고 → 현장설명 → 입찰 → 계약 → 낙찰 → 개찰

③ 입찰공고 → 현장설명 → 입찰 → 개찰 → 낙찰 → 계약

④ 입찰공고 → 계약 → 낙찰 → 개찰 → 입찰 → 현장설명

54 조경 목재시설물의 유지관리를 위한 대책 중 적절하지 않는 것은?

① 통풍을 좋게 한다.

② 빗물 등의 고임을 방지한다.

③ 건조되기 쉬운 간단한 구조로 한다.

④ 적당한 20~40℃ 온도와 80% 이상의 습도를 유지시킨다.

> **해설**
> 높은 온도, 습도는 부패를 촉진시키므로 적정한 온도, 습도를 유지해야 한다.

정답 48 ③　49 ③　50 ③　51 ④　52 ④　53 ③　54 ④

55 토양 및 수목에 양분을 처리하는 방법의 특징에 대한 설명이 틀린 것은?

① 액비관주는 양분흡수가 빠르다.

② 수간주입은 나무에 손상이 생긴다.

③ 엽면시비는 뿌리 발육 불량 지역에 효과적이다.

④ 천공시비는 비료 과다투입에 따른 염류장해 발생 가능성이 없다.

> 해설
>
> ④ 가능성이 있다.

56 비탈면의 녹화와 조경에 사용되는 식물의 요건으로 가장 부적합한 것은?

① 적응력이 큰 식물

② 생장이 빠른 식물

③ 시비 요구도가 큰 식물

④ 파종과 식재시기의 폭이 넓은 식물

> 해설
>
> 시비 요구도가 큰 식물의 경우 비탈면에서의 작업량이 늘어나므로 피하는 것이 좋다.

57 다음 중 원가계산에 의한 공사비의 구성에서 경비에 해당하지 않는 항목은?

① 안전관리비　　　　② 운반비

③ 가설비　　　　　　④ 노무비

> 해설
>
> 경비 : 공사의 시공을 위하여 소요되는 원가 중 재료비와 노무비를 제외한 비용

58 잔디깎기의 목적으로 옳지 않은 것은?

① 잡초 방제　　　　② 이용 편리 도모

③ 병충해 방지　　　④ 잔디의 분얼억제

> 해설
>
> 분얼 : 줄기

59 다음 중 측량의 3대 요소가 아닌 것은?

① 각측량　　　　　　② 거리측량

③ 세부측량　　　　　④ 고저측량

> 해설
>
> • 각측량 : 두 방향선이 이루는 각을 구하는 측량
> • 거리측량 : 줄자, 토탈스테이션 등으로 두 지점 간 거리를 재는 것
> • 고저측량 : 수로측량이라고도 하며, 어떤 지점의 높이를 결정하는 것

60 경사도(勾配, slope)가 15%인 도로면상의 경사거리 135m에 대한 수평거리는?

① 130.0m　　　　　② 132.0m

③ 133.5m　　　　　④ 136.5m

> 해설
>
> • 수평거리 : x, 수직거리 : y
>
> 경사도 15%$=(\frac{y}{x})\times100$
>
> $15x=y\times100$
>
> $y=0.15x$
>
> • 피타고라스 정리 이용
>
> | 직각 삼각형에서 직각을 낀 두 변의 길이를 a, b라 하고 빗변의 길이를 c라고 했을 때, 빗변의 길이를 구하는 공식은 $a^2+b^2=c^2$ | |
> | --- | --- |
>
> • $x^2+y^2=135^2$
>
> $x^2+(0.15x)^2=135^2$
>
> $1.0225x^2=18,225$
>
> $x^2=17823.96$
>
> 따라서 $x=133.5m$

55 ④　56 ③　57 ④　58 ④　59 ③　60 ③　정답

01 중세 유럽의 조경 형태로 볼 수 없는 것은?

① 과수원　　　　② 약초원

③ 공중정원　　　④ 회랑식 정원

 해설

공중정원은 세계 7대 불가사의이다.

02 일본 고산수식 정원의 요소와 상징적인 의미가 바르게 연결된 것은?

① 나무 – 폭포　　② 연못 – 바다

③ 왕모래 – 물　　④ 바위 – 산봉우리

해설

[고산수식 정원의 요소와 상징적 의미]
- 나무 : 산
- 왕모래 : 물
- 바위 : 섬, 반도, 폭포

03 다음 중 중국정원의 양식에 가장 많은 영향을 끼친 사상은?

① 선사상　　　　② 신선사상

③ 풍수지리사상　④ 음양오행사상

해설

- 북부 : 신선사상
- 남부 : 노장사상

04 다음 중 서양식 전각과 서양식 정원이 조성되어 있는 우리나라 궁궐은?

① 경복궁　　　　② 창덕궁

③ 덕수궁　　　　④ 경희궁

해설

덕수궁 석조전

05 고대 로마의 대표적인 별장이 아닌 것은?

① 빌라 토스카나

② 빌라 감베라이아

③ 빌라 라우렌티아나

④ 빌라 아드리아누스

 해설

빌라 감베라이아는 후기 르네상스 시대의 별장이다.

06 미국 식민지 개척을 통한 유럽 각국의 다양한 사유지 중심의 정원양식이 공공적인 성격으로 전환되는 계기에 영향을 끼친 것은?

① 스토우 정원　　② 보르비콩트 정원

③ 스투어헤드 정원　④ 버컨헤드 공원

해설

버컨헤드 공원은 조셉 팩스턴이 설계하였으며, 시민의 힘으로 설립된 최초의 공원이다. 이후 미국 센트럴파크 공원 개념 형성에 큰 영향을 끼쳤다.

07 프랑스 평면기하학식 정원을 확립하는 데 가장 큰 기여를 한 사람은?

① 르 노트르　　　② 메이너

③ 브리지맨　　　④ 비니올라

08 형태와 선이 자유로우며, 자연재료를 사용하여 자연을 모방하거나 축소하여 자연에 가까운 형태로 표현한 정원 양식은?

① 건축식　　　　② 풍경식

③ 정형식　　　　④ 규칙식

 정답　01 ③　02 ③　03 ②　04 ③　05 ②　06 ④　07 ①　08 ②

09 다음 후원 양식에 대한 설명 중 틀린 것은?

① 한국의 독특한 정원 양식 중 하나이다.

② 괴석이나 세심석 또는 장식을 겸한 굴뚝을 세워 장식하였다.

③ 건물 뒤 경사지를 계단모양으로 만들어 장대석을 앉혀 평지를 만들었다.

④ 경주 동궁과 월지, 교태전 후원의 아미산원, 남원시 광한루 등에서 찾아볼 수 있다.

> **해설**
> • 경주 동궁과 월지 : 신라시대
> • 아미산원, 광한루 : 조선시대

10 현대 도시환경에서 조경 분야의 역할과 관계가 먼 것은?

① 자연환경의 보호유지

② 자연 훼손지역의 복구

③ 기존 대도시의 광역화 유도

④ 토지의 경제적이고 기능적인 이용 계획

11 다음 설명의 (   ) 안에 들어갈 시설물은?

> 시설지역 내부의 포장지역에도 (   )을/를 이용하여 낙엽성 교목을 식재하면 여름에도 그늘을 만들 수 있다.

① 볼라드(bollard)

② 펜스(fence)

③ 벤치(bench)

④ 수목 보호대(grating)

12 기존의 레크레이션 기회에 참여 또는 소비하고 있는 수요(需要)를 무엇이라 하는가?

① 표출수요   ② 잠재수요

③ 유효수요   ④ 유도수요

> **해설**
> • 잠재수요 : 참여기대수요
> • 유효수요 : 재화의 욕구가 그 재화를 구입할 만큼 구매력이 있는 수요
> • 유도수요 : 이용 유도를 시킬 수 있는 수요

13 주택정원의 시설구분 중 휴게시설에 해당되는 것은?

① 벽천, 폭포

② 미끄럼틀, 조각물

③ 정원등, 잔디등

④ 퍼걸러, 야외탁자

> **해설**
> • 벽천, 폭포 : 수경시설
> • 미끄럼틀 : 유희시설
> • 조각물 : 환경조형시설
> • 정원 등, 잔디 등 : 조명시설

14 조경계획·설계에서 기초적인 자료의 수집과 정리 및 여러 가지 조건의 분석과 통합을 실시하는 단계를 무엇이라 하는가?

① 목표 설정

② 현황분석 및 종합

③ 기본 계획

④ 실시 설계

09 ④ 10 ③ 11 ④ 12 ① 13 ④ 14 ② 정답

15 다음 채도 대비에 대한 설명 중 틀린 것은?

① 무채색끼리는 채도 대비가 일어나지 않는다.

② 채도대비는 명도대비와 같은 방식으로 일어난다.

③ 고채도의 색은 무채색과 함께 배색하면 더 선명해 보인다.

④ 중간색을 그 색과 색상은 동일하고 명도가 밝은 색과 함께 사용하면 훨씬 선명해 보인다.

> 해설
>
> ④ 탁해 보인다.

16 좌우로 시선이 제한되어 일정한 지점으로 시선이 모이도록 구성하는 경관 요소는?

① 전망　　　　　　② 통경선(vista)

③ 랜드마크　　　　④ 질감

17 조경 시공 재료의 기호 중 벽돌에 해당하는 것은?

① 　　　②

③ 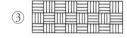　　　④

> 해설
>
> ① 석재, ② 벽돌, ③ 흙(원지반), ④ 철재

18 다음 중 곡선의 느낌으로 가장 부적합한 것은?

① 온건하다.　　　　② 부드럽다.

③ 모호하다.　　　　④ 단호하다.

19 모든 설계에서 가장 기본적인 도면은?

① 입면도　　　　　② 단면도

③ 평면도　　　　　④ 상세도

20 조경 실시설계 단계 중 용어의 설명이 틀린 것은?

① 시공에 관하여 도면에 표시하기 어려운 사항을 글로 작성한 것을 시방서라고 한다.

② 공사비를 체계적으로 정확한 근거에 의하여 산출한 서류를 내역서라고 한다.

③ 일반관리비는 단위 작업당 소요인원을 구하여 일당 또는 월급여로 곱하여 얻어진다.

④ 공사에 소요되는 자재의 수량, 품 또는 기계 사용량 등을 산출하여 공사에 소요되는 비용을 계산한 것을 적산이라고 한다.

> 해설
>
> 일반관리비 : 기업의 유지를 위한 관리활동 부분에서 발생하는 제비용

21 석재의 성인(成因)에 의한 분류 중 변성암에 해당되는 것은?

① 대리석　　　　　② 섬록암

③ 현무암　　　　　④ 화강암

> 해설
>
> 섬록암, 현무암, 화강암은 화성암에 해당된다.

22 레미콘 규격이 25 - 210 - 12로 표시되어 있다면 ⓐ - ⓑ - ⓒ 순서대로 의미가 맞는 것은?

① ⓐ 슬럼프,　　　ⓑ 골재최대치수,　ⓒ 시멘트의 양

② ⓐ 물·시멘트비,　ⓑ 압축강도,　　ⓒ 골재최대치수

③ ⓐ 골재최대치수,　ⓑ 압축강도,　　ⓒ 슬럼프

④ ⓐ 물·시멘트비,　ⓑ 시멘트의 양,　ⓒ 골재최대치수

> 정답 15 ④　16 ②　17 ②　18 ④　19 ③　20 ③　21 ①　22 ③

23 다음 설명에 적합한 열가소성수지는?

> • 강도, 전기전열성, 내약품성이 양호하고 가소재에 의하여 유연고무와 같은 품질이 되며 고온, 저온에 약하다.
> • 바닥용타일, 시트, 조인트재료, 파이프, 접착제, 도료 등이 주 용도이다.

① 페놀수지　　② 염화비닐수지
③ 멜라민수지　　④ 에폭시수지

해설

• 페놀수지 : 이종재 간의 접착
• 멜라민수지 : 마감재, 가구재, 전기부품
• 에폭시수지 : 금속과의 접착성이 크고, 내열성이 우수하다.

24 인공 폭포, 수목 보호판을 만드는 데 가장 많이 이용되는 제품은?

① 유리블록제품
② 식생호안블록
③ 콘크리트격자블록
④ 유리섬유강화플라스틱

해설

유리섬유강화플라스틱(FRP)는 미끄럼대, 미끄럼판, 벤치, 인공암 등을 만드는 재료로 사용된다.

25 알루미나 시멘트의 최대 특징으로 옳은 것은?

① 값이 싸다.
② 조기강도가 크다.
③ 원료가 풍부하다.
④ 타 시멘트와 혼합이 용이하다.

해설

알루미나 시멘트는 특수시멘트로 내화성이 커서 긴급공사나, 한중공사에 적합하다.

26 다음 중 목재의 장점에 해당하지 않는 것은?

① 가볍다.
② 무늬가 아름답다.
③ 열전도율이 낮다.
④ 습기를 흡수하면 변형이 잘 된다.

해설

④는 단점에 해당한다.

27 다음 금속 재료에 대한 설명으로 틀린 것은?

① 저탄소강은 탄소함유량이 0.3% 이하이다.
② 강판, 형강, 봉강 등은 압연식 제조법에 의해 제조된다.
③ 구리에 아연 40%를 첨가하여 제조한 합금을 청동이라고 한다.
④ 강의 제조방법에는 평로법, 전로법, 전기로법, 도가니법 등이 있다.

해설

구리에 아연을 첨가하여 제조한 합금은 황동이다. 청동은 구리와 주석으로 제조한다.

28 다음 조경시설 소재 중 도로 절·성토면의 녹화공사, 해안매립 및 호안공사, 하천제방 및 급류 부위의 법면보호공사 등에 사용되는 코코넛 열매를 원료로 한 천연섬유 재료는?

① 코이어 메시　　② 우드칩
③ 테라소브　　④ 그린블록

해설

테라소브 : 강력흡수제

23 ② 　24 ④ 　25 ② 　26 ④ 　27 ③ 　28 ① 　**정답**

29 견치식에 관한 설명 중 옳지 않은 것은?

① 형상은 재두각추체(裁頭角錐體)에 가깝다.

② 접촉면의 길이는 앞면 4변의 제일 짧은 길이의 3배 이상이어야 한다.

③ 접촉면의 폭은 전면 1변의 길이의 1/10 이상이어야 한다.

④ 견치석은 흙막이용 석축이나 비탈면의 돌붙임에 쓰인다.

> **해설**
>
> 면에서 직각으로 잰 길이가 최소변의 1.5배 이상이어야 한다.

30 무근콘크리트와 비교한 철근콘크리트의 특성으로 옳은 것은?

① 공사기간이 짧다.

② 유지관리비가 적게 소요된다.

③ 철근 사용의 주목적은 압축강도 보완이다.

④ 가설공사인 거푸집 공사가 필요 없고 시공이 간단하다.

> **해설**
>
> **[철근 콘크리트의 특성]**
> - 공사기간이 길다.
> - 인장응력은 철근이, 압축응력은 콘크리트가 부담한다.
> - 거푸집 비용이 많이 들고 강도를 계산하는 것이 복잡하다.
> - 균일한 시공이 곤란하다.

31 Syringa oblata var.dilatata는 어떤 식물인가?

① 라일락 ② 목서

③ 수수꽃다리 ④ 쥐똥나무

32 다음 중 수관의 형태가 원추형인 수종은?

① 전나무 ② 실편백

③ 녹나무 ④ 산수유

> **해설**
>
> 원추형 : 전나무, 주목, 메타세쿼이아

33 다음 중 인동덩굴(Lonicera japonica Thunb.)에 대한 설명으로 옳지 않은 것은?

① 반상록 활엽 덩굴성이다.

② 원산지는 한국, 중국, 일본이다.

③ 꽃은 1~2개씩 엽액에 달리며 포는 난형으로 길이는 1~2cm이다.

④ 줄기가 왼쪽으로 감아 올라가며, 소지는 회색으로 가시가 있고 속이 비어있다.

> **해설**
>
> 인동덩굴은 줄기가 오른쪽으로 감아 올라가며, 소지는 적갈색이다.

34 서향(Daphne odora Thunb.)에 대한 설명으로 맞지 않는 것은?

① 꽃은 청색계열이다.

② 성상은 상록활엽관목이다.

③ 뿌리는 천근성이고 내염성이 강하다.

④ 잎은 어긋나기하며 타원형이고, 가장자리가 밋밋하다.

> **해설**
>
> 서향의 꽃은 백색 혹은 홍자색이다.

35 팥배나무(Sorbus alnifolia K.Koch)의 설명으로 틀린 것은?

① 꽃은 노란색이다.

② 생장속도는 비교적 빠르다.

③ 열매는 조류 유인식물로 좋다.

④ 잎의 가장자리에 이중거치가 있다.

> **해설**
>
> 팥배나무의 꽃은 흰색이다.

정답 29 ② 30 ② 31 ③ 32 ① 33 ④ 34 ① 35 ①

36 골담초(Caragana sinica Rehder)에 대한 설명으로 틀린 것은?

① 콩과(科) 식물이다.

② 꽃은 5월에 피고 단생한다.

③ 생장이 느리고 덩이뿌리로 위로 자란다.

④ 비옥한 사질양토에서 잘 자라고 토박지에서도 잘 자란다.

> 해설
>
> 골담초는 잔뿌리가 길게 자라며, 위를 향한 가지는 사방으로 늘어져 자란다.

37 다음 중 조경수의 이식에 대한 적응이 가장 어려운 수종은?

① 편백   ② 미루나무

③ 수양버들   ④ 일본잎갈나무

> 해설
>
> 조경수 이식이 어려운 수종 : 소나무, 전나무, 주목, 백송, 독일가문비, 섬잣나무, 가시나무, 느티나무, 백합나무, 일본잎갈나무 등

38 방풍림(wind shelter) 조성에 알맞은 수종은?

① 팽나무, 녹나무, 느티나무

② 곰솔, 대나무류, 자작나무

③ 신갈나무, 졸참나무, 향나무

④ 박달나무, 가문비나무, 아까시나무

> 해설
>
> 방풍림에 적절한 수종 : 팽나무, 녹나무, 느티나무, 곰솔, 삼나무, 편백나무, 전나무, 은행나무, 구실잣밤나무 등

39 조경 수목은 식재기의 위치나 환경조건 등에 따라 적절히 선정하여야 한다. 다음 중 수목의 구비조건으로 가장 거리가 먼 것은?

① 병충해에 대한 저항성이 강해야 한다.

② 다듬기 작업 등 유지관리가 용이해야 한다.

③ 이식이 용이하며, 이식 후에도 잘 자라야 한다.

④ 번식이 힘들고 다량으로 구입이 어려워야 희소성 때문에 가치가 있다.

> 해설
>
> ④ 번식이 잘되고 구입이 쉬워야 한다.

40 미선나무(Abeliophyllum distichum Nakai)의 설명으로 틀린 것은?

① 1속 1종   ② 낙엽활엽관목

③ 잎은 어긋나기   ④ 물푸레나무과(科)

> 해설
>
> 잎은 마주난다.

41 농약제제의 분류 중 분제(粉劑, Dusts)에 대한 설명으로 틀린 것은?

① 잔효성이 유제에 비해 짧다.

② 작물에 대한 고착성이 우수하다.

③ 유효성분 농도가 1~5% 정도인 것이 많다.

④ 유효성분을 고체증량제와 소량의 보조제를 혼합 분쇄한 미분말을 말한다.

> 해설
>
> 분제는 수화제나 유제 등에 비해 고착성이 불량한 특성이 있다.

36 ③   37 ④   38 ④   39 ①   40 ③   41 ②   정답

42 다음 중 철쭉, 개나리 등 화목류의 전정시기로 가장 알맞은 것은?

① 가을 낙엽 후 실시한다.
② 꽃이 진 후에 실시한다.
③ 이른 봄 해동 후 바로 실시한다.
④ 시기와 상관없이 실시할 수 있다.

해설

철쭉, 개나리, 진달래, 목련

43 양버즘나무(플라타너스)에 발생된 흰불나방을 구제하고자 할 때 가장 효과가 좋은 약제는?

① 디플루벤주론수화제
② 결정석회황합제
③ 포스파미돈액제
④ 티오파네이트메틸수화제

44 조경 수목에 공급하는 속효성 비료에 대한 설명으로 틀린 것은?

① 대부분의 화학비료가 해당된다.
② 늦가을에서 이른 봄 사이에 준다.
③ 시비 후 5~7일 정도면 바로 비효가 나타난다.
④ 강우가 많은 지역과 잦은 시기에는 유실 정도가 빠르다.

해설

속효성 비료의 시비는 7월 말 이내에 끝낸다.

45 잔디공사 중 떼심기 작업의 주의사항이 아닌 것은?

① 뗏장의 이음새에는 흙을 충분히 채워준다.
② 관수를 충분히 하여 흙과 밀착되도록 한다.
③ 경사면의 시공은 위쪽에서 아래쪽으로 작업한다.
④ 뗏장을 붙인 다음에 롤러 등의 장비로 전압을 실시한다.

해설

③ 아래쪽에서 위쪽으로 작업한다.

46 다음 설명에 해당하는 것은?

> • 나무의 가지에 기생하면 그 부위가 국소적으로 이상비대 한다.
> • 기생 당한 부위의 윗부분은 위축되면서 말라 죽는다.
> • 참나무류에 가장 큰 피해를 주며, 팽나무, 물오리나무, 자작나무, 밤나무 등의 활엽수에도 많이 기생한다.

① 새삼   ② 선충
③ 겨우살이   ④ 바이러스

47 천적을 이용해 해충을 방제하는 방법은?

① 생물적 방제   ② 화학적 방제
③ 물리적 방제   ④ 임업적 방제

해설

• 화학적 방제 : 농약 사용
• 물리적 방제 : 수목·해충에 직접적인 물리력을 가함
• 임업적 방제 : 수종의 구성·밀도를 조절하여 해충피해를 줄임

48 곰팡이가 식물에 침입하는 방법은 직접침입, 연개 구로 침입, 상처침입으로 구분할 수 있다. 다음 중 직접침입이 아닌 것은?

① 피목침입
② 흡기로 침입
③ 세포간 균사로 침입
④ 흡기를 가진 세포간 균사로 침입

해설

[병원체의 침입경로]
• 각피를 통한 침입 : 잎과 줄기 등의 표면에 있는 각피나 뿌리의 표피를 병원체가 자기 힘으로 뚫고 침입하는 것
• 자연개구부를 통한 침입 : 기공, 수공, 피목, 밀선(꿀샘)등과 같은 식물체에 존재하는 미세한 구멍을 통해 침입하는 것
• 상처를 통한 침입 : 여러 가지 원인에 의해서 만들어진 상처의 괴사조직을 통해 병원체가 침입하는 것

정답 42 ② 43 ① 44 ② 45 ③ 46 ③ 47 ① 48 ①

49 비탈면의 잔디를 기계로 깎으려면 비탈면의 경사가 어느 정도보다 완만하여야 하는가?

① 1 : 1보다 완만해야 한다.

② 1 : 2보다 완만해야 한다.

③ 1 : 3보다 완만해야 한다.

④ 경사에 상관없다.

50 수목 식재 후 물집을 만드는데, 물집의 크기로 가장 적당한 것은?

① 근원지름(직경)의 1배

② 근원지름(직경)의 2배

③ 근원지름(직경)의 3~4배

④ 근원지름(직경)의 5~6배

> 해설
>
> 물집은 물받이라고도 하며, 주간을 따라 근원직경의 5~6배의 원형으로 높이 10~20cm의 턱을 만들어 설치한다.

51 토공사에서 터파기할 양이 100m³, 되메우기양이 70m³일 때 실질적인 잔토처리량(m³)은? (단, L=1.1, C=0.8이다.)

① 24   ② 30

③ 33   ④ 39

> 해설
>
> [되메우기 후 잔토처리량]
> - 되메우기 후 잔토처리량=(터파기양−되메우기양)×L
> - (100−70)×1.1=33 따라서 33m²이다.

52 다음 설명의 (   ) 안에 적합한 것은?

> (   )란 지질 지표면을 이루는 흙으로, 유기물과 토양 미생물이 풍부한 유기물층과 용탈층 등을 포함한 표층 토양을 말한다.

① 표토   ② 조류(algae)

③ 풍적토   ④ 충적토

> 해설
>
> - 조류 : 물속에서 독립영양생활을 하는 식물
> - 풍적토 : 바람에 의해 옮겨진 퇴적 토양
> - 충적토 : 물에 의해 흘러내려 퇴적된 토양

53 조경시설물 유지관리 연관 작업계획에 포함되지 않는 작업 내용은?

① 수선, 교체   ② 개량, 신설

③ 복구, 방제   ④ 제초, 전정

> 해설
>
> 제초와 전정은 식물관리 작업계획에 해당한다.

54 건설공사 표준품셈에서 사용되는 기본(표준형) 벽돌의 표준 치수(mm)로 옳은 것은?

① 180×80×57   ② 190×90×57

③ 210×90×60   ④ 210×100×60

> 해설
>
> 210×100×60은 기존형 벽돌의 치수이다.

55 다음 설명에 해당하는 공법은?

> - 면상의 매트에 종자를 붙여 비탈면에 포설, 부착하여 일시적인 조기녹화를 도모하도록 시공한다.
> - 비탈면을 평평하게 끝손질한 후 매꽂이 등을 꽂아주어 떠오르거나 바람에 날리지 않도록 밀착한다.
> - 비탈면 상부 0.2m 이상을 흙으로 덮고 단부(端部)를 흙속에 묻어 넣어 비탈면 어깨로부터 물의 침투를 방지한다.
> - 긴 매트류로 시공할 때에는 비탈면의 위에서 아래로 길게 세로로 깔고 흙쌓기 비탈면을 다지고 붙일 때에는 수평으로 깔며 양단을 0.05m 이상 중첩한다.

① 식생대공   ② 식생자루공

③ 식생매트공   ④ 종자분사파종공

> 해설
>
> - 식생대공, 식생자루공 : 종자를 자루에 담아 비탈면에 판 수평구 속으로 넣어 붙여 일시적으로 녹화하는 공법
> - 종자분사파종공 : 종자, 비료, 파이버, 침식방지제 등을 물과 교반하여 종자살포기로 살포하는 공법

56 수준측량에서 표고(標高, elevation)라 함은 일반적으로 어느 면(面)으로부터 연직거리를 말하는가?

① 해면(海面)
② 기준면(基準面)
③ 수평면(水平面)
④ 지평면(地平面)

57 다음 중 콘크리트의 공사에 있어서 거푸집에 작용하는 콘크리트 측압의 증가 요인이 아닌 것은?

① 타설 속도가 빠를수록
② 슬럼프가 클수록
③ 다짐이 많을수록
④ 빈배합일 경우

해설

[거푸집에 작용하는 콘크리트 측압에 영향을 주는 요인]
1. 증가요인
- 콘크리트 타설속도가 빠를수록
- 반죽이 붉은 콘크리트일수록
- 콘크리트 비중이 클수록
- 다짐이 많을수록
- 대기습도가 높을수록
- 거푸집 단면이 클수록
- 부배합일수록
- 수평부재보다는 수직부일수록
2. 감소요인
- 응결시간이 빠를수록
- 철골 또는 철근의 양이 많을수록
- 온도가 높을수록(경화가 빠를수록)

58 다음 중 현장 답사 등과 같은 높은 정확도를 요하지 않는 경우에 간단히 거리를 측정하는 약측정 방법에 해당하지 않는 것은?

① 목측
② 보측
③ 시각법
④ 줄자측정

해설

실측법(줄자, 테이프, 측량기)

59 다음 [보기]가 설명하는 특징의 건설장비는?

[보기]
- 기동성이 뛰어나고, 대형목의 이식과 자연석의 운반, 놓기, 쌓기 등에 가장 많이 사용된다.
- 기계가 서있는 지반보다 낮은 곳의 굴착에 좋다.
- 파는 힘이 강력하고 비교적 경질지반도 적용한다.
- Drag Shovel이라고도 한다.

① 로더(Loader)
② 백호우(Back Hoe)
③ 불도저(Bulldozer)
④ 덤프트럭(Dump Truck)

해설

- 로더 : 상차용
- 불도저 : 배토정지용
- 덤프트럭 : 운반용

60 토양환경을 개선하기 위해 유공관을 지면과 수직으로 뿌리 주변에 세워 토양 내 공기를 공급하여 뿌리호흡을 유도하는데, 유공관의 깊이는 수종, 규격, 식재지역의 토양 상태에 따라 다르게 할 수 있으나, 평균 깊이는 몇 미터 이내로 하는 것이 바람직한가?

① 1m
② 1.5m
③ 2m
④ 3m

정답 56 ② 57 ④ 58 ④ 59 ② 60 ①

01 형태는 직선 또는 규칙적인 곡선에 의해 구성되고 축을 형성하며 연못이나 화단 등의 각 부분에도 대칭형이 되는 조경 양식은?

① 자연식   ② 풍경식
③ 정형식   ④ 절충식

해설
정형식 : 평면기하학식, 노단식, 중정식

02 다음 중 정원에 사용되었던 하하(ha-ha) 기법을 가장 잘 설명한 것은?

① 정원과 외부 사이 수로를 파 경계하는 기법
② 정원과 외부 사이 언덕으로 경계하는 기법
③ 정원과 외부 사이 교목으로 경계하는 기법
④ 정원과 외부 사이 산울타리를 설치하여 경계하는 기법

해설
찰스브릿지멘 : 하하 기법(스토우 정원)

03 다음 고서에서 조경식물에 대한 기록이 다루어지지 않은 것은?

① 고려사   ② 악학궤범
③ 양화소록   ④ 동국이상국집

해설
②는 음악에 대한 것이다.

04 스페인 정원에 관한 설명으로 틀린 것은?

① 규모가 웅장하다.
② 기하학적인 터 가르기를 한다.
③ 바닥에는 색채타일을 이용하였다.
④ 안달루시아(Andalusia) 지방에서 발달했다.

05 다음 중 고산수수법의 설명으로 알맞은 것은?

① 가난함이나 부족함 속에서도 아름다움을 찾아내어 검소하고 한적한 삶을 표현
② 이끼 낀 정원석에서 고담하고 한아를 느낄 수 있도록 표현
③ 정원의 못을 복잡하게 표현하기 위해 호안을 곡절시켜 심(心)자와 같은 형태의 못을 조성
④ 물이 있어야 할 곳에 물을 사용하지 않고 돌과 모래를 사용해 물을 상징적으로 표현

06 경복궁 내 자경전의 꽃담 벽화문양에 표현되지 않은 식물은?

① 매화   ② 석류
③ 산수유   ④ 국화

해설
경복궁 내 자경전의 꽃담 벽화문양에는 석류, 국화, 복숭아, 모란, 진달래, 대나무가 표현되어 있다.

07 우리나라 부유층의 민가정원에서 유교의 영향으로 부녀자들을 위해 특별히 조성된 부분은?

① 전정   ② 중정
③ 후정   ④ 주정

08 다음 중 고대 이집트의 대표적인 정원수는?

- 강한 직사광선으로 인하여 녹음수로 많이 사용
- 신성시하여 사자(死者)를 이 나무 그늘 아래 쉬게 하는 풍습이 있었음

① 파피루스   ② 버드나무
③ 장미   ④ 시카모어

해설
파피루스 연꽃 : 주택정원의 수생식물

09 다음 중 독일의 풍경식 정원과 가장 관계가 깊은 것은?

① 한정된 공간에서 다양한 변화를 추구
② 동양의 사의주의 자연풍경식을 수용
③ 외국에서 도입한 원예식물의 수용
④ 식물생태학, 식물지리학 등의 과학이론의 적용

10 다음 중 사적인 정원이 공적인 공원으로 역할전환의 계기가 된 사례는?

① 에스테장
② 베르사유궁
③ 켄싱턴 가든
④ 센트럴파크

11 주택정원거실 앞쪽에 위치한 뜰로 옥외생활을 즐길 수 있는 공간은?

① 안뜰
② 앞뜰
③ 뒤뜰
④ 작업뜰

> 해설
> • 안뜰 : 응접실이나 거실 쪽에 있는 뜰
> • 앞뜰 : 대문~현관 공공공간

12 조경계획 및 설계과정에 있어서 각 공간의 규모, 사용재료, 마감방법을 제시해 주는 단계는?

① 기본구상
② 기본계획
③ 기본설계
④ 실시설계

13 도시 내부와 외부의 관련이 매우 좋으며 재난 시 시민들의 빠른 대피에 칸 효과를 발휘하는 녹지 형태는?

① 분산식
② 방사식
③ 환상식
④ 평행식

> 해설
> • 분산식 : 여기저기 여러 형태
> • 환상식 : 도시를 중심으로 둥근 띠모양
> • 평행식 : 도시를 따라 평행하게 배치

14 다음 [보기]의 행위 시 도시공원 및 녹지 등에 관한 법률상의 벌칙 기준은?

[보기]
• 위반하여 도시공원에 입장하는 사람으로부터 입장료를 징수한 자
• 허가를 받지 아니하거나 허가받은 내용을 위반하여 도시공원 또는 녹지에서 시설·건축물 또는 공작물을 설치한 자

① 2년 이하의 징역 또는 3천만 원 이하의 벌금
② 1년 이하의 징역 또는 1천만 원 이하의 벌금
③ 1년 이하의 징역 또는 500만 원 이하의 벌금
④ 1년 이하의 징역 또는 3천만 원 이하의 벌금

15 표제란에 대한 설명으로 옳은 것은?

① 도면명은 표제란에 기입하지 않는다.
② 도면 제작에 필요한 지침을 기록한다.
③ 도면번호, 도명, 작성자명, 작성일자 등에 관한 사항을 기입한다.
④ 용지의 긴 쪽 길이를 가로 방향으로 설정할 때 표제란은 왼쪽 아래 구석에 위치한다.

정답 09 ④ 10 ④ 11 ① 12 ③ 13 ② 14 ② 15 ③

16 먼셀 색체계의 기본색인 5가지 주요 색상으로 바르게 짝지어진 것은?

① 빨강, 노랑, 초록, 파랑, 주황
② 빨강, 노랑, 초록, 파랑, 보라
③ 빨강, 노랑, 초록, 파랑, 청록
④ 빨강, 노랑, 초록, 남색, 주황

17 건설재료의 골재의 단면표시 중 잡석을 나타낸 것은?

①

②

③

④

해설
① 강철, ② 잡석, ③ 모래, ④ 자갈

18 대형건물의 외벽도색을 위한 색채계획을 할 때 사용하는 컬러 샘플(color sample)은 실제의 색보다 명도나 채도를 낮추어서 사용하는 것이 좋다. 이는 색채의 어떤 현상 때문인가?

① 착시효과   ② 동화현상
③ 대비효과   ④ 면적효과

19 색채와 자연환경에 대한 설명으로 옳지 않은 것은?

① 풍토색은 기후와 토지의 색, 즉 지역의 태양빛, 흙의 색 등을 의미한다.
② 지역색은 그 지역의 특성을 전달하는 색채와 그 지역의 역사, 풍속, 지형, 기후 등의 지방색과 합쳐 표현된다.
③ 지역색은 환경색채계획 등 새로운 분야에서 사용되기 시작한 용어이다.
④ 풍토색은 지역의 건축물, 도로환경, 옥외광고물 등의 특징을 갖고 있다.

해설
지역 내 생활이나 문화, 산업에 영향을 끼친다.

20 오른손잡이의 선긋기 연습에서 고려해야 할 사항이 아닌 것은?

① 수평선 긋기 방향은 왼쪽에서 오른쪽으로 긋는다.
② 수직선 긋기 방향은 위쪽에서 아래쪽으로 내려 긋는다.
③ 선은 처음부터 끝나는 부분까지 일정한 힘으로 한 번에 긋는다.
④ 선의 연결과 교차부분이 정확하게 되도록 한다.

21 다음 중 방부 또는 방충을 목적으로 하는 방법으로 가장 부적합한 것은?

① 표면탄화법   ② 약제도포법
③ 상압주입법   ④ 마모저항법

해설
• 표면탄화법 : 목재의 표면을 태우는 방법
• 약제도포법 : 건조제 표면에 방부제를 도포
• 상압주입법 : 침지법과 유사한 방법

16 ② 17 ② 18 ④ 19 ④ 20 ② 21 ④ 정답

411

22 조경공사의 돌쌓기용 암석을 운반하기에 가장 적합한 재료는?

① 철근 ② 쇠파이프
③ 철망 ④ 와이어로프

해설

와이어로프는 철선을 여러 겹 꼬아 만든 밧줄이다.

23 다음 [보기]가 설명하는 건설용 재료는?

[보기]
• 갈라진 목재 틈을 메우는 정형 실링재이다.
• 단성복원력이 적거나 거의 없다.
• 일정 압력을 받는 새시의 접합부 쿠션 겸 실링재로 사용되었다.

① 프라이머 ② 코킹
③ 퍼티 ④ 석고

해설

• 프라이머 : 아스팔트 방수재료
• 코킹 : 틈새 충전재료
• 석고 : 방수제

24 내부 진동기를 사용하여 콘크리트 다지기를 실시할 때 내부 진동기를 찔러 넣는 간격은 얼마 이하를 표준으로 하는 것이 좋은가?

① 30cm ② 50cm
③ 80cm ④ 100cm

25 쇠망치 및 날메로 요철을 대강 따내고, 거친 면을 그대로 두어 부풀린 느낌으로 마무리하는 것으로 중량감, 자연미를 주는 석재가공법은?

① 혹두기 ② 정다듬
③ 도드락다듬 ④ 잔다듬

해설

• 정다듬 : 혹두기 면을 작업
• 도드락다듬 : 정다듬 면을 작업
• 잔다듬 : 정다듬, 도드락다듬 면을 작업

26 건설용 재료의 특징에 대한 설명으로 틀린 것은?

① 미장재료 – 구조재의 부족한 요소를 감추고 외벽을 아름답게 나타내주는 것
② 플라스틱 – 합성수지에 가소제, 채움제, 안정제, 착색제 등을 넣어서 성형한 고분자 물질
③ 역청재료 – 최근에 환경 조형물이나 안내판 등에 널리 이용되고, 입체적인 벽면구성이나 특수지역의 바닥 포장재로 사용
④ 도장재료 – 구조재의 내식성, 방부성, 내마멸성, 방수성, 방습성 및 강도 등이 높아지고 광택 등 미관을 높여주는 효과를 얻음

27 굵은 골재의 절대 건조 상태의 질량이 1,000g, 표면건조포화 상태의 질량이 1,100g, 수중질량이 650g일 때 흡수율은 몇 %인가?

① 10.0% ② 28.6%
③ 31.4% ④ 35.0%

해설

[흡수율]

$$흡수율 = \frac{표면 건조 포화 상태 질량 - 절대 건조 상태 질량}{절대 건조 상태 질량} \times 100$$

$$= \frac{1,100 - 1,000}{1,000} \times 100 = 10\%$$

28 시멘트의 강열감량(Ignition Loss)에 대한 설명으로 틀린 것은?

① 시멘트 중에 함유된 H_2O와 CO_2의 양이다.
② 클링커와 혼합하는 석고의 결정수량과 거의 같은 양이다.
③ 시멘트에 약 1,000℃의 강한 열을 가했을 때의 시멘트 감량이다.
④ 시멘트가 풍화하면 강열감량이 적어지므로 풍화의 정도를 파악하는 데 사용된다.

해설

풍화도 : 확인하는 척도

정답 22 ④ 23 ③ 24 ② 25 ① 26 ③ 27 ① 28 ④

29 아스팔트의 물리적 성질과 관련된 설명으로 옳지 않은 것은?

① 아스팔트의 연성을 나타내는 수치를 신도라 한다.

② 침입도는 아스팔트의 콘시스턴시를 임의 관입 저항으로 평가하는 방법이다.

③ 아스팔트에는 명확한 융점이 있으며, 온도가 상승하는데 따라 연화하여 액상이 된다.

④ 아스팔트는 온도에 따른 콘시스턴시의 변화가 매우 크며, 이 변화의 정도를 감온성이라 한다.

30 새끼(볏짚제품)의 용도에 대한 설명으로 가장 부적합한 것은?

① 더위에 약한 수목을 보호하기 위해서 줄기에 감는다.

② 옮겨 심는 수목의 뿌리분이 상하지 않도록 감아준다.

③ 강한 햇볕에 줄기가 타는 것을 방지하기 위하여 감아준다.

④ 천공성 해충의 침입을 방지하기 위하여 감아준다.

31 무너짐 쌓기를 한 후 돌과 돌 사이에 식재하는 식물 재료로 가장 적합한 것은?

① 장미　　　　　② 회양목

③ 화살나무　　　④ 꽝꽝나무

해설

무너짐 쌓기를 한 후 돌과 돌 사이에 식재하는 식물재료는 관목류나 화훼류, 야생초이다.

32 다음 중 아황산가스에 강한 수종이 아닌 것은?

① 고로쇠나무　　② 가시나무

③ 백합나무　　　④ 칠엽수

해설

은행나무, 편백, 화백, 버즘나무

33 단풍나무과(科)에 해당하지 않는 수종은?

① 고로쇠나무　　② 복자기

③ 소사나무　　　④ 신나무

해설

소사나무는 자작나무과이다.

34 다음 중 양수에 해당하는 수종은?

① 일본잎갈나무　② 조록싸리

③ 식나무　　　　④ 사철나무

35 다음 중 내염성이 가장 큰 수종은?

① 사철나무　　　② 목련

③ 낙엽송　　　　④ 일본목련

해설

[내염성이 큰 수종]
곰솔, 눈향나무, 해당화, 비자나무, 동백나무, 회양목, 찔레나무, 사철나무 등

36 형상수(topiary)를 만들기에 가장 적합한 수종은?

① 주목　　　　　② 단풍나무

③ 개벚나무　　　④ 전나무

해설

형상수(토피어리)는 상록수이어야 한다.

37 화단에 심어지는 초화류가 갖추어야 할 조건으로 가장 부적합한 것은?

① 가지수는 적고 큰 꽃이 피어야 한다.

② 바람, 건조 및 병·해충에 강해야 한다.

③ 꽃의 색채가 선명하고, 개화기간이 길어야 한다.

④ 성질이 강건하고 재배와 이식이 비교적 용이해야 한다.

> **해설**
>
> 초화류는 가지수가 많고 꽃이 많이 달려야 좋다.

38 수종과 그 줄기색(樹皮)의 연결이 틀린 것은?

① 벽오동은 녹색 계통이다.

② 곰솔은 흑갈색 계통이다.

③ 소나무는 적갈색 계통이다.

④ 흰말채나무는 흰색 계통이다.

> **해설**
>
> 흰말채나무의 수피는 붉은색이다.

39 귀룽나무(Prunus padus L.)에 대한 특성으로 맞지 않는 것은?

① 원산지는 한국, 일본이다.

② 꽃과 열매는 백색계열이다.

③ Rosaceae과(科) 식물로 분류된다.

④ 생장속도가 빠르고 내공해성이 강하다.

> **해설**
>
> 귀룽나무의 열매는 붉은색으로 열리며 검은색으로 여문다.

40 능소화(Campsis grandifolia K.Schum.)의 설명으로 틀린 것은?

① 낙엽활엽덩굴성이다.

② 잎은 어긋나며 뒷면에 털이 있다.

③ 나팔모양의 꽃은 주홍색으로 화려하다.

④ 동양적인 정원이나 사찰 등의 관상용으로 좋다.

> **해설**
>
> 능소화의 잎은 마주나며 가장자리에 털이 나있다.

41 봄에 향나무의 잎과 줄기에 갈색의 돌기가 형성되고 비가 오면 한천모양이나 젤리모양으로 부풀어 오르는 병은?

① 향나무 가지마름병

② 향나무 그을음병

③ 향나무 붉은별무늬병

④ 향나무 녹병

42 잔디의 병해 중 녹병의 방제약으로 옳은 것은?

① 만코제브(수)

② 테부코나졸(유)

③ 에마멕틴벤조에이트(유)

④ 글루포시네이트암모늄(액)

> **해설**
>
> 잔디 녹병의 방제약 종류 : 테부코나졸(유), 텍사코나졸, 이미벤코나졸(수)

43 25% A유제 100mL를 0.05%의 살포액으로 만드는 데 소요되는 물의 양(L)으로 가장 가까운 것은? (단, 비중은 1.0이다.)

① 5
② 25
③ 50
④ 100

> **해설**
>
> [필요수량]
>
> $$\text{필요수량}=\text{약량}\times\left(\frac{\text{원액농도}}{\text{희석농도}}-1\right)\times\text{원액비중}$$
>
> $$=100mL\times\left(\frac{25\%}{0.05\%}-1\right)\times1.0=49,900mL$$이므로 약 50L이다.

정답 37 ① 38 ④ 39 ② 40 ② 41 ④ 42 ② 43 ③

44 해충의 체(體) 표면에 직접 살포하거나 살포된 물체에 해충이 접촉되어 약제가 체내에 침입하여 독(毒)작용을 일으키는 약제는?

① 유인제
② 접촉살충제
③ 소화중독제
④ 화학불임제

해설

- 유인제 : 곤충의 유인작용 물질
- 소화중독제 : 곤충입을 통해 중독을 일으키는 물질
- 화학불임제 : 해충이 불임되어 번식하지 못하게 하는 물질

45 도시공원 녹지 중 수림지 관리에서 그 필요성이 가장 떨어지는 것은?

① 시비(施肥)
② 하예(下刈)
③ 제벌(除伐)
④ 병충해 방제

해설

시비 : 임목 주변의 잡초를 제거해주고 덩굴을 잘라내서 나무가 자라도록 하는 작업

46 다음 설명에 해당하는 파종 공법은?

- 종자, 비료, 파이버(fiber), 침식방지제 등 물과 교반하여 펌프로 살포 녹화한다.
- 비탈 기울기가 급하고 토양조건이 열악한 급경사지에 기계와 기구를 사용해서 종자를 파종한다.
- 한랭도가 적고 토양 조건이 어느 정도 양호한 비탈면에 한하여 적용한다.

① 식생매트공
② 볏짚거적덮기공
③ 종자분사파종공
④ 지하경뿜어붙이기공

해설

- ① 매트에 종자 붙임
- ② 종자뿌리고 볏짚 거적 덮어줌
- ④ 기계시공법

47 장미 검은무늬병은 주로 식물체 어느 부위에 발생하는가?

① 꽃
② 잎
③ 뿌리
④ 식물 전체

48 진딧물의 방제를 위하여 보호하여야 하는 천적으로 볼 수 없는 것은?

① 무당벌레류
② 꽃등애류
③ 솔잎벌류
④ 풀잠자리류

해설

잔디벌, 잔디 혹파리

49 수목의 이식 전 세근을 발달시키기 위해 실시하는 작업을 무엇이라 하는가?

① 가식
② 뿌리돌림
③ 뿌리분 포장
④ 뿌리외과수술

해설

이식력 높임, 노목 쇠약목의세력 회복

50 수목을 장거리 운반할 때 주의해야 할 사항이 아닌 것은?

① 병충해 방제
② 수피 손상 방지
③ 분 깨짐 방지
④ 바람 피해 방지

51 인간이나 기계가 공사 목적물을 만들기 위하여 단위물량당 소요로 하는 노력과 품질을 수량으로 표현한 것을 무엇이라 하는가?

① 할증
② 품셈
③ 견적
④ 내역

52 내구성과 내마멸성이 좋아 일단 파손된 곳은 보수가 어려우므로 시공 때 각별한 주의가 필요하다. 다음과 같은 원로 포장 방법은?

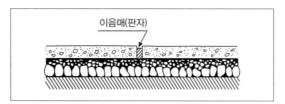

① 마사토 포장　　　② 콘크리트 포장
③ 판석 포장　　　　④ 벽돌 포장

53 철근의 피복두께를 유지하는 목적으로 틀린 것은?

① 철근량 절감
② 내구성능 유지
③ 내화성능 유지
④ 소요의 구조내력 확보

54 다음 중 건설공사의 마지막으로 행하는 작업은?

① 터닦기　　　　　② 식재공사
③ 콘크리트공사　　④ 급·배수 및 호안공

55 경사진 지형에서 흙이 무너지는 것을 방지하기 위하여 토양의 안식각을 유지하며 크고 작은 돌을 자연스러운 상태가 되도록 쌓아 올리는 방법은?

① 평석쌓기　　　　② 견치석쌓기
③ 디딤돌쌓기　　　④ 자연석 무너짐쌓기

56 작업현장에서 작업물의 운반작업 시 주의사항으로 옳지 않은 것은?

① 어깨높이보다 높은 위치에서 하물을 들고 운반하여서는 안 된다.
② 운반 시의 시선은 진행방향을 향하고 뒷걸음으로 운반을 하여서는 안 된다.
③ 무거운 물건을 운반할 때 무게 중심이 높은 하물은 인력으로 운반하지 않는다.
④ 단독으로 긴 물건을 어깨에 메고 운반할 때에는 뒤쪽을 위로 올린 상태로 운반한다.

57 예불기(예취기) 작업 시 작업자 상호 간의 최소 안전거리는 몇 m 이상이 적합한가?

① 4m　　　　　　　② 6m
③ 8m　　　　　　　④ 10m

정답　52 ②　53 ①　54 ②　55 ④　56 ④　57 ④

58 옹벽자체의 자중으로 토압에 저항하는 옹벽의 종류는?

① L형 옹벽　　　　② 역T형 옹벽
③ 중력식 옹벽　　　④ 반중력식 옹벽

59 지형도상에서 2점 간의 수평거리가 200m이고, 높이차가 5m라 하면 경사도는 얼마인가?

① 2.5%　　　　② 5.0%
③ 10.0%　　　④ 50.0%

 해설

[경사도]

$$경사도(\%) = \frac{(수직거리)}{(수평거리)} \times 100$$

$$= \frac{5}{200} = 0.025 = 2.5\%$$

60 옥상녹화 방수 소재에 요구되는 성능 중 가장 거리가 먼 것은?

① 식물의 뿌리에 견디는 내근성
② 시비, 방제 등에 견디는 내약품성
③ 박테리아에 의한 부식에 견디는 성능
④ 색상이 미려하고 미관상 보기 좋은 것

01 조선시대 궁궐이나 상류주택 정원에서 가장 독특하게 발달한 공간은?

① 전정   ② 후정
③ 주정   ④ 중정

해설

후정은 남성 중심의 유교사상으로 인해 전정을 사용하지 못했던 부녀자들을 위해 안채 뒤쪽에 만들어진 정원이다.

02 영국 튜터왕조에서 유행했던 화단으로 낮게 깎은 회양목 등으로 화단을 여러 가지 기하학적 문양으로 구획 짓는 것은?

① 기식화단   ② 매듭화단
③ 카펫화단   ④ 경재화단

해설

기식화단	잔디밭 가운데나 원로 주위에 만들어진 화단
카펫화단 (모던화단, 양탄자화단)	양탄자에 새겨진 무늬처럼 기하학적 화단을 만드는 것
경재화단	건물, 담장, 울타리를 배경으로 그 앞에 길게 만들어진 화단

03 중정(Patio)식 정원의 가장 대표적인 특징은?

① 토피어리   ② 색채타일
③ 동물 조각품   ④ 수렵장

해설

중정식 정원은 연못이나 분수가 중심이 되며, 주변으로 색채타일이나 벽돌, 화목류 식재, 화분장식 등이 이루어졌다.

04 16세기 무굴제국의 인도정원과 가장 관련이 깊은 것은?

① 타지마할   ② 퐁텐블로
③ 클로이스터   ④ 알함브라 궁원

해설

타지마할 : 물의 반사성, 높은 울담

05 이탈리아의 노단 건축식 정원, 프랑스의 평면기하학식 정원 등은 자연 환경 요인 중 어떤 요인의 영향을 가장 크게 받아 발생한 것인가?

① 기후   ② 지형
③ 식물   ④ 토지

해설

- 이탈리아는 구릉과 경사지가 많은 지형 때문에 계단형 노단건축식 정원양식이 발생하였다.
- 대표적으로 메디치장, 에스테장, 랑테장 등이 있다.

06 중국 청나라 시대 대표적인 정원이 아닌 것은?

① 원명원 이궁   ② 이화원 이궁
③ 졸정원   ④ 승덕피서산장

해설

졸정원은 명나라 시대의 정원이다.

07 정원요소로 징검돌, 물통, 세수통, 석등 등의 배치를 중시하던 일본의 정원 양식은?

① 다정원
② 침전조 정원
③ 축산고산수 정원
④ 평정고산수 정원

해설

다정원은 다실과 다실에 이르는 길을 중심으로 좁은 공간에 꾸며진 자연식 정원이다.

08 다음 중 창경궁(昌慶宮)과 관련이 있는 건물은?

① 만춘전   ② 낙선재
③ 함화당   ④ 사정전

해설

낙선재는 창덕궁에 속한다.

정답 01 ②   02 ②   03 ②   04 ①   05 ②   06 ③   07 ①   08 ②

09 메소포타미아의 대표적인 정원은?

① 베다사원

② 베르사유 궁전

③ 바빌론의 공중정원

④ 타지마할 사원

해설

바빌론의 공중정원은 최초의 옥상정원이다.

10 경관요소 중 높은 지각 강도(A)와 낮은 지각 강도(B)의 연결이 옳지 않은 것은?

① A : 수평선, B : 사선

② A : 따뜻한 색채, B : 차가운 색채

③ A : 동적인 상태, B : 고정된 상태

④ A : 거친 질감, B : 섬세하고 부드러운 질감

11 국토교통부장관이 규정에 의하여 공원녹지기본계획을 수립 시 종합적으로 고려해야 하는 사항으로 가장 거리가 먼 것은?

① 장래 이용자의 특성 등 여건의 변화에 탄력적으로 대응할 수 있도록 할 것

② 공원녹지의 보전·확충·관리·이용을 위한 장기발전방향을 제시하여 도시민들의 쾌적한 삶의 기반이 형성되도록 할 것

③ 광역도시계획, 도시·군기본계획 등 상위계획의 내용과 부합되어야 하고 도시·군기본계획의 부문별 계획과 조화되도록 할 것

④ 체계적·독립적으로 자연환경의 유지·관리와 여가활동의 장은 분리 형성하여 인간으로부터 자연의 피해를 최소화 할 수 있도록 최소한의 제한적 연결망을 구축할 수 있도록 할 것

12 다음 중 좁은 의미의 조경 또는 조원으로 가장 적합한 설명은?

① 복잡 다양한 근대에 이르러 적용되었다.

② 기술자를 조경가라 부르기 시작하였다.

③ 정원을 포함한 광범위한 옥외공간 전반이 주대상이다.

④ 식재를 중심으로 한 전통적인 조경기술로 정원을 만드는 일만을 말한다.

13 수목 또는 경사면 등의 주위 경관 요소들에 의하여 자연스럽게 둘러싸여 있는 경관을 무엇이라 하는가?

① 파노라마 경관   ② 지형경관

③ 위요경관   ④ 관개경관

14 조경양식에 대한 설명으로 틀린 것은?

① 조경양식에는 정형식, 자연식, 절충식 등이 있다.

② 정형식 조경은 영국에서 처음 시작된 양식으로 비스타 축을 이용한 중앙 광로가 있다.

③ 자연식 조경은 동아시아에서 발달한 양식이며 자연 상태 그대로를 정원으로 조성한다.

④ 절충식 조경은 한 장소에 정형식과 자연식을 동시에 지니고 있는 조경양식이다.

해설

정형식 조경은 서아시아와 유럽에서 처음 시작된 양식으로 축을 이용한 좌우대칭형으로 구성되었다.

15 도시기본구상도의 표시 기준 중 노란색은 어느 용지를 나타내는 것인가?

① 주거용지   ② 관리용지

③ 보존용지   ④ 상업용지

09 ③ 10 ① 11 ④ 12 ④ 13 ③ 14 ② 15 ① 정답

16 다음 그림과 같은 정투상도(제3각법)의 입체로 옳은 것은?

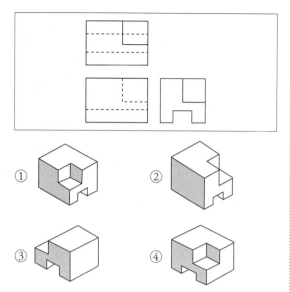

① ② ③ ④

17 가법혼색에 관한 설명으로 틀린 것은?

① 2차색은 1차색에 비하여 명도가 높아진다.
② 빨강 광원에 녹색 광원을 흰 스크린에 비추면 노란색이 된다.
③ 가법혼색의 삼원색을 동시에 비추면 검정이 된다.
④ 파랑에 녹색 광원을 비추면 시안(cyan)이 된다.

해설

가법혼색의 삼원색을 동시에 비추면 흰색이 된다.

18 다음 중 직선의 느낌으로 가장 부적합한 것은?

① 여성적이다.   ② 굳건하다.
③ 딱딱하다.   ④ 긴장감이 있다.

해설

여성적인 느낌은 곡선에 해당한다.

19 건설재료 단면의 경계표시 기호 중 지반면(흙)을 나타낸 것은?

① ② ③ ④

20 [보기]의 (   ) 안에 적합한 쥐똥나무 등을 이용한 생울타리용 관목의 식재간격은?

┌ [보기] ─────────────
조경설계기준 상의 생울타리용 관목의 식재간격은 (   )m, 2~3줄을 표준으로 하되, 수목 종류와 식재장소에 따라 식재간격이나 줄숫자를 적정하게 조정해서 시행해야 한다.
└──────────────────

① 0.14~0.20   ② 0.25~0.75
③ 0.8~1.2   ④ 1.2~1.5

21 일반적인 합성수지(plastics)의 장점으로 틀린 것은?

① 열전도율이 높다.
② 성형가공이 쉽다.
③ 마모가 적고 탄력성이 크다.
④ 우수한 가공성으로 성형이 쉽다.

해설

열전도율이 낮다.

정답 16 ② 17 ③ 18 ① 19 ④ 20 ② 21 ①

22 [보기]에 해당하는 도장공사의 재료는?

> [보기]
> • 초화면(硝化線)과 같은 용제에 용해시킨 섬유계 유도체를 주성분으로 하고 여기에 합성수지, 가소제와 안료를 첨가한 도료이다.
> • 건조가 빠르고 도막이 견고하며 광택이 좋고 면마가 용이하며, 불점착성·내마멸성·내수성·내유성·내후성 등이 강한 고급 도료이다.
> • 결점으로는 도막이 얇고 부착력이 약하다.

① 유성페인트 　　② 수성페인트
③ 래커 　　　　　④ 니스

23 변성암의 종류에 해당하는 것은?

① 사문암 　　　② 섬록암
③ 안산암 　　　④ 화강암

> 해설
>
> [암석의 분류]
> • 화성암 : 화강암, 안산암, 현무암, 섬록암
> • 수성암 : 응회암, 사암, 혈암, 점판암, 석회암
> • 변성암 : 편마암, 대리석, 편암, 사문암

24 일반적으로 목재의 비중과 가장 관련이 있으며, 목재성분 중 수분을 공기 중에서 제거한 상태의 비중을 말하는 것은?

① 생목비중 　　② 기건비중
③ 함수비중 　　④ 절대 건조비중

25 조경에서 사용되는 건설재료 중 콘크리트의 특징으로 옳은 것은?

① 압축강도가 크다.
② 인장강도와 휨강도가 크다.
③ 자체 무게가 적어 모양변경이 쉽다.
④ 시공과정에서 품질의 양부를 조사하기 쉽다.

> 해설
>
> ② 압축강도에 비해 인장강도와 휨강도가 작다.

26 시멘트의 제조 시 응결시간을 조절하기 위해 첨가하는 것은?

① 광재 　　　　② 점토
③ 석고 　　　　④ 철분

27 타일붙임재료의 설명으로 틀린 것은?

① 접착력과 내구성이 강하고 경제적이며 작업성이 있어야 한다.
② 종류는 무기질 시멘트 모르타르와 유기질 고무계 또는 에폭시계 등이 있다.
③ 경량으로 투수율과 흡수율이 크고, 형상·색조의 자유로움 등이 우수하나 내화성이 약하다.
④ 접착력이 일정기준 이상 확보되어야만 타일의 탈락현상과 동해에 의한 내구성의 저하를 방지할 수 있다.

> 해설
>
> ③ 내구성이 크고 비흡수성, 내화성이 뛰어나다.

28 미장 공사 시 미장재료로 활용될 수 없는 것은?

① 견치석 　　　② 석회
③ 점토 　　　　④ 시멘트

> 해설
>
> 견치석은 흙막이용이다.

29 알루미늄의 일반적인 성질로 틀린 것은?

① 열의 전도율이 높다.
② 비중은 약 2.7 정도이다.
③ 전성과 연성이 풍부하다.
④ 산과 알칼리에 특히 강하다.

> 해설
>
> 산과 알칼리에 약하다.

30 콘크리트 혼화재의 역할 및 연결이 옳지 않은 것은?

① 단위수량, 단위시멘트량의 감소 - AE감수제

② 작업성능이나 동결융해 저항성능의 향상 - AE제

③ 강력한 감수효과와 강도의 대폭 증가 - 고성능감수제

④ 염화물에 의한 강재의 부식을 억제 - 기포제

해설

기포제는 기포를 발생시켜 충전을 향상시킨다.

31 공원식재 시공 시 식재할 지피식물의 조건으로 가장 거리가 먼 것은?

① 관리가 용이하고 병충해에 잘 견뎌야 한다.

② 번식력이 왕성하고 생장이 비교적 빨라야 한다.

③ 성질이 강하고 환경조건에 대한 적응성이 넓어야 한다.

④ 토양까지의 강수 전단을 위해 지표면을 듬성듬성 피복하여야 한다.

해설

④ 토양까지의 강수 전단을 위해 지표면을 치밀하게 피복해야 한다.

32 줄기가 아래로 늘어지는 생김새의 수간을 가진 나무의 모양을 무엇이라 하는가?

① 쌍간 　　　　② 다간

③ 직간 　　　　④ 현애

해설

현애란 고산지대의 높은 벼랑에 늘어져 생장하고 있는 형태를 묘사한 것이다.

33 다음 중 광선(光線)과의 관계상 음수(陰樹)로 분류하기 가장 적합한 것은?

① 박달나무 　　　② 눈주목

③ 감나무 　　　　④ 배롱나무

해설

음수 : 주목, 눈주목, 전나무, 팔손이

34 가죽나무가 해당되는 과(科)는?

① 운향과 　　　　② 멀구슬나무과

③ 소태나무과 　　④ 콩과

35 고로쇠나무와 복자기에 대한 설명으로 옳지 않은 것은?

① 복자기의 잎은 복엽이다.

② 두 수종은 모두 열매는 시과이다.

③ 두 수종은 모두 단풍색이 붉은색이다.

④ 두 수종은 모두 과명이 단풍나무과이다.

해설

고로쇠나무의 단풍은 황색이다.

36 수피에 아름다운 얼룩무늬가 관상 요소인 수종이 아닌 것은?

① 노각나무 　　　② 모과나무

③ 배롱나무 　　　④ 자귀나무

해설

자귀나무는 수피가 회갈색이고 살이 쪄서 피부가 터진 것 같은 무늬가 있다.

정답　30 ④　31 ④　32 ④　33 ②　34 ③　35 ③　36 ④

37 열매를 관상 목적으로 하는 조경 수목 중 열매색이 적색(홍색) 계열이 아닌 것은? (단, 열매색의 분류 : 황색, 적색, 흑색)

① 주목   ② 화살나무

③ 산딸나무   ④ 굴거리나무

> **해설**
> 굴거리나무의 열매는 흑색이다.

38 흰말채나무의 특징 설명으로 틀린 것은?

① 노란색의 열매가 특징적이다.

② 층층나무과로 낙엽활엽관목이다.

③ 수피가 여름에는 녹색이나 가을, 겨울철의 붉은 줄기가 아름답다.

④ 잎은 대생하며 타원형 또는 난상타원형이고, 표면에 작은 털이 있으며 뒷면은 흰색의 특징을 갖는다.

> **해설**
> 흰말채나무는 붉은수피에 흰열매를 가진 특성이 있다.

39 수목식재에 가장 적합한 토양의 구성비는? (단, 구성은 토양 : 수분 : 공기의 순서이다.)

① 50% : 25% : 25%

② 50% : 10% : 40%

③ 40% : 40% : 20%

④ 30% : 40% : 30%

40 차량 통행이 많은 지역의 가로수로 가장 부적합한 것은?

① 은행나무   ② 층층나무

③ 양버즘나무   ④ 단풍나무

> **해설**
> 단풍나무는 경관 장식용으로 많이 쓰인다.

41 지주목 설치에 대한 설명으로 틀린 것은?

① 수피와 지주가 닿은 부분은 보호조치를 취한다.

② 지주목을 설치할 때에는 풍향과 지형 등을 고려한다.

③ 대형목이나 경관상 중요한 곳에는 당김줄형을 설치한다.

④ 지주는 뿌리 속에 박아 넣어 견고히 고정되도록 한다.

> **해설**
> 지주는 아래쪽을 뽀족하게 깎아서 땅속으로 30~50cm 깊이로 박는다.

42 조경공사의 유형 중 환경생태복원 녹화공사에 속하지 않는 것은?

① 분수공사

② 비탈면녹화공사

③ 옥상 및 벽체녹화공사

④ 자연하천 및 저수지공사

> **해설**
> 분수공사는 수경시설 공사이다.

43 수목의 가식 장소로 적합한 곳은?

① 배수가 잘 되는 곳

② 차량출입이 어려운 한적한 곳

③ 햇빛이 잘 안 들고 점질 토양의 곳

④ 거센 바람이 불거나 흙 입자가 날려 잎을 덮어 보온이 가능한 곳

37 ④   38 ①   39 ①   40 ④   41 ④   42 ①   43 ①   **정답**

44 수목의 잎 조직 중 가스교환을 주로 하는 곳은?

① 책상조직 　　　② 엽록체

③ 표피 　　　　　④ 기공

해설

기공은 대기와 직접 가스를 교환하는 조직으로 광합성을 위한 이산화탄소 흡수와 산소방출, 증산작용을 수행한다.

45 곤충이 빛에 반응하여 일정한 방향으로 이동하려는 행동습성은?

① 주광성(phototaxis)

② 주촉성(thigmotaxis)

③ 주화성(chemotaxis)

④ 주지성(geotaxis)

해설

주촉성	곤충이 고형물에 접촉하려는 성질
주화성	곤충의 매질 속에 존재하는 화학물질의 농도차에 반응하여 특정행동을 하는 성질
주지성	생물이 중력에 의해 특정행동을 하는 성질

46 대추나무 빗자루병에 대한 설명으로 틀린 것은?

① 마름무늬매미충에 의하여 매개 전염된다.

② 각종 상처, 기공 등의 자연개구를 통하여 침입한다.

③ 잔가지와 황록색의 아주 작은 잎이 밀생하고, 꽃봉오리가 잎으로 변화된다.

④ 전염된 나무는 옥시테트라사이클린 항생제를 수간주입 한다.

해설

마이코플라즈마(파이토플라즈마)에 의해 발병된다.

47 멀칭재료는 유기질, 광물질 및 합성재료로 분류할수 있다. 유기질 멀칭재료에 해당하지 않는 것은?

① 볏짚 　　　　② 마사

③ 우드 칩 　　　④ 톱밥

해설

마사는 광물질 재료이다.

48 1차 전염원이 아닌 것은?

① 균핵 　　　　② 분생포자

③ 난포자 　　　④ 균사속

해설

분생포자는 2차 전염원이다.

49 살충제에 해당되는 것은?

① 베노밀 수화제

② 페니트로티온 유제

③ 글리포세이트암모늄 액제

④ 아시벤졸라-에스-메틸·만코제브 수화제

해설

• 베노밀 수화제 : 살균제

• 글리포세이트암모늄 액제 : 제초제

• 아시벤졸라-에스-메틸·만코제브 수화제 : 살균제

정답 44 ④　45 ①　46 ②　47 ②　48 ②　49 ②

50 여름용(남방계) 잔디라고 불리며, 따뜻하고 건조하거나 습윤한 지대에서 주로 재배되는데 하루 평균기온이 10℃ 이상이 되는 4월 초순부터 생육이 시작되어 6~8월의 25~35℃ 사이에서 가장 생육이 왕성한 것은?

① 켄터키블루그래스　　② 버뮤다그래스
③ 라이그래스　　　　　④ 벤트그래스

난지형 잔디	버뮤다그래스, 한국의 들잔디, 금잔디, 갯잔디, 빌로드잔디 등
한지형 잔디	켄터키블루그래스, 라이그래스, 벤트그래스 등

51 다음 설명에 적합한 조경 공사용 기계는?

- 운동장이나 광장과 같이 넓은 대지나 노면을 판판하게 고르거나 필요한 흙 쌓기 높이를 조절하는 데 사용
- 길이 2~3m, 나비 30~50cm의 배토판으로 지면을 긁어 가면서 작업
- 배토판은 상하좌우로 조절할 수 있으며, 각도를 자유롭게 조절할 수 있기 때문에 지면을 고르는 작업 이외에 언덕 깎기, 눈치기, 도랑파기 작업 등도 가능

① 모터 그레이더　　　② 차륜식 로더
③ 트럭 크레인　　　　④ 진동 컴팩터

52 콘크리트용 혼화재료에 관한 설명으로 옳지 않은 것은?

① 포졸란은 시공연도를 좋게 하고 블리딩과 재료분리 현상을 저감시킨다.
② 플라이애쉬와 실리카흄은 고강도 콘크리트 제조용으로 많이 사용된다.
③ 알루미늄 분말과 아연 분말은 방동제로 많이 사용되는 혼화제이다.
④ 염화칼슘과 규산소오다 등은 응결과 경화를 촉진하는 혼화제로 사용된다.

알루미늄 분말과 아연 분말은 발포제로 사용한다.

53 콘크리트의 시공단계 순서가 바르게 연결된 것은?

① 운반 → 제조 → 부어넣기 → 다짐 → 표면마무리 → 양생
② 운반 → 제조 → 부어넣기 → 양생 → 표면마무리 → 다짐
③ 제조 → 운반 → 부어넣기 → 다짐 → 양생 → 표면마무리
④ 제조 → 운반 → 부어넣기 → 다짐 → 표면마무리 → 양생

54 다음 중 경관석 놓기에 관한 설명으로 가장 부적합한 것은?

① 돌과 돌 사이는 움직이지 않도록 시멘트로 굳힌다.
② 돌 주위에는 회양목, 철쭉 등을 돌에 가까이 붙여 식재한다.
③ 시선이 집중하기 쉬운 곳, 시선을 유도해야 할 곳에 앉혀 놓는다.
④ 3, 5, 7 등의 홀수로 만들며, 돌 사이의 거리나 크기 등을 조정배치 한다.

경관석을 놓을 때 돌과 돌 사이에는 관목류, 초화류 등을 심고 배수도 고려해야 한다.

55 축척 1/1,000 도면의 단위면적이 10m²인 것을 이용하여, 축척 1/500 도면의 단위면적으로 환산하면 얼마인가?

① 20m²　　　　　　② 40m²
③ 80m²　　　　　　④ 120m²

- (축척비)² = 면적비
  $(\dfrac{1,000}{500})^2$ = 4배(40m²)
- 축척이 감소하면 길이는 2배, 면적은 4배로 증가한다.

56 토공사(정지) 작업 시 일정한 장소에 흙을 쌓아 일정한 높이를 만드는 일을 무엇이라 하는가?

① 객토   ② 절토

③ 성토   ④ 경토

> **해설**
>
> • 객토 : 성질이 다른 토양을 표토에 가하여 토지의 생산성을 높임
> • 절토 : 지형을 깎아내리거나 흙을 파내는 작업
> • 경토 : 경작하기 적당한 땅

57 옥상녹화용 방수층 및 방근층 시공 시 "바탕체의 거동에 의한 방수층의 파손" 요인에 대한 해결방법으로 부적합한 것은?

① 거동 흡수 절연층의 구성

② 방수층 위에 플라스틱계 배수판 설치

③ 합성고분자계, 금속계 또는 복합계 재료 사용

④ 콘크리트 등 바탕체가 온도 및 진동에 의한 거동 시 방수층 파손이 없을 것

58 지표면이 높은 곳의 꼭대기 점을 연결한 선으로, 빗물이 이것을 경계로 좌우로 흐르게 되는 선을 무엇이라 하는가?

① 능선   ② 계곡선

③ 경사 변환점   ④ 방향 변환점

> **해설**
>
> • ② 5줄마다 굵은 등고선
> • ③ 산지 사면의 경사가 급하게 변하는 지점

59 수변의 디딤돌(징검돌) 놓기에 대한 설명으로 틀린 것은?

① 보행에 적합하도록 지면과 수평으로 배치한다.

② 징검돌의 상단은 수면보다 15cm 정도 높게 배치한다.

③ 디딤돌 및 징검돌의 장축은 진행방향에 직각이 되도록 배치한다.

④ 물 순환 및 생태적 환경을 조성하기 위하여 투수지역에서는 가벼운 디딤돌을 주로 활용한다.

> **해설**
>
> ④ 무거운 디딤돌을 주로 활용한다.

60 수경시설(연못)의 유지관리에 관한 내용으로 옳지 않은 것은?

① 겨울철에는 물을 2/3 정도만 채워둔다.

② 녹이 잘 스는 부분은 녹막이 칠을 수시로 해준다.

③ 수중식물 및 어류의 상태를 수시로 점검한다.

④ 물이 새는 곳이 있는지의 여부를 수시로 점검하여 조치한다.

> **해설**
>
> 겨울철이 되기 전에 연못의 물을 빼고 이물질 제거 및 청소를 한다.

정답   56 ③   57 ②   58 ①   59 ④   60 ①

01 다음 중 도시공원 및 녹지 등에 관한 법률 시행규칙에서 공원 규모가 가장 작은 것은?

① 묘지공원
② 어린이공원
③ 광역권근린공원
④ 체육공원

02 조선시대 후원양식에 대한 설명 중 틀린 것은?

① 각 계단에는 향나무를 다듬어 장식하였다.
② 중엽 이후 풍수지리설의 영향을 받아 후원양식이 생겼다.
③ 건물 뒤에 자리 잡은 언덕배기를 계단 모양으로 다듬어 만들었다.
④ 경복궁 교태전 후원인 아미산, 창덕궁 낙선재의 후원 등이 그 예이다.

03 먼셀의 색상환에서 BG는 무슨 색인가?

① 연두색
② 남색
③ 청록색
④ 보라색

04 일본의 정원양식 중 다음 설명에 해당하는 것은?

• 15세기 후반에 바다의 경치를 나타내기 위해 사용하였다.
• 정원 소재로 왕모래와 몇 개의 바위만으로 정원을 꾸미고, 식물은 일절 쓰지 않았다.

① 다정양식
② 축산고산수양식
③ 평정고산수양식
④ 침전조정원양식

05 고대 로마의 정원 배치는 3개의 중정으로 구성되어 있었다. 그중 사적인 기능을 가진 제2중정에 속하는 곳은?

① 아트리움
② 지스터스
③ 페리스틸리움
④ 아고라

06 조경 분야의 기능별 대상 구분 중 위락·관광시설로 가장 적합한 것은?

① 오피스빌딩 정원
② 어린이공원
③ 골프장
④ 군립공원

07 큰 나무이거나 장거리에 운반할 나무를 운반 시 고려할 사항으로 바르지 않은 것은?

① 운반할 나무는 줄기에 새끼나 거적으로 감싸 주어 운반 도중 물리적인 상처로부터 보호한다.
② 밖으로 넓게 퍼진 가지는 가지런히 여미어 새끼줄로 묶어줌으로써 운반 도중의 손상을 막는다.
③ 장거리 운반이나 큰 나무인 경우에는 뿌리분을 거적으로 다시 감싸 주고 새끼줄 또는 고무줄로 묶어준다.
④ 나무를 싣는 방향은 반드시 뿌리분이 차의 뒤쪽으로 오게 하여 싣고, 내릴 때는 편리하게 한다.

08 다음에서 설명하고 있는 수종은?

> - 17세기 체코 선교사를 기념하는 데서 유래되었다.
> - 상록활엽수교목으로 수형은 구형이다.
> - 꽃은 한 개씩 정생 또는 액생, 꽃받침과 꽃잎은 5~7개이다.
> - 열매는 삭과, 둥글며 3개로 갈라지고, 지름 3~4cm 정도이다.
> - 짙은 녹색의 잎과 겨울철 붉은색 꽃이 아름다우며, 음수로서 반음지나 음지에 식재, 전정에 잘 견딘다.

① 생강나무　　　　② 동백나무
③ 노각나무　　　　④ 후박나무

09 지주세우기에서 일반적으로 대형 나무에 적용하며, 경관적 가치가 요구되는 곳에 설치하는 지주형태는?

① 이각형
② 삼발이형
③ 삼각 및 사각지주형
④ 당김줄형

10 가을에 그윽한 향기를 가진 등황색 꽃이 피는 수종은?

① 금목서　　　　② 남천
③ 팔손이나무　　④ 생강나무

11 지표면이 높은 곳의 꼭대기 점을 연결한 선으로, 빗물이 이것을 경계로 좌우로 흐르게 되는 선을 무엇이라 하는가?

① 능선　　　　　② 계곡선
③ 경사변환점　　④ 방향변환점

12 다음 중 오픈스페이스의 효용성과 가장 관련이 먼 것은?

① 도시개발 형태의 조절
② 도시 내 자연을 도입
③ 도시 내 레크레이션을 위한 장소를 제공
④ 도시 기능 간 완충효과의 감소

13 다음은 조경계획 과정을 나열한 것이다. 가장 바른 순서로 된 것은?

① 기초조사 → 식재계획 → 동선계획 → 터가르기
② 기초조사 → 터가르기 → 동선계획 → 식재계획
③ 기초조사 → 동선계획 → 식재계획 → 터가르기
④ 기초조사 → 동선계획 → 터가르기 → 식재계획

14 1계단의 축상(蹴上)높이가 12cm일 때 답면(踏面)의 너비는 다음 중 어느 것이 가장 적합한가?

① 20~25cm　　　② 26~31cm
③ 31~36cm　　　④ 36~41cm

15 우리나라 골프장 그린에 가장 많이 이용되는 잔디는?

① 블루그래스　　② 벤트그래스
③ 라이그래스　　④ 버뮤다그래스

16 계단의 설계 시 고려해야 할 기준으로 옳지 않은 것은?

① 계단의 경사는 최대 30~35°가 넘지 않도록 해야 한다.
② 단높이를 h, 단너비를 b로 할 때 2h+b =60~65cm가 적당하다.
③ 진행 방향에 따라 중간에 1인용일 때 단너비는 90~110cm 정도의 계단참을 설치한다.
④ 계단의 높이가 5m 이상이 될 때만 중간에 계단참을 설치한다.

17 두 종류 이상의 제초제를 혼합하여 얻은 효과가 단독으로 처리한 반응을 각각 합한 것보다 높을 때의 효과는?

① 독립효과(independent effect)

② 부가효과(additive effect)

③ 상승효과(synergistic effect)

④ 길항효과(antagonistic effect)

18 곁눈 밑에 상처를 내어 놓으면 잎에서 만들어진 동화물질이 축적되어 잎눈이 꽃눈으로 변하는 일이 많다. 어떤 이유 때문인가?

① T/R율이 낮아지므로

② C/N율이 낮아지므로

③ T/R율이 높아지므로

④ C/N율이 높아지므로

19 다음 [보기]의 잔디종자 파종작업들을 순서대로 바르게 나열한 것은?

[보기]
전압, 기비살포, 경운, 정지작업, 파종, 복토, 멀칭

① 정지작업 → 파종 → 전압 → 복토 → 기비 살포 → 멀칭 → 경운

② 기비살포 → 파종 → 정지작업 → 복토 → 멀칭 → 전압 → 경운

③ 파종 → 기비살포 → 정지작업 → 복토 → 전압 → 경운 → 멀칭

④ 경운 → 기비살포 → 정지작업 → 파종 → 복토 → 전압 → 멀칭

20 콘크리트용 혼화재로 실리카 흄(Silica fume)을 사용 하였을 경우 효과에 대한 설명으로 잘못된 것은?

① 알칼리 골재반응의 억제 효과가 있다.

② 내화학 약품성이 향상된다.

③ 단위수량과 건조수축이 감소된다.

④ 콘크리트의 재료분리 저항성, 수밀성이 향 상된다.

21 강(鋼)과 비교한 알루미늄의 특징에 관한 내용 중 옳지 않은 것은?

① 강도가 작다.

② 비중이 작다.

③ 열팽창률이 작다.

④ 전기 전도율이 높다.

22 점토, 석영, 장석, 도석 등을 원료로 하여 적당한 비율로 배합한 다음 높은 온도로 가열하여 유리화 될 때까지 충분히 구워 굳힌 제품으로서, 대개 흰색 유리질로서 반투명하여 흡수성이 없고 기계적 강도가 크며, 때리면 맑은 소리를 내는 것은?

① 토기   ② 자기

③ 도기   ④ 석기

23 다음 중 열경화성 수지의 종류와 특징에 대한 설명이 옳지 않은 것은?

① 우레탄수지 - 투광성이 크고 내후성이 양호 하며 착색이 자유롭다.

② 실리콘수지 - 열절연성이 크고 내약품성, 내후성이 좋으며 전기적 성능이 우수하다.

③ 페놀수지 - 강도, 전기절연성, 내산성, 내수 성 모두 양호하나 내알칼리성이 약하다.

④ 멜라민수지 - 요소수지와 같으나 경도가 크고 내수성은 약하다.

24 다음 중 목재 내 할렬(checks)은 어느 때 발생 하는가?

① 함수율이 높은 목재를 서서히 건조할 때

② 건조 응력이 목재의 횡인장강도보다 클 때

③ 목재의 부분별 수축이 다를 때

④ 건조 초기에 상대습도가 높을 때

25 다음 중 낙우송의 설명으로 옳지 않은 것은?

① 열매는 둥근 달걀 모양으로 길이 2~3cm 지름 1.8~3.0cm의 암갈색이다.

② 종자는 삼각형의 각모에 광택이 있으며 날개가 있다.

③ 잎은 5~10cm 길이로 마주나는 대생이다.

④ 소엽은 편평한 새의 깃 모양으로서 가을에 단풍이 든다.

26 평판측량에서 평판을 정치하는 데 생기는 오차 중 측량 결과에 가장 큰 영향을 주므로 특히 주의해야 할 것은?

① 중심 맞추기 오차

② 수평 맞추기 오차

③ 앨리데이드의 수준기에 따른 오차

④ 방향 맞추기 오차

27 다음 중 정원에서의 눈가림 수법에 대한 설명으로 틀린 것은?

① 눈가림은 변화와 거리감을 강조하는 수법이다.

② 이 수법은 원래 동양적인 수법이다.

③ 정원이 한층 더 깊이가 있어 보이게 하는 수법이다.

④ 좁은 정원에서는 눈가림 수법을 쓰지 않는 것이 정원을 더 넓게 보이게 한다.

28 비금속재료의 특성에 관한 설명 중 옳지 않은 것은?

① 아연은 산 및 알칼리에 강하나 공기 중 및 수중에서는 내식성이 작다.

② 동은 상온의 건조공기 중에서 변화하지 않으나 습기가 있으면 광택을 소실하고 녹청색으로 된다.

③ 납은 비중이 크고 연질이며 전성, 연성이 풍부하다.

④ 알루미늄은 비중이 비교적 작고 연질이며 강도도 낮다.

29 투명도가 높으므로 유기유리라는 명칭이 있으며, 착색이 자유롭고 내충격 강도가 크고, 평판, 골판 등의 각종 형태의 성형품으로 만들어 채광판, 도어판, 칸막이벽 등에 쓰이는 합성수지는?

① 아크릴수지

② 요소수지

③ 에폭시수지

④ 폴리스티렌수지

30 양질의 포졸란(pozzolan)을 사용한 콘크리트의 성질로 옳지 않은 것은?

① 워커빌리티 및 피니셔빌리티가 좋다.

② 강도의 증진이 빠르고 단기 강도가 크다.

③ 수밀성이 크고 발열량이 적다.

④ 화학적 저항성이 크다.

31 다음 중 계곡선에 대한 설명 중 맞는 것은?

① 간극선 간격의 1/2 거리의 가는 점선으로 그어진 것이다.

② 주곡선 간격의 1/2 거리의 가는 파선으로 그어진 것이다.

③ 주곡선은 다섯 줄마다 굵은 선으로 그어진 것이다.

④ 1/5,000의 지형도 축척에서 등고선은 10m 간격으로 나타난다.

32 다음 토양층위 중 집적층에 해당되는 것은?

① A층　　　　　② B층
③ C층　　　　　④ D층

33 암거는 지하수위가 높은 곳, 배수 불량 지반에 설치한다. 암거의 종류 중 중앙에 큰 암거를 설치하고, 좌우에 작은 암거를 연결시키는 형태로 넓이에 관계없이 경기장이나 어린이놀이터와 같은 소규모의 평탄한 지역에 설치할 수 있는 것은?

① 빗살형　　　　② 어골형
③ 부채살형　　　④ 자연형

34 솔잎혹파리에 대한 설명 중 틀린 것은?

① 유충으로 땅속에서 월동한다.
② 우리나라에서는 1929년에 처음 발견되었다.
③ 유충은 솔잎을 밑부분에서부터 갉아 먹는다.
④ 1년에 1회 발생한다.

35 친환경적 생태하천에 호안을 복구하고자 할 때 생물의 종다양성과 자연성 향상을 위해 이용되는 소재로 가장 부적합한 것은?

① 섶단　　　　　② 소형고압블록
③ 돌망태　　　　④ 야자롤

36 석재판(板石) 붙이기 시공법이 아닌 것은?

① 습식공법　　　② 건식공법
③ FRP공법　　　④ GPC공법

37 소나무꽃 특성에 대한 설명으로 옳은 것은?

① 단성화, 자웅동주　　② 단성화, 자웅이주
③ 양성화, 자웅동주　　④ 양성화, 자웅이주

38 다음 중 목재의 함수율이 크고 작음에 가장 영향이 큰 강도는?

① 인장강도　　　② 휨강도
③ 전단강도　　　④ 압축강도

39 다음 중 유충과 성충이 동시에 나뭇잎에 피해를 주는 해충이 아닌 것은?

① 느티나무벼룩바구미
② 버들꼬마잎벌레
③ 주둥무늬차색풍뎅이
④ 큰이십팔점박이무당벌레

40 40%(비중＝1)의 어떤 유제가 있다. 이 유제를 1,000배로 희석하여 10a당 9L를 살포하고자 할 때, 유제의 소요량은 몇 mL인가?

① 7　　　　　　② 8
③ 9　　　　　　④ 10

41 경관에 변화를 주거나 방음, 방풍 등을 위한 목적으로 작은 동산을 만드는 공사의 종류는?

① 부지정지공사　　② 흙깎기공사
③ 멀칭공사　　　　④ 마운딩공사

42 조경공사용 기계의 종류와 용도(굴삭, 배토정지, 상차, 운반, 다짐)의 연결이 옳지 않은 것은?

① 굴삭용 – 무한궤도식 로더
② 운반용 – 덤프트럭
③ 다짐용 – 탬퍼
④ 배토정지용 – 모터그레이더

43 다음 중 서원 조경에 대한 설명으로 틀린 것은?

① 도산서당의 정우당, 남계성원의 지당에 연꽃이 식재된 것은 주렴계의 애련설의 영향이다.

② 서원의 진입공간에는 홍살문이 세워지고, 하마비와 하마석이 놓여진다.

③ 서원에 식재되는 수목들은 관상을 목적으로 식재되었다.

④ 서원에 식재되는 대표적인 수목은 은행나무로 행단과 관련이 있다.

44 다음 중 모감주나무(Koelreuteria paniculata Laxmann)에 대한 설명으로 맞는 것은?

① 뿌리는 천근성으로 내공해성이 약하다.

② 열매는 삭과로 3개의 황색종자가 들어있다.

③ 잎은 호생하고 기수1회우상복엽이다.

④ 남부지역에서만 식재 가능하고 성상은 상록활엽교목이다.

45 다음 중 열매가 붉은색으로만 짝지어진 것은?

① 쥐똥나무, 팥배나무

② 주목, 칠엽수

③ 피라칸다, 낙상홍

④ 매실나무, 무화과나무

46 다음 설명의 (   ) 안에 가장 적합한 것은?

> 조경공사 표준시방서의 기준상 수목은 수관부 가지의 약 (   ) 이상이 고사하는 경우에 고사목으로 판정하고, 지피·초본류는 해당 공사의 목적에 부합되는가를 기준으로 감독자의 육안검사 결과에 따라 고사 여부를 판정한다.

① 1/2

② 1/3

③ 2/3

④ 3/4

47 다음 중 등고선의 성질에 대한 설명으로 맞는 것은?

① 지표의 경사가 급할수록 등고선 간격이 넓어진다.

② 같은 등고선 위의 모든 점은 높이가 서로 다르다.

③ 등고선은 지표의 최대 경사선의 방향과 직교하지 않는다.

④ 높이가 다른 두 등고선은 동굴이나 절벽의 지형이 아닌 곳에서는 교차하지 않는다.

48 일반적인 토양의 표토에 대한 설명으로 가장 부적합한 것은?

① 우수(雨水)의 배수능력이 없다.

② 토양오염의 정화가 진행된다.

③ 토양미생물이나 식물의 뿌리 등이 활발히 활동하고 있다.

④ 오랜 기간의 자연작용에 따라 만들어진 중요한 자산이다.

49 다음 중 콘크리트 내구성에 영향을 주는 아래 화학반응식의 현상은?

$$Ca(OH)_2 + CO_2 \rightarrow CaCO_3 + H_2O \uparrow$$

① 콘크리트 염해

② 동결융해현상

③ 알칼리 골재반응

④ 콘크리트 중성화

50 시멘트 500포대를 저장할 수 있는 가설창고의 최소 필요 면적은? (단, 쌓기 단수는 최대 13단으로 한다.)

① 15.4m²

② 16.5m²

③ 18.5m²

④ 20.4m²

51 다음 중 대나무에 대한 설명으로 틀린 것은?

① 외관이 아름답다.
② 탄력이 있다.
③ 잘 썩지 않는다.
④ 벌레의 피해를 쉽게 받는다.

52 다음 중 잔디밭의 넓이가 50평 이상으로 잔디의 품질이 아주 좋지 않아도 되는 골프장의 러프(Rough)지역, 공원의 수목지역 등에 많이 사용하는 잔디 깎는 기계는?

① 핸드 모어(hand mower)
② 그린 모어(green mower)
③ 로터리 모어(rotary mower)
④ 갱 모어(gang mower)

53 우리나라 골프장 그린에 가장 많이 이용되는 잔디는?

① 블루그래스
② 벤트그래스
③ 라이그래스
④ 버뮤다그래스

54 여름의 연보라 꽃과 초록의 잎 그리고 가을에 검은 열매를 감상하기 위한 지피식물은?

① 영산홍
② 꽃잔디
③ 맥문동
④ 칡

55 공사의 설계 및 시공을 의뢰하는 사람을 뜻하는 용어는?

① 설계자
② 발주자
③ 시공자
④ 감독자

56 흙쌓기 작업 시 가라앉을 것을 예측하여 더돋기를 하는데, 이때 일반적으로 계획된 높이보다 어느 정도 더 높이 쌓아 올리는가?

① 1~5%
② 10~15%
③ 20~25%
④ 30~35%

57 다음 중 시방서의 기재사항이 아닌 것은?

① 재료의 종류 및 품질
② 건물인도의 시기
③ 재료의 검사에 관한 방법
④ 시공방법의 정도 및 완성에 관한 사항

58 다음 도료 중 건조가 가장 빠른 것은?

① 오일페인트
② 바니시
③ 래커
④ 레이크

59 골재의 함수상태에 관한 설명 중 틀린 것은?

① 골재를 110℃ 정도의 온도에서 24시간 이상 건조시킨 상태를 절대건조상태 또는 노건조상태(oven dry condition)라 한다.
② 골재를 실내에 방치할 경우, 골재입자의 표면과 내부의 일부가 건조된 상태를 공기 중 건조상태라 한다.
③ 골재입자의 표면에 물은 없으나 내부의 공극에는 물이 꽉 차있는 상태를 표면건조포화상태라 한다.
④ 절대건조상태에서 표면건조상태가 될 때까지 흡수되는 수량을 표면수량(surface moisture)이라 한다.

60 목재의 심재와 비교한 변재의 일반적인 특징 설명으로 틀린 것은?

① 재질이 단단하다.
② 흡수성이 크다.
③ 수축변형이 크다.
④ 내구성이 작다.

※ 정답 467페이지

01 조경 제도 용품 중 곡선자라고 하여 각종 반지름의 원호를 그릴 때 가장 적합한 재료는?

① 운형자   ② 원호자

③ 삼각자   ④ T자

02 작은 색견본을 보고 색을 선택한 다음 아파트 외벽에 칠했더니 명도와 채도가 높아져 보였다. 이러한 현상을 무엇이라고 하는가?

① 색상대비   ② 한난대비

③ 면적대비   ④ 보색대비

03 원명원 이궁과 만수산 이궁은 어느 시대의 대표적 정원인가?

① 명나라   ② 당나라

③ 송나라   ④ 청나라

04 다음 중국식 정원의 설명으로 틀린 것은?

① 차경수법을 도입하였다.

② 사실주의보다는 상징적 축조가 주를 이루는 사의주의에 입각하였다.

③ 유럽의 정원과 같은 건축식 조경수법으로 발달하였다.

④ 대비에 중점을 두고 있으며, 이것이 중국 정원의 특색을 이루고 있다.

05 각 국가별로 중요 조경유적의 연결이 바른 것은?

① 고구려 – 궁남지(宮南池)

② 신라 – 임류각(臨流閣)

③ 고려 – 동지(東池)

④ 백제 – 감은사(感恩寺)

06 실선의 굵기에 따라 종류(굵은선, 중간선, 가는선)와 용도가 바르게 연결되어 있는 것은?

① 굵은선 – 도면의 윤곽선

② 중간선 – 치수선

③ 가는선 – 단면선

④ 가는선 – 파선

07 주로 장독대, 쓰레기통, 빨래건조대 등을 설치하는 주택정원의 적합한 공간은?

① 안뜰   ② 앞뜰

③ 작업뜰   ④ 뒤뜰

08 줄기가 아래로 늘어지는 생김새의 수간을 가진 나무의 모양을 무엇이라 하는가?

① 쌍간   ② 다간

③ 직간   ④ 현애

09 소나무 이식 후 줄기에 새끼를 감고 진흙을 바르는 가장 주된 목적은?

① 건조로 말라 죽는 것을 막기 위하여

② 줄기가 햇빛에 타는 것을 막기 위하여

③ 추위에 얼어 죽는 것을 막기 위하여

④ 소나무좀의 피해를 예방하기 위하여

10 다음 수종들 중 단풍이 붉은색이 아닌 것은?

① 신나무   ② 복자기

③ 화살나무   ④ 고로쇠나무

11 이팝나무와 조팝나무에 대한 설명으로 옳지 않은 것은?

① 이팝나무의 열매는 타원형의 핵과이다.

② 환경이 같다면 이팝나무가 조팝나무보다 꽃이 먼저 핀다.

③ 과명은 이팝나무는 물푸레나무과(科)이고 조팝나무는 장미과(科)이다.

④ 성상은 이팝나무는 낙엽활엽교목이고, 조팝나무는 낙엽활엽관목이다.

12 시멘트의 강열감량(ignition loss)에 대한 설명으로 틀린 것은?

① 시멘트 중에 함유된 H_2O와 CO_2의 양이다.

② 클링커와 혼합하는 석고의 결정수량과 거의 같은 양이다.

③ 시멘트에 약 1,000°C의 강한 열을 가했을 때의 시멘트 감량이다.

④ 시멘트가 풍화하면 강열감량이 적어지므로 풍화의 정도를 파악하는 데 사용된다.

13 도시공원 및 녹지 등에 관한 법률에서 규정한 편익시설로만 구성된 공원시설들은?

① 주차장, 매점

② 박물관, 휴게소

③ 야외음악당, 식물원

④ 그네, 미끄럼틀

14 합성수지에 관한 설명 중 잘못된 것은?

① 기밀성, 접착성이 크다.

② 비중에 비하여 강도가 크다.

③ 착색이 자유롭고 가공성이 크므로 장식적 마감재에 적합하다.

④ 내마모성이 보통 시멘트콘크리트에 비교하면 극히 적어 바닥 재료로는 적합하지 않다.

15 목재의 역학적 성질에 대한 설명으로 틀린 것은?

① 옹이로 인하여 인장강도는 감소한다.

② 비중이 증가하면 탄성은 감소한다.

③ 섬유포화점 이하에서는 함수율이 감소하면 강도가 증대된다.

④ 일반적으로 응력의 방향이 섬유방향에 평행한 경우 강도(전단강도 제외)가 최대가 된다.

16 다음 중 9월 중순~10월 중순에 성숙된 열매색이 흑색인 것은?

① 마가목　　　　② 살구나무

③ 남천　　　　　④ 생강나무

17 낙엽활엽소교목으로 양수이며 잎이 나오기 전 3월경 노란색으로 개화하고, 빨간 열매를 맺어 아름다운 수종은?

① 개나리　　　　② 생강나무

③ 산수유　　　　④ 풍년화

18 콘크리트 1m³에 소요되는 재료의 양을 L로 계량하여 1 : 2 : 4 또는 1 : 3 : 6 등의 배합 비율로 표시하는 배합을 무엇이라 하는가?

① 표준계량배합　　② 용적배합

③ 중량배합　　　　④ 시험중량배합

19 식물의 아래 잎에서 황화현상이 일어나고 심하면 잎 전면에 나타나며, 잎이 작지만 잎수가 감소하며 초본류의 초장이 작아지고 조기낙엽이 비료 결핍의 원인이라면 어느 비료 요소와 관련된 설명인가?

① P　　　　　　② N

③ Mg　　　　　④ K

20 다음 중 재료의 할증률이 다른 것은?

① 목재(각재)　　　② 시멘트 벽돌

③ 원형철근　　　　④ 합판(일반용)

21 재료가 탄성한계 이상의 힘을 받아도 파괴되지 않고 가늘고 길게 늘어나는 성질은?

① 취성(脆性)　　　② 인성(靭性)

③ 연성(延性)　　　④ 전성(塵性)

22 일반적으로 봄 화단용 꽃으로만 짝지어진 것은?

① 맨드라미, 국화　　② 데이지, 금잔화

③ 샐비어, 색비름　　④ 칸나, 메리골드

23 화강암의 특징에 대한 설명으로 옳지 않은 것은?

① 조직이 균일하고 내구성 및 강도가 크다.

② 내화성이 우수하여 고열을 받는 곳에 적당하다.

③ 외관이 아름답기 때문에 장식재로 쓸 수 있다.

④ 자갈·쇄석 등과 같은 콘크리트용 골재로도 많이 사용 된다.

24 다음 중 목재에 유성페인트 칠을 할 때 가장 관련이 없는 재료는?

① 건성유　　　　　② 건조제

③ 방청제　　　　　④ 희석제

25 다음 중 가로수용으로 가장 적합한 수종은?

① 회화나무　　　　② 돈나무

③ 호랑가시나무　　④ 풀명자

26 조경 수목에서 거름을 주는 방법 중 윤상 거름주기에 대해 옳게 설명한 것은?

① 수목의 밑동으로부터 밖으로 방사상 모양으로 땅을 파고 거름을 주는 방식이다.

② 수관폭을 형성하는 가지 끝 아래의 수관선을 기준으로 하여 환상으로 둥글게 하고 거름을 주는 방식이다.

③ 수목의 밑동부터 일정한 간격을 두고 도랑처럼 길게 구덩이를 파서 거름을 주는 방식이다.

④ 수관선상에 구멍을 군데군데 뚫고 거름을 주는 방식으로 주로 액비를 비탈면에 줄 때 적용한다.

27 조경공사의 유형 중 환경 생태복원 녹화공사에 속하지 않는 것은?

① 분수공사

② 비탈면 녹화공사

③ 옥상 및 벽체 녹화공사

④ 자연하천 및 저수지공사

28 경사로를 설치할 경우 유효폭은 얼마 이상으로 하는 것이 적당한가?

① 100cm　　　　　② 120cm

③ 140cm　　　　　④ 160cm

29 다음 중 붉은색(홍색)의 단풍이 드는 수목들로 구성된 것은?

① 낙우송, 느티나무, 백합나무

② 칠엽수, 참느릅나무, 졸참나무

③ 감나무, 화살나무, 붉나무

④ 잎갈나무, 메타세쿼이아, 은행나무

30 다음 중 색의 대비에 관한 설명이 틀린 것은?

① 보색인 색을 인접시키면 본래의 색보다 채도가 낮아져 탁해 보인다.

② 명도단계를 연속시켜 나열하면 각각 인접한 색끼리 두드러져 보인다.

③ 명도가 다른 두 색을 인접시키면 명도가 낮은 색은 더욱 어두워 보인다.

④ 채도가 다른 두 색을 인접시키면 채도가 높은 색은 더욱 선명해 보인다.

31 다음 중 낙엽활엽관목으로만 짝지어진 것은?

① 동백나무, 섬잣나무

② 회양목, 아왜나무

③ 생각나무, 화살나무

④ 느티나무, 은행나무

32 다음 중 미기후에 대한 설명으로 가장 거리가 먼 것은?

① 호수에서 바람이 불어오는 곳은 겨울에는 따뜻하고 여름에는 서늘하다.

② 야간에는 언덕보다 골짜기의 온도가 낮고, 습도는 높다.

③ 야간에 바람은 산 위에서 계곡을 향해 분다.

④ 계곡의 맨 아래쪽은 비교적 주택지로서 양호한 편이다.

33 공원식재 시공 시 식재할 지피식물의 조건으로 가장 거리가 먼 것은?

① 관리가 용이하고, 병충해에 잘 견뎌야 한다.

② 번식력이 왕성하고, 생장이 비교적 빨라야 한다.

③ 성질이 강하고, 환경조건에 대한 적응성이 넓어야 한다.

④ 토양까지의 강수전단을 위해 지표면을 듬성 듬성 피복하여야 한다.

34 분쇄목인 우드칩(Wood chip)을 멀칭재료로 사용할 때의 효과가 아닌 것은?

① 미관효과 우수   ② 잡초억제 기능

③ 배수억제 효과   ④ 토양개량 효과

35 실내정원을 구성할 때 사용되는 인공토양에 관한 설명으로 옳은 것은?

① 펄라이트(Perlite)는 화강암 속의 흑운모를 1,000°C 정도의 고온에서 수증기를 가하여 팽창시킨 것이다.

② 버미큘라이트(Vermiculite)는 황토와 톱밥을 섞어서 둥글게 뭉쳐 고온 처리한 것이다.

③ 하이드로볼(Hydro Ball)은 진주암 870°C 정도의 고온으로 가열하여 팽창시켜 만든 백색의 가벼운 입자로 만든 것으로 무균상태이다.

④ 피트모스(Peatmoss)는 습지의 수태가 퇴적하여 만들어진 것으로 유기질 용토이다.

36 20L 들이 분무기 한 통에 1,000배액의 농약 용액을 만들고자 할 때 필요한 농약의 약량은?

① 10mL   ② 20mL

③ 30mL   ④ 50mL

37 다음 석재의 역학적 성질 설명 중 옳지 않은 것은?

① 공극률이 가장 큰 것은 대리석이다.

② 현무암의 탄성계수는 후크(Hooke)의 법칙을 따른다.

③ 석재의 강도는 압축강도가 특히 크며, 인장강도는 매우 작다.

④ 석재 중 풍화에 가장 큰 저항성을 가지는 것은 화강암이다.

38 다음 중 콘크리트의 공사에 있어서 거푸집에 작용하는 콘크리트 측압의 증가 요인이 아닌 것은?

① 타설 속도가 빠를수록

② 슬럼프가 클수록

③ 다짐이 많을수록

④ 빈배합일 경우

39 타일붙임재료의 설명으로 틀린 것은?

① 접착력과 내구성이 강하고 경제적이며 작업성이 있어야 한다.

② 종류는 무기질 시멘트 모르타르와 유기질 고무계 또는 에폭시계 등이 있다.

③ 경량으로 투수율과 흡수율이 크고, 형상·색조의 자유로움 등이 우수하나 내화성이 약하다.

④ 접착력이 일정기준 이상 확보되어야만 타일의 탈락현상과 동해에 의한 내구성의 저하를 방지할 수 있다.

40 미국 식민지 개척을 통한 유럽 각국의 다양한 사유지 중심의 정원양식이 공공적인 성격으로 전환되는 계기에 영향을 끼친 것은?

① 스토우정원

② 보르비콩트정원

③ 스투어헤드정원

④ 버킨헤드정원

41 콘크리트의 용적배합 시 1 : 2 : 4에서 2는 어느 재료의 배합비를 표시한 것인가?

① 물   ② 모래

③ 자갈   ④ 시멘트

42 주택정원을 설계할 때 일반적으로 고려할 사항이 아닌 것은?

① 무엇보다도 안전 위주로 설계해야 한다.

② 시공과 관리하기가 쉽도록 설계해야 한다.

③ 특수하고 귀중한 재료만을 선정하여 설계해야 한다.

④ 재료는 구하기 쉬운 것을 넣어 설계한다.

43 과다사용 시 병에 대한 저항력을 감소시키므로 특히 토양의 비배관리에 주의해야 하는 무기성분은?

① 질소   ② 규산

③ 칼륨   ④ 인산

44 다음 중 뿌리분과 구덩이의 크기를 알맞게 설명한 것은?

① 근원직경의 4배, 구덩이는 분의 1.5배

② 근원직경의 4배, 구덩이는 분의 2.5배

③ 근원직경의 6배, 구덩이는 분의 2.5배

④ 근원직경의 6배, 구덩이는 분의 1.5배

45 인공적인 수형을 만드는 데 적합한 수목의 특징으로 틀린 것은?

① 자주 다듬어도 자라는 힘이 쇠약해지지 않는 나무

② 병이나 벌레 등에 견디는 힘이 강한 나무

③ 되도록 잎이 작고 잎의 양이 많은 나무

④ 다듬어줄 때마다 잔가지와 잎보다는 굵은 가지가 잘 자라는 나무

46 단위용적중량이 1,700kgf/m³, 비중이 2.6인 골재의 공극률은 약 얼마인가?

① 34.6%
② 52.94%
③ 3.42%
④ 5.53%

47 주차장법 시행규칙상 주차장의 주차단위 구획기준은? (단, 평행주차형식 외의 장애인 전용방식이다.)

① 2.0m 이상×4.5m 이상
② 3.0m 이상×5.0m 이상
③ 2.3m 이상×4.5m 이상
④ 3.3m 이상×5.5m 이상

48 조경공사의 시공자 선정방법 중 일반 공개경쟁 입찰방식에 관한 설명으로 옳은 것은?

① 예정가격을 비공개로 하고 견적서를 제출하여 경쟁입찰에 단독으로 참가하는 방식
② 계약의 목적, 성질 등에 따라 참가자의 자격을 제한하는 방식
③ 신문, 게시 등의 방법을 통하여 다수의 희망자가 경쟁에 참가하여 가장 유리한 조건을 제시한 자를 선정하는 방식
④ 공사 설계사와 시공도서를 작성하여 입찰서와 함께 제출하여 입찰하는 방식

49 식물이 이용 가능한 토양의 유효수분 pF값 범위로 가장 적합한 것은?

① 0~1.4
② 1.5~2.5
③ 2.7~4.2
④ 4.5~7.0

50 주로 종자에 의하여 번식되는 잡초는?

① 올미
② 가래
③ 피
④ 너도방동사니

51 시방서의 설명으로 옳은 것은?

① 설계도면에 필요한 예산계획서이다.
② 공사계약서이다.
③ 평면도, 입면도, 투시도 등을 볼 수 있도록 그려 놓은 것이다.
④ 공사개요, 시공방법, 특수재료 및 공법에 관한 사항 등을 명기한 것이다.

52 줄기감기를 하는 목적이 아닌 것은?

① 수분 증발을 활성화시키고자
② 병해충의 침입을 막고자
③ 강한 태양광선으로부터 피해를 방지하고자
④ 물리적 힘으로부터 수피의 손상을 방지하고자

53 다음 중 기준점 및 규준틀에 관한 설명으로 틀린 것은?

① 규준틀은 공사가 완료된 후에 설치한다.
② 규준틀은 토공의 높이, 너비 등의 기준을 표시한 것이다.
③ 기준점은 이동의 염려가 없는 곳에 설치한다.
④ 기준점은 최소 3개소 이상의 여러 곳에 설치한다.

54 주택단지의 대지를 이용형태에 따라 분류한 것으로 틀린 것은?

① 건축용 ② 교통용
③ 녹지용 ④ 도보용

55 재래종 잔디의 특성이 아닌 것은?

① 양지를 좋아한다.
② 병해에 강하다.
③ 뗏장으로 번식한다.
④ 자주 깎아주어야 한다.

56 데발 시험기(Deqal Abrasion Tester)란?

① 석재의 휨강도 시험기
② 석재의 인장강도 시험기
③ 석재의 압충강도 시험기
④ 석재의 마모에 대한 저항성 측정시험기

57 생물분류학적으로 거미강에 속하고 덥고, 건조한 환경을 좋아하고 뾰족한 입으로 즙을 빨아먹는 해충은?

① 진딧물 ② 나무좀
③ 응애 ④ 가루

58 다음 중 시비시기와 관련된 설명 중 틀린 것은?

① 온대지방에서는 수종에 관계없이 가장 왕성한 생장을 하는 시기가 봄이며, 이 시기에 맞게 비료를 주는 것이 가장 바람직하다.
② 시비효과가 봄에 나타나게 하려면 겨울눈이 트기 4~6주 전인 늦은 겨울이나 이른 봄에 토양에 시비한다.
③ 질소비료를 제외한 다른 대량원소는 연중 필요할 때 시비하면 되고, 미량원소를 토양에 시비할 때는 가을에 실시한다.
④ 우리나라의 경우 고정생장을 하는 소나무, 전나무, 가문비나무 등은 9~10월보다는 2월에 시비가 적절하다.

59 다음 중 골프장 용지로서 부적당한 곳은?

① 기복이 있어 지형에 변화가 있는 곳
② 모래참흙인 곳
③ 부지가 동서로 길게 잡은 곳
④ 클럽하우스의 대지가 부즈의 북쪽에 자리 잡은 곳

60 다수의 대상이 존재할 때 어느 색이 보다 쉽게 지각되는지 또는 쉽게 눈에 띄는지의 정도를 나타내는 용어는?

① 유목성 ② 시인성
③ 식별성 ④ 가독성

※ 정답 470페이지

01 다음 중 본격적인 프랑스식 정원으로서 루이 14세 당시의 니콜라스 푸케와 관련 있는 정원은?

① 퐁텐블로(Fontainebleau)
② 보르 뷔 콩트(Vaux-le-Vicomte)
③ 베르사유(Versailles)공원
④ 생클루(Saint-Cloud)

02 훌륭한 조경가가 되기 위한 자질에 대한 설명 중 틀린 것은?

① 토양, 지질, 지형, 수문(水文) 등 자연과학적 지식이 요구된다.
② 인류학, 지리학, 사회학, 환경심리학 등에 관한 인문과학적 지식도 요구된다.
③ 건축이나 토목 등에 관련된 공학적인 지식도 요구된다.
④ 합리적인 사고보다는 감성적 판단이 더욱 필요하다.

03 도면상에서 식물재료의 표기 방법으로 바르지 않은 것은?

① 수목에 인출선을 사용하여 수종명, 규격, 관목, 교목을 구분하여 표시하고 총수량을 함께 기입한다.
② 덩굴성 식물의 규격은 길이로 표시한다.
③ 같은 수종은 인출선을 연결하여 표시하도록 한다.
④ 수종에 따라 규격은 H×W, H×B, H×R 등의 표기방식이 다르다.

04 휴게공간의 입지 조건으로 적합하지 않은 것은?

① 보행동선이 합쳐지는 곳
② 기존 녹음수가 조성된 곳
③ 경관이 양호한 곳
④ 시야에 잘 띄지 않는 곳

05 다음 중 인공토양을 만들기 위한 경량재가 아닌 것은?

① 펄라이트(perlite)
② 버미큘라이트(vermiculite)
③ 부엽토
④ 화산재

06 다음 중 점층(漸層)에 관한 설명으로 가장 적합한 것은?

① 조경재료의 형태나 색깔, 음향 등의 점진적 증가
② 대소, 장단, 명암, 강약
③ 일정한 간격을 두고 흘러오는 소리, 다변화되는 색채
④ 중심축을 두고 좌우 대칭

07 다음 정원의 개념을 잘 나타내는 중정은?

• 무어 양식의 극치라고 일컬어지는 알함브라(Alhambra)궁의 여러 개의 중정(Patio) 중 하나이다.
• 4개의 수로에 의해 4분되는 파라다이스 정원이다.
• 가장 화려한 정원으로서 물의 존귀성이 드러난다.

① 사자의 중정
② 창격자 중정
③ 연못의 중정
④ Lindaraja Patio

08 재료가 탄성한계 이상의 힘을 받아도 파괴되지 않고 가늘고 길게 늘어나는 성질은?

① 취성(脆性)　　② 인성(靭性)

③ 연성(延性)　　④ 전성(塵性)

09 다음 중 가장 채도가 높은 것은?

① 빨강(5R)　　② 파랑(5B)

③ 초록(5G)　　④ 주황(5YR)

10 여러해살이 화초에 해당되는 것은?

① 베고니아　　② 금어초

③ 맨드라미　　④ 금잔화

11 다음 중 E. Hall이 설명한 공적인 거리로 옳은 것은?

① 80cm　　② 100cm

③ 360cm　　④ 720cm

12 화강암 중 회백색 계열을 띠고 있는 돌은?

① 진안석　　② 포천석

③ 문경석　　④ 철원석

13 기존의 레크리에이션 기회에 참여 또는 소비하고 있는 수요를 무엇이라 하는가?

① 표출수요　　② 잠재수요

③ 유효수요　　④ 유도수요

14 벤치, 인공폭포, 인공암, 수목보호판 등으로 이용하기에 가장 적합한 것은?

① 경질염화비닐판

② 유리섬유 강화플라스틱

③ 폴리스티렌수지

④ 염화비닐수지

15 물체의 전면에 작용하는 하중의 분포 상태가 하중 적용 방향으로 일정한 하중은?

① 집중하중　　② 등분포하중

③ 경사분포하중　　④ 모멘트하중

16 다음 중 조경 수목에 거름을 줄 때의 방법에 대한 설명으로 틀린 것은?

① 윤상거름주기 – 수관폭을 형성하는 가지 끝 아래의 수관선을 기준으로 환상으로 깊이 20~25cm, 너비 20~30cm로 둥글게 판다.

② 방사상거름주기 – 파는 도랑의 깊이는 바깥쪽일수록 깊고 넓게 파야 하며, 선을 중심으로 하여 길이는 수관폭의 1/3 정도로 한다.

③ 선상거름주기 – 수관선상에 깊이 20cm 정도의 구멍을 군데군데 뚫고 거름을 주는 방법으로, 액비를 비탈면에 줄 때 적용한다.

④ 전면거름주기 – 한 그루씩 거름을 줄 경우, 뿌리가 확장되어 있는 부분을 뿌리가 나오는 곳까지 전면으로 땅을 파고 거름을 주는 방법이다.

17 40%(비중＝1)의 어떤 유제가 있다. 이 유제를 1,000배로 희석하여 10a당 9L를 살포하고자 할 때, 유제의 소요량은 몇 mL인가?

① 7mL　　② 8mL

③ 9mL　　④ 10mL

18 병해충 방제를 목적으로 쓰이는 농약 포장지 표기 형식 중 색깔이 분홍색을 나타내는 것은 어떤 종류의 농약을 가리키는가?

① 살균제 ② 살충제
③ 제초제 ④ 살비제

19 발해의 상류저택에 대규모로 심어졌던 식물로 옳은 것은?

① 석류 ② 매화
③ 모란 ④ 앵두

20 조선시대 마을숲에 대한 설명으로 옳지 않은 것은?

① 마을숲 내에 솟대, 돌탑, 장승 등을 설치하였다.
② 기능적인 이유만으로 수구막이를 만들었다.
③ 소나무, 느티나무 등을 식재하였다.
④ 조선시대 마을숲은 600여 개가 있었다.

21 야생동물의 조사와 관련된 설명 중 틀린 것은?

① 식생도면은 야생동물의 서식처에 관한 기초 자료이다.
② 상대적으로 중요한 희귀종을 조사한다.
③ 주민의 안전을 위협하는 위험종을 조사한다.
④ 야생동물이 만나는 곳을 에코톤(Eco-tone)이라 한다.

22 살충제 50%, 유제 100cc를 0.05%로 희석하려 할 때 요구되는 물의 양은? (단, 비중은 1이다.)

① 29,900cc ② 39,900cc
③ 49,900cc ④ 99,900cc

23 시멘트의 성질 및 특성에 대한 설명으로 틀린 것은?

① 분말도는 일반적으로 비표면적으로 표시한다.
② 강도시험은 시멘트 페이스트 강도시험으로 측정한다.
③ 응결이란 시멘트 풀이 유동성과 점성을 상실하고 고화하는 현상을 말한다.
④ 풍화란 시멘트가 공기 중의 수분 및 이산화탄소와 반응하여 가벼운 수화반응을 일으키는 것을 말한다.

24 이식할 수목의 가식장소와 그 방법의 설명으로 틀린 것은?

① 공사의 지장이 없는 곳에 감독관의 지시에 따라 가식장소를 정한다.
② 그늘지고 점토질 성분이 풍부한 토양을 선택한다.
③ 나무가 쓰러지지 않도록 세우고 뿌리분에 흙을 덮는다.
④ 필요한 경우 관수시설 및 수목 보양시설을 갖춘다.

25 조경 수목의 연간관리 작업계획표를 작성하려고 한다. 작업 내용의 분류상 성격이 다른 하나는?

① 병해충 방제 ② 시비
③ 뗏밥주기 ④ 수관손질

26 중국 청조(淸朝)의 원리 중 3산5원에 해당하지 않는 것은?

① 만수산 소원(小園)
② 옥천산 정명원(靜明園)
③ 만수산 창춘원(暢春園)
④ 만수산 원명원(圓明園)

27 평판측량의 3요소에 해당하지 않는 것은?

① 정준　　　　　② 구심

③ 공기　　　　　④ 표정

28 다음 제시된 색 중 같은 면적에 적용했을 경우 가장 좁아 보이는 색은?

① 옅은 하늘색　　② 선명한 분홍색

③ 밝은 노란 회색　④ 진한 파랑

29 다음 중 건설재료의 할증률로 맞는 것은?

① 이형철근 – 5%

② 경계블록 – 3%

③ 붉은 벽돌 – 5%

④ 수장용 합판 – 10%

30 다음 중 성형, 가공이 용이하지만 온도 변화에 약한 재질은?

① 목재　　　　　② 금속

③ 플라스틱　　　④ 콘크리트

31 조경식재 설계도를 작성할 때 수목명, 규격, 본수 등을 기입하기 위한 인출선 사용의 유의사항으로 올바르지 않은 것은?

① 가는 선으로 명료하게 긋는다.

② 인출선의 수평부분은 기입 사항의 길이와 맞춘다.

③ 인출선 간의 교차나 치수선의 교차를 피한다.

④ 인출선의 방향과 기울기는 자유롭게 표기하는 것이 좋다.

32 합성수지에 관한 설명 중 잘못된 것은?

① 기밀성, 접착성이 크다.

② 비중에 비하여 강도가 크다.

③ 착색이 자유롭고 가공성이 크므로 장식적 마감재에 적합하다.

④ 내마모성이 보통 시멘트콘크리트에 비교하면 극히 적어 바닥 재료로는 적합하지 않다.

33 가로 2m×세로 50m의 공간에 H0.4×W0.5 규격의 영산홍으로 생울타리를 만들려고 하면 사용되는 수목의 수량은 약 얼마인가?

① 50주　　　　　② 100주

③ 200주　　　　④ 400주

34 낙엽활엽소교목으로 양수이며 잎이 나오기 전 3월경 노란색으로 개화하고, 빨간 열매를 맺어 아름다운 수종은?

① 개나리　　　　② 생강나무

③ 산수유　　　　④ 풍년화

35 돌을 뜰 때 앞면, 뒷면, 길이 접촉부 등의 치수를 지정해서 깨낸 돌을 무엇이라 하는가?

① 견치돌　　　　② 호박돌

③ 사괴석　　　　④ 평석

36 도시공원 및 녹지 등에 관한 법률에 의한 어린이 공원의 기준에 관한 설명으로 옳은 것은?

① 공원구역 경계로부터 500m 이내에 거주하는 주민 250명 이상의 요청 시 어린이공원 조성계획의 정비를 요청할 수 있다.

② 공원시설 부지면적은 전체 면적의 60% 이하로 한다.

③ 1개소 면적은 1,200m 이상으로 한다.

④ 유치거리는 500미터 이하로 제한한다.

37 잎응애(spider mite)에 관한 설명으로 옳지 않은 것은?

① 무당벌레, 풀잠자리, 거미 등의 천적이 있다.

② 절지동물로서 거미강에 속한다.

③ 5월부터 세심히 관찰하여 약충이 발견되면 다이아지논 입제 등 살충제를 살포한다.

④ 육안으로 보이지 않기 때문에 응애 피해를 다른 병으로 잘못 진단하는 경우가 자주 있다.

38 화강암의 특징 설명으로 옳지 않은 것은?

① 조직이 균일하고 내구성 및 강도가 크다.

② 내화성이 우수하여 고열을 받는 곳에 적당하다.

③ 외관이 아름답기 때문에 장식재로 쓸 수 있다.

④ 자갈·쇄석 등과 같은 콘크리트용 골재로도 많이 사용된다.

39 진딧물류 방제에 효과적인 농약은?

① 메타시스톡스 유제

② 트리아디메폰 수화제

③ 트리클로르폰 수화제

④ 메티다티온 유제

40 다음 중 조경시공에 활용되는 석재의 특징으로 부적합한 것은?

① 내화성이 뛰어나고 압축강도가 크다.

② 내수성, 내구성, 내화학성이 풍부하다.

③ 색조와 광택이 있어 외관이 미려, 장중하다.

④ 천연물이기 때문에 재료가 균일하고, 갈라지는 방향성이 없다.

41 주택정원에 설치하는 중 수경시설에 해당하는 것은?

① 퍼걸러   ② 미끄럼틀

③ 정원등   ④ 벽천

42 다음 중 색의 대비에 관한 설명이 틀린 것은?

① 보색인 색을 인접시키면 본래의 색보다 채도가 낮아져 탁해 보인다.

② 명도단계를 연속시켜 나열하면 각각 인접한 색끼리 두드러져 보인다.

③ 명도가 다른 두 색을 인접시키면 명도가 낮은 색은 더욱 어두워 보인다.

④ 채도가 다른 두 색을 인접시키면 채도가 높은 색은 더욱 선명해 보인다.

43 파이토플라스마에 의한 주요 수목병에 해당하지 않는 것은?

① 오동나무 빗자루병

② 뽕나무 오갈병

③ 대추나무 빗자루병

④ 소나무 시들음병

44 시공 후 전체적인 모습을 알아보기 쉽도록 그린 다음 같은 형태의 그림은?

① 평면도

② 입면도

③ 조감도

④ 상세도

45 건물의 외벽도색을 위한 색채계획을 할 때 사용하는 컬러샘플(color sample)은 실제 색보다 명도나 채도를 낮추어 사용하는 것이 좋다. 이는 색채의 어떤 현상 때문인가?

① 착시효과   ② 동화현상

③ 대비효과   ④ 면적효과

46 가법혼색에 관한 설명으로 틀린 것은?

① 2차 색은 1차 색에 비하여 명도가 높아진다.

② 빨강 광원에 녹색 광원을 흰 스크린에 비추면 노란색이 된다.

③ 가법혼색의 삼원색을 동시에 비추면 검정이 된다.

④ 파랑에 녹색 광원을 비추면 시안(cyan)이 된다.

47 다음 중 주택 정원에 사용되는 정원수의 아름다움을 표현하는 미적 요소로 가장 거리가 먼 것은?

① 색채미   ③ 내용미

② 형태미   ④ 조형미

48 다음 중 자동차 배기가스에 특히 약한 수종으로 짝지어진 것은?

① 은행나무, 아까시나무

② 히말라야시다, 은목서

③ 금송, 태산목

④ 녹나무, 피나무

49 인조목의 특징이 아닌 것은?

① 제작 시 숙련공이 다루지 않으면 조잡한 제품을 생산하게 된다.

② 목재의 질감은 표출되지만 목재에서 느끼는 촉감을 맛볼 수 없다.

③ 안료를 잘못 배합하면 표면에서 분말이 나오게 되어 시각적으로 좋지 않고 이용에도 문제가 생긴다.

④ 마모가 심하여 파손되는 경우가 많다.

50 지피식물로 지표면을 덮을 때 유의할 조건으로 부적합한 것은?

① 지표면을 치밀하게 피복해야 한다.

② 식물체의 키가 높고, 일년생이어야 한다.

③ 번식력이 왕성하고, 생장이 비교적 빨라야 한다.

④ 관리가 용이하고, 병충해에 잘 견뎌야 한다.

51 다음 중 조화의 설명으로 가장 적합한 것은?

① 각 요소들이 강약 장단의 주기성이나 규칙성을 가지면서 전체적으로 연속적인 운동감을 가지는 것

② 모양이나 색깔 등이 비슷비슷하면서도 실은 똑같지 않은 것끼리 모여 균형을 유지하는 것

③ 서로 다른 것끼리 모여 서로를 강조시켜 주는 것

④ 축선을 중심으로 하여 양쪽의 비중을 똑같이 만드는 것

52 살충제에 해당되는 것은?

① 베노밀 수화제

② 페니트로티온 유제

③ 글리포세이트암모늄 액제

④ 아시벤졸라-에스-메틸·만코제브 수화제

53 다음 중 낙엽활엽관목으로만 짝지어진 것은?

① 동백나무, 섬잣나무

② 회양목, 아왜나무

③ 생각나무, 화살나무

④ 느티나무, 은행나무

54 평판측량에서 도면상에 없는 미지점에 평판을 세워 그 점(미지점)의 위치를 결정하는 측량방법은?

① 원형교선법

② 후방교선법

③ 측방교선법

④ 복전진법

55 시설물의 기초부위에서 발생하는 토공량의 관계식으로 옳은 것은?

① 잔토처리 토량＝기초 구조부 체적−터파기 체적

② 잔토처리 토량＝되메우기 체적−터파기 체적

③ 되메우기 토량＝터파기 체적−기초 구조부 체적

④ 되메우기 토량＝기초 구조부 체적−터파기 체적

56 다음 중 큰 나무의 뿌리돌림에 대한 설명으로 가장 거리가 먼 것은?

① 뿌리돌림을 한 후에 새끼로 뿌리분을 감아 두면 뿌리의 부패를 촉진하여 좋지 않다.

② 굵은 뿌리를 3~4개 정도 남겨둔다.

③ 뿌리돌림을 하기 전 수목이 흔들리지 않도록 지주목을 설치하여 작업하는 방법도 좋다.

④ 굵은 뿌리 절단 시는 톱으로 깨끗이 절단한다.

57 목재의 열기 건조에 대한 설명으로 틀린 것은?

① 낮은 함수율까지 건조할 수 있다.

② 자본의 회전기간을 단축시킬 수 있다.

③ 기후와 장소 등의 제약없이 건조할 수 있다.

④ 작업이 비교적 간단하며, 특수한 기술을 요구하지 않는다.

58 정형식 배식에 어울리는 수목의 조건을 설명한 것으로 옳지 않은 것은?

① 균형이 잡히고 개성이 강한 수목

② 가급적 생장 속도가 빠른 수목

③ 사철 푸른 잎을 가진 수목

④ 다듬기 작업에 잘 견디는 수목

59 플라스틱 재료의 일반적인 특징으로 옳지 않은 것은?

① 내수성(耐水性)과 내약품성이다.

② 내마모성이 크며, 접착성도 우수하다.

③ 착색이 용이하고, 투명성도 있다.

④ 내후성(耐候性)이 크며, 전기절연성이 양호하다.

60 Kevin Lynch의 5가지 도시 이미지와 관련이 없는 것은?

① District   ② Structure

③ Edge   ④ Path

01 다음 중 색의 3속성에 관한 설명으로 옳은 것은?

① 그레이 스케일(gray scale)은 채도의 기준척도로 사용된다.

② 감각에 따라 식별되는 색의 종명을 채도라고 한다.

③ 두 색상 중에서 빛의 반사율이 높은 쪽이 밝은 색이다.

④ 색의 포화상태, 즉 강약을 말하는 것은 명도이다.

02 다음 중 중국 4대 명원(四大 名園)에 포함되지 않는 것은?

① 졸정원　　　　② 창랑정

③ 작원　　　　　④ 사자림

03 통일신라 문무왕 14년에 중국의 무산12봉을 본뜬 산을 만들고 화초를 심었던 정원은?

① 소쇄원　　　　② 향원지

③ 비원　　　　　④ 안압지

04 다음 중 위락·관광시설 분야의 조경에 해당되는 대상은?

① 골프장　　　　② 궁궐

③ 실내정원　　　④ 사찰

05 다음 중 속명이 Trachelospernum이고, 명명이 Chineses Jasmine이며, 한자명이 백화등(白花藤)인 것은?

① 으아리　　　　② 인동덩굴

③ 줄사철　　　　④ 마삭줄

06 다음 중 훼손지비탈면의 초류종자 살포(종비토 뿜어붙이기)와 가장 관계없는 것은?

① 종자　　　　　② 생육기반재

③ 지효성비료　　④ 농약

07 16세기 이탈리아의 대표적인 정원인 빌라 에스테(Villa d' Este)의 특징에 대한 설명으로 바르지 못한 것은?

① 방지연못　　　② 미로

③ 자수화단　　　④ 사이프러스 열식

08 다음 중 중국 정원의 특징에 해당하는 것은?

① 정형식　　　　② 태호석

③ 침전조정원　　④ 직선미

09 CAD의 효과와 바르지 않은 것은?

① 설계변경이 쉽다.

② 설계의 표준화로 설계시간을 단축할 수 있다.

③ 도면의 수정과 재활용이 용이하다.

④ 오류발견이 어렵다.

10 조경계획의 과정을 나열할 것 중 가장 바른 순서로 된 것은?

① 기초조사 → 식재계획 → 동선계획 → 터가르기

② 기초조사 → 터가르기 → 동선계획 → 식재계획

③ 기초조사 → 동선계획 → 식재계획 → 터가르기

④ 기초조사 → 동선계획 → 터가르기 → 식재계획

11 소철(Cycas revoluta Thunb.)과 은행나무(Ginkgo biloba L.)의 공통적으로 옳은 것은?

① 속씨식물

② 자웅이주

③ 낙엽침엽교목

④ 우리나라 자생식물

12 옥상녹화 방수소재에 요구되는 성능 중 가장 거리가 먼 것은?

① 식물의 뿌리에 견디는 내근성

② 시비, 방제 등 대비한 내약품성

③ 박테리아에 의한 부식에 견디는 성능

④ 색상이 미려하고 미관상 보기 좋은 것

13 다음 중 흙의 성질 중 점토와 사질토의 비교에 대한 설명으로 틀린 것은?

① 투수계수는 사질토가 점토보다 크다.

② 압밀속도는 사질토가 점토보다 빠르다.

③ 내부마찰각은 점토가 사질토보다 크다.

④ 동결피해는 점토가 사질토보다 크다.

14 다음 중 목재의 방화제(防火劑)로 사용될 수 없는 것은?

① 염화암모늄   ② 황산암모늄

③ 제2인산암모늄   ④ 질산암모늄

15 다음 목재의 구조변형 중 수축변형이 큰 순서대로 바르게 나열된 것은?

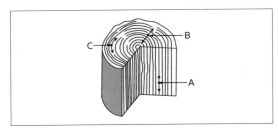

① A → B → C   ② A → C → B

③ C → A → B   ④ C → B → A

16 다음 중 흡즙성 해충으로만 짝지어진 것은?

① 소나무좀, 하늘소류

② 진딧물, 응애류

③ 잎벌, 풍뎅이류

④ 밤바구미, 나방류

17 파이토플라즈마에 의한 수목병이 아닌 것은?

① 벚나무 빗자루병

② 붉나무 빗자루병

③ 오동나무 빗자루병

④ 대추나무 빗자루병

18 다음에서 A에 해당하는 것은?

> 용적률=A/대지면적

① 건축면적　　　　② 연면적
③ 1호당 면적　　　④ 평균층수

19 다음 중 한 가지에 많은 봉우리가 생긴 경우 솎아 낸다든지, 열매를 따버리는 등의 작업 목적으로 가장 적당한 것은?

① 생장조장을 돕는 가지 다듬기
② 세력을 갱신하는 가지 다듬기
③ 착화 및 착과 촉진을 위한 가지 다듬기
④ 생장을 억제하는 가지 다듬기

20 다음 측구들 중 산책로나 보도에서 자연경관과 가장 잘 어울리는 것은?

① 콘크리트 측구
② U형 측구
③ 호박돌 측구
④ L형 측구

21 시멘트의 저장방법 중 주의사항에 해당하지 않는 것은?

① 시멘트 창고 설치 시 주위에 배수도랑을 두고 누수를 방지한다.
② 저장 중 굳은 시멘트부터 가급적 빠른 시간 내에 공사에 사용한다.
③ 포대 시멘트는 땅바닥에서 30cm 이상 띄우고 방습처리한다.
④ 시멘트의 온도가 너무 높을 때는 그 온도를 낮추어서 사용해야 한다.

22 섬유포화점은 목재 중에 있는 수분이 어떤 상태로 존재하고 있는 것을 말하는가?

① 결합수만이 포함되어 있을 때
② 자유수만이 포함되어 있을 때
③ 유리수만이 포화되어 있을 때
④ 자유수와 결합수가 포화되어 있을 때

23 다음 중 경사도에 관한 설명으로 틀린 것은?

① 45° 경사는 1 : 1이다.
② 25% 경사는 1 : 4이다
③ 1 : 2는 수평거리 1, 수직거리 2를 나타낸다.
④ 경사면은 토양의 안식각을 고려하여 안전한 경사면을 조성한다.

24 다음 중 조화의 설명으로 가장 적합한 것은?

① 각 요소들이 강약 장단의 주기성이나 규칙성을 가지면서 전체적으로 연속적인 운동감을 가지는 것
② 모양이나 색깔 등이 비슷비슷하면서도 실은 똑같지 않은 것끼리 모여 균형을 유지하는 것
③ 서로 다른 것끼리 모여 서로를 강조시켜 주는 것
④ 축선을 중심으로 하여 양쪽의 비중을 똑같이 만드는 것

25 성인이 이용할 정원의 디딤돌 놓기 방법으로 틀린 것은?

① 납작하면서도 가운데가 약간 두둑하여 빗물이 고이지 않는 것이 좋다.
② 디딤돌의 간격은 느린 보행 폭을 기준으로 하여 35~50cm 정도가 좋다.
③ 디딤돌은 가급적 사각형에 가까운 것이 자연미가 있어 좋다.
④ 디딤돌 및 징검돌의 장축은 진행방향에 직각이 되도록 배치한다.

26 지주목 설치에 대한 설명으로 틀린 것은?

① 수피와 지주가 닿은 부분은 보호조치를 취한다.

② 지주목을 설치할 때는 풍향과 지형 등을 고려한다.

③ 대형목이나 경관상 중요한 곳에는 당김줄형을 설치한다.

④ 지주는 뿌리 속에 박아 넣어 견고히 고정되도록 한다.

27 여름에 꽃피는 알뿌리 화초인 것은?

① 히아신스 ② 글라디올러스
③ 수선화 ④ 백합

28 소량의 소수성 용매에 원제를 용해하고 유화제를 사용하여 물에 유화시킨 액을 의미하는 것은?

① 용액 ② 유탁액
③ 수용액 ④ 현탁액

29 소나무좀의 생활사를 기술한 것 중 옳은 것은?

① 유충은 2회 탈피하며 유충기간은 약 20일이다.

② 1년에 1~3회 발생하며 암컷은 불완전변태를 한다.

③ 부화약충은 잎, 줄기에 붙어 즙액을 빨아 먹는다.

④ 부화한 애벌레가 쇠약목에 침입하여 갱도를 만든다.

30 20L 들이 분무기 한 통에 1,000배액의 농약 용액을 만들고자 할 때 필요한 농약의 약량은?

① 10mL ② 20mL
③ 30mL ④ 50mL

31 공원의 주민참가 3단계 발전과정이 옳은 것은?

① 비참가 → 시민권력의 단계 → 형식적 참가

② 형식적 참가 → 비참가 → 시민권력의 단계

③ 비참가 → 형식적 참가 → 시민권력의 단계

④ 시민권력의 단계 → 비참가 → 형식적 참가

32 현대적인 공사관리에 관한 설명 중 가장 적합한 것은?

① 품질과 공기는 정비례한다.

② 공기를 서두르면 원가가 싸게 된다.

③ 경제속도에 맞는 품질이 확보되어야 한다.

④ 원가가 싸게 되도록 하는 것이 공사관리의 목적이다.

33 다음 중 콘크리트의 공사에 있어서 거푸집에 작용하는 콘크리트 측압의 증가 요인이 아닌 것은?

① 타설속도가 빠를수록

② 슬럼프가 클수록

③ 다짐이 많을수록

④ 빈배합일 경우

34 대추나무 빗자루병에 대한 설명으로 틀린 것은?

① 마름무늬매미충에 의하여 매개 전염된다.

② 각종 상처, 기공 등의 자연개구를 통하여 침입한다.

③ 잔가지와 황록색의 아주 작은 잎이 밀생하고, 꽃봉오리가 잎으로 변화된다.

④ 전염된 나무는 옥시테트라사이클린 항생제를 수간주입한다.

35 다음 중 유충과 성충이 동시에 나뭇잎에 피해를 주는 해충이 아닌 것은?

① 느티나무벼룩바구미
② 버들꼬마잎벌레
③ 주둥무늬차색풍뎅이
④ 큰이십팔점박이무당벌레

36 건설업자가 대상계획의 기획·금융·토지조달·설계·시공·기계기구설치·시운전 및 조업지도까지 주문자가 필요로 하는 모든 것을 조달하여 주문자에게 인도하는 도급계약방식은?

① 지명경쟁입찰　② 제한경쟁입
③ 턴키(Turn-Key)　④ 수의계약

37 자연공원법으로 지정되는 공원이 아닌 것은?

① 도립공원　② 지질공원
③ 구립공원　④ 역사공원

38 1차 전염원이 아닌 것은?

① 균핵　② 분생포자
③ 난포자　④ 균사속

39 원로의 시공계획 시 일반적인 사항을 설명한 것 중 틀린 것은?

① 원칙적으로 보도와 차도를 겸할 수 없도록 하고, 최소한 분리시키도록 한다.
② 보행자 2인이 나란히 통행 가능한 원로폭은 1.5~2.0m이다.
③ 원로는 단순 명쾌하게 설계, 시공이 되어야 한다.
④ 보행자 한 사람이 통행 가능한 원로폭은 0.8~1.0m이다.

40 조경에서 사용되는 건설재료 중 콘크리트의 특징으로 옳은 것은?

① 압축강도가 크다.
② 인장강도와 휨강도가 크다.
③ 자체 무게가 적어 모양변경이 쉽다.
④ 시공과정에서 품질의 양부를 조사하기 쉽다.

41 방음식재에 대한 기술 중 가장 거리가 먼 것은?

① 보호대상물 쪽으로 접근해서 식재한다.
② 지엽(枝葉)이 치밀한 수목이 좋다.
③ 상록수의 밀식이 좋다.
④ 소음원(騷音沅) 쪽으로 접근해서 식재한다.

42 레미콘 25-210-12에서 25는 무엇을 의미하는가?

① 압축강도(MPa)
② 굵은골재 크기(mm)
③ 슬럼프(cm)
④ 인장강도(MPa)

43 수목의 밑동으로부터 밖으로 방사상 모양으로 땅을 파고 거름을 주는 방법은?

 ㉮　 ㉯　 ㉰　 ㉱

① ㉮　　　　② ㉯
③ ㉰　　　　④ ㉱

44 회화에 있어서의 농담법과 같은 수법으로 화단의 풀꽃을 엷은 빛깔에서 점점 짙은 빛깔로 맞추어 나갈 때 생기는 아름다움은?

① 단순미　② 통일미
③ 반복미　④ 점층미

45 다음 중 파이토플라스마(phytoplasma)에 의한 나무병이 아닌 것은?

① 뽕나무 오갈병
② 대추나무 빗자루병
③ 벚나무 빗자루병
④ 오동나무 빗자루병

46 응애(mite)의 피해 및 구제법으로 틀린 것은?

① 살비제를 살포하여 구제한다.
② 같은 농약의 연용을 피하는 것이 좋다.
③ 발생지역에 4월 중순부터 1주일 간격으로 2~3회 정도 살포한다.
④ 침엽수에는 피해를 주지 않으므로 약제를 살포하지 않는다.

47 다음 공사의 순공사 원가를 구하면 얼마인가? (단, 재료비 : 4,000원, 노무비 : 5,000원, 총경비 : 1,000원, 일반관리비 : 600원이다.)

① 9,000원 ② 10,000원
③ 10,600원 ④ 6,000원

48 열가소성 수지의 일반적인 설명으로 부적합한 것은?

① 열에 의해 연화된다.
② 중합반응을 하여 고분자로 된 것이다.
③ 구조재로 이용된다.
④ 냉각하면 그 형태가 붕괴되지 않고 고체로 된다.

49 임목(林木) 생장에 가장 좋은 토양구조는?

① 판상구조(platy)
② 괴상구조(blocky)
③ 입상구조(granular)
④ 견파상구조(nutty)

50 흰색 계열의 작은 꽃은 5~6월에 피고 가을에 붉은 계통의 단풍잎 또는 관상가치가 있으며 음지사면에 식재하면 좋은 수종은?

① 왕벚나무
② 모과나무
③ 국수나무
④ 족제비싸리

51 주철강의 특성 중 틀린 것은?

① 선철이 주재료이다.
② 내식성이 부족하다.
③ 탄소 함유량은 1.7~6.6%이다.
④ 단단하여 복잡한 형태의 주조가 용이하다.

52 0.5B 붉은 벽돌 쌓기 $1m^2$에 소요되는 벽돌량은? (단, 벽돌은 표준형, 줄눈 간격 1cm, 할증률 3%)

① 75매 ② 77매
③ 92매 ④ 96매

53 잔디관리 중 통기갱신용 작업에 해당되지 않는 것은?

① 코링(coring)
② 롤링(rolling)
③ 슬라이싱(slicing)
④ 스파이킹(spiking)

54 횡선식 공정표와 비교한 네트워크(network) 공정표의 설명으로 가장 거리가 먼 것은?

① 간단한 공사 및 시급한 공사, 개략적인 공정에 사용된다.

② 문제점의 사전 예측이 용이하다.

③ 공사 통제 기능이 좋다.

④ 일정의 변화를 탄력적으로 대처할 수 있다.

55 다음 중 물푸레나무과의 수종이 아닌 것은?

① 미선나무

② 쥐똥나무

③ 광나무

④ 쪽동백나무

56 먼셀 시스템에서 색의 3속성을 표기하는 기호의 순서가 맞는 것은?

| H : 색상   V : 명도   C : 채도 |

① HV/C

② VH/C

③ CV/H

④ HC/V

57 종자의 품질을 나타내는 기준인 순량율이 50%, 실중이 60g, 발아율이 90%라고 할 때 종자의 효율은?

① 27%

② 30%

③ 45%

④ 54%

58 토층단면의 각 층위를 지표면으로부터 정확하게 나열한 것은?

① 용탈층 → 집적층 → 모재층 → 모암 → 유기물층

② 집적층 → 모암 → 모재층 → 유기물층 → 용탈층

③ 모재층 → 유기물층 → 집적층 → 용탈층 → 모암

④ 유기물층 → 용탈층 → 집적층 → 모재층 → 모암

59 암거배수의 설명으로 가장 적합한 것은?

① 강우 시 표면에 떨어지는 물을 처리하기 위한 배수시설

② 땅속으로 돌이나 관을 묻어 배수시키는 시설

③ 지하수를 이용하기 위한 시설

④ 돌이나 관을 땅에 수직으로 뚫어 기둥을 설치하는 시설

60 지면보다 1.5m 높은 현관까지 계단을 설계하려 한다. 답면을 30cm로 적용할 때 필요한 계단수는? (단, 2a+b=60cm)

① 10단 정도

② 20단 정도

③ 30단 정도

④ 40단 정도

01 경복궁 경회루 원지의 형태는?

① 방지원도형   ② 반도(半島)형

③ 방지방도형   ④ 방지무도

02 이탈리아 르네상스 시대의 조경 작품이 아닌 것은?

① 빌라 토스카나(Villa Toscana)

② 빌라 란셀로티(Villa Lancelotti)

③ 빌라 메디치(Villa de Medici)

④ 빌라 란테(Villa Lante)

03 18세기 랩턴에 의해 완성된 영국의 정원수법으로 가장 적합한 것은?

① 노단건축식

② 평면기하학식

③ 사의주의 자연풍경식

④ 사실주의 자연풍경식

04 한옥이 주택공간상 사랑채의 분리로 사랑마당 공간이 생겼는데, 이 사랑마당 공간의 분할에 가장 많은 영향을 미친 것은?

① 불교사상   ② 유교사상

③ 풍수지리설   ④ 도교사상

05 다음 [보기]와 같은 특징 설명에 가장 적합한 시설물은?

[보기]
- 서양식으로 꾸며진 중문으로 볼 수 있다.
- 간단한 눈가림 구실을 한다.
- 보통 가는 철제파이프 또는 각목으로 만든다.
- 장미 등 덩굴식물을 올려 장식한다.

① 파골라   ② 아치

③ 트렐리스   ④ 펜스

06 조선시대 궁궐의 침전(寢殿) 후정(后庭)에서 볼 수 있는 대표적인 인공 시설물은?

① 조그만 크기의 방지(方池)

② 화담

③ 경사지를 이용해서 만든 계단식의 노단(露壇)

④ 정자(亭子)

07 설계도면에서 특별히 정한 바가 없는 경우에는 옹벽 찰쌓기를 할 때 배수구는 PVC관(경질염화비닐관)을 3m²당 몇 개가 적당한가?

① 1개   ② 2개

③ 3개   ④ 4개

08 도시공원 및 녹지 등에 관한 법규상 도시공원을 주제공원으로만 분류한 것은? (단, 특별시·광역시 또는 조례가 정하는 공원은 제외한다.)

① 소공원, 묘지공원, 체육공원

② 수변공원, 근린공원, 방재공원

③ 묘지공원, 수변공원, 문화공원

④ 소공원, 어린이공원, 문화공원

09 솔수염하늘소의 성충이 최대로 출현하는 최전성기로 가장 적합한 것은?

① 3~4월
② 4~5월
③ 6~7월
④ 9~10월

10 메소포타미아의 대표적인 정원은?

① 마야사원
② 바빌론의 공중정원
③ 베르사유 궁전
④ 타지마할 사원

11 혼화재의 설명 중 옳은 것은?

① 종류로는 포졸란, AE제 등이 있다.
② 혼화재료는 그 사용량이 비교적 많아서 그 자체의 부피가 콘크리트의 배합계산에 관계된다.
③ 종류로는 슬래그, 감수제 등이 있다.
④ 혼화재는 혼화제와 같은 것이다.

12 시멘트 액체 방수제의 종류가 아닌 것은?

① 비소계
② 규산소다계
③ 염화칼슘계
④ 지방산계

13 목재의 방부처리 방법 중 일반적으로 가장 효과가 우수한 것은?

① 가압 주입법
② 도포법
③ 생리적 주입법
④ 침지법

14 조경 수목이 규격에 관한 설명으로 옳은 것은? (단, 괄호 안의 영문은 기호를 의미한다.)

① 수고(W) – 지표면으로부터 수관의 하단부까지의 수직높이
② 지하고(BH) – 지표면에서 수관이 맨 아랫가지 까지의 수직높이
③ 흉고직경(R) – 지표면 줄기의 굵기
④ 근원직경(B) – 가슴 높이 정도의 줄기의 지름

15 다음 조경 수목 중 음수인 것은?

① 향나무
② 느티나무
③ 비자나무
④ 소나무

16 활엽수이지만 잎의 형태가 침엽수와 같아서 조경적으로 침엽수로 이용하는 것은?

① 은행나무
② 산딸나무
③ 위성류
④ 이나무

17 다음 입찰의 순서로 옳은 것은?

① 현장설명 → 개찰 → 입찰공고 → 입찰 → 낙찰 → 계약
② 입찰공고 → 입찰 → 낙찰 → 계약 → 현장설명 → 개찰
③ 입찰공고 → 현장설명 → 입찰 → 개찰 → 낙찰 → 계약
④ 입찰공고 → 입찰 → 개찰 → 낙찰 → 계약 → 현장설명

18 토공 작업 시 지반면보다 낮은 면의 굴착에 사용하는 기계로 깊이 6m 정도의 굴착에 적당하며, 백호우라고도 불리는 기계는?

① 파워 쇼벨
② 드랙 쇼벨
③ 클램 쉘
④ 드래그라인

19 흙깎기(切土) 공사에 대한 설명으로 옳은 것은?

① 보통 토질에서는 흙깎기 비탈면 경사를 1 : 0.5 정도로 한다.

② 식재공사가 포함된 경우의 흙깎기에서는 지표면 표토를 보존하여 식물생육에 유용하도록 한다.

③ 작업물량이 기준보다 작은 경우 인력보다는 장비를 동원하여 시공하는 것이 경제적이다.

④ 흙깎기를 할 때는 안식각보다 약간 크게 하여 비탈면의 안정을 유지한다.

20 다음 중 교목의 식재공사 공정으로 옳은 것은?

① 수목방향 정하기 → 구덩이파기 → 물 죽쑤기 → 묻기 → 지주세우기 → 물집 만들기

② 구덩이파기 → 물 죽쑤기 → 지주세우기 → 수목방향 정하기 → 물집 만들기

③ 구덩이파기 → 수목방향 정하기 → 묻기 → 물 죽쑤기 → 지주세우기 → 물집 만들기

④ 수목방향 정하기 → 구덩이 파기 → 묻기 → 지주세우기 → 물 죽쑤기 → 물집 만들기

21 다음 중 수목의 굵은 가지치기 방법으로 옳지 않은 것은?

① 톱으로 자른 자리의 거친 면은 손칼로 깨끗이 다듬는다.

② 잘라낼 부위는 아래쪽에 가지 굵기의 1/3 정도 깊이까지 톱자국을 먼저 만들어 놓는다.

③ 톱을 돌려 아래쪽에 만들어 놓은 상처보다 약간 높은 곳을 위에서부터 내리 자른다.

④ 잘라낼 부위는 먼저 가지의 밑동으로부터 10~15cm 부위를 위에서부터 아래까지 내리 자른다.

22 겨울 전정의 설명으로 틀린 것은?

① 제거 대상가지를 발견하기 쉽고 작업도 용이하다.

② 휴면 중이기 때문에 굵은 가지를 잘라 내어도 전정의 영향을 거의 받지 않는다.

③ 상록수는 동계에 강전정하는 것이 가장 좋다.

④ 12~3월에 실시한다.

23 다음 다듬어야 할 가지들 중 얽힌 가지는?

① 1   ② 2
③ 3   ④ 4

24 건설재료단면의 표시방법 중 모래를 나타낸 것은?

① 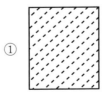   ②

③ 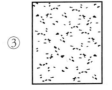   ④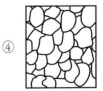

25 콘크리트의 워커빌리티(workability)와 관련된 설명으로 틀린 것은?

① 타설할 때 공기연행제(AE제)를 첨가하면 워커빌리티가 크게 개선된다.

② 타설할 때 콘크리트에 단위수량이 많으면 워커빌리티가 좋아진다.

③ 타설할 때 충분히 잘 비비면 워커빌리티가 좋아진다.

④ 적정한 배합을 갖지 못하면 워커빌리티가 좋지 않다.

26 토층단면의 각 층위를 지표면으로부터 정확하게 나열한 것은?

① 용탈층 → 집적층 → 모재층 → 모암 → 유기물층

② 집적층 → 모암 → 모재층 → 유기물층 → 용탈층

③ 모재층 → 유기물층 → 집적층 → 용탈층 → 모암

④ 유기물층 → 용탈층 → 집적층 → 모재층 → 모암

27 수목병 발생과 관련된 병삼각형(disease triangle)의 구성 주요인이 아닌 것은?

① 시간　　　　② 기주식물

③ 병원균　　　④ 환경

28 목재의 결점에 관한 설명으로 틀린 것은?

① 옹이부위는 압축강도에 약하다.

② 부패는 균의 작용으로 썩은 부분이다.

③ 껍질이 속으로 말려든 것을 입피(入皮)라고 한다.

④ 수심의 수축이나 균의 작용에 의해서 생긴 크랙(crack)을 원형갈림이라 한다.

29 슬럼프 시험(slump test)으로 측정할 수 있는 것은?

① 수밀성　　　　② 강도

③ 반죽질기　　　④ 배합비율

30 1 : 1,000 지도에서 1cm²는 실제 면적이 얼마인가?

① 10m²　　　　② 100m²

③ 1,000m²　　④ 10,000m²

31 횡선식 공정표와 비교한 네트워크(network) 공정표의 설명으로 가장 거리가 먼 것은?

① 간단한 공사 및 시급한 공사, 개략적인 공정에 사용된다.

② 문제점의 사전 예측이 용이하다.

③ 공사 통제 기능이 좋다.

④ 일정의 변화를 탄력적으로 대처할 수 있다.

32 식물의 생육에 가장 알맞은 토양의 용적 비율(%)은? (단, 광물질 : 수분 : 공기 : 유기질의 순서로 나타낸다.)

① 50 : 20 : 20 : 10

② 45 : 30 : 20 : 5

③ 40 : 30 : 15 : 15

④ 40 : 30 : 20 : 10

33 습지식물 재료 중 서식환경 분류상 물속에서 자라며, 미나리아재비목으로 여러해살이 식물인 것은?

① 붕어마름　　　② 부들

③ 속새　　　　　④ 솔잎사초

34 다음 중 마이코플라스마에 의한 수목병이 아닌 것은?

① 대추나무 빗자루병
② 뽕나무 오갈병
③ 벚나무 빗자루병
④ 오동나무 빗자루병

35 식물의 아랫잎에서 황화현상이 일어나고 심하면 잎 전면에 나타나며, 잎이 작지만 잎수가 감소하여 초본류의 초장이 작아지고 조기낙엽이 비료결핍의 원인이라면 어느 비료 요소와 관련된 설명인가?

① P   ② N
③ Mg   ④ K

36 수목 외과수술의 시공순서로 옳은 것은?

┌─────────────────────────────────┐
│ ㉠ 동공 가장자리의 형성층 노출   │
│ ㉡ 부패부 제거   ㉢ 표면경화 처리   │
│ ㉣ 동공 충전   ㉤ 방수 처리   │
│ ㉥ 인공수피 처리   ㉦ 소독 및 방부 처리   │
└─────────────────────────────────┘

① ㉠ → ㉥ → ㉡ → ㉢ → ㉣ → ㉤ → ㉦
② ㉡ → ㉦ → ㉠ → ㉥ → ㉤ → ㉢ → ㉣
③ ㉠ → ㉡ → ㉢ → ㉣ → ㉤ → ㉥ → ㉦
④ ㉡ → ㉠ → ㉦ → ㉣ → ㉤ → ㉢ → ㉥

37 여러해살이 화초에 해당되는 것은?

① 베고니아   ② 금어초
③ 맨드라미   ④ 금잔화

38 목재가공 작업과정 중 소지조정, 눈막이(눈메꿈), 샌딩실러 등은 무엇을 하기 위한 것인가?

① 도장   ② 연마
③ 접착   ④ 오버레이

39 다음 중 여성토의 정의로 가장 알맞은 것은?

① 가라앉을 것을 예측하여 흙을 계획보다 더 쌓는 것
② 중앙분리대에서 흙을 볼록하게 쌓아 올리는 것
③ 옹벽 앞에 계단처럼 콘크리트를 쳐서 옹벽을 보강하는 것
④ 잔디밭에서 잔디를 주기적으로 뿌려 뿌리가 노출되지 않도록 준비하는 토양

40 거푸집에 쉽게 다져 넣을 수 있고 거푸집을 제거하면 천천히 형상이 변화하지만 재료가 분리되거나 허물어지지 않고 굳지 않은 콘크리트의 성질은?

① finishability   ② workability
③ consistency   ④ plasticity

41 Methidathion(메치온) 40% 유제를 1,000배액으로 희석해서 10a당 6말(20L/말)을 살포하여 해충을 방제하고자 할 때 유제의 소요량은 몇 mL인가?

① 100mL   ② 120mL
③ 150mL   ④ 240mL

42 관수의 효과가 아닌 것은?

① 지표와 공중의 습도가 높아져 증산량이 증대된다.
② 토양 중의 양분을 용해하고 흡수하여 신진대사를 원활하게 한다.
③ 증산작용으로 인한 잎의 온도 상승을 막고 식물체 온도를 유지한다.
④ 토양의 건조를 막고 생육 환경을 형성하여 나무의 생장을 촉진시킨다.

43 가해 수종으로는 향나무, 편백, 삼나무 등이 있고, 똥을 줄기 밖으로 배출하지 않기 때문에 발견하기 어렵고, 기생성 천적인 좀벌류, 맵시벌류, 기생파리류로 생물학적 방제를 하는 해충은?

① 장수하늘소　　② 미끈이하늘소
③ 측백나무하늘소　④ 박쥐나방

44 다음 중 시멘트의 응결시간에 가장 영향이 적은 것은?

① 온도　　　　　② 수량(水量)
③ 분말도　　　　④ 골재의 입도

45 다음 중 양수에 해당하는 낙엽관목 수종은?

① 녹나무　　　　② 무궁화
③ 독일가문비　　④ 주목

46 콘크리트 내구성에 영향을 주는 화학반응식 "$Ca(OH)_2 + CO_2 \rightarrow CaCO_3 + H_2O \uparrow$"의 현상은?

① 알칼리 골재반응　② 동결융해현상
③ 콘크리트 중성화　④ 콘크리트 염해

47 다음 중 목재의 방화제(防火劑)로 사용될 수 없는 것은?

① 황산암모늄　　② 염화암모늄
③ 제2인산암모늄　④ 질산암모늄

48 다음 중 조경공간의 포장용으로 주로 쓰이는 가공석은?

① 강석(하천석)　② 견치돌(간지석)
③ 판석　　　　　④ 각석

49 다음 조경식물 중 생장 속도가 가장 느린 것은?

① 배롱나무　　　② 쉬나무
③ 눈주목　　　　④ 층층나무

50 수간과 줄기 표면의 상처에 침투성 약액을 발라 조직 내로 약효성분이 흡수되게 하는 농약 사용법은?

① 도포법　　　　② 관주법
③ 도말법　　　　④ 분무법

51 합성수지 놀이시설물의 관리 요령으로 가장 적합한 것은?

① 자체가 무거워 균열 발생 전에 보수한다.
② 정기적인 보수와 도료 등을 칠해주어야 한다.
③ 회전하는 축에는 정기적으로 그리스를 주입한다.
④ 겨울철 저온기 때 충격에 의한 파손을 주의한다.

52 줄기나 가지가 꺾이거나 다치면 그 부근에 있던 숨은 눈이 자라 싹이 나오는 것을 무엇이라 하는가?

① 휴면성　　　　② 생장성
③ 성장력　　　　④ 맹아력

53 다음 중 굵은 가지를 잘라도 새로운 가지가 잘 발생하는 수종들로만 짝지어진 것은?

① 소나무, 향나무
② 벚나무, 백합나무
③ 느티나무, 플라타너스
④ 곰솔, 단풍나무

54 솔잎혹파리에는 먹좀벌을 방사시키면 방제효과가 있다. 이러한 방제법에 해당하는 것은?

① 생물적 방제법 ② 기계적 방제법
③ 물리적 방제법 ④ 화학적 방제법

55 치수선 및 치수에 대한 기본적인 설명으로 적합하지 않은 것은?

① 치수의 기입은 치수선에 따라 도면에 평행하게 기입한다.
② 치수를 표시할 때에는 치수선과 치수보조선을 사용한다.
③ 치수선은 치수보조선에 직각이 되도록 긋는다.
④ 단위는 mm로 하고, 단위 표시를 반드시 기입한다.

56 다음 중 일반적으로 조경 수목에 밑거름을 시비하는 가장 적합한 시기는?

① 개화 전 ② 개화 후
③ 장마 직후 ④ 낙엽 진 후

57 팥배나무(Sorbus alnifolia K.Koch)의 설명으로 틀린 것은?

① 꽃은 노란색이다.
② 생장속도는 비교적 빠르다.
③ 열매는 조류 유인식물로 좋다.
④ 잎의 가장자리에 이중거치가 있다.

58 방풍림(wind shelter) 조성에 알맞은 수종은?

① 팽나무, 녹나무, 느티나무
② 곰솔, 대나무류, 자작나무
③ 신갈나무, 졸참나무, 향나무
④ 박달나무, 가문비나무, 아까시나무

59 농약제제의 분류 중 분제(粉劑, dusts)에 대한 설명으로 틀린 것은?

① 잔효성이 유제에 비해 짧다.
② 작물에 대한 고착성이 우수하다.
③ 유효성분 농도가 1~5% 정도인 것이 많다.
④ 유효성분을 고체증량제와 소량의 보조제를 혼합 분쇄한 미분말을 말한다.

60 다음 설명에 해당하는 것은?

> • 나무의 가지에 기생하면 그 부위가 국소적으로 이상비대 한다.
> • 기생 당한 부위의 윗부분은 위축되면서 말라 죽는다.
> • 참나무류에 가장 큰 피해를 주며, 팽나무, 물오리나무, 자작나무, 밤나무 등의 활엽수에도 많이 기생한다.

① 새삼 ② 선충
③ 겨우살이 ④ 바이러스

부 록

최신 기출복원문제 정답 및 해설
동영상으로 복습하는 핵심 콕콕 조경기능사 필기 200

01	02	03	04	05	06	07	08	09	10	11	12	13	14	15	16	17	18	19	20
②	①	③	③	③	③	④	②	④	①	①	④	②	④	②	④	③	④	④	③
21	22	23	24	25	26	27	28	29	30	31	32	33	34	35	36	37	38	39	40
③	②	①	②	③	④	④	①	①	②	③	②	②	③	②	③	①	②	①	③
41	42	43	44	45	46	47	48	49	50	51	52	53	54	55	56	57	58	59	60
④	①	③	③	③	③	④	①	④	①	③	③	②	③	②	②	②	③	④	①

01
- 묘지공원 : 100,000m² 이상
- 어린이공원 : 1,500m² 이상
- 광역권근린공원 : 1,000,000m² 이상
- 체육공원 : 10,000m² 이상

02 향나무가 아닌 꽃나무와 기이한 바위로 장식하였다.

03 BG의 B는 Blue, G는 Green으로 혼합 시 청록색이 된다.

05
- 제1중정 : 아트리움-손님맞이
- 제2중정 : 페리스틸리움-사적공간
- 후정 : 지스터스

07 새끼줄로 묶어주어 운반 도중 물리적인 상태로부터 보호한다. 뿌리부분이 차의 뒤쪽으로 오게 하여 싣고 내릴 때는 편리하게 한다.

08 [동백나무]
- 동백나무는 음수이며 상록활엽수이다.
- 남부지방 수종

09
- 삼발이형 : 화단 안쪽, 통행량이 적은 곳
- 삼각 및 사각지주형 : 가로수, 가장 튼튼함

10
- 남천 : 흰색(6~7월)
- 팔손이나무 : 흰색(11월)
- 생강나무 : 노란색(3월)

16 계단의 높이는 2m 이상일 때 계단참을 설치한다.

17
- 길항효과 : 두 약물을 사용했지만 약효가 단독으로 사용했을 때보다 적은 경우이다.
- 부가효과 : 유사한 두 약을 사용 시 효과가 고용량 한 가지 투여한 것과 같은 경우이다.

18 c/n률이 높으면 꽃눈형성과 결실을 좋게 한다.

21 알루미늄은 강보다 열팽창율이 크다.

22 　• 토기는 진흙에 유약을 바르지 않고 700~1,000℃로 구운 것을 말한다.

　• 도기는 유약을 바르고 1,200℃에서 구운 것을 말한다.

　• 자기는 유약을 바르고 1,200~1,400℃에서 구운 것을 말한다.

23 　• 투광성 : 빛이 뚫고 들어가는 성질

　• 내후성 : 노출 시 그대로 유지

24 할렬은 나무의 섬유 방향으로 갈라지는 현상을 말하며 건조 응력이 목재의 횡인장강도보다 클 때 발생된다.

25 　• 대생 : 마주난다.

　• 호생 : 어긋난다.

26 　• 구심 : 중심 맞추기 오차

　• 정준 : 수평 맞추기 오차

　• 표정 : 방향 맞추기 오차

27 눈가림 수법은 좁은 정원의 넓이를 한층 더 크고 변화 있게 하려는 조경기술이다.

30 양질의 포졸란을 사용한 콘크리트는 초기강도는 작으나 장기강도가 크다.

31 1/5,000의 지형도 축척에서 등고선은 5m 간격으로 나타난다.

32 A층은 표층, B층은 집적층, C층은 모재층, D층은 기암층이다.

33 　• 빗살형은 비교적 좁은 면적의 전지역에 균일하게 배수할 때 이용한다.

　• 자연형은 전면 배수가 요구되지 않는 지역에 이용한다.

34 유충은 솔잎 기부에 들어가 즙액을 빨아먹는다.

35 보·차도용 콘크리트

36 GPC공법 : 선부착 PC공법

37 단성화 : 소나무, 잣나무

38 전단강도 : 3%, 휨강도 : 4%, 압축강도 : 6%

39 주둥무늬차색풍뎅이의 성충은 잎, 유충은 뿌리에 피해를 준다.

40 　• 살포액희석의 사용농도 $= \dfrac{\text{원액농도}}{\text{희석배수}} = \dfrac{40\%}{1,000} = 0.04\%$

　• ha당 필요약량 $=$ 사용농도 $\times \dfrac{\text{살포량}}{\text{원액농도}} = 0.04\% \times \dfrac{9L}{40\%}$

　• 따라서 0.009L, 즉 9mL이다.

42 무한궤도식 로더는 상차용 기계이다.

43 서원에는 공간적 성격에 적합한 일부 수목만을 식재한다.

44
- 모감주나무는 내공해성이 강하다.
- 열매는 삭과로 3개의 흑색종자가 들어있다.
- 성상은 낙엽활엽교목이다.

45
- 쥐똥 : 검은색
- 칠엽수 : 황색
- 매실나무 : 녹색

50 $(500 \div 13) \times 0.4 = 15.4\text{m}^2$

51 썩기 쉬우며 병충해에 약하다.

59 ④ 흡수되는 수량을 흡수량이라 한다.

01	02	03	04	05	06	07	08	09	10	11	12	13	14	15	16	17	18	19	20
②	③	④	③	③	①	③	④	④	④	②	④	①	④	②	④	③	②	②	④

21	22	23	24	25	26	27	28	29	30	31	32	33	34	35	36	37	38	39	40
③	②	②	③	①	②	①	②	③	①	③	④	④	③	④	②	①	④	③	④

41	42	43	44	45	46	47	48	49	50	51	52	53	54	55	56	57	58	59	60
②	③	①	①	④	①	④	④	③	③	④	①	①	④	④	④	③	④	③	①

03   청나라 : 자금성, 원명원 이궁, 만수산 이궁

04   중국은 풍경식이다.

05
- 백제 : 궁남지, 임류각
- 신라 : 감은사

06
- 가는선 : 치수선, 지시선, 인출선, 보조선
- 굵은선 : 단면선, 건물외곽선
- 중간선 : 작은 규모 단면선, 물체외곽선

10   노란색 : 백합나무, 칠엽수, 낙우송, 느티나무

11   이팝나무는 5월, 조팝나무는 4월에 꽃이 핀다.

12   강열감량 : 시료를 일정온도로 감열

14   내마모성과 탄력성이 커서 바닥재료에 적합하다.

15   탄성계수 증가

16
- 마가목 : 적색 열매
- 살구나무 : 황색 열매
- 남천 : 적색 열매
- 생강나무 : 흑색 열매

17
- 개나리 : 낙엽활엽관목
- 생강나무 : 낙엽활엽관목, 노란색 꽃과 검은 열매를 맺음
- 산수유 : 낙엽활엽소교목, 노란색 꽃과 붉은 열매를 맺음

18   콘크리트 $1m^3$ 제작에 필요한 각 재료의 무게로 표시하는 방법

19
- P : 꽃과 열매, 뿌리의 발육과 관련
- N : 잎, 줄기 생장과 관련
- Mg : 엽록소 구성성분과 관련
- K : 꽃과 열매의 향기 및 색깔조절과 관련

20
- 목재 : 5%
- 시멘트 벽돌 : 5%
- 원형철근 : 5%
- 합판 : 3%

21
- 취성은 작은 변형에도 파괴되는 성질이다.
- 인성은 높은 힘에 견디며 파괴되기 전까지 큰 변형을 보인다.

22 가을 뿌림(봄 화단용) : 팬지, 피튜니아, 데이지, 금잔화

23 화강암은 내구성, 내마모성이 좋으나 불·열에 약하다.

24 방청제 : 금속 녹방지 물질

25 가로수용 : 벚나무, 은행나무, 느티나무, 회화나무

26
- ① : 방사상거름주기
- ③ : 선상거름주기
- ④ : 천공거름주기

27 분수공사 : 수경시설공사

29 단풍나무, 담쟁이덩굴, 화살나무, 산딸나무

30 서로의 영향으로 더 뚜렷하게 보이는 현상

31
- 상록활엽관목 : 회양목
- 낙엽활엽교목 : 느티나무
- 상록침엽교목 : 섬잣나무
- 상록활엽교목 : 동백나무, 아왜나무
- 낙엽침엽교목 : 은행나무

33 지표면은 치밀하게 피복하여야 한다.

34
- 멀칭효과 : 잡초발생 억제
- 양분 공급 : 수분·적정온도 유지
- 비산먼지 방지 : 토사·유실 방지

35
- ① : 버미큘라이트
- ② : 하이드로볼
- ③ : 펄라이트

36
- 20/1,000＝0.02L 따라서 20mL
- ha당 원액소요량＝총소요량/희석배수

37 대리석은 높은 압력에 의해 형성되어 공극률이 작다.

38 [거푸집에 작용하는 콘크리트 측압에 영향을 주는 요인]

1. 증가요인
- 콘크리트 타설속도가 빠를수록
- 반죽이 붉은 콘크리트일수록
- 콘크리트 비중이 클수록
- 다짐이 많을수록
- 대기습도가 높을수록
- 거푸집 단면이 클수록
- 부배합일수록
- 수평부재보다는 수직부일수록

2. 감소요인
- 응결시간이 빠를수록
- 철골 또는 철근의 양이 많을수록
- 온도가 높을수록(경화가 빠를수록)

39 ③ 내구성이 크고 비흡수성, 내화성이 뛰어나다.

40 조셉팩스턴의 버킨헤드공원

41 시멘트 : 모래 : 자갈

43 작물체가 연약해지고 병충해, 병해에 대한 저항력이 약화된다.

45 굵은 가지보다 잔가지와 잎가지가 잘 자라는 나무가 적합하다.

46 $공극률 = (1 - \dfrac{단위용적중량}{비중}) \times 100 = (1 - \dfrac{2.7}{2.6}) \times 100 = 약\ 34.6(\%)$

47
- 일반형 : 2.5×5.0m 이상
- 확장형 : 2.6×5.2m 이상
- 이륜차 : 1.0×2.3m 이상

50
- 을미 : 괴경, 종자번식
- 가래 : 영양번식
- 너도방동사니 : 종자, 영양번식

51 설계도면에 표시하기 어려운 것들을 표현한다.

53 착수할 때 건축물의 위치를 결정하기 위해 설치한다.

55 서양잔디는 한국잔디보다 자주 깎아주어야 한다.

57 소나무, 감나무, 사철나무

59 남북(코스)

01	02	03	04	05	06	07	08	09	10	11	12	13	14	15	16	17	18	19	20
②	④	①	③	③	②	①	③	①	②	③	②	①	②	②	③	③	①	③	②
21	22	23	24	25	26	27	28	29	30	31	32	33	34	35	36	37	38	39	40
④	④	②	②	③	①	③	④	②	③	④	④	④	③	①	②	③	②	①	④
41	42	43	44	45	46	47	48	49	50	51	52	53	54	55	56	57	58	59	60
④	①	④	③	④	③	④	②	④	②	②	②	③	②	③	①	④	②	④	②

01 앙드레 르 노트르를 정원사로 임명하였다.

02 조경가는 합리적인 접근만을 하며, 예술가는 창조적인 접근만을 도모한다.

03 수목에 인출선을 사용하여 수종, 규격, 수량을 기입한다. 여기서의 수량은 총수량이 아님을 유의한다.

06 • 강약 : 대비
• 일정 간격 : 반복
• 대칭 : 중심축을 두고 좌우대칭

07 사자의 중정은 주랑식 중정이라고도 부르며, 기둥이 섬세한 장식의 아치를 받치고 있는 알함브라의 중정 중 하나이다.

08 • 취성은 작은 변형에도 파괴되는 성질이다.
• 인성은 높은 힘에 견디며 파괴되기 전까지 큰 변형을 보인다.
• 전성은 재료를 얇게 펼 수 있는 성질이다.

09 노랑 〉빨강

11 • 친밀한 거리 : 0~45cm
• 개인적인 거리 : 45~120cm
• 사회적인 거리 : 120~360cm
• 공적인 거리 : 360cm 이상

12 • 회백색 계열 : 포천석, 일동석, 거창석
• 담홍색 계열 : 진안석, 운천석, 문경석, 철원석

13 • ② 사람들에게 내재되어 있는 수요로 적당한 시설, 접근수단정보가 제공되면 참여가 기대
• ③ 재회에 대한 욕구가 실제로 그 재회를 구입할 만큼 구매력의 뒷받침이 있을 경우
• ④ 광고, 선전 교육 등을 통해 이용을 유도시킬 수 있는 수요

17 • 사용농도＝원액농도÷희석배수＝40%÷1,000＝0.04
• ha당 필요약량$=\dfrac{\text{사용농도}\times\text{살포량}}{\text{원액농도}}=\dfrac{0.04\times9\text{L}}{40\%}=0.009\text{L}=9\text{mL}$

18   • 살충제 : 초록색
       • 제초제 : 노란색
       • 살비제 : 파란색

19   「해국지」에 저택에 원지와 수백주의 모란꽃화원이 있었다는 기록이 있다.

20   마을의 풍수형국을 완성하기 위한 수단으로 마을 앞부분의 흘러가는 물줄기를 가로막는다고 하여 수구막이라고 부르기도 하였다.

21   성질이 다른 두 환경이 인접하고 그 사이에 환경제반조건이나 식물 군락, 동물 군집의 이동이 보이는 부분을 에코톤이라 한다.

22   • 필요수량 = 원액약량 $\times (\dfrac{원액농도}{희석농도-1}) \times$ 원액비중

       • $100cc \times 50\%/0.05\% - 1 \times 1.0 = 59,900cc$

23   휨과 압축시험으로 측정하며 주로 재령 28일을 압축강도를 기준으로 3일, 7일, 28일 시행한다.

24   사질양토로서 배수가 잘되는 곳을 선택한다.

25   ③ 연간관리 작업계획표

27   정준, 구심, 표정

28   밝고 따뜻한 색은 팽창해 보이고 어둡고 차가운 색은 수축해 보인다. 같은 면적에 적용 시 흰색, 노랑, 주황, 빨강, 녹색, 보라, 파랑 순으로 크기가 커보인다.

29   • 이형철근 : 3%
       • 붉은 벽돌 : 3%
       • 수장용 합판 : 5%

31   인출선의 방향과 기울기는 동일하게 한다.

32   내마모성과 탄력성이 커서 바닥재료에 적합하다.

33   • 식재공간 : 가로2m$\times$세로50m$=100m^2$
       • H 0.4$\times$W 0.5규격의 영산홍 1주당 면적 : 0.5m$\times$0.5m$=0.25m^2$/주 따라서, $100m^2 \div 0.25m^2$/주 $=400$주

34   • 개나리 : 낙엽활엽관목
       • 생강나무 : 낙엽활엽관목, 노란색 꽃과 검은 열매를 맺음
       • 산수유 : 낙엽활엽소교목, 노란색 꽃과 붉은 열매를 맺음

35   • 호박돌은 하천의 둥근돌 20~30cm 크기의 자연석이다. 평석은 윗부분이 평평한 돌로 앞부분에 배석할 때 사용한다.
       • 견치돌은 한식건물의 벽체, 돌담용으로 사용하며 각면의 치수를 지정해 깨내어 만든다.

36 · 어린이공원은 250m 이내에 거주하는 주민 500명 이상의 요청 시 조성계획의 정비를 요청할 수 있다.

· 어린이공원 1개소의 면적은 1,500m² 이상으로 하고 유치거리는 250m 이하로 제한한다.

37 잎응애를 방지하기 위해 살비제를 살포한다.

38 화강암은 내구성·내마모성이 좋으나 불·열에 약하다.

39 천적 : 무당벌레류, 꽃등애류, 풀잠자리류

40 천연물은 재료가 불균일하고, 갈라지는 방향성이 있다.

41 · 휴게시설 : 퍼걸러

· 미끄럼틀 : 유희시설

· 조명시설 : 정원등

42 서로의 영향으로 더 뚜렷하게 보이는 현상이다.

43 소나무시들음병 : 소나무 재선충에 의해 발병된다.

47 미적 요소 : 색채, 내용, 형태

49 인조목은 견고하고 쉽게 부패되지 않아 유지관리에 용이하다.

50 식물체의 키가 낮고 다년생이어야 한다.

52 · 베노밀 수화제 : 살균제

· 글리포세이트암모늄 액제 : 제초제

· 아시벤졸라-에스-메틸·만코제브 수화제 : 살균제

53 · 상록활엽관목 : 회양목

· 낙엽활엽교목 : 느티나무

· 상록침엽교목 : 섬잣나무

· 상록활엽교목 : 동백나무, 아왜나무

· 낙엽침엽교목 : 은행나무

54 원형교선법 : 교회법

55 잔토처리량=터파기의 양−되메우기의 양

56 뿌리돌림을 한 후 뿌리분에 새끼감기를 해야 운반 시 뿌리분에 가해지는 충격을 막을 수 있다.

58 · 균형이 잡히고 개성 강한 수목

· 상록수·전정에 잘 견디는 수종

59 내후성 : 기후에 대한 내구성이 작거나 불량하다.

60 ① 지역

③ 모퉁이

④ 길, 통로

01	02	03	04	05	06	07	08	09	10	11	12	13	14	15	16	17	18	19	20
③	③	④	①	④	④	④	②	④	②	②	④	③	④	④	②	①	②	③	③
21	22	23	24	25	26	27	28	29	30	31	32	33	34	35	36	37	38	39	40
②	①	③	②	③	④	②	②	①	②	③	③	④	②	③	③	④	②	①	①
41	42	43	44	45	46	47	48	49	50	51	52	53	54	55	56	57	58	59	60
①	②	②	④	③	④	②	③	③	③	②	②	②	①	④	①	③	④	②	①

01
- 그레이 스케일은 명도의 기준 척도이다.
- 감각에 따라 식별되는 색의 종명을 색상이라 한다.
- 색의 포화상태, 즉 강약을 말하는 것은 채도이다.

02 4대 명원 : 졸정원, 창랑정, 사자림, 유원

03 안압지 : 못속에 '방장', '봉래', '영주'의 3개의 섬 조성

04
- 궁권, 사찰 : 문화재
- 실내정원 : 정원

05 마삭줄 : 상록만경식물

06 재료 : 식물종자, 비료(흙, 유기물, 대용토양)

09 캐드는 잘못된 부분이 바로 확인이 가능하여 수정 가능하다.

10 식재는 항상 마지막에 한다.

11
- 소철 : 겉씨식물
- 은행나무 : 겉씨식물
- 소철 : 상록침엽관목, 은행나무, 낙엽침엽교목

13 사질토가 내부마찰각이 점토보다 크다.

15
- 변재 : 수축이 심함
- 심재 : 중간 정도 수축

16
- 식엽성 : 나방류, 황금충
- 천공성 : 소나무좀, 박쥐나방, 하늘소류

17 벚나무 빗자루병(곰팡이균)

18 연면적(대지에 건축물이 둘이 있는 경우에는 이를 연면적의 합계) 비율

22 목재가 건조하면 1차적으로 자유수가 증발하고 결합수는 남는다.

23 $경사도(\%) = \dfrac{수직거리}{수평거리} \times 100$

25 보통 한 면이 넓적하고 평탄한 자연석을 쓴다.

26 땅속 30~50cm 정도 깊이로 박는다.

27 • 춘식구근 : 글라디올러스
   • 추식구근 : 히아신스, 수선화, 백합

28 • 용액 : 두 종류 이상의 물질이 고르게 섞여있는 혼합물
   • 수용액 : 용액의 용매로 물을 사용한 것
   • 현탁액 : 액체 속에 미세한 고체의 입자가 분산되어 퍼져있는 것

29 • ③ : 수피
   • ④ : 성충

30 $\dfrac{20}{1,000}=0.02L$ 따라서 20mL

   ha당 원액소요량$=\dfrac{총소요량}{희석배수}$

32 • ① 반비례
   • ② 원가 증가
   • ④ 공사가 원활히 진행되도록 공사관리

33 **[거푸집에 작용하는 콘크리트 측압에 영향을 주는 요인]**
   1. 증가요인
   • 콘크리트 타설속도가 빠를수록
   • 반죽이 묽은 콘크리트일수록
   • 콘크리트 비중이 클수록
   • 다짐이 많을수록

34 마이코플라즈마(파이토플라즈마)에 의해 발병한다.

35 주둥무늬차색풍뎅이의 성충은 잎, 유충은 뿌리에 피해를 준다.

37 • 도시공원 : 국가도시공원, 생활권, 주제공원(역사공원)
   • 자연공원 : 국립, 군립, 도립

38 1차 전염원 : 균사, 균핵, 자낭포자

39 보·차도 겸용 : 최소한 1차선 3m 폭 유지

40 ② 압축강도에 비해 인장강도와 휨강도가 적다.

44 크기, 선, 색 등이 점차적으로 증가하거나 감소할 때 생기는 아름다움

45 벚나무 빗자루병 : 진균, 곰팡이균

46 응애는 침엽수 활엽수를 가리지 않고 피해를 준다.

47 • 순공사 원가=재료비+노무비+경비
   • 4,000원+5,000원+1,000원=10,000원

48 구조재로 이용되는 것은 열경화성(단단함)이다.

49 부식질과 광질토양이 잘 섞여진 토양구조이다.

50 장미과이며, 낙엽활엽관목 : 가을에 붉은 단풍이 아름답다.

51 내식성이 우수하다.

52 75×1.03=77.25매

53 코링 : 표면정리 작업

55 때죽나무과 : 쪽동백나무

57 종자의 효율(%)$=\dfrac{순량율 \times 발아율}{100}=50\% \times \dfrac{90\%}{100}=45\%$

60 • 계단 수= 실제높이÷단높이
  • 1.5÷0.15=10단

01	02	03	04	05	06	07	08	09	10	11	12	13	14	15	16	17	18	19	20
①	①	④	②	②	③	①	③	③	②	②	①	①	②	④	③	③	②	②	③
21	22	23	24	25	26	27	28	29	30	31	32	33	34	35	36	37	38	39	40
④	③	②	③	②	④	①	①	③	②	①	②	①	③	②	④	①	①	①	④
41	42	43	44	45	46	47	48	49	50	51	52	53	54	55	56	57	58	59	60
②	①	③	④	②	③	④	③	③	①	④	④	③	①	④	④	①	④	②	③

02 로마시대의 빌라 : 빌라 토스카나

03 험프리 랩턴 : 레드북(스케치)

05 '녹문'이라고도 한다.

07 2~3m²당 1개가 적당하다.

09 솔수염하늘소의 성충은 5월 하순부터 7월에 출현하며, 우화 최전성기는 6월 중·하순부터이다.

10 프랑스 : 베르사유 궁전

12 • 무기질계 : 염화칼슘계, 규산소다계
    • 유기질계 : 지방산계

13 • 도포법 : 솔로도포 생리적 주입-뿌리부분에 방부제용액 뿌려서 수목의 흡수
    • 침지법 : 상온에서 방부제 용액 속에 목재를 수일간 침지시켜 주입

14 • 수고(H)
    • 흉고직경(B)
    • 근원직경(R)

15 대표적인 양수 : 향나무, 느티나무, 비자나무

16 은행나무 : 낙엽침엽교목

18 • 파워 쇼벨 : 동력삽
    • 클램 쉘 : 흙 집는 기계

19 • 흙깎기 비탈면 경사는 1 : 1.5의 비율로 한다.
    • 작업물량이 기준보다 작은 경우 장비보다는 인력을 동원하는 것이 경제적이다.
    • 흙깎기를 할 때는 안식각보다 작게 하여 비탈면의 안정을 유지한다.

21 한번에 내리 자르면 지륭부에 상처가 나서 감염이 될 수 있다.

22 • 상록활엽수는 추위에 약하므로 동계에는 강전정을 피한다.
    • 상록침엽수는 겨울철 전정을 금지한다.

23 [전정해야 되는 가지]
　　 교차지, 도장지, 고사지, 하향지, 분얼지, 안으로 향한 가지

26 ・AO : 유기물층
　　 ・A층 : 용탈층
　　 ・B층 : 집적층
　　 ・C층 : 모재층

28 옹이는 인장강도에 영향을 미친다.

30 ・실제거리＝도면상 거리
　　 ・0.01m×1,000＝10m

34 벚나무 빗자루병 : 자낭균에 의한 수목병

35 ・P(인) : 세포분열 촉진, 꽃 열매, 뿌리의 발육
　　 ・N(질소) : 잎, 줄기 생장
　　 ・Mg(마그네슘) : 엽록소의 주성분
　　 ・K(칼륨) : 꽃과 열매의 향기, 색깔 조절, 부족 시 황화현상

37 튤립, 수선화, 국화

38 땅속 30~50cm 깊이로 박는다.

39 10% 더 올려준다.

40 ① : 마무리, ② : 재료분리 일으키지 않는 작업용 정도, ③ : 반죽질기

41 ・소요약의 양＝총 소요량/희석배수
　　 ・6말×20L＝120L(＝120,000mL)
　　　 120,000mL/1,000배 ＝ 120mL

42 지표와 공중의 습도가 높아져 증산량이 감소한다.

44 ・시멘트는 분말도가 클수록, 온도가 높을수록, 단위수량이 적을수록 응결시간이 단축된다.
　　 ・골재의 입도는 워커빌리티(시공성)에 영향을 준다.

45 녹나무는 상록활엽교목, 주목, 독일가문비는 상록침엽교목이다.

47 ①, ②, ③ : 목재 방화제

48 ・강석(하천석) : 경관석으로 사용
　　 ・견치돌(간지석) : 흙막이용으로 사용
　　 ・각석 : 쌓기용, 기초용, 경계석으로 사용

49 ・속성수 : 쉬나무, 층층나무
　　 ・장기수 : 눈주목

50 • 관주법 : 땅속에 약액을 주입
• 도말법 : 분제, 수화제를 종자에 입혀 살균·살충
• 분무법 : 분무기를 이용해 액체를 살포

52 맹아력이 강한 나무 : 산울타리 수종

53 녹음수 : 느티나무, 버즘나무(플라타너스)

54 • 화학적 방제법 : 농약 사용
• 물리적 방제법 : 해충에 직접

55 단위는 mm으로 하고, 단위 표시는 하지 않는다.

57 팥배나무의 꽃은 흰색이다.

58 방풍림에 적절한 수종 : 팽나무, 녹나무, 느티나무, 곰솔, 삼나무, 편백나무, 전나무, 은행나무, 구실
잣밤나무 등

59 • 고착성 : 굳어서 변하지 않는 성질
• 분제는 수화제나 유제 등에 비해 고착성이 불량한 특성이 있다.

60 겨우살이 : 기생식물

01 조경 양식을 형태적으로 분류했을 때 성격이 다른 것은?

① 중정식
② 회유임천식
③ 평면기하학식
④ 노단식

02 조감도는 소점이 몇 개인가?

① 1개
② 2개
③ 3개
④ 4개

03 보행에 지장을 주어 보행 속도를 억제하고자 하는 포장 재료는?

① 아스팔트
② 콘크리트
③ 블록
④ 조약돌

04 사적인 정원 중심에서 공적인 대중 공원의 성격을 띤 시대는?

① 20세기 전반 미국
② 19세기 전반 영국
③ 17세기 전반 프랑스
④ 14세기 후반 에스파냐

05 용광로에서 선철을 제조할 때 나온 광석 찌꺼기를 석고와 함께 시멘트에 섞은 것으로 수화열이 낮고, 내구성이 높으며, 화학적 저항성이 큰 한편, 투수가 적은 특징을 갖는 것은?

① 알루미나시멘트
② 조강 포틀랜드시멘트
③ 실리카시멘트
④ 고로시멘트

06 다음 중 거푸집에 미치는 콘크리트의 측압에 대한 설명으로 틀린 것은?

① 붓기속도가 빠를수록 측압이 크다.
② 수평부재가 수직부재보다 측압이 작다.
③ 경화속도가 빠를수록 측압이 크다.
④ 시공연도가 좋을수록 측압은 크다.

07 다음 중 수목을 기하학적인 모양으로 수관을 다듬어 만든 수형을 가리키는 용어는?

① 정형수
② 형상수
③ 경관수
④ 녹음수

08 다음 수목 중 일반적으로 생장속도가 가장 느린 것은?

① 네군도단풍
② 층층나무
③ 개나리
④ 비자나무

09 다음 수종들 중 단풍이 붉은색이 아닌 것은?

① 신나무
② 복자기
③ 화살나무
④ 고로쇠나무

10 다음 중 홍초과에 해당하며, 잎은 넓은 타원형이며 길이는 30~40cm로 양끝이 좁고 밑부분이 엽초로 되어 원줄기를 감싸며 측맥이 평행하고, 삭과는 둥글고 잔돌기가 있으며, 뿌리는 고구마 같은 굵은 근경이 있는 식물명은?

① 히아신스
② 튤립
③ 수선화
④ 칸나

01 ② 02 ③ 03 ④ 04 ② 05 ④ 06 ③ 07 ② 08 ④ 09 ④ 10 ④ 정답

11 조경시설물 중 관리 시설물로 분류되는 것은?

① 축구장, 철봉
② 조명시설, 표지판
③ 분수, 인공폭포
④ 그네, 미끄럼틀

12 다음 보도블록 포장공사의 단면 그림 중 블록 아랫부분은 무엇으로 채우는 것이 좋은가?

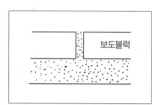

① 모래
② 자갈
③ 콘크리트
④ 잡석

13 지역이 광대해서 하수를 한 개소로 모으기가 곤란할 때 배수지역을 수개 또는 그 이상으로 구분해서 배관하는 배수 방식은?

① 직각식
② 차집식
③ 방사식
④ 선형식

14 오늘날 세계 3대 수목병에 속하지 않는 것은?

① 잣나무 털녹병
② 소나무류 리지나뿌리썩음병
③ 느릅나무 시들음병
④ 밤나무 줄기마름병

15 실선의 굵기에 따른 종류(가는선, 중간선, 굵은선)와 용도가 바르게 연결되어 있는 것은?

① 가는선 – 단면선
② 가는선 – 파선
③ 중간선 – 치수선
④ 굵은선 – 도면의 윤곽선

16 경관구성의 미적 원리를 통일성과 다양성으로 구분할 때, 다음 중 다양성에 해당하는 것은?

① 조화
② 균형
③ 강조
④ 대비

17 영국인 Brown의 지도하에 덕수궁 석조전 앞뜰에 조성된 정원 양식과 관계되는 것은?

① 보르비콩트 정원
② 센트럴파크
③ 분구원
④ 빌라 메디치

18 혼화재의 설명 중 옳은 것은?

① 종류로는 포졸란, AE제 등이 있다.
② 혼화재료는 그 사용량이 비교적 많아서 그 자체의 부피가 콘크리트의 배합계산에 관계된다.
③ 종류로는 슬래그, 감수제 등이 있다.
④ 혼화재는 혼화제와 같은 것이다.

19 쾌적한 가로환경과 환경보전, 교통제어, 녹음과 계절성, 시선유도 등으로 활용하고 있는 가로수로 적합하지 않은 수종은?

① 이팝나무
② 은행나무
③ 메타세콰이어
④ 능소화

20 홍색(紅色) 열매를 맺지 않는 수종은?

① 산수유
② 쥐똥나무
③ 주목
④ 사철나무

21 어린이 놀이 시설물 설치에 대한 설명으로 옳지 않은 것은?

① 미끄럼대의 미끄럼관의 각도는 일반적으로 30~40도 정도의 범위로 한다.

② 모래터는 하루 4~5시간의 햇볕이 쬐고 통풍이 잘되는 곳에 위치한다.

③ 시소는 출입구에 가까운 곳, 휴게소 근처에 배치하도록 한다.

④ 그네는 통행이 많은 곳을 피하여 동서방향으로 설치한다.

22 다음 중 교목의 식재 공사 공정으로 옳은 것은?

① 수목방향 정하기 → 구덩이파기 → 물 죽쑤기 → 묻기 → 지주세우기 → 물집 만들기

② 구덩이 파기 → 물 죽쑤기 → 지주세우기 → 수목방향 정하기 → 물집 만들기

③ 구덩이 파기 → 수목방향 정하기 → 묻기 → 물 죽쑤기 → 지주세우기 → 물집 만들기

④ 수목방향 정하기 → 구덩이 파기 → 묻기 → 지주세우기 → 물 죽쑤기 → 물집 만들기

23 생울타리처럼 수목이 대상으로 군식되었을 때 거름 주는 방법으로 가장 적당한 것은?

① 전면 거름주기　　② 방사상 거름주기

③ 천공 거름주기　　④ 선상 거름주기

24 다음 중 수간주입 방법으로 옳지 않은 것은?

① 구멍의 각도는 50~60도 가량 경사지게 세워서, 구멍지름 20mm 정도로 한다.

② 뿌리가 제구실을 못하고 다른 시비방법이 없을 때 빠른 수세회복을 원할 때 사용한다.

③ 구멍 속의 이물질과 공기를 뺀 후 주입관을 넣는다.

④ 중력식 수간주사는 가능한 한 지제부 가까이에 구멍을 뚫는다.

25 인공폭포나 인공동굴의 재료로 가장 일반적으로 많이 쓰이는 경량소재는?

① 복합 플라스틱 구조재(FRP)

② 레드우드(Red wood)

③ 스테인레스 강철(Stainless steel)

④ 폴리에틸렌(Polyethylene)

26 관상하기에 편리하도록 땅을 1~2m 깊이로 파내려가 평평한 바닥을 조성하고, 그 바닥에 화단을 조성한 것은?

① 기식화단　　② 모둠화단

③ 양탄자화단　　④ 침상화단

27 내충성이 강한 품종을 선택하는 것은 다음 중 어느 방제법에 속하는가?

① 화학적 방제법　　② 재배학적 방제법

③ 생물적 방제법　　④ 물리적 방제법

28 우리나라의 정원 양식이 한국적 색채가 짙게 발달한 시기는?

① 고조선시대　　② 삼국시대

③ 고려시대　　④ 조선시대

29 자연 경관을 인공으로 축경화(縮景化)하여 산을 쌓고, 연못, 계류, 수림을 조성한 정원은?

① 중정식　　② 전원 풍경식

③ 고산수식　　④ 회유 임천식

30 식물의 분류와 해당 식물들의 연결이 옳지 않은 것은?

① 덩굴성 식물류 : 송악, 칡, 등나무

② 한국 잔디류 : 들잔디, 금잔디, 비로드잔디

③ 소관목류 : 회양목, 이팝나무, 원추리

④ 초본류 : 맥문동, 비비추, 원추리

31 다음 중 파이토플라스마에 의한 수목 병은?

① 밤나무뿌리혹병　　② 낙엽송끝마름병

③ 뽕나무오갈병　　　④ 잣나무털녹병

32 다음 [보기]의 잔디종자 파종작업들을 순서대로 바르게 나열한 것은?

┌─ [보기] ──────────────
│ • 경운　　• 정지작업　• 기비살포
│ • 복토　　• 멀칭　　　• 파종　　• 전압
└──────────────────────

① 정지작업 → 파종 → 전압 → 복토 → 기비살포 → 멀칭 → 경운

② 기비살포 → 파종 → 정지작업 → 복토 → 멀칭 → 전압 → 경운

③ 파종 → 기비살포 → 정지작업 → 복토 → 전압 → 경운 → 멀칭

④ 경운 → 기비살포 → 정지작업 → 파종 → 복토 → 전압 → 멀칭

33 꽃이 피고 난 뒤 낙화할 무렵 바로 가지다듬기를 해야 하는 좋은 수종은?

① 사과나무　　　　② 철쭉

③ 명자나무　　　　④ 목련

34 조경의 대상을 기능별로 분류해볼 때 자연공원에 포함되는 것은?

① 경관녹지　　　　② 군립공원

③ 휴양지　　　　　④ 묘지공원

35 다음 중 중국 4대 명원(四大 名園)에 포함되지 않는 것은?

① 졸정원　　　　　② 창랑정

③ 작원　　　　　　④ 사자림

36 통일신라 문무왕 14년에 중국의 무산 12봉을 본뜬 산을 만들고 화초를 심었던 정원은?

① 소쇄원　　　　　② 향원지

③ 비원　　　　　　④ 안압지

37 두께 15cm 미만이며, 폭이 두께의 3배 이상인 판 모양의 석재를 무엇이라고 하는가?

① 각석　　　　　　② 판석

③ 마름돌　　　　　④ 견치돌

38 목재의 심재와 변재에 관한 설명으로 옳지 않은 것은?

① 심재의 색깔은 짙으며 변재의 색깔은 비교적 엷다.

② 심재는 변재보다 단단하여 강도가 크고 신축 등 변형이 적다.

③ 변재는 심재 외측과 수피 내측 사이에 있는 생활세포의 집합이다.

④ 심재는 수액의 통로이며 양분의 저장소이다.

39 수목의 규격을 "H×W"로 표시하는 수종으로만 짝지어진 것은?

① 소나무, 느티나무

② 회양목, 잔디

③ 주목, 철쭉

④ 백합나무, 향나무

40 건물이나 담장 앞 또는 원로에 따라 길게 만들어지는 화단은?

① 카펫화단   ② 침상화단

③ 모둠화단   ④ 경재화단

41 생울타리를 전지·전정하려고 한다. 태양의 광선을 골고루 받게 하여 생울타리 밑가지 생육을 건전하게 하려면 생울타리의 단면 모양은 어떻게 하는 것이 가장 적합한가?

① 팔각형   ② 원형

③ 삼각형   ④ 사각형

42 비료의 3요소가 아닌 것은?

① 칼슘(Ca)   ② 칼륨(K)

③ 인산(P)   ④ 질소(N)

43 가해 수종으로는 향나무, 편백, 삼나무 등이 있고, 똥을 줄기 밖으로 배출하지 않기 때문에 발견하기 어렵고, 기생성 천적인 좀벌류, 맵시벌류, 기생파리류로 생물학적 방제를 하는 해충은?

① 장수하늘소   ② 미끈이하늘소

③ 측백나무하늘소   ④ 박쥐나방

44 다음 중 식엽성(食葉性) 해충이 아닌 것은?

① 복숭아명나방   ② 미국흰불나방

③ 솔나방   ④ 텐트나방

45 조경식재 설계도를 작성할 때 수목명, 규격, 본수 등을 기입하기 위한 인출선 사용의 유의사항으로 올바르지 않은 것은?

① 인출선의 수평부분은 기입사항의 길이와 맞춘다.

② 인출선의 방향과 기울기는 자유롭게 표기하는 것이다.

③ 가는 실선을 명료하게 긋는다.

④ 인출선 간의 교차나 치수선의 교차를 피한다.

46 다음 중 물체가 있는 것으로 가상되는 부분을 표시하는 선의 종류는?

① 1점 쇄선   ② 2점 쇄선

③ 실선   ④ 파선

47 정원의 한 구석에 녹음용수로 쓰기 위해서 단독으로 식재하려 할 때 적합한 수종은?

① 칠엽수   ② 박태기나무

③ 홍단풍   ④ 꽝꽝나무

48 다음 토양층위 중 집적층에 해당되는 것은?

① A 층   ② B 층

③ C 층   ④ D 층

49 토양의 물리성과 화학성을 개선하기 위한 유기질 토양 개량재는 어떤 것인가?

① 펄라이트   ② 피트모스

③ 버미큘라이트   ④ 제올라이트

50 암거는 지하수위가 높은 곳, 배수 불량 지반에 설치한다. 암거의 종류 중 중앙에 큰 암거를 설치하고, 좌우에 작은 암거를 연결시키는 형태로 넓이에 관계없이 경기장이나 어린이놀이터와 같은 소규모의 평탄한 지역에 설치할 수 있는 것은?

① 빗살형
② 어골형
③ 부채살형
④ 자연형

51 콘크리트를 친 후 응결과 경화가 완전히 이루어지도록 보호하는 것을 가리키는 용어는?

① 파종
② 양생
③ 다지기
④ 타설

52 심근성 수목을 굴치할 때 뿌리분의 형태는?

① 접시분
② 사각형분
③ 조개분
④ 보통분

53 이른 봄 늦게 오는 서리로 인한 수목의 피해를 나타내는 것은?

① 조상(弔喪)
② 만상(晚霜)
③ 동상(凍傷)
④ 한상(寒傷)

54 생울타리처럼 수목이 대상으로 군식되었을 때 거름주는 방법으로 적당한 것은?

① 선상거름주기
② 방사상거름주기
③ 전면거름주기
④ 천공거름주기

55 눈이 트기 전 가지의 여러 곳에 자리 잡은 눈 가운데 필요하지 않은 눈을 따버리는 작업을 무엇이라 하는가?

① 열매따기
② 눈따기
③ 순자르기
④ 가지치기

56 줄기나 가지가 꺾이거나 다치면 그 부근에 있던 숨은눈이 자라 싹이 나오는 것을 무엇이라 하는가?

① 생장성
② 휴면성
③ 맹아력
④ 성장력

57 일정한 응력을 가할 때, 변형이 시간과 더불어 증대하는 현상을 의미하는 것은?

① 취성
② 크리프
③ 릴랙세이션
④ 탄성

58 콘크리트 공사 중 거푸집 상호 간의 간격을 일정하게 유지시키기 위한 것은?

① 스페이서(spacer)
② 세퍼레이터(separator)
③ 캠버(camber)
④ 긴장기(form tie)

59 콘크리트의 균열발생 방지법으로 옳지 않은 것은?

① 콘크리트의 온도상승을 작게 한다.
② 물시멘트비를 작게 한다.
③ 단위 시멘트량을 증가시킨다.
④ 발열량이 적은 시멘트와 혼화제를 사용한다.

정답 50 ② 51 ② 52 ③ 53 ② 54 ① 55 ② 56 ③ 57 ② 58 ② 59 ③

60 다음 중 인공토양을 만들기 위한 경량재가 아닌 것은?

① 펄라이트(perlite)

② 버미큘라이트(vermiculite)

③ 부엽토

④ 화산재

61 다음 중 산울타리 수종이 갖추어야 할 조건으로 틀린 것은?

① 전정에 강할 것

② 아랫가지가 오래갈 것

③ 지엽이 치밀할 것

④ 주로 교목활엽수일 것

62 다음 수종 중 상록활엽수가 아닌 것은?

① 굴거리나무　　　　② 후박나무

③ 메타세쿼이어　　　④ 동백나무

63 모래밭(모래터) 조성에 관한 설명으로 가장 부적합한 것은?

① 적어도 하루에 4~5시간의 햇볕이 쬐고 통풍이 잘되는 곳에 설치한다.

② 모래밭의 깊이는 놀이의 안전을 고려하여 30cm 이상으로 한다.

③ 가장자리는 방부 처리한 목재 또는 각종 소재를 사용하여 지표보다 높게 모래막이 시설을 해준다.

④ 모래밭은 가급적 휴게시설에서 멀리 배치한다.

64 다음 중 침상화단(Sunken garden)에 관한 설명으로 가장 적합한 것은?

① 양탄자를 내려다보듯이 꾸민 화단

② 경계부분을 따라서 1열로 꾸민 화단

③ 관상하기 편리하도록 지면을 1~2m 정도 파내려가 꾸민 화단

④ 중앙부를 낮게 하기 위하여 키 작은 꽃을 중앙에 심어 꾸민 화단

65 다음 중 정형적 배식유형은?

① 부등변 삼각형　　　② 임의식재

③ 군식　　　　　　　④ 교호식재

66 다음 중 접붙이기 번식을 하는 목적으로 가장 거리가 먼 것은?

① 씨뿌림으로는 품종이 지니고 있는 고유의 특징을 계승시킬 수 없는 수목의 증식에 이용된다.

② 바탕나무의 특성보다 우수한 품종을 개발하기 위해 이용된다.

③ 가지가 쇠약해지거나 말라 죽은 경우 이것을 보태주거나 힘을 회복시키기 위해서 이용된다.

④ 종자가 없고 꺾꽂이로도 뿌리 내리지 못하는 수목의 증식에 이용된다.

67 다음 중 큰 나무의 뿌리돌림에 대한 설명으로 가장 거리가 먼 것은?

① 뿌리돌림을 한 후에 새끼로 뿌리분을 감아두면 뿌리의 부패를 촉진하여 좋지 않다.

② 굵은 뿌리를 3~4개 정도 남겨둔다.

③ 뿌리돌림을 하기 전 수목이 흔들리지 않도록 지주목을 설치하여 작업하는 방법도 좋다.

④ 굵은 뿌리 절단 시 톱으로 깨끗이 절단한다.

파란색

60 ③　61 ④　62 ③　63 ④　64 ③　65 ④　66 ②　67 ①　정답

485

68 소나무의 순지르기, 활엽수의 잎 따기 등에 해당하는 전정법은?

① 생리를 조절하는 전정

② 생장을 돕기 위한 전정

③ 생장을 억제하기 위한 전정

④ 세력을 갱신하는 전정

69 다음 중 수목의 전정 시 제거해야 하는 가지가 아닌 것은?

① 밑에서 움돋는 가지

② 아래를 향해 자란 하향지

③ 교차한 교차지

④ 위를 향해 자라는 주지

70 난지형 잔디에 뗏밥을 주는 가장 적합한 시기는?

① 3~4월　　　② 5~7월

③ 9~10월　　　④ 11~1월

71 안정감과 포근함 등과 같은 정적인 느낌을 받을 수 있는 경관은?

① 파노라마 경관　　② 위요 경관

③ 초점 경관　　　④ 지형 경관

72 19세기 미국에서 식민지시대의 사유지 중심의 정원에서 공공적인 성격을 지닌 조경으로 전환되는 전기를 마련한 것은?

① 센트럴 파크　　② 프랭클린 파크

③ 버큰헤드 파크　　④ 프로스펙트 파크

73 재료가 탄성한계 이상의 힘을 받아도 파괴되지 않고 가늘고 길게 늘어나는 성질은?

① 취성(脆性)　　② 인성(靭性)

③ 연성(延性)　　④ 전성(廛性)

74 화강암(granite)에 대한 설명 중 옳지 않은 것은?

① 내마모성이 우수하다.

② 구조재로 사용이 가능하다.

③ 내화도가 높아 가열 시 균열이 적다.

④ 절리의 거리가 비교적 커서 큰 판재를 생산할 수 있다.

75 수목의 여러 가지 이용 중 단풍의 아름다움을 관상하려 할 때 적합하지 않은 수종은?

① 신나무　　　② 칠엽수

③ 화살나무　　④ 팥배나무

76 호랑가시나무(감탕나무과)와 목서(물푸레나무과)의 특징 비교 중 옳지 않은 것은?

① 호랑가시나무의 잎은 마주나며 얇고 윤택이 없다.

② 목서의 꽃은 백색으로 9~10월에 개화한다.

③ 호랑가시나무의 열매는 0.8~1.0cm로 9~10월에 적색으로 익는다.

④ 목서의 열매는 타원형으로 이듬해 10월경에 암자색으로 익는다.

77 다음 중 황색의 꽃을 갖는 수목은?

① 모감주나무　　② 조팝나무

③ 박태기나무　　④ 산철쭉

정답　68 ③　69 ④　70 ②　71 ②　72 ①　73 ③　74 ③　75 ④　76 ①　77 ①

78 그림과 같은 비탈면 보호공의 공종은?

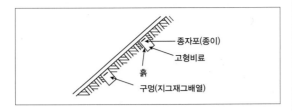

① 식생구멍공   ② 식생자루공

③ 식생매트공   ④ 줄떼심기공

79 다음 중 호박돌 쌓기에 이용되는 쌓기법으로 가장 적합한 것은?

① +자 줄눈 쌓기

② 줄눈 어긋나게 쌓기

③ 평석 쌓기

④ 이음매 경사지게 쌓기

80 마운딩(mounding)의 기능으로 옳지 않은 것은?

① 유효토심확보

② 자연스러운 경관 연출

③ 공간연결의 역할

④ 배수방향조절

81 다음 중 토양수분의 형태적 분류와 설명이 옳지 않은 것은?

① 결합수(結合水) : 토양 중의 화합물의 한 성분

② 흡습수(吸濕水) : 흡착되어 있어서 식물이 이용하지 못하는 수분

③ 모관수(毛管水) : 식물이 이용할 수 있는 수분의 대부분

④ 중력수(重力水) : 중력에 내려가지 않고 표면장력에 의하여 토양입자에 붙어있는 수분

82 토양의 단면 중 낙엽이 대부분 분해되지 않고 원형 그대로 쌓여 있는 층은?

① L층   ② F층

③ H층   ④ C층

83 식재설계에서의 인출선과 선의 종류가 동일한 것은?

① 단면선   ② 숨은선

③ 경계선   ④ 치수선

84 석재의 가공 방법 중 혹두기 작업의 바로 다음 후속 작업으로 작업면을 비교적 고르고 곱게 처리할 수 있는 작업은?

① 물갈기   ② 잔다듬

③ 정다듬   ④ 도드락다듬

85 수목은 생육조건에 따라 양수와 음수로 구분하는데, 다음 중 성격이 다른 하나는?

① 무궁화   ② 박태기나무

③ 독일가문비나무   ④ 산수유

86 다음 중 고광나무(Philadelphus schrenkii)의 꽃 색깔은?

① 적색   ② 황색

③ 백색   ④ 자주색

87 다음 중 가을에 꽃향기를 풍기는 수종은?

① 매화나무   ② 수수꽃다리

③ 모과나무   ④ 목서류

88 소나무류의 잎솎기는 어느 때 하는 것이 가장 좋은가?

① 12월경   ② 2월경

③ 5월경   ④ 8월경

89 지형을 표시하는 데 가장 기본이 되는 등고선의 종류는?

① 조곡선   ② 주곡선

③ 간곡선   ④ 계곡선

90 임목(林木) 생장에 가장 좋은 토양구조는?

① 판상구조(platy)

② 괴상구조(blocky)

③ 입상구조(granular)

④ 견과상구조(nutty)

91 다음 선의 종류와 선긋기의 내용이 잘못 짝지어진 것은?

① 파선 : 단면

② 가는 실선 : 수목인출선

③ 1점 쇄선 : 경계선

④ 2점 쇄선 : 중심선

92 토양침식에 대한 설명으로 옳지 않은 것은?

① 토양의 침식량은 유거수량이 많을수록 적어진다.

② 토양유실량은 강우량보다 최대강우강도와 관계가 있다.

③ 경사도가 크면 유속이 빨라져 무거운 입자도 침식된다.

④ 식물의 생장은 투수성을 좋게 하여 토양 유실량을 감소시킨다.

93 다음 중 비탈면을 보호하는 방법으로 짧은 시간과 급경사 지역에 사용하는 시공방법은?

① 자연석 쌓기법

② 콘크리트 격자틀공법

③ 떼심기법

④ 종자뿜어 붙이기법

94 다음 중 여성토의 정의로 가장 알맞은 것은?

① 가라앉을 것을 예측하여 흙을 계획높이보다 더 쌓는 것

② 중앙분리대에서 흙을 볼록하게 쌓아 올리는 것

③ 옹벽 앞에 계단처럼 콘크리트를 쳐서 옹벽을 보강하는 것

④ 잔디밭에서 잔디에 주기적으로 뿌려 뿌리가 노출되지 않도록 준비하는 토양

95 고려시대 조경수법은 대비를 중요시하는 양상을 보인다. 어느 시대의 수법을 받아 들였는가?

① 신라시대 수법

② 일본 임천식 수법

③ 중국 당시대 수법

④ 중국 송시대 수법

정답   87 ④   88 ④   89 ②   90 ③   91 ④   92 ①   93 ④   94 ①   95 ④

96 먼셀표색계의 10색상환에서 서로 마주보고 있는 색상의 짝이 잘못 연결된 것은?

① 빨강(R) - 청록(BG)
② 노랑(Y) - 남색(PR)
③ 초록(G) - 자주(RP)
④ 주황(YR) - 보라(P)

97 다음의 입체도에서 화살표 방향을 정면으로 할 때 평면도를 바르게 표현한 것은?

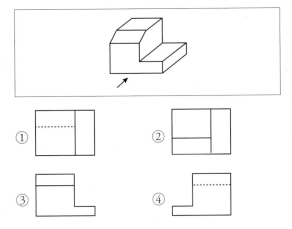

98 이팝나무와 조팝나무에 대한 설명으로 옳지 않은 것은?

① 이팝나무의 열매는 타원형의 핵과이다.
② 환경이 같다면 이팝나무가 조팝나무보다 꽃이 먼저 핀다.
③ 과명은 이팝나무는 물푸레나뭇과(科)이고, 조팝나무는 장미과(科)이다
④ 성상은 이팝나무는 낙엽활엽교목이고, 조팝나무는 낙엽활엽관목이다.

99 목재의 방부재(preservate)는 유성, 수용성, 유용성으로 크게 나눌 수 있다. 유용성으로 방부력이 대단히 우수하고 열이나 약제에도 안정적이며 거의 무색제품으로 사용되는 약제는?

① Pcp
② 염화아연
③ 황산구리
④ 크레오소트

100 재료가 외력을 받았을 때 작은 변형만 나타내도 파괴되는 현상을 무엇이라 하는가?

① 강성(剛性)
② 인성(靭性)
③ 전성(展性)
④ 취성(脆性)

101 석재의 형성원인에 따른 분류 중 퇴적암에 속하지 않는 것은?

① 사암
② 점판암
③ 응회암
④ 안산암

102 다음 중 이식하기 어려운 수종이 아닌 것은?

① 소나무
② 자작나무
③ 섬잣나무
④ 은행나무

103 다음 중 차폐식재에 적용 가능한 수종의 특징으로 옳지 않은 것은?

① 지하고가 낮고 지엽이 치밀한 수종
② 전정에 강하고 유지 관리가 용이한 수종
③ 아랫가지가 말라죽지 않는 상록수
④ 높은 식별성 및 상징적 의미가 있는 수종

104 옹벽 중 캔틸레버(Cantilever)를 이용하여 재료를 절약한 것으로 자체 무게와 뒤채움한 토사의 무게를 지지하여 안전도를 높인 옹벽으로 주로 5m 내외의 높지 않은 곳에 설치하는 것은?

① 중력식 옹벽
② 반중력식 옹벽
③ 부벽식 옹벽
④ L자형 옹벽

105 자동차 배기가스에 강한 수목만으로 짝지어진 것은?

① 화백, 향나무
② 삼나무, 금목서
③ 자귀나무, 수수꽃다리
④ 산수국, 자목련

106 한국의 전통조경 소재 중 하나로 자연의 모습이나 형상석으로 궁궐 후원 점경물로 석분에 꽃을 심듯이 꽂거나 화계 등에 많이 도입되었던 경관석은?

① 각석
② 괴석
③ 비석
④ 수수분

107 다음 중 재료의 할증률이 다른 것은?

① 목재(각재)
② 시멘트벽돌
③ 원형철근
④ 합판(일반용)

108 '느티나무 10주에 600,000원, 조경공 1인과 보통공 2인이 하루에 식재한다'라고 가정할 때 느티나무 1주를 식재할 때 소용되는 비용은? (단, 조경공 노임은 60,000원/일, 보통공 노임은 40,000원/일이다)

① 68,000원
② 70,000원
③ 72,000원
④ 74,000원

109 더운 여름 오후에 햇빛이 강하면 수간의 남서쪽 수피가 열에 의해서 피해(터지거나 갈라짐)를 받을 수 있는 현상을 무엇이라 하는가?

① 피소
② 상렬
③ 조상
④ 만상

110 농약의 사용목적에 따른 분류 중 응애류에만 효과가 있는 것은?

① 살충제
② 살균제
③ 살비제
④ 살초제

111 해충의 방제방법 중 기계적 방제에 해당되지 않는 것은?

① 포살법
② 진동법
③ 경운법
④ 온도처리법

112 2개 이상의 기둥을 합쳐서 1개의 기초로 받치는 것은?

① 줄기초
② 독립기초
③ 복합기초
④ 연속기초

113 구조용 재료의 단면 표시기호 중 강(鋼)을 나타낸 것으로 가장 적합한 것은?

①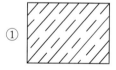
②
③
④

114 다음 중 '사자의 중정(Court of Lion)'은 어느 곳에 속해 있는가?

① 알카자르
② 헤네랄리페
③ 알함브라
④ 타지마할

115 다음 조경식물 중 생장 속도가 가장 느린 것은?

① 배롱나무　　　　② 쉬나무

③ 눈주목　　　　　④ 층층나무

116 다음 방제 대상별 농약 포장지 색깔이 옳은 것은?

① 살균제 – 초록색

② 살충제 – 노란색

③ 제초제 – 분홍색

④ 생장 조절제 – 청색

117 가지가 굵어 이미 찢어진 경우에 도복 등의 위험을 방지하고자 하는 방법으로 가장 알맞은 것은?

① 지주설치

② 쇠조임(당김줄설치)

③ 외과수술

④ 가지치기

118 이종기생균이 그 생활사를 완성하기 위하여 기주를 바꾸는 것을 무엇이라고 하는가?

① 기주교대　　　　② 중간기주

③ 이종기생　　　　④ 공생교환

119 다음 이슬람 정원 중 「알함브라 궁전」에 없는 것은?

① 알베르카 중정

② 사자의 중정

③ 사이프레스의 중정

④ 헤네랄리페 중정

120 조경계획 및 설계에 있어서 몇 가지의 대안을 만들어 각 대안의 장·단점을 비교한 후에 최종안으로 결정하는 단계는?

① 기본구상　　　　② 기본계획

③ 기본설계　　　　④ 실시설계

121 보르비 콩트(Vaux-le-Vicomte) 정원과 가장 관련 있는 양식은?

① 노단식　　　　　② 평면기하학식

③ 절충식　　　　　④ 자연풍경식

122 다음 중 미선나무에 대한 설명으로 옳은 것은?

① 열매는 부채 모양이다.

② 꽃색은 노란색으로 향기가 있다.

③ 상록활엽교목으로 산야에서 흔히 볼 수 있다.

④ 원산지는 중국이며 세계적으로 여러 종이 존재한다.

123 다음 수목들은 어떤 산림대에 해당되는가?

잣나무, 전나무, 주목, 가문비나무, 분비나무, 잎갈나무, 종비나무

① 난대림　　　　　② 온대 중부림

③ 온대 북부림　　　④ 한대림

124 다음 중 굵은 가지 절단 시 제거하지 말아야 하는 부위는?

① 목질부　　　　　② 지피융기선

③ 지륭　　　　　　④ 피목

---

115 ③　116 ④　117 ②　118 ①　119 ④　120 ①　121 ②　122 ①　123 ④　124 ③　**정답**

491

125 식물의 주요한 표징 중 병원체의 영양기관에 의한 것이 아닌 것은?

① 균사
② 균핵
③ 포자
④ 자좌

126 소나무류의 순자르기에 대한 설명으로 옳은 것은?

① 10~12월에 실시한다.
② 남길 순도 1/3~1/2 정도로 자른다.
③ 새순이 15cm 이상 길이로 자랐을 때에 실시한다.
④ 나무의 세력이 약하거나 크게 기르고자 할 때는 순자르기를 강하게 실시한다.

127 도시공원 및 녹지 등에 관한 법률 시행규칙에 의한 도시공원의 구분에 해당되지 않는 것은?

① 역사공원
② 체육공원
③ 도시농업공원
④ 국립공원

128 다음 지피식물의 기능과 효과에 관한 설명 중 옳지 않은 것은?

① 토양유실의 방지
② 녹음 및 그늘 제공
③ 운동 및 휴식공간 제공
④ 경관의 분위기를 자연스럽게 유도

129 소나무 꽃 특성에 대한 설명으로 옳은 것은?

① 단성화, 자웅동주
② 단성화, 자웅이주
③ 양성화, 자웅동주
④ 양성화, 자웅이주

130 다음 중 비료목에 해당되는 식물이 아닌 것은?

① 다릅나무
② 곰솔
③ 싸리나무
④ 보리수나무

131 석재의 분류는 화성암, 퇴적암, 변성암으로 분류할 수 있다. 다음 중 퇴적암에 해당되지 않는 것은?

① 사암
② 혈암
③ 석회암
④ 안산암

132 「피라칸다」와 「해당화」의 공통점으로 옳지 않은 것은?

① 과명은 장미과이다.
② 열매가 붉은 색으로 성숙한다.
③ 성상은 상록활엽관목이다.
④ 줄기나 가지에 가시가 있다.

133 다음 중 목재의 함수율이 크고 작음에 가장 영향이 큰 강도는?

① 인장강도
② 휨강도
③ 전단강도
④ 압축강도

134 통기성, 흡수성, 보온성, 부식성이 우수하여 줄기 감기용, 수목 굴취 시 뿌리감기용, 겨울철 수목보호를 위해 사용되는 마(麻) 소재의 친환경적 조경 자재는?

① 녹화마대
② 볏짚
③ 새끼줄
④ 우드칩

정답 125 ③ 126 ② 127 ④ 128 ② 129 ① 130 ② 131 ④ 132 ③ 133 ④ 134 ①

135 물 200L를 가지고 제초제 1,000배액을 만들 경우 필요한 약량은 몇 mL인가?

① 10mL
② 100mL
③ 200mL
④ 500mL

136 다음 [보기]의 식물들이 모두 사용되는 정원 식재 작업에서 가장 먼저 식재를 진행해야 할 수종은?

[보기]

소나무, 수수꽃다리, 영산홍, 잔디

① 잔디
② 영산홍
③ 수수꽃다리
④ 소나무

137 다음 [보기]의 뿌리돌림 설명 중 ( )에 가장 적합한 숫자는?

[보기]
• 뿌리돌림은 이식하기 (㉠)년 전에 실시하되 최소 (㉡)개월 전 초봄이나 늦가을에 실시한다.
• 노목이나 보호수와 같이 중요한 나무는 (㉢)회 나누어 연차적으로 실시한다.

① ㉠ 1~2 ㉡ 12 ㉢ 2~4
② ㉠ 1~2 ㉡ 6 ㉢ 2~4
③ ㉠ 3~4 ㉡ 12 ㉢ 1~2
④ ㉠ 3~4 ㉡ 24 ㉢ 1~2

138 동일한 규격의 수목을 연속적으로 모아 심었거나 줄지어 심었을 때 적합한 지주 설치법은?

① 단각지주
② 이각지주
③ 삼각지주
④ 연결형지주

139 경관에 변화를 주거나 방음, 방풍 등을 위한 목적으로 작은 동산을 만드는 공사의 종류는?

① 부지정지 공사
② 흙깎기 공사
③ 멀칭 공사
④ 마운딩 공사

140 수준측량의 용어 설명 중 높이를 알고 있는 기지점에 세운 표척눈금의 읽은 값을 무엇이라 하는가?

① 후시
② 전시
③ 전환점
④ 중간점

141 자연석(경관석) 놓기에 대한 설명으로 틀린 것은?

① 경관석의 크기와 외형을 고려한다.
② 경관석 배치의 기본형은 부등변삼각형이다.
③ 경관석의 구성은 2, 4, 8 등 짝수로 조합한다.
④ 돌 사이의 거리나 크기를 조정하여 배치한다.

142 다음 중 기본계획에 해당되지 않는 것은?

① 땅가름
② 주요시설배치
③ 식재계획
④ 실시설계

143 일본의 정원 양식 중 다음 설명에 해당하는 것은?

• 15세기 후반에 바다의 경치를 나타내기 위해 사용하였다.
• 정원소재로 왕모래와 몇 개의 바위만으로 정원을 꾸미고, 식물은 일체 쓰지 않았다.

① 다정양식
② 축산고산수양식
③ 평정고산수양식
④ 침전조정원양식

144 다음 중 휴게시설물로 분류할 수 없는 것은?

① 퍼걸러(그늘시렁)

② 평상

③ 도섭지(발물놀이터)

④ 야외탁자

145 이집트 하(下)대의 상징 식물로 여겨졌으며, 연못에 식재되었고, 식물의 꽃은 즐거움과 승리를 의미하여 신과 사자에게 바쳐졌었다. 이집트 건축의 주두(柱頭) 장식에도 사용되었던 이 식물은?

① 자스민　　　② 무화과

③ 파피루스　　④ 아네모네

146 나무의 높이나 나무 고유의 모양에 따른 분류가 아닌 것은?

① 교목

② 활엽수

③ 상록수

④ 덩굴성 수목(만경목)

147 다음 중 모감주나무(Koelreuteria paniculata Laxmann)에 대한 설명으로 맞는 것은?

① 뿌리는 천근성으로 내공해성이 약하다.

② 열매는 삭과로 3개의 황색종자가 들어있다.

③ 잎은 호생하고 기수1회우상복엽이다.

④ 남부지역에서만 식재가능하고 성상은 상록활엽교목이다.

148 다음 중 지피(地被)용으로 사용하기 가장 적합한 식물은?

① 맥문동　　　② 등나무

③ 으름덩굴　　④ 멸꿀

149 다음 중 열매가 붉은색으로만 짝지어진 것은?

① 쥐똥나무, 팥배나무

② 주목, 칠엽수

③ 피라칸다, 낙상홍

④ 매실나무, 무화과나무

150 다음 중 목재 접착 시 압착의 방법이 아닌 것은?

① 도포법　　　② 냉압법

③ 열압법　　　④ 냉압 후 열압법

151 다음 중 한지형(寒地形) 잔디에 속하지 않는 것은?

① 벤트그래스　　② 버뮤다그래스

③ 라이그래스　　④ 켄터키블루그래스

152 다음 중 화성암에 해당하는 것은?

① 화강암　　　② 응회암

③ 편마암　　　④ 대리석

153 다음 중 같은 밀도(密度)에서 토양공극의 크기(size)가 가장 큰 것은?

① 식토　　　　② 사토

③ 점토　　　　④ 식양토

154 다음 중 멀칭의 기대 효과가 아닌 것은?

① 표토의 유실을 방지
② 토양의 입단화를 촉진
③ 잡초의 발생을 최소화
④ 유익한 토양미생물의 생장을 억제

155 가로 2m×세로 50m의 공간에 H0.4×W0.5 규격의 영산홍으로 생울타리를 만들려고 하면 사용되는 수목의 수량은 약 얼마인가?

① 50주   ② 100주
③ 200주   ④ 400주

156 다음 중 시멘트와 그 특성이 바르게 연결된 것은?

① 조강포틀랜드시멘트 : 조기강도를 요하는 긴급공사에 적합하다.
② 백색포틀랜드시멘트 : 시멘트 생산량의 90% 이상을 점하고 있다.
③ 고로슬래그시멘트 : 건조수축이 크며, 보통 시멘트보다 수밀성이 우수하다.
④ 실리카시멘트 : 화학적 저항성이 크고 발열량이 적다.

157 다음 복합비료 중 주성분 함량이 가장 많은 비료는?

① 21-21-17   ② 11-21-11
③ 18-18-18   ④ 0-40-10

158 해충의 방제방법 중 기계적 방제방법에 해당하지 않는 것은?

① 경운법   ② 유살법
③ 소살법   ④ 방사선이용법

159 중국 조경의 시대별 연결이 옳은 것은?

① 명 – 이화원(頤和園)
② 진 – 화림원(華林園)
③ 송 – 만세산(萬歲山)
④ 명 – 태액지(太液池)

160 서양의 대표적인 조경양식이 바르게 연결된 것은?

① 이탈리아 – 평면기하학식
② 영국 – 자연풍경식
③ 프랑스 – 노단건축식
④ 독일 – 중정식

161 방사(防砂)·방사(防塵)용 수목의 대표적인 특징 설명으로 가장 적합한 것은?

① 잎이 두껍고 함수량이 많으며 넓은 잎을 가진 치밀한 상록수여야 한다.
② 지엽이 밀생한 상록수이며 맹아력이 강하고 관리가 용이한 수목이어야 한다.
③ 사람의 머리가 닿지 않을 정도의 지하고를 유지하고 겨울에는 낙엽되는 수목이어야 한다.
④ 빠른 생장력과 뿌리뻗음이 깊고, 지상부가 무성하면서 지엽이 바람에 상하지 않는 수목이어야 한다.

162 다음 그림은 어떤 돌쌓기 방법인가?

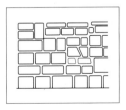

① 층지어쌓기
② 허튼층쌓기
③ 귀갑무늬쌓기
④ 마름돌 바른층쌓기

---

154 ④   155 ④   156 ①   157 ①   158 ④   159 ③   160 ②   161 ④   162 ②   <u>정답</u>

163 그림은 벽돌을 토막 또는 잘라서 시공에 사용할 때 벽돌의 형상이다. 다음 중 반토막 벽돌에 해당하는 것은?

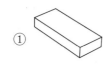 ①
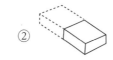 ②
 ③
 ④

164 조경에 활용되는 석질재료의 특성으로 옳은 것은?
① 열전도율이 높다.
② 가격이 싸다.
③ 가공하기 쉽다.
④ 내구성이 크다.

165 다음 중 과일나무가 늙어서 꽃 맺음이 나빠지는 경우에 실시하는 전정은 어느 것인가?
① 생리를 조절하는 전정
② 생장을 돕기 위한 전정
③ 생장을 억제하는 전정
④ 세력을 갱신하는 전정

166 파이토플라스마에 의한 수목병이 아닌 것은?
① 벚나무 빗자루병
② 붉나무 빗자루병
③ 오동나무 빗자루병
④ 대추나무 빗자루병

167 잔디깎기의 목적으로 옳지 않은 것은?
① 잡초 방제
② 이용 편리 도모
③ 병충해 방지
④ 잔디의 분얼억제

168 다음 중 측량의 3대 요소가 아닌 것은?
① 각측량
② 거리측량
③ 세부측량
④ 고저측량

169 중세 유럽의 조경 형태로 볼 수 없는 것은?
① 과수원
② 약초원
③ 공중정원
④ 회랑식 정원

170 고대 로마의 대표적인 별장이 아닌 것은?
① 빌라 토스카나
② 빌라 감베라이아
③ 빌라 라우렌티아나
④ 빌라 아드리아누스

171 다음 설명의 ( )안에 들어갈 시설물은?

> 시설지역 내부의 포장지역에도 ( )을/를 이용하여 낙엽성 교목을 식재하면 여름에도 그늘을 만들 수 있다.

① 볼라드(bollard)
② 펜스(fence)
③ 벤치(bench)
④ 수목 보호대(grating)

172 기존의 레크레이션 기회에 참여 또는 소비하고 있는 수요(需要)를 무엇이라 하는가?
① 표출수요
② 잠재수요
③ 유효수요
④ 유도수요

정답 163 ② 164 ④ 165 ④ 166 ① 167 ④ 168 ③ 169 ③ 170 ② 171 ④ 172 ①

173 조경계획 · 설계에서 기초적인 자료의 수집과 정리 및 여러 가지 조건의 분석과 통합을 실시하는 단계를 무엇이라 하는가?

① 목표 설정

② 현황분석 및 종합

③ 기본 계획

④ 실시 설계

174 좌우로 시선이 제한되어 일정한 지점으로 시선이 모이도록 구성하는 경관 요소는?

① 전망　　　　② 통경선(Vista)

③ 랜드마크　　④ 질감

175 조경 시공 재료의 기호 중 벽돌에 해당하는 것은?

176 레미콘 규격이 25 – 210 – 12로 표시되어 있다면 ⓐ – ⓑ – ⓒ 순서대로 의미가 맞는 것은?

① ⓐ 슬럼프,　　ⓑ 골재최대치수,
　ⓒ 시멘트의 양

② ⓐ 물·시멘트비,　ⓑ 압축강도,
　ⓒ 골재최대치수

③ ⓐ 골재최대치수,　ⓑ 압축강도,
　ⓒ 슬럼프

④ ⓐ 물·시멘트비,　ⓑ 시멘트의 양,
　ⓒ 골재최대치수

177 인공 폭포, 수목 보호판을 만드는 데 가장 많이 이용되는 제품은?

① 유리블록제품

② 식생호안블록

③ 콘크리트격자블록

④ 유리섬유강화플라스틱

178 서향(Daphne odora Thunb.)에 대한 설명으로 맞지 않는 것은?

① 꽃은 청색계열이다.

② 성상은 상록활엽관목이다.

③ 뿌리는 천근성이고 내염성이 강하다.

④ 잎은 어긋나기하며 타원형이고, 가장자리가 밋밋하다.

179 팥배나무(Sorbus alnifolia K.Koch)의 설명으로 틀린 것은?

① 꽃은 노란색이다.

② 생장속도는 비교적 빠르다.

③ 열매는 조류 유인식물로 좋다.

④ 잎의 가장자리에 이중거치가 있다.

180 방풍림(wind shelter) 조성에 알맞은 수종은?

① 팽나무, 녹나무, 느티나무

② 곰솔, 대나무류, 자작나무

③ 신갈나무, 졸참나무, 향나무

④ 박달나무, 가문비나무, 아까시나무

181 수목 식재 후 물집을 만들 때, 물집의 크기로 가장 적당한 것은?

① 근원지름(직경)의 1배

② 근원지름(직경)의 2배

③ 근원지름(직경)의 3~4배

④ 근원지름(직경)의 5~6배

182 다음 설명의 ( )안에 적합한 것은?

> ( )란 지질 지표면을 이루는 흙으로, 유기물과 토양 미생물이 풍부한 유기물층과 용탈층 등을 포함한 표층 토양을 말한다.

① 표토　　　　　② 조류(algae)
③ 풍적토　　　　④ 충적토

183 조경시설물 유지관리 연관 작업계획에 포함되지 않는 작업 내용은?

① 수선, 교체　　　② 개량, 신설
③ 복구, 방제　　　④ 제초, 전정

184 다음 중 콘크리트의 공사에 있어서 거푸집에 작용하는 콘크리트 측압의 증가 요인이 아닌 것은?

① 타설 속도가 빠를수록
② 슬럼프가 클수록
③ 다짐이 많을수록
④ 빈배합일 경우

185 다음 고서에서 조경식물에 대한 기록이 다루어지지 않은 것은?

① 고려사　　　　② 악학궤범
③ 양화소록　　　④ 동국이상국집

186 스페인 정원에 관한 설명으로 틀린 것은?

① 규모가 웅장하다.
② 기하학적인 터 가르기를 한다.
③ 바닥에는 색채타일을 이용하였다.
④ 안달루시아(Andalusia) 지방에서 발달했다.

187 표제란에 대한 설명으로 옳은 것은?

① 도면명은 표제란에 기입하지 않는다.
② 도면 제작에 필요한 지침을 기록한다.
③ 도면번호, 도명, 작성자명, 작성일자 등에 관한 사항을 기입한다.
④ 용지의 긴 쪽 길이를 가로 방향으로 설정할 때 표제란은 왼쪽 아래 구석에 위치한다.

188 건설재료의 골재의 단면표시 중 잡석을 나타낸 것은?

① 　　②

③ 　　④

189 다음 중 방부 또는 방충을 목적으로 하는 방법으로 가장 부적합한 것은?

① 표면탄화법　　　② 약제도포법
③ 상압주입법　　　④ 마모저항법

190 무너짐 쌓기를 한 후 돌과 돌 사이에 식재하는 식물 재료로 가장 적합한 것은?

① 장미　　　　　② 회양목
③ 화살나무　　　④ 꽝꽝나무

191 다음 중 양수에 해당하는 수종은?

① 일본잎갈나무　　② 조록싸리
③ 식나무　　　　　④ 사철나무

정답　182 ①　183 ④　184 ④　185 ②　186 ①　187 ③　188 ④　189 ④　190 ②　191 ①

192 다음 중 내염성이 가장 큰 수종은?

① 사철나무　　② 목련
③ 낙엽송　　④ 일본목련

193 수종과 그 줄기색(樹皮)의 연결이 틀린 것은?

① 벽오동은 녹색 계통이다.
② 곰솔은 흑갈색 계통이다.
③ 소나무는 적갈색 계통이다.
④ 흰말채나무는 흰색 계통이다.

194 다음 설명에 해당하는 파종 공법은?

- 종자, 비료, 파이버(fiber), 침식방지제 등 물과 교반하여 펌프로 살포 녹화한다.
- 비탈 기울기가 급하고 토양조건이 열악한 급경사지에 기계와 기구를 사용해서 종자를 파종한다.
- 한랭도가 적고 토양 조건이 어느 정도 양호한 비탈면에 한하여 적용한다.

① 식생매트공
② 볏짚거적덮기공
③ 종자분사파종공
④ 지하경뿜어붙이기공

195 수목의 이식 전 세근을 발달시키기 위해 실시하는 작업을 무엇이라 하는가?

① 가식　　② 뿌리돌림
③ 뿌리분 포장　　④ 뿌리외과수술

196 다음 중 건설공사의 마지막으로 행하는 작업은?

① 터닦기　　② 식재공사
③ 콘크리트공사　　④ 급·배수 및 호안공

197 경사진 지형에서 흙이 무너지는 것을 방지하기 위하여 토양의 안식각을 유지하며 크고 작은 돌을 자연스러운 상태가 되도록 쌓아 올리는 방법은?

① 평석쌓기　　② 견치석쌓기
③ 디딤돌쌓기　　④ 자연석 무너짐쌓기

198 영국 튜터왕조에서 유행했던 화단으로 낮게 깎은 회양목 등으로 화단을 여러 가지 기하학적 문양으로 구획 짓는 것은?

① 기식화단　　② 매듭화단
③ 카펫화단　　④ 경재화단

199 중국 청나라 시대 대표적인 정원이 아닌 것은?

① 원명원 이궁　　② 이화원 이궁
③ 졸정원　　④ 승덕피서산장

200 조경에서 사용되는 건설재료 중 콘크리트의 특징으로 옳은 것은?

① 압축강도가 크다.
② 인장강도와 휨강도가 크다.
③ 자체 무게가 적어 모양변경이 쉽다.
④ 시공과정에서 품질의 양부를 조사하기 쉽다.

원큐패스 조경기능사 필기

지은이 현병희, 이찬호
펴낸이 정규도
펴낸곳 (주)다락원

초판 1쇄 발행 2025년 4월 30일

기획 권혁주, 김태광
편집 이후춘, 윤성미, 박소영

디자인 최예원, 황미연

國 다락원 경기도 파주시 문발로 211
내용문의: (02)736-2031 내선 291~296
구입문의: (02)736-2031 내선 250~252
Fax: (02)732-2037
출판등록 1977년 9월 16일 제406-2008-000007호

Copyright© 2025, 현병희, 이찬호

정가 26,000원

ISBN 978-89-277-7469-3 13370

● 원큐패스 카페(http://cafe.naver.com/1qpass)를 방문하시면 각종 시험에 관한 최신 정보와
자료를 얻을 수 있습니다